道元禅師の思想的研究

角田泰隆　著

春秋社

道元禅師の思想的研究

目　次

凡例　xi

序論……3

一　宗学研究論について……5
㈠「宗学」とは何か　6
㈡伝統宗学　8
㈢道元禅師参究――伝統宗学の流れ　10
㈣道元禅師研究――衛藤宗学を嚆矢として　18
二　仏教史における道元禅師の位置……22
三　『正法眼蔵』の文献学的研究――四種古写本の考察を中心にして……51
㈠四種古写本の概要　52
㈡四種古写本の考察――成立・編集論を中心として　71
七十五巻本『正法眼蔵』について　72
六十巻本『正法眼蔵』について　78
十二巻本『正法眼蔵』について　93
二十八巻本『正法眼蔵』について　102
「八大人覚」巻の奥書の意味するところ　110
『正法眼蔵』編集の時期　112
㈢四種古写本成立に関する私論　121

(四) 江戸期における『正法眼蔵』の編纂(概略) 124

本 論 …… 133

序 説 道元禅の核心――道元禅師の大疑滞とその解決 …… 135

第一節 道元禅師の大疑滞と伝えられるもの 135
第二節 大疑滞の所以 140
第三節 大疑滞の解決 142

第一章 修証観 …… 153

第一節 修証一等 154
第二節 身心脱落 163
第一項 身心脱落という機縁 163
第二項 身心脱落の時期 168
第三項 身心脱落の意義 184
第三節 付法説 189
第一項 多子塔前付法説と霊山付法説 189
第二項 道元禅師の付法説 190
第三項 如浄の付法説 194
第四項 瑩山禅師の付法説 195
第五項 灯史に見られる付法説 196

第六項　如浄・道元・瑩山三禅師の立場を透る考察　200
第四節　悟と証　207
第一項　覚と証　208
第二項　得道　210
第三項　身心脱落と成道　216
第四項　大事了畢　217
第五節　結語　227
第二章　修道論……245
第一節　坐禅　246
第一項　只管打坐　246
第二項　無所得無所求無所悟の坐禅　251
第三項　非思量の坐禅　254
第四項　坐禅に関する諸問題　261
第二節　仏道修行の用心――『正法眼蔵随聞記』から　277
第三節　積功累徳　286
第四節　成道観　297
第五節　結語　303
第三章　世界観……309
第一節　須弥山世界観　309

第二節　現成公案　311
第一項　現成公案の意味するもの　311
第二項　『正法眼蔵』「現成公案」巻の冒頭の一節の解釈　313
（一）第一段「諸法の仏法なる時節」　314
（二）第二段「万法ともにわれにあらざる時節」　316
（三）第三段「豊倹より跳出せる」の意味　319
（四）第三段「華は愛惜にちり……」の意味　320
第三項　自己と世界　321
第三節　心　325
第一項　「心」の分類——特に慮知念覚心の捉え方　327
第二項　牆壁瓦礫　332
第三項　秋山範二「存在の根拠としての心」批判　337
第四項　『正法眼蔵』における心　344
第五項　発菩提心　347
第六項　三界唯心　350
第四節　夢中説夢　356
第五節　結語　361
第四章　時間論……　367
第一節　有時　369

第二節　経歴　379
第三節　前後際断　386
第四節　吾有時　392
第五節　結語　396
第五章　因果論……411
第一節　因果歴然　411
第二節　不落因果と撥無因果　415
第三節　因果超越　419
第四節　懺悔滅罪　422
第五節　結語　428
第六章　仏性論……435
第一節　仏性論の受容　436
第二節　悉有仏性　439
第三節　従来の仏性論批判　441
第四節　身現仏性　444
第五節　仏性論の諸相　450
第六節　結語　454
第七章　身心一如説と輪廻説……459
第一節　先尼外道説批判　460

第二節　輪廻説　471
第三節　身心一如説　482
第四節　結語　486
第八章　言語表現……491
第一節　著作選述の意図　491
第二節　道得　498
第三節　絶対同一　504
第四節　将錯就錯　527
第五節　結語　532
第九章　教化論……547
第一節　弘法救生　547
第二節　在家教化　550
第三節　四摂法　553
第一項　布施　554
第二項　愛語　558
第三項　利行　562
第四項　同事　564
第四節　自未得度先度他　566
第五節　教化論の諸相　571

第六節　結語　574
結　論　581
附　論　595
第一章　道元禅師在宋中の動静について　597
第一節　如浄の天童山入院の時期　600
第二節　如浄と道元禅師の相見問題　601
第三節　諸山歴遊の時期　603
第四節　如浄参学と身心脱落　607
第五節　結語　610
第二章　漢文宗典の訓読の問題等　617
第一節　『普勧坐禅儀』の読み方　618
第二節　『学道用心集』の読み方　627
附説　『修証義』総序の「順現法受業」について　634
第三章　道元禅師と現代　639
第一節　道元禅師と葬祭　639
第一項　教義と葬祭は結びつくか　640
第二項　葬祭の現代的意義付け　643

第三項　教義と葬祭の接点　645
第二節　道元禅師と社会　647
第一項　道元禅の非社会性　647
第二項　仏法と世法　651
（一）道元禅師の基本的立場　651
（二）「世中の仏法」と「仏中の世法」　654
（三）出家至上主義の背景　655
初出一覧　659
あとがき　667
索　引　1
英文梗概　(i)

凡　例

1　書名・経典・語録名等には『　』を付し、研究論文名等は「　」を付した。尚、『正法眼蔵』の諸巻の表示は原則として『正法眼蔵』を略し巻名のみ記した。（「○○」巻と表記しているものは『正法眼蔵』の巻を指す。例、「仏性」巻）

2　『弁道話』並びに『正法眼蔵』からの引用文は、原則として大久保道舟編『古本校定 正法眼蔵 全』（筑摩書房、一九七一年四月。これは一九六九年五月に同じく大久保道舟氏が編集し筑摩書房より刊行した『道元禅師全集』上巻の誤植を訂正し『古本校定 正法眼蔵 全』と題して刊行したもの）によった。但し、漢字は原則として旧字を常用漢字に改めた（佛→仏、學→学、會→会、釋→釈、辨→弁など）。尚、「辨」も「弁」に改めた。また、漢文の返点・ルビなど省略した部分や、原典で改行されていても改行しなかった部分もある。また、改行後の一字下げもしない形で統一した。尚、『正法眼蔵』本文からの引用は（　）内に、巻名と頁数のみを示した。他の資料から『正法眼蔵』本文を引用した場合は典拠を（　）に明記した。

〔例〕（「仏性」巻、一四頁）、（『弁道話』、七三〇頁）

3　『普勧坐禅儀』『学道用心集』『典座教訓』『永平広録』『宝慶記』等、『正法眼蔵』以外の道元禅師の著作からの引用は原則として、大久保道舟編『道元禅師全集』下（筑摩書房、一九七〇年五月。のち臨川書店より一九八九年に復刻版が刊行）により、文献名と頁数のみを示した。尚、『道元和尚広録』は『永平広録』、『永平初祖学道用心集』は『学道用心集』、『正法眼蔵随聞記』は『随聞記』、『永平室中文書』は『御遺言記録』と表記した。他の資料から『正法眼蔵』以外の道元禅師関係文献を引用した場合は典拠を（　）に明記した。また『正法眼蔵随聞記』は片仮名を平仮名に改めた。漢文の返点・ルビなど省略した部分や、原典で改行されていても改行しなかった部分もある。また、改行後の一時下げもしない形で統一した。

〔例〕（『随聞記』、四六四頁）

4 『大正新脩大蔵経』からの引用は、『大正蔵』と略し、巻数・頁数・段数（上中下）を示した。

〔例〕（『大正蔵』四七・九二五上）

尚、経典・語録等からの引用文は、原則として旧字を常用漢字に改めた。

5 著書・論文等からの引用文の古文体のもので、現代かな遣いに改め旧字を常用漢字に改めたものもある。

6 著書・論文等の出版（刊行）年次を西暦に改めた。

7 註は、章ごとに章末に付した。

8 引用文中の右側に付された実線・破線・傍点等は、特に断りがない場合、筆者が付したものである。

9 学術論文ではあるが、信仰上の理由から、曹洞宗の両祖である道元禅師と瑩山禅師には「禅師」を付した（引用文は除く）。

道元禅師の思想的研究

序論

一　宗学研究論について

道元禅師（一二〇〇～一二五三）の研究において、特に思想的研究の場合、当然のことながら道元禅師の著作を拠り所として、その中に窺われる思想の研究を行う。そして、その態度には大別して二つあると私は捉えている。一つは「参究」という態度であり、もう一つは「研究」という態度である。

ここで言う「参究」とは信仰的・主観的な立場からの言及であり、「研究」とは学術的・客観的な立場からの言及である。あるいは「参究」とは道元禅師を宗祖あるいは開山と仰ぎ、その教えを絶対的・信仰的にうけとって、その仏法を「正伝の仏法」と捉える立場であり、この道元禅師の教えを「思想」（一個人の思惟・思考）とは捉えない立場である。道元禅師参究者にとっては、道元禅師の教えはあくまでも釈迦牟尼仏からの「正伝の仏法」であって、道元禅師が新たに打ち立てた教えではなく、また仏教思想史における一つの流派でもない、ということになろう。

また、ここで言う「研究」とは仏教史上における道元禅師の位置を見定めて、その独自性なり特質を客観的に探ることによって仏教史の中の道元禅師を明らかにする立場である。

但し、ここに特徴的に、前者を信仰的・主観的といい、後者を学術的・客観的としたが、前者にも学術的・客観的な研究も存在し、後者にも極めて主観的な研究も存在する。いずれにしても、どちらがよいというのではなく、とにかく両者の立場が存在するのである。また、「参究」の対象を「宗乗」あるいは「宗旨」とし、「研究」の立場を「宗学」とする捉え方もできようか。

(一) 「宗学」とは何か

ところで、宗学という場合、これにも二つの解釈がなされ得ると私は考える。一つは、「宗」という語を〝本家本元〟〝おおもと〟〝本源〟〝根源〟という意味にとって、宗学とは、仏教(仏法)についての本源的な学問であるとする解釈であり、これは先の「参究」の立場となり、道元禅師の仏法を「正伝の仏法」と捉え、道元禅師の教説する仏法こそ正しい仏法であるとし、それを参究する学問という解釈である。

もう一つは、「宗」という語を「曹洞宗」の宗という意味にとって、宗学とは、曹洞宗に関する研究をする学問であるとする解釈であり、これは先の「研究」の立場であり、道元禅師の思想を仏教史における中国禅の五家七宗の中の曹洞宗、あるいは禅(宗)の一つである曹洞禅の流れの中に位置づけ、仏教の他の分野・系統の思想との比較等も行いながら、あくまでも曹洞宗・曹洞禅という一つの分野としての研究を行う学問という解釈である。

前者についてもう少し詳しく述べれば、道元禅師が『弁道話』において、

宗門の正伝にいはく、この単伝正直の仏法は、最上のなかに最上なり。参見知識のはじめより、さらに焼香・礼拝・念仏・修懺・看経をもちゐず、ただし打坐して身心脱落することをえよ。(七三二頁)

と言うこの「宗門」とは、当然のことながら日本の今日の曹洞宗のことではない。道元禅師門下において、自らの仏法を曹洞宗と自称するようになったのは、おそらく瑩山紹瑾禅師(一二六四〜一三二五)以降のことであり、教線を全国に拡張する時節が到来するに及んで、他の宗派に対して、自らの立場、系統を具体的に明確にする必要性が生じてからのことであろう。それでは、中国五家七宗の曹洞宗のことであるかというと、そうではない。道元禅師は、自らの仏法を「禅宗」とも中国五家の「曹洞宗」とも言っていない。「仏道」巻において次のように言う。

この道理を参学せざるともがら、みだりにあやまりていはく、仏祖正伝の正法眼蔵涅槃妙心、みだりにこれを禅宗と称す。祖師を禅祖と称す、学者を禅子と号す。あるいは禅和子と称し、或禅家流の自称あり。これみな僻見を根本とせる枝葉なり。西天東地、従古至今、いまだ禅宗の称あらざるを、みだりに自称するは、仏道をやぶる魔なり、仏祖のまねかざる怨家なり。（三七六〜三七七頁）

しかあるを、仏仏正伝の大道を、ことさら禅宗と称するともがら、仏道は未夢見在なり、未夢聞在なり、未夢伝在なり。禅宗を自号するともがらにも、仏法あるらんと聴許することなかれ。禅宗の称、たれか称しきたる。諸仏祖師の禅宗と称する、いまだあらず。しるべし、禅宗の称は、魔波旬の称するなり。魔波旬の称を称しきたらんは、魔党なるべし、仏祖の児孫にあらず。（三七七頁）

洞山大師、まさに青原四世の嫡嗣として、正法眼蔵を正伝し、涅槃妙心開眼す。このほかさらに別伝なし、別宗なし。大師かつて曹洞宗と称すべしと示衆する拳頭なし、瞬目なし。また門人のなかに、庸流まじはらざれば、洞山宗と称する門人なし。いはんや曹洞宗といはんや。（三八六頁）

これらの説示（傍線部）から知られるように、道元禅師は、「仏祖正伝の正法眼蔵涅槃妙心」と言い、「仏仏正伝の大道」と言い、けっして「禅宗」あるいは「曹洞宗」と言わない。先の『弁道話』の「宗門の正伝」とは、「仏祖正伝の仏法」「正法眼蔵涅槃妙心」であって、「宗門」とはいわゆる「曹洞宗」ではない。

また、道元禅師の直弟子詮慧（生没年不詳）の『正法眼蔵』に対する註釈書である『正法眼蔵聞書』にも「宗門」という語が見出される。たとえば「空華」巻の註釈の中には、

不《ス》四如《コトクナラ》三三界見《ルカ》二於三界《ヲ》一　教家ニハ如此心得

不《シ》四如《シカ》三三界ノ見《ムニハ》二於三界《ヲ》一　宗門ニハ如此心得

（『永平正法眼蔵蒐書大成』第十一巻、大修館書店、一九七四年、六七八頁）

という記述が見られる。前者には、「不如三界見於三界」に、「三界、三界を見るが如《ごと》くならず」とルビおよび送りがなが付されて、〝教家ではこのように心得る〟とし、後者には「三界の三界を見むには如《しか》じ」と付されて〝宗門ではこのように心得る〟と註釈している。ここでは「宗門」は「教家」と異なる立場として示されている。「教家」と異なる「宗門」の立場とは、釈尊より「正法眼蔵涅槃妙心」を師資相承、以心伝心してきたところの、いわゆる禅の流れ、それも師である如浄に伝わった「正伝の仏法」を相続する一流のことを指すものと考えられる。

道元禅師の時代まで遡れば、「宗門」とは「正伝の仏法」であり、ゆえに、ここにおいて宗学を定義すれば「正伝の仏法」を明らめる学問ということになろう。

よって、道元禅師に伝えられた仏法こそが「正伝の仏法」であるとし、それを参究し明らめるのが「宗学」である、という定義が成り立つ。道元禅師に遡ればこれが「宗学」であり、この場合の「宗学」は次に述べる道元禅師参究の立場すなわち「伝統宗学」と重なるのである。

(二) 伝統宗学

「伝統宗学」とは、主として道元禅師の主著『正法眼蔵』を対象とした「参究」であり、それは先に言う「研究」ではない。また、批判的な学問ではない。

私事になるが、私は駒澤大学仏教学部にて「宗学」を学んだ。卒業論文の指導教授は石附勝龍教授（その後、新井に改姓）であり、懇切丁寧な指導を頂いた。石附教授は自他共に認める「伝統宗学」の学僧であり、その「伝統宗学」を学ぶことができた。それがどのようなものであったかというに、『正法眼蔵註解全書』（一九一三年四月〜一九一四年三月。以下、『註解全書』）を参考に、『正法眼蔵』を読むというものであった。『註解全書』は『正法眼蔵』の段落ごとに『御抄』(道元禅師の直弟子、詮慧の『御聞書』とその弟子経豪(生没年不詳)の『正法眼蔵抄』)や、斧山玄鈯(?~一七八九)の『正法眼蔵聞解』、瞎道本光(一七一〇~一七七三)の『正法眼蔵参註』(『正法眼蔵却退一字参』とも)、雑華蔵海(一七三〇~一七八八)の『正法眼蔵私記』、天桂伝尊(一六四八~一七三五)の『正法眼蔵弁註』、父幼老卯(一七二四~一八〇五)の『正法眼蔵那一宝』などの江戸期の宗学者の註釈を編集したもので、これらの註釈に加えて、西有瑾英〈穆山〉(一八二一~一九一〇)の『正法眼蔵啓迪』(大法輪閣、一九六五年二月~六月。以下、『啓迪』)、岸澤惟安(一八六五~一九五五)の『正法眼蔵全講』(大法輪閣、一九七二年七月~一九七四年七月。以下、『全講』)を参照しながら『正法眼蔵』を解釈・研究したのである。学生時代の私にとって「伝統宗学」とは『註解全書』、『啓迪』、『全講』等によって『正法眼蔵』を読んでゆく研究方法であった。

「伝統宗学」の定義において、よく取りあげられるのが、榑林皓堂氏(一八九三~一九八八)の「伝統宗学」についての次の定義である。

伝統宗学とは、道元禅師に親しく接した直弟子である詮慧の『聞書』と、詮慧の弟子経豪の『抄』を最高の注解となし、その解説を至上として仰ぐ一派である。(『道元禅の本流』、大法輪閣、一九七七年十月、まえがきII頁)

「伝統宗学とは、……一派である」というのは、やや不自然な表現であるが、これによると、「伝統宗学」とは、『聞書』と『御抄』を重んじる一派ということになる。この榑林氏の定義によれば、「伝統宗学」とは『正法眼蔵』を参究する参究方法であって、『正法眼蔵』の参究に限定される学問ということになってしまうようにも思われるが、榑林氏が意図するところは、道元禅師直弟子の詮慧による『聞書』とその弟子経豪による『御抄』の解説を重視する学問ということであり、これらに基づいて、『正法眼蔵』あるいは道元禅師の仏法を解釈する学問ということになろうか。

ところで私は、次に述べるように、「伝統宗学」とはやはり『御抄』を至上として仰ぎながらも、江戸期の『正法眼蔵』の註釈書もこれらに含めて参究する、道元禅師「参究」の学問であると捉えている。次にその『正法眼蔵』参究の歴史を概説してみよう。

(三) 道元禅師参究――伝統宗学の流れ

道元禅師参究、特に『正法眼蔵』参究は、その弟子たちによって道元禅師滅後、あるいは生前中に始まり、以来今日に至って様々なかたちで行われてきている。その嚆矢は、道元禅師の直弟子、詮慧とその弟子の経豪による『正法眼蔵抄』(詮慧の『聞書』をもとに、これに加えて経豪が註疏をほどこし編集したもので『御抄』とも言われる)であり、爾来『正法眼蔵』は多くの先徳によって伝写護持されて、今日幾多の写本ならびに版本が伝えられてきている。鎌倉期の文献が、これほど数多く、しかもほとんど完璧なかたちで伝えられていることはまことに希有なことであると言われている。

『正法眼蔵』の参究は、道元禅師滅後数代の間、おそらく瑩山禅師の法嗣の峨山韶碩(一二七五〜一三六六)・明峰素哲(一二七七〜一三五〇)の頃までは盛んに行われたものと思われるが、その後は宝庫裡に安置され、宗祖の暖皮肉として敬重されて礼拝の対象とのみなっていた時代もあった。すなわち、御開山の『正法眼蔵』は尊いものであるということで秘宝として蔵にしまい込まれ、せいぜい年に一ぺん虫ぼしにするだけで、だれにも拝覧させないような状態が約三百五十年間にわたって続いたのである。この間は、まさに宗学の暗黒時代といえる。

江戸期に至って幕府の学問奨励策に呼応し激励されて宗乗の研鑽がにわかに勃興するや、宗祖道元禅師に還れという大旆が掲げられ、再び大いに参究されるに至ったのである。その指導的役割を果したのは、月舟宗胡(一六一八〜一六九六)、卍山道白(一六三六〜一七一五)等である。

この時期、宗統復古をめざして嗣法論争が、古規復古をめざして清規論争が起こったが、前者においては『正法眼蔵』がその標準とされ、その解釈をめぐって論争が行われた。ここにおいて所依の宗典である『正法眼蔵』の写本に幾種かの異本があることから、『正法眼蔵』の編集論議も行われている。

江戸中期の『正法眼蔵』註釈参究の代表的なものを挙げれば、斧山玄鈯の『正法眼蔵聞解』、睹道本光の『正法眼蔵参註』、雑華蔵海の『正法眼蔵私記』、天桂伝尊の『正法眼蔵弁註』、父幼老卯の『正法眼蔵那一宝』、万仞道坦（一六九八～一七七五）の『正法眼蔵傍訓』等がある。これら註釈書の多きをみても、江戸中期の宗学、ことに『正法眼蔵』参究の興隆を知ることができる。

その後、『正法眼蔵』参究は、再び低迷期に入ると言えるが、この江戸宗学の流れは道心堅固な宗師家ならびに学者によって受け継がれ、明治期になって新たな展開期を迎える。西有瑾英（穆山）・丘宗潭（一八六〇～一九二一）・岸澤惟安等の出現である。諸師は、江戸期宗学の流れを受けとめつつ、この時代に即応した註解をほどこしながら独自の立場から『正法眼蔵』の提唱を行っている。

さて、ここでは、現代の『正法眼蔵』研究にも大きな影響を与えた西有穆山提唱『啓迪』と岸澤惟安提唱『全講』（どちらも『正法眼蔵』の提唱録として編集刊行されたもの）を例にとって、先に述べた『正法眼蔵』の参究という立場について、その様相を述べてみたい。ここに、伝統宗学おける『正法眼蔵』参究の立場が明らかにされると思われる。

先に述べたことを繰り返すことになるが、参究の立場とは信仰的・主観的な立場からの言及であり、道元禅師を宗祖あるいは開山と仰ぎ、その仏法を「正伝の仏法」と捉え、信と行を重んじる立場である。また伝統宗学とは、先述の道元禅師の直弟子、詮慧・経豪の『御抄』にはじまり江戸期の宗学者の諸註解によりながら宗義の参究をする人々の流れ、あるいは参究姿勢である。たとえば西有師は、

『眼蔵』を拝覧するについて、末疏の動かぬものを挙げれば、まず、古いところでは『御抄』、近いところでは

『聞解』『私記』『参註』である。その中で『御抄』は、開山の御提唱を直直に聴いたところに基づいて書かれたものだけに尊い。(『啓迪』上、一九六五年六月、二八三頁)

と言う如くである。

西有師は、相模(神奈川県)海蔵寺の月潭全龍(?〜一八六五)の会下に十二年間にわたり参禅弁道し、この月潭のもとで種々の経典をはじめ『正法眼蔵』にいたるまで参学し、宗旨の奥義を究めている。近代希有の眼蔵家と称される西有師を生む背景には、江戸中期より綿々と受け継がれた宗学参究の流れがあり、西有師に至って、大いに華開くのである。

我々は難解な『正法眼蔵』を理解するため、先の江戸期の『正法眼蔵』の註釈書をたよりにする。しかし、その註釈書自体が非常に難解で、あちこちに閊え、註釈書を介するためにかえってわからなくなってしまうようなこともある。ところがこの西有師の『啓迪』は違う。

啓迪とは、開き教え導く意で、『啓迪』は、『正法眼蔵』の教えを開顕し、正伝の仏法に導く書という意であろう。西有師自身、『正法眼蔵聞解』を評して、非常にわかりやすいと述べる中で「何にしても先ず初心者の啓迪としては欠くべからざる要書である」(『啓迪』上、二八四頁)と使っているが、この『啓迪』も初心者を眼中に入れて分かり易く説かれたものである。いわゆる註釈書とは違い、語句や文意の註釈をこえて『正法眼蔵』の精神をずばりと説かれている。上・中・下、三巻からなり、『正法眼蔵』のうち二九巻についての提唱を記録したものである。「正法眼蔵現成公案啓迪」というように、それぞれの巻について啓迪という語が付されている。

この『啓迪』は、富山祖英氏(一八七?〜一九二九)が西有師の提唱を、叱られながらもかくれて聞き書きした草稿を、榑林氏が六十余巻中の要部を抜粋出版したものである。私は榑林氏の眼蔵提唱会に参じたことがあるが、ガリ版刷りの『啓迪』を拝見した時には、その刻苦参学ぶりを目の当たりにしたかの如くで、わら半紙に刷られ綴じられた本書がずっしりと重く感ぜられた。現に有る形で大法輪閣から出版されるまでには両氏の並々ならぬ辛苦があったかと思うと実に有り難い。

さて、「正法眼蔵現成公案啓迪」には次のようにある。(以下、西有師の「現成公案」巻の提唱からその『正法眼蔵』参究の様子を探ってみる。)

これは一ばんむずかしい。……この御巻は開山の皮肉骨髄である。開山御一代の宗乗は、この巻を根本として説かれてある。御一代の仏法はこの一巻で尽きる。九十五巻はこの巻の分身だ。……開山は十方世界を現成公案と見込まれる、これが開山の鉄語なのだ。……ゆえに開山一代時教は、この現成公案の一句で尽きる。(『啓迪』上、二七八頁)

このような見方は、実は『御抄』の説示を受け継ぐものである。『御抄』でも、

今ノ七十五帖ツラネラルヽ一ヽノ草子ノ名字ヲアケテ現成公按トモ云ヘシ(『永平正法眼蔵蒐書大成』十一、八頁)

と言い、

今ノ七十五帖ノ草子名目ハカハレトモ帖コトノ見成公按ナルナリ……第一ノ見成公按ニテ第七十五ノ出家マテヲナシ義ヲノフル也(同、一〇頁)

と説く。これがまた伝統宗学の基本的立場のひとつである。いわゆる「現・弁・仏」、すなわち「現成公案」巻に加えて『弁道話』、「仏性」巻が道元禅の根幹であるとし、重要視するのである。

ところで、先の引用文に「開山」という言葉が出てくる。「開山」とは道元禅師のことである。そのほか「宗乗」「拝読」「参究」「承当」「超越」等の語が見出される。これらも伝統宗学の学的態度を象徴する語であると言える。

西有師の提唱は実に親切である。「これはそうそう道理上で済めることではないが、さりとて道理がわからにゃ合点がいかぬ。そこでまず一応分別して聞かせよう」(二七九頁)とか、「しばらく一一の文字についていおう」(二八〇

頁）とか、「まず道理はこうじゃ」（三〇二頁）とか、「さて文の通りに素直に解せばこうである」（三〇四頁）というような言葉が随処に見られるように、まず文字によって字義を明かし、その上で宗意を説く。

また、実践（修行）を重んじる。すなわち実際に仏道を行じなければ仏法はわからない、『正法眼蔵』はわからないとする。西有師は繰り返し「よく参じてみよ」「ここを参ずるがよい」と言う。

また、「言詮の及ぶところでない」「ただ言上するばかりではいかぬ、実修してみるがよい」（二九一頁）「これは修する者でなければ知れぬ、修さぬものに知れようはずがない」（二九九頁）「こういうところは実参実究でなければわかるものでない」（二九九頁）「そこで修行はどうしても何年も何年もかかって、那辺にも行き、這辺をも顧み、理にゆき、事を顧み、如何如何と参ぜにゃならぬ」（三〇〇頁）等と強調し、講釈を聴いただけでは不十分であり、それだけでは自分のものにはならないとする。ゆえに、言葉の上での分別を戒め、「言語道理には分別がある。分別があれば取捨がある。取捨にわたるは造作で、造作は公案ではない。無造作が現成公案である。その無造作に承当するには、叉手当胸よりほかはない」（二八二頁）と日常の修行の必要性を繰り返し説く（これは、瞎道本光『正法眼蔵参註』の「現成公案」巻に対する却退一字の「叉手当胸、参」という語を挙げて提唱した言葉で、「叉手当胸」とは胸の前に手を組む姿を言う）。

また、修証観については、

小さな眼で開山の宗乗を見込むからいかぬ。……悟りたいなどというようでは、とても開山の宗乗はわからぬ。悟りたい悟りたいの眼ではとても見えぬ。現成公案はその「たい」が取れたところである。（二九二頁）

ぜんたい迷うべき道もなく、悟るべき法もないのだ。（二九六頁）

修行というものは、いつも能所の二つを借らにゃならぬが、能所の二見が取れぬ中は決して仏法でない。（三〇一頁）

等と述べ、生仏一如、迷悟不二を説く。その根底には、徹底した一元論がある。

いま、現成公案の上には、有も、無も、有無超越も八両半斤で、斉しく現成公案である。なぜなら、この無は有を離れた無でない、現成公案の無である。有もそうじゃ、無を離れた有でない、現成公案の有じゃ。されば有無超越というても、有無のほかに超越があるのではない、有無の全体を無超越といわれるのである。（二八六～二八七頁）

何でも我れの彼れのというのは対待である。法界一人という時は、我れもなく彼れもない。（二八八頁）開山のは有無超越というても、有無を離れて超越があるでない、有無を直に超越といわれるのじゃ。（二九〇頁）ぜんたい法界を有無の一辺に決めようというのが凡夫了見じゃが、それはいかぬ。……そこで柱が二本できる。（二九二頁）

これらの提唱は、伝統宗学の『正法眼蔵』解釈およびその参究態度をよく表しており、これらの姿勢は『正法眼蔵』提唱のすべてに及んでいる。これは修行道場（僧堂）において修行者を相手に示されたことによるが、いうまでもなく現代の研究論文とは大いに異なるところである。

この西有師の『正法眼蔵』参究は、その後の『正法眼蔵』参究者に大きな影響を与えている。岸澤師にしても、丘宗譚師にしても、榑林氏にしても、みな西有師の参究を受け継ぐものであると言える。また、私も含めて現代の『正法眼蔵』研究者にも少なからず影響を与えている。

『正法眼蔵』を参究するという立場を明らかにするために、さらにその中の一人、岸澤師について触れてみたいが、岸澤師には、先に挙げた『全講』（全二四巻）という『正法眼蔵』全巻（全九五巻）にわたる提唱録がある。

岸澤師は、師の西有師の『正法眼蔵』参究を継承しているとはいえ、その提唱には、また独特な趣がある。実参実究を強調することに変わりはないが、仏道を参学するこの自己がさらに掘り下げられていく。『全講』の第一巻（一九七二年）に『弁道話』の提唱（一九二九年九月、鳥取県西伯郡大山町の願成寺の第一回眼蔵会において提唱されたもの）が収録されている。そこには岸澤師のそのような『正法眼蔵』参究の姿勢がよく示されている。

一人一人がみな眼蔵になって、眼蔵を参究しなされ。研究はいかぬ、それは学問だ。眼蔵は学問ではない。参究して実実《じつじつ》に実行する。そのときに、どこがどっつかえるか。眼蔵の御文と、自分のしているところと、どこがどっつかえるか。そのどっつかえたところに身命をなげうつのだ。おもてむきのわかった、わかったで済んでしまえば、眼蔵はほろびる。自分がわからなくなって、はじめて眼蔵に首を突っ込みはじめたのだ。わかるうちは道中だ。わからなくなるのが、眼蔵のわかりはじめだ。耳で聞いた拝借物はやくにたたない。（七頁）

と言い、「参究」と「研究」を対比させて、参究を進め、研究を批判する。ここに言うように研究とは学問であり、『正法眼蔵』は学問ではないと明言する。また、

まず提唱を聴くこともよい。たくさんの註釈書を見るのもよい。が、そのためにごまかされることはいかぬ。……見聞は自分の修行のたすけにするだけのものだ。自分の修行は自分がする、それだ。自分で体究しただけのことを、自分の口から出してゆく。人が何といおうと、それは他人だ。古人のことで、自己にあずからない。そうかというて、古人にはずれ、高祖さまにはずれると、それは魔道だ。また高祖さまにしばられてしまっては、仏縛、法縛だ。縛られもせず、はずれもしない、そこに体究の妙味がある。（八頁）

と、『正法眼蔵』と向かい合っているところの自分を常に問題とする。自分を深く掘り下げずして『正法眼蔵』はわからないと言う。

真箇の道心者が、信念のうえからこれを体得する。身でよむ、そこに法がつたわるのだ。（六頁）

庭のお掃除も、飯台給仕もできないうちに、眼蔵の話のできるものでない。真に血の涙をこぼして、我の折れてしまったときが、眼蔵に首を突っこんだときだ。我慢のあるうちは眼蔵をよんでも眼蔵にならぬ。（七〜八頁）

我慢のあるうちは眼蔵を読んでも眼蔵にならない、とはなかなか厳しい。確かに、『正法眼蔵』の文字を理解できても、それでは内容がわかったというだけで、自己の向上が伴わなかったら何のための『正法眼蔵』参究かわからない。

先師（西有師）が、まあ五十歳までは駄目だ。六十になっていくぶんわかりかけ、七十・八十になってはじめてほんとうのことがわかる、といわれた。（九頁）

と師の西有師の言葉を挙げているが、『正法眼蔵』参究の道のりは遠く険しい。いや今生だけでわかるものでもない、生生世世、眼蔵を修行しなければならないという。

これらの『正法眼蔵』参究態度は、先にも述べたように、実参実究を重んじる伝統宗学を継承するものであるが、またそこには、哲学者による『正法眼蔵』研究に対する牽制もある。

眼蔵が、宗門の眼蔵でなくなって、もうほとんどの哲学者が、非常にふかい信仰をもって、眼蔵を研究しはじめている。……もう世界的著述となって、宗門の占有物ではなくなった。宗門の人がわたくしすべきものではなくなって、うかうかすると在家の人、あるいは哲学者、外国人から眼蔵の講義を聞かねばならなくなる。大いに注意しないと、逆襲をうけるようになるぞよ。（六頁）

この、哲学者による『正法眼蔵』研究については、後述するように衛藤即応氏（一八八八～一九五八）が概説しているが、岸澤師が和辻哲郎氏（一八八九～一九六〇）の名前を挙げて「和辻博士が曹洞宗の僧侶に、高祖さまの御伝記の書ける人はいないというて、りきんでいるが、……」（一四頁）と言って反論しているところは面白い。

さて、岸澤師は、現実の日常生活のあらゆる行いをすべて『正法眼蔵』で説いてゆく。『全講』の拝読においては明治という封建的な時代背景を少なからず感ずるものの、『正法眼蔵』を日常生活にまでおろし、また日常生活を『正法眼蔵』の世界にまで高めていく説き方は、やはり岸澤師の『正法眼蔵』参究の特徴である。

以上、『正法眼蔵』を「参究」するという立場、態度が少しく明らかになったと思うが、その後の宗学は、次の「研究」という立場に次第に移り変わってゆくのである。

(四) 道元禅師研究──衛藤宗学を嚆矢として

道元禅師研究に近代的研究の新風を吹き込んだ先駆的・代表的学者に衛藤即応氏がいる。

「道元禅師研究」と題したが、前節を「道元禅師参究」としたのに対し、ここで「研究」としたのは、決して「参究」という態度と相反するからではない。衛藤氏の論述も、やはり実践を重んずることにおいては変わりはなく、前述の伝統宗学を受け入れる。ただし、衛藤氏の学問は非常に広く、宗教学・哲学・仏教学と多岐にわたって研鑽し、仏教学においても基礎的なものから宗学や教化学にいたるまで幅広く且つ深く論究しており、道元禅師についても、そのような幅広い視点から捉えている。先に述べたように、衛藤氏の「研究」は仏教史上における道元禅師の位置を見定めて、その独自性なり特質を探ることによって仏教史の中の道元禅師の重要な役割を明らかにする立場である。

ところで〝衛藤宗学〟という言葉がある。岡本素光氏(一八九八〜一九七八)によれば(「序にかえて」、衛藤即応博士遺稿集『道元禅師と現代』、春秋社、一九八〇年二月)、衛藤宗学とは、仏教は「信」の宗教だ、「信の仏法」だ、というおさえ方がその基本にあり、「悟り」よりも「信」を強調したところに〝衛藤宗学〟の特徴があるという。

さて、衛藤氏は、先の眼蔵家や師家に対して次のように言う。

眼蔵家は眼蔵は文字を読むな、道眼を以って見よと言うが、その道眼は如何にして開けるか、それは文字を以って提唱された眼蔵にたよる外はない。(中略)ここに吾等は超え難いジレンマに陥らないわけにはいかないのである。(『正法眼蔵序説』、岩波書店、一九五九年、一八頁)

お師家様は自受用三昧ですべてが解った立場に立つ。学人は皆目わからないという。それでは眼蔵の参究が少しも動かないのが、これまでの眼蔵研究であった。だから私は、端的に言えば、書き入れ提唱の外に一歩も出ていなかった。師家と学人との間に動いていく眼蔵の参究でなければ、学徒の立場からは参究とは言えないのではないかと思った。それには一つ一つ結び目の解けていく、一歩は一歩より深く、一段一段と高くなる段階をつけるほかに途はないから、その方向に将来の眼蔵研究を導きたい。もちろん、このような態度は師家に叱責されるに相違ないが、学人には喜んでもらえると思う。(同、二一頁)

部分的な引用で誤解を免れ得ないが、衛藤氏自身、眼蔵家の立場を十分に理解し、自らのこのような考え方に対しても常に反省を怠らない。しかし「すでに行の立場を離れて、知の立場に転じた私共としては、この外に道を見出し得ないのである」と述懐しているように、在家人の立場に立って、出家人あるいは叢林から『正法眼蔵』を解放しようとする。衛藤氏の次の言葉からそのような立場が伺われよう。

只管打坐とあるから僧堂の修行者のことを思い、身心脱落といい、仏となり祖となると云うから、出家のことであると片ずけてはならぬ。只管打坐は真実の自己の現成であり、それが即ち身心脱落であって、真理の中に生きる自己の姿である。……正法に帰依する吾等の日常生活が仏法に生きるものでなければならぬ。(「正法眼蔵の宗教」〈衛藤即応博士遺稿集『道元禅師と現代』所収、二〇六頁〉、『理想』二二六号〈理想社、一九五二年三月、一五頁〉)

さて、このような言及は、出家修行者から一般へと『正法眼蔵』を解放しようとするものでもあるが、また、『正法眼蔵』の研究が宗門外の一般思想界において盛んにおこなわれることになったことに対する、自らの立場の確認でもある。衛藤氏は、

道元禅師は断るまでもなく科学者でもなければ、哲学者でもない。真箇の仏法者である。従って『眼蔵』は実験観察から生まれたものでもなく、論理推理の思索の結果でもない、正しく聖者道元の体験の記録であり、純一の

仏法の提唱である。然らば学者はこれを科学するもよく、哲学するも可なりで、それは学者としての当然の任務であるが、道元禅師の本領としては、何処までも宗教としての本義を顕揚せなければならぬ。(同、二〇九頁)

と言う。ここにまた衛藤宗学の重要な役割があろう。このような言及がなされた背景には、昭和の初めから戦時にかけて突如として巻き起こった、哲学・科学あるいは他宗教の分野の学者による道元禅師鑽仰がある。その嚆矢は哲学者である田辺元氏(一八八五〜一九六二)と科学者である橋田邦彦氏(一八八二〜一九四五)、およびキリスト教の金子白夢氏(一八七三〜一九五〇)らである。すなわち、西田哲学を嗣ぐ哲学界の権威である田辺元氏は、『正法眼蔵』を取り上げて「哲学の最高峰」「哲学の真髄」「日本哲学の光・指標」といい、自然科学者であり生理学の泰斗である橋田邦彦氏は自然科学の立場から「生理学の究極の生命」といい、キリスト教の金子白夢氏も道元禅師を賛歎したのである。そしてこれらの研究に触発されて、『正法眼蔵』いや道元禅師は宗門だけのものではなくなっていく。

しかし衛藤氏は、これらを感激をもって受け入れながら、あくまでも宗教としての道元禅、仏法者としての道元禅師を見つめてゆくべきと自らの立場を確認している。これら思想家の賛嘆をむやみに喜び、これらの研究方法に追従することのないように警告し、『『眼蔵』は生理学でも哲学でもありません」(九一頁)と言い「『眼蔵』は宗教であるから、歩むことそれ自体であります」(九四頁)と「行」と「歩み」を強調し、「ただ歩むもののみが、真の『眼蔵』の中に生きることが可能であります」(九五頁)と断言するのである(「正法眼蔵の研究について」〈衛藤即応博士遺稿集『道元禅師と現代』所収〉、『道元』六―六〈一九三九年六月〉)。

衛藤氏以後、道元禅師研究は、時代の流れもあってその多くが「参究」から「研究」の立場へと変わっていく。鏡島元隆氏(一九一二〜二〇〇一)はじめ、後の多くの道元禅師研究者はこの衛藤氏の流れを汲む。道元禅師を仏道修行者と捉え、行を重んじ、行を無視した研究を非としながらも、その上で、仏教あるいは仏教史における道元禅師の位置を見定め、それを学術的・客観的に研究する研究方法が、その後定着していくのである。

以上、宗学研究論の諸相について述べたが、私の宗学研究論、あるいは道元禅師研究論は、やはり現代の多くの宗学者がそうであるように、後者の「研究」の立場をとる。ただし、私は伝統宗学をより重んじ、基本的には道元禅師の仏法の正伝性を信じる立場に立っている。正伝性を信じる立場といっても、排他的・従順的な無条件の信ではなく、私が道元禅師の教義を、その文献に基づいて学術的・客観的に研究し、その上に築かれた信であると思っている。

私は、道元禅師の著作や教義について、自らの判断において正邪を決し取捨選択するようなことはしていない。たとえば道元禅師が宋国から帰国後まもない頃の著作と晩年の著作とで相い矛盾する説示があっても、それらを短絡的に道元禅師自身の自内証の変化とは受け取ることはせず、環境の変化、対機、方便、その他あらゆる可能性を考究する。『正法眼蔵』の研究においても、道元禅師自らが書き改めるか、あるいは自らその誤りを明示していない限り、そのすべてを道元禅師の研究の資料として認めるという方法をとっている。

また、本書では道元禅師の思想的研究が中心となっているが、たとえば『正法眼蔵』各巻の本文を解釈する場合、あまり問題なく解釈できる部分はよいが、解釈が難解な部分については、解釈において次のような方法を取る。第一には、その巻の全体的流れの中で、あるいは前後関係を考えて、その部分の解釈を試みる。第二には、『正法眼蔵』をはじめ道元禅師の著作に同一の語句あるいは同一の内容を示している一節がある場合には、それらを参照する。第三には、諸経典・語録等より語句あるいは文節が引用されている場合には、その原典での意味・解釈を参照する。但し、道元禅師が特異な解釈をしている可能性もあるので注意が必要である。第四には、『正法眼蔵』には最古の註釈書である『正法眼蔵聴書抄』や江戸期の諸註釈書があるのでそれらを参照する。そして第五には、種々の現代語訳や本文解釈に関わる論文等、先行業績を参照する、という方法である。

これらの方法論は、もちろん『正法眼蔵』の研究に限らないが、私は本書において、道元禅師関係史資料の研究において基本的にこれらの方法論を用いるものである。

二　仏教史における道元禅師の位置

先に述べた道元禅師の「研究」という立場が、仏教史上における道元禅師の位置を見定めて、その独自性なり特質を探ることによって仏教史の中の道元禅師の立場を明らかにすることであるとすれば、この研究が実に困難を伴うことは言うまでもない。衛藤氏は、宗教学・哲学・仏教学と実に幅広く多岐にわたって研究を積み、その上で道元禅師研究を行っているが、このような研究を行える学者は希である。仏教史全体を自ら原資料にあたり学術的に論じることも、一学者が容易になし得ることではない。

よってこれから述べる仏教史は、これまでの宗学で捉えられてきた伝統的な理解の範疇を出るものではなく、史実を客観視するものではない。ただ、道元禅師自身が仏教史をどのように捉え、みずからの立場をどのように定めていたのかを、道元禅師の著作を通して推測するものである。道元禅師の思想を研究する場合、史実としての仏教史よりも、道元禅師が捉えた仏教史の解明が、より有効であると考えるからでもある。それが本節での目的である。

ところで、禅宗という宗派は日本には具体的に存在しないが、中国禅の流れを汲む日本の臨済宗・曹洞宗・黄檗宗の総称として、禅宗と用いられている。

これら禅宗において本尊とする釈迦牟尼仏は、今から約二千五百年前、釈迦族の王子としてインドに生まれ、二十九歳で出家し、六年間の禅定・苦行の修行ののちに悟りを開かれて成道され、その後四十数年の間、ガンジス川の流域を中心に伝道の旅をされ、八十歳にて入滅された、歴史上の釈迦牟尼仏である。

禅宗諸宗派における本尊は、この歴史上の釈迦牟尼仏であり、基本的に釈迦牟尼仏を大恩教主と仰いで崇敬している。とはいえ実際、禅宗各寺院にはそれぞれの本尊があり、釈迦牟尼仏のみでなく観世音菩薩や薬師如来などさまざまな本尊を祀っている。これは、禅宗の僧侶が、他宗派の寺院として既にあった寺院に住持として入り、そのままその寺院の仏像を本尊としたためであり、ここにまた、本尊といえどもこれにもとらわれない禅僧の気風がうかがえる。その、とらわれのない気風の由来は、釈迦牟尼仏を尊崇しながらも、その釈迦牟尼仏は決して偶像、仏像としての釈迦牟尼仏ではなく、歴史上の釈迦牟尼仏であり、以下述べるように、その教えが綿々と伝承され当代の禅僧自身に至るのであり、ゆえに自らが釈迦牟尼仏の法の伝承者として釈迦牟尼仏に代わって説法するという、自らを拠り所とするあり方を目指すからである。

最初期の禅宗史文献とされる『伝法宝紀』や『楞伽師資記』は、『楞伽経』の伝統に立って、達摩にはじまる禅宗の歴史を主張しようとするものであった。ついで、質量ともに最高の初期禅宗文献である『歴代法宝記』が出現する。これは、中国禅宗初祖の名を達摩多羅（菩提達摩とは別人であるが、後に混同される）とし、それ以前のインドにおける歴代祖師の名（二十九代）を明記している。ここにおいて、釈迦牟尼仏（以下、引用文以外は釈尊と表記）から菩提達摩（伝統的には達磨。以降は達磨と表記）にいたり、六祖慧能（六三八～七一三）へと法が受け継がれる禅の歴史の原初の形態が成立したとされる。中国仏教の異端として誕生した禅が、自ら異端の伝統を形成したのである。釈尊から一筋に連なった系譜は、後から求められた歴史であった。

ところで、これら禅の灯史では、仏法が師から資（弟子）へと正しく受け継がれてきたという師資相承のかたちをとる。釈尊から摩訶迦葉へ、摩訶迦葉から阿難へと、確実に教えが伝承され、当代にまで綿々と伝法が行われてきた、とするのである。それは、現代にまで至るのであって、私が印可（伝法の証明）を受けた師は、さらにその師から印可を得た、というように遡れば釈尊に至る。それが禅宗僧侶の確信である。禅宗において釈尊は仏法の伝承の上では遠い祖先であり、遠いとはいえ確かに連なった親密な存在だったのである。

道元禅師が見た仏教史もそのような仏教史であった。

①爾時、釈迦牟尼仏、西天竺国霊山会上、百万衆中、拈優曇華瞬目。於時摩訶迦葉尊者、破顔微笑。釈迦牟尼仏言、吾有正法眼蔵涅槃妙心、附嘱摩訶迦葉。

これすなはち、仏仏祖祖、面授正法眼蔵の道理なり。七仏の正伝して迦葉尊者にいたる。迦葉尊者より二十八授して菩提達磨尊者にいたる。菩提達磨尊者、みづから震旦国に降儀して、正宗太祖普覚大師慧可尊者に面授す。五伝して曹渓山大鑑慧能大師にいたる。一十七授して先師大宋国慶元府太白名山天童古仏にいたる。大宋宝慶元年乙酉五月一日、道元はじめて先師天童古仏を妙高台に焼香礼拝す。先師古仏はじめて道元をみる。そのとき、道元に指授面授するにいはく、仏仏祖祖面授の法門現成せり。これすなはち霊山の拈華なり、嵩山の得髄なり。黄梅の伝衣なり、洞山の面授なり。これは仏祖の眼蔵面授なり。吾屋裏のみあり、余人は夢也未見聞在なり。(「面授」巻、四四六頁)

禅の伝承では、釈尊から摩訶迦葉への伝法の話としていわゆる「拈華微笑」の話が伝えられる。釈尊はある時、霊鷲山の法会で大勢の修行僧たちを前に、何も語らずにただ花をつまんで瞬目する(拈華瞬目)。これを見て、ただ摩訶迦葉がにっこりとほほえんだ(破顔微笑)。そのとき釈尊は「我が正法眼蔵涅槃妙心を摩訶迦葉に伝えたぞ」とつぶやく。ここに言葉では表すことのできない〝法〟が伝えられたとする。

先の引用文の「正法眼蔵涅槃妙心」こそ、その〝法〟であり、釈尊は「拈華瞬目」によってそれを示し、摩訶迦葉は「破顔微笑」によってこれを受けたのである。すなわち釈尊は何も語らずに法を伝えている。摩訶迦葉は何も語らずに、釈尊の証明をうけている。「正法眼蔵涅槃妙心」はあえて現代語訳しない。これは言葉によって示すことのできない〝法〟を、かりに言葉によって示したものだからである。禅ではこのような法の受け渡しを「以心伝心」といい、言葉ではなく、心から心へと法は伝わるのであるとする。そして代々、その法が伝承されて道元禅師に至っているとするのである。ここで道元禅師が強調するのは、通常、禅宗で強調する「以心伝心」ではない。「面授」である。師から弟子へと代々、人から人へと、面と向かって実際の出会いの中で、師資が実際に相見して法が受け継がれてきたとする。史実として、法が断絶することがなかったかどうかは、ここでは問題にしないが、道元禅師が面授を重視していることは間違いない。その面授によって受け継がれてきた法は、系譜に表せば、次のようになる。

a　過去七仏……摩訶迦葉……〈二十八授〉……菩提達磨――慧可……〈五伝〉……慧能……〈一十七授〉……如浄――道元

次に、法の相承を示している主な説示を挙げてみよう。

②釈迦牟尼仏面を礼拝するとき、五十一世ならびに七仏祖宗、ならべるにあらず、つらなるにあらざれども、倶時の面授あり。一世も師をみざれば弟子にあらず、弟子をみざれば師にあらず。……この仏祖現成せるには、世尊・迦葉、五十一世、七代祖宗の影現なり。……一言いまだ領覧せず、半句いまだ会せずといふとも、師すでに裏頭より弟子をみ、弟子すでに頂𩕄より師を拝したれるは、正伝の面授なり。（「面授」巻、四四八頁）

b　過去七仏（釈迦牟尼仏）――摩訶迦葉……五十一世道元

③このゆゑに、吾有の正法眼蔵、付嘱摩訶迦葉なり。汝得は吾髄なり。かくのごとく、到処の現成、ところとしても太尊貴生にあらずといふことなきがゆゑに、開五葉なり。五葉は梅華なり。このゆゑに、七仏祖あり。西天二十八祖、東土六祖、および十九祖あり。みな只一枝の開五葉なり、五葉の只一枝なり。（「梅華」巻、四六一頁）

c　過去七仏――西天二十八祖――東土六祖――十九祖

④七仏向上より七仏に正伝し、七仏裏より七仏に正伝し、渾七仏より渾七仏に正伝し、七仏より二十八代正伝したれり。第二十八代の祖師、菩提達磨高祖、みづから神丹国にいりて、二祖大祖正宗普覚大師に正伝し、六代つ

たはれて曹谿にいたる。東西都盧五十一伝、すなはち正法眼蔵涅槃妙心なり、袈裟・鉢盂なり。ともに先仏は先仏の正伝を保任せり。かくのごとくして仏仏祖祖正伝せり。（「鉢盂」巻、五六五頁）

d　**過去七仏――〈二十八代〉――菩提達磨――慧可――〈五代〉――慧能……五十一世道元**

⑤釈迦牟尼仏言、一切衆生、悉有仏性。如来常住、無有変易。

これわれらが大師釈尊の師子吼の転法輪なりといへども、一切諸仏、一切祖師の頂䫌眼睛なり。参学したること、すでに二千一百九十年、当日本仁治二年辛丑歳 正嫡わづかに五十代、至先師天童浄和尚 西天二十八代、代代住持しきたり、東地二十三世、世世住持しきたる。十方の仏祖、ともに住持せり。（「仏性」巻、一四頁）

e　**釈迦牟尼仏――西天二十八代――東地二十三世――五十代如浄**

⑥おほよそ世尊在世には、あるいは忉利天にして九旬安居し、あるいは耆闍窟山静室中にして五百比丘ともに安居す。五天竺国のあひだ、ところを論ぜず、ときいたれば白夏安居し、九旬安居おこなはれき。いま現在せる仏祖、もとも一大事としておこなはるるところなり。これ修証の無上道なり。梵網経中に、冬安居あれども、その法つたはれず、九夏安居の法のみつたはれり。正伝まのあたり五十一世なり。（「安居」巻、五七一頁）

f　**釈迦牟尼仏……五十一世道元**

⑦ただまさに九夏安居、これ仏祖と会取すべし、保任すべし。その正伝しきたれること、七仏より摩訶迦葉におよぶ。西天二十八祖、嫡嫡正伝せり。第二十八祖みづから震旦にいでて、二祖大祖正宗普覚大師をして正伝せしむ。二祖よりこのかた、嫡嫡正伝して、而今に正伝せり。震旦にいりてまのあたり仏祖の会下にして正伝し、日本国に正伝す。すでに正伝せる会にして九旬坐夏しつれば、すでに夏法を正伝するなり。この人と共住して安居せんは、まことの安居なるべし。まさしく仏在世の安居より嫡嫡面授しきたれるがゆゑに、仏面祖面まのあたり正伝しきたれり、仏祖の身心したしく証契しきたれり。（「安居」巻、五八一～五八二頁）

g　過去七仏……摩訶迦葉――〈西天二十八祖〉（菩提達磨）――二祖慧可……而今（道元）

①②は霊山会上における正法眼蔵涅槃妙心の附嘱が、過去七仏より正伝して自らに至っていることを示し、③は「一華開五葉」の「五葉」が「東地の五代と初祖とを一華として、五世をならべて古今前後にあらざるがゆゑに五葉といふ」（「梅華」巻、四六一～四六二頁）のではないことを示しながら、七仏、西天二十八祖、東土六祖、および十九祖が総て「只一枝の開五葉」であると示し、④は正法眼蔵涅槃妙心が、袈裟・鉢盂が「東西都盧五十一伝」して自らに正伝していることを示し、⑤は「一切衆生、悉有仏性……」の世尊の獅子吼が正伝して先師如浄に至り、それを自らが住持していることを示し、⑥⑦は世尊在世の安居が自らに正伝しており、自らが正伝五十一世であると示している。a～gは①～⑦の説示を便宜的に系譜に表したものである。

次の表は、「仏祖」巻に示される歴代仏祖順に、それぞれの仏祖について、『正法眼蔵』中に見られる仏祖の相承に関する説示を整理したものである。備考の欄には、○印に伝灯を示した説示を系譜に表し、＊印に仏法の伝承に関する重要な語を挙げてコメントを付した。

仏祖位	仏祖	伝灯を示した説示	備考
一	毘婆尸仏		
二	尸棄仏		
三	毘舍浮仏		
四	拘留孫仏		

五　拘那含牟尼仏

六　迦葉仏

七　釈迦牟尼仏

第一　摩訶迦葉

○霊山百万衆前、世尊拈優曇華瞬目。于時摩訶迦葉、破顔微笑。世尊云、我有正法眼蔵涅槃妙心、附嘱摩訶迦葉。（「優曇華」巻、五三二頁）

○釈迦牟尼仏——摩訶迦葉

○釈迦牟尼仏まのあたり迦葉尊者をみること親付なり。阿難・羅睺羅といへども、迦葉の親附におよばず。諸大菩薩といへども、迦葉の親附におよばず、迦葉尊者の座に坐することえず。世尊と迦葉と、同座し同衣しきたるを、一代の仏儀とせり。迦葉尊者したしく世尊の面授を面授せり。（「面授」巻、四四六～四四七頁）

○釈迦牟尼仏═摩訶迦葉
├阿　難
└羅睺羅

＊他の仏祖より親密に相承した、或いはただ一人に正伝したというような記述については、特に═を用いた。

○第八祖摩訶迦葉尊者は、釈尊の嫡嗣なり。生前もはら十二頭陀を行持して、さらにおこたらず。（「行持上」巻、一二三頁）

○釈迦牟尼仏——摩訶迦葉

＊毘婆尸仏から数えて第八祖としている。

○摩訶迦葉すでに釈尊の嫡子として法蔵の教主なり、正法眼蔵を正伝して仏道の住持なり。……釈尊の正法眼蔵無上菩提は、ただ摩訶迦葉に正伝せしなり、余子に正伝せず。正伝はかならず摩訶迦葉なり。（「仏教」巻、三〇八頁）

○釈迦牟尼仏═摩訶迦葉

＊正法眼蔵無上菩提は、摩訶迦葉にのみ正伝したとしている。

第二　阿難陀

○釈迦牟尼仏、まさしく迦葉尊者をみまします。迦葉尊者、まの

○釈迦牟尼仏——摩訶迦葉——阿難陀——商那和修

		あたり阿難尊者をみる。阿難尊者、まのあたり迦葉尊者の仏面を礼拝す。これ面授なり。阿難尊者この面授を住持して、商那和修を接して面授す。商那和修尊者、まさしく阿難尊者を奉覲するに、唯面与面、面授し面受す。かくのごとく、代代嫡嫡の祖師、ともに弟子は師にまみえ、師は弟子をみるによりて面授しきたれり。（「面授」巻、四四七頁）	**——代々嫡嫡の祖師**
第三	商那和修	○商那和修尊者は、第三の附法蔵なり。うまるるときより衣と倶生せり。この衣、すなはち在家のときは俗服なり、出家すれば袈裟となる。また鮮白比丘尼、発願施氎ののち、生生のところ、および中有、かならず衣と倶生せり。今日釈迦牟尼仏にあふたてまつりて出家するとき、生得の俗衣、すみやかに転じて袈裟となる、和修尊者におなじ。（「袈裟功徳」巻、六三〇頁）	＊第三の附法蔵
第四	優婆毱多	○第四祖優婆毱多尊者、有長者子、名曰提多迦、来礼尊者、志求出家。尊者曰、汝身出家、心出家。答曰、我求出家、非為身心。……仏法単伝の祖師、かならず出家受戒せずといふことなし。いまの提多迦、はじめて優婆毱多尊者にあふたてまつりて出家をもとむる道理、かくのごとし。出家受具し、優婆毱多に参じ、つひに第五の祖師となれり。（「出家功徳」巻、六一二～六一三頁）	**○優婆毱多——提多迦** ＊第四祖 ＊第五の祖

第五	提多迦		
第六	弥遮迦		
第七	婆須蜜多		
第八	仏陀難提		
第九	伏駄蜜多		
第十	婆栗湿縛	○第十祖波栗湿縛尊者は、一生脇不至席なり。これ八旬老年の弁道なりといへども、当時すみやかに大法を単伝す。これ光陰をいたづらにもらさざるによりて、わづかに三箇年の功夫なりといへども、三菩提の正眼を単伝す。（「行持上」巻、一二四頁）	＊第十祖
第十一	富那夜奢		
第十二	馬　鳴	○第十二祖馬鳴尊者、十三祖のために仏性海をとくにいはく、山河大地、皆依建立、三昧六通、由茲発現。（「仏性」巻、一七頁）	○**馬鳴――迦毘摩羅** ＊第十二祖・十三祖
第十三	迦毘摩羅		
第十四	那伽閼刺樹那、又龍樹、又龍勝、又龍猛。	○第十四祖龍樹尊者、梵云那伽閼刺樹那、唐云龍樹、亦龍勝、亦云龍猛。西天竺国人也。至南天竺国。……（「仏性」巻、二二頁）	＊第十四祖
		○龍樹祖師曰、如求仏果、讃歎一偈、称一南謨、焼一捻香、奉献一華。如是小行、必得作仏。これひとり龍樹祖師菩薩の所説と	○**釈迦牟尼仏……那伽閼刺樹那**

		いふとも、帰命したてまつるべし。いかにいはんや大師釈迦牟尼仏の説を、龍樹祖師、正伝挙揚しましますところなり。（「供養諸仏」巻、六五九頁）	
		○第十四祖龍樹祖師言、仏弟子中有一比丘、得第四禅、生増上慢、謂得四果。（「四禅比丘」巻、七〇四頁）	＊第十四祖
		○第十四祖龍樹菩薩云、大阿羅漢辟支仏、知八万大劫、諸大菩薩及仏、知無量劫。（「四禅比丘」巻、七一〇頁）	＊第十四祖
第十五	迦那提婆	○尊者の嫡嗣迦那提婆尊者、あきらかに満月相を識此し、円月相を識此し、身現を識此し、諸仏性を識此し、諸仏体を識此せり。入室瀉瓶の衆たとひおほしといへども、提婆と斉肩ならざるべし。提婆は半座の尊なり、衆会の導師なり、全座の分座なり。正法眼蔵無上大法を正伝せること、霊山に摩訶迦葉尊者の座元なりしがごとし。……龍樹すでに仏祖となれりしときは、ひとり提婆を付法の正嫡として、大法眼蔵を正伝す。これ無上仏道の単伝なり。……仏弟子はひとすぢに、提婆の所伝にあらざらんは龍樹の道にあらずとしるべきなり。これ正信得及なり。（「仏性」巻、二三〜二四頁）	○**那伽閼剌樹那＝迦那提婆**
第十六	羅睺羅多		
第十七	僧伽難提	○第十七代の祖師、僧伽難提尊者、ちなみに伽耶舎多これ法嗣な	○**僧伽難提――伽耶舎多**

第十八　伽耶舎多

第十九　鳩摩羅多

り。あるとき、殿にかけてある鈴鐸の、風にふかれてなるをききて、伽耶舎多にとふ、……（「恁麼」巻、一六四頁）

＊第十七代の祖師

○第十七祖僧伽難提尊者、室羅閥城宝荘厳王之子也。生而能言、常讃仏事。（「出家功徳」巻、六一三頁）

＊第十七祖

○第十八祖伽耶舎多尊者は、西域の摩提国の人なり。姓は鬱頭藍、父名天蓋、母名方聖。母氏かつて夢見にいはく、ひとりの大神、おほきなるかがみを持してむかへりと。ちなみに懐胎す。（「古鏡」巻、一七五頁）

＊第十八祖

○第十九祖鳩摩羅多尊者曰、且善悪之報、有三時焉。凡人但見仁夭・暴寿・逆吉・義凶、便謂亡因果虚罪福。殊不知影響相随、毫釐靡忒。縦経百千万劫、亦不磨滅。あきらかにしりぬ、曩祖いまだ因果を撥無せずといふこと。（「深信因果」巻、六七七頁）

＊第十九祖

○第十九祖鳩摩羅多尊者、至中天竺国。有大士、名闍夜多。問曰、我家父母、素信三宝。而嘗縈疾瘵、凡所営事、皆不如意。……鳩摩羅多尊者は、如来より第十九代の附法なり。如来まのあたり名字を記しまします。ただ釈尊一仏の法をあきらめ正伝せるのみにあらず、かねて三世の諸仏の法をも暁了せり。（十二巻本「三時業」巻、六八二頁）

○**釈迦牟尼仏……鳩摩羅多——闍夜多**

＊第十九祖

＊第十九代の附法

第二十　闍夜多

○闍夜多尊者、いまの問をまうけしよりのち、鳩摩羅多尊者にしたがひて如来の正法を修習し、つひに第二十代の祖師となれり。これもまた、世尊はるかに第二十祖は闍夜多なるべしと記しましませり。（十二巻本「三時業」巻、六八二頁）

＊第二十代の祖師

＊第二十祖

第二十一　婆修盤頭

○第二十一祖婆修盤頭尊者道、心同虚空界、示等虚空法。証得虚空時、無是無非法。（「虚空」巻、五六三頁）

第二十二　摩拏羅

第二十三　鶴勒那

第二十四　獅　子

第二十五　婆舎斯多

第二十六　不如蜜多

第二十七　般若多羅

○第二十七祖、東印度般若多羅尊者、因東印度国王、請尊者斎次、国王乃問、「諸人尽転経、唯尊者為甚不転。」祖曰、「貧道出息不随衆縁、入息不居蘊界、常転如是経、百千万億巻、非但一巻両巻。」般若多羅尊者は、天竺国東印度の種草なり。迦葉尊者より第二十七世の正嫡なり。仏家の調度ことごとく正伝せり。頂𩕳・眼睛、拳頭・鼻孔、拄杖・鉢盂、衣法・骨髄等を住持せり。われらが曩祖なり、われらは雲孫なり。（「看経」巻、二六九頁）

○**摩訶迦葉……般若多羅**

＊第二十七祖

＊迦葉尊者より第二十七世の正嫡なり。

第二十八　菩提達磨

○第二十七祖般若多羅尊者道、貧道、出息不随衆縁、入息不居蘊界、常転如是経、百千万億巻、非但一巻両巻。（「仏経」巻、四〇七頁）

○第二十八祖と称するは、迦葉大士を初祖として称するなり。毘婆尸仏よりは第三十五祖なり。（「仏道」巻、三七七頁）

○初祖は釈迦牟尼仏より二十八世の嫡嗣なり。父王の大国をはなれて、東地の衆生を救済する、たれのかたをひとしくするかあらん。（「行持下」巻、一四一頁）

○初祖は釈尊第二十八世の附法なり。道にありてよりこのかた、いよ〳〵おもし。かくのごとくなる大聖至尊、なほ師勅によりて身命をおしまざるは、伝法のためなり、救生のためなり。真丹国には、いまだ初祖西来よりさきに、嫡嫡単伝の仏子をみず、嫡ゝ面授の祖面を面授せす、見仏いまだしかりき。（「行持下」巻、一四四頁）

○嫡嫡面授の仏袈裟を正伝せるは、ただひとり嵩嶽の曩祖のみなり。旁出は仏袈裟をさづけられず。二十七祖の旁出、跋陀婆羅菩薩の伝、まさに肇法師におよぶといへども、仏袈裟の正伝なし。震旦の四祖大師、また牛頭山の法融禅師をわたすといへど

＊第二十七祖

○**毘婆尸仏**……**摩訶迦葉**……**菩提達磨**
＊第二十八祖・第三十五祖
＊仏祖位の数え方を示している

○**釈迦牟尼仏**……**菩提達磨**
＊二十八世の嫡嗣

○**釈迦牟尼仏**……**菩提達磨**
＊釈尊第二十八世の附法

○═**菩提達磨**
＊二十七祖
○（跋陀婆羅菩薩〈仏駄跋陀羅〉─肇法師）
○（四祖道信─牛頭法融）

第二十九	慧　可

も、仏袈裟を正伝せず。（「袈裟功徳」巻、六二三～六二四頁）	
○真丹初祖の西来東土は、般若多羅尊者の教勅なり。（「行持下」巻、一四〇頁）	○**般若多羅**——**菩提達磨**
○それよりのち、梁武帝の御宇、普通年中にいたりて、初祖みづから西天より南海広州に幸す。これ正法眼蔵正伝の嫡嗣なり。釈迦牟尼仏より二十八世の法孫なり。ちなみに嵩山少室峯少林寺に掛錫しまします。法を二祖大祖禅師に正伝せりし、これ仏祖光明の親曽なり。（「光明」巻、一一六頁）	○**釈迦牟尼仏**……**菩提達磨**——**慧可** ＊（第二十八世の法孫）
○釈迦牟尼仏の正法眼蔵無上菩提を証伝せること、霊山会には迦葉大士のみなり。嫡嫡正証二十八世、菩提達磨尊者にいたる。尊者みづから震旦国に祖儀して、正法眼蔵無上菩提を大祖正宗普覚大師に附嘱し、二祖とせり。第二十八祖、はじめて震旦国に祖儀あるを初祖と称す、第二十九祖を二祖と称するなり。（「葛藤」巻、三三一頁）	○**釈迦牟尼仏**＝**摩訶迦葉**……**菩提達磨**——**慧可** ＊（嫡嫡正証二十八世） ＊二祖・第二十九祖 ＊（初祖・第二十八祖）
○いまのともがら、あきらかに信ずべし、仏法の振旦に正伝せることは、ただひとへに二祖の参学の力なり。初祖たとひ西来せりとも、二祖をえずば、仏法つたはれざらん。二祖もし仏法をつたへずば、東地いまに仏法なからん。おほよそ二祖は、余輩に群すべからず。（「四禅比丘」巻、七一四頁）	○**菩提達磨**——**慧可** ＊初祖・二祖 ＊二祖は余輩に群すべからず

第三十　僧璨

第三十一　道信

第三十二　弘忍

○真丹第二祖、大祖正宗普覚大師は、神鬼ともに嚮慕す、道俗おなじく尊重せし高徳の祖なり、曠達の士なり。伊洛に久居して、群書を博覧す。くにのまれなりとするところ、人のあひがたきなり。（「行持下」巻、一四七頁）

○第三十一祖、大医禅師は、十四歳のそのかみ、三祖大師をみしより、服労九載なり。すでに仏祖の祖風を嗣続するより、摂心無寐にして、脇不至席なること僅六十年なり。化、怨親にかうぶらしめ、徳、人天にあまねし。真丹の第四祖なり。（「行持下」巻、一五〇頁）

○五祖大満禅師、蘄州黄梅人也。無父而生。童児得道。乃栽松道者也。初在蘄州西山栽松、遇四祖出遊。告道者、……祖識其法器、俾為侍者。後付正法眼蔵。居黄梅東山、大振玄風。（「仏性」巻、一七〜一八頁）

○第三十二祖大満禅師は、黄梅人なり。……七歳伝法よりのち、七十有四にいたるまで、仏祖正法眼蔵よくこれを住持し、ひそかに衣法を慧能行者に附属する、不群の行持なり。衣法を神秀にしらせず、慧能に附属するゆえに、正法の寿命不断なるなり。（「行持下」巻、一五六頁）

＊真丹第二祖

○**僧璨――道信**

＊第三十一祖

＊真丹の第四祖

○**道信――弘忍**

＊四祖・五祖

○**弘忍――慧能**

＊第三十二祖

＊衣法を神秀にしらせず、慧能に附属する

第三十三　慧能

○むかし黄梅の夜半に、仏の衣法すでに六祖の頂上に正伝す。まことにこれ、伝法伝衣の正伝なり、五祖の人をしるによりてなり。四果三賢のやから、および十聖等のたぐひ、教家の論師経師等のたぐひは、神秀にさづくべし、六祖に正伝すべからず。しかあれども、仏祖の仏祖を選する、凡聖路を超越するがゆゑに、六祖すでに六祖となれるなり。しるべし、仏祖嫡嫡の知人知己の道理、なほざりに測量すべきところにあらざるなり。（「伝衣」巻、二九六頁）

○**弘忍――慧能**
＊五祖・六祖

○黄梅のむかし、盧行者あること、信ずべし。樵夫より行者につる。般柴をのがるとも、なほ碓米を職とす。卑賤の身うらむべしといへども、出俗越僧、得法伝衣、かつていまだむかしもきかざるところ、西天にもなし、ひとり東地にのこれる希代の高躅なり。七百の高僧もかたを比せず、天下の龍象あとをたづぬる分なきがごとし。まさしく第三十三代の祖位を嗣続して仏嫡なり。五祖、知人の知識にあらずば、いかでかかくのごとくならん。（「仏経」巻、四一三頁）

○**弘忍――慧能**
＊第三十三代の祖位

○仏仏祖祖正伝の衣法、まさしく震旦国に正伝することは、嵩嶽の高祖のみなり。高祖は、釈迦牟尼仏より第二十八代の祖なり。西天二十八伝、嫡嫡あひつたはれり。二十八祖、したしく

○**釈迦牟尼仏……菩提達磨……弘忍――慧能**
＊（釈迦牟尼仏より第二十八代の祖）
＊西天二十八伝・二十八祖

震旦にいりて初祖たり。震旦国人五伝して、曹谿にいたりて三十三代の祖なり。これを六祖と称す。第三十三代の祖大鑑禅師、この衣法を黄梅山にして夜半に正伝し、一生護持、いまなほ曹谿山宝林寺に安置せり。(「袈裟功徳」巻、六二三頁)

○仏仏正伝の衣法、まさに震旦に正伝することは、少林の高祖のみなり。高祖はすなはち、釈迦牟尼仏より第二十八代の祖師なり。西天二十八代、嫡嫡あひつたはれ、震旦に六代、まのあたり正伝す。西天東地都盧三十三代なり。(「伝衣」巻、二八五頁)

○わが大師釈迦牟尼如来、正法眼蔵無上菩提を摩訶迦葉に附授するに、仏衣ともに伝附せりしより、嫡嫡相承して、曹谿山大鑑禅師にいたるに、三十三代なり。(「伝衣」巻、二八九頁)

○曹谿あるとき衆にしめしていはく、七仏より慧能にいたるに四十祖あり、慧能より七仏にいたるに四十祖あり。この道理、あきらかに仏祖正嗣の宗旨なり。いはゆる七仏は、過去荘厳劫に出現せるもあり、現在賢劫に出現せるもあり。しかあるを、四十祖の面授をつらぬるは、仏道なり、仏嗣なり。しかあればすなはち、六祖より向上して七仏にいたれば、四十祖の仏嗣あり。七仏より向下して六祖にいたるに、四十仏の仏嗣なるべ

*第三十三代の祖

○**釈迦牟尼仏……菩提達磨……慧能**

*(釈迦牟尼仏より第二十八代の祖師)

*西天東地都盧三十三代

○**釈迦牟尼仏——摩訶迦葉……慧能**

*曹谿山大鑑禅師にいたるに、三十三代なり。

○**過去七仏……慧能**

*四十祖・四十仏

し。仏道祖道、かくのごとし。（「嗣書」巻、三三八頁）	
○曹谿古仏、あるとき衆にしめしていはく、慧能より七仏にいたるまで四十祖あり。この道を参究するに、七仏より慧能にいたるまで四十仏なり。仏仏祖祖を算数するには、かくのごとく算数するなり。かくのごとく算数すれば、七仏は七祖なり、三十三祖は三十三仏なり。曹谿の宗旨かくのごとし。これ正嫡の仏訓なり。正伝の嫡嗣のみ、その算数の法を正伝す。（「仏道」巻、三七六頁）	○**過去七仏……慧能** ＊四十祖・四十仏、同様な説示が「古仏心」巻（七八頁）にもあり。
○釈迦牟尼仏より曹谿にいたるまで、三十四祖あり。この仏祖相承、ともに迦葉の如来にあひたてまつれりしがごとく、如来の迦葉をえましますがごとし。（「仏道」巻、三七六頁）	○**釈迦牟尼仏――摩訶迦葉……慧能** ＊三十四祖
○震旦第六祖曹谿山大鑑禅師、そのかみ黄梅山に参ぜしはじめ、五祖とふ、……（「仏性」巻、一九頁）	○**弘忍――慧能** ＊第六祖・五祖
○第三十三祖大鑑禅師、かつて黄梅山の法席に功夫せしとき、壁書して祖師に呈する偈にいはく、……（「古鏡」一七七頁）	○**弘忍――慧能** ＊第三十三祖
○第三十三代の祖、大鑑禅師、この衣法を黄梅の夜半に正伝し、生前護持しきたる。（「伝衣」巻、二八五頁）	○**弘忍――慧能** ＊第三十三代の祖
○圜悟禅師いはく、稽首曹谿真古仏。しるべし、釈迦牟尼仏より第三十三世は、これ古仏なりと稽首すべきなり。（「古仏心」	○**釈迦牟尼仏……慧能** ＊第三十三世

第三十四　青原行思

巻、七八頁）

○第三十三祖大鑑禅師、未剃髪のとき、……（「恁麼」巻、一六五頁）

＊第三十三祖

○青原高祖は、曹谿古仏の同時に、曹谿の化儀を青原に化儀せり。在世に出世せしめて、出世を一世に見聞するは、正嫡のうへの正嫡なるべし、高祖のなかの高祖なるべし。雄参学、雌出世にあらず。そのときの斉肩、いま抜群なり。学者ことにしるべきところなり。（「仏道」巻、三八五頁）

○**慧能**══**青原**

○霊山の授記は、高著眼なり。吾有正法眼蔵涅槃妙心、附嘱摩訶迦葉なり。しるべし、青原の石頭に授記せしときの同参は、摩訶迦葉も青原の授記をうく、青原も釈迦の授記をさづくるがゆゑに、仏仏祖祖の面面に、正法眼蔵附嘱有在なることあきらかなり。ここをもて、曹谿すでに青原に授記す。青原すでに六祖の授記をうくるとき、授記に保任せる青原なり。このとき、六祖諸祖の参学、正直に青原の授記によりて行取しきたれるなり。（「授記」巻、一九七頁）

○**釈迦牟尼仏**――**摩訶迦葉**……**慧能**――**青原**

○釈迦牟尼如来、正法眼蔵無上菩提を摩訶迦葉に附授しましますに、迦葉仏正伝の袈裟、ともに伝授しましまします。嫡嫡相承して曹谿山大鑑禅師にいたる、三十三代なり。その体色量親伝せ

○**釈迦牟尼仏**――**摩訶迦葉**……**慧能**┬**青原**
└**南嶽**

第三十五　石頭希遷

り。それよりのち、青原・南嶽の法孫、したしく伝法しきたり、祖宗の法を搭し、祖宗の法を製す。浣洗の法、および受持の法、その嫡嫡面授の堂奥に参学せざれば、しらざるところなり。(「袈裟功徳」巻、六二五〜六二六頁)

○曹谿古仏、ちなみに現般涅槃をもて人天を化せし席末に、石頭すすみて所依の師を請す。古仏ちなみに尋思去としめして、尋譲去といはず。しかあればすなはち、古仏の正法眼蔵、ひとり青原高祖の正伝なり。たとひ同得道の神足をゆるすとも、高祖はなほ正神足の独歩なり。曹谿古仏、すでに青原を、わが子を子ならしむ。子の父の父とある、得髄あきらかなり、祖宗の正嗣なることあきらかなり。(「仏道」巻、三八五頁)

○**慧能**‖**青原**—**石頭**（**慧能**—**南嶽**）

*ひとり青原高祖の正伝

○無際大師は、青原高祖の一子なり。ひとり堂奥にいれり。曹谿古仏の剃髪の法子なり。しかあれば、曹谿古仏は祖なり、父なり。青原高祖は兄なり、師なり。仏道祖席の英雄は、ひとり石頭庵無際大師のみなり。仏道の正伝、ただ無際のみ唯達なり。道現成の果果條條、みな古仏の不古なり、古仏の長今なり。これを正法眼蔵の眼睛とすべし、自余に比準すべからず。しらざるもの、江西大寂に比するは非なり。(「仏道」巻、三七九頁)

○**慧能**—**青原**‖**石頭**

*青原高祖の一子なり。ひとり堂奥にいれり。

*仏道の正法、ただ無際のみ唯達なり。

*しらざるもの、江西大寂に比するは非なり。

○石頭大師は、草庵を大石にむすびて石上に坐禅す。……いま青

○**青原**—**石頭**

		原の一派の天下に流通すること、人天を利潤せしむることは、石頭大力の行持堅固のしかあらしんるなり。いまの雲門・法眼のあきらむるところある、みな石頭大師の法孫なり。(「行持下」巻、一五〇頁)	雲門・法眼
第三十六	薬山惟儼	○石頭は曹谿の二世なり。天皇寺の道悟和尚は薬山の師弟なり。(「仏向上事」巻、二二八頁)	○**慧能——石頭**
		○薬山かくのごとく単伝すること、すでに釈迦牟尼仏より直下三十六代なり。薬山より向上をたづぬるに、三十六代に釈迦牟尼仏あり。かくのごとく正伝せる、すでに思量箇不思量底あり。(「坐禅箴」巻、九一頁)	○**釈迦牟尼仏……薬山** ＊三十六代
第三十七	雲巌曇晟	○雲巌・道吾は、かつて薬山に同参斉肩より、すでに四十年の同行として、古今の因縁を商量するに……(「観音」巻、一七〇頁)	○**薬山——雲巌** **道吾**
第三十八	洞山良价	○高祖悟本大師は、雲巌に嗣法す。雲巌は薬山大師の正嫡なり、薬山は石頭大師の正嫡なり、石頭大師は青原高祖の一子なり。斉肩の二三あらず、道業ひとり正伝せり。仏道の正命なほ東地にのこれるは、石頭大師もらさず正伝せしちからなり。(「仏道」巻、三八五頁)	○**青原＝石頭＝薬山＝雲巌＝洞山**
		○高祖筠州洞山悟本大師は、潭州雲巌山無住大師の親嫡嗣なり。	○**釈迦牟尼仏……雲巌＝洞山**

如来より三十八位の祖向上なり。自己より向上三十八位の祖なり。（「仏向上事」巻、二二四頁）

○しるべし、仏仏祖祖、西天東土、嗣書正伝は青原山下これ正伝なり。青原山下よりのち、洞山おのづから正伝せり。自余の十方かつてしらざるところなり。しるものはみなこれ洞山の児孫なり、雲水に声名をほどこす。宗杲禅師なほ生前に自証自悟の言句をしらず、いはんや自余の公案を参徹せんや。いはんや宗杲禅老よりも晩進、たれか自証の言をしらん。（「自証三昧」巻、五五九頁）

○おほよそ仏祖の向上に仏祖なるは、高祖洞山なり。そのゆゑは、余外の仏面祖面おほしといへども、いまだ仏向上の道は夢也未見在なり。徳山・臨済等には、為説すとも承当すべからず。巌頭・雪峯等は、粉砕其身すとも喫拳すべからず。（「仏向上事」巻、二二六頁）

○洞山大師、まさに青原四世の嫡嗣として、正法眼蔵を正伝し、涅槃妙心開眼す。このほかさらに別伝なし、別宗なし。大師かつて曹洞宗と称すべしと示衆する拳頭なし、瞬目なし。また門人のなかに、庸流まじはらざれば、洞山宗と称する門人なし。いはんや曹洞宗といはんや。（「仏道」巻、三八六頁）

＊如来より三十八位

○**青原**……**洞山**

＊嗣書正伝は青原山下これ正伝なり。

○**青原**……**洞山**

＊青原四世の嫡嗣

第三十九	雲居道膺

○雲居山弘覚大師は、洞山の嫡嗣なり。釈迦牟尼仏より三十九世の法孫なり。洞山宗の嫡祖なり。(「恁麼」巻、一六二頁)

○大師者、青原五世の嫡孫と現成して、天人師なり、尽十方界の大善知識なり。有情を化し、無情を化す。四十六仏の仏嫡として、仏祖のために説法す。三峯庵主の住裏には、天厨送供す。伝法得道のときより、送供の境界を超越せり。(「密語」巻、三九二頁)

○雲居山弘覚大師、参高祖洞山。……いま師資の道、かならず審細にすべし。(「仏向上事」巻、二二七頁)

○曹洞宗の称は、曹山を称しくはふるならん。もししかあらば、雲居・同安をもくはへのすべきなり。雲居は人中天上の導師なり、曹山よりも尊崇なり。はかりしりぬ、この曹洞の称は、傍輩の臭皮袋、おのれに斉肩ならんとて、曹洞宗の称を称するなり。まことに、白日あきらかなれども浮雲しもをおほふがごとし。(「仏道」巻、三八六頁)

○**釈迦牟尼仏**……**洞山**——**雲居**

＊三十九世の法孫

○**過去七仏**……**青原**……**雲居**

＊青原五世の嫡孫

＊四十六仏の仏嫡(雲居は毘婆尸仏から数えて四十六世にあたる)

○**洞山**——**雲居**

○**洞山**——**雲居**——**同安**
　　　└**曹山**

＊雲居を「曹山よりも尊崇」と讃えている。

＊「山水経」巻(二五八頁)に「青山常運歩」の因縁

第四十	同安道丕
第四十一	同安観志
第四十二	梁山縁観
第四十三	大陽警玄

第四十四	投子義青
第四十五	芙蓉道楷
第四十六	丹霞子淳
第四十七	真歇清了
第四十八	天童宗珏
第四十九	雪竇智鑑
第五十	天童如浄

○芙蓉山の楷祖、もはら行持見成の本源なり。国主より定照禅師号ならびに紫袍をたまふに、祖うけず、修表具辞す。（「行持下」巻、一五四頁）

○おほよそ先師の遍参は、諸方のきはむるところにあらず。大宋国二三百年来は、先師のごとくなる古仏あらざるなり。（「遍参」巻、四九二頁）

○先師古仏云、参禅者、身心脱落也、祇管打坐始得。不要焼香・礼拝・念仏・修懺・看経。あきらかに仏祖の眼睛を抉出しきたり、仏祖の眼睛裏に打坐すること、四五百年よりこのかたは、ただ先師ひとりなり、震旦国に斉肩すくなし。打坐の仏法なること、仏法は打坐なることをあきらめたるまれなり。たとひ打坐を仏法と体解すといふとも、打坐を打坐としれるいまだあらず。いはんや仏法を仏法と保任するあらんや。（「三昧王三昧」あり。

＊「家常」巻（四九八頁）に芙蓉との因縁あり。

第五十一	道　元	巻、五三九～五四〇頁） ○道元、大宋宝慶元年乙酉五月一日、はじめて先師天童古仏を礼拝面授す。やや堂奥を聴許せらる。わづかに身心を脱落するに、面授を保任することありて、日本国に本来せり。（「面授」巻、四五〇頁）	○如浄――道元

この表から知られるように、「仏祖」巻に示される歴代仏祖が一本の線でつながるわけではないが、道元禅師が捉えた、自らに至る仏教の流れを知ることができる。道元禅師が特に強調するのは、A釈迦牟尼仏から摩訶迦葉へ、B禅宗初祖菩提達磨から二祖慧可（四八七～五九三）へ、C五祖弘忍（六〇一～六七四）から六祖慧能へ、D六祖慧能から青原行思（?～七四〇）そして石頭希遷（七〇〇～七九〇）へ、E洞山良价（八〇七～八六九）から雲居道膺（?～九〇二）へ、という伝法の単伝である。

そして、自らに繋がる仏祖の、正伝の仏法の嫡嫡相承の強い主張として、弘忍は神秀（六〇六～七〇六）には衣法を附属せず、慧能にこそ附属したのであるとする再三再四の強調や、

古仏（慧能）ちなみに尋思去としめして、尋譲去といはず。しかあればすなはち、古仏の正法眼蔵、ひとり青原高祖の正伝なり。（「仏道」巻、三八五頁）

の説示に代表される慧能から南嶽懐譲（六七七～七四四）ではなく、慧能から青原への正伝の主張、そして曹洞宗の称の批判に際して、

曹洞宗の称は、曹山を称しくはふるならん。もししかあらば、雲居・同安をもくはへのすべきなり。雲居は人中天上の導師なり、曹山よりも尊崇なり。（「仏道」巻、三八六頁）

という説示は注目される。

道元禅師は、『弁道話』において、

大師釈尊、霊山会上にして法を迦葉につけ、祖祖正伝して菩提達磨尊者にいたる。尊者、みづから神丹国におもむき、法を慧可大師につけき。これ東地の仏法伝来のはじめなり。かくのごとく単伝して、おのづから六祖大鑑禅師にいたる。このとき、真実の仏法まさに東漢に流演して、節目にかかはらぬむねあらはれき。ときに六祖に二位の神足ありき、南嶽の懐譲と青原の行思となり。ともに仏印を伝持して、おなじく人天の導師なり。その二派の流通するに、よく五門ひらけたり。いはゆる、法眼宗・潙仰宗・曹洞宗・雲門宗・臨済宗なり。見在大宋には臨済宗のみ天下にあまねし。五家ことなれども、ただ一仏心印なり。

大宋国も、後漢よりこのかた、教籍あとをたれて一天にしけりといへども、雌雄いまださだめざりき。祖師西来ののち、直に葛藤の根源をきり、純一の仏法ひろまれり。わがくにも又しかあらんことをこひねがふべし。(七三〇頁)

と示している。ここでも、

釈尊――摩訶迦葉……菩提達磨――慧可……六祖慧能……中国禅宗五家

という仏教史(禅宗史)が示されている。

先の『正法眼蔵』に見られる説示やこの『弁道話』の一節からも知られるように、道元禅師に至る仏教の系統は、釈尊から大乗仏教の流れを経て、第二十八祖・中国禅宗初祖とされる菩提達磨に至り、二祖慧可、三祖僧璨(?~六〇六)、四祖道信(五八〇~六五一)、五祖弘忍、六祖慧能と伝わる禅の系統である。五祖弘忍のもとに慧能と神秀が出て、前者を南宗禅、後者を北宗禅と称するが、道元禅師はその南宗禅の系統であり、慧能の門下に南嶽懐譲と青原行思が輩出し、さらに南嶽の下に馬祖道一（七〇九～七八八）、青原の下に石頭希遷が出現し、この二人の系統から臨済宗、曹洞宗、雲門宗、潙仰宗、法眼宗の五つの宗が生まれ、また臨済宗の系統から黄龍派と楊岐派の二派が生まれて、いわゆる「五家七宗」と称されるが、道元禅師の師、如浄（一一六二～一二二七）は曹洞宗の系統であるから、道元禅師はその流れを汲んでいることになる。

ところで、この五家のうち中国宋代には、臨済宗と曹洞宗の系統が栄えるが、殊に先の引用文（『弁道話』）で「見在大宋には臨済宗のみ天下にあまねし」と示されるように、臨済宗が最も盛んであったことは間違いない。臨済宗と曹洞宗も「五家ことなれども、ただ一仏心印なり」（『弁道話』）とされるものの、宋代にはその立場の相違が見られるようになる。いわゆる看話禅と黙照禅である。

臨済宗の大慧宗杲（一〇八九～一一六三）は、禅の修行に公案の工夫を取り入れ、これによって、修行僧の境涯を深めてゆく方法をとる。公案とはそれ以前の禅師たちのすぐれた行いや言葉を題材にしたものであり、その真意を考えさせることによって、悟りを得させようとしたものである。これを看話禅と言う。

片や曹洞宗の宏智正覚（一〇九一～一一五七）は、公案を工夫して悟りを開くのではなく、黙々として坐禅することの中に悟りがあるとした。これを黙照禅と言う。

大慧は『大慧書』（「答劉宝学彦修」）の中で黙照禅を批判して、「教一切人、如渠相似、黒漆漆地、緊閉却眼、喚作黙而常照。」（『大正蔵』四七・九二五上）〈あらゆる人に仏の真似をさせて、心は煩悩のままで、しっかりと眼を閉じさせ、黙々と坐禅することがそのままさとりであると言っている〉〔石井修道『宋代禅宗史の研究』、大東出版社、一九八七年十月、三三二頁参照〕と言い、これに対して宏智は、『黙照銘』の中で「黙黙亡言、昭昭現前。」（『宏智禅師広録』巻八、『大正蔵』四八・一〇〇上）〈黙々と坐禅して言葉を断じたとき、明らかな悟りがそこに現れている〉、あるいは「妙存黙処、功忘照中。」〈妙なる悟りは坐禅の所に存在しており、しかもその悟りさえも坐禅の中で忘れ去られている〉と述べて、坐禅の実践を強調した。

この看話禅と黙照禅との相違は、坐禅と公案とのいずれに重点を置くかに分かれるとも言えるが、看話禅は悟りを得るための方法として坐禅よりも公案の工夫を重んじ、黙照禅は公案よりも坐禅の実践を重んじて坐禅の実践のほかに悟りはないことを強調したということができる。

宏智は道元禅師に至る系譜の祖師の中にはその名を連ねないが、道元禅師の禅の系統は、看話禅と黙照禅に大別すれば黙照禅の系統に属するものである。

道元禅師が嗣法した如浄は、曹洞宗すなわち黙照禅の流れを汲むものであったが、如浄その人は、教学にも禅にも偏ることなく、臨済宗・曹洞宗のいずれの派閥にも与せず、両宗の宗旨を兼ね備えて独自の宗風を振るっていたと考えられる。

道元禅師が、師の如浄との問答を記録した『宝慶記』に、

堂頭和尚示曰、参禅者身心脱落也、不用焼香・礼拝・念仏・修懺・看経、祇管打坐而已。拝問、身心脱落者何。堂頭和尚示曰、身心脱落者、坐禅也。祇管坐禅時、離五欲、除五蓋也。拝問、若離五欲、除五蓋者、乃同教家之所談也。即為大小両乗之行人者乎。堂頭和尚示曰、祖師児孫、不可強嫌大小両乗之所説也。学者若背如来之聖教、何敢仏祖之児孫者歟。

拝問、近代疑者云、三毒即仏法、五欲即祖道、若除彼等、即是取捨、還同小乗。堂頭和尚示曰、若不除三毒・五欲等者、一如瓶沙王国・阿闍世国之諸外道輩。仏祖之児孫、若除一蓋一欲、則巨益也、与仏祖相見之時節也。

（三七七〜三七八頁）

とある。如浄が、身心脱落とは坐禅そのものであって祇管坐禅の時、五欲を離れ五蓋が除かれていると示したのに対して道元禅師が、それならば教家で言っていることと同じであると質問したのに答えて、如浄は、大小両乗の諸説を

嫌ってはいけないとし、如来の聖教に背く者は敢えて仏祖の児孫でいる必要はないと、厳しい口調で戒めていることが窺われる。

また、如浄の語録である『天童如浄和尚録』の序に、

惟天童浄禅師。不流不倚兼而有之。自成一家八面受敵。始以竹篦子久知痛癢。後因一滴水漸至澎衝。（鏡島元隆『天童如浄禅師の研究』、春秋社、一九八三年八月、一三八頁）

とある。鏡島氏はこの部分を「ただ、天童如浄禅師は、臨済・曹洞のいずれの派にもくみせず片寄らず、二派を兼ね具えて自ら独自の宗風を振ったために、四方八方から攻撃を受けた。師は、はじめは大慧下の竹篦の公案に参じて長いこと鉗鎚を受けたが、後には曹洞一滴水の流れを汲む雪竇智鑑に参じて仏法の堂奥を得たのである」（同、一四二頁）と訳しているが、如浄は、はじめは臨済宗の看話禅の公案に参じ、後には曹洞宗の流れを汲む雪竇智鑑（九八〇〜一〇五二）に参じて仏法を会得した人物で、その教えは曹洞・臨済の二宗を兼ね備え、いずれにも与しない立場を取っていたことが窺われる。

先に、道元禅師は、その系統からは大乗仏教の人であり、また教学ではなく禅の流れに属する人であることを述べたが、師である如浄のこのような立場は少なからず道元禅師に影響を与えたはずである。

以上が、道元禅師の著作に見られる仏教史あるいは禅宗史に関する説示から見た、道元禅師に至る仏教そして禅の流れである。道元禅師の著作を通して推測した仏教史であるが、道元禅師の思想を研究する場合、史実としての仏教史だけではなく、道元禅師が捉えた仏教史の解明も重要である。本論にて論じる道元禅師の思想は、ここに述べた仏教史の上に成立したものであると言えるからである。

三　『正法眼蔵』の文献学的研究――四種古写本の考察を中心にして

ここでは、本論において道元禅師の思想を論じる上で最も重要な文献であり、最も多く引用する仮字『正法眼蔵』（以下、『正法眼蔵』と略す）について、その文献学的研究を行う。

『正法眼蔵』は、道元禅師を代表する主著であり、道元禅師の思想を知る上で、最も基本とすべき文献である。その内容は、それぞれ題目を持ち、その題目について仏祖の行実・経論・語録等を引用しながら拈提された個々の法語の集まりである。この法語の集まりは、一つの編集形態をもってまとめられ伝えられてきたのではなく、今日見られる室町期以前の古写本には、七十五巻のもの、六十巻のもの、十二巻のもの、二十八巻のものが存在する。また、その後、七十五巻の『正法眼蔵』を基としてこれに欠けた巻を拾録した八十三巻あるいは八十四巻の『正法眼蔵』や、六十巻の『正法眼蔵』を基としてこれに欠けた巻を拾録した八十三巻の『正法眼蔵』が編纂され、さらには、卍山道白（一六三六～一七一五）による八十九巻の『正法眼蔵』の編纂や、永平寺三十五世版橈晃全（一六二七～一六九三）あるいは永平寺五十世玄透即中（一七二九～一八〇七）による九十五巻の『正法眼蔵』の編纂が行なわれ、これらが今日に伝えられている。

道元禅師の思想を論じるに当たり、その拠り所となる文献の書誌的研究は不可欠であり、就中その思想的研究の中心的資料である『正法眼蔵』の書誌的研究は重要である。

はじめに、これら諸本を簡単に紹介し[1]、次にそれぞれについて詳細に考察し、さらにその成立の事情について問題の整理をしながら、標題に関わる私の見解を提示しておきたい。

㈠　四種古写本の概要

A　七十五巻の『正法眼蔵』

『正法眼蔵聞書抄』依用の『正法眼蔵』本文　　大分県泉福寺蔵　　全三十二冊

『正法眼蔵聞書抄』は『正法眼蔵』の最古の註釈書であり、道元禅師示寂後五十年以前の成立である。直弟子である詮慧とその弟子の経豪の註釈であることから、道元禅師の肉声を伝えている可能性が高く、『正法眼蔵』の解釈に当たって最も重要な資料であることは言うまでもない。この註釈は七十五巻の『正法眼蔵』についてなされており、そこから『正法眼蔵』の本文が知りうる。註釈書であるため本文全体は記されていないが、貴重な資料である。

乾坤院本　　愛知県乾坤院蔵　　全十五冊

第一「現成公案」巻に「于時永亨《ママ》二年正月吉日」（永亨は永享の誤りか。永享二年＝一四三〇年）の書写奥書があり、ほか第一冊・第二冊所収の巻々にも「永亨《ママ》二年正月書」とある。第六冊末（「看経」巻末）には「明應四暦乙卯初秋日書之畢　珠崇筆矣」（明應四年＝一四九五年）、第十五冊の「他心通」巻には「于爾永亨《ママ》二年三月十日越中州高瀬庄北市村於大林寺書之」の書写奥書がある。

この乾坤院本は、永享二年に越中国（富山県）大林寺で書写されたものを、乾坤院三世の芝岡宗田（？～一五〇〇）が董住中に書集し、晩年に至って明応四年頃、その弟子の雲関珠崇の助筆を得て完成したものと思われる。

正法寺本　岩手県正法寺蔵　二十七冊（六十六巻）

＊全三十冊のうち三冊（第五「身心学道」巻から第十三「海印三昧」巻まで）を欠く。

これは、正法寺の一一〇世となった寿雲良椿（?〜一五一六）が発願して、住山中の永正九年（一五一二）に、寺宝とするため諸人の助筆を得て書写したものである。出羽国（山形県）最上郡山形郷の龍門寺妙善院において書写されている。能登国（石川県）總持寺の伝法庵に伝わった七十五巻本が、最上の龍門寺からさらに正法寺へと伝えられたものと思われる。

ほか、石川県龍門寺所蔵本（天正十六年〈一五四七〉書写）、福井県宝慶寺所蔵本（貞享三年〈一六八六〉〜元禄三年〈一六九〇〉書写）等がある。

参考のため、次に乾坤院本の巻次・巻名および示衆（選述）奥書を表示しておく。尚、奥書が欠落しているものについては、諸本（＊で示した）より補い（　）に入れて示した。※字体は旧字体のままとした。

（巻次）	（巻名）	（奥書）
第一	現成公按	コレハ天福元年中秋ノコロカキテ鎮西ノ俗弟子楊光秀ニアタフ　建長壬子拾勒
第二	摩訶般若波羅蜜	爾時天福元年夏安居日在観音導利院示衆
第三	佛性	爾時仁治二年辛丑十月十四日在雍州観導利興聖寶林寺示衆
第四	身心学道	爾時仁治三年壬寅重（陽）日在于寶林寺示衆　＊「陽」原本ニナシ
第五	即心是佛	爾時延應元年五月二十五日在雍州宇治郡観音導利興聖寶林寺示衆
第六	行佛威儀	仁治二年辛丑十月中旬記于観音導利興聖寶林寺沙門道元

第七	一顆明珠	（爾時嘉禎四年四月十八日雍州宇治縣観音導利興聖寶林寺示衆）　＊洞雲寺本
第八	心不可得	爾時仁治二年辛丑夏安居于雍州宇治郡観音導利興聖寶林寺示衆
第九	古佛心	爾時寛元元年癸卯四月二十九日在六波羅蜜寺示衆
第十	大悟	爾時仁治三年壬寅春正月廿八日住観音導利興聖寶林寺示衆
		而今寛元二年甲辰春正月二十七日錫駐越宇吉峯古寺而書示於人天大衆
第十一	坐禅儀	尓時寛元年癸卯冬十一在越州吉田縣吉峯精舎示衆
第十二	坐禅箴	（仁治三年壬寅三月十八日記興聖寶林寺）　＊本山版
		（同四年癸卯冬十一月在越州吉田縣吉峯精舎示衆）　＊本山版
第十三	海印三昧	仁治三年壬寅孟夏二十日記于観音導利興聖寶林寺
第十四	空花	于時寛元元年癸卯三月十日在観音導利興聖寶林寺示衆
第十五	光明	仁治三年壬寅夏六月二日夜三更四点示衆于観音導利興聖寶林寺
		于時梅雨霖々簷頭滴々作麼生是光明在大家未免雲門道覰破
第十六	行持（上）	
	行持（下）	仁治三年壬寅四月五書于観音導利興聖寶林寺　※奥書ノ前ニ「佛祖行持」トアリ
第十七	恁麼	尓時仁治三年壬寅三月二十六日在観音導利興聖寶林寺示衆
第十八	観音	尓時仁治三年壬寅四月二十六日示
第十九	古鏡	仁治二年辛丑九月九日観音導利興聖寶林寺示衆
第二十	有時	仁治元年庚子開冬日書于興聖寶林寺
第二十一	授記	仁治三年壬寅夏四月二十五日記于観音導利興聖寶林寺

第二十二　全機
第二十三　都機
第二十四　畫餅
第二十五　溪聲山色
第二十六　佛向上事
第二十七　夢中説夢
第二十八　禮拜得髓
第二十九　山水経
第三十　看経
第三十一　諸悪莫作
第三十二　傳衣
第三十三　道得
第三十四　佛教
第三十五　神通
第三十六　阿羅漢
第三十七　春秋
第三十八　葛藤
第三十九　嗣書

尓時仁治三年壬寅十二月十七日在雍州六波羅蜜寺側雲州刺史幕下示衆
仁治癸卯端月書于観音導利興聖寶林寺沙門
尓時仁治三年壬寅十一月初五日在于観音導利興聖寶林寺示衆
尓時延應庚子結制後五日在観音導利興聖寶林寺示衆
尓時仁治三年壬寅三月二十三日在観音導利興聖寶林寺示衆
尓時仁治三年壬寅秋九月二十一日在雍州宇治郡観音導利興聖寶林精舎示衆
延應庚子清明日記観音導利興聖寶林寺
尓時仁治元年庚子十月十八日于時在観音導利興聖寶林寺示衆
(爾時仁治二年辛丑秋九月十五日在雍州宇治郡興聖寶林寺示衆)　＊洞雲寺本
尓時延應庚子月夕在雍州宇治縣観音導利興聖寶林寺示衆
ときに仁治元年庚子開冬日記于観音導利興聖寶林寺　入宋傳法沙門　道元
仁治三年壬寅十月五日書于観音導利興聖寶林寺沙門　敦撰
(于時仁治二年辛丑十一月十四日在観音導利興聖宝林寺示衆)　＊宝慶寺本
(于時仁治三年壬寅十一月七日在雍州興聖精舎示衆)　＊秘本
爾時仁治二年辛丑十一月十六日在於観音導利興聖寶林寺示衆
爾時仁治三年壬寅夏五月十五日住于雍州宇治郡観音導利興聖寶林寺示衆
尓時寛元二年甲辰在越宇山奥再示衆
尓時寛元元年癸卯七月七日在雍州宇治郡観音導利興聖寶林寺示衆
于時日本仁治二年歳次辛丑三月七日観音導利興聖寶林寺入宋傳法沙門道元記

第四十　栢樹子
第四十一　三界唯心
第四十二　説心説性
第四十三　諸法實相
第四十四　佛道
第四十五　密語
第四十六　無情説法
第四十七　佛経
第四十八　法性
第四十九　陀羅尼
第五十　洗面
第五十一　面授
第五十二　佛祖
第五十三　梅花
第五十四　洗浄
第五十五　十方
第五十六　見佛

仁治三年壬寅五月菖節二十一日記
尓時寛元元年癸卯閏七月初一日在越宇禅師峯頭示衆
尓時寛元元年癸卯在于日本国越州當縣吉峯寺示衆
尓時寛元元年癸卯九月日在于日本越州吉峰寺示衆
尓時寛元元年癸卯九月十六日在越州吉田縣吉峯寺示衆
尓時寛元元年癸卯九月二十日在越州吉田縣吉峯古精舎示衆
尓時寛元元年癸卯十月二日在越州吉田縣吉峯古寺示衆
寛元年癸卯九月庵居于越州吉田縣吉峯寺而示衆
于時日本寛元元年癸卯孟冬在越宇吉峯古精舎示衆
尓時寛元癸卯在越宇古峯精舎示衆
延應元年己亥十月二十三日在雍州観音導利興聖寶林寺示衆
寛元元年癸卯十月二十日在越州吉田郡吉峯寺重示衆
建長二年庚戌正月十一日在越州吉田郡吉祥山永平寺示衆
尓時寛元元年癸卯十月二十日在越宇吉田縣吉峯精舎示衆
尓時仁治二年辛丑正月三日書于日本国雍州宇治縣観音導利興聖寶林寺而示衆
尓時日本國寛元元年癸卯十一月六日在越州吉田縣吉嶺寺深雪参尽大地漫々
尓時延應元年己亥冬十月二十三日在雍州宇治縣観音導利院興聖寶林寺示衆
尓時寛元元年癸卯十一月十三日在日本國越州吉峯精舎示衆
尓時寛元元年癸卯冬十一月朔十九日在禅師峯山示衆

第五十七　遍參	尓時寛元元年癸卯十一月二十七日在越宇禅師峯下茅庵示衆
第五十八　眼睛	尓時寛元元年癸卯十二月十七日在越州禅師峯下示衆
第五十九　家常	尓時寛元元年癸卯十二月十七日在越宇禅師峯下示衆
第六十　三十七品菩提分法	尓時寛元二年甲辰二月二十四日在越宇吉峯精舎示衆
第六十一　龍吟	尓時寛元元年癸卯十二月二十五日在越宇禅師峯示衆
第六十二　祖師西來意	尓時寛元二年甲辰二月四日在越宇深山裏示衆
第六十三　発菩提心	尓時寛元二年甲辰二月廿四日在越州吉田吉峯精舎示衆
第六十四　優曇花	尓時寛元二年甲辰二月十二日越宇吉峯精舎藍示衆
第六十五　如來全身	尓時寛元二年二月十五日在越州吉田縣吉峯精舎示衆
第六十六　三昧王三昧	尓時寛元二年甲辰二月十五日在越宇吉峯精舎示衆
第六十七　轉法輪	尓時寛元二年甲辰二月二十七日在越宇吉峯精舎示衆
第六十八　大修行	尓時寛元二年甲辰三月九日在越宇吉峯古精舎示衆
第六十九　自證三昧	尓時寛元二年甲辰二月二十九日在越宇吉峯精舎示衆
第七十　虛空	尓時寛元三年乙巳三月六日在越宇大佛寺示衆
第七十一　鉢盂	尓時寛元三年三月十二日在越宇大佛精舎示衆
第七十二　安居	尓時寛元三年乙巳夏安居六月十三日在越宇大佛寺示衆
第七十三　他心通	爾時寛元三年乙巳七月四日在越宇大佛寺示衆
第七十四　王索仙陀婆	尓時寛元三年十月二十二日在越州大佛寺
第七十五　出家	爾時寛元四年丙午九月十五日在越宇永平寺示衆

B　六十巻の『正法眼蔵』

洞雲寺本　広島県洞雲寺蔵　全二十冊

第二「摩訶般若波羅蜜」巻・第三「仏性」巻・第四「身心学道」巻・第五「即心是仏」巻・第七「一顆明珠」巻・第九「古仏心」巻・第十「大悟」巻に、永平寺九世宋吾（一三四三～一四〇六）が嘉慶三年（一三八九）の一月から二月にかけて書写した記録がある。第十四「空華」巻以降第三十四「発菩提心」巻までの中の十一巻に阿波（徳島県）桂林寺の金岡用兼（一四三八～一五一五）が永正七年（一五一〇）の四月から八月の間に書写した記録がある。また、第四十一「袈裟功徳」巻から第六十「帰依仏法僧宝」巻（第四十八・四十九は奥書欠）には、永平寺十五世光周（一四三四～一四九二）による文明十一年（一四七九）十二月から同十二年四月にわたる書写の記録がある。全巻、漢字とひらがなで書かれている。

ほか、山口県瑠璃光寺所蔵本（本輯六十巻十冊、下篇・別輯七十五巻本系の二十三巻六冊。建治三年〈一二七七〉～延徳三年〈一四九一〉書写）や愛知県妙昌寺所蔵本（原本の所在場所は大分県泉福寺塔頭普門院。寛延三年〈一七五〇〉～四年書写）等がある。

参考のため、次に洞雲寺本の巻次・巻名および示衆（選述）奥書および懐奘（一一九八～一二八〇）の書写奥書を表示しておく。尚、奥書が欠落しているものについては、カタカナで「ナシ」と記し、書写奥書がある場合は次行に記した。※字体は旧字体のままとした。変体仮名は平仮名に改めた。

（巻次）	（巻名）	（奥書）
第一	見成公按	これは天福元年中秋のころかきて鎮西の俗弟子楊光秀にあたふ
第二	摩訶般若波羅蜜多	爾時天福元年夏安居日在観音導利院示衆 寛元二年甲辰春三月廿一日侍越宇吉峯精舎侍司書寫之　懐奘
第三	佛性	爾時仁治二年辛丑十月十四日在雍州観導利院興聖寶林寺示衆 于時弘長元年辛酉夏安居日在越州吉田郡吉祥山永平寺以 先師御草本書写之彼本所々散々或書消或書入或被書直仍今校合書写也 小師比丘懐奘
第四	身心學道	爾時仁治三年壬寅重陽日在于寶林寺示衆 仁治癸卯仲春初二日書寫懐奘
第五	即心是佛	爾時延應元年五月二十五日在雍州宇治郡観音導利興聖寶林寺示衆 于時寛元三年乙巳七月十二日在越州吉田縣大佛寺侍者寮書写之懐奘
第六	行佛威儀	ナシ
第七	一顆明珠	爾時嘉禎四年四月十八日雍州宇治縣観音導利興聖寶林寺示衆 寛元〻年癸卯閏七月廿三日書写越州吉田郡志比庄吉峰寺院主房侍者比丘懐奘
第八	三時業	建長五年癸丑三月九日在於永平寺之首座寮書写之懐奘
第九	古佛心	爾時寛元〻年癸卯四月二十九日在六波羅密寺示衆 寛元二年甲辰五月十二日在越州吉峯庵下侍司書寫懐奘
第十	大悟	爾時仁治三年壬寅春正月二十八日住観音導利興聖寶林寺示衆

第十一　坐禅儀
第十二　法華転法華
第十三　海印三昧
第十四　空華
第十五　光明
第十六　行持（上）
第十七　行持（下）
第十八　観音
第十九　古鏡

而今寛元二年甲辰春正月二十七日錫駐越宇吉峯古寺而書示人天大衆
　同二年甲辰春三月二十日侍越宇吉峯精舎堂奥次書寫之　懐奘
ナシ
仁治二年辛丑夏安居日これをかきて慧達禅人にさづく（中略）
開山観音導利興聖寶林寺入宋傳法沙門御名記在御判
仁治三年壬寅孟夏二十日記于観音導利興聖宝林寺
　寛元々年癸卯書寫之　懐弉
爾時寛元々年癸卯三月十日在観音導利興聖宝林寺示衆
　同二年甲辰正月廿七日在越宇吉峯寺侍者寮書寫之　懐弉
仁治三年壬寅夏六月二日夜三更四點示衆　于観音導利興聖宝林寺　于時梅雨霖々
簷頭滴々作麼生是光明在大家未免雲門道覷破
　寛元甲辰臘月中三日在越州大仏寺之侍司書寫之　懐弉
仁治癸卯正月十八日書寫了　同三月八日校点了　懐弉
仁治三年壬寅四月五日書于観音導利興聖宝林寺
　同四年癸卯正月十八日書寫　同三月八日校點了　懐弉
尓時仁治三年壬寅四月廿六日示
　仁治壬寅仲夏十日書寫之　懐弉
仁治二年辛丑九月九日観音導利興聖寶林寺示衆
　同四年癸卯正月十三日書寫于栴檀林裡

第二十	有時	ナシ 寛元癸卯夏安居書寫　懐弉
第二十一	授記	仁治三年壬寅夏四月五日記于觀音導利興聖寶林寺之 寛元二年甲辰正月廿日書寫之在于越州吉峰寺侍者寮
第二十二	全機	于時仁治三年壬寅十二月十七日在雍州六波羅蜜寺側雲州刺史幕下示衆 同四年癸卯正月十九日書寫之　懐弉
第二十三	都機	仁治癸卯端月書于觀音導利興聖宝林寺沙門之 寛元癸卯解制前日書寫之　懐弉
第二十四	畫餅	爾時仁治三年壬寅十一月初五日在于觀音導利興聖寶林寺示衆 仁治壬寅十一月初七日在興聖客司書寫之　懐弉
第二十五	溪聲山色	爾時延應庚子結制後五日在觀音導利興聖寶林寺示衆 寛元癸卯結制前佛誕生日在同寺侍司書寫之　懐弉
第二十六	佛向上事	爾時仁治三年壬寅三月二十三日在觀音導利興聖寶林寺示衆 正元元年己未夏安居日以未再治御草本在永平寺書寫之　懐弉
第二十七	夢中説夢	爾時仁治三年壬寅秋九月二十一日雍州宇治郡觀音導利興聖宝林精舎示衆 寛元元年癸卯三月廿三日書寫畢　侍者懐弉
第二十八	菩提薩埵四摂法	ナシ
第二十九	恁麼	爾時仁治三年壬寅三月二十日在于觀音導利興聖宝林寺示衆 寛元々年癸卯四月十四日書寫之侍者寮　懐弉

第三十　看経

爾時仁治二年辛丑秋九月十五日在雍州宇治郡興聖宝林寺示衆
　寛元三年乙巳七月八日在越州吉田縣大仏寺侍司書寫之　懐弉

第三十一　諸悪莫作

爾時延應庚子月夕在雍州宇治縣観音導利興聖寶林寺示衆
　寛元元年癸卯三月下旬七日於侍司寮書寫之　懐弉

第三十二　三界唯心

爾時寛元元年癸卯閏七月初一日在越宇吉峰頭示衆
　同年月廿五日書寫于院主坊　懐弉

第三十三　道得

仁治三年壬寅十月五日書于観音導利興聖宝林寺沙門、、
　同年壬寅十一月二日書寫之

第三十四　發菩提心

ナシ
　建長七年乙卯四月九日以御草案書寫之　懐弉

第三十五　神通

爾時仁治二年辛丑十一月十六日在於観音導利興聖宝林寺示衆
　寛元甲辰中春初一日書寫之在於越州吉峯侍者寮　懐弉

第三十六　阿羅漢

ナシ
　建治元年六月十六日書寫之　懐弉

第三十七　遍参

爾時寛元々年癸卯十一月二十七日在越宇禅師峯下茅庵示衆
　同癸卯臘月廿七日書寫之在同庵之侍者寮　懐弉

第三十八　葛藤

爾時寛元々年癸卯七月七日在雍州宇治郡観音導利興聖宝林寺示衆
　寛元二年甲辰三月三日在越州吉田郡吉峯寺侍司書寫　懐弉

第三十九　四馬

ナシ

建長七年乙卯夏安居日以御草案書寫之畢

第四十　栢樹子

爾時仁治三年壬寅五月菖節二十一日在永州宇治郡観音導利院示衆
寛元々年癸卯七月三日丁未書寫于越州吉田郡志比庄吉峯寺院之房　懐弉

第四十一　袈裟功徳

ときに仁治元年庚子開冬日在観音導利興聖寶林寺示衆
建長卯夏安居日令義演書記書写畢　同七月初五日一校了以御草案為本

第四十二　鉢盂

爾時寛元三年三月十二日在越宇大佛精舎示衆
寛元乙巳七月廿七日在大佛寺侍司書寫　懐弉

第四十三　家常

爾時寛元元年癸卯十二月十七日在越宇禅師峰下示衆
同二年壬辰正月一日書寫之在峰下侍者寮　懐弉

第四十五《ママ》　眼睛

爾時寛元々年癸卯十二月十七日越州禅師峰下示衆
同廿八日書寫之在同峯下侍者寮　懐弉

第四十五　十方

爾時寛元々年癸卯十一月十三日在日本國越州吉峯精舎示衆
寛元三年乙巳窮冬廿四日在越州大佛寺侍司書写之　懐弉

第四十六　無情説法

爾時寛元々年癸卯十月二日在越州吉田縣吉峰古寺示衆
同癸卯十月十五日書写之　懐弉

第四十七　見佛

爾時寛元々年癸卯冬十一月朔十九日在禅師峰山示衆
寛元二年甲辰冬十月朔十六日在越州吉田縣大佛寺侍者寮書寫之　懐弉

第四十八　法性

ナシ

第四十九　陀羅尼

ナシ

第五十　洗面
第五十一　龍吟
第五十二　西来意
第五十三　発無上心
第五十四　優曇華
第五十五　如来全身
第五十六　虚空
第五十七　夏《ママ》安居
第五十八　出家功徳
第五十九　供養諸佛

爾時延應元年己亥十月二十三日在觀音導利興聖寳林寺示衆
爾時寛元々年癸卯十月二十日在越州吉峯精舎示衆
爾時寛元々年癸卯十二月廿五日在越宇禅師峰示衆
　弘安二年三月五日　於永平寺書寫之
爾時寛元二年甲辰二月四日在越宇深山裏示衆
　弘安二年己卯六月廿二日在吉祥山永平寺書寫之
爾時寛元二年甲辰二月十四日在越州吉田縣吉峰精舎示衆
　弘安二年己卯三月十日在永平寺書寫之　懐弉
ナシ
　正和三年甲寅二月六日書寫之
ナシ
　弘安二年六月廿三日在永平禅寺衆寮書寫之
爾時寛元三年乙巳三月六日在越宇大佛寺示衆
　弘安二年己卯五月十七日在同國中濱新善光寺書寫之　義雲
爾時寛元三年癸乙巳夏安居六月十三日在越宇大佛寺示衆
弘安二年夏安居五月廿日在同國中濱新善光寺書寫之　義雲
ナシ
　延慶三年八月六日書寫之
ナシ

第六十　帰依三寶

ナシ

弘安第二己卯六月廿三日在永平寺衆寮書寫之

弘安二年己卯夏安居五月廿一日在越宇中濱新善光寺書寫之　義雲

C　十二巻の『正法眼蔵』

永光寺本　石川県永光寺蔵　三冊

昭和二年（一九二七）、永光寺の住持となった孤峰智璨師（一八七九～一九六七）が、昭和五年の夏、この十二巻の『正法眼蔵』を永光寺の宝蔵より発見し（孤峰烏石「正法眼蔵十二巻本について」、『跳龍』六―一〇、一九五五年）、その後、昭和十一年（一九三六）、孤峰師よりその精細な研究を託された永久俊雄〈岳水〉氏がこれを公に紹介し（永久岳水「永光寺十二巻正法眼蔵に就いて」、『道元』三―十一、一九三六年）、学会を瞠目させた。この永光寺本『正法眼蔵』には、謄写本全体に付された巻末の奥書のほか第三「袈裟功徳」巻以外には示衆奥書も書写奥書も記されていない。しかし、左記の奥書において知られるように、諸種編集本に収録されている十二巻本所属の巻の懐奘等の奥書には、この十二巻のうち九巻に、建長七年（一二五五）夏安居に書写された記録があることから、この十二巻本は建長七年の夏安居時に道元禅師自筆本よりまとめて書写されたものと推察される。それを基にして、応永二十七年（一四二〇）に書写され、後に文安三年（一四四六）三月八日に能登国（石川県）蔵見保の薬師堂で書写されたものがこの永光寺所蔵本である。また、建長七年の書写奥書に、御草案を以て書写したという記録や、中書清書に及ばない巻を書写したという記録があるものが存在することは、本書の性格を知るうえで重要である。道元禅師自身が晩年に編集したと考えられる。

《諸種編集本に収録されている十二巻本所収の巻の懐奘等の奥書》※字体は旧字体のままとした。

第一　出家功徳　建長七年乙卯夏安居日（長円寺本）
延慶三年八月六日書寫之（洞雲寺本）

第二　受戒　トキニ仁治元年庚子開冬日在観音導利興聖寶林寺示衆（永光寺本・洞雲寺本）

第三　袈裟功徳　建長〈七年乙〉卯夏安居日令義演書記書寫畢
同七月初五日一校了以御草案為本（瑠璃光寺本・洞雲寺本）

第四　発菩提心　爾時寛元二年甲辰二月十四日在越州吉田縣吉峯精舎示衆（玄透本）＊注
建長七年乙卯四月九日以御草案書寫之　懐弉（瑠璃光寺本・洞雲寺本・多福庵旧蔵本）

第五　供養諸仏　建長七年夏安居日（長円寺本）
弘安第二己卯六月廿三日在永平寺衆寮書寫之（洞雲寺本）

第六　帰依仏法僧宝　建長七年乙卯夏安居日以先師之御草本書寫畢未及中書清書等定御再治之時有添削歟於今不可叶其儀仍御草如此云（長円寺本）
弘安二年己卯夏安居五月廿一日在越宇中濱新善光寺書寫之義雲（洞雲寺本）

第七　深信因果　彼御本奥書ニ云　建長七年乙卯夏安居日以御草案書写之未及中書清定有可再治事也雖然書写之　懐弉（秘本）

第八　三時業

第九　四馬
第十　四禅比丘
第十一　一百八法門
第十二　八大人覚

建長七年乙卯夏安居日以御草案書寫之畢〈懐弉一校了〉（洞雲寺本・瑠璃光寺本）
建長七年乙卯夏安居日以御草案本書寫畢　懐弉（本山版）
彼本奥書曰　建長五年正月六日書永平寺（永光寺本）
本云建長五年正月六日書于永平寺如今建長七年乙卯解制之前日令義演書記書写畢同一校之右本先師最後御病中之御草也仰以前所撰仮名正法眼蔵等皆書改并新草具都盧壹伯巻可撰之云々
既始草之御此巻當第十二也此之後御病漸々重増仍御草案等事即止也所以此御草等先師最後教勅也我等不幸不拝見一百巻之御草尤所恨也若奉恋慕先師之人必書此十二巻而可護持之此釈尊最後之教勅且先師最後之遺教也　懐弉記之（秘本）

＊注　伊藤秀憲氏は、この「おほよそ心三種あり」で始まる「発菩提心」巻には、十二巻本の他の巻同様、懐弉の書写奥書のみがあり、道元禅師示衆奥書はなかったのではないかとする。同じ巻名であるからということで、七十五巻本発菩提心の奥書を用いたものであろうと推論している。（『道元禅研究』、大蔵出版、一九九八年十二月、二三四頁）

D　二十八巻の『正法眼蔵』

秘密正法眼蔵　福井県永平寺蔵　三冊

永平寺三十五世版橈晃全（一六二七～一六九三）の住持時代以前より、永平寺の宝庫裡に所蔵されていたもので、晃全以前に何人かによって、遺在する正法眼蔵の書写本を、その散佚を恐れて無作為に三冊に綴じ置いたものと思われる。「秘密正法眼蔵」の題号は、享保八年（一七二三）、永平寺三十八世承天則地（?～一七四四）が本書を修補した際に秘持密持して後代に伝えるべき意図より按題されたものである。

《二十八巻本　秘密正法眼蔵（永平寺所蔵）の巻次・巻名および奥書》※字体は旧字体のままとした。

初（正法眼蔵都盧廿八巻内十一巻）

一、佛向上事

二、生死

三、心不可得　（八）　寶治二年辛丑夏安居日書于興聖寶林寺

四、心不可得　（八）　于時仁治二年辛丑夏安居于雍州宇治郡観音導利興聖寶林寺示衆

五、深信因果　（八七）　彼御本奥書ニ云　建長七年乙卯夏安居日以御草案書写之未及中書清定有可再治事也雖然書写之　懐弉

六、諸法實相　（四十二）　于時寛元々年癸卯九月日在于日本越州吉峯寺示衆

七、佛道

八、礼拝得髄　仁治元年庚子冬節前日書于興聖寺

九、佛道（四十四）　尓時寛元々年癸卯九月十六日在越州吉田縣吉峯寺道

同癸卯十月廿三日夜三更書寫之　懐弉

同乙巳六月廿六日又校合　奥書云處也

十、三昧王三昧（六十六）　于時寛元二年甲辰二月十五日在越州吉田縣吉峯古寺示衆

同夜同峯下侍者寮書寫之　懐弉

文應元年庚申初秋日以再治御本校勘畢

十一、三十七品菩提分法（六十）　爾時寛元二年甲辰二月廿四日在越宇吉峯精舎示衆

同三月九日在同峯下侍司書寫之　懐弉

中（正法眼蔵都盧廿八巻之内十巻）

一、傳衣（三十二）　于時仁治元年庚子開冬日記于観音導利興聖寶林寺入宋沙門示衆

二、佛教（三十四）　于時仁治三年壬寅十一月七日在雍州興聖精舎示衆

三、山水経（二十九）　于時仁治元年庚子十月十八日子時在観音導利興聖宝林寺示衆

寛元二年甲辰六月三日申時在越州吉田縣吉峰寺侍司寮書寫之　慧上

四、蜜語（四十五）　于時寛元々年癸卯九月廿日在越州吉田縣吉峰古精舎示衆

同十月十六日在同精舎侍司　慧上

五、轉法輪（六十七）　于時寛元二年甲辰二月廿七日在越宇吉峰精舎示衆

同三月一日在同精舎侍者寮書寫之

六、自證三昧（六十九）

後以御再治本校勘書寫之畢

于時寛元二年甲辰三月二十九日在越宇吉峯精舎示衆

七、大修行（六十六）

于時寛元二年甲辰三月九日在越宇吉峰古精舎示衆

同三月十三日在同精舎侍者寮書写之　恵弉

八、嗣書

于時仁治二年辛丑歳次三月廿七日観音導利興聖宝林寺　入宋沙門――記

彼御本奥書曰仁治癸卯二月廿五日書寫之於侍者寮頭侍者　恵上

寛元々年十月廿三日以越州御書御本交之云云

九、八大人覚

本云建長五年正月六日書于永平寺如今建長七年乙卯解制之前日令義演書記書写畢

同一校之

右本先師最後御病中之御草也仰以前所撰仮名正法眼蔵等皆書改并新草具都盧壹伯巻可撰之云々

既始草之御此巻當第十二也此之後御病漸々重増仍御草案等事即止也所以此御草等先師最後教勅也我等不幸不拝見一百巻之御草尤所恨也若奉恋慕先師之人必書此十二巻而可護持之此釈尊最後之教勅且先師最後之遺教也　　懐弉記之

十、受戒（二）

後（正法眼蔵都盧廿八巻之内七巻）

一、佛祖（五十二）

爾時仁治二年辛丑正月三日書于本国雍州宇治縣観音導利興聖寶林寺而示衆

日本寛元二年甲辰五月十四日在越州吉峰寺侍司書写之　懐弉

二、四禅比丘（十）

（※「四禅比丘」巻は冒頭のみ、また「出家」巻の冒頭を欠く）

三、出家（七十五）
爾時寛元四年丙午九月十五日在越宇永平寺示衆
右出家ノ後有御龍草本以之可書改之仍可破之
四、佛経（四十七）
于時寛元元年癸卯秋九月庵居于越州吉縣吉峰示衆
五、面授（五十一）
尓時寛元々年癸卯十月廿日在越宇吉田縣吉峯精舎示衆
于時寛元二年甲辰六月七日在越宇吉峯精舎侍者寮書寫之　懐弉
六、説心説性（四十二）
彼本奥書云尓時寛元々年癸卯在于日本国越州吉田吉峰寺示衆
同二年甲辰正月十一日書写之在侍者寮下　懐弉
七、唯佛与佛（三十八）
弘安十一年季春晦日於越州吉田縣志比庄吉祥山永平寺知賓寮南軒書寫之

(二) 四種古写本の考察――成立・編集論を中心として

『正法眼蔵』には、(一)で述べた四種の古写本がある。『正法眼蔵』の書誌的研究において、まず立ちはだかる難問が、これら四種の古写本の編集・成立に関する問題である。これら諸本は何時、誰によって編集されたのか。その成立をめぐって諸説が立てられているが、定説を見るには至っていない。それほど、複雑で難解な問題であると言える。次に、四種の古写本それぞれの編集・成立について、少し詳しく論じてみよう。

七十五巻本『正法眼蔵』について

七十五巻本『正法眼蔵』の編集列次は、撰述（示衆）年次ということを観点においた場合、前半と後半とで大いに相違している。即ち、第四十の「柏樹子」巻以前の列次は撰述（示衆）年月日順には編集されていないのに対し、第四十一「三界唯心」巻以降はおおよそ撰述年月日順に並べられている。この問題については、すでに杉尾玄有氏も見解を述べている。杉尾氏はこの分れ目にあたる第四十一「三界唯心」巻が寛元元年（一二四三）、それもまさに越前移錫直後の、閏七月一日に説かれていることから、かの仮説をいまあらためて具体的にいえば、一二四三年越前移錫の時期を境いに、旧草眼蔵七十五巻は第一群四十巻と第二群三十五巻とに分たれ、第一群は移錫直前に結集されていた、ということであった。かような結集の仕方には、一体どういう意味が含まれているのであろうか。——旧草七十五巻が或る一定の方針により編集せられて一つの大系を形づくっている、という如き従来の見解は、もはやそのままの形では通用しがたいであろう。七十五巻の結集は、むしろ暫定的あるいは便宜的なものでしかなかったのではないであろうか。

そもそも越前移錫が、平穏裡に企てられたことでなく、四囲の圧力・迫害によって強いられたものなることが、これまた大久保師によって明らかにされてきている（道元禅師伝の研究、一八四頁以下）。迫害が激しくなり、興聖寺を去ろうと思い立ったころ、従来執筆の草稿の散逸が懸念せられて、急いで整理が行われ、列次番号が加えられたのではなかったか。さようにしてまとめられたのが第一群四十巻であったと考えられる。したがって、そこにはいわゆる「結集」とか「編集」とかという名に値いするほどの手数がかけられたかどうかも、あやしいかと思われる。ともかく道元は、越前移錫のさわぎに直面して、自撰の草稿に番号を付することの必要を知ったものと思われる。その結果、移錫後においては、おそらく撰述のたびごとに番号を付してゆく方針をとることになったものであろう。その番号は、移錫前に整理したであろう四十巻を継承して、第四十一から始められた。これが『三界唯心』以下第二群三十五巻なのである。(杉尾守「道元の哲学(上)」、『山口大学教育学部研究論叢』一九の一、一九七〇年三月、一〇八頁)

と推察している。先に私は、「『正法眼蔵』の性格(序説)」(『印度学仏教学研究』第三八巻二号、一九九〇年三月)において、この第四十一以降がおおよそ説示年月日順になっていることについて、前半は道元禅師自らの編集になるも、後半は懐奘が説示年月日順を重んじて編集したのではないか、と論考したが、これをさらにすすめて論じてみようと思う。

次頁の【表1】は、六十巻本から七十五巻本が編集されたという仮説のもとに、その様子を推論したものである。七十五巻本の編集列次は六十巻本の編集をそれ以前に想定することによって、しかも、後半は懐奘が説示年月日順という基準のもとに、六十巻本の編集列次を重んじながら編集したと考えることによって、ある程度合理的に説明できるのである。

さて、最初に右側の六十巻本の編集があったと仮定する(以下は総てこの仮定のもとに述べる)。この六十巻本から十二巻本編集にあたって七つの巻(「三時業」「発菩提心」「四馬」「袈裟功徳」「出家功徳」「供養諸仏」「帰依仏法僧宝」)が除かれ、さらになんらかの理由(後述)で第十二の「法華転法華」巻と第二十八の「菩提薩埵四摂法」巻が除かれる(【表1】の【A】)。

道元禅師が、明確な編集意図のもとに、「出家功徳」巻を第一とする、いわゆる新草十二巻本の編集をされたのはおそらく晩年のことであろうが、この時、六十巻の『正法眼蔵』が崩される。そこで道元禅師は、新たに「現成公案」巻を第一とする『正法眼蔵』の再編集を、新草本編集と並行して行ないつつあったと推測される。この再編集を始めたのが、禅師最晩年の建長四年(一二五二)であると考えられる。即ち、乾坤院本『正法眼蔵』(七十五巻本)

【表1】75巻本の編集

	【75巻本】			【A】			【60巻本】
1	現成公按	1233.8書（建長壬子拾勒）	1	現成公按		1	現成公按
2	摩訶般若波羅蜜	1233.4～7	2	摩訶般若波羅蜜		2	摩訶般若波羅蜜
3	佛性	1241.10.14記	3	佛性		3	佛性
4	身心学道	1242.9.9	4	身心学道		4	身心学道
5	即心是佛	1239.5.25	5	即心是佛		5	即心是佛
6	行佛威儀	1241.10.中旬記	6	行佛威儀		6	行佛威儀
7	一顆明珠	1238.4.18	7	一顆明珠		7	一顆明珠
8	心不可得	1241.4～7	8	(A)	心不可得	8	三時業
9	古佛心	1243.4.29	9	古佛心		9	古佛心
10	大悟	1242.1.28	10	大悟		10	大悟
11	坐禪儀	1243.11	11	坐禪儀		11	坐禪儀
12	坐禪箴	1242.3.18記	12	(B)	坐禪箴	12	法華転法華
13	海印三昧	1242.4.20記	13	海印三昧		13	海印三昧
14	空花	1243.3.10	14	空花		14	空花
15	光明	1242.6.2	15	光明		15	光明
16	行持	1242.4.5書	16	行持（上）		16	行持（上）
17	恁麼	1242.3.20	17	行持（下）		16	行持（下）
18	観音	1242.4.26	18	観音		18	観音
19	古鏡	1241.9.9	19	古鏡		19	古鏡
20	有時	1240.10.1書	20	有時		20	有時
21	授記	1242.4.25記	21	授記		21	授記
22	全機	1242.12.17	22	全機		22	全機
23	都機	1243.1.6書	23	都機		23	都機
24	畫餅	1242.11.5	24	畫餅		24	畫餅
25	溪聲山色	1240.4.20	25	溪聲山色		25	溪聲山色
26	佛向上事	1242.3.23	26	佛向上事		26	佛向上事
27	夢中説夢	1242.9.21	27	夢中説夢		27	夢中説夢
28	禮拝得髄	1240.3.7記	28	(C)	礼拝得髄	28	菩提薩埵四摂法
29	山水経	1240.10.18	29	恁麼	山水経	29	恁麼
30	看経	1241.9.15	30	看経		30	看経
31	諸悪莫作	1240.8.15	31	諸悪莫作		31	諸悪莫作
32	傳衣	1240.10.1記	32	三界唯心	伝衣	32	三界唯心
33	道得	1242.10.5書	33	道得		33	道得
34	佛教	1241.11.14	34	(D)	仏教	34	発菩提心
35	神通	1241.11.16	35	神通		35	神通
36	阿羅漢	1242.5.15	36	阿羅漢		36	阿羅漢
37	春秋	1244再示衆	37	遍參	春秋	37	遍參
38	葛藤	1243.7.7	38	葛藤		38	葛藤

39	嗣書	1241. 3. 27 記	39	(E)	39	四馬
40	栢樹子	1242. 5. 21	40	栢樹子	40	栢樹子
41	三界唯心	1243. 閏 7. 1	41	(F)	41	袈裟功德
42	説心説性	1243	42	鉢盂	42	鉢盂
43	諸法實相	1243. 9	43	家常	43	家常
44	佛道	1243. 9. 16	44	眼睛	44	眼睛
45	密語	1243. 9. 20	45	十方	45	十方
46	無情説法	1243. 10. 2	46	無情説法	46	無情説法
47	佛経	1243. 9	47	見佛	47	見仏
48	法性	1243. 10	48	法性	48	法性
49	陀羅尼	1243	49	陀羅尼	49	陀羅尼
50	洗面	1239. 10. 23（1243. 10. 20）	50	洗面	50	洗面
51	面授	1243. 10. 20	51	龍吟	51	龍吟
52	佛祖	1241. 1. 3	52	祖師西來意	52	祖師西來意
53	梅花	1243. 11. 6	53	發無上心	53	發無上心
54	洗浄	1239. 10. 23	54	優曇花	54	優曇花
55	十方	1243. 11. 13	55	如來全身	55	如來全身
56	見佛	1243. 11. 19	56	虚空	56	虚空
57	遍參	1243. 11. 27	57	安居	57	安居
58	眼睛	1243. 12. 17（1243. 12. 28 書写）	58	(G)	58	出家功德
59	家常	1243. 12. 17（1244. 1. 1 書写）	59	(H)	59	供養諸佛
60	三十七品菩提分法	1244. 2. 24	60	(I)	60	帰依佛法僧寶
61	龍吟	1243. 12. 25				
62	祖師西來意	1244. 2. 4				
63	發菩提心	1244. 2. 14				
64	優曇花	1244. 2. 12				
65	如來全身	1244. 2. 15				
66	三昧王三昧	1244. 2. 15				
67	轉法輪	1244. 2. 27				
68	大修行	1244. 3. 9				
69	自證三昧	1244. 2. 29（秘本 1244. 3. 29）				
70	虚空	1245. 3. 6				
71	鉢盂	1245. 3. 12				
72	安居	1245. 6. 13				
73	他心通	1245. 7. 4				
74	王索仙陀婆	1245. 10. 22				
75	出家	1246. 9. 15				

← 嗣書

【12 巻本】

1	出家功德	(G)
2	受戒	
3	袈裟功德	(F)
4	發菩提心	(D)
5	供養諸佛	(H)
6	歸依佛法僧	(I)
7	深信因果	
8	三時業	(A)
9	四馬	(E)
10	四禪比丘	
11	一百八法門	
12	八大人覚	

【B】

菩提薩埵四摂法	(C)
法華轉法華	(B)

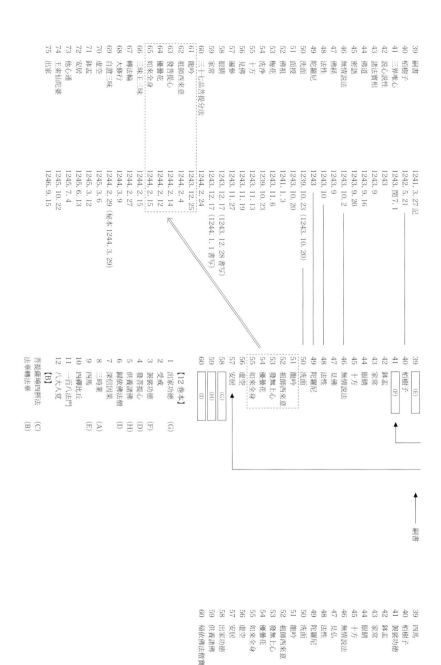

「現成公案」巻の奥書「建長壬子拾勒」はこのことを示しているのではないか。

乾坤院本『正法眼蔵』には懐奘等の書写奥書がまったくなく、道元禅師の奥書のみが残されている。これは七十五巻本系におおよそ共通する特徴であるが、このことからも「建長壬子拾勒」も道元禅師自身の奥書であると推測される。私は、この奥書は、道元禅師が『正法眼蔵』の再編集の開始時を記録したものと考えるのである。

この仮定の上にたってさらに述べるなら、道元禅師示寂の前年に始められた「現成公案」巻を第一とする『正法眼蔵』の再編集作業が、禅師の健康状態を推察するとき、成し遂げられたとは考えらない。おそらく中途で道元禅師は示寂されたと思われる。これを受け継いで、十二巻本以外の巻で『正法眼蔵』の再編集を成し遂げたのは誰か。それは懐奘以外には考えられない。

懐奘が、道元禅師自らが晩年に編集した十二巻本『正法眼蔵』を重んじ、これと重複しない形で、道元禅師が編集途中であった「現成公案」巻を第一巻とする『正法眼蔵』を、禅師がすでに編集された部分をそのままに、未編集の部分については六十巻本の編集列次を重んじながら、ほとんど撰述年月日順に並べて編集した『正法眼蔵』が現存する七十五巻本『正法眼蔵』と考えられるのである。それでは、道元禅師自らの手による再編集は第何巻くらいまで行なわれていたのかということについて、これを明確にすることはむずかしいが、とにかく、まず前半（第四十巻以前）の編集を推論してみよう。

第八「三時業」巻は新草へ入れるべく除かれたので、そこへ「心不可得」巻を入れる。第十一の「坐禅儀」巻の次に、一二四三年十一月にこの「坐禅儀」巻と共に示衆した「坐禅箴」巻を入れる。よって「法華転法華」巻は除かれる。第十六・第十七の「行持」巻を一巻にまとめ、第十七が空いたので、そこへ第二十九の「恁麼」巻を入れる。第二十八の「菩提薩埵四摂法」巻はおそらく新草へ入れるべく除かれたのであろう。そしてそこへは「礼拝得髄」巻が入れられ、第二十九の「恁麼」巻は第十七に移したので、そこへ「山水経」巻が入れられる。さて、第三十二の「三界唯心」巻が第四十一に移されてそこへ「伝衣」巻が入れられた経緯であるが、これは全くの憶測であるが、第四十一の「袈裟功徳」巻は新草に入れるべく除かれたので、ひとまずそこに「伝衣」巻を置いてあったのを、後に（おそらく懐奘が）「三界唯心」巻と入れ替えたのではなかろうか。第三十四の「発菩提心」巻は新草に入れるべく除かれたので、そこへ「仏教」巻を入れる。第三十七の「遍参」巻を後半へもってゆき、そこへ「春秋」巻を入れる。第三十九の「四馬」巻は新草へ入れるべく除かれたので、そこへ「嗣書」巻を入れる。ところで、第四十一へ「三界唯心」巻をもってゆき、そして第三十七の「遍参」巻を後半へもっていったのは、第四十一をスタートとして全く別の発想の編集が行なわれたからであろう。「三界唯心」巻は入越後最初に示衆された巻である。これを先頭にして、その後撰述（示衆）された巻を説示年月日順に並べたのである。この編集は懐奘によるのではあるまいか。

さて、第四十一「三界唯心」巻以降の編集列次を見てみると、おおよそ撰述（示衆）年月日順に並んでいる。しかし、おおよそ撰述（示衆）年月日順であり、整然とは並んでいない。これはどういうことなのか。これが、大きな疑問であった。しかし、六十巻本の編集を七十五巻本の編集以前に位置づけることによって、このことがある程度説明できるのである。つまり、撰述（示衆）年月日順という原則が崩されている部分について、六十巻本の編集列次を尊重しながら編集したと考えると、整然と並んでいないそのことが説明できるのである。

第四十六「無情説法」巻、第四十七「仏経」巻のところで順番が逆になっている。これは、第四十六「無情説法」巻という暫定的六十巻本の編集列次を重んじてこれによったからであろう。故に「仏経」巻が後になったと考えられる。

一二三九年十月二十三日示衆の「洗面」巻が第五十にあるのも六十巻本の編集列次を重んじてこれによったからであろう。しかし、再示衆された年月日（一二四三年十月二十日）によったとすればちょうど当てはまる。

第五十二「仏祖」巻と第五十四「洗浄」巻は例外である。第四十一「三界唯心」巻（一二四三年閏七月一日示衆）以降の中でこれ以前の示衆であるのはこの二巻だけである。第五十二「仏祖」巻はおそらく内容的な面から第五十一「面授」巻の次に置かれたのであろう。「洗浄」巻が第五十四に置かれたのは不審である。しかしながら、「洗面」巻と「洗浄」巻とは一セットのものであり（同じく一二三九年十月二十三日示衆の奥書がある）、また「洗浄」巻も「洗面」巻同様、再示衆があったと考えられるので、それがこの頃であったのかもしれない。

第五十八の「眼睛」巻と第五十九の「家常」巻は同一日示衆であるが、六十巻本の順番によれば第四十三が「家常」巻、第四十四が「眼睛」巻であり、逆になっている。しかしこのようになったのは、書写年月日を重んじたからと考えられよう。

「三十七品菩提分法」巻が第六十にあるのは、次のように説明できる。即ち、六十巻本の第五十一「龍吟」巻から第五十五の「如来全身」巻がおおよそ説示年月日順に並んで一まとまりになっていたことから、列次番号の一のくらいの一から五を重んじて、これをそのまま第六十一から第六十五へ持ってゆき、第六十六の「三昧王三昧」巻は第六十五の「如来全身」巻と同一日示衆であることから続けて置き、その後に置くべき「三十七品菩提分法」巻を第六十が空いてしまったのでそこへ入れたと考えられるのである。

第六十八の「大修行」巻と第六十九の「自証三昧」巻も入れ替わっている。しかし、「自証三昧」巻は二十八巻本の奥書によれば三月二十九日の示衆になっており、これに従ったものと思われる。もしかすると「自証三昧」巻の示衆日は二十八巻本の三月二十九日の方が正しいのかもしれない。

さて、以上、おおよそ撰述（示衆）年月日順に並べられている第四十一「三界唯心」巻以降の編集について、六十巻本が関係している可能性を述べたが、次に、六十巻本が七十五巻本以前にあった可能性について述べてみよう。

六十巻本『正法眼蔵』について

従来、義雲の『永平正法眼蔵品目頌并序』が六十巻本に付されていることから、その品目列次までも、頌著・序と共に義雲が編成したものと考えられてきた。しかし、近年、諸氏により従来の六十巻本義雲編集説に疑問が投げかけられており、六十巻本の編集に懐奘が関わっていた可能性があることも論じられている。

ここでは、暫定的六十巻本の編集が七十五巻本以前に、道元禅師自らの編集大系として存在したとする河村孝道氏の説によりながら、その可能性について考察してみたい。

河村氏が、この義雲編集説に対して疑問を投げかけ、道元禅師親集の七十五巻本以前に六十巻本の暫定的編集（親集）があったのではないかと、その可能性を指摘されてからすでに久しいが（「正法眼蔵成立の諸問題（四）――60巻本正法眼蔵を遶って」、『印度学仏教学研究』第二一巻第二号、一九七三年三月）、現在に至って、六十巻本を七十五巻本・十二巻本より後の成立と見る従来の説が多く取られており、殊に水野弥穂子氏によってこの問題が詳説され、伊藤秀憲氏がこの水野説によって七十五巻本から六十巻本が成立した事情を詳細に論考されるにおよび（「『正法眼蔵』の編纂について」、『宗学研究』第三一号、一九八九年三月）、この説がほとんど定説になろうとしている。

水野氏の説も、伊藤氏の説も実に詳細綿密で説得力を持ち、これに反論するにあたり河村氏の説（「六十巻本『正法眼蔵』について」、『正法眼蔵の成立史的研究』第二章第一節、春秋社、一九八七年三月）を繰り返す以上のことができるか覚束ないが、前（七十五巻本『正法眼蔵』について）で述べたように私は七十五巻本以前に六十巻本の編集本が存在した可能性を棄てきれない。新たに袴谷憲昭氏により提起された十二巻本の見直し（「十二巻『正法眼蔵』撰述説再考」〈『宗学研究』第三〇号、一九八八年三月〉、「七十五巻本「発無上心」と十二巻本「発菩提心」」〈『宗学研究』第三一号、一九八九年三月〉、「七十五巻本『正法眼蔵』編纂説考」〈『宗学研究』第三二号、一九九〇年三月〉）を含めて、再検討しなければならないと考えている。

私は大概において、

六十巻の「編集」――謄写蒐集した先師の遺稿は、曽て暫定的未再治・未修訂の時の列次編成本、すなわち六十巻に依拠しての謄写蒐集ではなかったかと思うものである。（前掲河村氏著書、四五一頁）

という河村氏の説を取るが、七十五巻本全体を道元禅師親集と見ず、懐奘が十二巻本以外の『正法眼蔵』を七十五巻にまとめたものと見る（但し前半四十巻あるいは五十巻までは道元禅師の親集であろうと考える）点においては河村説とは相違し、また、道元禅師の編集が現存する六十巻本（例えば洞雲寺本）の編集列次そのままのかたちのものであったかどうかについても疑問をもっている（後述）。

以下、『正法眼蔵』の編集について、諸氏の所説を踏まえながら、古写本諸本の奥書の考察から、編集者の問題、成立の時期とその事情等について考えてみたい。

六十巻本編集の縁由についての所説は、前掲河村氏の『正法眼蔵の成立史的研究』（四五二～四五九頁）に詳しい。河村氏は①回録捃拾説、②官本説、③意図的編成説等を挙げて説明し、その問題点を指摘している。①は瀧谷琢宗（一八三六～一八九七）『正法眼蔵顕開事考』に言うところであり、②は面山・斧山両『聞解』に言うところであり、③は大久保道舟『道元禅師全集』（上、解題）に言うところである。これに河村氏の説である暫定的六十巻親集論を加えたところが、六十巻本の編集についてのこれまでの諸説であるといえようか。

ところで、これらのいずれかに含まれようが、ここに『正法眼蔵』の編集に関する問題を積極的に取り上げた柴田道賢氏、高橋賢陳氏の説、そして、これまで『正法眼蔵』の書誌学的研究において幾多の優れた業績を発表している水野弥穂子氏の説、また『正法眼蔵』の編集（特に六十巻本の編集）について詳細に論じた伊藤秀憲氏の説を挙げておこう。

まず柴田氏は官本説（義雲編集説）をとる。柴田氏は後述する懐奘書写本「十方」巻（全久院所蔵）の奥書の列次番号「第四十五」の「四」の字に改竄の跡が見られることから、六十巻本編集の時にこの改竄が行なわれたのではないかとし、六十巻本編集の事情について次のように想像している。
嘉暦四年（一三二九）頃、花園上皇あるいは後醍醐天皇から、南禅寺を通じて道元禅師の眼蔵を叡覧に供するようにとの要請が永平寺に提起された。そこで当時の永平寺主義雲は、そのとき永平寺に所蔵されていた道元禅師の真筆本と懐奘の書写本とを検討し、その内容を検討して、臨済、徳山等、他宗を批判する叙述のある書帖を除き、両者を合揉して、必要な訂正を行い、原本の列次番号をできるだけ生かしつつ、必要な数字の改竄を行い、体裁を整えて序と品目頌を添えて、その要請に応えたのである。そこに六十巻本が「官本」といわれる所以があるのであろう。（「正法眼蔵の編集について――特に道元禅師の親集を中心として」、『宗教学論集』第六輯、一九七三年八月、一七八～一七九頁）

次に高橋氏は道元禅師親集説をとる。高橋氏は「『正法眼蔵』を貫くもの」（榑林皓堂編『道元禅の思想的研究』、春秋社、一九七三年十一月、所収）において、七十五巻本にも十二巻本にも編集されなかった「弁道話」「菩提薩埵四摂法」「法華転法華」「生死」「唯仏与仏」等の各巻の考察から『正法眼蔵』の性格を論じ、その中で六十巻本について触れ次のように述べている。

六十巻本についてはいろいろ論議もあるが、あるいは道元自身が初めに編成した巻次と見ることはできないであろうか（それは筑摩版『眼蔵』解題三「結集」の「一」に示される「十方」の巻についての論からも導き得られるように思う）。つまり、一応六十巻にまとめたが、のちに百巻を企画して組み直し、ひとまず七十五巻で区切って、以下を二十五巻にまとめるつもりでいて、ついに十二巻で入滅した、というふうに考えるのが自然のように思われる。（二三三頁）

このような見解は、また同氏の「正法眼蔵編成上の問題」（『金沢文庫研究』一八ノ五、一九七二年五月、一～五頁）において論じられている。

水野氏は、

言い伝えのように、宗門以外の人に示すため、あるいは書写の希望に応じて貸し出すことのできるものとして、五世義雲のころに編集し直されたものであろう。（「正法眼蔵はいつ示されたか——その成立に関して」、『駒沢短大国文』第三号、一九七三年三月、三頁）

と義雲のころの編集と推定している。そして、

六十巻正法眼蔵は従来、いつ、誰によって編纂されたか明らかでなかった。義雲に正法眼蔵品目頌のあるところから、そのころ義雲によって編纂されたであろうということになっている。しかし、上のような現存写本群の識語から見ると、六十巻の構想はすでに懐弉在世中にあり、延慶三年の「出家功徳」、正和三年の「優曇華」の書写をもって事実上の完結を見たと考えられる。（『駒沢短期大学研究紀要』第三号、一九七五年三月、二二頁）

と述べ、また「六十巻本正法眼蔵の編纂に、懐弉の意向がかなり強く動いていたと思われる」（同、二三頁）と指摘している。また、その後、『正法眼蔵』（四）（岩波書店、一九九三年、解説）においては、

道元禅師は、『正法眼蔵』全百巻を目標として、それ以前に撰述された巻々は書き直し、新しく稿を起こした十二巻が撰述された時、病気のため執筆も中止され、そのまま京都において入滅されたのであった。そして懐弉は、建長七年の夏安居時に十二巻の清書を義演書記に命じ、その最終巻に前掲の識語（「八大人覚」巻の識語＊角田註記）を記したのである。ここには七十五巻のことも六十巻のことも言及されていない。道元禅師の意図はどこまでも百巻の『正法眼蔵』であったのであり、七十五巻も六十巻も滅後遺弟による編集と見るほかはない。（五〇七〜五〇八頁）

と七十五巻本も六十巻本も道元禅師滅後、遺弟が編集したものとしている。また、六十巻本成立の事情については、永平寺に残った正法眼蔵は六十巻と二十八巻を合せた八十八巻であった。しかし、七十五巻をまとめるためには

Aの六巻が足らず、十二巻をまとめるためにはHに当る一百法明門一巻がたりなかった。（「古本正法眼蔵の内容とその相互関係――六十巻正法眼蔵の性格をさぐるために」、『宗学研究』第一五号、一九七三年三月、七〇頁）〈＊Aの六巻とは「坐禅箴」「春秋」「梅華」「洗浄」「他心通」「王索仙陀婆」の六巻〉

という事情から「Aの六巻はなかったので編み入れられず、Bの十九巻がセレクトされて除かれた」（同、七〇～七一頁）という見解を示している。〈＊Bの十九巻とは「心不可得」「礼拝得髄」「山水経」「伝衣」「仏教」「嗣書」「説心説性」「諸法実相」「仏道」「密語」「仏経」「面授」「仏祖」「三十七品菩提分法」「三昧王三昧」「転法輪」「大修行」「自証三昧」「出家」の十九巻〉

伊藤氏も、水野説のように、六十巻本は七十五巻本・十二巻本より後の成立と考え、これら水野説によって七十五巻・十二巻と六十巻本とを見、何故六十巻本のような排列が行われたかを詳細に論じている。（「『正法眼蔵』の編纂について」〈『宗学研究』第三一号、一九八九年三月〉、公開講演「『正法眼蔵』はいかに編輯されたか」〈『駒澤短期大学仏教論集』第一二号、二〇〇六年十月〉）

さて、これらの諸説を視野に入れながら、以下、六十巻本の編集者および成立の時期について考えてみたい。

六十巻本の編集者として考えられるのは、①道元②懐奘③義雲の三禅師である。

次頁の【表2】は洞雲寺本『正法眼蔵』（現在知られている六十巻本系最古の写本）の撰述（示衆）年月日・書写年月日及び書写者の一覧表である。（この表の書写者の欄には、永平寺九世宋吾〈一三四三～一四〇六〉、同十五世光周〈一四三四～一四九二頃〉、金岡用兼〈一四三八～一五一五〉等の名は記載していない。）

この表からも知られるように、書写年という観点からは、第五十一以降はそれ以前と顕著な相違を見せている。第五十四「優曇華」巻と第五十八「出家功徳」巻を除いて、みな弘安二年（一二七九、以下明解にするため重複して西暦を付したところもある）に書写されている。弘安二年の書写が六十巻本の第五十一から第六十に集中しているという

【表2】洞雲寺本（60巻本）『正法眼蔵』の撰述（示衆）年月日・書写年月日及び書写者一覧

＊書写者の欄には、宗吾・光周・用兼の名は記載していない。

	巻　目	撰述（示衆）年月日	書　写　年　月　日	書写者	備　考
1	現成公按	天福1（1233）中秋のころ			かきて鎮西の俗弟子楊光秀にあたふ
2	摩訶般若波羅蜜	天福1（1233）4～7示衆	寛元2（1244）3. 21	懐奘	
3	仏　性	仁治2（1241）10. 14示衆	弘長1（1261）4～7	懐奘	
4	身心学道	仁治3（1242）9. 9示衆	仁治4（1243）1. 2	懐奘	
5	即心是仏	延応1（1239）5. 25示衆	寛元3（1245）7. 12	懐奘	
6	行仏威儀				
7	一顆明珠	嘉禎4（1238）4. 18示衆	寛元1（1243）閏7. 23	懐奘	
8	三時業		建長5（1253）3. 9	懐奘	
9	古仏心	寛元1（1243）4. 29示衆	寛元2（1244）5. 12	懐奘	
10	大　悟	仁治3（1242）1. 28示衆	寛元2（1244）3. 20	懐奘	寛元2（1244）1. 27
11	坐禅儀				
12	法華転法華	仁治2（1241）4～7			慧達禅人にさづく
13	海印三昧	仁治3（1242）4. 20記	寛元1（1243）	懐奘	
14	空　花	寛元1（1243）3. 10示衆	寛元2（1244）1. 27	懐奘	
15	光　明	仁治3（1242）6. 2示衆	寛元2（1244）12. 中三日（13）	懐奘	
16	行　持（上）		仁治4（1243）1. 18書写了 3. 8校点了	懐奘	
17	行　持（下）	仁治3（1242）4. 5書	仁治4（1243）1. 18書写 3. 8校點了	懐奘	
18	観　音	仁治3（1242）4. 26示	仁治3（1242）仲夏10（5. 10）	懐奘	
19	古　鏡	仁治2（1241）9. 9示衆	仁治4（1243）1. 13		
20	有　時		寛元1（1243）4～7	懐奘	
21	授　記	仁治3（1242）4. 5記	寛元2（1244）1. 20		
22	全　機	仁治3（1242）12. 17示衆	仁治4（1243）1. 19	懐奘	在雍州六波羅蜜寺側前雲州刺吏幕下
23	都　機	仁治4（1243）1. 6書	寛元1（1243）解制前日（7. 14）	懐奘	
24	画　餅	仁治3（1242）11. 5示衆	仁治3（1242）11. 7	懐奘	
25	溪声山色	延応2（1240）4. 20示衆	寛元1（1243）4. 8	懐奘	
26	仏向上事	仁治3（1242）3. 23示衆	正元1（1259）4～7	懐奘	以未再治御草本在永平寺書写之
27	夢中説夢	仁治3（1242）9. 21示衆	寛元1（1243）3. 23	懐奘	
28	菩提薩埵四摂法				
29	恁　麼	仁治3（1242）3. 20示衆	寛元1（1243）4. 14	懐奘	
30	看　経	仁治2（1241）9. 15示衆	寛元3（1245）7. 8	懐奘	
31	諸悪莫作	延応2（1240）8. 15示衆	寛元1（1243）3. 下旬7（3. 27）	懐奘	
32	三界唯心	寛元1（1243）閏7. 1示衆	寛元1（1243）閏7. 25	懐奘	
33	道　得	仁治3（1242）10. 5書	仁治3（1242）11. 2	懐奘	
34	発菩提心		建長7（1255）4. 9	懐奘	以御草案書写之
35	神　通	仁治2（1241）11. 16示衆	寛元2（1244）中春初一日（2. 1）	懐奘	
36	阿羅漢		建治1（1275）6. 16	懐奘	
37	遍　参	寛元1（1243）11. 27示衆	寛元1（1243）12. 17	懐奘	
38	葛　藤	寛元1（1243）7. 7示衆	寛元2（1244）3. 3	懐奘	
39	四　馬		建長7（1255）4～7		以御草案書写之畢
40	栢樹子	仁治3（1242）5. 21示衆	寛元1（1243）7. 3	懐奘	
41	袈裟功徳	仁治1（1240）10. 1示衆	建長7（1255）4～7	義演	令義演書記書写畢 同七月初五日一校了 以草案為本
42	鉢　盂	寛元3（1245）3. 12示衆	寛元3（1245）7. 27	懐奘	建治元年（1275）丙子（1276）5. 25 書写了
43	家　常	寛元1（1243）12. 17示衆	寛元2（1244）1. 1	懐奘	
44	眼　睛（45）	寛元1（1243）12. 17示衆	寛元1（1243）12. 28	懐奘	
45	十　方	寛元1（1243）11. 13示衆	寛元3（1245）窮冬24（12. 24）	懐奘	
46	無情説法	寛元1（1243）10. 2示衆	寛元1（1243）10. 15	懐奘	
47	見　仏	寛元1（1243）11. 19示衆	寛元2（1244）10. 16	懐奘	
48	法　性				
49	陀羅尼				
50	洗　面	延応1（1239）10. 23示衆			寛元1（1243）10. 20示衆
51	龍　吟	寛元1（1243）12. 25示衆	弘安2（1279）3. 5		
52	祖師西來意	寛元2（1244）2. 4示衆	弘安2（1279）6. 22		
53	発無上心	寛元2（1244）2. 14示衆	弘安2（1279）3. 10	懐奘	
54	優曇花		正和3（1314）2. 6		
55	如来全身		弘安2（1279）6. 23		
56	虚　空	寛元3（1245）3. 6示衆	弘安2（1279）5. 17	義雲	
57	安　居	寛元3（1245）6. 13示衆	弘安2（1279）5. 20	義雲	
58	出家功徳		延慶3（1310）8. 6		
59	供養諸仏		弘安2（1279）6. 23		
60	帰依仏法僧宝		弘安2（1279）5. 21	義雲	

ことは、これらの書写が六十巻本について行なわれたことを示していると考えられる。弘安二年は懐奘示寂の前年である。懐奘示寂の前年に、六十巻本の編集あるいはその書写が行なわれていた可能性があるのである。第五十三「発無上心」巻は懐奘が、そして第五十六「虚空」巻、第五十七「安居」巻、第六十「帰依仏法僧宝」巻は義雲が書写している。六十巻本の編集あるいは書写に懐奘が関わっていたことが推測される。(2)

河村氏は、第五十一から第六十のなかの他の巻も義雲の謄写と思われるとし(前掲河村氏著書、四五九〜四六〇頁)、「いずれも六十巻の巻目列次に依ったものであることからして、六十巻本が義雲已前の編成である事に容易に想到し得る」(同、四六〇頁)と述べている。

水野氏も、

瑠璃光寺本、洞雲寺本等に残る書写記録から見て、その編纂はそれよりかなり早く、懐奘の最晩年にまで遡ることができるかもしれない。(「秘密正法眼蔵の検討」、『宗学研究』第二八号、一九八六年三月、三一頁)

と言い、伊藤氏も当初、前掲論文において、

懐奘示寂の前年の弘安二年(一二七九)には、第五〇から第六〇のうち、第五四・五八を除く巻の書写が行なわれたということは、六十巻本成立に関して、懐奘自身もあるいは関知していたのかも知れない。(九七頁)

と懐奘の関知を示唆している。しかしその後、伊藤氏はこの説を改め、『道元禅研究』(大蔵出版、一九九八年十二月)においては、

六十巻本『正法眼蔵』は、懐奘示寂後、永平寺に残された懐奘書写本を中心に、七十五巻本の排列を基本としながらも、臨済宗や宋朝禅を批判する巻を除き、七十五巻本や十二巻本の列次番号をできるだけ生かすようにして編輯したものであるということができるのである。六十巻本は懐奘書写本を中心に編輯されたものであるが、『正法眼蔵』を書写して手許に置こうと努めた懐奘が、自ら書写したものの中から六十巻を選択して新たな『正

法眼蔵』編輯することはありえない。六十巻本の成立は懐奘示寂後であり、宋朝禅、臨済宗に対して包容的であった義雲が編輯に大きく関わっていると思われる。(三〇三頁)

と、六十巻本の成立は懐奘示寂後であり、懐奘は六十巻本の成立に関知していなかったという説を明確にしている。しかし私は懐奘編集の可能性を捨てきれない。であれば私は、何故懐奘は体系的にまとめられた道元禅師親集の十二巻本を崩してまで六十巻本を編集しなければならなかったのかを示さなければならないが、以下、この六十巻本の懐奘編集説の可能性について論じてみたい。

道元禅師示寂以前、懐奘の手元にあった(自らが書写した)『正法眼蔵』の書写本を推定するに、確実に所持していたものは我々が現在知ることが出来る懐奘の書写奥書のある『正法眼蔵』である。水野弥穂子「正法眼蔵の成立について」(『駒沢短期大学研究紀要』第二号、一九七四年三月)の表A(二七〜三四頁)を参考にして、懐奘の書写奥書のある『正法眼蔵』について、懐奘の書写順に並べたのが、次頁の【表3】である。番号8と21の「嗣書」巻、番号22と43の「仏道」巻は同一の巻であるので、*を付した三巻(懐奘書写の明記はないが、それに準じて考えられる巻)を加えた四十九巻が、道元禅師示寂以前、懐奘が所持していたと思われる巻である。

道元禅師示寂後、おそらく懐奘は、道元禅師所持の真筆の『正法眼蔵』の巻々の総てを手中にしたに違いない。常識的に考えれば、こののち、懐奘にとって自らの手元に置くための『正法眼蔵』の書写は必要なくなったはずである。もっぱら関心は道元禅師の真筆の『正法眼蔵』の巻々に移行し、その整理に向けられたと思われる。その後、行なわれた書写は、『正法眼蔵』整理のための書写であったと考えられる。

諸本の書写奥書からも知られるように、道元禅師示寂後、先ず書写されたのが、いわゆる新草十二巻本である。これは、その新草が道元禅師晩年の重要な撰述意図を持った親集本であったことと(拙稿「『正法眼蔵』の性格――七十

【表３】懐奘書写の『正法眼蔵』一覧表（道元禅師示寂以前のもの）

	巻　目	列次番号 75：60	書 写 年 月 日	備　考 洞（洞雲寺本）　瑠（瑠璃光寺本） 秘（秘本28巻）清（梵清本）
1	観音	18	仁治3（1242）　5. 10	洞・瑠
2	道得	33	11.　2	洞
3	画餅	24	11.　7	洞
＊	古鏡	19	寛元1（1243）　1. 13	洞・瑠
4	行持（上）	16：16	1. 18	洞・瑠
	行持（下）	16：17	1. 18	洞・瑠
5	仏性	3	1. 19	永平寺本
6	全機	22	1. 19	洞・瑠
7	身心学道	4	2.　2	洞・瑠
8	嗣書	39：—	2. 25	秘
9	夢中説夢	27	3. 23	洞・瑠
10	諸悪莫作	31	3. 27	洞・瑠
11	渓声山色	25	4.　8	洞・瑠
12	恁麼	17：29	4. 14	洞・瑠
13	有時	20	夏安居	洞・瑠
14	都機	23	7. 14	洞
15	海印三昧	13	下向以前	洞・瑠
16	栢樹子	40	閏7.　3	洞・瑠
17	一顆明珠	7	閏7. 23	洞・瑠・清
18	三界唯心	41：32	閏7. 25	洞・瑠
19	無情説法	46	10. 15	洞
20	密語	45：—	10. 16	秘
21	嗣書	39：—	10. 23	秘
22	仏道	44：—	10. 23	秘
23	遍参	57：37	12. 27	洞・瑠
24	眼睛	58：44	12. 28	洞・瑠
25	家常	59：43	寛元2（1244）　1.　1	洞・瑠
26	説心説性	42：—	1. 11	秘
27	陀羅尼	49	1. 13	瑠
＊	授記	21	1. 13	洞
28	空華	14	1. 27	洞・瑠
29	神通	35	2.　1	洞・瑠
30	三昧王三昧	66：—	2. 15	秘
＊	転法輪	67：—	3.　1	秘
31	葛藤	38	3.　3	洞・瑠
32	三十七品菩提分法	60：—	3.　9	秘
33	大修行	68：—	3. 13	秘
34	大悟	10	3. 20	瑠
35	摩訶般若波羅蜜	2	3. 21	洞・瑠
36	自証三昧	69：—	4. 12	秘
37	古仏心	9	5. 12	洞・瑠
38	仏祖	52：—	5. 14	秘
39	山水経	29：—	6.　3	秘
40	面授	51：—	6.　7	秘
41	見仏	56：47	10. 16	洞
42	光明	15	12. 13	洞・瑠
43	仏道	44：—	寛元3（1245）　6. 26	秘
44	看経	30	7.　8	洞
45	即心是仏	5	7. 12	洞・瑠
46	鉢盂	71：42	7. 27	洞・瑠
47	十方	55：45	12. 24	全久院本・洞
48	三時業	(8)：8	建長5（1253）　3.　9	洞・瑠

【表4】

1	2	3	4	5	6	7	8	9	10	11	12	13	14	15	16	17	18	19	20
	○	○	○	○		○	○	○	○			○	○	○	○	○	○	○	○
21	22	23	24	25	26	27	28	29	30	31	32	33	34	35	36	37	38	39	40
○	○	○	○	○		○		○	○	○	○	○		○		○	○		○
41	42	43	44	45	46	47	48	49	50	51	52	53	54	55	56	57	58	59	60
	○	○	○	○	○	○		○											

【表5】

列番	巻　　目	書写者	書 写 年 月 日
1	現成公案		
6	行仏威儀		
11	坐禅儀		
12	法華転法華		
26	仏向上事	懐奘	正元元年（1259）夏安居日
28	菩提薩埵四攝法		
34	発菩提心	懐奘	建長七年（1255）四月九日
36	阿羅漢	懐奘	建治元年（1275）六月十六日
39	四馬		建長七年（1255）夏安居日
41	袈裟功徳	義演	建長七年（1255）夏安居日
48	法性		
50	洗面		
51	龍吟		弘安二年（1279）三月五日
52	祖師西来意		弘安二年（1279）六月二十二日
53	発無上心	懐奘	弘安二年（1279）三月十日
54	優曇華		正和三年（1314）二月六日
55	如来全身		弘安二年（1279）六月二十三日
56	虚空	義雲	弘安二年（1279）五月十七日
57	安居	義雲	弘安二年（1279）五月二十日
58	出家功徳		延慶三年（1310）八月六日
59	供養諸仏		弘安二年（1279）六月二十三日
60	帰依仏法僧宝	義雲	弘安二年（1279）五月二十一日

五巻本と十二巻本」、『駒澤大学仏教学部研究紀要』第四八号、一九九〇年三月）、その多くが草案本のままの状態のものであり、第六「帰依仏法僧宝」巻や第七「深信因果」巻のように「未及中書清書」のものもあったので、先ず第一に編集整理を必要としたからであろう。

私は、この新草十二巻本の清書書写・編集整理の後、『永平広録』の編集とともに、この十二巻本以外の巻の編集整理が行なわれたと推測している。このことは、道元禅師示寂後の懐奘の『正法眼蔵』書写状況（前掲水野氏論文、四五〜四六頁）からも窺われる。すなわち、「仏性」巻の本文の決定（水野弥穂子「正法眼蔵仏性巻の伝承とその本文」〈『駒沢短大国文』第四号、一九七一年十二月〉、同「永平寺懐弉書写本「仏性」と六十巻正法眼蔵との関係」〈『宗学研究』第二七号、一九八五年三月〉参照）、「未再治御草本」であった「仏向上事」巻の書写（洞雲寺本奥書）、「三昧王三昧」巻の再治本との校勘（文応元年〈一二六〇〉初冬日、秘本奥書）、同じく「転法輪」巻の再治本との校勘（年月日不詳、秘本奥書）等は、書写整理が行なわれたことを示している。これらの書写整理は、弘長元年（一二六一）夏安居日に、何故か再び道元禅師の草案本「仏性」巻が懐奘によって書写される以前には完了していたと思われる。なぜなら、この弘長元年の書写は、後述するように、懐奘書写本をもとにした六十巻本の編集の段階のものと考えられるからである。

道元禅師真筆の『正法眼蔵』の巻々についてなされた、これら七十五巻本編集整理（前述のように、私は、前半は道元禅師自らの編集になるも、後半は懐奘が説示年月日順を重んじて編集したのではないかと推測している）ののち、晩年になって懐奘は自ら書写した『正法眼蔵』の巻々の整理を行なったのではあるまいか。それが六十巻本の編集の基となったと私は考える。懐奘が自ら書写し護持していたと思われる『正法眼蔵』は【表3・懐奘書写の『正法眼蔵』一覧表（道元禅師示寂以前のもの）】から知られるが、そのうち六十巻本にある巻についてまとめたのが【表4】（六十巻本の列次番号で示した）であり、これに欠けた巻々についてまとめたのが【表5】である。

以下、推論するに（便宜的に断定的表現にする）、懐奘は晩年、自ら書写した『正法眼蔵』を基にして、もうひとつの『正法眼蔵』を編集したのではないか。なぜなら、自ら書写した『正法眼蔵』には、先に編集整理した七十五巻の『正法眼蔵』とは違った列次番号（禅師が在世中に編集した暫定的編集の『正法眼蔵』の列次番号）が付されていたからである。そして何よりも、七十五巻の『正法眼蔵』の前半四十巻は道元禅師の親集（拙稿「『正法眼蔵』の成立に関する試論――七十五巻本『正法眼蔵』の編集について」、『宗学研究』第三二号、一九九〇年三月）であったとは言え、列次番号は懐奘が書写したいくつかの『正法眼蔵』と同じ列次番号、すなわち、道元禅師の暫定的六十巻の『正法眼蔵』の列次番号のままになっていたからではなかろうか。懐奘は晩年になって、十二巻本の編集によって崩された暫定的な六十巻の編集本であるとはいえ、道元禅師親集の編集本として、これを再現して残そうとしたのではないだろうか。

それでは、この六十巻の再編成はどのように行なわれたのであろうか。

【表4】は先にも述べたように、道元禅師在世中に懐奘が自ら書写し護持していたと思われる『正法眼蔵』のうち六十巻本にある巻を六十巻本の列次番号によってまとめたものである。◯を付した三十八巻は、確実に懐奘が所持していたと思われる巻である。【表5】は【表4】の無印の巻についてまとめたものであるが、書写奥書が無いものは、道元禅師の自筆本が複数存在していてそれがそのまま組み入れられたものか、あるいは後に書写の段階で懐奘の書写奥書が欠落したものかと思われる。

このうち、第十二「法華転法華」巻と第二十八「菩提薩埵四摂法」巻は、七十五巻本に組み入れられなかった巻であり、おそらく道元禅師の自筆本が残っていた、と思われる。それがそのまま組み入れられたと考えれば、懐奘は書写する必要がなかったわけであり、懐奘の書写奥書がなくて当然である。

第二十六「仏向上事」巻は、先に述べたように、七十五巻本編集のとき道元禅師の未再治本を懐奘が書写したものと思われ、同様にこれが六十巻本にも組み入れられたと考えられる。第三十四「発菩提心」巻、第三十九「四馬」巻、第四十一「袈裟功徳」巻は、建長七年夏安居時に書写された新草十二巻本から、さらに書写されたものと思われる。

第五十「洗面」巻には書写奥書がないが、この「洗面」巻は、奥書によれば延応元年（一二三九）十月二十三日、寛元元年（一二四三）十月二十日、建長二年（一二五〇）正月十一日の三度示衆されているところから推定すれば、寛元元年示衆の「洗面」巻が再治され建長二年に重ねて示衆されるに及び、懐奘が所望して寛元元年示衆の道元禅師自筆の「洗面」巻を拝受し、所持していた可能性もあり、これがそのまま六十巻本に編集されたので、懐奘書写奥書がないとも考えられる。

第五十一から第六十の十巻のうち八巻が弘安二年（一二七九）、道元禅師の二十七回忌に書写されていることは、この弘安二年が六十巻本の編集に関して重要な年であることを示している。この弘安二年の時点で六十巻本はほとんどの編集が成っていたはずである。懐奘（一二八〇寂）がこの六十巻本に関わっていた可能性は高い。そして懐奘編集の可能性が最も濃厚であると私は考えている。

私の思うに、道元禅師親集の『正法眼蔵』は十二巻本だけだったのかもしれない（いや、「八大人覚」巻を新草の第十二に置いたのは懐奘と私は考えるので、これとて完全に道元禅師の編集本とは言えない）。六十巻本も七十五巻本も懐奘による編集の可能性があるのである。ただし、以下まとめるように、六十巻本のもととなったのは道元禅師親集の暫定的六十巻の編集本であり、七十五巻本のもととなったのも、道元禅師の手になる「現成公案」巻を第一とする『正法眼蔵』（しかし、これは中途までの編集であったと思われる）であったとすれば、両者ともに道元禅師の手になる編集本として尊ばれるべきことに変わりはない。

つまり、懐奘が七十五巻本を編集したのは、新草本（十二巻本）の編集と並行して「現成公案」巻を第一とするもうひとつの『正法眼蔵』の編集がすでに道元禅師自身によって中途（四十巻あるいは五十巻）まで進められていたからであり、禅師滅後その完成を図ったのであろう。そして、同じ懐奘が何故六十巻本の編集もしたかといえば、それは、七十五巻本のもととなった、道元禅師の手になる『正法眼蔵』の編集本が存在したからであろう。新草本（十二巻本）編集によって道元禅師自らの手によって崩された編集本ではあったが、道元禅師親集の『正法眼蔵』であるから、晩年になって懐奘は、これを残そうとしたと私には思われるのである。

但し、先にも述べたように、道元禅師親集の暫定的六十巻の『正法眼蔵』が現存する六十巻本と全く同様の編集本であったと私は考えていない。以下、道元禅師親集の暫定的六十巻『正法眼蔵』を「旧六十巻本」と言い、現存する六十巻本『正法眼蔵』を「新六十巻本」と言うことにするが、「旧六十巻本」では「袈裟功徳」巻は「伝衣」巻であったかもしれないし、「出家功徳」巻は「出家」巻であったかもしれないからである。

最後に、七十五巻本系に懐奘等の書写奥書がなく、六十巻本系に懐奘その他の書写奥書が見られることについてであるが、先に述べたように、七十五巻の編集は道元禅師真筆本について行なわれ、これを書写したものであり、それに対して六十巻本（「新六十巻本」）の編集は懐奘書写本について行なわれ、これを書写したものであるからと見ることができる。

伊藤秀憲氏が「六十巻本は懐奘書写本を中心に編輯されたものであるが、『正法眼蔵』を書写して手許に置こうと努めた懐奘が、自ら書写したものの中から六十巻を選択して新たな『正法眼蔵』編輯することはありえない」（前出、八七頁）と指摘するように、私も懐奘が新たな『正法眼蔵』を編集することはありえないと思うが、私は懐奘が「新六十巻本」の編集に関わったと考えており、懐奘が新たな『正法眼蔵』を編集するとは考えられないからこそ、「新六十巻本」の基となった道元禅師の暫定的六十巻（「旧六十巻本」）の親集本存在の可能性を考えるのである。

十二巻本『正法眼蔵』について

十二巻本は、七十五巻本や六十巻本に比べて実に明確な思想大系を有している。その列次・巻目を示せば、第一「出家功徳」第二「受戒」第三「袈裟功徳」第四「発菩提心」第五「供養諸仏」第六「帰依仏法僧宝」第七「深信因果」第八「三時業」第九「四馬」第十「四禅比丘」第十一「一百八法明門」第十二「八大人覚」である。これらが互いに関連し合って説かれたものであることは、既に伊藤秀憲氏が指摘している（「十二巻本『正法眼蔵』について」、『宗学研究』第二八号、一九八六年三月）。

寛元四年（一二四六）九月十五日に「出家」巻（七十五巻本の第七十五）を撰述された後、何時のことか、道元禅師はこれを分割・加筆して書き改め「出家功徳」巻と「受戒」巻を撰述されたと思われる。「出家」巻の冒頭に引用された『禅苑清規』第一からの引用文は、そのまま十二巻本第二の「受戒」巻の冒頭に引用され、同じ引用文の前半の部分は、十二巻本第一の「出家功徳」巻の末尾に引用されている。また「出家」巻にある『大般若経』第三からの引用文や、『大智度論』第十三からの引用文（出典は『摩訶止観弘決』巻二）は、そのまま「出家功徳」巻にも引用されている。「出家功徳」巻は「出家」巻に比べると約五倍の長さをもつが、大幅な加筆がなされたものと思われる。

「出家」巻が「出家功徳」巻と「受戒」巻に分けられて撰述されたとすれば、「出家功徳」巻の後に「受戒」巻が置かれることは当然であるが、「出家功徳」巻には、出家の功徳について説かれる中にも〈出家受戒〉という熟語が十数回にわたって用いられ、出家と受戒が一体のものとして示され、「出家功徳」巻が次の「受戒」巻へと繋がるべきものであったことは言うまでもない。

のみならず、「出家功徳」巻には、十二巻本の他の巻々と関連する語が多く見られ、まさに十二巻本の序説とも思われるのである。「出家功徳」巻が先ず撰述され、ここから次第に他の十二巻本の巻々へと展開されていったと私は考えている。

即ち、第一「出家功徳」巻の冒頭に引用される『大智度論』第十三の戯女著袈裟の因縁は、そのまま第三「袈裟功徳」巻に引用されているが、出家の功徳に関連したこの話は「袈裟功徳」巻の撰述の一縁因となったと思われる。「出家功徳」巻で道元禅師はこの因縁を挙げて、

戯女のむかしは信心にあらず、戯笑のために比丘尼の衣を著せり。おそらくは軽法の罪あるべしといへども、この衣をその身に著せしちから、二世に仏法にあふ。比丘尼衣とは袈裟なり。戯笑著袈裟のちからによりて、第二生に迦葉仏のときにあふたてまつる。出家受戒し、比丘尼となれり。（六〇六頁）

とあり、

しかあればすなはち、はじめより一向無上菩提のために、清浄の信心をこらして袈裟を信受せん、その功徳の増長、かの戯女の功徳よりもすみやかならん。（六〇六頁）

と示すが、「袈裟功徳」巻では、

正法眼蔵を正伝する祖師、かならず袈裟を正伝せり。この衣を伝持し頂戴する衆生、かならず二三生のあひだに得道せり。たとひ戯笑のため利益のために身に著せる、かならず得道因縁なり。（六二三頁）

と説き、この同じ因縁が挙されている。その他「出家功徳」巻で示される次の説示、

仏言、及有依我剃除鬚髪、著袈裟片、不受戒者、供養是人、亦得乃至入無畏城。以是縁故、我如是説。あきらかにしる、剃除鬚髪して袈裟を著せば、戒をうけずといふとも、これを供養せん人、無畏城に入らん。（六一〇頁）

しるべし、剃髪染衣すれば、たとひ不持戒なれども、無上大涅槃の印のために印せらるるなり。（六一〇頁）

これ釈迦如来そのかみ太子のとき、夜半に踰城し、日たけてやまにいりて、みづから頭髪を断じまします。ときに浄居天きたりて、頭髪を剃除したてまつり、袈裟をさづけたてまつれり。これかならず如来出世の瑞相なり、

諸仏世尊の常法なり。（六一二頁）

あきらかにしりぬ、たとひ閻羅王なりといへども、人中の生をこひねがふことかくのごとし。すでにうまれたる人、いそぎ剃除鬚髪し、著三法衣して、学仏道すべし。（六一五頁）

等は「袈裟功徳」巻の撰述へとつながる。

また、先の「出家功徳」巻からの引用文に続いて、

いはんやまた、無上菩提のために菩提心をおこし、出家受戒せん、その功徳無量なるべし。（六〇六頁）

と説かれている部分や、

この刹那生滅の道理によりて、衆生すなはち善悪の業をつくる。また刹那生滅の道理によりて、衆生発心得道す。（六〇七頁）

婆沙一百二十云、発心出家、尚名聖者、況得忍法。しるべし、発心出家すれば聖者となづくるなり。（六〇九頁）

等の説示は、第四「発菩提心」巻の撰述へとつながる。

鎮州臨済院義玄禅師曰、夫出家者、須弁得平常真正見解、弁仏、弁魔、弁真、弁偽、弁凡、弁聖。若如是弁得、名真出家。若魔仏不弁、正是出一家入一家、喚作造業衆生、未得名為真正出家。いはゆる平常真正見解といふは、深信因果、深信三宝等なり。弁仏といふは、……（六一四頁）

この説示の深信因果は第七「深信因果」巻の撰述へ、深信三宝は第六「帰依仏法僧宝」巻の撰述へと、それぞれつながる。また、

あきらかなるはかならず出家す、くらきは家にをはる。黒業の因縁なり。（六一三頁）

いま学者、かならず善友に親近すべし。善友とは、諸仏ましますととくなり、罪福ありとをしふるなり。因果を撥無せざるを善友とし、善知識とす。この人の所説、これ正法なり。（六一五頁）

等の説示の傍線の語は第七「深信因果」巻や第八「三時業」巻へと関連してゆく。また、

若無過去世、応無過去仏、若無過去仏、無出家受具。この偈は、諸仏如来の偈なり。外道の過去世なしといふを破するなり。（六〇八頁）

と、『大毘婆沙論』巻七六の偈を挙げ、「過去世なし」という外道の見解を排斥しているが、この偈はまた第五「供養諸仏」巻の冒頭にも引用され、内容的には第八「三時業」巻にもつながるものと見てよいであろう。

第二「受戒」巻以降の巻についても、その関連性が知られ、次第に他の巻々へと発展・展開されて撰述されていったことが推測される。

第二「受戒」巻では、応受菩薩戒の儀について、

いはゆる応受菩薩戒、此入法之漸也、これすなはち参学のしるべきところなり。その応受菩薩戒の儀、ひさしく仏祖の堂奥に参学するものかならず正伝す、疏怠のともがらのうるところにあらず。その儀は、かならず祖師を焼香礼拝し、応受菩薩戒を求請するなり。すでに聴許せられて、沐浴清浄にして、新浄の衣服を著し、あるいは衣服浣洗して、華を散じ、香をたき、礼拝恭敬して、その身に著す。あまねく形像を礼拝し、三宝を礼拝し、尊宿を礼拝し、諸障を除去し、身心清浄なることをうべし。その儀、ひさしく仏祖の堂奥に正伝せり。（六二〇頁）

と示しているが、「沐浴清浄にして……（傍線部分）」は第三「袈裟功徳」巻へつながり、「形像を礼拝し」は第五「供養諸仏」巻と、「三宝を礼拝し」は第六「帰依仏法僧宝」巻と関連する。

第三「袈裟功徳」巻には、

袈裟はふるくより解脱服と称す。業障・煩悩障・報障等、みな解脱すべきなり。（六二四頁）

とあるが、この業の問題は第八「三時業」巻が撰述されて、詳説される。「三時業」巻でも、

業障とは、三障のなかの一障なり。いはゆる三障とは、業障・煩悩障・報障等なり。業障とは五無間業をなづく。

（六九〇頁）

と、同様に三障について触れている。

また、この第三「袈裟功徳」巻では、しばしば発菩提心について触れ、

しかあればすなはち、いま発心のともがら、袈裟を受持すべくば、正伝の袈裟を受持すべし、今案の新作袈裟を受持すべからず。（六二七頁）

菩提心をおこさんともがら、かならず祖師の正伝を伝受すべし。（六三〇頁）

もし菩提心をおこさん人、いそぎ袈裟を受持頂戴すべし。この好世にあうて仏種をうゑざらん、かなしむべし。（六三四頁）

と示しているが、この発菩提心の何たるかについて、第四「発菩提心」巻にて説かれる。

第四「発菩提心」巻では、

かくのごとくして、わがこころにあらず、業にひかれて流転生死すること、一刹那もとどまらざるなり。かくのごとく流転生死する身心をもて、たちまちに自未得度先度他の菩提心をおこすべきなり。（六四八頁）

と、「業」や「流転生死」といった「三時業」に関連する語が見られ、第八「三時業」巻と関連する。また、

菩薩の初心のとき、菩提心を退転すること、おほくは正師にあはざるによる。正師にあはざれば正法をきかず、正法をきかざればおそらくは因果を撥無し、解脱を撥無し、三宝を撥無し、三世等の諸法を撥無す。いたづらに現在の五欲に貪著して、前途菩提の功徳を失す。（六五〇頁）

と、因果・（解脱）・三宝・三世の撥無を戒めるが、これらは「深信因果」・「帰依三宝」・「三時業」の各巻と関連する。

また、

一生補処菩薩、まさに閻浮提にくだらんとするとき、覩史多天の諸天のために、最後の教をほどこすにいはく、

菩提心是法明門、不断三宝故。あきらかにしりぬ、三宝の不断は、菩提心のちからなりといふことを。菩提心をおこしてのち、かたく守護し、退転なかるべし。（六五〇頁）

の「不断三宝」が第六「帰依仏法僧宝」巻と関連することは容易に知り得るし、この「菩提心是法明門、不断三宝故」は一百八法明門の一つであり、第十一「一百八法明門」巻と関連することは言うまでもない。「発菩提心」巻の撰述の時点で一百八法明門の手控え（草稿）が既に道元禅師の手元にあったと思われる。

第五「供養諸仏」巻では、先の第一「出家功徳」巻にも引用されている、「若無過去世、応無過去仏、若無過去仏、無出家受具」という『大毘婆沙論』巻七六の偈を冒頭に挙げ、

あきらかにしるべし、三世にかならず諸仏ましますなり。しばらく過去の諸仏におきて、そのはじめありといふことなかれ、そのはじめなしといふことなかれ。もし始終の有無を邪計せば、さらに仏法の習学にあらず。過去の諸仏を供養したてまつり、出家し随順したてまつるがごとき、かならず諸仏となるなり。供仏の功徳によりて作仏するなり。いまだかつて一仏をも供養したてまつらざる衆生、なにによりてか作仏することあらん。無因作仏あるべからず。（六五二頁）

と示している。この「無因作仏あるべからず」は、撥無因果を戒めたものでもあり、第七「深信因果」巻にもつながるものと見てよいであろう。また、『大智度論』第十から引用の因縁を挙げて拈提された次の説示、

龍樹祖師曰、復次諸仏、恭敬法故、供養於法、以法為師。何以故、三世諸仏、皆以諸法実相為師。（中略）いはゆる諸法実相を大師とするといふは、仏法僧の三宝を供養恭敬したてまつるなり。（六六〇頁）

は、次の第六「帰依仏法僧宝」巻につながるものであろう。

第六「帰依仏法僧宝」巻では、帰依三宝の功徳を示すなかで、

おのづから悪友にひかれ、魔障にあうて、しばらく断善根となり、一闡提となれども、つひには続善根し、その

功徳増長するなり。（六六七頁）
ほとけみづから諸龍を救済しましますに、余法なし、余術なし、ただ三帰をさづけましします。過去世に出家せしとき、かつて三帰をうけたりといへども、業報によりて餓龍となれるとき、余法のこれをすくふべきなし。このゆゑに、三帰をさづけましします。（六七一頁）

と示し、龍女の因縁を挙げて拈提しているが、これらは内容的に第七「深信因果」巻、第八「三時業」巻へとつながるものであろう。また、語句を取り上げて言えば、「阿羅漢」「四果」（六七〇頁）「初果」（六七三頁）の語は、第十「四禅比丘」巻と関連するものである。

第七「深信因果」巻では、次の第十九祖鳩摩羅多尊者の因縁を挙げている。

第十九祖鳩摩羅多尊者曰、且善悪之報、有三時焉。凡人但見仁夭・暴寿・逆吉・義凶、便謂亡因果虚罪福。殊不知影響相随、毫釐靡忒。縦経百千萬劫、亦不磨滅。（六七七頁）

このなかの「善悪之報、有三時焉」の語は、次の第八「三時業」巻に直結する。この因縁は第八「三時業」巻の冒頭において、さらに詳しく説いている。この巻が全体的内容において、次の第八「三時業」巻と密接に関連することはあらためて述べるまでもない。また、

もし因果亡じ、むなしからんがごときは、諸仏の出世あるべからず、祖師の西来あるべからず、おほよそ衆生の見仏聞法あるべからざるなり。因果の道理は、孔子・老子等のあきらむるところにあらず、ただ仏仏祖祖あきらめつたへましますところなり。（六八〇頁）

は第十「四禅比丘」巻での孔子・老子等の批判、三教一致説批判へとつながってゆく。

第九「四馬」巻では、諸経の「四馬」について述べる中、『涅槃経』の四馬を挙げて、

これを涅槃経の四馬となづく。学者ならはざるなし、諸仏ときたまはざるおはしまさず。ほとけにしたがひたて

まつりてこれをきく。ほとけをみたてまつり、供養したてまつるごとにはかならず聴聞し、仏法を伝授するごとには衆生のためにこれをとくこと、歴劫におこたらず。つひに仏果にいたりて、はじめ初発心のときのごとく、菩薩・声聞・人天・大会のためにこれをとく。このゆゑに、仏法僧宝種不断なり。（七〇一〜七〇二頁）

と示しているが、第五「供養諸仏」巻や第六「帰依仏法僧宝」巻と関連する。第九「四馬」巻がここに置かれている必然性については、他の巻の互換性と同様には明確ではないが、「四馬」巻は、如来世尊・諸仏や正師・善知識の施設について、かならず説かれる因縁として四馬の話を説示したものであることから次のようにも考えられる。上述の八つの巻は道元禅師自身が強調されるように「諸仏の常法」（後述、第十一「一百八法明門」巻）であり、世尊や諸仏の教えそのもので、正師・善知識と称されるものであるならば必ず説かれるべき教えである。とすれば、これらの教えを鞭影に譬えて、正路におもむくべきことを説かれたものがこの第十「四馬」巻ということになる。

龍樹祖師曰、為人説句、如快馬見鞭影即入正路。

あらゆる機縁、あるひは生不生の法をきき、三乗一乗の法をきく、しばしば邪路におもむかんとすれども、鞭影しきりにみゆるがごときは、すなはち正路にいるなり。（七〇〇頁）

と説かれるのは、そのように解釈できる。尤も、この十二巻本全体も、衆生を正路へ導くために説かれたもの、〝菩提への道〟(3)を説かれたもの、といえようか。

第十「四禅比丘」巻は、先に述べたように第六「帰依仏法僧宝」・第七「深信因果」・第八「三時業」の各巻から関連している。この巻でも、四禅比丘の三種の不是を説く中で、

第三には、命終の時、おほきなるあやまりあり。そのとがふかくして、つひに阿鼻地獄におちぬるなり。（七〇七頁）

の説示にはじまって、臨命終の時の中陰の相の出現に関する説相は、まさに第八「三時業」巻を思わせる。また、こ

の巻の後半は、孔子・老子・荘子・恵子等を批判し、三教一致説を邪説として排斥しているが、これは主として儒教・道教等が因果を撥無し、三世を撥無していることを、仏教とは全く反するものとして批判するもので、なかでも老子が親を殺害することを教化として容認したことを厳しく批判し、

老耼と仏法と、ひとつにあらず。父母を殺害するは、かならず順次生業にして、泥犁に堕すること必定なり。たとひ老耼みだりに虚無を談ずとも、父母を害せんもの、生報まぬかれざらん。(七一四頁)

と示している。この点は、同様に第八「三時業」巻と密接に関連するものである。

第十一「一百八法明門」巻は、

一切の一生所繫の菩薩、覩史多天より閻浮提に下生せんとするとき、かならずこの一百八法明門を、覩史多天の衆のために敷揚して、諸天を化するは、諸仏の常法なり。(七二二頁)

と示すように、一生補処の菩薩が、まさに閻浮提に下生しようとするとき、覩史多天の諸天のためにかならず説く最後の教えである。先に述べたように第四「発菩提心」巻において、

一生補処菩薩、まさに閻浮提にくだらんとするとき、覩史多天の諸天のために、最後の教をほどこすにいはく、菩提心是法明門、不断三宝故。あきらかにしりぬ、三宝の不断は、菩提心のちからなりといふことを。菩提心をおこしてのち、かたく守護し、退転なかるべし。(六五〇頁)

と示され、一百八法明門の一つ「菩提心是法明門、不断三宝故」がすでに説かれており、この巻へと関連していると思われる。

第十二「八大人覚」巻は、二十八巻本『秘密正法眼蔵』の懐奘の奥書に知られるように、道元禅師最後の教勅である。道元禅師が余命の少なきことを自覚されておそらく意図的に最後の撰述として残されたものである。これが十二巻本の完結としてあるのか、あるいは第十一「一百八法明門」巻に続くもっと別な展開があるはずであったものが御

病気による臨終にあたって最後の遺教として撰述を余儀なくされたこの「八大人覚」巻が第十二に置かれることになったのか、定かではないが、内容的に先の十一の巻の延長線上にあることは間違いない。

以上、十二巻本が前後関係において互いに関連し合っていることは明らかである。この十二巻本は、個々前後して撰述されていたものが内容的関連から一時に編集されたもの、というよりも、ほとんど列次番号の順番通りに一つの撰述意図を持って次第に関連して撰述されていったものと考えられる。

二十八巻本『正法眼蔵』について

先に述べたように、『正法眼蔵』の古写本には七十五巻本、十二巻本、六十巻本、二十八巻本があり、七十五巻本と十二巻本とは互いに重複する巻がなく、六十巻本と二十八巻本も互いに重複する巻がないことから、七十五巻と十二巻の一まとまりと、六十巻と二十八巻の一まとまりが別系統で存在したと考えられている。

この別系統の古写本について、七十五巻本と六十巻本のどちらが先に成立したのかについて、大別して二つの見方がされている。

一つは、まず七十五巻本と十二巻本が成立し、後に両者より選択されて六十巻本が成立し、残された巻々が永平寺に収蔵されて二十八巻本が成立したという説、もう一つは、はじめに暫定的六十巻本が編成され、後にその余巻も含めて修訂・再治が加えられながら、その内容・性格等によって十二巻本と七十五巻本の二種類に分けられ、二十八巻本は六十巻本を伝えた永平寺において、これに欠けた巻々が収拾されて成立したという説である。

さて、六十巻本が七十五巻本より後に成立したのか、あるいはそれ以前に成立していたのか、……私は前述のように、六十巻本が道元禅師親集として七十五巻本以前に編集されたとする河村孝道氏の説（河村孝道「『正法眼蔵』成立の諸問題（四）――60巻本『正法眼蔵』を遶って（1）」〈『印度学仏教学研究』第二一巻第二号、一九七三年三月〉、同『正法眼蔵の成立史的研究』、四七九頁）を基本的に支持している。しかしその場合に問題となるのが、伊藤秀憲氏によって投げかけられていた疑問、すなわち、六十巻本の編集から除かれた巻々の、その除かれた理由についてであった（伊藤秀憲「『正法眼蔵』の編纂について」、『宗学研究』第二一号、一九八七年三月）。それについて私は、六十巻本の編集において、公にすべきでないと判断されたもの、あるいは書き改め、書き加えを要するもの、あるいはその他何らかの理由で編集が躊躇されたもの等、それらの巻が除かれて、結局六十巻本に編集されなかった（「『正法眼蔵』の成立に関する試論――六十巻本『正法眼蔵』について」〈『宗学研究所紀要』第三号、一九九〇年三月〉）と考えているが、ここにおいて二十八巻本に収録されている巻々を詳細に考察する必要がある。

さて、六十巻本の成立を七十五巻本と十二巻本の成立以後と考え、六十巻本が編集されるにあたってそこから除かれた巻々の考察をしたものに、水野弥穂子氏の「古本正法眼蔵の内容とその相互関係――六十巻本正法眼蔵の性格をさぐるために」（『宗学研究』第一五号、一九七三年三月）がある。

水野氏によれば、六十巻本の編集の際に、「坐禅箴」「春秋」「梅花」「洗浄」「他心通」「王索仙陀婆」の六巻はなかったので編み入れられなかったとし、他の十九巻について選択されて除かれた理由を解明している。そのなかで、「心不可得」「山水経」「説心説性」「諸法実相」「仏道」「密語」「仏経」「面授」「三十七品菩提分法」「大修行」「自証三昧」の十一巻は臨済、徳山、雲門、大慧をはじめ宋朝の名だたる禅僧について徹底してその不是を説く箇所がある巻々であるので除かれたとし、「礼拝得髄」はその徹底した男女平等論が当時の一般人には到底うけ入れられないものであったので除かれたのではないかとしている。また、「仏教」「三昧王三昧」「転法輪」の三巻については削除された理由をうかがい知ることがむずかしいとしながらも、「仏教」巻については、三乗十二分教を仏の教えとして取り上げるので、宗門外の人の目にふれるときの誤解を考慮したのではないかとし、また「三昧王三昧」巻は如浄を讃えるなかで間接的に宋朝の禅者批判をする箇所があり、「転法輪」巻は禅門で尊重される『首楞厳経』に偽経の疑いのあることに言及している点を考慮し除外されたのではないかとしている。

これに対して河村氏は、「第四十六『無情説法』巻、第四十七『見仏』巻等のように、臨済・徳山・雲門への誹謗の箇処の削除されざる巻もある」等と反論している（前掲河村著書、四五七頁）が、その指摘のように六十巻本の「無情説法」巻にある「臨済・徳山のともがらしるべからず」（四〇四頁）や「見仏」巻にある徳山・雲門批判（同、四八六頁）は削除されていない。水野説に従えば、これは六十巻本の編者の見落とし、不徹底と見なさざるを得ないが、六十巻本の重要な編集意図の一つが、臨済・徳山等の批判の削除であったとすれば、見落としということは考えられない。また「密語」巻は「臨済・徳山のおよぶべきところにあらず」という一節が存在したために削除されたということになるが、それならば「即心是仏」「葛藤」「仏向上事」の巻々についても同様の処置（その部分の削除）をしたように、「密語」巻についても臨済・徳山を批判したこの十七文字だけを削除すればよかったわけである。水野説はこの点において一貫性がなく説得力を欠くのである。

私は、これらの巻々が六十巻本の編集段階において組み入れられなかったことには何かほかに理由が存在するのではないかと考えている。その理由とは、これらの巻々が、さらに修訂・再治を必要とするものとして除かれたのではないかということである。例えば、「八大人覚」巻の懐奘の奥書に見られる「以前所撰仮名正法眼蔵等皆書改并新草具都盧壹伯巻可撰之」の「書改」とはこれらの巻々を指すのではないかと推測するのである。

全ての巻にこのことが明白に当てはまるわけではない（＊のついたものは不明）が、以下、それぞれの巻について考察を試みた。［巻目の後の（　）に七十五巻本の列次番号を示した］

心不可得（八）

「心不可得」巻には異本がある。一つは、七十五巻本の第八に置かれているものであり、一つは「別本心不可得」巻あるいは「後心不可得」巻と呼ばれているものである。後者は、

礼拝得髄（二八）

前者に七十五巻本第七十三の「他心通」巻を加えたものである。「心不可得」巻は原初的には、後者の形態のものと思われ、これが再治のために除外されて、結局、組み入れることなくおわったと考えられよう。そして後に、七十五巻本編集時に再治が行なわれ、前者の形態の「心不可得」巻と「他心通」巻とに分けられたものと思われる。

秘本には、「又和漢ノ古今ニ」以下、大幅な付加が見られる。これが付加されたものなのか、削除されたものなのか不明であるが、手が加えられたものである。再治される予定だった可能性がある。

山水経（二九）

この巻は道元禅師の準真筆本といわれるが[4]、「しかあるに、龍魚の水を宮殿とみるとき」の段に次のような傍記が見られる。

長阿含経第二十云龍金翅鳥寿命一劫或有滅者又云仏告此有四大天神何等為四一者地神二者水神三者風神四者火神已下文可必書加仍注其如也（『道元禅師真蹟関係資料集』、大修館書店、一九八〇年、二〇二頁）

これは、なんらかの書き加えが行なわれていたものか、或いは行なわれる予定であったことを窺わせるものである。推測するに、この『長阿含経』の文を引用し道元禅師が拈提された備忘があって、それをこの段の前に挿入することを指示したものかもしれない。この巻も、再治修訂が行われる予定であった可能性がある。

伝衣（三二）

この巻には、撰述奥書のあとの付加が見られる。これも再治修訂を行なう予定で除かれた巻の可能性がある。後にこの「伝衣」巻は再治されて「袈裟功徳」巻になったとも考えられる。また、この巻は秘蔵するものとして編集本から除かれたものとも考えられる。

仏教（三四）　「十二分教」の説示のところに傍記（『永平正法眼蔵蒐書大成』第一巻、二七二頁、以下、巻数と頁数のみ記す）がある。他の解説の箇所（三乗の解説）のように、さらに詳しく解説を加えるべく書き加えられたものではなかろうか。単に、「小注」ではなく、本文完成へむけての修訂の過程を見ることができる。

嗣書（三九）　この巻にも、本文末尾に大幅な付加が見られる。但し、この巻は秘蔵し公にすべきではないものとして除かれたものとも考えられる。

説心説性（四二）　不明。（＊この巻には、大慧宗杲に対する厳しい批判が見られる。）

諸法実相（四三）　不明。（＊この巻には、大宋国の諸山の長老にたいする厳しい批判が見られる。如浄の、諸山の長老に対する批判がある。また、如浄の普説が示されている。）

仏道（四四）　この巻は、寛元元年（一二四三）に示衆されているが、後、寛元三年に何者かによって「交合」がなされている（一巻、九〇四頁）。再治された可能性もある。この巻にも、臨済等に対する批判が見られる。如浄の、近年の祖師に対する批判が見られる。また、如浄の言葉が多く見られる。

蜜語（四五）　不明。（＊「臨済・徳山のおよぶべきところにあらず」の一節がある。）

仏経（四七）　不明。（＊臨済・雲門に対する批判がある。）

面授（五一）　寛元元年十月二十日の示衆奥書のあとに付加があり、その後に寛元二年六月七日の懐奘の書写奥書があり、さらに説示が付加されている。再治修訂が行われる予定であったと思われる。

仏祖（五二）　「伝衣」巻・「嗣書」巻同様、秘蔵するものとして除かれたものとも考えられる。本山版の

『正法眼蔵』が開版されたときにも、後述の「自証三昧」巻とともにこれらは謄写すべき巻として残されている。

三十七品菩提分法（六〇）

冒頭「四念住」の箇所、また「五根」の箇所（一巻、三八四頁）、「七等覚支」の箇所（同、三八六頁）、示衆奥書の後（同、三九一頁）に傍記、或いは付加がある。これらは詳細な解説、書き加えを行なうためにメモされたものと思われ、後に、再治修訂が行われる予定であったことを思わせる。ただし、疑問に思われるのは、「七等覚支」の箇所の傍記に「私勘」の語が見られる点で、後人の付加の可能性もある。しかし、ここだけにこの語が見られることは、限定して考えることもでき、書写の様子からみて、少なくとも書写者は忠実に書写したものと考えられるので、乾坤院本の元になった写本にすでにこの付加があったと思われる。

三昧王三昧（六六）

文応元年（一二六〇）に「以再治御本校勘畢」の識語（一巻、九〇六頁）がある。再治がなされたものであることを示す記録である。再治修訂のため除外されたものと思われる。

転法輪（六七）

「後以御再治本校勘書写之畢」の識語（一巻、九三五頁）がある。この巻についても三昧王三昧と同様なことが言える。

大修行（六八）

この巻は「深信因果」巻と同じ公案（百丈野狐の話）を挙げて拈提している。この巻が、「深信因果」巻へと書き改められたとは単純に考えられないが、再治修訂のために一旦編集本から除かれた可能性もある。

自証三昧（六九）

秘蔵するものとして除外されたと思われる。

出家（七五）

この巻は、後に「出家功徳」巻として書き改められて編集されたものと考えられる。すなわち、再治修訂のために除かれたと思われる。

坐禅箴（一二）　仁治三年（一二四二）三月に撰述されたもので、後に寛元元年（一二四三）十一月に示衆されている。示衆ののち添削があったとも考えられ、撰述の段階では草案本として控えられていたため、除外されたものと考えられる。とすれば、六十巻本には、この示衆の後に明らかに編集されたものもあるので論理に齟齬を生ずるが、ここにおいて私の主張する道元禅師親集の四十巻或いは五十巻本編集説[5]も浮上してくる。道元禅師の親集は四十巻あるいは五十巻までで、他は懐奘の編集かもしれない。

春秋（三七）　寛元二年（一二四四）に再示衆されている。再治のため除外されていた可能性がある。

梅花（五三）　奥書の後の付加が見られる。再治修訂が行われる予定だった可能性がある。

洗浄（五四）　奥書の後の付加が見られる（一巻、三六五〜三六六頁）。再治修訂が行われる予定だった可能性がある。

他心通（七三）　「心不可得」巻で述べた同様の理由で除外されたものと思われる。「心不可得」巻には異本があり、一つは七十五巻本の第八に置かれているものであり、一つは「別本心不可得」巻あるいは「後心不可得」巻と呼ばれているものであるが、後者は、前者にこの「他心通」巻を加えたものである。七十五巻本編集時に再治されて、「心不可得」巻と「他心通」巻とに分けられたものと思われ、その再治修訂のため除かれていたものと見ることができる。

王索仙陀婆（七四）　＊不明

以上、六十巻本の編集から除かれた二十五巻について、その理由を推定したが、「説心説性」「諸法実相」「密語」

「仏経」「王索仙陀婆」の各巻については不明である（「説心説性」「諸法実相」「密語」「仏経」の各巻については、大慧・臨済・徳山等に対する批判が見られるので、道元禅師自身によって収録が躊躇されたとも考えられる）。

しかし、『正法眼蔵』中、再治・再示衆されたもの、付加・傍書・別本等あるものは、あわせて二十四巻あるが、その中の約三分の二にあたる十五巻が、この二十五巻の中に含まれていることは注目すべきことであろう。私は、六十巻本編集時にこれらの理由（主として修訂・再治が行われる予定）で収録されなかった巻々が、後にまとめられて、この二十八巻本秘密『正法眼蔵』が成立したと考えている。

さて、四種古写本『正法眼蔵』の概要とその編集・成立についての私見を述べてきたが、ここに諸説を参考にしながら問題を整理してみると、これら諸本の成立についての諸説は、大別して次の二つに分けられる。

一、寛元年間（一二四三～一二四六）以降、道元禅師自身によって七十五巻本が編集され、晩年になって十二巻本が編集された。後、永平寺第五世義雲によって、両者より六十巻が選択されて六十巻本が編集され、残された巻々が永平寺に収蔵されて二十八巻本がまとめられて伝えられた。

二、寛元年間以降、道元禅師自身によって暫定的に六十巻本が編集され、後に、その余巻も含めて修訂・再治が加えられながら、その内容・性格等によって七十五巻本と十二巻本の二種類の『正法眼蔵』に分けられ整理された。道元禅師滅後、六十巻本を伝えた永平寺において、これに欠けた巻々を収拾し、二十八巻本が成立した。

このほか、七十五巻本を懐奘の編集とする説、また、道元禅師自身の編集は十二巻本のみで他は弟子達によって編集されたとする説等、種々の説がある。以下、『正法眼蔵』の編集に関する重要な資料を紹介し、問題点を整理してみよう。

「八大人覚」巻の奥書の意味するところ

永平寺に伝わる二十八巻本所収の「八大人覚」巻の奥書（『永平正法眼蔵蒐書大成』第一巻、九四九頁）に、

本云建長五年正月六日書于永平寺如今建長七年乙卯解制之前日令義演書記書写畢同一校之
右本先師最後御病中之御草也仰以前所撰仮名正法眼蔵等皆書改并新草具都盧壹伯巻可撰之云々
既始草之御此巻当第十二也此之後御病漸々重増仍御草案等事即止也所以此御草等先師最後教勅也我等不幸不拝見一百巻之御草尤所恨也若奉恋慕先師之人必書此十二巻而可護持之此釈尊最後之教勅且先師最後之遺教也

懐弉記之

とある。これを現代語訳すれば、

本（義演が書写したもとの本＝道元禅師の真筆本）〈の奥書に〉言っている。「建長五年正月六日書于永平寺」と。如今、建長七年乙卯、解制之前日、義演書記に書写させおわり、〈道元禅師の真筆本と義演書写本とを〉照らし合わせた。

右本は先師（道元禅師）最後の御病気中の御草稿である。仰ぎおもうに〈先師は〉前に撰述した仮名正法眼蔵等を皆書き改め、新たに草稿してすべて合わせて百巻を撰述するおつもりであった。

〈そうして〉既に草稿を始められて、御此巻は第十二に当たる。此の〈「八大人覚」を草稿の〉後、御病気がしだいに重さを増し、よって御草案等のことをお止めになられた。ゆえにこの御草稿等は先師最後の教勅である。私たちは不幸にして百巻の御草稿を拝見することができなかった。はなはだ残念なことである。もし先師を恋慕する人は必ずこの十二巻を書して護持するがよい。此は釈尊最後の教勅であり、且つ先師最後の遺教である。

懐奘之れを記す。

となろう。この懐奘の奥書は『正法眼蔵』の成立に関して重要な意味を持つものとして最も注目されている。しかし、その記述に不明な点があり、種々の問題を含んでいる。

第一に、これが「八大人覚」巻に付された奥書なのか、十二巻本全体に付された奥書なのかである。「既始草之御此巻当第十二也」「此釈尊最後之教勅且先師最後之遺教也」の語は、第十二「八大人覚」巻について記されたものであることを思わせ、一方「此御草等先師最後教勅也」「若奉恋慕先師之人必書此十二巻而可護持之」の語からは、十二巻本全体について言われたものとも考えられる。但し、この奥書は建長七年の解制の前日に記されたものと思われ、この建長七年の夏安居に十二巻本がまとめて書写されたと推定される（後述）ことから、十二巻本全体に付されたものである可能性が大きいかも知れない（そのなかで「八大人覚」巻について言及していても不思議はないと思われる）。

第二に、「仰以前所撰仮名正法眼蔵等皆書改并新草具都盧壱百巻可撰之云々」という語が問題である。これを道元禅師の意向と受け取れば、大別して二つの解釈が可能である。一つは「前所撰仮名正法眼蔵」を「皆書改」めたものと、「新草」との二種類の編集本を合せて百巻とするつもりであったとする解釈、一つは、「新草」の後に、「前所撰仮名正法眼蔵」を「皆書改」めたものが編集されて百巻となるはずであったとする解釈である。

前者の場合、さらに「新草」の解釈が問題となる。「新草」とは、新たに撰述・編集したいわゆる十二巻本『正法眼蔵』のみを指すのか、あるいは、この十二巻以外にも新たな撰述の構想があり、それらを含めて「新草」であるのか、である。

ここで（「前所撰仮名正法眼蔵」を「皆書改」めたもの）を（A）とし、（十二巻本）を（12）とし、（全く新たな撰述）を（α）とすれば、「新草」が十二巻で完結されていると考えれば、百巻の『正法眼蔵』を想定する場合、（A＋α）＋12で百巻ということになる。そうでなければ、A＋（12＋α）で百巻ということになろう。或いは（A＋α）＋（12＋α）で百巻ということも考えらる。

ところで、「前所撰仮名正法眼蔵」とはいったい何を指すのか。もちろん、十二巻本を「始草」する以前に撰述された『正法眼蔵』の巻々、と言うほかはない。しかし、具体的には七十五巻本とみる説、六十巻本とみる説の両説があり、その究明も成立論において不可避の問題点である（後述）。また、「皆書改」についても、様々な解釈が可能であり、種々の論議がある。但し、「皆書改」の作業は幾つかの巻の奥書に見られる再治の記録から、既に行なわれていたことは確かであるから、「皆書改」はこれから総てを書き改めるという意味ではない。問題は「皆書改」の意味するところが、単なる清書程の意か、文章を整える程度のものか、大幅な添削を加える可能性のある書き改めか、或いは思想的修正を意味したものか、ということであるが、諸説があり、いずれとも定め難い(6)。

とにかく、この奥書は『正法眼蔵』の成立に関する最も重要な資料でありながら、多くの問題点を残している資料であり、今後、『正法眼蔵』の内容的研究等、別な角度からの検討が必要である。

『正法眼蔵』編集の時期

さて、冒頭で述べたように、『正法眼蔵』は、それぞれ題目を持ち、その題目について仏祖の行実・経論・語録等を引用しながら道元禅師が拈提された個々の法語の集まりである。それらがある時期に『正法眼蔵』という総題のもとにまとめられたものである。それは後述する資料からも分かるが、いったいいつごろのことであるのか。ここに、この問題に関する重要な資料を挙げて考察してみよう。

まず、懐奘書写本「仏性」巻（永平寺所蔵）の奥書である。この奥書からは、最初、

佛性

仁治二年辛丑十月十四日記于観音

導利興聖寶林寺

同四年癸卯正月十九日書寫之
懐奘

という奥書があり、正嘉二年（一二五八）戊午四月二十五日に、道元禅師の再治本を書写したとき、「佛性」の字の上に「正法眼蔵佛性第三」と書き、撰述奥書は消されて（見せ消ち）、懐奘の書写奥書のあとに、

爾時仁治二年辛丑十月
十四日在雍州観音導利
興聖寶林寺示衆
再治御本之奥書也
正嘉二年戊午四月廿五日以再治御本交
合了

と書かれたことがわかる。つまり、仁治二年（一二四一）十月十四日に撰述された「佛性」巻を懐奘が仁治四年（一二四三）の一月十九日に書写した時点では、ただ「佛性」の二字だけが書かれており「正法眼蔵」という名称も「第三」という列次も付されていなかったのであるが、その後、いつの頃か、道元禅師自身によってこれに手が加えられ、再治本が作られた時には「正法眼蔵」という名称と「第三」という列次番号が付され、また「記」が「示衆」に改められていたのである。それを正嘉二年に、その再治本を以て校合したというのがこの記録である。

さて、懐奘が道元禅師から「仏性」巻を借りて写すという場合、おそらくこれを道元禅師に御返するわけであろうから、あまり時を置かずに書写されたのではないかと思われる。とすれば、懐奘が「仏性」巻を書写しおえた仁治四年（一二四三）一月十九日にほど遠からぬこれ以前、道元禅師から「仏性」巻を渡された時点では、『正法眼蔵』という名称を付した編集はなかったことになる。

ところが、懐奘書写本「十方」巻（豊橋全久院所蔵）の奥書には、

正法眼蔵十方第四十五

爾時寛元元年癸卯十一月十三

日在日本国越州吉峯精舎示衆

寛元三年乙巳窮冬廿四日在越

州大佛寺侍司書寫　懐奘

とあり、これによれば、寛元三年（一二四五）十二月二十四日、懐奘が「十方」巻を書写した時点では、「十方」巻に「正法眼蔵」の名称が付され、「第四十五」という列次番号が付されていたことがわかる。

懐奘が「仏性」巻を書写した仁治四年（一二四三）初頭から、「十方」巻を書写した寛元三年（一二四五）末の約三年の間の何時かに『正法眼蔵』という名称と列次番号を付した編集が始められており、寛元三年末までには、すでに第四十五（あるいは第五十五〈後述〉）までの編集がなされていたのである。

ところで、先の懐奘書写本「十方」巻に付された列次番号の「四」の字は元の字を注意深く削ったうえに書かれているが、元の字はあるいは「五」であるとも推定される。第四十五であれば、それは六十巻本の編集列次番号であり、第五十五であれば、それは七十五巻本の編集列次番号である。

ここで、七十五巻本系の第一「現成公案」巻の奥書にある「建長壬子拾勒」という語が問題となる。第五十五、すなわち七十五巻本の編集列次番号であったと仮定すれば、寛元三年末までに少なくとも七十五巻本の第五十五までが編集されていたことになる。とすれば、この建長壬子（建長四年、一二五二）が七十五巻本の成立時を意味するのか、あるいは「現成公案」巻を第一巻に拾勒（収録の意か）した時点を示すものか、それ以外か、問題であるが、すでに寛元三年末の時点で第五十五までの編集があったとすれば、建長壬子は「現成公案」巻を第一巻に収録した時点を指

す可能性は少ない。それでは成立時を意味するものとすれば、「十方」巻が第五十五にすでに置かれていた寛元三年(一二四五)から七十五巻本が成立する建長壬子まで約七年もの歳月がかかったことになる。七十五巻本中最後の示衆の記録を持つ「出家」巻でさえ寛元四年(一二四六)九月十五日には撰述されていたわけである。何故、編集に、それも第五十五「十方」巻以降ほとんど単に撰述(示衆)年月日順に並べられている編集に、それほどの時間を費やしたのか、このことがわからない。もっとも、この間に「書き改め(再治)」が行なわれ、「建長壬子」は、すでに「出家」巻の示衆の時点で編集が整っていた七十五巻本の、内容的完成(書き改めの完了)の時点を意味するとも考えられうるが、そうであるならば何故「仏向上事」巻のような未再治本や「伝衣」巻のような後に「袈裟功徳」巻に書き改められたと考えられる巻が存在するのかが問題となり、いずれにしても、懐奘書写本「十方」の編集列次番号を七十五巻本の編集列次番号である第五十五と断定することには問題があるのである。

それでは、第四十五、すなわち六十巻本の列次番号であったとすればどうであろう。六十巻本が道元禅師在世中に存在したことを示す重要な証となる。しかし、道元禅師親集とすることにも二、三の問題がある。それは、何故、道元禅師は「心不可得」「坐禅箴」「礼拝得髄」等、二十数巻を除いて六十巻をまとめなければならなかったのかということと、何故六十巻本のような配列が行われたのかということである。六十巻本について道元禅師親集説をとる場合、この二つの問題を解明しなければならないであろう。

ところで、『建撕記』の諸本(明州本・瑞長本・延宝本・門子本・元文本・訂補本〈河村孝道編著『諸本対校永平開山道元禅師行状建撕記』、五四〜五五頁参照〉)には「寛元三年(一二四五)の三月六日にはじめて『正法眼蔵』が示された」とする共通する記録がある。この『建撕記』の資料価値についても検討されなければならないが、この記録には三つの解釈が考えられる。一つは、入越後、道元禅師の周辺は大仏寺の開堂供養(寛元二年七月十八日)、法堂竣工・開堂法会(同、九月一日)、僧堂上棟(同、十一月三日)等で慌しく、『正法眼蔵』の撰述・示衆は行なわれていなかったが、寛元三年三月六日に約一年ぶりに、大仏寺移転後はじめて示衆が行なわれたという解釈、もう一つは、寛元三年三月六日「虚空」巻が示された時、はじめて「正法眼蔵」なる総題のもとにこの大系が発表されたという解釈、そしてもう一つは、これは私見であるが、これまで示してきた法語が「正法眼蔵」なる総題のもとにまとめられる旨がはじめて大衆に示され、これまでのように、ただ「自証三昧」とか「大修行」とかであったものが、はじめてこのとき「正法眼蔵虚空」という題目のもとに示されたという解釈である。

　この寛元三年三月六日は、先の「仏性」巻と「十方」巻の奥書から、『正法眼蔵』の編集が始められたと推定される三年間中のことである。この三年間をみるに、「大修行」巻の示衆（寛元二年三月九日）より「虚空」巻の示衆にいたる約一年間、『正法眼蔵』の示衆（選述）は行われていない。この間に『正法眼蔵』の編集が始められ、この空白の期間が『正法眼蔵』の編集に当てられたとも考えられる。この頃、道元禅師の周辺は、前述のように慌しく、『正法眼蔵』の撰述、そして示衆はほとんど不可能であったと思われるにしても、その配列・編集ならば、それを成す余裕は充分あったと思われるのである。

　ところで、先の『建撕記』の諸本のうち明州本・門子本・元文本・訂補本には、寛元三年三月六日に初めて示された『正法眼蔵』が「五十六巻」であるとする記録がある。おそらく列次番号第五十六巻の意であろうが、「虚空」巻は六十巻本の編集列次番号で第五十六にあたるから、『建撕記』のこの記述は六十巻本に関係する。しかし、「虚空」巻の示衆よりのちの、寛元三年三月十二日示衆の「鉢盂」巻が第四十二に編集されていることから、もし『正法眼蔵』の編集が第一から順をおって編集されたと考える場合、「虚空」巻が示衆されたとき第五十五までの編集が完了していて、この巻が「正法眼蔵第五十六」として示されたとは考えられない。とすれば、「五十六巻」という記述は『建撕記』が撰述された時点において付加されたものかも知れない。なぜなら、寛元三年三月六日は「虚空」巻が示衆された日であることから、それが当時永平寺に伝わっていたと思われる六十巻本の第五十六であったため、付加された可能性もあるからである。

さて、先の二十八巻本の「八大人覚」巻の懐奘の奥書から、十二巻本が道元禅師自身の編集本（以下、親集本という）であることは、ほぼ間違いないであろう。それも、禅師晩年の編集である。但し、全十二巻で道元禅師自身が完結されたと見るか、第十一までが親集で第十二に「八大人覚」巻を置いたのは懐奘であると見るか、ほか異なった見方もできよう。問題は、この十二巻本以前に存在した親集本は、七十五巻本なのか、六十巻本なのか、或いは親集本は存在しなかったのか、ということである。

七十五巻本が親集本として存在していたとすれば、七十五巻本編集の後、道元禅師は新たに「出家功徳」巻を第一巻とする新草本の撰述・編集をしたことになる。この場合、新草本の撰述・編集の意図が問題となる。また、新草本は七十五巻本と相依相成のものとして別個の編集本として編集されたものなのか、或いは新草本に七十五巻本が吸収されてまとめられるはずだったのか等も問題となる。

六十巻本が親集本として存在していたとすれば、この六十巻本が分割され、その他の巻も含めて結果的に七十五巻本と十二巻本という二種類の編集本が成立したと考えられる。或いは晩年の十二巻本の親集によって六十巻本が崩され、十二巻本以外の巻によって七十五巻本が編集されたとも考えられる。

十二巻本編集以前には親集本は存在しなかったとすれば、道元禅師示寂後、十二巻本以外の巻が弟子たちによって七十五巻本に編集され、さらになんらかの意図により六十巻本の編集がなされたとも考えられる。

さて、七十五巻本（乾坤院所蔵本等）・十二巻本（永光寺所蔵本）・六十巻本（洞雲寺所蔵本等）・二十八巻本（永平寺所蔵本）、これらの四種の『正法眼蔵』について見ると、七十五巻本と十二巻本、六十巻本と二十八巻本は互いに重複する巻を持たない（七十五巻本の第六十三「発菩提心」巻と十二巻本の第四「発菩提心」巻、また六十巻本の第二十六「仏向上事」巻と二十八巻本の「仏向上事」巻は巻目は同じであるが内容は全く異なっている）。ゆえに、七十五巻本と十二

【表 6】『正法眼蔵』四種古写本対照表

75 巻本		60 巻本	28 巻本	示衆（撰述）年次	再治（再示）年次
1 現成公按	*	1 現成公按		1233. 8 書	
2 摩訶般若波羅蜜	*	2 摩訶般若波羅蜜		1233. 4 〜 7	
3 佛性	*	3 佛性		1241. 10. 14 記	1243. 1. 19 以降
4 身心学道	*	4 身心学道		1242. 9. 9	
5 即心是佛	*	5 即心是佛		1239. 5. 25	
6 行佛威儀	*	6 行佛威儀		1241. 10. 中旬記	
7 一顆明珠	*	7 一顆明珠		1238. 4. 18	
8 心不可得			8 心不可得	1241. 4 〜 7	
9 古佛心	*	9 古佛心		1243. 4. 29	
10 大悟	*	10 大悟		1242. 1. 28	1244. 1. 27
11 坐禅儀	*	11 坐禅儀		1243. 11	
12 坐禅箴				1242. 3. 18 記	1243. 11 示衆
13 海印三昧	*	13 海印三昧		1242. 4. 20 記	
14 空花	*	14 空花		1243. 3. 10	
15 光明	*	15 光明		1242. 6. 2	
16 行持（上）	*	16 行持（上）			
行持（下）		17 行持（下）		1242. 4. 5 書	
17 恁麼		29 恁麼		1242. 3. 20	
18 観音	*	18 観音		1242. 4. 26	
19 古鏡	*	19 古鏡		1241. 9. 9	
20 有時	*	20 有時		1240. 10. 1 記	
21 授記	*	21 授記		1242. 4. 25 記	
22 全機	*	22 全機		1242. 12. 17	
23 都機	*	23 都機		1243. 1. 6 書	
24 畫餅	*	24 畫餅		1242. 11. 5	
25 溪聲山色	*	25 溪聲山色		1240. 4. 20	
26 佛向上事	*	26 佛向上事	— 佛向上事	1242. 3. 23	
27 夢中説夢	*	27 夢中説夢		1242. 9. 21	
28 禮拝得髄			— 禮拝得髄	1240. 3. 7 記	1240. 閏 10. 30 書
29 山水経			29 山水経	1240. 10. 18	
30 看経	*	30 看経		1241. 9. 15	
31 諸悪莫作	*	31 諸悪莫作		1240. 8. 15	
32 傳衣			32 傳衣	1240. 10. 1 記	
33 道得	*	33 道得		1242. 10. 5 書	
34 佛教			34 佛教	1241. 11. 14	1242. 11. 7（秘）
35 神通	*	35 神通		1241. 11. 16	
36 阿羅漢	*	36 阿羅漢		1242. 5. 15	
37 春秋					1244 再示衆
38 葛藤	*	38 葛藤		1243. 7. 7	
39 嗣書			— 嗣書	1241. 3. 27 記	1241. 12. 12 書，1243. 9. 24
40 栢樹子	*	40 栢樹子		1242. 5. 21	
					a
41 三界唯心		32 三界唯心		1243. 閏 7. 1	
42 説心説性			42 説心説性	1243	
43 諸法實相			42 諸法實相	1243. 9	
44 仏道			44 仏道	1243. 9. 16	
45 密語			45 密語	1243. 9. 20	
46 無情説法	*	46 無情説法		1243. 10. 2	
47 佛経			47 佛経	1243. 9	
48 法性	*	48 法性		1243. 10	
49 陀羅尼	*	49 陀羅尼		1243	
50 洗面	*	50 洗面		1239. 10. 23	1243. 10. 20，1250. 1. 11
					b

	51　面授	51　面授		1243. 10. 20	
	52　佛祖		52　佛祖	1241. 1. 3	
	53　梅花			1243. 11. 6	
	54　洗浄			1239. 10. 23	
	55　十方	45　十方		1243. 11. 13	
	56　見佛	47　見佛		1243. 11. 19	
	57　遍参	37　遍参		1243. 11. 27	
	58　眼睛	44　眼睛		1243. 12. 17	
	59　家常	43　家常		1243. 12. 17	
	60　三十七品菩提分法		60　三十七品菩提分法	1244. 2. 24	
	61　龍吟	51　龍吟		1243. 12. 25	
	62　祖師西來意	52　祖師西來意		1244. 2. 4	
	63　発菩提心	53　発無上心		1244. 2. 14	
	64　優曇花	54　優曇花		1244. 2. 12	
	65　如來全身	55　如來全身		1244. 2. 15	
	66　三昧王三昧		66　三昧王三昧	1244. 2. 15	
	67　轉法輪		67　轉法輪	1244. 2. 27	
	68　大修行		66　大修行	1244. 3. 9	
	69　自證三昧		69　自證三昧	1244. 2. 29	
	70　虚空	56　虚空		1245. 3. 6	
	71　鉢盂	42　鉢盂		1245. 3. 12	
	72　安居	57　安居		1245. 6. 13	
	73　他心通			1245. 7. 4	
	74　王索仙陀婆			1245. 10. 22	
	75　出家		75　出家	1246. 9. 15	
12巻本	1　出家功徳	58　出家功徳			
	2　受戒		2　受戒		
	3　袈裟功徳	41　袈裟功徳		1240. 10. 1	
	4　發菩提心	34　發菩提心		1244. 2. 14	
	5　供養諸佛	59　供養諸佛			
	6　歸依佛法僧	60　歸依佛法僧寶			
	7　深信因果		7　深信因果		
	8　三時業	8　三時業			
	9　四馬	39　四馬			
	10　四禪比丘		10　四禪比丘		
	11　一百八法門				
	12　八大人覚		12　八大人覚	1253. 1. 6 書	
		12　法華轉法華		1241. 4 ～ 7 記	
		28　菩提薩埵四摂法		1243. 5. 5 記	
			8　心不可得	1241. 4 ～ 7	
			—　佛道		
			—　生死		
			38　唯佛與佛		

巻本、六十巻本と二十八巻本はそれぞれ一セットのものと考えられている。

ここで、二十八巻本の存在が問題となるが、この成立については二つの見方がされている。一つは、七十五巻本と十二巻本が先ず存在し、これらからなんらかの意図により六十巻が選択され、余った二十八巻が永平寺に秘蔵されたという見方、もう一つは、六十巻の『正法眼蔵』を伝承した永平寺において、これに欠けた巻々を集め、後に現在のかたちの二十八巻本にまとめられたという見方である。

さて、これら諸本には幾つかの興味深い事柄がある（【表6】）。

一、七十五巻本と六十巻本には共通する列次番号をもった巻々があるが、これらは第五十「洗面」巻までに見られ、五十巻のうち三十五巻に及ぶ。

二、示衆（撰述）年次を見ると、七十五巻本では、前半四十巻までは不規則に編集されているのに対し、後半はほとんど撰述（示衆）年月日順に並べられている。

三、六十巻本と十二巻本とに共通した七巻において、六十巻本の列次番号の一の位、或いは十の位について、十二巻本の列次番号と五巻が関連している。また、十二巻本の第九「四馬」巻には六十巻本と同じ第三十九の列次番号が付されている。

四、二十八巻本には七十五巻本と異なった列次番号が付されているもの（「諸法実相」巻、「大修行」巻）がある。また、「唯仏与仏」巻には第三十八の列次番号が付されている。

五、七十五巻本には懐奘等の書写奥書がなく、道元禅師の奥書のみが記されている。一方、六十巻本のほとんどの巻には懐奘等の書写奥書が見られる。

これらの他にも、二十八巻本の「出家」巻に「右出家ノ後有御龍草本以之可書改之仍可破之」という懐奘のものと思われる奥書が付されていること、六十巻本第十二「法華転法華」巻と第二十八「菩提薩埵四摂法」

巻が七十五巻本にも十二巻本にも編集されていないこと等、これら四種の『正法眼蔵』の成立については多くの問題が残されている。

以上、七十五巻本・六十巻本・二十八巻本・十二巻本の四種の古写本について、種々の問題点を挙げ、これら諸本の成立の事情について、幾つかの可能性があることを論じたが、冒頭で述べたように、現在なお統一的・決定的な見解を見るには至っていないというのが現状である。今後、さらに綿密な書誌的研究と、思想的な研究からの提言が俟たれるところであるが、最後に、これら四種古写本の成立に関する私論を述べて、『正法眼蔵』成立論の研究者の叱正を乞いたい。

(三) 四種古写本成立に関する私論

以下、以上のべてきた『正法眼蔵』編集論及びこれまでの『正法眼蔵』の成立に関する拙論(7)を総括して、四種古写本の成立に関する私論を述べたい。論証のない推定もあるが、便宜上、断定的表現となることを了承されたい。

道元禅師は、入越(寛元元年〈一二四三〉七月)後まもなくの寛元二年頃、これまで示してきた個々の法語を『正法眼蔵』という総題のもとにまとめるべく編集を始める(前述「『正法眼蔵』編集の時期」、一一四頁)。寛元四年(一二四六)九月十五日には「出家」巻を撰述するが、その後、この「出家」巻を書き改めて「出家功徳」巻と「受戒」巻を撰述し(8)、さらに「供養諸仏」巻や「帰依仏法僧宝」巻を撰述し(9)、『正法眼蔵』という総題になる六十巻の大系(旧六十巻本〈私称〉)を一応編集する(10)。

しかしこの頃、道元禅師は新たに「出家功徳」巻を第一とし「受戒」巻「袈裟功徳」巻とつづく明確な思想体系をもった『正法眼蔵』の編集を企てる。そのため、『正法眼蔵』六十巻（旧六十巻本）の大系を崩して「出家功徳」巻を第一巻とする新草の撰述・編集を行なう一方、これまでのように『正法眼蔵』の巻々の再治を行ないながら「現成公案」巻を第一巻とする『正法眼蔵』の再編集を並行して行う。[11]

しかし、晩年に始めたこの作業は、病と闘う道元禅師にとって容易なことではなく、両者合せて百巻の『正法眼蔵』の撰述・編集の悲願[12]は達成されることなく、道元禅師は遷化する。

道元禅師遷化の後、懐奘は、道元禅師自筆の『正法眼蔵』のすべてを手中にする。懐奘は、第十一「一百八法明門」巻まで撰述・編集された、ほとんど草稿本のままの状態の新草『正法眼蔵』[13]と、もう一方の「現成公案」巻を第一巻とする編集途中の『正法眼蔵』[14]を手にする。そこで懐奘は、道元禅師の最後の御草本となった「八大人覚」巻を新草『正法眼蔵』の第十二に置き、[15]建長七年（一二五五）の夏安居に義雲らとともにこの十二巻を浄書して、いわゆる十二巻本『正法眼蔵』を編集する。[16]

その後、懐奘は、詮慧・義演らとともに『永平広録』の編集を行ないながら、一方でこの十二巻本以外の巻の編集（書写）整理を行なう。もちろん道元禅師によって途中まで編集された「現成公案」巻を第一巻とする『正法眼蔵』を基にしての作業である。「仏性」巻の本文の決定、[17]「未再治御草本」であった「仏向上事」巻の書写（洞雲寺本奥書）、「三昧王三昧」巻の再治本との校勘（文応元年〈一二六〇〉初冬日、秘本奥書）、同じく「転法輪」巻の再治本との校勘（年月日不詳、秘本奥書）等、書写整理を行なう。懐奘は、道元禅師自身による中途の編集を完成させるにあたり、道元禅師の編集（四十巻ほどまで）はそのままに、それに続けて、残った巻々をほとんど撰述（示衆）年月日順に並べて、いわゆる七十五巻本『正法眼蔵』を編集する。[18]この七十五巻本の編集は、道元禅師の真筆本についておこなわれる（ゆえに七十五巻本系の『正法眼蔵』には道元禅師の奥書のみで懐奘等の書写奥書がない）。

さて、懐奘の手元には、この道元禅師真筆の『正法眼蔵』のほかに、道元禅師在世のころ懐奘自らが書写した五十余巻の『正法眼蔵』の巻々があった。晩年になって（弘安二年頃、洞雲寺本の第五十一巻から第六十巻の奥書）懐奘は、道元禅師親集の六十巻の『正法眼蔵』（旧六十巻本）を再編集する（新六十巻本）が、その基になったのがこの懐奘の書写本である（ゆえに六十巻本系には懐奘等の書写奥書が記されている）。六十巻の『正法眼蔵』（旧六十巻本）は新草十二巻本の編集によって道元禅師自らの手によって崩された編集本であったが、道元禅師親集の『正法眼蔵』である[19]。懐奘自身の手が加わった七十五巻本のみを残して、この六十巻の大系本を無にすることは、懐奘にはできなかったのである。

後、何故か、永平寺には六十巻本（新六十巻本＝現存する六十巻本）が伝わることになるが[20]、永平寺ではこれに欠けた巻々を次第に収拾した。その後、何時かに何人かによって、永平寺に所蔵されていたこれら二十八巻の書写本が、散逸を恐れて無作為に三冊（二十八巻）にまとめられる。こうして二十八巻本『秘密正法眼蔵』が成立する。享保八年（一七二三）、永平寺三九世承天則地（一六五五〜一七四四）はこの二十八巻本を修補した際に秘持密持して後代に伝えるべき意図より『秘密正法眼蔵』と按題する。

以上が、『正法眼蔵』の四種の古写本の成立に関する私の推定である。立証不可能な部分もあるが、全体的見地から眺めて私はこのように推定している。道元禅師の暫定的『正法眼蔵』の編集本は六十巻ではなく四十巻[21]であった可能性も考えられ、今後、その可能性も含めて、さらに『正法眼蔵』の成立的研究が進められ、解明されることを切に望むものである。

㈣　江戸期における『正法眼蔵』の編纂（概略）

江戸期に至って宗門内に『正法眼蔵』研究が復活するや、従前の異種の『正法眼蔵』の伝承に疑問を持ち、これを統一編集する動きが起こった。即ち、冒頭にも述べたように、七十五巻本を基としてこれに欠けた巻を補っての編纂、或いは六十巻本を基としてこれに欠けた巻を補っての編纂、また七十五巻本あるいは六十巻本の編成を解体し、撰述（示衆）年月日順に並べての編纂等が行なわれた。

A　七十五巻本を基とした八十三巻本および八十四巻本（梵清本）

義雲・義演の在世以後、応永（一三九四〜一四二七）頃に至る間に、七十五巻本を中心として、これに六十巻本中より八巻（「出家功徳」・「袈裟功徳」・「帰依三宝」・「三時業」・「供養諸仏」・「菩提薩埵四摂法」・「四馬」・「法華転法華」）を抽出して付加した八十三巻の編集・謄写本が集成されていた。付加した八巻の順序は任意的である。後に太容梵清（?〜一四二七）が、これに六十巻本の第三十四「発菩提心」巻を加え、付加した九巻の別集を六十巻本の列次順に並べて謄写したものと思われる。これがいわゆる梵清本（八十四巻本、京都府徳雲寺蔵、十四冊）である。宗門内には応永年間より以後、この梵清本が多く謄写・伝播した。この梵清本系の謄写本に、長円寺本（愛知県長円寺蔵、二十六冊）、玉雲寺本（京都府玉雲寺蔵、二十一冊）等がある。

B　六十巻本を基とした八十三巻本（瑠璃光寺本）

六十巻本に、六十巻本にない巻々二十三巻を付加した編集本。山口県瑠璃光寺所蔵の八十三巻の『正法眼蔵』（全十六冊）は、上・下二冊に分かれており、上十冊には六十巻本を収め、下六冊には七十五巻本の中から六十巻本にない巻々二十三巻を収めている。

C　卍山編集・八十九巻本

卍山道白が先師月舟宗胡の命を受け諸方の古本を集めて考校して編成した八十九巻の『正法眼蔵』。その編成は、Aの八十三巻本をその原本資料としたと思われ、これに「発菩提心」巻を加えた八十四巻をその撰述（示衆）年月日順に列次した本集八十四巻に、拾遺五巻（諸方より集めた古本のうち未収録の「弁道話」・「重雲堂式」・「示庫院文」・「受戒」・「八大人覚」の五巻）を加えた計八十九巻である。

この八十九巻本が編成されたのは、先の四種の古写本の成立・編集の事情に通じなかったこと、また種々の謄写本が存在していたことから、いったいどれが道元禅師の意を最もよく反映した『正法眼蔵』であるのか疑問がもたれていたことから、統一的『正法眼蔵』を求める機運にあったからである。もちろん、嗣法論を中心とした宗統復古運動を契機として、その拠るべき思想的根拠である『正法眼蔵』への関心が高まっていたこともその大きな要因であった。

D　九十五巻の『正法眼蔵』

①晃全による結集・編集（晃全本系）

永平寺三十五世版橈晃全（一六二七～一六九三）は、卍山本の編集法を踏襲して、この不備を補うべく結集・編集作業を行った。晃全は永平寺に秘蔵されていた二十八巻本をはじめ、広く諸方の寺院裡に古写本を探り、これを蒐集して九十六巻（後に九十五巻に改む）を得て、各巻の撰述（示衆）年月日順に編集しようとしたが、この編集はその完成を得ぬままに中途にして終わり、また「正法眼蔵開版停止令」の布達という状況下にあって開版もなされず、わずかに門人達によって謄写されるにとどまった。この晃全の結集・編集作業の背景には、卍山本成立の事情と同様、宗統復古運動を契機として、その拠るべき思想的根拠である『正法眼蔵』の統一的確立を図ろうとしたことに加えて、「八大人覚」巻の懐奘の奥書に知られる道元禅師の一百巻撰述の意図により、法孫としてこれを全うすべく企画したという事情がある。

②永平寺本（本山版）

永平寺五十世玄透即中（一七二九～一八〇七）が、晃全の結集・校合作業の上に立って、より厳密な異本蒐集とその校合の上に再編集をなし、大本山永平寺の名において編集刊行した九十五巻の『正法眼蔵』。

（1）以下、諸本の紹介にあたっては、『永平正法眼蔵蒐書大成』（大修館書店、一九七四～一九七五年）、『道元禅師全集』（筑摩書房、一九六九年五月）、『曹洞宗全書』「解題」（曹洞宗全書刊行会、一九七八年）、河村孝道『正法眼蔵の成立史的研究』（春秋社、一九八七年二月）、河村孝道「正法眼蔵」（『正法眼蔵』（講座道元Ⅲ、『道元の著作』、春秋社、一九八〇年十一月）、水野弥穂子「「正法眼蔵」の諸本その他について」（『正法眼蔵　正法眼蔵随聞記』、日本古典文学大系八一、岩波書店、一九六五年十二月）、水野弥穂子『『正法眼蔵』の本文作成と渉典について』（『〈日本思想大系一二〉道元　上』、岩波書店、一九七〇年五月）等を参照した。また、『正法眼蔵』の謄写と伝播については広瀬良弘『『正法眼蔵』の謄写と伝播』（『永平寺史』上、大本山永平寺、一九八二年）、ほか『永平寺史』（大本山永平寺、一九八二年）所収の論文を参照した。

（2）弘安二年の書写が六十巻本の第五十一から第六十に集中していることについて伊藤秀憲氏は、これらの巻は、まだ懐奘が書写していなかった巻であり「道元禅師は百巻を目指しておられたことを知っている懐奘が、禅師の『正法眼蔵』の中から取捨選択して、六十巻にまとめることがあったであろうか。六十巻本の最後の十巻の中に相当する巻々が書写されたということは結果であって、懐奘はより多くの巻を書写し手元に残そうとして、まだ書写していなかい巻を書写してたけだったのではないであろうか」（『道元禅研究』、大蔵出版、一九九八年十二月、二九一頁）としている。

（3）拙稿「十二巻本『正法眼蔵』の性格」（鏡島元隆・鈴木格禅編『十二巻本『正法眼蔵』の諸問題』、大蔵出版、一九九一年十一月、四四〇～四四七頁）。

（4）高橋秀榮氏は『重要文化財『正法眼蔵山水経』の筆者について』（『駒澤大学仏教学部論集』第四四号、二〇一三年十月）において、

『山水経』と『嗣書』にみられる連綿体の仮名文字、そして変体仮名の表記がほぼ同じということは、両本の筆者が同一人物である可能性がきわめて高いということになります。もしかりに『嗣書』の仮名文字の筆跡が道元禅師の筆跡であるならば、『山水経』の筆跡も道元禅師の筆跡と認定せざるを得ません。さらにその逆のこともいえましょう。（二四頁）

と述べ、この『山水経』が道元禅師の真筆である可能性を論じている。

（5）拙稿「『正法眼蔵』の性格（序説）」（『印度学仏教学研究』第三八巻第二号、一九九〇年三月）。

（6）袴谷憲昭氏は「十二巻本『正法眼蔵』撰述説再考」（『宗学研究』第三〇号、一九八八年三月）の中でこの奥書を引用して自説を展開した。即ち、十二巻本撰述に道元禅師の思想上の決定的変貌を認める袴谷氏は、十二巻本は、道元禅師が最晩年に認めた唯一最高の真実の考えを述べた親撰であると主張し、河村孝道氏の「新草十二巻は七十五巻とその思想信仰を異にするものではない。どこまでも七十五巻乃至六十巻の説示の上にその具体的実践の展開を説くもの」（『正法眼蔵の成立史的研究』、五三〇頁）という説を批判し、

①本覚思想を許容するかのような、新草十二巻本以前の『正法眼蔵』を全面肯定する立場に既に立った上で述べられているが、そこに最大の難点が胚胎していると言える。なぜなら、このように旧草も「どこまでも」本質的に変りがないと見ることは、秘本の「八大人覚」に対する懐弉の識語に「前所撰仮字正法眼蔵等皆書改、竝新草都盧一百巻可撰之」と述べられているように、道元が最晩年に思っておられたその痛切な改訂の願いを不用意にも蔑ろにしてしまうことにならざるをえないからである（九二〜九三頁）。

と述べ、また、

②十二巻本『正法眼蔵』は、従来指摘されているように、ただ単に道元の親撰として各巻の連絡が緊密に取れている一著述であると見るだけではなく、明確に本覚思想批判を打ち出すべく新たに書き下した道元晩年の決定的著述であると見做さねばなるまい。それゆえ私は、十二巻本を柴田氏の言うような単純な意味で在家向きに書かれた著述とは見做さないどころか、懐弉によって「若奉恋慕先師之人、必書此十二巻而可護持之」と記されたように、出家の道元門下にとってさえ最高度に重要な著述だったと考えねばならぬと思っている。勿論、道元のこの著述は、十二巻とい

う志半ばの不本意な形で終らざるをえなかったが、だからこそ後学のものは余計十二巻本を大切にすべきこと懐弉のおっしゃるとおりでなければなるまい。(九五〜九六頁)

としたのである。袴谷氏は、①では「皆書改」を〝「前所撰仮名正法眼蔵等」をこれから書き改められようとしていた〟というように解釈し、②では「此十二巻」を〝十二巻全体〟と理解し、懐弉禅師が十二巻本全体の書写を許したとする。しかし、これらの語をどのように解釈するかは、『正法眼蔵』成立の問題に関わる重要な問題であり、諸説がある。袴谷氏の解釈はその一説として認めるべきであるが、この奥書の解釈には諸説があり、この奥書が道元禅師の思想的遍歴を証明する論拠とはならない。この奥書が、十二巻本全体に附されたものか、第十二「八大人覚」巻について記されたものか定かではない。まことに混沌としている。「右本先師最後御病中之御草也」「既始草之御此巻當第十二也」「此釈尊最後之教勅且先師最後之遺教也」の語は、この奥書が第十二「八大人覚」巻について記されたものであることを思わせるし、「此御草等先師最後ノ教勅也」は、十二巻全体に対して言われたものとも見うる。ここでは特に「皆書改」という語と、「若奉恋慕先師之人必書此十二巻而可護持之」の「此十二巻」について取り挙げるが、先ず後者について言えば、「此十二巻」が何を意味するのか……「八大人覚」巻なのか、十二巻全体なのか……が問題となる。言葉のみに注目すれば、決して「此第十二巻」ではなく、「此十二巻」とあるから、十二巻全体を指しているように思われるが、先に述べたように、この識語が十二巻全体に附されたものか、「八大人覚」巻について記されたものか曖昧である以上、確定は難しい。また、後述するように、十二巻本全体とすることにも疑問があるのである。袴谷氏が、「此十二巻」を十二巻本全体と見做していることは、先の引用文②のとおりであるが、河村孝道氏は既に、懐弉禅師が先師道元禅師を追慕し仰慕するものに禅師の最後の教誡である「八大人覚」巻のみの書写を許したのであるという見解を示しており(『正法眼蔵の成立史的研究』、五二六頁)、水野弥穂子氏も、「この奥書は「八大人覚」巻のためのものであるから「必書此十二巻」は「此の十二の巻」と読むべきであろう」(「永平寺懐弉書写本「仏性」と六十巻本正法眼蔵との関係」、『宗学研究』第二七号、一九八五年三月、三〇頁)としている。河村氏の説の論拠は、十二巻本『正法眼蔵』の第六「帰依仏法僧」巻の懐弉の識語に「以先師之御草本書写畢、未及中書清書等、定御再治之時有添削歟、於今不可叶其儀、仍御草如此云」とあり、第七「深信因果」巻にもほとんど同様の識語があること、そして第十一「一百八法明門」巻においては、一応列次編成番号は付されているものの、何等の識語もなく、草稿の最も原初段階の性質の儘のものであると見られることから、これらを含む十二巻全体の書写は、未再治の故に他示されなかった、とするものである。私見を述べれば、「八大人覚」巻の識語は懐弉の識語である。同じ懐奘が、自ら「定御再治之時有添削歟」と奥書する巻の書写を門人に許したとは考えにくい。この点において「此十二巻」を十二巻本全体と解釈して、「この十二巻は道元禅師が最晩年に認めた唯一最高の真実の考えを述べた親撰であるから、懐奘が〝これを書写して護持せよ〟と言われたのであるとする袴谷氏の説には疑問が残る。「皆書改」という語について大久保道舟氏は『道元禅師全集』上（七二六頁）において、この語を「皆な書き改めらる」と読み、禅師が、所撰の仮字の『正法眼蔵』（旧草）を皆書き改められて、更にその中から、宗乗的見地に基き重要なものを選び取って、一つの体系に纏め上げられたものが七十五巻本『正法眼蔵』であるとする（同、七九一～七九二頁）。即ち、「皆書改」をすでに書き改められた意と解釈している。この点においては、六十巻本を書き改めて七十五巻本に修訂列次したのではないかとする河村氏も同様の解釈である。これに相対するのが杉尾玄有氏の説である。杉尾氏は「道元禅師の自己透脱の御生涯と『正法眼蔵』の進化――十二巻本によって「一百巻」を思う」（『宗学研究』二七号、一九八五年三月）において、

禅師は、それまで十余年にわたって書きついできた『正法眼蔵』の巻々を「皆書キ改メ」ようとし、かつ、新規に執筆の巻とあわせて、一百巻の『正法眼蔵』を世にのこそうと思いたつ（十二巻本第十二《八大人覚》懐奘奥書）。一二五三年、あまりに早い禅師の入滅によって、この一百巻撰述の企てが中絶し、わずかに、いわゆる十二巻本の『正法眼蔵』を世にのこすのみで終ったことは、まことに惜しんでも惜しみきれない。

と述べ、「皆書改」を〝これから書き改めようとされた意〟と解釈する。

ここで、「旧草」と「新草」について述べておく必要があるが、大久保道舟編『道元禅師全集』上は、七十五巻本を「旧草」とし十二巻本を「新草」としているが、これは「八大人覚」巻の懐奘の奥書に「前所撰仮名正法眼蔵等皆書改并新草具都盧壹伯巻可撰之」とある「新草」を十二巻本と理解し、これに対する「前所撰仮名正法眼蔵等」を「旧草」と呼び、これを七十五巻本と理解したからである。つまり、この十二巻を「新草」というのであれば、この「新草」を除いたものすべては「旧草」に属するのであり、この「旧草」の中、禅師が特に七十五稿を選んでこれを修訂し順位をつけたのであるとするのである。一方、河村氏は「『正法眼蔵』成立の諸問題（四）――60巻本『正法眼蔵』を遶って①」（『印度学仏教学研究』第二一巻第二号、一九七三年三月）において、

十二巻正法眼蔵『八大人覚』巻の懐奘の識語――「師以前所撰仮名正法眼蔵等皆書改井新草具都盧一百巻可撰之云々」の語は、通常は新草12巻本に対して旧草75巻本を指すものと解されているが、是れを60巻本の名目（75巻本中共通巻目五十巻、同じ列次番号よりなるもの三十二種）までをも含めて、一百巻撰述の意図を有って「書改メ」の修

訂が行なわれ、75巻・12巻正法眼蔵へと改めて体系組織されていった事を物語る識語として見得ないであろうか。

と述べている。河村氏は、六十巻本の存在との関連性の考慮から、「旧草」とは六十巻本を指し、六十巻本を書き改めて七十五巻に修訂列次し、新草十二巻を加えて一百巻撰述の意図があったのではないか、とも推測するのである。

いずれにしても、両説とも「皆書改」を〝これから総てを書き改める〟意とは解釈していない。私見を述べれば、私も河村氏の説に賛同し、「皆書改メ」の作業は、完了してはいなかったにせよ、既に行なわれていたと考える。また、「皆書改」の内容（この書き改めがどのような書き改めを意味するのか）についても、単なる清書ほどの意か、文章の体裁を整える程度のものか、或いは大幅な添削を加える可能性のある書き改めか、或いは思想的修正を意図したものか、定かではないのである。うらがえせば、この「皆書改」をこれらのどれかに解してこの奥書を解釈したとしても、この奥書が何かを証明する決定的な論拠とはなり得ないのである。

以上の問題に関連しては、鏡島氏が「『正法眼蔵』の成立的研究について――古田紹欽『正法眼蔵の研究』刊行にちなんで」（『道元禅師とその周辺』所収、大東出版、一九八五年、二二九～二四五頁）において総括しているので参照されたい。

（7）拙稿「『正法眼蔵』の性格（序説）」、同「『正法眼蔵』の性格――七十五巻本と十二巻本」（『駒澤大学仏教学部研究紀要』第四八号、一九九〇年三月）、同「『正法眼蔵』の成立に関する試論――七十五巻本『正法眼蔵』の編集について」（『宗学研究』第三二号、一九九〇年三月）、同「『正法眼蔵』の成立に関する試論――六十巻本『正法眼蔵』について」（『曹洞宗宗学研究所紀要』第三号、一九九〇年三月）、同「『正法眼蔵』の成立に関する試論――六十巻本に編集されなかった巻々」（『印度学仏教学研究』第四一巻第二号、一九九三年三月）、同「『正法眼蔵』編纂の歴史」（『道元思想のあゆみ2』、吉川弘文館、一九九三年七月）。

（8）寛元四年（一二四六）九月十五日に「出家」巻（七十五巻本の第七十五）を撰述された後、何時のことか、道元禅師はこれを分割・加筆して書き改め「出家功徳」巻と「受戒」巻を撰述されたと思われる。「出家」巻の冒頭に引用された『禅苑清規』第一からの引用文は、そのまま十二巻本第二の「受戒」巻の冒頭に引用され、同じ引用文の前半の部分は、十二巻本第一の「出家功徳」の末尾に引用されている。また「出家」巻にある『大般若経』第三からの引用文や、『大智度論』第十三からの引用文（出典は『摩訶止観弘決』巻二）は、そのまま「出家功徳」巻にも引用されている。「出家功徳」巻は「出家」巻に比べると約五倍の長さをもつが、大幅な加筆がなされたものと思われる。

(9)「供養諸仏」巻にも「帰依仏法僧宝」巻にも撰述奥書がないので、これは推測である。ただ、本書九三〜一〇二頁「十二巻本『正法眼蔵』について」で述べたように、十二巻本はほとんどその列次番号順に関連して撰述されていったと考える。

(10) 六十巻本が七十五巻本以前に存在したと考える根拠については、本書七八〜九二頁「六十巻本『正法眼蔵』について」で述べている。

(11) 乾坤院本〈七十五巻本〉第一「現成公案」の奥書の「建長壬子拾勒」はこの『正法眼蔵』の再編集を始められた時の記録と私は推定している。これについては、本書七六頁で述べている。

(12) 二十八巻本『秘密正法眼蔵』所収の「八大人覚」巻の懐奘の識語。

(13) 新草十二巻本がほとんど草稿本のままの状態であったことは、諸種編集本に収録されている十二巻本所属の巻の懐奘等の識語から推測される。

(14) 道元禅師示寂の時点で七十五巻本が編集途中であったとする推定については、本書七二〜七八頁「七十五巻本『正法眼蔵』について」及び拙稿「『正法眼蔵』の性格(序説)」を参照されたい。

(15) 二十八巻本『秘密正法眼蔵』所収の「八大人覚」巻の懐奘の識語のなかの「既始草之御此巻当第十二也」という記述の語感からは、道元禅師自らが第十二として撰述されたのではなく、数えればこの「八大人覚」巻が「既始草」の「新草」の十二番目に当たることを示した懐奘の記録であると考えられる。道元禅師自らが第十二「八大人覚」と明確に記述されていたとすれば、なにも懐奘があらためて「既始草之御此巻当第十二也」などと記述する必要もないように思われる。

(16) 諸種編集本に収録されている十二巻本所属の巻の懐奘等の識語から、十二巻本が建長七年の夏安居時にまとめて書写されたものと推測される。

(17) 水野弥穂子「正法眼蔵仏性巻の伝承とその本文」(『駒沢短大国文』第四号、一九七一年十二月)、同「永平寺懐弉書写本「仏性」と六十巻正法眼蔵との関係」(『宗学研究』第二七号、一九八五年三月) 参照。

(18) 七十五巻本の編集については、本書七二〜七八頁「七十五巻本『正法眼蔵』について」で推論している。

(19) これらについては本書七八〜九二頁「六十巻本『正法眼蔵』について」で推論している。十二巻本の撰述編集によって崩された「現成公案」を第一とする『正法眼蔵』の再編集から言えば六十巻本はそれ以前の編集の形態に近い親集本と言えよう。

(20) 私は本論で述べたように、六十巻本（前出「旧六十巻本」）は道元禅師の親集、七十五巻本は懐奘の編集と推測するが、もしそうであるとすれば、永平寺に七十五巻本ではなく六十巻本（前出「新六十巻本」）が伝わることになったのは、永平寺においては懐奘編集の七十五巻本よりも道元禅師が当初編集された六十巻本がより重んじられたためであると考えられる。

(21) 節晃守廉（?～一七二七）が繕写した晃全本『正法眼蔵』の序として、元禄五年（一六九二）七月に著した『正法眼蔵重写記』に、「余嘗見叢林所伝正法眼蔵全帙或六十巻或八十三巻或四十巻為一帙故毎寺院在之巻数不釣皆以現成公案按巻頭次般若巻序之次」（『永平正法眼蔵蒐書大成』二十一、六一五頁下段）とある。これについては永久岳水『正法眼蔵の異本と伝播史の研究』（仏教書林中山書房、一九七三年六月、二九〇頁）において紹介され、ここに見られる「四十巻」の語についても問題提起されている。このことについては秋津秀彰氏よりご教示いただいた。ところで、この「四十巻」とは如何なるものなのか。四十巻の編集本が存在したのであろうか。であるならば、その発見が待たれるところであるが、本書七四～七五頁の表にある、七十五巻本と六十巻本にほぼ共通する第四十巻までの編集本ではないかと推測される。

本論

序説　道元禅の核心——道元禅師の大疑滞とその解決

道元禅師の伝記によれば、禅師は比叡山での修行中にある疑問を抱き、その解決を当時の比叡山の教学に求めたが得られず、三井寺の公胤（一一四五〜一二一六）僧正の勧めで中国に渡ったとされる。(1) この諸種の伝記に見られる記述は、禅師の入宋を理由づける伝記作者の創作ではないかとの指摘もあり、(2) 私もこれまでそのような疑問を持つとともに、疑団の内容と解決について通り一遍の理解しかなし得なかったが、(3) 近時、私はこの疑問そのものの解明と、この疑問をどのように解決したのかについての解明が、道元禅師の仏法を明らめる上で非常に重要であり、これこそが道元禅の核心であると確信するに至った。そこで本論を述べるにあたり、その序説として、道元禅師の大疑滞とその解決について論じる。

第一節　道元禅師の大疑滞と伝えられるもの

道元禅師の大疑滞と伝えられるものを、諸種の伝記資料に見てみよう。まず、最古とされる伝記資料に『元祖孤雲徹通三大尊行状記』の「元祖章」（以下、『行状記』）と、『永平寺三祖行業記』の「初祖道元禅師章」（以下、『行業記』）

がある。[4]その該当部分を挙げれば、

十八歳内。看閲一切経二返。学宗家之大事。法門之大綱。本来本法身。天然自性身。顕密両宗。不出此理。大有疑滞。如本自法身法性者。諸仏為甚麼更発心修行哉。（『行状記』、河村孝道編著『諸本対校永平開山道元禅師行状建撕記』、大修館書店、一九七五年四月、一六一頁中段）

十八歳内。看閲一切経二遍。宗家之大事。法門之大綱。本来本法性。天然自然身。顕密両宗。不出此理。大有疑滞。如本自法身法性者。諸仏為甚麼。更発心修行。（『行業記』、前掲河村書、一五八頁中段）

とある（ここにある「大有疑滞」〈大いに疑滞有り〉を本節では註（3）の山内論文に見られるように「大疑滞」と記すことにする）。顕密の両宗が「この理を出でず」とする教えを、『行状記』では「本来本法身。天然自性身」とし、『行業記』では「本来本法性。天然自然身」とするが、『建撕記』の諸本では「本来本法性、天然自性身」としており、宗門では一般的にこれを用いてきているが、[5]本論でも『建撕記』に従うことにする。

ところで、ここに言う「宗家」とは天台宗を指すと考えられ、それは顕密の二教が共に存在する特異な日本天台を言うのであろうが、[6]私自身はこの「本来本法性、天然自性身」の語を天台・真言関係典籍の中に見出していない。しかし、この語は当時比叡山において人口に膾炙していた言葉であるらしく、[7]道元禅師が比叡山での修学中、事に触れて接していた言葉であると考えてもいいようである。そして、道元禅師がかかる疑問を持っていたことは次の『宝慶記』の記述からも充分認められ得る。

拝問。古今善知識曰、如魚飲水冷煖自知、此自知即覚也。以之為菩提之悟。道元難云、若自知即正覚者、一切衆生皆有自知。一切衆生依有自知、可為正覚之如来耶。（三七二頁）

これは、道元禅師が如浄に投げかけた問いである。禅師は、「古今善知識」が言う「如魚飲水冷煖自知、此自知即覚也。以之為菩提之悟」に疑問をもったのである。

「冷煖自知」とは、冷たさ暖かさを自ら知る、ということである。例えば、水の冷煖は飲む者自らが知る。或いは水が冷たいとか暖かいとかは、他人から説明されてもよくわからないが、自分自身で水の中に手を入れてみれば如実に知ることができる。このことは転じて「悟りの境涯はその人自身で知ることができることで、余人の窺い知ることではないこと。自証自悟(8)」を言う。しかし、ここでいう「冷煖自知」は、そのような意味ではなく、「自知」の働きそのものを言い、それを「覚」とし「菩提之悟」とする見解に対する疑問である。それは、この疑問に対する「或人云」の内容からも知られる(9)。また、「即心是仏」巻の記述からも知られるところである(10)。

この疑滞の解決は、後述するように、おそらく如浄のもとでなされたと思われ、どのように解決されたのかについては、『弁道話』や「即心是仏」巻に示されるところであるが、疑問そのものをさらに掘り下げるために、両者に「先尼外道の見」として述べられている誤った見解を参照し、道元禅師の疑滞を詳解してみたい。

『弁道話』の第十問答に、次のような問いがある。

とうていはく、あるがいはく、生死をなげくことなかれ、生死を出離するにいとすみやかなるみちあり。いはゆる、心性の常住なることわりをしるなり。そのむねたらく、この身体は、すでに生あればかならず滅にうつされゆくことありとも、この心性はあへて滅することなし。よく生滅にうつされぬ心性わが身にあることをしりぬれば、これを本来の性とするがゆゑに、身はこれかりのすがたなり、死此生彼さだまりなし。心はこれ常住なり、去来現在かはるべからず。かくのごとくしるを、生死をはなれたりとはいふなり。このむねをしるものは、従来の生死ながくたえて、この身をはるとき性海にいる。性海に朝宗するとき、諸仏如来のごとく、妙徳まさにそなはる。いまはたとひしるといへども、前世の妄業になされたる身体なるがゆゑに、諸聖とひとしからず。いまだこのむねをしらざるものは、ひさしく生死にめぐるべし。しかあればすなはち、ただいそぎて心性の常住なるむねを了知すべし。いたづらに閑坐して一生をすぐさん、なにのまつところかあらん。かくのごとくいふむね、こ

れはまことに諸仏諸祖の道にかなへりや、いかん。（七三八〜七三九頁）

この問いの趣旨は、「心性」なるものが身体の中に常住し、身体が滅してもこの「心性」は滅することがないとし、このことを「了知する」ことが、生死の迷いの世界から出離することであるとするもので、この「心性」とは何かと言えば、

しめしていはく、いまいふところの見、またく仏法にあらず、先尼外道が見なり。いはく、かの外道の見は、わが身うちにひとつの霊知あり、かの知、すなはち縁にあふところに、よく好悪をわきまへ、是非をわきまふ。痛痒をしり、苦楽をしる、みなかの霊知のちからなり。しかあるに、かの霊性は、この身の滅するとき、もぬけてかしこにうまるるゆゑに、ここに滅すとみゆれども、かしこの生あれば、ながく滅せずして常住なりといふなり。かの外道が見、かくのごとし。（七三九頁）

と示されるように、先尼外道がいう「霊知」「霊性」であり、その働きは「よく好悪をわきまへ、是非をわきまふ。痛痒をしり、苦楽をしる」というのである。

同様な説示が「即心是仏」巻にもある。

外道のたぐひとなるといふは、西天竺国に外道あり、先尼となづく。かれが見処のいはくは、大道はわれらがいまの身にあり、そのていたらくは、たやすくしりぬべし。いはゆる、苦楽をわきまへ、冷煖を自知し、痛癢を了知す。万物にさへられず、諸境にかかはれず。物は去来し、境は生滅すれども、霊知はつねにありて不変なり。此霊知、ひろく周遍せり、凡聖含霊の隔異なし。そのなかに、しばらく妄法の空華ありといへども、一念相応の智慧あらはれぬれば、物も亡じ、境も滅しぬれば、霊知本性ひとり了了として鎮常なり。たとひ身相はやぶれぬれども、霊知はやぶれずしていづるなり。たとへば人舎の失火にやくるに、舎主いでてさるがごとし。昭昭霊霊としてある、これを覚者智者の性といふ。これをほとけともいひ、さとりとも称す。自他おなじく具足し、迷悟

ともに通達せり。万法諸境ともかくもあれ、霊知は境とともならず、物とおなじからず、歴劫に常住なり。いま現在せる諸境も、霊知の所在によらば、真実といひぬべし。本性より縁起せるゆゑには実法なり。たとひしかありとも、霊知のごとくに常住ならず、存没するがゆゑに。明暗にかかはれず、霊知するがゆゑに。これを霊知といふ。また真我と称し、覚元といひ、本性と称し、本体と称す。かくのごとくの本性をさとるを、常住にかへりぬるといひ、帰真の大士といふ。これよりのちは、さらに生死に流転せず、不生不滅の性海に証入するなり。このほかは真実にあらず。この性あらはさざるほど、三界六道は競起するといふなり。これすなはち先尼外道が見なり。(四二〜四三頁)

ここには、「冷煖を自知し」という語と、先の『弁道話』に「痛痒をしり」とあるのと同じ「痛痒を了知し」という語が見出せる。ここでいう先尼外道の見解とは、大道は我々のこの身体に具わっているのであり、それは「苦楽をわきまへ、冷煖を自知し、痛癢を了知す」る働きであるという見解である。そして苦楽や冷煖や痛痒を弁え自知し了知する、認識の主体なる「霊知」は常住不変であるというのである。この「霊知」をまた「真我」「覚元」「本性」「本体」と言い、これを「さとる」ことを〝輪廻転生からの解脱〟或いは〝性悔への証入〟と言っている。

さらに「即心是仏」巻では、

大唐国大証国師慧忠和尚問僧、「従何方来。」僧曰、「南方来。」師曰、「南方有何知識。」僧曰、「知識頗多。」師曰、「如何示人。」僧曰、「彼方知識、直下示学人即心是仏。仏是覚義、汝今悉具見聞覚知之性。此性善能揚眉瞬目、去来運用、徧於身中、挃頭頭知、挃脚脚知、故名正遍知。離此之外、更無別仏。此身即有生滅、心性無始以来、未曾生滅。身生滅者、如龍換骨、似蛇脱皮、人出故宅。即身是無常、其性常也。南方所説、大約如是。」師曰、「若然者、与彼先尼外道、無有差別。彼云、我此身中有一神性、此性能知痛癢、身壊之時、神則出去、如舎被焼舎主出去。舎即無常、舎主常矣。審如此者、邪正莫弁、孰為之乎。吾比遊方、多見此色。近尤盛矣。聚却三五百衆、目視雲漢云、是南方宗旨。把他壇経改換、添糅鄙譚、削除聖意、惑乱後徒、豈成言教。苦哉、吾宗喪矣。若以見聞覚知、是為仏性者、浄名不応云法離見聞覚知。若行見聞覚知。是則見聞覚知非求法也。」（四三頁）

と『景徳伝灯録』巻二八にある南陽慧忠（？〜七七五）と僧との問答を挙げ、僧が南方の所説であると説明する「即心是仏」の解釈の誤りを嘆く慧忠の語を挙げて、

大証国師は曹谿古仏の上足なり、天上人間の大善知識なり。国師のしめす宗旨をあきらめて、参学の亀鑑とすべし。先尼外道が見処としりてしたがふことなかれ。（四三〜四四頁）

と示している。ここに見られる「南方宗旨」では、仏（仏性）とは何かと言えば「見聞覚知之性」であるとするのである。この「見聞覚知之性」があるから、揚眉瞬目したり、去来運用したり、物事を感覚したりするというのである。これを言葉を換えて「心性」とし、これ以外に仏はないのであるとする。「即心是仏」とはそういうことであると。

これに対して慧忠は、この説を六祖の説がゆがめられたものであるとして鋭く批判する。そして道元禅師が、この慧忠の語を、正伝の仏法における「即心是仏」の亀鑑として賞賛するのである。

これら『弁道話』や「即心是仏」巻に示される外道の見解、誤った理解は、先の『宝慶記』における道元禅師が如浄に投げかけた問い（「如魚飲水冷煖自知、此自知即覚也。以之為菩提之悟」）と重なるものであり、遡れば叡山における疑滞に源するものと言える。

第二節　大疑滞の所以

この、道元禅師が叡山において抱いたとされる疑滞は、けっして稚拙(11)な疑問ではないと私は考える。稚拙であるか

のようであっても非常に重要な疑問であり、それはこの教義が、〝仏教の内部にあって、しかも仏教そのものの存在を否定し崩壊させる〟厄介な問題であったと思われるのである。現代の曹洞宗においても、この外道の見解に見紛われる説き方がされていないだろうか。

確かに、「冷煖自知」「痛痒了知」「見聞覚知」、これらは皆、すばらしい働きであることは確かである。我々は、生まれながらに持っている[12]これらのすばらしい働きを自覚することなく、この他に仏を求める。仏とは何か特別な者であり、特別な能力を備えた者であると考え、それを成し遂げ、獲得したいと願いがちである。それらの思いを打ち破るために、これらの働きこそまさに「仏」の働きに他ならない、と示す事がある。これも誤りとは言えない。「見聞覚知」を例に挙げれば、我々は「眼」（根）で「色」（境）を見て、それが何であるかを認識する（「眼識」）。これが《見》である。また、「耳」で「声」を聞いてそれが何の声（音）であるかを認識する（「耳識」）。これが《聞》である。「鼻」で「香」を嗅いで何の香であるかを認識し（「鼻識」）、「舌」で「味」を味わって何の味か認識し（「舌識」）、「身」（触覚）によって皮膚（肌）で「触」れて（感じて）認識する（「身識」）。これが《覚》である。また、これらによって見、聞き、感覚したものについて、それが何であるかを判断したり、それについて考えたり、思いをめぐらしたりする。これが《知》である。

これら「見聞覚知」の働きは実にすばらしい。例えば、このような働きをすべて備えたロボットを作ろうと思っても、それは不可能だと言われる。物体を認識してそれをつかみ取る、それは私たちに簡単にできても、それだけの仕事をするロボットを作製することは容易ではない。そのような能力を生まれながらに持っている私たちは、確かに素晴らしい存在であることは間違いない。また、我々は病気や事故などにより耐えることのできない苦痛を受けたときに、苦痛によって自滅しないために我々の身体自体が自己防御のために意識を失わせるという。そして再び耐えられる状態になったとき意識は回復するということを聞いたことがある。何というすばらしい働きであろう。

ある師家は次のように語る、「眼は、見ようと思わなくても見えている。耳は、聞こうと思わなくても、聞こえてくる。鼻は、嗅ごうと思わなくても臭いを知る。舌は、味わおうと思わなくても、味わえる。肌は、感じようと思わなくても自ずと感じる。これらの働きこそが、仏のはたらきなのだ」と。

それは確かにそのとおりである。我々は実に不可思議なすばらしい働きを生まれながらに持ち合わせているのである。先に挙げた資料にあるように、この「冷煖自知」「痛痒了知」「見聞覚知」といった働きを、そのまま「さとり」の働きであり、「ほとけ」の働きであるとする考え方が、叡山教学の中にも、宋代の禅の中にも、そして古くインドの昔にもあったのである。そして、このような見解が、実に根深く、学人の中に存在してしまうことは、道元禅師がこれらの見解を徹底的に批判していながらも、禅師の晩年においてその直弟子達の中にこのような見解があったことからも窺われ、その重大さが知られるのである[13]。この見解に対する疑問が、若き日の道元禅師にとって「大疑滞」とされることは、まさに所以あることであったと考えられるのである。

第三節　大疑滞の解決

「冷煖自知」や「痛痒了知」や「見聞覚知」が仏の働きであり、それがそのまま悟りのあり方であるとすれば、それは、物を見たり、声を聞いたり、香を嗅いだり、食べ物を味わったり、冷たいとか暖かいとかを肌で感じたりする、そのような働きが「悟り」の働きということになる。そして、当時少なからぬ仏者がそのような考えを持っていたことは、すでに知られた。しかし、もし物や声や香や味を自ら知るというそのことが「悟り」であるならば、そのような働き、つまり知覚能力や、聴覚・臭覚・触覚といった能力を、我々は持っているのであるから、多くの人がもともと悟りを得ていることになり、仏であるということになってしまう。道元禅師はこのようなことを多くの仏者や禅僧が言うのを疑問に思ったのである。そして、先の『宝慶記』の記録に見られるように、ある禅僧は、「そのとおり、すべてのものが皆な仏だ」と言い、ある禅僧は、「すべてのものが必ずしも仏であるわけではないが、自ら知ることができるその働きこそが悟りであると気づいた者は仏である（気づかない内は仏ではない）」と言っていたのである。当時、宋代の禅僧の間で、このような考え方が蔓延していたことが窺われる。道元禅師は、これが正しい仏法であるのか如浄に質問している。如浄は次のように答えている。

和尚示曰、若言一切衆生本是仏者、還同自然外道也。以我我所比諸仏、不可免未得謂得、未証謂証者也。（『宝慶記』、三七二頁）

如浄はきっぱりとこのような見解を否定し、それは自然外道であると断言したのである。これによって道元禅師の疑滞は氷解したと考えられる。

「冷煖自知」や「痛痒了知」や「見聞覚知」といった働きが、まさに素晴らしい働きであっても、それは「悟り」でも「仏」でもない。このような働きを「悟り」と言い、このような働きをもっている者を「仏」とするならば、そして、そのことを知ればよいのであれば、「修行」ということは不要となる。仏教はそのような、修行を不要とするような教えなのか、それが道元禅師の疑滞であった。如浄は、このような考え方は仏教ではないと、はっきりと否定したのである。思うに、これらの働きは素晴らしい働きであっても、「迷い」を作り出している原因でもある。このような働きの中で、様々な煩悩や欲望が生まれる。貪・瞋・痴の根本煩悩や、食欲・睡眠欲・色欲（性欲）・財産欲・名誉欲などの欲望がそのまま悟りであるはずがない。「冷煖自知」や「見聞覚知」といった能力は、素晴らしい働きではあるが、煩悩や欲望をも生み出す。そしてもちろんこの働きによって「悟り」を開き仏になることもできるのである。道元禅師は、我々が生まれながらそのまま「悟り」の存在でも「仏」でもないことを、如浄の教えによって確信した。何故、如浄に出会って疑滞を解決することができたのか。それは、如浄が道元禅師の疑滞を「自然外道」と断言して否定したことと、そして何よりも、如浄自身が非常に厳格な坐禅修行を勤め、煩悩妄想を除く実践を行っていたことによるのであると思われる。(14)

さて、叡山修学以来の疑滞は、ここに氷解したのである。と同時に、疑滞の氷解は「修行」の重視を意味していた。先の「見聞覚知」等のすばらしい働きを、煩悩の方向へではなく、修行（仏道）へと向かわせることが最も重要であったからである。

道元禅師は、「即心是仏」巻において、

いはゆる即心の話をききて、癡人おもはくは、衆生の慮知念覚の未発菩提心なるを、すなはち仏とすとおもへり。これはかつて正師にあはざるによりてなり。（四二頁）

と言って批判し、それでは「即心是仏」とは何かと言えば、

しかあればすなはち、即心是仏とは、発心・修行・菩提・涅槃の諸仏なり。いまだ発心・修行・菩提・涅槃せざるは、即心是仏にあらず。（四五頁）

と示されている。また、「法性」巻では、

大道は、如人飲水、冷暖自知の道理にはあらざるなり。（四一五頁）

と示され、「尋師訪道」「功夫弁道」の必要性を強調し、経巻・知識に従うことの重要性を説いている。また永平寺での上堂においても、

上堂云、夫学仏道、見解須正。見解若邪、光陰虚度。近代皆云、諸人応諾之処、即諸人本命。冷煖自知之処、即諸人主人公。向来乃是仏性、更不可有第二人也。若恁麼会、則先徳之所呵也。不見、竺尚書問長沙岑和尚、蚯蚓斬為両段、両頭倶動、未審、仏性在阿那箇頭。沙云、莫妄想。書云、争奈動何。沙云、只為風火未散。書無対。

沙喚尚書。書応諾。沙云、不是尚書本命。書云、不可離却即今祇対有第二箇主人公也。沙云、不可喚尚書作今上也。書曰、与麼則総不祇対和尚、莫是弟子主人公否。沙云、非但祇対不祇対老僧、従無始劫来、是箇生死根本。乃示頌云、学道之人不識真、祇為従来認識神、無始劫来生死本、痴人喚作本来人。此頌乃後学晩進之明鑑也、照古照今、照邪照正。若拈得這箇明鑑、乃離喚尚書作今上之錯、又離妄想仏性之錯也。夜来長沙来宿于永平払子頭上眠、寝語作声再三誦斯頌。仍永平聊続其韻。良久云、学道直須体達真、祖師未弄識将神、尚書設使称今上、千万年中莫一人。（『永平広録』巻七、第五〇九上堂、一三四頁）

と、「冷煖自知」を仏性とする見解を批判し、正しい見解をもつべき事を示している。

道元禅師が坐禅修行を第一とし、只管打坐の坐禅に専念することを説かれたことは動かし難い事実であり、坐禅も三毒、五欲、五蓋から離れる大切な行であるのであるが、と同時に、日常生活におけるあらゆる行持における威儀・作法を重視し、食事作法から洗面・洗浄の儀則に至るまで事細かに示して、三毒、五欲、五蓋に向かうことのない実践をされたことも知られている。これらは、先の「冷煖自知」「見聞覚知」などのすばらしい働きを、仏道に投げ入れ、煩悩・欲望の迷いの世界に向かわせないためである。

思うに、「冷煖自知」「見聞覚知」などの働きは、実にすばらしい働きである。これによって我々は仏道を行ずることができる。しかしまた、これらの働きが、煩悩・妄想を引き起こし、他を殺傷することもある。実に、このすばらしい働きは〝諸刃の剣〟であり、無条件に、天然自然に肯定することはできないものなのである。

道元禅師の仏法において、この「冷煖自知」「見聞覚知」の絶対肯定に対する否定と、威儀作法の重視は、只管打坐と同様、道元禅における重要な視点であることを改めて確認しなければならない。

ところで、道元禅師に「さとりと云は」で始まる次の法語がある。(15)

さとりと云は、別事にあらず、形式戒法立《たち》てのちの事なり。今時の僧、みだりに祖師の語を見て、思量し分別して、戒行不足にしてさとれりといへども、是末世法をみだり、人をまどはす大罪人なり。仏一代の説法、一切諸経は、皆是小玉をよぶ手段なる事をしらず。さとれるものは、戒法正しく、物我なく、大慈円満にして、もろ〱をすくへり。あさましきかな、末世の法は俗家をたぶらかし、時にあへるにこころをよせ、ときに不合の人ありといへども、かつてみることなく、いまの法は、俗家の世渡業にもおとりてあさまし。なか〱渡世のなす事を見れば、なす事ありて取ることあり、これにははるかにおとれるは、此ごろの仏者のありさまなり。眼をさまして仏の真理をわきまへ、向上の大路をあゆむべし。　希元　（『道元禅師全集』第七巻、春秋社、二二二頁）

ここには「さとり」ということが、形式・戒法が備わって後のことであることが、厳しい口調で説かれており、「此のごろの仏者」は在家人にも劣ることが嘆かれている。道元禅師の眼に映った当時の仏教界は形式・戒行が乱れており、戒律を守って修行する仏者が少なかったのであろうか。「此のごろの仏者」が具体的に誰を指すのか定かでないが、おそらく比叡山の僧侶も含まれるのであろう。その比叡山で、道元禅師は「本来本法性、天然自性身」の教えに疑滞を持ち戒行が行われていない現実に疑問を持たれたのではなかろうか。かりに、その疑滞に対する答え（「本来本法性、天然自性身」であるからこそ修行が必要なのであるというがごとき答え）が、当時の叡山教学に用意されていたとしても、それは知解に留まり、肝心な「行」が伴っていなかったのではなかろうか。円頓の教義が「行」を失ったとき、それはまさに自然外道に陥ると言えるのである。

仏教の歴史においても、「冷煖自知」や「見聞覚知」の働きをそのまま肯定し、これを仏性とし、この身このままで仏であるとする考え方が確かにあったのである。このような考え方が仏者の心を惑わしたことは、本論に引用した種々の文献が物語っている。

我々は、道元禅師が坐禅修行を第一とし、只管打坐の坐禅に専念することを説かれたことの意義を、そして日常生活におけるあらゆる行持における威儀・作法を重視し、食事作法から洗面・洗浄の儀則に至るまで事細かに示されて、それに従うべきことを説く意義を、再確認しなければならない。「冷煖自知」「見聞覚知」などの働きはすばらしい働きである。それを、煩悩・欲望の迷いの世界に向かわせることなく、仏道に投げ入れることが、道元禅の核心である。(16)

（1）三井之公胤僧正者。顕密之明匠。法海之龍象。即致此問。胤教示曰。此問輙不可答。雖有家訓訣。未尽美。伝聞。大宋有伝仏心印之正宗。宜入宋求覓。（『行業記』初祖道元禅師章、河村孝道編著『諸本対校永平開山道元禅師行状建撕記』、一五八頁中段）

（2）例えば、この話を伝記作者の創作ではないかと疑問視するものに吉田道興「「本来本法性」疑団の考察――その虚構性に関して」（『宗学研究』第二一号、一九七九年三月）がある。因みに道元禅師伝の中でも古い資料である『伝光録』第五十一祖道元禅師章には、三井寺の公胤僧正に「宗ノ大事ヲタヅヌ」（前掲河村書、一六四頁下段）とのみ記されており、具体的にどのような疑問をもち、何を尋ねたのかは明記されていない。

（3）それは、いわゆる「本来さとっていれば、なぜ修行の必要があるのか」という疑問に対して、「本来さとっているからこそ修行が必要である」との解決がなされたとする曖昧な理解であったが、大筋においてはそれでよいものの、私自身この質問の本意を洞察しておらず、答えも明確な答え方になっていなかったように思われる。それを本論において多少なりとも明確にしたい。ところで、山内舜雄氏によれば、

「本来本法性、天然自性身」なれば、何故に三世の諸仏は発心修行して菩提を求むや、という『建撕記』の設問からのみ、本覚法門を見てきた洞門宗学にとって、本覚法門の範囲はひろく、『牛頭決』においては煩悩即菩提、生死即涅槃なるがゆえに、「しかも修し、しかも証す。」とあるごとく、修証の必要性を説く本覚法門すら存在するのである。
（山内舜雄『道元禅と天台本覚法門』結言、大蔵出版、一九八五年六月、七四八頁）

とし、この問いに対する答えは当時の教学の中にすでに用意されていたとし、またこの問いは、

天台宗学者からみれば、ごくありふれた問題で、この程度の問題を「大疑滞」というのは、いささか大げさすぎるようである。じじつ私が叡岳下山の理由となった「本来本法性」の問題を、叡山専修院の碩学達に質してみた際、「道元禅師、若年のせいでもあろうが、早合点すぎはしまいか」との答が返ってきたのを憶えている。「恐らく、下山の

理由は、こんなポピュラーな、表面的な問題ではあるまい。」と取り合ってくれない反面、それはより深い真因を考えよとの示唆でもあった。（山内舜雄「『建撕記』に於ける「本来本法性」疑団の考察――日本天台から見た一解明・『真如観』を中心として」〈『駒澤大学仏教学部研究紀要』第三五号、一九七七年三月〉。また、山内前掲書に所収、九四頁）

というように、ごくありふれた問題で、いわば稚拙な問いであったかのようである。しかしながら私には、『伝光録』にて公胤の言葉として「吾宗ノ至極、イマ汝ガ疑處ナリ、伝教慈覚ヨリ、累代口訣シ来ルトコロナリ、コノ疑ヲシテ、ハラサシムベキニアラズ」（前掲河村書、一六四頁下段）と記すように、非常に重要な疑問であると考える。それはこの教義が、〝仏教の内部にあって、しかも仏教そのものの存在を否定し崩壊させる〟やっかいな問題であったと思われるからである。

（4）両者は流伝の過程で字句等に異同を生じたため二種本となったもので、もとは一本であったと考えられている。道元禅師の伝記資料・伝記研究については、伊藤秀憲氏により簡潔にまとめられている（田中良昭編『禅学研究入門』、大東出版社、一九九四年七月、二〇七～二一一頁）。

（5）面山瑞方が宝暦四年（一七五四）に刊行した『訂補永平開山行状建撕記』（以下、『訂補建撕記』）には、

建保二年甲戌。師十五歳。熟渉猟経論。自有疑謂。顕密二教共談。本来本法性。天然自性身ト。若如此則三世諸仏。依甚更発心求菩提耶。時質之耆宿。無答釈者。因聞三井寺公胤僧正之粹観心而往問。胤答曰、此問不可輙答、雖有宗義恐不尽理。須参建仁寺栄西ト。指揮セラル。（前掲河村書、七～八頁）

とある。『建撕記』はこの『訂補建撕記』の刊行によって世に流布したため、宗門では一般的にこの記述により「道元禅師の大疑団」として伝承してきており、建仁寺の栄西との「師到建仁栄西便問。本来本法性。天然自性身。為什麼三世諸仏。発心成道。西云。三世諸仏不知有。狸奴白牯却知有」（同書、一四〇頁の『訂補建撕記』補註）という問答も有名な話として伝えられてきている。しかし、この栄西との問答は『行状記』や『行業記』はじめ、他の『建撕記』の諸本にも見られず、『訂補建撕記』にも本文に続いて「補」のかたちで記されており、栄西と道元禅師の相見の問題とともに史実とは考えがたい。

（6）山内舜雄『道元禅と天台本覚法門』、九五～九六頁。

（7）硲慈弘氏はその著『日本仏教の開展とその基調』下巻（三省堂、一九四八年）の中で、

けだし本来本法性といひ、また天然自性身ともいふものは、勿論これ本覚思想の教語なること言をまたぬと同時に、またいはゆる本覚思想そのものこそは、特に平安朝末期以後の叡山仏教に澎湃としておこった一大潮流であった。
（三二五〜三二六頁）

と言っている。

（8）『禅学大辞典』。この解釈の典拠として、「今蒙指授入處、如人飲水、冷暖自知」（『伝灯録』四、蒙山道明章）、「到這裏、如人飲水冷煖自知、不著問別人」（『大慧書』下）を挙げる。

（9）その答えは「可然、一切衆生無始本有之如来也」であり、「一切衆生不必皆是如来。所以者何、若知自性智即是者、即是如来也、未知者不是也」であるが、これは「冷煖自知」の働きをもつ我々がそのまま如来であるかどうかについて答えたものであり、悟りの境涯が「冷煖自知」かどうかについて答えたものではない。

（10）「即心是仏」巻では、先尼外道の見処として「大道はわれらがいまの身にあり、そのていたらくは、たやすくしりぬべし。いはゆる苦楽をわきまへ、冷煖を自知し、痛癢を了知す」（四二頁）というが、ここにいう「冷煖を自知し」も「悟りの境涯はその人自身で知ることができることで、余人の窺い知ることではないこと」を言うのではなく、冷煖や痛痒の自知・了知の働きを言う。

（11）註（3）参照。

（12）但し、身体に障害をもって生まれてくる人もおり、これらの働きを「生まれながら」とするのは適切ではないが、その点を充分考慮した上で以下、理解して頂きたい。

（13）『御遺言記録』の中に次のような記述がある。

同六日、夜参有二談之次、義介咨問云、義介先年同一類之法内所談云、於仏法中諸悪莫作、諸善奉行。故仏法中諸悪元来莫作、故一切行皆修善也。所以挙手動足一切所作、凡一切諸法生起皆仏法、云云。此見正見乎。和尚（懐奘）答云、先師門徒中有起此邪見之一類、故在世之時義絶畢。被放門徒明白也。依立此邪義也。若欲慕先師仏法之輩、不可共語同坐、是則先師遺誡也。（『道元禅師全集』第七巻、春秋社、一九九二・一九四頁）

この部分は、建長七年の正月六日に、義介（一二一九〜一三〇九）が懐奘の方丈に入室した時の会話の記録である。義介は「私は先年、ある者たちが仏法についての談義をしているところを聞いていると『仏法の中においては「諸悪莫作、諸《ママ》善奉行」であって、ゆえに仏法の中では諸悪は元来「作すことがない」のであるから、一切の行はすべて修善である。

ゆえに挙手動足の一切の所作もすべて一切諸法の生起であって、みな仏法である、云々』と言っていました。この見解は正しい見解でしょうか」と懐奘に質問している。懐奘は、「先師の門徒の中に、この邪見を起こした一類があった、ゆえに［先師は］ご存命の時に、これらの者を宗門から追放してしまわれたのである。門徒を追放されることは明白である。この邪義を立てたからである。もし、先師の仏法を慕おうとおもう輩であったら、共に語り合ったり、座を同じくしたりしてはいけない、これはとりもなおさず先師の遺誡である」と答えているのである。ここに述べられる邪見も、叡山で「本来本法性、天然自性身」や、『宝慶記』の記述にあった「冷煖自知」を仏の性とする見解と、根底を一にしている。のような邪見が晩年の道元禅師門下の中にもあって、禅師がこれを義絶し、そして道元禅師滅後の永平寺内部にもあって、それを聞いた義介が（それも道元禅師に永年仕えた義介が）どうしたことか迷い、懐奘がきっぱり否定しているのである。この問題が、仏法において実に重大であることは間違いないのである。

(14)『随聞記』巻三に、当時の如浄の修行の様子を伝える記述がある。

我大宋天童禅院に居せし時、浄老住持の時は、宵は二更の三点まで坐禅し、暁は四更の二点三点よりおきて坐禅す。長老ともに僧堂裏に坐す、一夜も闕怠なし。其間衆僧多く眠る。長老巡り行て、睡眠する僧をば、或は拳を以て打、或はくつをぬいで打恥しめ、勧めて覚睡。（『随聞記』巻三、四五七頁）

道元禅師が天童山に居た時、如浄が住職をしていた時は、夜は午後十時半ころまで坐禅し、朝は午前二時ころから起きて坐禅したというが、如浄も修行僧とともに坐禅堂で坐禅をし、一夜も欠かしたことがなかったというのである。如浄は堂内を巡り歩いて眠っている修行僧を拳で叩いたり靴を脱いで打って眠ることを恥ずかしいと思わせ、励まして眠りをさましたという。また、『宝慶記』には、

堂頭和尚示曰、参禅者身心脱落也、不用焼香・礼拝・念仏・修懺・看経、祇管打坐而已。拝問、身心脱落者何。堂頭和尚示曰、身心脱落者、坐禅也。祇管坐禅時、離五欲、除五蓋也。拝問、若離五欲、除五蓋者、乃同教家之所談也。即為大小両乗之行人者乎。堂頭和尚示曰、祖師児孫、不可強嫌大小両乗之所説也。学者若背如来之聖教、何敢仏祖之児孫者歟。拝問、近代疑者云、三毒即仏法、五欲即祖道。若除彼等、即是取捨、還同小乗。堂頭和尚示曰、若不除三毒・五欲等者、一如瓶沙王国・阿闍世国之諸外道輩。仏祖之児孫、若除一蓋一欲、則巨益也。与仏祖相見之時節也。

（三七七〜三七八頁）

という問答が見られるが、如浄が「三毒」「五欲」「五蓋」等の煩悩を除くことを重視していたことが知られる。

(15) この法語は、『道元禅師真蹟関係資料集』(大修館書店、一九八〇年十一月、五一五頁)の法語類の中に、「さとりと云は……」として収録されており(長野県中野市大徳寺所蔵)、面山の『訂補建撕記』にも「補」に「和論語巻八に道元ノ曰」として載せられている。また、『道元禅師全集』第七巻(春秋社)に「証悟戒行法語」(この名は本集が編集されたとき付提されたもの)として収録されている。

(16) 『学道用心集』に次の説示が見られる。

修行仏道者、先須信仏道。信仏道者、須信自己本在道中不迷惑、不妄想、不顛倒、無増減、無悞謬也。生如是信、明如是道、依而行之、乃学道之本基也。為其風規、坐断意根兮令不向知解之路也、是乃誘引初心之方便也。其後脱落于身心、放下于迷悟、第二様子也。大凡信自己在仏道之人、最難得也。若正信在道、自然了大道之通塞、知迷悟之職由也。人試坐断意根、十之八九忽然得見道也。(二六〇頁)

ここで言う「学道之本基」は「自己本道中に在って、迷惑せず、妄想せず、顛倒せず、増減なく、悞謬なきこと」を信じ、この道理を明らかにして、行ずることである。この説示からも窺えるように、道元禅師は「本来本法性、天然自性身」といった教えを、完全に否定しているのではない。却って認めているのである。大切なのは、この道理を明らめるだけではなく、「依而行之」すなわち〝行ずる〟ということなのであろう。このような道元禅師の説示が、『御遺言記録』に見られる一類の邪見〈註(13)〉のような似て非なる見解に陥らせてしまう可能性も多分にあるので、我々は大いに注意しなければならない。

第一章　修証観

本章では、道元禅師の修行観と証果観について、修証観と題して論じる。道元禅師が修行と証果についてどのように示しているのかについて、「修証一等」「本証妙修」「証上の修」「不染汚の修証」等の語によって示される道元禅師の修証観の特徴を考察する。

道元禅師の修証観について論じる場合、多くの研究者は次の『弁道話』の説示を挙げて道元禅師が「修証一等」「本証妙修」「証上の修」「不染汚の修証」を示されたことを強調する。

それ修証はひとつにあらずとおもへる、すなはち外道の見なり。仏法には、修証これ一等なり。いまも証上の修なるゆゑに、初心の弁道すなはち本証の全体なり。かるがゆゑに、修行の用心をさづくるにも、修のほかに証をまつおもひなかれとをしふ。直指の本証なるがゆゑなるべし。すでに修の証なれば、証にきはなく、証の修なれば、修にはじめなし。ここをもて、釈迦如来・迦葉尊者ともに証上の修に受用せられ、達磨大師・大鑑高祖、おなじく証上の修に引転せらる。仏法住持のあと、みなかくのごとし。すでに証をはなれぬ修あり、われらさいはひに一分の妙修を単伝せる、初心の弁道すなはち一分の本証を無為の地にうるなり。しるべし、修をはなれぬ証を染汚せざらしめんがために、仏祖しきりに修行のゆるくすべからざるとをしふ。妙修を放下すれば本証手の中にみてり、本証を出身すれば妙修通身におこなはる。（七三七頁）

すなわち、この説示に基づき、修と証は一つであり、初心の修であっても証の上での修であるから、円満した証そのものであり、また、修のところに証が現われており、修のほかに証はなく、よって修を離れることは証を汚すことになる等々と道元禅師の修行観を説明してきた。この概念を伝統的に「修証一等」「本証妙修」「証上の修」「不染汚の修証」といい、この言葉は『正法眼蔵』等の他の道元禅師の撰述にはほとんど見出だされないにしても、その概念は道元禅師の説示の随所に見られ（後述）、道元禅師の修証観の特徴として認められてきている。

ところが一方で、同じく『弁道話』や『正法眼蔵』『普勧坐禅儀』『随聞記』などに、「悟」「さとり」あるいは「得道」「解脱」等の語がみられ、これらは、先に述べた「修証一等」等（修の中に証が現われているという〝ありよう〟を言ったもの）ではなく、おおよそ瞬間的・経験的な〝覚体験〟と思われるような説示が見られ[1]、また、道元禅師の伝記資料の中には、如浄のもとで道元禅師が「身心脱落」されたとされる、いわゆる悟りの機縁も記されている。

この両者をいったいどのように受け取ればいいのか。本章では、まず第一節において、道元禅師の修証観の特徴とされる「修証一等」「本証妙修」等について論じ、第二節において、修証一等でありながら何らかの悟りの機縁があると思われる「身心脱落」について取り上げる。そして、道元禅師の伝記資料に見られる「身心脱落の話」の時期と意義について考察し、第三節では、修証観と密接に関わる「付法説」について論じる。第四節では、道元禅師の修証観において注意すべき「本証」という語の定義に関連して「覚（悟）と証」の相違についての私見を述べ、道元禅師の修証観を明確に示したいと思う。

第一節　修証一等

まず、多くの先学によって強調されている「修証一等」「本証妙修」「証上の修」「不染汚の修証」等、〝修と証は一つである〟という道元禅師の修証観に触れる必要がある。その代表的な道元禅師の説示は、先に挙げた『弁道話』の一節である。ここに便宜的に、現代語訳すれば、

修行と証《さと》り(2)が一つではないと考えるのは、仏教以外の人の考えである。仏の教えでは、修行と証りは一つである。ここで言う坐禅も、さとりの上での修行であるから、初心者の弁道（修行）はそのまま本来の証りの在り方の全体を現しているのである。そうであるから、修行の心得を授ける場合でも、修行のほかに証りを期待してはいけないと教える。修行が直ちに本来の証りの在り方を現しているからである。すでに修行が証りであるから、証りに際限（終わり）はなく、証りの上での修行であるから、修行にはじめはないのである。このようなことで、釈迦如来も迦葉尊者も共に証りの上の修行（坐禅）に受用させられ(3)、達磨大師も大鑑高祖も同じくさとりの上での修行（坐禅）に引き転がされたのである(4)。仏の教えを代々受け継いできた様子は、皆このようである。すでに証りを離れない修行（坐禅）がある。私たちは幸いに、一分の妙修(5)を単伝したが、初心者の弁道（修行）におけるその一分の妙修がそのまま一分の本証を無為(6)（坐禅）の地（ところ）に得ていることになるのである。心得ておきなさい、修行を離れない証りを汚さないために、仏祖はしきりに修行をゆるめてはいけないと教えている。妙修を放てば本証が満ちあふれ、本証を抜け出すと妙修が全身で行われるのである。

となろう。これら「修証一等」「本証妙修」「証上の修」の語は『正法眼蔵』をはじめ、他の道元禅師の撰述にはほとんど見られないが、とはいえ、そのような思想は道元禅師の説示の中に、少なからず見出すことができる。

「現成公案」巻の末尾に、

麻浴山宝徹禅師、あふぎをつかふちなみに、僧きたりてとふ、「風性常住、無処不周なり、なにをもてかさらに和尚あふぎをつかふ。」師いはく、「なんぢただ風性常住をしれりとも、いまだところとしていたらずといふこと

なき道理をしらず」と。僧いはく、「いかならんかこれ無処不周底の道理。」ときに師、あふぎをつかふのみなり。僧礼拝す。

仏法の証験、正伝の活路、それかくのごとし。常住なればあふぎをつかふべからず、つかはぬおりも風をきくべきといふは、常住をもしらず、風性をもしらぬなり。風性は常住なるがゆゑに、仏家の風は大地の黄金なるを現成せしめ、長河の蘇酪を参熟せり。(一〇頁)

とある。この話では「風性常住」が本証に、「無処不周底の道理」(あふぎをつかふ)が妙修にあたると考えられる。すなわち、麻浴宝徹は、風性が常住であるということ(本証)を、扇を使うということ(妙修)によってあらわしたというのである。ゆえに道元禅師は「常住なれば、あふぎをつかふべからず、つかはぬおりも風をきくべきといふは、常住をもしらず、風性をもしらぬなり」(本証であるから修行しなくてもよい、修行しなくても証りが具わっていると言うのは、本証ということも修行ということも知らないのである)と言い、「風性は常住なるがゆゑに、仏家の風は、大地の黄金なるを現成せしめ、長河の蘇酪を参熟せり」(修行は本証を現すものであるから、仏家の家風では、修行によって本証を現成せしめ、修行によって本証を参熟させたのである)と示されるのである。

次に挙げる道元禅師による磨塼作鏡の話の解説も、本証妙修という立場からなされている。

江西大寂禅師、ちなみに南嶽大慧禅師に参学するに、密受心印よりこのかた、つねに坐禅す。(「坐禅箴」巻、九一頁)

江西馬祖の坐禅することは二十年なり。これ南嶽の密印を稟受するなり。伝法済人のとき、坐禅をさしおくと道取せず。参学のはじめていたるには、かならず心印を密受せしむ。(「行持・上」巻、一二六頁)

江西馬祖、むかし南嶽に参学せしに、南嶽かつて心印を馬祖に密受せしむ。磨塼のはじめのはじめなり。(「古鏡」巻、一八七頁)

これらでは、馬祖道一は南嶽懐譲に就いて坐禅するにいたるその初めから「密印」を受けていたとし、馬祖は修行の当初から「本証」を「妙修」していたとする。ちなみに、「密受心印」の語は『景徳伝灯録』巻五、馬祖道一章に見られ、道元禅師が灯史の記述を合糅して作られたものであるとされるが（このことについては石井修道氏よりご教示頂いた）、馬祖の坐禅が「本証」の坐禅であり「無所悟」の坐禅であったことを強調しようとしたものである。（鏡島元隆『道元禅師と引用経典・語録の研究』、木耳社、一九六五年十月、六九～七一頁）

また、「安居」巻では、

生前にすべて九夏安居せざらんをば、仏弟子・比丘僧と称すべからず。ただ因地に修習するのみにあらず、果位の修証なり。大覚世尊、すでに一代のあひだ、一夏も闕如なく修証しましませり。しるべし、果上の仏証なりといふことを。（五八一頁）

と、九旬安居を行うことが仏祖と自称する必要条件であることを述べる中で、因としての修行にとどまらず、果位の修証であることが述べられている。また、この「修証」という言葉自体が、修が証であることを端的に示した言葉でもある。

「授記」巻では、

仏祖単伝の大道は授記なり。仏祖の参学なきものは、夢也未見なり。その授記の時節は、いまだ菩提心をおこさざるものにも授記す。無仏性に授記す、有仏性に授記す。有身に授記し、無身に授記す、諸仏に授記す。諸仏は、諸仏の授記を保任するなり。得授記ののちに作仏すと参学すべからず、作仏ののちに得授記すと参学すべからず。授記時に作仏あり、授記時に修行あり。（一九五頁）

よのつねにおもふには、修行功満じて作仏決定するとき授記すべしと学しきたるといへども、仏道はしかにはあらず。或従知識して一句をきき、或従経巻して一句をきくことあるは、すなはち得授記なり。（一九六頁）

と示している。授記の時期に関するこのような説示は、修（因）と証（果）が一つであるとする立場から、授記を説いたものである。「授記時に作仏あり、授記時に修行あり」という語は注目される。授記の時に作仏があるとするのであるが、それには授記の時に修行があることが条件となるのである。「修証一等」である。

「無情説法」巻には、

嚢祖道、我説法汝尚不聞、何況無情説法也。高祖たちまちに証上になほ証契を証しもてゆく現成を、嚢祖ちなみに開襟して、父祖の骨髄を印証するなり。（四〇二頁）

とある。これはいわゆる雲巌曇晟（七八二〜八四一）と洞山良价（八〇七〜八六九）の次の「無情説法の話」に対する拈提の中で示された部分である。

高祖洞山悟本大師、参嚢祖雲巌大和尚、問曰、「無情説法什麼人得聞。」雲巌嚢祖曰、「無情説法、無情得聞。」高祖曰、「和尚聞否。」嚢祖曰、「我若聞、汝即不得聞吾説法也。」高祖曰、「若恁麼即、某甲不聞和尚説法也。」嚢祖曰、「我説法汝尚不聞、何況無情説法也。」高祖乃述偈呈嚢祖曰、「也太奇、也太奇、無情説法不思議。若将耳聴終難会、眼処聞声方得知。」（四〇〇頁）

道元禅師はこの話に対し、通常の（禅一般の）解釈とは異なる特異な解釈をしているが、洞山が言った「無情説法什麼人得聞」について、「いはゆるこの問著、さらに道著の功徳を具すべし」（四〇〇頁）と、雲巌への質問（「無情説法は誰が聞くことができるのか？」）であるとされるこの言葉を、道著（「無情説法は什麼人（無情と一体である人＝仏祖）が聞くことができる」）の言葉であるとし、雲巌が言った「我説法汝尚不聞、何況無情説法也」は、師の雲巌（嚢祖）が弟子の洞山（高祖）を認めた言葉であるとしている。すでに「無情説法」に体達していた洞山を認めて「我説法汝尚不聞、何況無情説法也」（「私の説法を耳によって聞くことのないおまえであるから、無情説法を聞くことができるのだ」）と言ったのであると受け取ることができる。この話に対する通常の解釈とは異なり、法を嗣続する前から洞山（高祖）がすでに「証上」にあったとすることは、道元禅師の「証上の修」という修証観から示されたものであろうと思われる。

「出家功徳」巻では、

阿耨多羅三藐三菩提は、かならず出家の即日に成熟するなり。しかあれども、三阿僧祇劫に修証し、無量阿僧祇劫に修証するに、有辺無辺に染汚するにあらず。（六一一頁）

と、無上正等正覚が、出家したその日に成熟すると言われる。先の「授記」巻の説示同様、三阿僧祇劫・無量阿僧祇劫という無限に近い修行が条件となっている。怠りない修行が行われることが前提となって、阿耨多羅三藐三菩提という証果が出家の即日に成熟すると言われるのである。

これらには「修証一等」「本証妙修」「証上の修」という語が、そのまま用いられていないが、同様の内容を示したものである。

これらの説示の他、『普勧坐禅儀』の冒頭の部分の「原夫道本円通、争假修証。宗乗自在、何費功夫、云々」（三頁）という説示や、『学道用心集』に示される「仏言、行乃証在其中」〈仏言く、行ずれば証その中に在り〉（二五四頁）も、上記のような道元禅師の修証観を示したものである。

道元禅師の修証観の特徴として、「修証一等」「本証妙修」「証上の修」という語で表現されるような、修行のところに証りがあり、修行は証りの上での修行であり、証りは修行によって現れると示していることは間違いないと考えられるのである。

ところで、以上、私は「修証一等」「本証妙修」「証上の修」の語をほとんど同義語として扱ってしまったが、ここに実は道元禅師の修証観に関する難題が潜んでいる。これらの語は、修行を重視する点では共通しても、思想的に

「修証一等」と「本証妙修」「証上の修」を同列に扱うことには問題があるのである。(7) 鏡島元隆氏は「本証妙修覚え書」(『駒澤大学仏教学部論集』第一八号、一九八七年十月)において次のように述べている。

私は道元禅師が『弁道話』で用いられている「修証一等」という言葉と、「証上の修」、すなわち「本証妙修」という言葉との間に、ある距りをおいて理解している。すなわち、「修証一等」という言葉よりも、「本証妙修」という言葉の方が、道元禅師の修証観を示すのにより適切であると考えている。(五八頁)

道元禅師の修証観の特質を示すには修証一等では足りないのであって、禅師の修証観は「修証一等」を超えたものでなければならない。(五九頁)

『宝慶記』によって明らかであるように、如浄禅師の修証観は「修証一等」に立っている。もし、如浄禅師の修証観が即道元禅師の修証観であれば、「修証一等」をもって道元禅師の修証観の特質となし得ようが、私は道元禅師の修証観は根底において一つであっても、さらにこれを超えたものがあると考える(拙著『天童如浄禅師の研究』参照)。(8) それ故に、この道元禅師の修証観の特質を示すには、「修証一等」というよりは、「本証妙修」という言葉の方がもっと適切である。(五九頁)

鏡島氏は、「本証妙修」と「証上の修」は同義語に理解しているが、(9) これらの語と「修証一等」とは異なった意味を持つものであるとし、「本証妙修」という言葉こそ道元禅師の修証観の特質を示すのにふさわしい語とするのである。

確かに、先の『弁道話』の説示をみれば、「修証一等」の語が見られるものの、単に修と証が一つであると示すにとどまらず、「本証」や「証上」の語が見られ、そこには「本覚」「本覚法門」といった色彩が加味されているようにも窺われる。ここにおいて鏡島氏は、「本証妙修」と日本天台の関係を明確に規定しようと試みたのであり、そこの

ところを鏡島氏は、

道元禅師からは、日本天台の本覚法門はひとたび捨てられたのであるが、ひとたび捨てられた本覚法門の教えが何らかの意味で禅師の裡に再びよみがえって、中国禅宗（正確には宋朝禅）の修証観とは異なった新たな展開を生み出したものというにある。（五九頁）

ひとたび否定された日本天台の本覚門の教えが、如浄会下で身心脱落後の道元禅師の裡に何らかの意味でよみがえったのであり、そこで生まれたのが「本証妙修」の修証観であると、私は考える。（六〇頁）

として、ここに如浄（中国禅宗）とは異なった〝日本天台の本覚法門の影響を受けた〟道元禅師の修証観の独自性（「本覚門的修証観」[10]、六〇頁）を見ようとするのである。そして、

「本証妙修」とは、この道元禅師の修証観、「行」の特質に名づけたものである。道元禅師の修証観の特質を示すのに、「本証妙修」以外にもっと適切な語があれば、私もそれに代えるに吝かではないが、それが見当たらない以上、たとえその語に天台本覚法門とまぎらう危険があるにしても、この語を用いるのはやむを得ないことである。（中略）諸悪の根源は「本証妙修」に対する誤解にあって、罪は、「本証妙修」という言葉を用いた宗学者にあるのではなく、「行」を忘れて、これを安易に拡大適用した宗門の体質にあるのである。（七〇頁）

と、この論文を締めくくっている。

鏡島氏の主張はよくわかる。鏡島氏が規定する「本証妙修」は、道元禅師の修証観、「行」の特質に名付けたものであること、そして「行」を忘れてはならない「本証妙修」であることは、よく理解できるのである。また、諸悪の根源は「本証妙修」に対する誤解にあるということも、その通りであろう。

私もかつて「本証妙修」について、この鏡島氏の説を支持して、

もしこの語の意味するところが道元禅師の修証観を如実に表わすものであるならば（逆に言えば、道元禅師の如実

なる修証観をこの語に意味づけしてゆけば）、たとえこの語が『正法眼蔵』中に見出されなくともこの語を用いることは許され得るであろうし、たとえ天台本覚法門を連想させる語であろうとも、その内容においてこれと異なる点を明確に打ち出してゆくならば、この語を用いることは問題ない。（拙稿「道元禅師の修証観に関する問題について（一）」、『宗学研究』二九号、一九八七年三月）

と述べたことがある。しかし現時点では、本章第四節第一項「覚と証」で述べるように、もし、発心（出家）以前をも含めて「本証」と言うならば、それは他の道元禅師の修証観に関する説示と照らし合わせて矛盾するのであり、発心（出家）以前、つまり仏道修行を伴わない状態（立場）をも含めてしまい易い[11]「本証」という語は、まさに誤解を招きやすい語であり[12]、道元禅師の修証観の特質を代表させる語としては不適切であると、私は考えている。前掲拙稿（「道元禅師の修証観に関する問題について（一）」）において述べた「本証妙修」を道元禅師の修証観のスローガンとすることを肯定的に捉えた説は改めなければならない[13]。

道元禅師の修証観を総合的に見て、間違いない言葉は、やはり「修証一等」であり、たとえそれが如浄（中国禅）の修証観と何ら変わりないものであっても[14]、それはそれはよいのであって、必ずしも道元禅師の修証観が如浄（中国禅）の修証観を超えるものでなければならないと、私は思わないのである。本節の節目を「修証一等」としたのはそのためである。

第二節　身心脱落

第一項　身心脱落という機縁

「面授」巻の末尾に、

道元、大宋宝慶元年乙酉五月一日、はじめて先師天童古仏を礼拝面授す。やや堂奥を聴許せらる。わづかに身心を脱落するに、面授を保任することありて、日本国に本来せり。（四四六頁）

とある。ここに「わづかに身心を脱落するに」とあり、如浄のもとで「身心脱落」なる機縁があったことが知られる。このことは、道元禅師自らの説示に示されているので間違いない。

そして、この身心脱落の機縁とは、『永平寺三祖行業記』の「初祖道元禅師」の章、『元祖孤雲徹通三大尊行状記』の「越州吉祥山永平開闢道元和尚大禅師行状記」（以下、『行状記』）の章等に示されている次の話であるとされる。

天童五更坐禅。入堂巡堂。責衲子座睡。曰。参禅者必身心脱落也。祇管打睡作什麼。師聞豁然大悟。早晨上方丈。焼香礼拝。天童問云。焼香事作麼生。師云。身心脱落来。天童云。身心脱落。脱落身心。師云。這箇是暫時伎倆。和尚莫乱印某甲。童云。吾不乱印儞。師云。如何是不乱印底。童云。脱落身心。（『行状記』、河村孝道編著『諸本対校永平開山道元禅師行状建撕記』、一六二頁上段。以下、『行状記』からの引用は同書により、頁数・段のみを記す）

＊『伝光録』にもほぼ同様の話が記されている。

宋における如浄のもとでの修行中のある日、坐禅をしているときに、如浄が居眠りをしていた修行僧を叱って「参禅者必身心脱落也。祇管打睡作什麼」と言ったときに、豁然として大悟したという話である（この話は、道元禅師自身の著作には示されていないことから、これらの伝記作者の虚構であるとする主張もある〈後述〉）。この『行状記』には、「門人　集記」とあり、作者が誰であるのかは不明であるが、伊藤秀憲氏の研究によれば、この記述は『元祖孤雲徹通三大尊行状記』の内の道元伝のみに限られ、作者は義介ではないかとするが（伊藤秀憲『道元禅研究』、大蔵出版、一九九八年十二月、四八〜六一頁）、直弟子が作者であるとすれば、内容についての信憑性は高く、僧伝における悟りの機縁という重大な出来事が、創作されたものとは考えにくい。

それにしても、「豁然大悟」というのは、いかにも前節の〝修行のところに証りが現れる〟とする「修証一等」とは異なった体験的出来事を思わせる。

さて、身心脱落の問題が、奈良康明監修『仏教討論集・ブッダから道元へ』（東京書籍、一九九二年五月、一九三〜二二六頁）で取り上げられている。この身心脱落を遶る問題について石井修道氏が問題提起し、竹村牧男・鈴木格禅の両氏が応答するというかたちで討論されている。石井氏の問題提起は、杉尾玄有氏の説をうけて、〝如浄のもとで道元禅師が大悟した話とされる「如浄の学人叱打時の身心脱落の因縁」が実際にあったのかどうか〟〝後人の手による虚構ではなかったか〟〝この話を何の疑いもなく伝承してきたことにより道元禅師の思想はゆがめられてきてしまったのではないか〟という内容のものである。

杉尾氏はこの話を「叱咤時脱落」と命名して伝記作者の虚構としているが[15]、石井氏はこの説に賛同し更に進めてこの話を「道元の教えを誤る最悪の話」と訴える。

これに対して竹村氏は「身心脱落の語に、証なり悟りなり何らかの覚体験を認めよう」とし、鈴木氏は「叱咤時脱落」を虚構とすることについては大筋において賛同しながらも、杉尾氏や石井氏の主張する「面授時脱落」（後出、

「面授」巻の説示により五月一日を身心脱落の日とする説。この語も杉尾氏の命名による。但し両者のこの語に対する解釈は多少異なる）に対して「いかに如浄が抜群の仏者であり、道元が比類なき純一の道人であったとしても、初相見の当座に、「身心脱落」し面授嗣法が成就するとは、とうてい考えられない」（二一六～二一七頁）と反論している[16]。

これらの応答に対する再論の中で石井氏は「叱咤時脱落の話に展開するような宗教体験を否定するものではなく、その話の素材は道元の伝えるものであることを認めている」とし、但し「道元が正法を言語表現するとき、叱咤時脱落の話のようには伝えなかったことが大切」であると述べている（二二六頁）。

この論議は道元禅師の「身心脱落」の真相に迫るものであり、この非常に難解な問題に対して、それぞれが忌憚なく自らの信念に基づいて、且つ文献によりながら各々の見解を述べたものとして、実に有意義な対論である。ここで私が注目するのは、竹村氏が〝何らかの「覚体験」は認められるべき〟と言い、石井氏が〝「宗教的体験」を否定するものではない〟と言っていることである。また鈴木氏が、「「身心脱落」を「回心」と比況すべき心性的問題としてのみ重大に捉え」ることを批判しながらも、

いずれの宗教においても、その宗教の真実に生きようと専念する者にとって、「回心」は不可欠の条件であり、「転依」はきわめて重大な意味をもつ。（二一九頁）

と論じていることである。

いま、私の関心事はこの「覚体験」あるいは「宗教的体験」あるいは「回心」と言われるものの内容である。これらの語は、道元禅師の「身心脱落」を論じるに無視できないものであると考えられる。なぜなら石井氏も言うように、これらの語を無視できない素材が道元禅師の著作およびそれに準ずるものの中にあるからである（後述、『永平広録』『御遺言記録』の記述、二二四頁）。それは道元禅師の修証論と照らし合わせて如何に理解すべきものなのであろうか。

ところで私はここで「身心脱落」について述べているが、道元禅師によって如浄の示訓として「参禅者必身心脱落

也」と記されるこの語は『如浄録』には見出されない。「心塵脱落」という語が一カ所見られるのみである（『大正蔵』四八・一三〇下。鏡島元隆『天童如浄禅師の研究』、春秋社、一九八三年八月、三四八頁。鏡島氏は「心の塵を洗い落とすこと」と訳す）。

高崎直道氏は『古仏のまねび〈道元〉』（一九六九年五月、角川書店、仏教思想11。一九九七年二月に角川ソフィア文庫として再刊、六四頁）の中でそれを指摘し、

如浄の語録は中国人が編集したもので、如浄の寂後、かつて道元と同参だった弟子無外義遠（生没年不詳）がわざわざ日本まで贈ってくれたものである。したがって、字に間違いがあるはずはない。さらに、義遠その人は、後年、道元の弟子寒巌義尹（一二一七―一三〇〇）が、道元の語録集『永平広録』をたずさえて入宋、面会した時、義尹の請いによって、そのなかから十分の一ほど抜萃編集して『永平元禅師語録』と銘うったが、その語録の序文でも、義遠は道元が「心塵脱略処に向かって一生をささげた」（向心塵脱略処、喪尽生涯）と書いているから、「心塵」が中国側の理解であることはほぼ間違いない。（五〇頁）

と述べ、「あるいは如浄の言わんとしたのも、このような心塵脱落という単純な表現であったのではないか」（五一頁）と推論し、道元禅師において「外国語の聞き違いが絶対になかったとは言いきれない」（五一頁）と問題提起している。

また、この「心塵脱落」について鏡島氏は、

如浄における心塵脱落が道元禅師において身心脱落であるのも、同じ趣意に理解されるであろう。『如浄語録』の「讃仏祖」中の「観音」の偈頌の中に「心塵脱落」の語が見られ、また『永平元禅師語録』に寄せた無外義遠の序にも、道元禅師が遙々海を渡ってやってきて、如浄の許で「向心塵脱落処、喪尽生涯」とあって、如浄・無外において「心塵脱落」であるにもかかわらず、『宝慶記』および『正法眼蔵』がすべて「身心脱落」であるこ

とについて種々の議論がなされるのであるが、私は如浄の「心塵脱落」を道元禅師は「身心脱落」と受けとめたと理解して一向に差し支えないと思う。この点について、伊東洋一氏が「道元は、如浄の『心塵脱落』の真意の理会に立って、あるいはその精神の把握に立ってそれを『身心脱落』とした。先師の精神を汲みとり、それを生かそうとすれば、その把握を自らの言葉を択んで表明することになる。その立場に立てば、如浄において『心塵脱落』であって道元において『身心脱落』であって毫も差し支えないであろう」(「道元と如浄」『弘前大学人文学部文経論叢』第一五巻第一号)と述べていることはよく真相を穿っていると思われる。(鏡島元隆『天童如浄禅師の研究』、一三二頁)

と、如浄の「心塵脱落」を道元禅師が「身心脱落」と受け止めたと理解している。

石井修道氏は、この「心塵脱落」の問題について、「如浄が尊敬し、如浄と同じ曹洞宗に属する宏智が、この問題でどのように述べているのか、道元も大変に宏智を尊崇しているから、宏智と道元との修証観は同じなのか、異なるのか」(石井修道『道元禅の成立史的研究』〈第四章「道元の宋代禅批判」第六節「『宏智録』の歴史的性格」〉、大蔵出版、一九九一年八月、三三六〜三五二頁)という問題を手がかりに考察し、『宏智録』には「心塵脱落」や「身心脱落」の熟語は見られないが、それに近い考え方がある(同、三四〇頁)と指摘する。石井氏によれば『宏智録』には多くの「塵」の表現があり、いくつかの意味で用いられているが、脱落すべきものと表現されるときには「根塵」と表されているようである。そして、

北宗禅の払拭主義を否定して成立発展してきた慧能以降の禅において、「心塵脱落」を「心の塵の脱落」と理解することはありえないことであって、「心と塵の脱落」ないし「心も塵も脱落」と解すべき中国曹洞宗の流れがあったといってよいであろう。(同、三四二頁)

とし、宏智の「脱落」から考えると「心の塵」の脱落ではなく「根と塵」の脱落と考えられ、「心と塵の脱落」は

「身と心の脱落」に修証観として近づくとしている。

吉田道興氏は、「心塵脱落と身心脱落について」(『宗学研究』第二〇号、一九七八年三月)において、『宝慶記』に見られる記述等から「まさしく参禅は如浄にとって「心塵脱落」そのものであったといってよかろう」(一八七頁)と論じ、「道元にとってその語は「身心脱落」として転化ないし展開していったものと思われる」(一八六頁)としているが、私も同様に考えている。

さて、「身心脱落」が如浄の言葉であるのかは不明であるにしても、道元禅師が如浄の語として『宝慶記』等でこの語を示していることは事実であり、先に述べたように、道元禅師に「身心脱落」という機縁があったことも文献中にみられるのであるから、次にこの「身心脱落」の時期と意味について論じてみたい。

第二項　身心脱落の時期

身心脱落の時期について考察してみるに、「面授」巻に、

大宋宝慶元年乙酉五月一日、道元はじめて先師天童古仏を妙高台に焼香礼拝す。先師古仏はじめて道元をみる。そのとき、道元に指授面授するにいはく、仏仏祖祖面授の法門現成せり。これすなはち霊山の拈華なり、嵩山の得髄なり。黄梅の伝衣なり、洞山の面授なり。これは仏祖の眼蔵面授なり。吾屋裏のみあり、余人は夢也未見聞在なり。(四四六頁)

とあり、同巻末尾には、再び、

道元、大宋宝慶元年乙酉五月一日、はじめて先師天童古仏を礼拝面授す。やや堂奥を聴許せらる。わづかに身心を脱落するに、面授を保任することありて、日本国に本来せり。(四五〇頁)

とある。この再度にわたり印象的に示されている五月一日とは如何なる日なのであろう。このことは宗学上の重要な問題としてこれまで種々の論議がなされてきている。「はじめて」とあるから、文字通りにとって「初相見の日」すなわち道元禅師と如浄の初対面の日とみるか、あるいは「身心脱落の日」すなわち身心脱落という機縁があって、如浄より仏法の継承を許された日とみるか、見解は大別してこの二つに別れていると言える。

結論をあらかじめ述べれば、私はこの日（五月一日）を「初相見の日」（とは言えそれは正式に対面の礼をとった日と解釈する）と見るのであり、身心脱落および嗣法は、道元禅師帰朝の年（宝慶三年）あるいはその前年と考えるのである。以下、その論拠を述べる。

中世古祥道氏は、「梅花」巻に見られる次の説示に注目し、先の「面授」巻末尾の説示と対照している（中世古祥道『道元禅師伝研究』、国書刊行会、一九七九年一月）。

しかあれども、先師古仏をみざるはおほく、みたるはすくなからん。いはんやことばを見聞するは少分なるべし。いはんや相見問訊のともがらおほからんや。いはんや堂奥をゆるさるる、いくばくにあらず。いかにいはんや先師の皮肉骨髄・眼睛面目を礼拝することを聴許せられんや。先師古仏、たやすく僧家の討掛搭をゆるさず。……

（四五九頁）

中世古氏は、これを、如浄に対する修行人に段階を示しているものととり、「面授」巻末尾の説示も段階を示したものと解釈している。すなわち、杉尾玄有氏が主張するように[17]、これら「面授」「堂奥聴許」「身心脱落」はほとんど同時のことであるのではなく、これらは別個に時間的な経過があるものとして読まれるべきであり、この「梅花」巻の説示の段階にも該当するものであると言われるのである[18]。中世古氏のこの主張に私も賛同する。

中世古氏の説を補ってさらに述べるなら、道元禅師は宝慶元年の三月以前に天童山に掛搭されたと思われるが（本書五九八〜五九九頁「道元禅師の在宋中の動静（表）」参照）、それは「先師天童古仏、たやすく僧家の討掛搭をゆるさず」というところの掛搭をゆるされ、そののち如浄の「ことばを見聞する」ことができ、この五月一日は「相見問訊」が許された日であり、さらにそののち「堂奥がゆるさ」れて、はじめて方丈に参じたのが『宝慶記』に示される七月二日であり、「先師の皮肉骨髄・眼睛面目を礼拝することを聴許」されたのが、この後いずれかの時のことと考える（私はそれが宝慶二年あるいは三年のことと考える）のである。すなわち、両者を対照すれば次のようになる。

③道元、大宋宝慶元年乙酉五月一日、はじめて先師天童古仏を礼拝面授す。
④やや堂奥を聴許せらる。
⑤わづかに身心を脱落するに、面授を保任することありて、日本国に本来せり。
（「面授」巻）

①先師古仏をみざるはおほく、みたるはすくなからん。
②いはんやことばを見聞するは少分なるべし。
③いはんや相見問訊のともがらおおからんや。
④いはんや堂奥をゆるさるる、いくばくにあらず。
⑤いかにいはんや先師の皮肉骨髄・眼睛面目を礼拝することを聴許せられんや。
（「梅花」巻）

「礼拝面授」は「相見問訊」と、「堂奥を聴許せらる」は「堂奥をゆるさるる」と、「身心脱落する」は「先師の皮肉骨髄・眼睛面目を礼拝する」とそれぞれ対応すると考えられる。

道元禅師の在宋中の動静についての私見は附論第一章で述べるが、道元禅師が二回目の諸山歴遊から天童山に戻ったのは、宝慶元年の三月末以前と思われる[19]。

如浄が天童山に入院したのは嘉定十七年（一二二四）の七〜八月のことであると思われ[20]、道元禅師が二回目の諸山歴遊に出発したのはそれ以前と考えられるので[21]、天童山に戻ったとき、すでに天童山の住持になっていた如浄を初めて「みる」ことになる。これが「梅花」巻にいう①「先師古仏をみざるはおおく、みたるはすくなからん」の段階である。その後、当然、叢林中にあって如浄のことばを見聞することになる。これが②「ことばを見聞する」の段階である。その後、妙高台に上って正式に師と弟子の礼をとる機会を得る。それが③「いはんや相見問訊のともがらおおからんや」というところの「相見問訊」であり、「面授」巻に示される「大宋宝慶元年乙酉五月一日、道元はじめて先師天童古仏を妙高台に焼香礼拝す。先師古仏はじめて道元をみる」という出来事であろうと私は考えるのである。③以前、即ち五月一日以前には道元禅師は大衆の一人として如浄に参じているに過ぎなかったと思われる。

さて、ここで「堂奥聴許」という語についても問題にする必要がある。「面授」「堂奥聴許」「身心脱落」を同時のこととする説においては「堂奥聴許」を大事了畢の意と解釈するが、これも問題があろう。「堂奥」の語について詳しく見るならば、『正法眼蔵』には次のような用例がある。

a堂奥にいるといらざると、師決をきくときかざるとあり。(「行持(上)」巻、一三九頁)

b(慧可断臂)これより堂奥にいる。執侍八年……(「行持(下)」巻、一四九頁)

c古先いはく、……。この古先、いささか人をみきたれり、祖宗の堂奥にいれり。(「仏道」巻、三七七頁)

d無際大師は、青原高祖の一子なり。ひとり堂奥にいれり。(「仏道」巻、三七九頁)

eいま現在大宋国一百八十州の内下に、山寺あり、人里あり、そのかず称計すべからず。そのなかに雲水おほし。しかあれども、先師古仏をみざるはおほく、みたるはすくなからん。いはんやことばを見聞するは少分なるべし。いはんや相見問訊のともがらおほからんや。いはんや堂奥をゆるさるる、いくばくにあらず。いかにいはんや先師の皮肉骨髄・眼睛面目を礼拝することを聴許せられんや。……われなにのさいはひありてか、遠方外国の種子なりといへども、掛搭をゆるさるるのみにあらず、ほしきままに堂奥に出入して、尊儀を礼拝し、法

道をきく。(「梅花」巻、四五九頁)

f龐蘊居士が祖席に参歴せし、薬山の堂奥をゆるされず、江西におよばす。(「三十七品菩提分法」巻、五一二頁)

gこれ仏祖の堂奥に参学せざるともがら、かくのごとくいふなり。(「三十七品菩提分法」巻、五一六頁)

h(大慧)雲門の風を会せずして、つひに洞山の微和尚に参学すといへども、微つひに堂奥をゆるさず。(「自証三昧」巻、五五六頁)

i(大慧)貪名愛利によりて、仏祖の堂奥ををかさんとす。(「自証三昧」巻、五五七頁)

j仏祖の堂奥に参学せざるともがらいはく、仏袈裟は、絹なり、布なり、化絲のおりなせるところなりといふ。……かくのごとくいふは、未具参学眼のゆゑなり。(「鉢盂」巻、五六六頁)

k堂奥にいらざる児孫、おほく摩竭掩室を無言説の証拠とせり。(「安居」巻、五七〇頁)

lその応受菩薩戒の儀、ひさしく仏祖の堂奥に参学するものかならず正伝す、……その儀、ひさしく仏祖の堂奥に正伝せり。(「受戒」巻、六二〇頁)

m浣洗の法、および受持の法、その嫡嫡面授の堂奥に参学せざれば、しらざるところなり。(「袈裟功徳」巻、六二六頁)

ここに見る限り、「堂奥」の語には「い(入)る」「ゆる(許)される」「参学する」等の動詞が付されて示されている。「大事了畢」の意に決して解釈できないとは言えないにしても、これらの用例からみるとやはり「室内」あるいは「室内への出入りを許されて親しく師と弟子が問答を交わすことができる状態」をいうのではなかろうか。④の「堂奥をゆるさる」とは、中世古氏の言うように「室内への出入りの自由の許可」と見るのが妥当であろう(前出中世古書、一二三九頁)。

以上のことから見ても、五月一日の「礼拝面授」は、「堂奥聴許」すなわち室内への自由な出入りの許可以前のこと、具体的には、大衆の一人として天童山に掛搭していた道元禅師が縁あって堂頭の如浄に正式に礼拝問訊することが許された日であると考えられる。それでは何故この五月一日の初対面の日の出来事を「霊山の拈華」（釈迦牟尼仏から摩訶迦葉への伝法の機縁）とか「嵩山の得髄」（達磨から慧可への伝法の機縁、どちらも初対面の時の話ではない）等と示したのであろう。これもまた、次の中世古氏の言葉によって明らかにされるものであり、全く賛同するものである。

「霊山の拈華」とか「嵩山の得髄」とかは、禅師の得法を証していうのではなく、拈華も得髄も伝衣も、この面授という生ける人格の接触によって始めて現成するものというのであろう。仏法は書籍の参得によって得られるものでもなく、日月星辰・飛華落葉等の自然から授けられるものでもなく、面授なくしては正伝の仏法相承はないことを示したのであろう。（前出中世古書、二四〇頁）

さらに言えば、この日（五月一日）を「霊山の拈華」とか「嵩山の得髄」とか言い得たのは、後のことなのであり、道元禅師が後に身心脱落した時点から振り返って見れば、「このはじめて親しく師の如浄を礼拝した時が、すでに得法の時であったと言ってもよい」という宗教的確信から述べられた言葉であると理解することができるのである。[22]「霊山の拈華」「嵩山の得髄」と示されているからと言って、この日を身心脱落の日と見るのは倉卒であるという感がする。

また、eに

われなにのさいはひありてか、遠方外国の種子なりといへども、掛搭をゆるさるるのみにあらず、ほしきままに堂奥に出入して、尊儀を礼拝し、法道をきく。

とある「堂奥」はまさしく室内（方丈）の意であろうが、このように「ほしきままに堂奥に出入」することを許されたのは何時なのであろう。『宝慶記』に、

元子参問、自今已後、不拘昼夜・時候、著衣・衩衣、而来方丈問道無妨。老僧一如親父恕無礼也。太白某甲

宝慶元年七月初二日、参方丈。（三七一頁）

とある。この如浄の言葉は、自由に方丈に参ずることの許可である。そして、七月二日より参問が始まったことを示すのがこの記述である。この記述ののち記録されている如浄との入室問答は、これより後に行われたと考えるのが妥当であろう。面授時脱落を主張する論者は、『宝慶記』の記録を身心脱落以後のこととするが、これについての反論は後に述べることにする。

ところで、身心脱落の具体的な時期およびその内容についてであるが、それがいわゆる転迷開悟といわれるような体験ではなかったにせよ、なんらかの機縁があったということは次の『御遺言記録』の記述や『永平広録』（巻二）の説示から窺われる。『御遺言記録』には、

同七日、巳時坐禅中、先師大悟因縁、依身心脱落話聊得力。坐禅罷、参方丈拝云、義介今日、先師道依身心脱落聊有省。和尚曰、好好、会什麼。義介曰、会脱落身心。和尚云、意旨如何。義介云、将謂胡鬚赤、更有赤鬚胡。和尚云、身心許多中、可有如是身心也云云。義介礼拝退。（五〇三頁）

とある。『御遺言記録』という文献の資料価値も検討されるべきであるが、義介への法の継承を正統とする意図的創作がないとはいえないにしても、多くの事実を伝えていると私は考える（拙論「『御遺言記録』の構成について」、『宗学研究』第三九号、一九九七年三月）。この記述は先師（道元禅師）の「叱咤時脱落」の話の伝聞があったことを証明するものである。

また、『永平広録』巻二の臘八成道会上堂には「一由聞得天童脱落話而成仏道」（三四頁）とある。この「天童脱落話」とは先の「叱咤時脱落」の話ではなく、如浄がしばしば示されたとされる「参禅は身心脱落なり。焼香・礼拝・念仏・修懺・看経を要いず、祇管打坐せば始て得し」の話のことであると考えられるが、これが「成仏道」の機縁となったことを示すものである。このような、道元禅師が自ら「わずかに身心を脱落するに」（前述）と言うような何

らかの機縁があったのである。

それではこれらの記述が示す機縁をかりに身心脱落とすれば、身心脱落は何時あったのか、どのような内容であったのか、ということが問題となる。

この身心脱落の時期については、宝慶元年五月一日の前日とする説（佐藤秀孝「如浄会下の道元禅師――身心脱落と面授」、『印度学仏教学研究』第三七巻第二号、一九八九年三月）、五月一日であるとする説（田中一弘「如浄・道元禅師の相見――御遺言記録を中心にして」〈『中外日報』、一九七三年三月二八日～四月一日〉、同「如浄禅師と道元禅師の相見について」〈『傘松』、一九九〇年九月号〉、志部憲一「「面授」と「脱落」について」〈『駒澤大学大学院仏教学研究会年報』第一二号、一九七八年十月〉、ほか）、五月一日以降で『宝慶記』で示す七月二日参方丈までの間とする説（伊藤秀憲「道元禅師の在宋中の動静」、『駒澤大学仏教学部研究紀要』第四二号、一九八四年三月、一一五～一一六頁）、九月一日とする説（下室覚道「身心脱落の一視点（上）――身心脱落の時期について」、『曹洞宗宗学研究所紀要』第一二号、一九九八年十月）、九月十八日以降のほど遠くない時期とする説（中世古祥道前掲書）、宝慶二年若しくは宝慶三年における出来事であったとする説（伊藤俊彦「道元禅師の身心脱落の年次について――宝慶元年夏安居説への疑義」、『駒澤大学仏教学部研究紀要』第二四号、一九六六年三月）また宝慶三年の嗣書相承の時点ではないかとするもの（鏡島元隆『道元禅師とその周辺』、大東出版社、一九八五年四月、三一六～三一八頁）等がある（諸説については上記下室論文が詳しい）。

鏡島氏の説は、

身心脱落の年次はいつかということが問題となるが、私は諸氏が主張する、禅師が如浄より菩薩戒を相承した宝慶元年九月十八日ころとする説に対し、禅師が如浄より嗣書を相承した宝慶丁亥（三年）のころとする『三祖行業記』の説がなお検討の余地を残しているものと考える。したがって、身心脱落の年時は、私には未決の問題であって、ここでは面授時と身心脱落時とは別時であることを述べるに留めたい。（三一八頁）

と、この問題に対して慎重であるが、私はさらに以下の理由から、身心脱落の宝慶三年（あるいは宝慶二年の可能性もあり）説を主張したい。

まず、宝慶元年九月十八日の『仏祖正伝菩薩戒作法』の伝授をどのように捉えるかについて考える必要がある。諸説はこれを伝法以後のこととしているがはたしてそうなのであろうか。これについてその法嗣の懐奘とさらにその法嗣の義介の場合を参考に論じてみよう。まず、懐奘のこれに関わる行実を挙げれば次のようである。

文暦元年（一二三四）冬、山城深草に道元禅師に参ず。（『行状記』、一六二頁中段）

文暦二年（一二三五）八月十五日、伝受仏祖正伝戒法。（『行状記』、一六二頁下段）

嘉禎二年（一二三六）この年、伝法か？（『伝光録』）

＊「師すなはちたずねいたる、時は文暦元年なり、元和尚歓喜して、すなはち入室をゆるし昼夜祖道を談ず、やゝ三年をすぐるに今の因縁を請益に挙せらる」（『伝光録』、『曹洞宗全書』宗源・下、三九八頁）

嘉禎二年（一二三六）十二月二十九日、道元禅師、懐奘を興聖寺首座に充て秉払せしむ。（『随聞記』巻五）

嘉禎二年臘月除夜、始請懐奘於興聖寺首座。即小参次、請秉払。初任首座、即興聖寺最初首座也。小参云、宗門ノ仏法伝来ノ事。初祖西来シテ少林ニ居シテ、機ヲマチ時ヲ期シテ面壁シテ坐セシニ、其年ノ窮臘ニ神光来参シキ。初祖、最上乗ノ器ナリト知テ接得ス。衣法トモニ相承伝来シテ、児孫天下ニ流布シ、正法今日ニ弘通ス。初テ首座ヲ請シ、今日初テ秉払ヲオコナハシム。衆ノスクナキニハバカルコト莫、身初心ナルヲ顧コトナカレ。……（四六九頁）

この『伝光録』の「やや三年をすぐるに」の記述は、文暦元年（一二三四）に懐奘が山城深草に道元禅師に参じてから三年ということであり、これは文暦元年をふくめて三年ということで、それは嘉禎二年（一二三六）にあたるのであろう。それは、『随聞記』巻五の、嘉禎二年十二月二十九日に道元禅師が懐奘を興聖寺の首座に充て秉払させたという記録と重なるが、懐奘の脱落の話はこの嘉禎二年のことと考えてよいと思われる。とすれば、懐奘の文暦二年（一二三五）八月十五日の伝受仏祖正伝戒法（行状記）は懐奘の身心脱落以前のこととなるのである。

それでは、義介についてはどうであろう。これに関する義介の行実を挙げれば次のようである。

建長三年（一二五一）辛亥春、監公以覚晏上人所得之仏照禅師下嗣書付授。……並授元和尚所伝菩薩戒儀式。

（『行状記』）

建長六年（一二五四）一二月二十三日、於方丈、見聞嗣書・伝法事記録……

建長七年（一二五五）

正月二日、義介初拝第二世堂頭和尚……

同　三日、堂頭和尚、嗣書並伝袈裟事、示委細言、……露命不定故示之……

同　六日、夜参有二談之次、義介諮問云、……

同十三日、初夜後、於御影前拝見書事、……

同　七日、巳時坐禅中、先師大悟因縁、依身心脱落聊得力。坐禅罷、参方丈拝云、義介今日、先師道依身心脱落聊有省。……

二月二日、参次雑談次、義介云、……

先師仏法者、真実如是。不疑先師仏法。古人云、今日已後、不疑著天下人舌頭。爾亦如是。爾已如是者、

同十三日、〈伝法の儀式〉（以上『御遺言記録』、五〇〇～五〇六頁）

義介においても、懐鑑より道元禅師所伝の菩薩戒儀式を授かったのは建長三年（一二五一）春のことであり、その後、建長六年（一二五四）十二月二十三日には「於方丈、見聞嗣書・伝法事記録……」（『御遺言記録』）の記録が見ら

れるが、いずれも建長七年（一二五五）正月から二月にかけての一連の伝法に関わる商量・儀式以前のことである。

これら、道元禅師門下の伝法の様子から推察するに、道元禅師においても同様であったと考えられる。師より菩薩戒を授かる前に身心脱落してしまうことがないことはなかろうが、通常は受戒（受菩薩戒）の後、その戒を保つ修行が始まり（道元禅師の場合は日本において既に受戒しているので、重ねて如浄のもとで「仏祖正伝菩薩戒」を受戒したことになるが）、その後、身心脱落があったと考えるのが妥当ではなかろうか。私は、道元禅師の身心脱落は宝慶元年九月十八日の伝授菩薩戒作法以後のことと推測する。『仏祖正伝菩薩戒作法』の奥書には、

右大宋宝慶元年九月十八日、前住天童景徳寺堂頭和尚、授道元式如是。祖日侍者〈時焼香侍者〉宗端知客・広平侍者等、周旋行此戒儀。大宋宝慶中伝之。（二七〇頁）

とあるが、冒頭に「大宋宝慶元年九月十八日」とあり、末尾に「大宋宝慶中伝之」と書かれている。「前住」とあるから、この奥書が書かれたのは如浄退院の後のことであり、末尾の「宝慶中」というのは、宝慶三年のことであると考えられる（このことは伊藤秀憲氏より御教示いただいた）。すなわち、宝慶元年の九月十八日に行なわれたのは受戒（伝授菩薩戒）の「儀式」であって、その後、身心脱落の機縁があり、さらにその後（宝慶三年）、その作法・次第の詳細が伝授されたと理解するべきではないのか。つまり道元禅師自身が仏祖正伝菩薩戒を弟子に「授与」することが許され『仏祖正伝菩薩戒作法』の「書写」が許されたのは、宝慶三年のことであると考えられるのである。

それでは、宝慶三年のいつ頃であるのか。「伝之」とは、これを日本国に伝承したことももちろん解釈できるが、私はそれを伝法の時、すなわち如浄からの嗣書相承の時、あるいはそれに先立つある日と考える。

次に「嗣書」について述べれば、「嗣書」巻に、

この仏道、かならず嗣法するとき、さだめて嗣書あり。もし嗣法なきは天然外道なり。仏道もし嗣法を決定するにあらよりは《（ママ）》、いかでか今日にいたらん。これによりて、仏仏なるには、さだめて仏嗣仏の嗣書あるなり、仏嗣

仏の嗣書をうるなり。（三三八〜三三九頁）

とあるが、これによれば嗣法するときは必ず嗣書が付されるのでなければならない。嗣法するときに嗣書があるのであり、この嗣書相承の時をもって伝法嗣法の時とすべきなのである。「嗣書」の相承は嗣法にあたってうけられたものであるはずである。永平寺に、道元禅師の「嗣書」が伝わっている。円相型に列記した仏祖名の下段には、如浄の手筆と伝称される「仏祖命脈証契即通道元即通　大宋宝慶丁亥住天童如浄」の表証文と捺印がある。真筆であるかどうかは今後の厳密な鑑定・研究を俟たなければならないとされるが、現段階では後代のものとする有力な根拠はない。

宝慶丁亥は、宝慶三年にあたる。この嗣書の存在が、身心脱落の宝慶三年説をとる第一の根拠である。宝慶元年説によれば、何故その後、宝慶三年に至るまで嗣書が付されなかったのか、また身心脱落し嗣法して以後、何故、道元禅師は一刻もはやく帰朝しようとせず天童山に留まったのか、悟後の修行という説もあるが、それならば何故、如浄の示寂を遠からぬことと思いながら宝慶三年、如浄の示寂直前に帰朝したのか、これらが説明できないのである。

『行状記』には、先の「叱咤時脱落」の話の後に、

遂以洞上宗旨付嘱。授嚢祖仏戒。遺嘱曰。汝早帰本国。弘通祖道。（『行状記』、一六二頁上段）

とあるが、如浄は道元禅師が身心脱落した後すみやかに帰国することをすすめたと理解できる。身心脱落の時期を宝慶三年とすれば、この記述にも合致する。ここにある「授嚢祖仏戒」とは、先に述べたように「儀式」があったのではなく「授与」があったのである。

また、『宝慶寺由緒記』には、

大宋宝慶三年、日本安貞元丁亥年、道元禅師帰朝之時、寂円禅師同行、明州之津迄見送、已同船欲来朝、道元禅師云、吾師及老極、遷化不遠、汝従此帰天童、可随侍如浄禅師、遷化後、早相待来朝云々、道元禅師帰朝之後者、寂円禅師帰天童、随侍如浄禅師、

安貞元年七月十七日、如浄禅師示寂、（『曹洞宗古文書』下巻、山喜房仏書林、一九六二年三月、六一七～六一八頁）

とある。道元禅師帰国の際に、寂円が明州の港まで見送って来て同行を求めたが、道元禅師は「師はずいぶん老衰されて遷化はもう遠いことではない。あなたは天童山に帰って如浄禅師のお側にお仕えし、遷化の後、すみやかに来朝されたらよい」と言って寂円をとどめているのである。(23)

何故、道元禅師はもうしばらく如浄のもとにとどまらなかったのか。それは、先の『行状記』に示されるような「汝早帰本国。弘通祖道」という遺嘱があったからである。『行業記』や『行状記』、あるいは『宝慶寺由緒記』の記述の信憑性を認めるならば、宝慶三年（あるいはその前年頃）の身心脱落説こそ最もこれらと辻褄が合うのである。

次に、『宝慶記』の内容から見て、この『宝慶記』を身心脱落以後の記録と考えられるであろうか。後述するように、私は道元禅師の身心脱落とは、「参禅は身心脱落なり」という信決定であり、心決定であると確信している。つまり、「坐禅こそ身心脱落である」ということが、全身心を挙げて（身心）徹底的にわかった（脱落）ということが「身心脱落」である。であるから、身心脱落にあっては「坐禅」の何たるかが信受され確立されていなければならない。

ところで『宝慶記』の記述が、おおよそ年月日順に並べられていることは、伊藤秀憲氏の指摘(24)のとおりであろう。それを前提に以下を述べるが、『宝慶記』の記述は、身心脱落の後の問答とは到底考えられないのである。

『宝慶記』第十段に、次のようにある。

和尚或時召示曰、你是雖後生頗有古貌。直須居深山幽谷、長養仏祖聖胎、必至古徳之証処也。于時道元、起而設拝和尚足下。和尚唱云、能礼所礼性空寂、感応道交難思議。于時和尚、広説西天東地仏祖之行履。于時道元、感涙沾襟。（三七六頁）

伊藤氏は、この段は「仏祖」巻との関係から、宝慶元年の夏安居中の記録であると推定し、次のように述べている。

臨終まで師承を明かさなかったと言われる如浄が、道元禅師に「仏祖」巻に記されるような過去七仏から如浄までの系譜を示したということは、まさに伝法を許したということである。すなわち伝法は、『伝光録』が言うように、宝慶元年の、しかも夏安居中のことであったのであろう。そしてこの第一〇段は、伝法を許してよりそれほど過ぎないある時であろう。礼拝する道元禅師と、礼拝される如浄とは、「感応道交」したのであり、それはまさに禅師と西天東地の仏祖との「感応道交」であったと言ってよいであろう。それ故、道元禅師は感涙に襟を沾されたのである。（前掲伊藤論文、八一九頁）

『伝光録』が「宝慶元年乙酉、日本嘉禄元年、タチマチ二五十一世ノ祖位ニ列ス」（河村孝道編著『諸本対校　永平開山道元禅師行状建撕記』、一六五頁下段）としているのは、まさに伊藤氏の言うように「仏祖」巻をうけているのである。しかし必ずしも瑩山禅師は身心脱落が宝慶元年夏安居時にあったと言っているのではない。もしそうであったとしても瑩山禅師の多子塔前付法説（第三節付法説において詳説）がその背景にあるのである。それは『伝光録』首章において示されるところであるが、瑩山禅師は迦葉尊者が多子塔前においてはじめて釈尊に相見したとき正法眼蔵の付嘱〈伝法〉が行われたとする（これに対して、釈尊が王舎城外の霊鷲山において迦葉尊者に付法したとする説を霊山付法説と言う）。この説をとる瑩山禅師にとっては思想的には初相見時の付法を主張されるはずであるから、むしろそのような視点からこの説示は示されたものと受け取るべきであろうとも思う。

また、この第十段での「感応道交」は伝法に関わるような感応道交ではなく、これは偈文としてのそれであろう。それは、この「礼拝偈」が第十九段においても如浄によって普説の時に大衆に対して示され（あるいは唱えられ）ていること、そして道元禅師はこの言葉の意味について熟知しておられず、この第十九段で如浄に尋ねていることからも推測できる。

ところで、付法説についてさらに述べれば、如浄と瑩山禅師は多子塔前付法説をとり、道元禅師は霊鷲山での付法を示している（「面授」巻）。道元禅師は「面授」巻の冒頭において霊鷲山での付法の因縁をあげ、その直後に、いわゆる「面授時脱落」の話をあげているが、両者を関連させて述べれば、「面授時脱落」の話は初相見の時のことではないことになる。しかし、それでも五月一日は初相見の日でよいのであって、この矛盾に重要な意味があるともいえまいか。つまり、伝法（身心脱落）はあくまでも霊鷲山であることを示した上で、初相見の日にそれが行われたとも言える道理を示されたと考えたい。だからこそ、思想的には道元禅師は如浄や瑩山禅師と同じ多子塔前付法説をとっていたとも言えるのであり、それは『正法眼蔵』の随所に示される考え方でもあるのである（二〇一頁参照）。

また、如浄が初相見（五月一日）の時に「仏仏祖祖面授の法門現成せり」のみでなく、それに続く「これすなはち霊山の拈華なり、嵩山の得髄なり。黄梅の伝衣なり、洞山の面授なり。これは仏祖の面授なり。吾屋裏のみあり、余人は夢也未見在なり」も言われたとしても、多子塔前付法説をとられていた如浄（『宝慶記』第二八段、三八一頁、参照のこと）がそのように示されたのは当然のことであって、初相見（五月一日）に身心脱落があって付法が行われたと受け取らなければならないことはないのである。

また、第十段において道元禅師が「感涙沾襟」したのは、如浄から「必至古徳之証処」という授記を得たからである。如浄はその後も、第三四段において「我天童老僧、許你有眼」（三八五頁）と言い、第三八段でも熱心に坐禅弁道する道元禅師に対して吉瑞のあることを予言している。これらの授記も身心脱落以後のこととは考えられない。

ましてや、それ（第十段）以後の問答であると考えられる第十五段において、

堂頭和尚示曰、参禅者身心脱落也、不用焼香・礼拝・念仏・修懺・看経、祇管打坐而已。

拝問、身心脱落者何。

堂頭和尚示曰、身心脱落者、坐禅也。祇管坐禅時、離五欲、除五蓋也。（三七七頁）

と、「身心脱落」の意味を問うようなことがあるであろうか。

さらには第三八段において「堂頭和尚慈誨云、吾見你在僧堂被位、昼夜不眠坐禅、得甚好」(三八六頁)という記述が見られるが、この言葉が脳裏に焼き付いていた道元禅師にして、この後に、いわゆる「叱咤時脱落」の話があったと考えれば、話の筋道はよく通るのである。

また、如浄は先の第十五段をはじめ、五蓋・六蓋を除くべきことの重要性を説かれるが、第三十段において道元禅師がその秘術を尋ねたのに対し「你向来作功夫、作甚麼。這箇便是離六蓋之法也」と答え「祇管打坐作功夫、身心脱落来、乃離五蓋・五欲等之術也」(三八三頁)と答えている。「向来功夫」とは坐禅のことである。坐禅がそれであることを、この時道元禅師はまだ領得していないのである。これがはたして身心脱落の後の問答と言えるのであろうか。

また、『宝慶記』の末尾(第三六段から四三段)には如浄の坐禅に関する示誨が集中している。このことは、道元禅師にとって正伝の坐禅の解明が一大事であり、そのような道元禅師の態度に応えるかのように如浄の親切な示誨が頻繁に行われたことを意味する。ここにおいて道元禅師の疑問は次第に氷解してゆくのである。即ち「参禅は身心脱落なり」と確信するにいたるのである。『宝慶記』の記述はその過程を思わせる。(25) 思うに、道元禅師の、弟子としての入室問法問道の参学は、身心脱落によって了るのである。それが『弁道話』に示すところの「一生参学の大事ここにおはりぬ」(七二九頁)にあたるのであり、『宝慶記』の記録は身心脱落以前の参学の様子と考えられるのである。

以上により私は、道元禅師の身心脱落は、宝慶三年(あるいはその前年)、それは如浄からの嗣書伝授に先だってのことと結論づけたい。その消息がいわゆる「叱咤時脱落」の話であるのかどうかは定かではない。しかし、それを否定すべき有力な論拠はないと私には思われる。

第三項　身心脱落の意義

さて、身心脱落の意義についてであるが(26)、これを今、文献に基づいて明らかにすることは容易ではない。ただし、それが、道元禅師が如浄のもとにあって、〝坐禅こそが身心脱落である〟との教えをうけて、それを信受しながらも、道元禅師が如浄のもと、厳しい坐禅の修行のなかで、しだいにその信を深め、ついに「正伝の仏法は坐禅である。坐禅こそが身心脱落である」と確信するにいたった、そのような機縁であったと私には思われる。ここに重ねて「叱咤時脱落」の話を挙げてみる。

天童五更坐禅。入堂巡堂。責衲子座睡。曰。参禅者必身心脱落也。祇管打睡作什麼。師聞豁然大悟。早晨上方丈。焼香礼拝。天童問云。焼香事作麼生。師云。身心脱落来。天童云。身心脱落。脱落身心。師云。這箇是暫時伎倆。和尚莫乱印某甲。童云。吾不乱印爾。師云。如何是不乱印底。童云。脱落身心。(『行状記』、一六二頁上段)

道元禅師は「身心脱落来」と報告した後、如浄の「身心脱落、脱落身心」という証明を得るにもかかわらず、さらに「這箇是暫時伎倆。和尚莫乱印某甲」と言ってみだりに証明することを拒んでいる。まだ十全ではないと自覚していたからであろうか。自らの「信（心）決定」が師の眼に叶うかどうかを重ねて確かめたのであろう。如浄は、『宝慶記』に記録されているような幾多の問答応酬から、道元禅師の仏法理解（知的理解）の正しさを知り、且つ又僧堂において昼夜怠りなく祇管坐禅する道元禅師を見まもっていた（第三八段）のであるまいか。そしておそらく、「参禅は身心脱落なり」という示誨を道元禅師自らが徹底自覚する日を密かに待っていたのであり、ゆえに即座に証明を与え、それを拒んだ道元禅師に対してさらに「吾不乱印爾」（みだりに証明したのではない）と明言されたのであろう。そして如浄はさらに「如何是不乱印底」という道元禅師の質問に「脱落身心」と答えて、重ねて証明している。

さて、道元禅師が言う「暫時の伎倆」とは如何なる意味なのか。「暫時」とは〝しばしの〟〝わずかな時間〟の意であり、「伎倆」は技量と同意で〝本領、腕まえ、手なみ。善巧方便〟などの意がある（入矢義高監修・古賀英彦編著『禅語辞典』、八〇頁）。一時的な技量とは、何を言ったものなのか。「身心脱落」した道元禅師が、これを「暫時の技量」と言う。「身心脱落」とは一時的な技量であるのか。

先にも述べたが、「面授」巻の末尾に、

道元、大宋宝慶元年乙酉五月一日、はじめて先師天童古仏を礼拝面授す。やや堂奥を聴許せらる。わづかに身心を脱落するに、面授を保任することありて、日本国に本来せり。（四四六頁）

とある。「わづかに」とは、僅（やっと）であろうか、才であろうか、纔であろうか。いずれにしても〝やっと〟〝やや〟〝少し〟というような意であろうか。

「身心脱落」を「暫時の伎倆」といい「わづかに」という道元禅師の表現を見ても、この「身心脱落」が釈尊の成道と同等のものと道元禅師が受けとめていたとは私には考えられないのである（後述、第二章第三節「積功累徳」・第四節「成道観」）。それでは「身心脱落」とは何か。

思うに、道元禅師の「身心脱落」にせよ、いわゆる「さとり」にせよ、極めて内面的なものである。それが確かなものであると証明するためには、その道得（言葉で表現する）・行得（行いで表現する）ということがなければならない。仏仏祖祖の悟りの機縁を見るに、必ずこれらがあって師がそれを証明するという形を取っている。いわゆる展事投機である。師は、弟子の道得・行得から、それが仏法に適っているかどうかを見極めるのである。

道元禅師にとって「信（心）決定」（「信受」し「決定」すること、おおよそ内面的なものであれば「心決定」とも言える）は、自らのものであり、自らの仏者としての生涯を決定づけるものであったに違いない。如浄の教えを理解し、仏道とは何かを会得し、「もう、だれにも惑わされることはない」「もう決して疑わない」「もう決して迷わない」、そのような決定こそ「身心脱落」の内容であったのではないか。その意味では、たとえ如浄の証明を仰ぐことができなくともかまわなかったはずである。いや証明を仰ぐ必要さえもなかったのかも知れない。

ここにおいて、第一節の〝修行のところに証りが現れる〟とする「修証一等」と、「豁然大悟」という体験的一時の出来事であったと考えられる「身心脱落」の間の疑問の解決が得られうる。冒頭に挙げた『弁道話』における「本証」「妙修」の説示や、『正法眼蔵』ほか道元禅師の著作に見られる修証観に関する説示が、「証」という「ありよう」について示しているのに対し、一方で「得道」「解脱」「悟」等の語を用いて、何か瞬間的な、経験的なものを思わせる説示をしている箇所があることは、けっして矛盾するものでないのである。

「参禅は身心脱落なり」と「信決定」したのが道元禅師の「悟」(覚)の機縁であったとすれば、この出来事は瞬間的、経験的なものであり、竹村氏が「何らかの「覚体験」は認められるべきだ」とする「覚体験」として、また石井氏が決して否定するものではないと述べるところの「宗教的体験」として、また鈴木氏が、「「身心脱落」を「回心」と比況すべき心性的問題としてのみ重大に捉え」ることを批判しながらも「いずれの宗教においても、その宗教の真実に生きようと専念する者にとって、「回心」は不可欠の条件であり、「転依」はきわめて重大の意味をもつ」と論じているところの宗教的転機として、受けとることができるのである。「身心脱落」とはまさに、これら諸氏が語るような機縁をも言うのであると考えられる。

もし、このような意味での機縁が仏道において何もないとすれば、『弁道話』において「七仏の妙法は、得道明心の宗匠に、契心証会の学人あひしたがうて正伝すれば、的旨あらはれて稟持せらるるなり、……坐禅弁道して諸仏自受用三昧を証得すべし」(七三四頁)と示されるところの「得道明心」や「契心証会」や「坐禅弁道して諸仏の自受用三昧を証得すべし」という語を、どのように解釈したらよいのであろう。〝仏道とは何か〟を知らずして、仏道を行ずることはできないであろうし、〝法とは何か〟を明らめずして、それを後人に伝えることはできないはずである。

ゆえに、道元禅師の著作における、瞬間的な経験的な覚体験を思わせる説示は、先に述べた「信決定」として受けとることができるのである。

すなわち、「参禅は身心脱落なり」と「信決定」した道元禅師にとって、「坐禅」(道元禅師は「参禅とは坐禅なり」と示されているので「坐禅」と言ってもよい)こそ「身心脱落」なのであるから、当然この「坐禅」は将来に「身心脱落」を求めた修行ではない。また「身心脱落」は坐禅(修行)の結果として得られる証果ではない。ゆえに、『弁道話』で示されるように修(坐禅)と証(身心脱落)は一つであり、初心の修行であっても証りの修行であるから、円満した証りそのものであり、また、修行のところに証りが現われており、修行のほかに証りはない、と言えるのである。

ところで「さとり」には「悟」(覚・省)と書く「さとり」と「証」と書く「さとり」の二通りの「さとり」があると考えられる。「さとり」についてはいろいろな説明ができるが、基本的には、煩悩や渇愛(過度な欲望)がなくなった状態といえる。そして、そのような状態に導く力、つまり、物事(環境)をありのままに受け取って心を動かされないあり方、すなわち、煩悩や渇愛をおこすことがないあり方、そのようなあり方ができる力、ということができる。

我々は五官によって、眼で色を見、耳で声(音)を聞き、鼻で香り(臭い)を嗅ぎ、舌で味を味わい、身(皮膚)で触れて(感じて)、様々な環境世界を認識して生活している。これらはすばらしい働きであるが、反面これらの働きが様々な煩悩や欲望を起こさせ、貪りや瞋りや愚癡の心を生じさせて、苦しみや悩みを引き起こす。

私見を述べれば、「さとり」というのは、五官の「正」(プラス)なる部分、つまり五官のすばらしい働きをありのままに働かせて、「負」(マイナス)なる部分、つまり煩悩や欲望や苦悩を引き起こさない状態をいうと考える。環境をありのままに純粋に見たり(視覚)聞いたり(聴覚)感覚したり(嗅覚・味覚・触覚)慮知(知覚)したりして、それらを煩悩や欲望の方向に向かわせない力をいうのであると思う。そして、「さとり」には、このような状態を「得る」ということ（体験的な、一時的なもの）と、このような状態に「ある」ということ（修行が「さとり」であるとするもの）と、その両方のあり方があるので、前者を「悟り」あるいは「覚り」と書き、後者を「証《さと》り」と書いて区別することができる。道元禅師の場合も、この両方が示されているので、混同すると理解を誤ってしまう。

前者の「悟り」は知識によって得られるものではない。いくら知識を積んでも、仏教を知的に学んでも「悟り」を得ることはできない。なぜなら「悟り」というのは、先にも述べたように、物事をありのままに見聞覚知して、それらに心を動かされることのない力を得ることを言うからである。これにはやはり体験（実践）が必要であり、五官によって環境をありのままに純粋に見聞覚知して、煩悩や渇愛を起こさない力を得るためには、それなりの修行が必要である。『随聞記』に示すように、(27) 苦しみを忍び、寒さや暑さに耐え、悩み嘆きながら、強いて修行に励むことによって得道するのであり、精進することによって「悟り」が得られるのである。「悟り」の機縁として有名な霊雲志勤（生没年不詳）の見色明心も、香厳智閑（?～八九八）の聞声悟道も、まさにこの「悟り」を得た話である。これらの「悟り」は、いくら知識を学んでも得られるものではなく、実践や体験によって得られるのである。

それでは、そのような「悟り」が得られたなら、それが究極のあり方かというと、決してそうではない。見聞覚知に振り回されず、何事にも動ずることのない力が得られたとしても、「そこで具体的にどう生きるか」が大切なのである。「悟り」を得て、それを誇り、自由奔放に傍若無人な振る舞いをする禅僧もいる。道元禅師が最も嫌う禅僧たちである。(28) それは真の禅僧ではない。

「悟り」を得て、そこからどう生きるのか。結論を言えば、仏の教えに随って仏の道を生きるということになる。そのためには、仏の教えとは何かを学ぶことが必要であり、仏の道とは何なのかを知っていなければならない。そこにおいて、もう一方の「証り」ということがあるのである。「悟り」を得てその状態を仏の教えに随って仏の道の中に現し続けていく。物事（環境）をありのままに受け取って心を動かされない状態、煩悩や渇愛をおこすことがないあり方を、仏道修行において現していくのである。それを「修証一等」と言うのであろう。「悟り」を得る前でも、仏の教えに随って仏の道を生きていれば「修証一等」、「悟り」を得た後も、仏の教えに随い仏の道を生きて「修証一等」を実践してゆくのである。坐禅はまさに「修証一等」の行であり「証り」という状態にあると言えるのである。

「覚（悟）と証」の相違については、第四節において、さらに詳しく論じたいと思う。

第三節　付法説

第一項　多子塔前付法説と霊山付法説

ここにいう多子塔前付法説とは、摩訶迦葉が、多子塔前において初めて釈尊に相見したとき、直ちに正法眼蔵の付嘱を受けたとする説であり、参考までに、語録に見られる記述を挙げれば、

如来経行。至多子塔前。命摩訶迦葉。分座令座。遂告云。吾以微妙正法眼蔵。密付於汝。汝当保護。伝付将来。無令断絶。是大法眼蔵。自爾為初。人嘱一人。不択凡聖。（『天聖広灯録』巻一、釈迦牟尼仏章、『卍続蔵経』一三五・三〇六右上）

というものである。このような説を多子塔前付法説という。

また、霊山付法説とは、霊鷲山において、釈尊から摩訶迦葉への付法が行われたとする説であり、

如来在霊山説法。諸天献華。世尊持華示衆。迦葉微笑。世尊告衆曰。吾有正法眼蔵。涅槃妙心、付嘱摩訶迦葉。流布将来。勿令断絶。仍以金縷僧伽梨衣付迦葉。（『天聖広灯録』巻一、釈迦牟尼仏章、『卍続蔵経』一三五・三〇六左上）

というものであり、このような説を霊山付法説という。

第二項　道元禅師の付法説

先に述べた道元禅師の「修証一等」の修証観からみれば、道元禅師は思想的には多子塔前付法説に立つものと思われる。しかし、後述するように、道元禅師の師である如浄も、また道元禅師下三世の祖師であり曹洞宗の両祖の一人として仰がれる瑩山禅師も、多子塔前付法説に立つのに対し、道元禅師は霊山付法説に立つ。「面授」巻も「優曇華」巻も「仏道」巻も、霊山付法説を引用している。このことをどう捉えたらいいのか。

「面授」巻冒頭には、

爾時、釈迦牟尼仏、西天竺国霊山会上、百万衆中、拈優曇華瞬目。於時摩訶迦葉尊者、破顔微笑。釈迦牟尼仏言、吾有正法眼蔵涅槃妙心、附嘱摩訶迦葉。（四四六頁）

とある。この話が「面授」巻の冒頭に引用されているのは、この面授の重要性を示す導入でもあり、証拠としてでもある。それは、この引用に続いて、

これすなはち、仏仏祖祖、面授正法眼蔵の道理なり。七仏の正伝して迦葉尊者にいたる。迦葉尊者より二十八授して菩提達磨尊者にいたる。菩提達磨尊者、みつから震旦国に降儀して、正宗太祖普覚大師慧可尊者に面授す。五伝して曹谿山大鑑慧能大師にいたる。一十七授して先師大宋国慶元府太白名山天童古仏にいたる。（四四六頁）

と、面授による法の伝承を示していることからもわかる。この話は面授を主張するものであって、霊山付法説を主張するものではないが、多子塔前付法も同様に面授であるのに、引用されたのは霊山付法説であって多子塔前付法説ではない。

「優曇華」巻冒頭には、

霊山百万衆前、世尊拈優曇華瞬目。于時摩訶迦葉、破顔微笑。世尊云、我有正法眼蔵涅槃妙心、附嘱摩訶迦葉。七仏諸仏は、おなじく拈華来なり。これを向上の拈華と修証現成せるなり、直下の拈華と裂破開明せり。(五三二頁)

とある。この話が「優曇華」巻の冒頭に引用されているのは、おそらく「優曇華」あるいは「拈華」という語を導き出すためであり、そして、この「優曇華」と釈尊が摩訶迦葉に附嘱した「正法眼蔵涅槃妙心」の合一性を以下、示そうとしたためであると思われる。決して、霊山付法説の主張ではないことは、

おおよそ拈華は、世尊成道より已前にあり、世尊成道と同時なり、世尊成道よりものちにあり。これによりて、華成道なり。拈華はるかにこれらの時節を超越せり。諸仏諸祖の発心・発足、修証・保任、ともに拈華の春風を蝶舞するなり。(五三三頁)

という本文から知られる。

諸語録を見るに、「優曇華」の語はなく、「持華」(『天聖広灯録』)であり「拈花」(『宗門統要集』『聯灯会要』)であって、「華」(「花」)を「優曇華」としたのは道元禅師の付加である。多子塔前付法説では「拈華」ということは行われていないので、ここに多子塔前付法の話が引用され得なかったことは当然であり、霊山付法説が選び採られたのではない。

「仏道」巻には、

世尊、霊山百万衆前、拈優曇華瞬目、衆皆黙然。唯迦葉尊者、破顔微笑。世尊云、吾有正法眼蔵涅槃妙心、并以僧伽梨衣、附嘱摩訶迦葉。（三七七頁）

とある。そして、この話に基づいて、

世尊の迦葉大士に付属しまします、吾有正法眼蔵涅槃妙心なり。このほかさらに吾有禅宗附嘱摩訶迦葉にあらず。并附僧伽梨衣といひて、并附禅宗といはず。しかあればすなはち、世尊在世に禅宗の称またくきこえず。（三七八頁）

と示されている。この話の引用が、

（前略）この道理を参学せざるともがら、みだりにあやまりていはく、仏祖正伝の正法眼蔵涅槃妙心、みだりにこれを禅宗と称す。祖師を禅祖と称す、学者を禅師と号す。あるひは禅和子と称し、或禅家流の自称あり。これみな僻見を根本とせる枝葉なり。西天東地、従古至今、いまだ禅宗の称あらざるを、みだりに自称するは、仏道をやぶる魔なり、仏祖のまねかざる怨家なり。（三七六〜三七七頁）

という、この話の前に示される説示に繋がるものであって、この「仏道」巻における、禅宗の呼称批判の中で引かれたものであることは確認しておく必要がある。道元禅師は、〝釈尊は「吾有正法眼藏涅槃妙心」とおっしゃったのであって「吾有禅宗」とおっしゃったのではない〟として、正法眼蔵涅槃妙心を伝える正伝の仏法を、禅宗と呼ぶことの非を示されたものである。

ゆえに、これもことさら霊山付法説を主張するものではない。主張するものではないが、多子塔前付法説の中にも、「吾以微妙正法眼蔵。密付於汝」（『天聖広灯録』）〈本書、一九八頁〉、「吾有正法眼蔵密付於汝」（『宗門統要集』）〈本書、一九八頁〉、「吾以正法眼蔵密付於汝」（『聯灯会要』）〈本書、一九八頁〉とあるので、禅宗という呼称の批判が目的であれば、これらの部分を引かれてもよかったともいえる。

また、『永平広録』においても二ヵ所に釈尊から摩訶迦葉への付法の話が引かれている。

上堂挙、世尊在霊山会上、百万衆前拈優曇華、告曰、吾有正法眼蔵涅槃妙心、附属摩訶迦葉。于時迦葉、破顔微笑。永平今日、頌出示人、世尊昔日欲伝法、百万衆前拈得華。瞬目告言、吾有法、破顔微笑独逢父者。這箇是長連牀上学得底、向上又作麼生。大衆還要委悉麼。良久云、莫問此間何活計、西天也有趙州茶。（『永平広録』巻六、第四二八上堂、一〇七～一〇八頁）

世尊在霊山百万衆前拈華瞬目、迦葉破顔微笑。世尊告衆曰、吾有正法眼蔵涅槃妙心、附嘱摩訶迦葉、流布将来勿令断絶。仍以金縷僧伽梨衣附迦葉。

春台夢覚弁華香、広示人天独飲光、山雨洗翻成則雪、嶺雲迸散織斯霜。

金鱗交色皺文浪、黄鳥飛声乱断腸、賓主可悲悲空挙手、頭陀是悦尚知芳。（『永平広録』巻九、頌古、第一則、一六七頁）

ここに知られるように『永平広録』での引用も、どちらも霊山での付法の話である。

さて、以上においてわかるように、道元禅師の著作中、五ヵ所に見られる付法の話の引用において、常に霊山での付法の話が引かれているとはいえ、付法の場所と時を意識して霊山付法説を選び取られたとは思われない。それぞれ「面授」「優曇華」「正法眼蔵涅槃妙心」等と関わって、むしろこれらの語を導引、引証するための話として引かれていると考えられる。

しかしながら、「優曇華」巻を除く四ヵ所については、多子塔前での付法の話を引用してもよかったともいえ、これらの箇所において、すべて霊山での付法の話が引用されているということは、やはり注目する必要があるであろう。

ところで、道元禅師の師である如浄と、道元禅師下三世の瑩山紹瑾禅師は以下述べるように文献的には共に多子塔前付法説を採っている。即ち、如浄・瑩山両禅師は多子塔前付法説を採り、道元禅師は霊山付法説を採っている、ということになる。諸語録の、この付法説に関する部分の引用の上からは、道元禅師は師の如浄を継承することなく異なった立場を採ったことになり、また瑩山禅師は道元禅師を継承することなく元に返って如浄に依ったことになる。

この三禅師に一貫性が見られないのは何故なのか。このことが私の興味を引く。引用態度という観点から見たこの相違は何を意味するのか。そこには思想上の相違も見られるのであろうか。それでは、まずこの三禅師が如何なる付法説に立つのか、先ずは関係文献を紐解いてその言説を明らかにし、さらに踏み込んで、その深意を探ってみたい。

第三項　如浄の付法説

如浄がいかなる付法説を主張したのか、それは次に挙げる『宝慶記』の一文に明確に示されている。


柱香拝問、世尊授伝金襴袈裟於摩訶迦葉、是何時耶。

堂頭和尚慈誨曰、你問這箇事、最好也。箇箇人不問這箇、所以不知這箇、乃善知識之所苦也。我曽在雪竇先師処、嘗問這箇事、先師大悦也。世尊最初見迦葉来帰依、即以仏法并金襴袈裟附嘱摩訶迦葉、為第一祖也。摩訶迦葉、頂受衣法、昼夜頭陀、未嘗懈怠、未嘗屍臥、常載仏衣、作仏想・塔想而坐禅也。摩訶迦葉古仏菩薩也、世尊毎見摩訶迦葉来、便分半坐而座也。迦葉尊者具三十相、唯缺白毫・烏瑟而已。所以与仏並座一座、人天之楽見也。凡神通智慧、一切仏法、受仏附嘱無所缺減也。然則迦葉見仏時之最初、得仏衣・仏法也。(三八一頁)

ここに示されるように、道元禅師が如浄に「世尊が金襴の袈裟を摩訶迦葉に伝授したのは何時のことであるのか」と問うたのに対して、如浄は「世尊は最初に摩訶迦葉がやってきて釈尊に帰依したときに、すぐさま付法するとともに金襴の袈裟を摩訶迦葉に附嘱したのである」と示している。これは明らかに、先に挙げた多子塔前付法説に立つものであり、釈尊の摩訶迦葉に対する初相見時の付法を認めるものである。

また、ここで知られるのは、如浄自身もかつて先師雪竇智鑑に対し同様の質問をし、ときに雪竇は大いに喜んで、同様な説示があったことである。多子塔前付法説の強調は如浄に始まるのではなく、その師、雪竇の教えによるのであり、ひいてはそれ以前からの伝灯であるとも推察される（後述、二〇〇頁）。

第四項　瑩山禅師の付法説

瑩山禅師が明確に多子塔前付法説を主張されていることは、次の『伝光録』第一章（摩訶迦葉尊者章）の説示に知られる。まず、「本則」は次のようである。

第一祖、摩訶迦葉尊者、因世尊拈華瞬目、迦葉破顔微笑。世尊曰、吾有正法眼蔵涅槃妙心。付嘱摩訶迦葉。（光地英学他編『瑩山禅』第一巻、山喜房仏書林、一九八五年三月、三六頁）

出典は明らかでないが、この本則は、付法説に関する諸出典々籍のなかでは、霊山での付法を述べた部分に近い。おそらくは、道元禅師の説示（『永平広録』巻九「頌古」など）を元にして、瑩山禅師が手を加えられた独自の本則であろう。しかし、ここには付法の「場所」と「大衆」が抜け落ちている。あえて「霊山」と「百万衆」の語が削除されたものであると考えられる。なぜかと言えば、それは、次に示されるように、この付法が「多子塔前」で行われたと強調する瑩山禅師の宗意の表詮である。

摩訶迦葉尊者、姓は婆羅門、梵には迦葉波、此に飲光勝尊と曰ふ。[a]多子塔前にして、初て世尊に値ひたてまつる。世尊善来比丘とのたもふに、鬚髪すみやかに落ち袈裟体に掛る。乃ち正法眼蔵を以て付嘱し、十二頭陀を行じて、十二時中虚しく過ごさず。但形の醜悴し衣の麁陋なるを見て、一会悉く恠む。之に依て処処の説法の会毎に、釈尊座を分ち迦葉を居らしむ。然しより衆会の上座たり。唯釈迦牟尼仏一会の上座たるのみに非ず。過去諸仏の一会にも不退の上座たり。知るべし、是れ古仏なりといふことを。唯諸の声聞の弟子の中に排列すること勿れ。然るに霊山会上八万衆前にして、世尊拈華瞬目す。皆心を知らず、黙然たり。時に摩訶迦葉独り破顔微笑す。世尊曰く、吾に正法眼蔵涅槃妙心円妙無相の法門あり、悉く大迦葉に付嘱すと。謂ゆる彼時の拈華は祖祖単伝し来りて、妄りに外人をして知らしむることなし、故に経師論師、多くの禅師の知るべき所に非ず、実に知りぬ其実処を知らざることを。然も恁麼なりと雖も恁麼の公案、霊山会上の公案に非ず、多子塔前にして付嘱せし時の言なり。伝灯録、普灯録等に載る所は、是れ霊山会上の説といふこと非なり。最初に仏法を付嘱せしとき、是の如きの式あり。故に仏心印を伝ふる祖師に非ざれば、彼の拈華の時節を知らず、又彼の拈華を明らめず。諸禅徳子細に参到し、子細に見得して、迦葉の迦葉たることを知り、釈迦の釈迦たることを明らめ、深く円妙の道を単伝すべし。（四〇～五四頁）

傍線ａに示されるように、摩訶迦葉尊者の略伝を示される中で、多子塔前で初めて釈尊にあった時に、付法があったとされる。また傍線ｂ（本則に対する提唱の部分）で示されるように、この付法が霊山で行われたとするのは、その実所（実際に付法が行われた場所）を知らないからであると言われ、付法は霊山会上で行われたのではなく、多子塔前で行われたのであると明言されている。(29)

第五項　灯史に見られる付法説

ところで、瑩山禅師は、「伝灯録、普灯録等に載る所は、是れ霊山会上の説といふこと非なり」と示されているので、ここに明記される『景徳伝灯録』『嘉泰普灯録』はじめ、灯史に見られる付法説をあたってみた。(30)

まず、『景徳伝灯録』巻一には、

説法住世四十九年。後告弟子摩訶迦葉。吾以清浄法眼涅槃妙心実相無相微妙正法将付於汝。汝当護持。并敕阿難副弐伝化無令断絶。而説偈言

法本法無法　無法法亦法
今付無法時　法法何曾法

爾時世尊説此偈已。復告迦葉。吾将金縷僧伽梨衣伝付於汝。転授補処。至慈氏仏出世勿令朽壊。迦葉聞偈頭面礼足曰。善哉善哉、我当依敕。恭順仏故。(『大正蔵』五一・二〇五中)

また、

第一祖摩訶迦葉。摩竭陀国人也。(中略)繇是志求出家冀度諸有。仏言。善来比丘。鬚髪自除袈裟著体。常於衆中称歎第一。復言。吾以清浄法眼将付於汝。汝可流布無令断絶。(『大正蔵』五一・二〇五下〜二〇六上)

とある。ここに付法の場所を「霊山」とは記してないが、後者を見れば、「善来比丘。鬚髪自除袈裟著体」とある多子塔前での出来事と思われる部分と、「常於衆中称歎第一」という釈尊会下での様子を挿んで記される「復言。吾以清浄法眼将付於汝」という部分とでは、時間的な経過が見てとられ、なるほど多子塔前での付法を述べたものではないように思われる。

『嘉泰普灯録』巻一には、

伝灯曰、如来将化、預命摩訶迦葉云、吾以清浄法眼、涅槃妙心、実相無相、微妙正法、今付於汝。汝当護持、并勅阿難弐其伝化、無令断絶。広灯曰、大迦葉謂阿難云、婆伽婆未円寂時、多子塔前、以正法眼蔵密付於我。我今伝付於汝。原是二者、蓋体涅槃及阿含等経、承述之也。(『卍続蔵経』一三七・二〇右上)

とある。ここで言う「伝灯」とは『景徳伝灯録』を指し、「広灯」は『天聖広灯録』を指し、その記述はほぼ一致している。[31] 間接引用ではあっても、『嘉泰普灯録』が引用するところの『天聖広灯録』は多子塔前での付法の説を挙げ

ているのであるから、先の瑩山禅師の「伝灯録、普灯録等に載る所は、是れ霊山会上の説といふこと非なり」という説示は当たらない。この説示は瑩山禅師の記憶に基づくところの説示か。

また、『宗門統要集』『聯灯会要』『天聖広灯録』等は、多子塔前付法と霊山付法の両者を載せる。

『宗門統要集』巻一

○世尊昔在霊山会上、拈花示衆。是時衆皆默然。唯迦葉尊者、破顔微笑。世尊云、吾有正法眼蔵涅槃妙心、実相無相微妙法門、不立文字教外別伝、付嘱摩訶迦葉。（柳田聖山・椎名宏雄共編『禅学典籍叢刊』一巻、臨川書店、一九九九年四月、七頁上）

○世尊昔至多子塔前、命摩訶迦葉分座令坐以僧伽梨囲之乃告云、吾有正法眼蔵密付於汝、汝当護持伝付将来、無令断絶。（同、七頁上）

『聯灯会要』巻一　釈迦牟尼仏章

○世尊在霊山会上。拈花示衆。衆皆默然。唯迦葉破顔微笑。世尊云。吾有正法眼蔵。涅槃妙心。実相無相。微妙法門。不立文字。教外別伝。付嘱摩訶迦葉。（『卍続蔵経』一三六・二二〇左下〜二二一右上）

○世尊昔至多子塔前。命摩訶迦葉分座。以僧伽梨囲之遂告云、吾以正法眼蔵密付於汝、汝当護持伝付将来、無令断絶。（『卍続蔵経』一三六・二二一右上）

『天聖広灯録』巻一　釈迦牟尼仏章

○如来経行。至多子塔前。命摩訶迦葉。分座令座。遂告云。吾以微妙正法眼蔵。密付於汝。汝当保護。伝付将来。無令断絶。是大法眼蔵。自爾為初。人嘱一人。不擇凡聖。（『卍続蔵経』一三五・三〇六右上）

○如来在霊山説法。諸天献華。世尊持華示衆。迦葉微笑。世尊告衆曰。吾有正法眼蔵。涅槃妙心、付嘱摩訶迦葉。流布将来。勿令断絶。仍以金縷僧伽梨衣付迦葉。（『卍続蔵経』一三五・三〇六右上）

ここで、『宗門統要集』と『聯灯会要』は、ほぼ同様の内容であり、『天聖広灯録』はやや異なっている。ところで、これらは何故、付法に関する二説を併記するのであろうか。あるいは、両者は異なった意味を持つのであろうか。

これらの灯史の記述が、如何なる経典に基づくのか定かではないが、椙林氏によれば『涅槃経』の

爾時仏告諸比丘。汝等不応作如是語。我今所有無上正法。悉以付嘱摩訶迦葉。是迦葉者当爲汝等作大依止。（『大般涅槃経』「哀歎品」第三、『大正蔵』一二・六一七中）

という記事を踏襲しているとされる。[32]しかし、付法の場所、付法の時期については触れていない。

その典拠はともかく、ここで、多子塔前付法説の記事に注目すれば、そのすべてに共通して用いられている「密付」という文字になにか重要な意味があるようにも思える。そういえば道元禅師も、馬祖道一に関する説示の中で、

○江西大寂禅師、ちなみに南嶽大慧禅師に参学するに、密受心印よりこのかた、つねに坐禅す。（「坐禅箴」巻、九一頁）

○江西馬祖の坐禅することは二十年なり。これ南嶽の密印を稟受するなり。伝法済人のとき、坐禅をさしおくと道取せず。参学のはじめていたるには、かならず心印を密受せしむ。（「行持上」巻、一二六頁）

○江西馬祖、むかし南嶽に参学せしに、南嶽かつて心印を馬祖に密受せしむ。磨塼のはじめのはじめなり。（「古鏡」巻、一八七頁）

等と示されているが何か共通の意図があろうか。

これら三つは同じ話を取り挙げたもので、馬祖道一は南嶽懐譲に就いて坐禅するにいたるその初めから「心印」を密受していたとするものである。これらの出典と考えられる『景徳伝灯録』にはこのような記述はないので道元禅師が付加されたものであるとされるが、馬祖の坐禅が「本証」の坐禅であり「無所悟」の坐禅であったことを強調されようとしたものである。

道元禅師の場合、「密付」「密受」等の「密」は、親密の意であると解され得るが、先の灯史の「密付」の「密」は一般的によく用いられるところの「ひそかに」の意であろうと考えられる。とすれば、先の灯史（『宗門統要集』『聯灯会要』『天聖広灯録』）に、付法の時と場所に関する一見異なった二説が、矛盾なく記されているとすれば、それは、釈尊が「百万衆」の前で、「吾有正法眼蔵涅槃妙心、附嘱摩訶迦葉」と正式に宣言したのは霊山会上であったのに対し、実はそれ以前に、つまり、多子塔前での初相見の時に、すでに密かに付法していたのだとするのが、両説を併記する灯史の主張するところなのかもしれない。

そして、それに併せて、特に『聯灯会要』に見られる「世尊在霊山会上」という語と、その後に見られる「世尊昔至多子塔前」という、「昔」という語をみたとき、ここにも霊山付法の時節から遡って〝その昔に〟という表現として読みとれるのである。

たしかに、霊山会上で、釈尊の拈華瞬目に対して、大衆がその意を理解し得なかった中、摩訶迦葉のみが破顔微笑する事ができたのは、この瞬間に、ハッとわかったのではなく、これ以前から釈尊の真意がわかっていたからこそであろう。

以上の如くであれば、雪竇や如浄が、多子塔前付法説を取るのは、禅の伝灯を継承するものなのであろうか。

第六項　如浄・道元・瑩山三禅師の立場を遶る考察

禅の伝承において、雪竇以前から多子塔前での付法が、正統的な付法説として伝えられてきたかどうかはしばらくおくとして、如浄と瑩山禅師においては、これを大いに主張し、道元禅師においてはそうではなかったことが知られる。

しかし、これまで述べてきたように、道元禅師は付法説の主張として、多子塔前付法説を捨てて霊山付法説を採ったのではない(33)。では何故、霊山での付法ばかりを引用されるのか、それが問題とされなければならい。

思うに、禅の正当説はどうあれ、釈尊から摩訶迦葉への付法は、霊山において行われたとするのが、常識的見方である。榑林氏が言うように(34)、初めて出逢ったときに付法が行われるということは、まれに、六祖慧能と永嘉玄覚の場合があるにしても、常識では受け取り難いことである。しかし、この常識的見方をしないところに、禅の特質があるのかもしれないし、如浄や瑩山禅師のそれも、常識を超えた立場に立つのである。そこに大きな意義があるのである。

それでは、道元禅師は単に常識的立場に立ったのであろうか。そうではないことは、少しく道元禅師の教説に浴したものであれば、容易に知り得るところである。思想的に見れば寧ろ道元禅師は多子塔前付法説に立っていると言えるのである。

先に示した馬祖道一に関する説示、即ち、馬祖道一は南嶽懐譲に就いて坐禅するにいたるその初めから「密印」を受けていた、つまり馬祖は修行の当初から「本証」を「妙修」していたとする説示、ほか、次のような説示にそれが窺える。

○嚢祖道、我説法汝尚不聞、何況無情説法也。高祖たちまちに証上になほ証契を証しもてゆく現成を、嚢祖ちなみに開襟して、父祖の骨髄を印証するなり。(「無情説法」巻、四〇二頁)

○ただ因地に修習するのみにあらず、果位の修証なり。大覚世尊、すでに一代のあひだ、一夏も闕如なく修証しましませり。しるべし、果上の仏証なりといふことを。(「安居」巻、五八一頁)

○仏祖単伝の大道は授記なり。仏祖の参学なきものは、夢也未見なり。その授記の時節は、いまだ菩提心をおこさざるものにも授記す。無仏性に授記す、有仏性に授記す。有身に授記し、無身に授記す、諸仏に授記す。諸仏は、諸仏の授記を保任するなり。得授記ののちに作仏すと参学すべからず、作仏ののちに得授記すと参学す

べからず。授記時に作仏あり、授記時に修行あり。(「授記」巻、一九五頁)

○よのつねにおもふには、修行功満じて作仏決定するとき授記すべしと学しきたるといへども、仏道はしかにはあらず。或従知識して一句をきき、或従経巻して一句をきくことあるは、すなはち得授記なり。(同一九六頁)

○阿耨多羅三藐三菩提は、かならず出家の即日に成熟するなり。しかあれども、三阿僧祇劫に修証し、無量阿僧祇劫に修証するに、有辺無辺に染汚するにあらず。(「出家功徳」巻、六一一頁)

これらの他、『普勧坐禅儀』の冒頭の部分に「原夫道本円通、争假修証。宗乗自在、何費功夫」(三頁)云々と示されているのも、また、『学道用心集』に示される「仏言、行乃証在其中」(二五四頁)も、思想的に、霊山付法ではなく、多子塔前付法に基づくものである。

それでは何故、道元禅師は霊山での付法の箇所を引用されるのか、最も問題となる「面授」巻について、あらためて考察してみたい。

「面授」冒頭には、

爾時、釈迦牟尼仏、西天竺国霊山会上、百万衆中、拈優曇華瞬目。於時摩訶迦葉尊者、破顔微笑。釈迦牟尼仏言、吾有正法眼蔵涅槃妙心、附嘱摩訶迦葉。(四四六頁)

と霊山での付法の話が示されたあと、

これすなはち、仏仏祖祖、面授正法眼蔵の道理なり。七仏の正伝して迦葉尊者にいたる。迦葉尊者より二十八授して菩提達磨尊者にいたる。菩提達磨尊者、みづから震旦国に降儀して、正宗太祖普覚大師慧可尊者に面授す。五伝して曹谿山大鑑慧能大師にいたる。一十七授して先師大宋国慶元府大白名山天童古仏にいたる。

大宋宝慶元年乙酉五月一日、道元はじめて先師天童古仏を妙高台に焼香礼拝す。先師古仏はじめて道元をみる。そのとき、道元に指授面授するにいはく、仏仏祖祖面授の法門現成せり。これすなはち霊山の拈華なり、嵩山の得髄なり。黄梅の伝衣なり、洞山の面授なり。これは仏祖の眼蔵面授なり。吾屋裏のみあり、余人は夢也未見聞在なり。

この面授の道理は、釈迦牟尼仏まのあたり迦葉仏の会下にして面授し護持しきたれるがゆゑに、仏祖面なり。仏面より面授せざれば諸仏にあらざるなり。釈迦牟尼仏まのあたり迦葉尊者をみること親付なり。（中略）かくのごとく、代代嫡嫡の祖師、ともに弟子は師にまみえ、師は弟子をみるによりて面授しきたれり。一祖一師一弟子としても、あひ面授せざるは、仏仏祖祖にあらず。（四四六〜四四七頁）

とある。また、同巻末尾には、再び、

道元、大宋宝慶元年乙酉五月一日、はじめて先師天童古仏を礼拝面授す。やや堂奥を聴許せらる。わづかに身心を脱落するに、面授を保任することありて、日本国に本来せり。（四五〇頁）

と示されている。問題となるのは傍線の部分である。この再度にわたり印象的に語られている五月一日という日が、多子塔前に相当する時なのか、霊山会上に相当する時なのか。宗学における最大の問題点の一つである。「はじめて」とあるから、文字通りにとって「初相見の日」、すなわち道元禅師と如浄の初対面の日とみるか、あるいは「身心脱落の日」、すなわち身心脱落という機縁があって、如浄より仏法の継承を許された日とみるか、見解は大別して二つに別れていると言える。

私見を述べれば、私はこの日（五月一日）を「初相見の日」（正式に対面の礼をとった日）と見るのであり、身心脱落および嗣法は、道元禅師帰朝の年（宝慶三年）あるいはその前年と考えるのである。(35)

ところで、先の傍線部「先師古仏はじめて道元をみる。そのとき、道元に指授面授するにいはく、仏仏祖祖面授の法門現成せり。これすなはち霊山の拈華なり、嵩山の得髄なり。黄梅の伝衣なり、洞山の面授なり。これは仏祖の眼蔵面授なり。吾屋裏のみあり、余人は夢也未見聞在なり」であるが、如浄の言葉は「仏仏祖祖面授の法門現成せり」

であるのか、あるいは「これすなはち霊山の拈華なり、嵩山の得髄なり。黄梅の伝衣なり、洞山の面授なり。これは仏祖の眼蔵面授なり。吾屋裏のみあり、余人は夢也未見聞在なり」までがそうなのか、疑問となるが、後者も如浄の言葉であるのか、道元禅師の言葉であるのかはさておき、この五月一日のことを「霊山の拈華なり、嵩山の得髄なり。黄梅の伝衣なり」等と示していることが問題となる。この日のことを「霊山の拈華なり」等と示されていることをそのまま受け取れば、この日の出来事は、霊山の付法に比せられる出来事であるはずである。

しかし、ここは、そのようにそのまま受け取ってはならないと私は考える。この日は初相見のときであっていいのである。この初相見の時が、実は「霊山の拈華」と同等の重みを持つことを示したのが、「霊山の拈華なり」云々の箇所であると捉えるべきである。この部分は初相見時得法を示したものであり、この初相見時得法の記述が、実際は、後の身心脱落の時点から遡って捉えられ、示されたものであるとする私の視点は変わるものではない〈註(35)拙稿〉。即ち、この日(五月一日)を「霊山の拈華」とか「嵩山の得髄」とか言い得たのは、後のことなのであり、道元禅師が後に身心脱落した時点から振り返って見れば、〝はじめて親しく如浄を礼拝した時が、すでに得法の時であったと言ってもよい〟という宗教的確信から述べられた言葉であると理解することができるのである。[36]

繰り返し述べれば、道元禅師は「面授」巻の冒頭において霊鷲山での付法の因縁をあげ、その直後に、いわゆる「面授時脱落」の話をあげているが、両者を単純に関連させて述べれば、「面授時脱落」の話は初相見の時のことではないことになる。しかし、それでも私は五月一日は初相見の日でよいと考えるのであって、この矛盾に重要な意味があると捉えるのである。つまり、伝法(身心脱落)はあくまでも霊鷲山であることを示した上で、初相見の日にそれが行われたとも言える道理を示されたと受け取りたい。そのような視点からも、思想的には道元禅師は如浄や瑩山禅師と同じ多子塔前付法説をとっていたとも言い得るのであり、それは『正法眼蔵』の随所に示される考え方でもあるのである(前出)。

以上、道元禅師は霊山での付法ばかりを引用されているように見えても、それは決して付法説の主張として、多子塔前付法説を捨てて霊山付法説を選び採られたのではないのであり、積極的な霊山付法説の主張ではないのである。

付法説についての三禅師の見解は、一見、如浄と瑩山禅師が、多子塔前付法説、そして道元禅師が霊山付法説を採っており、そこに何らかの相違が有るように見受けられる。しかし、思想的に見れば、道元禅師も多子塔前付法説に立つものであり、そこには思想的相違は無く、三禅師は一貫した立場に立っていると結論できる。

先にも述べたように、釈尊から摩訶迦葉への付法は、霊山において行われたとするのが常識的見方であるとすれば、初相見の時に直ちに付法がなされるという常識では受け取り難いことの主張に、三禅師の仏法の特質が見られるのであり、この常識を超えた立場に立つところに、また大きな意義があるのであろう。

そして、この常識を超えた立場は、如浄においては、

柱香拝問、世尊授伝金襴袈裟於摩訶迦葉、是何時耶。

堂頭和尚慈誨曰、你問這箇事、最好也。箇箇人不問這箇、所以不知這箇、乃善知識之所苦也。我曽在雪竇先師処、嘗問這箇事、先師大悦也。世尊最初見迦葉来帰依、即以仏法并金襴袈裟附嘱摩訶迦葉、為第一祖也。摩訶迦葉、頂受衣法、昼夜頭陀、未嘗懈怠、未嘗屍臥、常載仏衣、作仏想・塔想而坐禅也。摩訶迦葉古仏菩薩也、世尊毎見摩訶迦葉来、便分半坐而座也。迦葉尊者具三十相、唯缺白毫・烏瑟而已。所以与仏竝座一座、人天之楽見也。凡神通智慧、一切仏法、受仏附嘱無所缺減也。然則迦葉見仏之最初、得仏衣・仏法也。(『宝慶記』、三八一頁)

と、傍線部分のような記述が添えられ、瑩山禅師においても、

摩訶迦葉尊者、姓は婆羅門、梵には迦葉波、此に飲光勝尊と曰ふ。(中略)多子塔前にして、初て世尊に値ひたてまつる。世尊善来比丘とのたもふに、鬚髪すみやかに落ち袈裟体に掛る。乃ち正法眼蔵を以て付嘱し、十二頭

陀を行じて、十二時中虚しく過ごさず。但形の醜悴し衣の麁陋なるを見て、一会悉く恠む。之に依て処処の説法の会毎に、釈尊座を分ち迦葉を居らしむ。然しより衆会の上座たり。唯釈迦牟尼仏一会の上座たるのみに非ず。過去諸仏の一会にも不退の上座たり。知るべし、是れ古仏なりといふことを。唯諸の声聞の弟子の中に排列すること勿れ。(『瑩山禅』第一巻、四〇~四六頁)

と、やはり傍線部分のような記述が加えられているように、その後の不断の修証が説かれている。また、付法説に関わるものではないが、道元禅師も、

阿耨多羅三藐三菩提は、かならず出家の即日に成熟するなり。しかあれども、三阿僧祇劫に修証し、無量阿僧祇劫に修証するに、有辺無辺に染汚するにあらず。(「出家功徳」巻、六一一頁)

と示されるように、出家の日に菩提が成熟するとされながらも、傍線部分のような記述が添えられている。

いわば、初相見時付法あるいは出家時成道というのは、その後の不退転の修証という条件付きなのであり、この必要条件無くして認められ得ないものであることは、あらためて確認しておく必要があろう。

最後に、まさに蛇足となることを自覚してあえて述べれば、ここに三禅師の立場を一貫したものと結論したわけであるが、それにしても道元禅師が付法の話の引用において、常に霊山会上の話を選ばれていることは事実であり、そこにあえて如浄・瑩山両禅師との差異を見出そうとすれば、見出すことができないわけでもないのである(37)。

それは、如浄・瑩山二禅師に比べ道元禅師の方が、身心脱落という動かし難い事実をより強調したものと受け取ることができるということである。すなわち、道元禅師が、霊山での付法を説かれるのは、事実としての身心脱落、あるいは一生参学の大事の了畢、そして付法という一大事等を、それをそれとして認める常識的立場に一旦立ったということであり、釈尊から摩訶迦葉への伝法はあくまでも霊鷲山(道元禅師の身心脱落はあくまでも如浄のもとでの参学弁道の結果)であることを示した上で、初相見の日にそれが行われたとも言える道理(初相見後の不断の修証がじつは仏

行そのものであったということ）を著作の随処で強調し示されたのであると捉えられようか。

第四節　悟と証

第一節で述べたように、道元禅師は、修行のところに証りがあり、修行は証りの上での修行であり、証りは修行によって現れるという修証観を説く一方、瞬間的・経験的な〝覚体験〟と思われるような説示が見られる。

例えば『随聞記』には、

道を得ることは、根の利鈍には依らず、人人皆法を悟るべき也。只精進と懈怠とによりて、得道の遅速あり。進怠の不同は、志の到ると到ざると也。（巻一、四二四頁）

只管打坐して大事を明め、心理を明めなば、後には一字を不知とも、他に開示せんに用ひ不可尽。（巻三、四四八頁）

示云、学道の最要は坐禅是第一也。大宋の人、多く得道すること、皆坐禅の力也。（中略）然ば学人、祇管打坐して他を管することなかれ。仏祖の道は只坐禅也、他事に順ずべからず。（中略）公案話頭をみて聊か知覚ある様なりとも、其は仏祖の道にとほざかる因縁也。無所得、無所悟にて、端坐して時を移さば、即祖道なるべし。古人も、看話・祇管坐禅ともに進めたれども、猶坐をば専ら進めし也。又話頭を以て悟をひらきたる人有とも、其も坐の功によりて、悟の開くる因縁也。まさしき功は坐にあるべし。（巻六、四九四頁）

等の説示があるが、これらの「得道」とか「大事を明め」とか「悟」とかはいったい何を意味するのであろう。本節では、これらの語について考察し、道元禅師における「覚」（悟）と「証」の相違を明らかにしたい。

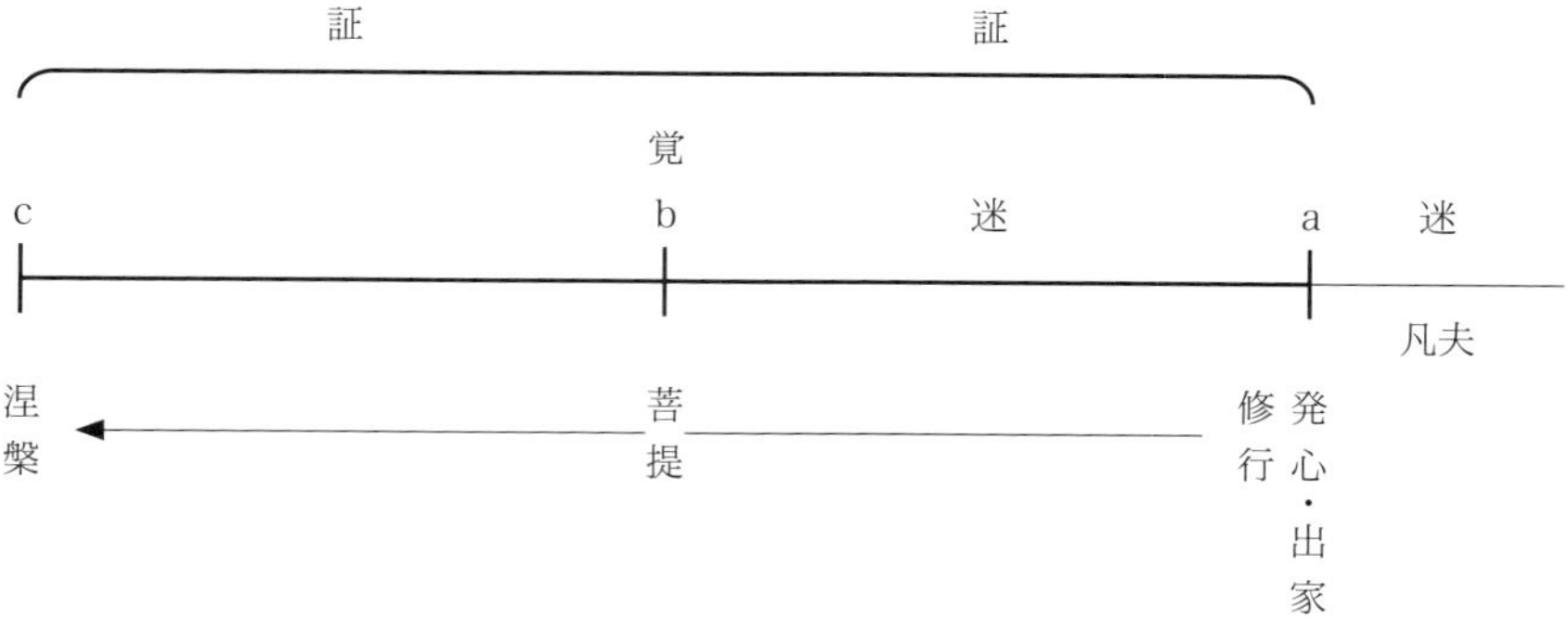

第一項　覚と証

図は、道元禅師の修証観を表したものであるが、この図を作るヒントを与えてくれたのは『学道用心集』の「可識、立行於迷中、獲証於覚前」という説示である（『原文対照現代語訳道元禅師全集』第一四巻、春秋社、二〇〇七年十二月、五四頁）。私はこの語を「識るべし、行を迷中に立つるは、証を覚前に獲るものなることを」と読み下し、《知るべきである、迷いの中で修行を始めることは、〔そのまま〕証《さと》りを、覚《さと》りの前に得ることであることを》と現代語訳しているが、ここで注目すべきは、「証」と「覚」を区別して用いていることである。つまり「証」は〝仏のあり方〟を「覚」はいわゆる〝悟り〟（道元禅師の場合は身心脱落）を示したものと理解することができ、迷いの中で修行を始めることが、「証」（仏のあり方）を「覚」（悟り）の前に得ることであることを示したものであると考えられるのである。

「行持・上」巻に、「発心・修行・菩提・涅槃、しばらくの間隙あらず」（一二二頁）とあるが、図のaが発心（あるいは出家）、bが菩提、cが涅槃にあたり、aからcへと間隙なく続くのが修行ということになる。aの発心（出家）以降、必ず修行が行われることになり、bの菩提（覚）を得た後も修行はcの涅槃まで続くのであり、ここにおいて、b以前も「修証一等」であり、b以後も「修証一等」であって、aより以降はすべて「修証一等」となるのである。

「即心是仏」巻に、

しかあればすなはち、即心是仏とは、発心・修行・菩提・涅槃の諸仏なり。いまだ発心・修行・菩提・涅槃せざるは、即心是仏にあらず。（四五頁）

とあるのも、「即心是仏」とはａ以降のことを言うことを示したものであり、ａ以前も含めて「即心是仏」とすることを、

いはゆる即心の話をききて、癡人おもはくは、衆生の慮知念覚の未発菩提心なるを、すなはち仏とすとおもへり。これはかつて正師にあはざるによりてなり。（「即心是仏」巻、四二頁）

と戒めているのである。

よって道元禅師において、「証」は図ａより前のこととは考えられず、ａより前も、一切衆生が本来仏であると言えば「自然外道」となり(38)、自然外道と同一視される本覚思想となる。

「本証妙修」という語も、ａ以前を含めて言うならば誤りであって、ａ以前をも含めてしまい易い「本証」という語は誤解を招きやすい語であると言える。ところで『弁道話』に示される、

諸仏如来、ともに妙法を単伝して、阿耨菩提を証するに、最上無為の妙術あり。これただ、ほとけ仏にさづけてよこしまなることなきは、すなはち自受用三昧その標準なり。この三昧に遊化するに、端坐参禅を正門とせり。この法は、人人の分上にゆたかにそなはれりといへども、いまだ修せざるにはあらはれず、証せざるにはうることなし。はなてばてにみてり、一多のきはならんや。かたればくちにみつ、縦横きはまりなし。諸仏のつねにこのなかに住持たる、各各の方面に知覚をのこさず。群生のとこしなへにこのなかに使用する、各各の知覚に方面あらはれず。（七二九頁）

という一節の「人人の分上にゆたかにそなはれりといへども」が、ａの発心・出家以前、すなわち修行を始める以前

をも含むとすれば、道元禅師はそのような意味での「本覚思想」を理としては認めていたことになるが、他の道元禅師の説示から考えれば矛盾することになろう。よって「人人の分上にゆたかにそなはれりといへども」という部分の解釈は、〝人人の分上に豊かに具わっているなどと言う者がいるが〟と、修証一等の立場から否定的に示したものと捉えるか、あるいは第六章第五節でも述べるように、「この法」を冒頭の「最上無為の妙術」（＝「端坐参禅」）を指すものと捉え、この「最上無為の妙術」である「端坐参禅」は、人間が誰でも行える修行法であるから「人人の分上にゆたかにそなはれり」と示したものとも解釈しうる。実際に修（坐禅）しなければ坐禅の法（相）は現れ得ることはない、と解釈できれば、矛盾はないとも思われる。

さて、図ではbを「覚」あるいは「菩提」としたが、道元禅師の説示の中でこのbにあたると考えられる語に「得道」「身心脱落」「大事了畢」がある。次に、これらの語について考察する。

第二項　得道

『弁道話』や『正法眼蔵』・『随聞記』などには、「得道」の語が少なからず見られる。そしてそれは、修の中に証が現われているという「ありよう」を言ったものではなく、おおよそ瞬間的な、経験的なものと思われる。この語はいったい何を意味するのか。「釈尊と同等の無上菩提の成就」（以下、これを《成道》と記す）を言うのであろうか。

まず、『弁道話』に、

大宋紹定のはじめ、本郷にかへりし、すなはち弘法救生をおもひとせり、なほ重担をかたにおけるがごとし。しかあるに、弘通のこころを放下せん激揚のときをまつゆゑに、しばらく雲遊萍寄して、まさに先哲の風をきこえんとす。ただし、おのづから名利にかかはらず、道念をさきとせん真実の参学あらんか、いたづらに邪師にまどはされて、みだりに正解をおほひ、むなしく自狂にゑふて、ひさしく迷郷にしづまん。なにによりてか般若の正種を長じ、得道の時をえん。貧道はいま雲遊萍寄をこととすれば、いづれの山川をかとぶらはん。これをあはれむゆゑに、まのあたり大宋国にして禅林の風規を見聞し、知識の玄旨を稟持せしを、しるしあつめて、参学閑道の人にのこして、仏家の正法をしらしめんとす。これ真訣ならんかも。(七二九～七三〇頁)

とある。「正解」「正種」というものが「得道」と関わっている。つまり、正解により正種を長じていって得道の時を得るというのである。この「得道」は、〝正しい仏道修行の在り方とは何かということを明らめること〟と理解することもでき、それは正しい仏道修行の出発点であって、《成道》とは異なるものと考えることができる。

また、『弁道話』に、

しめしていはく、大師釈尊、まさしく得道の妙術を正伝し、又三世の如来、ともに坐禅より得道せり。このゆゑに、正門なることをあひつたへたるなり。しかのみにあらず、西天東地の諸祖、みな坐禅より得道せるなり。ゆゑにいま正門を人天にしめす。(七三三頁)

とある。「三世の諸仏」も「西天東地の諸祖」もみな坐禅より得道したというのである。この「得道」を《成道》と理解することもできるが、一方で、〝坐禅を行ずるなかで、坐禅こそが《成道》への「正門」であることを確信すること〟を「得道」と解釈することもできる。

また、『弁道話』に、

ただまさにしるべし、七仏の妙法は、得道明心の宗匠に、契心証会の学人あひしたがうて正伝すれば、的旨あらはれて稟持せらるるなり、(七三四頁)

とある。「七仏の妙法」(坐禅のことか)が「得道明心の宗匠」から「契心証会の学人」に正しく伝えられ護持されてゆく在り方が示されている。

「明心」とは、心を明らめることであろうが、『随聞記』巻三には有名な西川の僧との問答が記され、その中に、

後にこの理を案ずるに、語録公案等を見て、古人の行履をも知り、あるいは迷者のために説き聞かしめん、皆是れ自行化他のために無用なり。只管打坐して大事を明らめ、心の理を明らめなば、後には一字を知らずとも、他に開示せんに、用ひ尽くすべからず。故に彼の僧、畢竟じて何の用ぞとは云ひけると、是れ真実の道理なりと思うて、その後語録等を見る事をとどめて、一向に打坐して大事を明らめ得たり。（四四八頁）

と「心の理を明らめる」の語が見られる。先の「坐禅より得道せり」と、この「只管打坐して大事を明らめ、心の理を明らめなば」は同意であろう。また『普勧坐禅儀』にも、

直饒い、会に誇り、悟に豊かにして、瞥地の智通を獲、道を得、心を明めて、衝天の志気を挙し、入頭の量有り雖も、尚お出身の活路を欠く。（三頁、原漢文）

と「心を明め」の語が見られる。心を明らめることは、先に「只管打坐して大事を明らめ、心の理を明らめなば」とあったように、大事を明らめることと同等に重大なこととされているようであるが、ここに示されるように、たとえ「道を得」「心を明め」た者でも、少しでも心得違いをすると「出身の活路」を失うのである。やはり、「得道」と同等に用いられる「心を明らめ」ることは、究極の《成道》ではなく、《成道》への出発点と考えられる。

また、『弁道話』に、

いま直証菩提の修行をすすむるに、仏祖単伝の妙道をしめして、真実の道人とならしめんとなり。又、仏法を伝授することは、かならず証契の人をその宗師とすべし。（中略）いまこの仏祖正伝の門下には、みな得道証契の哲匠をうやまひて、仏法を住持せしむ。かるがゆゑに、冥陽の神道もきたり帰依し、証果の羅漢もきたり問法するに、おのおの心地を開明する手をさづけずといふことなし。（七三五頁）

とある。「直証菩提の修行」とは坐禅であろう。坐禅が、直に菩提を証する修行であるというのである。これは、「修

証一等」を示した言葉と受け捉えることもできるが、〝菩提を証する道に真っ直ぐつながっている修行〟という解釈もできる。「直証菩提の修行」をそのように解釈すれば、〝菩提を証する道に真っ直ぐつながっている修行〟を人々に勧めるのに、その妙道である坐禅を教え示して「真実の道人」とならしめよう、という意になる。「得道」の師は、《成道》は得ていなくとも、「心地を開明」して《成道》へ至る方途は明らめているので、「心地を開明する手」を授けることができる、ということになる。これらは、《成道》そのものではなく、《成道》へと確実に向かう道を明らかにすることであると解釈できる。また、

又しるべし、われらはもとより無上菩提かけたるにあらず、とこしなえに受用すといへども、承当することをえざるゆゑに、みだりに知見をおこすことをならひとして、これを物とおもふによりて、大道いたづらに蹉過す。（七三五頁）

とある。我々にはもともと「無上菩提」がかけているのではなく受用しているという。これはどういうことであろう。「本証妙修」を示したものとも思われる。同じく『弁道話』に言う「この法は、人人の分上にゆたかにそなはれりといへども、いまだ修せざるにはあらはれず、証せざるにはうることなし」（七二九頁）と同意であろう。「無上菩提」が「かけたるにあらず」とはいえ、それは「受用」しているということであって「承当」しなければ、大道をあやまるのである。「承当する」（会得・領得する）ということが、《成道》と同等に解釈できないことはないが、《成道》と同等の意とも言い難い。また、

このゆゑに、門下の参学のみにあらず、求法の高流、仏法のなかに真実をねがはん人、初心後心をえらばず、凡人聖人を論ぜず、仏祖のをしへにより、宗匠の道をおうて、坐禅弁道すべしとすすむ。きかずや祖師のいはく、修証はすなはちなきにあらず、染汚することはえじ。又いはく、道をみるもの、道を修すと。しるべし、得道のなかに修行すべしといふことを。（七三八頁）

とある。「得道のなかに修行す」るというのは、いわゆる「証上の修」と解釈することができる。しかし、〝《成道》への正しい道を明らめて〟（＝得道）、その上で修行するべきであるという意、すなわち〝正しい修行をする〟という意にも解釈されうる。「道をみるもの、道を修す」というのも、《成道》そのものを得た者が《成道》の在り方を実践するという意なのか、あるいは《成道》への正しい道を明らかに正しく見る（知る）者が《成道》への確かな道を歩む、という意なのか、どちらにも解釈できる。

公事之余喜坐禅、少曽将脇到牀眠。雖然現出宰官相、長老之名四海伝。

これは、官務にひまなかりし身なれども、仏道にこころざしふかければ得道せるなり。他をもてわれをかへりみ、むかしをもていまをかがみるべし。大宋国には、いまのよの国王大臣・士俗男女、ともに心を祖道にとどめずといふことなし。武門・文家、いづれも参禅学道をこころざせり。こころざすもの、かならず心地を開明することおほし。これ世務の仏法をさまたげざる、おのづからしられたり。（七四二頁）

ここでは、在家者の「得道」が説かれている。「参禅学道」をこころざし、そして「心地を開明し」、その後、自ずから出家し、《成道》への道を歩むということではなかろうか。ここに示されるのは在家における「得道」であり、これをそのまま《成道》とすることはできまい。

ほか『弁道話』には、次のような「得道」に関する用例がある。

しめしていはく、教家に名相をこととせるに、なほ大乗実教には、正像末法をわくことなし、修すればみな得道すといふ。いはんやこの単伝の正法には、入法出身、おなじく自家の財珍を受用するなり。証の得否は、修せんものおのづからしらんこと、用水の人の冷煖をみづからわきまふるがごとし。（七四二頁）

しるべし、仏法は、まさに自他の見をやめて学するなり。もし自己即仏としるをもて得道とせば、釈尊むかし化道にわづらはじ。しばらく古徳の妙則をもてこれを証すべし。（七四三頁）

人またかならずしも利智聡明のみあらんや。しかあれども、如来の正法、もとより不思議の大功徳力をそなへて、ときいたればその刹土にひろまる。人まさに正信修行すれば、利鈍をわかず、ひとしく得道するなり。わが朝は、仁智のくににあらず、人に知解おろかなりとして、仏法を会すべからずとおもふことなかれ。いはんや人みな般若の正種ゆたかなり。ただ承当することまれに、受用することいまだしきならし。（七四五頁）

これらが示す「得道」が、すべて《成道》と明確に異なるということはできないが、「得道」に関する種々の説示を概観するに、「修行」によって「得道」する（正しい仏道修行の在り方を会得する）ことができ、そして「得道」ののち、さらに限りない正しい仏道修行を重ねて行って、究極において釈尊と同等の《成道》を成就することができる、というような捉え方も不可能ではない。

「得道」をそのまま《成道》と受け取ることができる用例も確かにあるが、それは「得道」が《成道》に直結するという意味での同等であり、《成道》が「得道」のところに既に円満に具わっているという意味で、同様に用いたのであるとも思われる。

先に、「出家功徳」巻の、

阿耨多羅三藐三菩提は、かならず出家の即日に成熟するなり。しかあれども、三阿僧祇劫に修証し、無量阿僧祇劫に修証するに、有辺無辺に染汚するにあらず。（六一一頁）

という説示を挙げて、〝無上正等正覚が、出家したその日に成熟する〟と言われる意味について、三阿僧祇劫・無量阿僧祇劫という無限に近い修行が怠りなく行われれば、必ず《成道》に至るのであろうから、このような表現をされたのではないかと述べたが、このような説示こそ、道元禅師の高度な方便説であると私は考えるのである。

第三項　身心脱落と成道

本章第二節で「身心脱落」について考察したが、ここであらためて釈尊の《成道》との関連から「身心脱落」について再考したい。「身心脱落」後の道元禅師において、釈尊と同等の《成道》が、未来のこととして期待されていたとすれば、その「身心脱落」とはいったい何であったのか。

すでに本章第二節第一項で述べたように、「面授」巻の末尾に「わづかに身心を脱落するに」とあり、道元禅師には如浄のもとで、「身心脱落」なる機縁があったことが知られる。そして、この身心脱落の機縁とは、『行状記』に示されているように、宋における如浄のもとでの修行中のある日、坐禅をしているときに、如浄が居眠りをしていた修行僧を叱って「参禅者必身心脱落也。祇管打睡作什麼」と言ったときに、豁然として大悟したという話である。この話が道元禅師自身の著作には示されていないことから、これらの伝記作者の虚構であるとする主張もあることを述べたが、すでに第二節で論じたように、「身心脱落」というなんらかの機縁があったということは、『御遺言記録』の記述や『永平広録』巻二の説示（前述、一七四頁）から、ほぼ間違いのないことであったと考えている。

また、第二章「修道論」で述べるように、道元禅師が積功累徳のはるかなる仏道を説き、釈尊と同様な《成道》をはるか未来のことと考えていたならば、この「身心脱落」とは何であるのか。逆に言えば、《成道》と「身心脱落」とが同じ意であれば、先に述べた未来に《成道》を期待するかのような道元禅師の説示は、いったい如何に解釈したらよいのかということになるのである。

本章第二節第三項「身心脱落の意義」において述べたところと重複するが、「身心脱落」の話によれば、道元禅師は「身心脱落来」と報告した後、如浄の「身心脱落、脱落身心」という証明を得るにもかかわらず、さらに「這箇是暫時伎倆。和尚莫乱印某甲」と言い、これは「暫時の伎倆」であるからみだりに証明することを拒んでいる。しかし如浄は「吾不乱印儞」（みだりに証明したのではない）と言い、さらに「如何是不乱印底」という道元禅師の質問に「脱落身心」と答えて、重ねて証明している。

「身心脱落」を「暫時の伎倆」といい「わづかに」という道元禅師の表現を見ても、この「身心脱落」が釈尊の《成道》と同等のものと道元禅師が受けとめていたとは私には考えられないのである。

如浄は、『宝慶記』に記録されているような幾多の問答から、道元禅師がすでに仏法を会得したことを知り、昼夜怠りなく祇管坐禅する道元禅師が「参禅は身心脱落なり」という如浄の示誨を道元禅師自らが徹底自覚する日を密かに待っていたのであると思われる。ゆえに「身心脱落来」という言葉にその徹底自覚を見極め、即座に証明を与え、それを拒んだ道元禅師に対してさらに「吾不乱印儞」と明言されたのであろうと私は推測する。

道元禅師にとって「身心脱落」は、自らのものであり、自らの仏者としての生涯を決定づけるものであったに違いない。如浄のいうことがわかった、仏道とは何かがわかった、「もう、だれにも惑わされることはない」、「もう決して疑わない」、「もう決して迷わない」、そのような決定こそ、「身心脱落」の内容であったのではないかと私は考えている。(39)

第四項　大事了畢

『弁道話』に、

予、発心求法よりこのかた、わが朝の遍方に知識をとぶらひき。ちなみに建仁の全公をみる。あひしたがふ霜華、すみやかに九廻をへたり。いささか臨済の家風をきく。全公は祖師西和尚の上足として、ひとり無上の仏法を正伝せり、あへて余輩のならぶべきにあらず。

予、かさねて大宋国におもむき、知識を両浙にとぶらひ、家風を五門にきく。つひに太白峰の浄禅師に参じて、一生参学の大事ここにをはりぬ。それよりのち、大宋紹定のはじめ、本郷にかへりし、すなはち弘法救生をおもひとせり、なほ重担をかたにおけるがごとし。（七二九〜七三〇頁）

とある。ここに示された「一生参学の大事」とは何か、そして「一生参学の大事ここにをはりぬ」（「大事了畢」）とはどのようなことを示した言葉なのか。

このことはやはり、先に問題提起したように、道元禅師がはるかなる仏道を説き、《成道》をはるか未来のことと考えていたならば、この「一生参学の大事ここにをはりぬ」とはどのようなことを意味するのかが問題となる。

この語について辞書を調べると、『禅学大辞典』では「一生参学事」という語を挙げ、「生涯をかけて参究修行すべき究極の大事をいう。証悟のこと」と解説する。出典は『圜悟心要』上である。また『禅語辞典』では「大事了畢」の語を挙げ、「己事究明に決着をつけおわる」と解説する。出典は、『虚堂録』八である。

参考に、諸氏の解釈を挙げると、「身心脱落の一句に合当して、大安心を得」たこと（西有穆山『正法眼蔵啓迪』上巻、三九頁、大法輪閣、一九六五年二月）、「一大事とは仏知見、仏の智慧のことをいうのだ。「大事ここにをはりぬ」というのは、仏知見を開示悟入したということ」（岸澤惟安『正法眼蔵全講』第一巻、大法輪閣、一九七二年六月、一二〇頁）、「一生参学の大事というのは、仏教の根本精神を本当に掴んで、もう誰が何と言ってもビクともしないという結論に達した、仏教の真意を捉えることができたということ」（榑林皓堂『正法眼蔵講讃』第一巻、青山社、一九九四年六月、四五頁下）、「一生修行の生活を貫ぬく信心が決定したこと」（水野弥穂子『正法眼蔵㈠』註、岩波書店、一九九三年十一月、一二頁）、「生涯坐禅に徹する信心決定の大事をなしおえました」（玉城康四郎『道元集』、筑摩書房、一九六九年三月、九六頁）、「本来本法性の大疑団が本証妙修の正伝の坐禅によって、威儀即ち仏法の行の上で解決されたのである」（衛藤即応『正法眼蔵序説』、岩波書店、一九五九年五月、八〇頁）、等がある。

そこで、「大事」の用例から、この語の意味するところを考察してみよう。

まず、先の『弁道話』の説示「つひに太白峰の浄禅師に参じて、一生参学の大事ここにをはりぬ」であるが、これは如浄のもとでの「身心脱落」を指すと考えられる。身心脱落については先に触れたとおりである。

同じく『弁道話』に、

おほよそ我朝は、龍海の以東にところして、雲煙はるかなれども、欽明・用明の前後より、秋方の仏法東漸する、これすなはち人のさいはひなり。しかあるを、名相事縁しげくみだれて、修行のところにわづらふ。いまは破衣綴盂を生涯として、青巌白石のほとりに茅をむすんで、端坐修練するに、仏向上の事たちまちにあらはれて、一生参学の大事すみやかに究竟するものなり。これすなはち龍牙の誡勅なり、鶏足の遺風なり。（七四五～七四六頁）

とある。「端坐修練する」ところに「仏向上の事」がたちまちにあらわれて、「一生参学の大事」がたちどころに究竟するというのである。

「嗣書」巻には、

近来の法は、（中略）たゞ入室上堂に咨参して、長連牀にあるともがら、住院のときは、その師承を挙するにいとまあらざれども、大事打開するとき、その師を師とせるのみおほし。（三四一頁）

とある。嗣法あるいは嗣書の相伝についての「近来の法」を批判した箇所である。「大事打開」した者について、その不正を批判したものである。ゆえにこの大事打開が釈尊の《成道》と同等であるとは言い難い。

『随聞記』には、

一日示云、古人云、霧の中を行けば、不覚衣しめる。よき人に近けば、不覚よき人となる也。昔倶胝和尚に仕へし一人の童子の如きは、いつ学し、いつ修したりとも見えず、不覚ども、久参に近づいしに悟道す。坐禅も、自然に久くせば、忽然として大事を発明して、坐禅の正門なる事を知る時も有べし。（巻五、四六九頁）

という説示がある。「坐禅も、自然に久くせば、忽然として大事を発明して」とあり、「大事」は坐禅を久しく行うことによって忽然として明めることができる「何か」を指し、また続いて「坐禅の正門なる事を知る時も有べし」とあるから、その「何か」とは具体的には、「坐禅が仏道の正門であることを知ること」を指すと考えられる。「大事の発明」とは、「坐禅が仏道の正門であることを知ること」であり、《成道》のことではないと言える。

また、

学道の人、若し悟を得ても、今は至極と思て行道を罷ことなかれ。道は無窮なり、さとりても猶行道すべし。（巻一、四二二頁）。

という説示もある。ここでは、悟って後も修行すべきことが説かれる。「悟」が究極の到達点ではなく、「大事了畢」が究極的なものでないことを示しているものとも受け取れる。

その他、「大事」という語は『随聞記』の数ヶ所に見られるが、そこでは「大切な事」というほどの意味で用いられている。また、『永平広録』では主に祖師の悟道の因縁の中で用いられ「忽然明大事」の如く「大事を明める」という用例と「一大事因縁」の語が見出される。前者の「明大事」はいわゆる「悟り」を意味するものと考えられる。

これらの用法からみれば「大事了畢」（以下「一生参学の大事ここにをわりぬ」を「大事了畢」と記す）とは、何らかの会得を意味していると考えられ、その内容は、〝坐禅こそ正伝の仏行であることの確信〟を指すものと考えられる。すなわち、『弁道話』の「大事了畢」は、仏道の方向が定まり、正しい仏道を歩み始めたことを意味し、更に言えば、只管打坐の道こそ正伝の仏法であるとのゆるぎない確信を得たことを意味する言葉であると考えられ、これは正しい仏道修行の出発点であって、到達点である《成道》とは異なるものであると、私には思われる。

ところで、道元禅師に「尽未来際不離吉祥山示衆」という次のような示衆がある。(40) 真撰か偽撰かをめぐっての議論もある文献である。

建長元年九月初十日、師示衆云、従今日尽未来際、永平老漢恒常在山、昼夜不離当山之境。雖蒙国王宣命、亦誓不離当山。其意如何。唯欲昼夜無間断精進経行、積功累徳故也。以此功徳先度一切衆生、見仏聞法而落仏祖之窟裏也。其後永平打開大事、坐樹下破魔波旬、成最正覚。欲重宣此儀以偈説云、

古仏修行多有山、春秋冬夏亦居山、

永平欲慕古蹤跡、十二時中常在山。（五〇八頁）

この示衆および偈は『建撕記』の諸本の宝治三年（一二四九）の記録（三月十八日に改元されているので、この示衆があったのは建長元年（一二四九）九月十日であるので、建長元年になる）にある。粟谷良道氏の指摘によれば、「訂補本」の補註に「コノ開示并偈・広録等ニ見ヘズ」（河村孝道編著『諸本対校　永平開山道元禅師行状建撕記』、一五一頁）とある。曹洞宗宗学研究所編『永平広録語彙索引』によるもこれらはない。今後のテキスト考証が必要であり、道元禅師のものではない可能性がある。

鏡島元隆氏はその著『道元禅師とその宗風』（春秋社、一九九四年二月）において、この示衆に対する疑義を呈している（＊鏡島氏は『訂補建撕記』よりこの示衆を引用しているため、ここに挙げた天正本「永平高祖行状建撕記」より抜萃した大久保本のものと文言が異なっている）。

私は、道元禅師の「尽未来際吉祥山を離れざる示衆」が禅師の真撰であるかどうかに疑義を抱いている。それは、傍点を府した「末後永平老漢坐仏樹下破魔波旬打開大事成最上覚云々」の語が納得できないからである。『正法眼蔵弁道話』に明示しているように、禅師は如浄下においてすでに「一生参学の大事ここにをはりぬ」と宣言されているのである。その禅師が、何で「末後」あらためてこれから「仏樹下に坐し、魔波旬を破り、大事を打開

し、最上覚を成ずる」必要があろうか。この示衆は、如浄禅あってこそ道元禅がある意味を昧却するものとしか私には映らない。（二八六頁）

また鏡島氏は、『道元禅師』（春秋社、一九九七年九月、二〇四頁、註記（8））において、禅師が帰山後「尽未来際当山を離れず」という誓約文を書いたという『建撕記』の記事があるが、これは、建撕自身が「本記録未だ見出し得ず」（瑞長本）と言っているように、確実な資料によるものではない。私見によれば、これは、時頼が禅師の鎌倉下向を請したという虚構な事実を合理化するために作られた虚構な作品である。これはいわば嘘の上の上塗りであるが、これを看破する人がいない。

と述べている（尚、この示衆をめぐっての研究史と考察の最新研究に、西澤まゆみ「道元禅師における「さとり」と誓願――「尽未来際不離吉祥山示衆」をめぐって」〈『駒澤大学仏教学部論集』第四四号、二〇一三年十月〉がある）。

これに対して石井修道氏は『最近の道元禅師研究に想う』（第十六回中国曹洞宗青年会石見大会講義録、石見曹洞宗青年会、一九九四年十月）で、

私の主張の要点は、この「尽未来際吉祥山を離れざる示衆」の文は、私は「自未得度先度他」の「先度他」の語が「以此功徳、先度一切衆生、見仏聞法而落仏祖之窟裏也」に敷衍され、「自未得度」の語が「其後永平打開大事、坐樹下破魔波旬、成最上覚」に敷衍された文と思います。つまり「其後永平打開大事、坐樹下破魔波旬、成最上覚」は、道元禅師が菩薩となられることへの「願い」ではないでしょうか。面山禅師が『訂補建撕記』で「其後」を「末後」に改めたのもその意味だと思います。つまり、すべての衆生が救われた後に「大事を打開する」という「願い」であって、道元禅師自身の生涯の「末後」の意味は全くないと思います。それ故に、鏡島先生のいわれる「ついに太白峰の浄禅師に参じて、一生参学の大事、ここにをはりぬ」の『弁道話』の内容とは全く異なるのではないでしょうか。（九三頁）

という。石井氏はこの示衆を重視し、「自未得度先度他」の発願こそ晩年の道元禅師の主張に他ならず、そのような視点から、この示衆に注目する。

ところで、「尽未来際不離吉祥山示衆」がそもそも偽撰であれば問題はない。中世古祥道氏は、偽撰説をとる。中世古氏は、鏡島氏と石井氏とのこの問題に関する応酬があったこと、そして石井氏の主張に対して松本史朗氏が反問した経緯を踏まえて、この示衆の真偽について論じている[41]。

私も、以下述べるように、この示衆の資料価値についてまず検討する必要を感じているが、しかし、内容的に見て、はるかなる仏道を重要な視点とする道元禅師の修行観からは、この「尽未来際不離吉祥山示衆」は、これと契合するものであることは確かである。

さて、この問題に関して私見を述べれば、まず資料考証からは、この示衆が道元禅師の真撰でない可能性がある。しかし、仮に道元禅師の真撰であった場合について以下論じると、『弁道話』の「つひに太白峰の浄禅師に参じて、一生参学の大事ここにをはりぬ」という説示と、「尽未来際不離吉祥山示衆」の「打開大事」との矛盾が問題となる。前者によれば既に「一生参学の大事ここにをはりぬ」であるのに、後者では「大事打開」が未来のこととして説かれているからである。

そこでこの問題について三つの可能性を挙げてみる。

イ、『弁道話』選述の時点（一二三一年）での前者と「尽未来際不離吉祥山示衆」の時点（一二四九年）での後者とが同じ内容を示したものである場合、道元禅師において境涯の変化があったことになる。つまり、「尽未来際不離吉祥山示衆」の内容は、『弁道話』の説示の訂正を意味することになる。『弁道話』の「大事了畢」は釈尊の「成正覚」ではないことに気づいた、というようなことになる。

ロ、前者の「一生参学の大事ここにをはりぬ」と後者の「打開大事」が異なった内容を示したものである場合、両者に示された「大事」は異なった意味で用いられていることになる。
ハ、あるいは、この「尽未来際不離吉祥山示衆」は道元禅師の「自未得度先度他」の誓願を示したものであり、既に「大事了畢」した道元禅師が、「衆生願度」の誓願の心中を表現したもの、つまり自らが菩薩であり続けたい思いを述べた言葉と受け取ることができる（前出、石井修道論文の説）。
先に述べたように、真撰でない可能性が大きいが、もし仮に真撰であった場合には、ハかあるいはロであると考える。ロについて言えば、これまで問題にしてきたように、道元禅師の修行観や種々の説示から私には、道元禅師が『弁道話』でいう「大事了畢」の時点において、真に釈尊と同等となったと確信されたのであるとは考えられない。道元禅師は『弁道話』に示される「大事了畢」以後（つまり「身心脱落」以後）、「菩薩」として仏道を歩まれたのであると思われる。

『弁道話』の「大事了畢」は、仏道の方向が定まり、正しい仏道を歩み始めたことを意味し、更に言えば、只管打坐の道こそ、正伝の仏道であるとの揺るぎない確信を得たことを意味するのであると考えられることは先にも述べた。

これに関連してさらに述べれば、『永平広録』巻一には、
上堂云、山僧是歴叢林不多、只是等閑見先師天童。然而不被天童謾、天童還被山僧謾。近来空手還郷、所以山僧無仏法、任運且延時。朝朝日東出、夜夜月落西。雲収山谷静、雨過四山低。三年必一閏、鶏向五更啼。

〈上堂に云く、山僧是れ叢林を歴ること多からず、只だ是れ等閑に先師天童に見ゆ。然れども天童に謾ぜられず、天童還って山僧に謾ぜらる。近来空手にて郷に還る、所以に山僧無仏法なり、任運に且く延時す。朝朝日は東より出で、夜夜月は西に落つ。雲収って山谷静かなり、雨過ぎて四山低し。三年には必ず一閏、鶏は五更に啼く。〉

（四八上堂、一八頁）

とあり、また、参考に、これが『永平元禅師語録』では、

師、於嘉禎二年丙申十月十五日、就当山開堂。拈香祝聖罷、上堂、山僧歴叢林不多、只是等閑見天童先師、当下認得眼横鼻直、不被人瞞、便空手還郷。所以一毫無仏法。任運且延時。朝朝日東出、夜夜月沈西。雲収山骨露、雨過四山低。畢竟如何。良久云、三年逢一閏、鶏向五更啼。久立下座。謝詞不録。（『永平元禅師語録』、『道元禅師全集』第五巻、春秋社、五六頁）

と改められているが、傍線にあるように、他に騙されることのない確かな自分の確立、それが、『弁道話』で示される「大事了畢」であったと思われる。

また、懐奘が義介の得悟を証明した語に、

和尚示云、先師仏法真実如是。你已如是者、不疑先師仏法。古人云、今日已後不疑着天下人舌頭。你亦復如是。（『御遺言記録』、『道元禅師全集』第七巻、春秋社、二〇〇頁）

とあるが、これも、義介のこのような「大事了畢」を懐奘が証明したものであろう。

このような「大事了畢」の解釈は、星俊道氏の私の「身心脱落」解釈に対する批判（「伝統宗学における「身心脱落」」、『宗学研究』第三四号、一九九二年三月）と同様な批判を受けようが、先の『随聞記』等の用例をみても、ある種の重要な出来事と理解するのである。

また、「尽未来際不離吉祥山示衆」における「打開大事」は、まさに菩提樹下における釈尊の「成最正覚」と同等なものであると考えられる。これは、「八大人覚」巻における、

仏法にあひたてまつること、無量劫にかたし。人身をうること、またかたし。たとひ人身をうくといへども、三洲の人身よし。そのなかに南洲の人身すぐれたり、見仏聞法、出家得道するゆゑなり。如来の般涅槃よりさきに涅槃にいり、さきだちて死せるともがらは、この八大人覚をきかず、ならはず。いまわれら見聞したてまつり、習学したてまつる、宿殖善根のちからなり。いま習学して生生に増長し、かならず無上菩提にいたり、衆生のた

めにこれをとかんこと、釈迦牟尼仏にひとしくしてことなることなからん。(「八大人覚」巻、七二六頁)

という説示にも関わるものであり、十二巻本『正法眼蔵』が生生世世にわたる「はるかなる仏道」を示している(第二章第三節)ことに重なるものであろう。

このように私は、「尽未来際不離吉祥山示衆」における「打開大事」と『弁道話』の「一生参学の大事ここにをはりぬ」とは、先の石井修道氏が両者は全く異なるとする主張とは異なる視点から、やはり両者は内容的に全く異なると考えるのである。

ところで、松本史朗氏が、

「一生参学の大事ここにをはりぬ」という語にもとづいて、〝道元はその時点で悟った〟〝以後、思想的変化などない〟と理解することこそが、伝統宗学の基礎になっていると思われる。(中略)結論として言えば、道元に思想的変化を認めるとすれば、伝統宗学の真の基礎になっていると思われる「一生参学の大事ここにをはりぬ」という語を放棄せざるを得ないであろう。つまり、道元の思想的変化(批判宗学)か、それとも「一生参学の大事ここにをはりぬ」(伝統宗学)かという二者択一から、誰しも逃れることはできないように思われる。(『道元思想論』、大蔵出版、二〇〇〇年二月、六~八頁。初出は「伝統宗学から批判宗学へ」『宗学研究』第四〇号、一九九八年三月)

と述べ、論議を呼んだ。このような主張の中で、先の石井氏の主張に対する反問が行われている。松本氏は「道元に思想的変化を認めるとすれば、伝統宗学の真の基礎になっていると思われる「一生参学の大事ここにをはりぬ」という語を放棄せざるを得ないであろう」と言う。しかし、私には道元禅師の説示に、顕著な変化は認められないのである。私が、道元禅師の思想的変化を認めないというのは「「一生参学の大事ここにをはりぬ」という語にもとづいて、「道元はその時点で悟った」「以後、思想的変化などない」と理解」しているからではない。私はこれを研究の前提にしていることではなく、文献に基づいた思想研究の結果において道元禅師に思想的変化がないことを論じているのである。[42]

第五節　結語

本章では、まず第一節において、道元禅師の修証観の特徴とされる「修証一等」「本証妙修」等について論じた。『弁道話』において「仏法には、修証これ一等なり」と示される道元禅師が『正法眼蔵』の巻々でも同様の説を示していることから、この「修証一等」が道元禅師の修証観を端的に表す語として認められることを述べたが、一方、やはり道元禅師の修証観を示す言葉として用いられる「本証妙修」という語については、やや批判的に扱った。即ち、「本証」という語も「妙修」という語も『弁道話』に見られ、「現成公案」巻の風性常住の話の解説などからも、「本証妙修」の語も、充分な根拠をもって道元禅師の修証観を表す言葉として認められ得るのであるが、第四節で述べたように、もし、発心（出家）以前をも含めて「本証」と言うならば、それは他の道元禅師の修証観に関する説示と照らし合わせて矛盾するのであり、発心（出家）以前、つまり仏道修行を伴わない状態（立場）をも含めてしまい易い「本証」という語は、まさに誤解を招きやすい語であり、道元禅師の修証観の特質を代表させる語としては不適切であると結論づけるに至った。

第二節において、修証一等でありながら何らかの悟りの機縁があると思われる「身心脱落」について取り上げた。道元禅師の伝記資料に見られるいわゆる「身心脱落の話」については、これを虚構とする説もあるが、私は「身心脱落」という何らかの機縁があったという立場に立って、その時期と意義について考察した。身心脱落の時期については、伊藤俊彦氏の説や、面授時と身心脱落時とは別時であるとして宝慶三年の頃である可能性を示唆する鏡島元隆氏の説を受け、宝慶三年（あるいはその前年）、それは如浄からの嗣書伝授に先だってのことと結論づけた。また、身心脱落の意義については、これを文献に基づいて明らかにすることは容易ではないとしたものの、道元禅師が如浄のもとにあって、〝坐禅こそが身心脱落である〟との教えをうけて、それを信受しながらも、厳しい坐禅の修行のなかで、しだいにその信を深め、ついに「正伝の仏法は坐禅である。坐禅こそが身心脱落である」と確信するにいたった、そのような機縁であったと結論づけた。すなわち「身心脱落」とは、「参禅は身心脱落なり」とあるのであるから坐禅のあり方こそが身心脱落そのもの（坐禅の行が身心脱落の状態）であるのであるが、しかしそのことを「信決定」した機縁も「身心脱落」と言えるのであり、坐禅こそが身心脱落であったと初めて信決定したのが、いわゆる「身心脱落の話」に知られる身心脱落であり、その後「身心脱落」であるところの坐禅が生涯行じられることになるのである。

第三節では、修証観と密接に関わる「付法説」について論じた。摩訶迦葉が、多子塔前において初めて釈尊に相見したとき直ちに正法眼蔵の付属を受けたとする説を「多子塔前付法説」と言い、霊鷲山において釈尊から摩訶迦葉への付法が行われたとする説を「霊山付法説」と言うが、その著作から如浄・瑩山両禅師は「多子塔前付法説」に立ち、道元禅師は「霊山付法説」に立つことが知られた。しかし、思想的に見れば、道元禅師も「多子塔前付法説」に立つものであり、そこには思想的相違は無く、三禅師は一貫した立場に立っていると結論した。また道元禅師においては、思想的には「多子塔前付法説」に立ちながらも機縁としては「霊山付法説」に立ったところに実は深い意義付けが出来ることも論じてみた。このことは私が主張する〝宝慶元年五月一日を如浄と道元禅師との「初相見の日」（正式に対面の礼をとった日）と見、身心脱落および嗣法は道元禅師帰朝の年（宝慶三年）あるいはその前年とすること〟と密接に関連するのである。とにかく、釈尊から摩訶迦葉への付法は霊山において行われたとするのが常識的見方であり、初相見の時に直ちに付法がなされるという常識では受け取り難いことの主張に、三禅師の仏法の特質が見られるのであり、この常識を超えた立場に立つところに大きな意義があり、その根底には「修証一等」の修証観があることが知られたのである。

第四節では、道元禅師の修証観において注意すべき「本証」という語の定義に関連して「覚（悟）と証」の相違についての私見を述べ、道元禅師の修証観を明確に示した。特に注目したのが『学道用心集』の「可識、立行於迷中、獲証於覚前」という説示である。私はこの語を「識るべし、行を迷中に立つるは、証を覚前に獲るものなることを」と読み下し、《知るべきである、迷いの中で修行を始めることは、〔そのまま〕証《さと》りを、覚《さと》りの前に得ることであることを》と現代語訳してみたが、ここで注目すべきは、「証」と「覚」を区別して用いていることである。つまり「証」は〝仏のあり方〟を「覚」はいわゆる〝悟り〟（道元禅師の場合は身心脱落）を示したものと理解することができ、迷いの中で修行を始めることが、「証」（仏のあり方）を「覚」（悟り）の前に得ることであることを示したものであると考えられるのである。このことは本章で述べた「修証一等」や「身心脱落」や「付法説」とも密接に関わるのであり、道元禅師の修証観において極めて重要な視点であると言えるのである。

（1）例えば『随聞記』に、

○道を得ることとは、根の利鈍には依らず、人人皆法を悟るべき也。只精進と懈怠とによりて、得道の遅速あり。進怠の不同は、志の到ると到ざると也。（巻一、四二四頁）

○只管打坐して大事を明め、心理を明めなば、後には一字を不知とも、他に開示せんに用ひ不可尽。（巻三、四四八頁）

○示云、学道の最要は坐禅是第一也。大宋の人、多く得道すること、皆坐禅の力也。（中略）然ば学人、祇管打坐して他を管することなかれ。仏祖の道は只坐禅也、他事に順ずべからず。（中略）公案話頭をみて聊か知覚ある様なりとも、其は仏祖の道にとほざかる因縁也。無所得、無所悟にて、端坐して時を移さば、即祖道なるべし。古人も、看話・祇管坐禅ともに進めたれども、猶坐をば専ら進めし也。又話頭を以て悟をひらきたる人有とも、其も坐の功によりて、悟の

開くる因縁也。まさしき功は坐にあるべし。（巻六、四九四頁）

とあるが、これらの「得道」とか「大事を明め」とか「悟」等が挙げられる。但し、『随聞記』は懐奘の聞き書きであるから、これらの語句あるいは表現が道元禅師の言葉そのままのものとは言えない。懐奘による「さとり」理解として解釈すべきかも知れない。

（2）ここで、「証」を「証り《さと》」と訳したが、いわゆる「さとり」には「証」のほか「悟」「覚」「省」などと書く「さとり」もある。この区別についての私の見解は第四節に述べた。

（3）原文は「受用せられ」。受用させられた、つまり、受け用いたのではなく、そのようにさせられた意。努力して行ったのではなく、あたりまえに行われた意味が含まれていると思われる。

（4）原文は「引転せらる」。引き転がされる、つまり引き転がしたのではなく、そのようにさせられた意。先の「受用せられ」と同様。

（5）妙修とは不可思議な（最も優れている）修行という意味であろうが、悟りを求めない修行を妙修といい、具体的には坐禅を指すと思われる。一分には一部分の意があるが、ここでは不定の数量を言っているものと思われる。修行した分が、さとりの分というような意味であり、「一分の妙修」と「一分の本証」が対応しているのであろう。

（6）無為とは、因果関係を超えた絶対的在り方や、自由自在の境涯を言うが、ここでは具体的に、悟りを求めない、証りの在り方としての坐禅をさすと思われる。

（7）「本証妙修」についての問題点は、第四節第一項「覚と証」において触れている。

（8）この註は引用文中にあるのではなく私の註であるが、鏡島氏が『天童如浄禅師の研究』（春秋社、一九八三年八月、一三〇～一三一頁）において次のように述べる部分であろう。

本証妙修の修証観は道元禅師の信念においては如浄の思想そのままを受け継いだのに違いないが、それは中国宋朝禅の修証観の背景に立つ如浄において、如浄だけの立場で成立したものではなく、日本天台の本覚門的背景に立つ道元禅師を触媒として如浄の中から呼び醒まされた修証観というべきである。（中略）道元禅の綱格である戒観ならびに修証観が、始覚門的な宋朝禅林の戒観ならびに修証観の背景に立つ如浄において、如浄だけによって成立したものではなく、日本天台の本覚門的背景に立つ道元禅師を触媒介して成立したものであるならば、それは如浄の思想そのままではなく、如浄をとおして道元禅師によって発得され、開顕された戒観ならびに修証観というべきである。

（9）鏡島氏は、「本証妙修覚え書」（『道元禅師とその宗風』、春秋社、一九九四年二月）の中で次のように述べている。「本証妙修」という言葉（中略）が引かれた同じ『弁道話』の文の直前に、「仏法には修証これ一等なり、いまも証上の修なるゆゑに、初心の弁道、すなはち本証の全体なり」、「ここをもて釈迦如来、迦葉尊者、ともに証上の修に受用せられ、達磨大師・大鑑高祖、おなじく証上の修に引転せらる」と記されて、「証上の修」という語が三度び繰り返して用いられている。私にとっては、「本証妙修」といっても、「証上の修」を言い換えただけのものである。（九五頁）

（10）鏡島氏は、前掲「本証妙修覚え書」の中で、

私は「本証妙修」を「本覚門的修証観」とも言い換えているが、それは柳田聖山教授が看話禅を始覚門的修証観と規定した主張に対してである。柳田教授は、「中国の禅が大乗仏教の一派として、本覚門に立つことは自明であるが、禅の禅たる所以は、むしろ本覚門を突き破って始覚的な看話にまで発展したところにある」（「看話禅における信と疑の問題」日仏年報第二八号）と述べて、「禅の禅たる所以」は始覚門的修証観にあるとみる。が、私は道元禅師は、柳田教授が自明とした「本覚門」に、「禅の禅たる所以」をみて、そこに遡源することによって、新たな修証観を展開したとみるのである。従って、私が「本覚門的修証観」といっても、それは禅の源流としての「本覚門」であって、日本天台の本覚法門の教えではないことは断わるまでもない。もちろん、ここで始覚門とか本覚門とかいっても、もともと始本不二であるからには、「始覚門的修証観」に立つ道元禅も、もとに還れば一つであると、私は考える。（九七頁）

と述べている。尚、石井修道氏は、この「もとに還れば一つである」という鏡島氏の言葉に対して疑義を呈している（『道元禅の成立史的研究』、五七二頁）。

（11）「本証」という語は、理として、そのような誤解を招きやすい性質を持っていると思われる。同じく『弁道話』にある「この法は、人人の分上にゆたかにそなはれりといへども、いまだ修せざるにはあらはれず、証せざるにはうることなし」（七二九頁）という表現や、「われらはもとより無上菩提かけたるにあらず、とこしなへに受用すといへども、承当することをえざるゆゑに、みだりに知見をおこすことをならひとして、これを物とおもふによりて、大道いたづらに蹉過す」（七三五頁）というような説示は、「修証一等」とは異なった「本覚門的修証観」を示しているとも考えられる。よって、これらの説示を端的に示した「本証妙修」という語は、道元禅師の修証観として認められる得るのである。しかし、

注意すべきはこれらの説示がやはり修行（弁道）を条件として示されていることである。「初心の弁道すなはち本証の全体なり」は、弁道が前提となって本証が語られているのであり、証は必ず「修をはなれぬ証」でなければならないのである。「本証」という語にたとえ理としては発心（出家）以前が含まれるにしても、修行がない状態での本証はあり得ないということを、「本証妙修」を道元禅師の修証観の特質を表す言葉として用いる学人は、しっかりと認識していなければならない。そうでなければ「本証妙修」という言葉だけを独り立ちさせて、道元禅師の修証観の特質として用いることは誤解を招くだけでなく、危険であるとさえ言えるのである。それは石井修道氏が『道元禅の成立史的研究』（五七一頁）において取り上げているような秋月龍珉氏の「赤ん坊の「オギャア！と叫ぶのが、人間最初の「本証」の「妙修」だ」（『道元入門』、講談社、一九六〇年二月、一四九頁）という誤った解説や、さらには「わたしたちが、ウィスキーを飲み、水を飲むのも、「本証」の「妙修」なのです」（同書）という表現さえさせてしまうことに知られるところである。

（12）石井修道氏も次のように言う。

道元禅師の独自の「本証妙修」説は、本来、「本覚思想」と無縁の主張でした。「本証妙修」の主張は、『起信論』とは、全く関係ないものでした。ところが、「本証妙修」の説は、『起信論』と無関係に説かれたでしょうか。私は一般に横行する「本証妙修」説は、むしろ「本覚思想」と結びつけて説明されていることを知るに及んで、「本証妙修」説はよほど注意して使用するか、できれば使用しないで道元禅師の教えが説けないものかと考えるようになりました。私は袴谷先生のように「本証妙修」説を道元禅師の教えを表すのに誤りとは思ってはおりません。だが、誤解も決して少なくないのです。（『最近の道元禅師研究に想う』第一六回中曹青石見大会講義録、一九九四年十月、三八〜三九頁）

（13）但し、そこにおいて「道元禅師の修証観を如実に託すことができれば、とりわけ「本証妙修」でなくとも他の語を借りてもよい」（二五一頁）とも述べたのであり、「修証一等」こそ道元禅師の修証観を表す言葉として最も適切であると考えられる。

（14）これは鏡島氏の「『宝慶記』によって明らかであるように、如浄の修証観は「修証一等」に立っている」（前出）という説による。尚、石井修道氏は禅宗の歴史の上にあらわれた修証観を三つに要約する中で、如浄と道元禅師の修証観の相違について次のように論じている。

禅宗の歴史の上にあらわれた修証観は、次の三つに要約することができる。

A　本来はほとけであるから、あらゆる行為（行住坐臥）はすべてさとりのあらわれである。
B　本来ほとけであるからこそ坐禅が必要である。坐禅のときにさとりがあらわれている。
C　本来ほとけであるが（理として）、現実は迷っているので（事として）、さとらねばならない。

Aは中国唐代の禅の特色である。（中略）大慧が本覚と始覚に分けた言葉を仮りれば、A・Bは本覚門に属し、Cは始覚門に属す。大慧は已むを得ざる理由によりCに立つ。Bはすでにみたように道元禅の特色である。A・Bは微妙な違いであるが、宏智の禅はAの中国禅に傾き、積極的なBの主張をなしえなかった。Aは自己肯定が徹底している間は、唐代禅として特色を保ちえた。しかし、宋代にはAの誤った禅として、無事禅だおれの禅に陥った。Cは誤ったAの禅を救うにあった。宏智の禅はBの特色をもちながらも、その集団は、誤ったAの禅と同じ流れに属した。大慧が黙照邪禅と言う理由も、悪しきAの禅を指したのである。道元禅は、AとCが対立するかぎり、Aの流れの誤りの克服が必要であって、徹底したBを強調した。BはCとは異なる立場をとりながらも、もはやCから攻撃を受けるAの陥りやすい危険性を克服したのである。ゆえにAとCは、並列の関係でない独自の存在があったのであるが、道元の眼に映じたものは、Aの悪しき流れであり、AとCの対立する立場であった。悪しきAを克服しようとする点では、BもCも同じであるが、BとCでは修証観が全く異なっていた。如浄がCであったのも、悪しきAを克服する点で、大慧と同じであったが、一方でCに立脚してBの要素を黙照禅の系譜としてもっていたものである。道元はCのみ大勢を占めていた中にあって、修行の必要性を強調する如浄が、A・Bを含み得ていたがゆえに師資契合したのである。それは如浄の身体を通しての思想であり、道元は宗教的人格を如浄の上に見たのである。しかし道元が自然外道に類似する天台本覚法門への疑滞を持ったのに対して、如浄は禅宗内のさとりに安住する坐の克服にあった訳であるから、日本仏教の課題における道元の疑滞の深さは如浄には存しなかったと言ってよかろう。（石井修道『宋代禅宗史の研究』、第四章「宏智正覚と黙照禅の確立」註（26）、大東出版社、一九八七年十月、三八二〜三八三頁）

（15）　杉尾玄有氏は、この話を「叱咤時脱落」と命名し、伝記作者の虚構とする（杉尾玄有「原事実の発見――道元禅師参究序説」〈『山口大学教育学部研究論叢』第二六巻第一部、一九七七年三月〉、同「御教示仰ぎたき二問題――「面授時脱落」のこと及び『普勧坐禅儀』の書風のこと」〈『宗学研究』第一九号、一九七七年三月〉）。しかし杉尾氏は、その後、この「叱咤時脱落」か「面授時脱落」かについて「道元禅師の万象刻々一斉生滅の身心脱落と阿育王寺再訪――将軍実朝の納骨準備からスタートする道元禅と『正法眼蔵』」（『宗学研究』第三八号、一九九六年三月）において、次に挙げるように、そのような議論はもはや無用と論じ、「大透脱」という言葉を用いている。

道元禅の面目をいま「万象刻々一斉生滅」の身心脱落と把握し（脱落は叱咤時か面授時かの論議はもはや無用）、さらにこれを「大透脱」と把握しなおそう。真字と仮字とを問わずまた七十五巻本と十二巻本とを問わず『正法眼蔵』は大透脱よりほかになく、大透脱を行ずることが坐禅である。（一二頁）

(16) 伊藤秀憲氏は『道元禅研究』（大蔵出版、一九九八年一二月、一一五〜一一六頁）の中で、真福寺所蔵草案本『大悟』の巻の出現により、この巻に見られる「叱咤時脱落」を想起させる記述と、『随聞記』巻三（四五七頁）に見られる、如浄が睡眠する僧を拳で打ち靴を脱いで打った話を考え合わせると、諸伝が伝える叱咤寺脱落の話が信憑性を持つものになって来たように思えると論じている（しかし、まったく問題がなくなったわけではない、としている）。

(17) 杉尾玄有「原事実の発見——道元禅師参究序説」（『山口大学教育学部研究論叢』第二六巻第一部、一九七七年三月）。

(18) 中世古祥道『道元禅師伝研究』（国書刊行会、一九七九年、二三六〜二三九頁）。

(19) 「安居」巻に、
清規云、行脚人欲就処所結夏、須於半月前掛搭。所貴茶湯人事、不倉卒。
いはゆる半月前とは、三月下旬をいふ。しかあれば、三月の内にきたり掛搭すべきなり。すでに四月一日よりは、比丘僧、ありきせず、諸方の接待、および諸寺の旦過、みな門を鎖せり。しかあれば、四月一日よりは、雲衲みな寺院に安居せり、庵裏に掛搭せり。（五七一頁）
とあることによる。

(20) 伊藤秀憲「道元禅師の在宋中の動静」（『駒澤大学仏教学部研究紀要』第四二号、一九八四年三月、一〇一〜一〇二頁）。

(21) これについては石井説（石井修道「道元禅師の大梅山の霊夢の意味するもの——宝慶元年の北帰行」、『中国仏蹟見聞記』第七集、一九八六年八月）を支持する。

(22) 衛藤即応氏も「初相見の当時は、只正師を得たる感激の相見といふに過ぎなかったのであるが」、「後の祗管打坐の修行に依って、坐睡の僧に対する天童の垂誡を偶然の機縁として、身心脱落し得た道元禅師が、改めて初相見を追懐するに、此の時已に大事は了畢してゐたことに気づかれたのである」（『宗祖としての道元禅師』、岩波書店、一九四四年七月、三二五頁）と述べている。衛藤氏の、この問題に対する考察は、同書の第七章「面授嗣法」八（三二二〜三二七頁）に述べられている。杉尾氏は前掲論文（註17）において、この衛藤氏の考察を批判されるが、私は依然として衛藤氏の洞察をより高く評価するものである。その理由の一つを述べれば、杉尾氏は衛藤氏の「已に大事は了畢してゐたことに気づかれたのである」（三二五頁）という記述の意味を誤って解釈して批判していると思われる。

（23）この辺の消息については水野弥穂子氏がその著書『正法眼蔵随聞記』の世界』（大蔵出版、一九九二年十月、一二〇～一二二頁）に述べられている。

（24）伊藤秀憲「『宝慶記』の問と答――道元禅師の他の著作への影響」（『鎌田茂雄博士還暦記念論文集――中国の仏教と文化』、一九八八年十二月、所収）。

（25）ちなみに宝慶元年五月一日以前の身心脱落説をとる佐藤秀孝氏は『宝慶記』について次のように言っている。

（『宝慶記』は）内容的に一見、初歩的ともとれる質問や「身心脱落者、如何」というような質問がみられることから、身心脱落以前の記事であるとする意見が強い。しかし、道元の質問はすでにある程度、如浄の答えを予想してなされている感がある。身心脱落して入室を許された道元が、如浄の中に古仏の風光を垣間見んとした記録こそ、『宝慶記』ではなかったのか。理としては道元禅師には解決されていても、現実の修行の面でそれをどう実践していくかが問題であったのか。道元は自身の徹底した納得のために、すべてにおいて如浄の点検が欲しかった。どんな些細な初歩的ともみえる問答も、必要なほど周到な貴重な古仏との対話であったのではなかろうか。……道元はまさに悟上得悟を実践し、身心脱落後の入室をも重んじた禅者であったわけである。そこに曹洞の綿密な学風をみることができよう。

（「如浄会下の道元禅師――身心脱落と面授」、『印度学仏教学研究』第三七巻第二号、一九八九年三月、二二五頁）

『宝慶記』に対してこのような見解も当然考えられるが、私は本項によってこのような考え方に反論した。「現実の修行の面でそれをどう実践していくか」ということが、また「徹底した納得」ということが不明にして、たとえ「理として」の「解決」ができたとしても、それを身心脱落とは、私にはどうしても認められないからである。これをまた「悟上得悟の実践」・「曹洞の綿密な学風」と言うことにもやや疑問を感じる。

（26）身心脱落の意義については、下室覚道氏が諸氏の理解をまとめているので参照されたい（「身心脱落の一視点（下）――身心脱落の意味について」『宗学研究紀要』第一三号、二〇〇〇年三月、一九～二六頁）。尚、下室氏は、道元禅師の身心脱落に纏わる状況等から、「睡眠を戒めた」ことを手がかりとして、チベット仏教のツォンカパの書やパーリ仏典を比較することによって「身心脱落」の意味を考察し、睡眠・惛沈の反対の意識である「軽安」というものに視点をむけて、身心脱落とは軽安と同義と思われる。それは坐中に生ずる心性的な体験であり、睡眠や五蓋を離れている状態である。但し、一回性のものではなく、あるレヴェルに達すれば、何度も生ずるものであり、その意味で坐の当体が脱落であるといってよい。（五二頁）

と結論している。

(27)「しかあれば、我等も悪くつたなしと云へども、発心修行せば得道すべしと知りて、即ち発心する也。古へも皆な苦をしのび、寒をたへて、愁《うれ》へながら修道せし也。今の学者、くるしく愁ふるとも、ただ強《しい》て学道すべき也。」（『随聞記』巻五、四七一頁）「道を得ることは、根の利鈍には依らず、人々皆法を悟るべき也。ただ精進と懈怠とによりて、得道の遅速あり。進怠の不同は志の到ると到らざると也。」（『随聞記』巻一、四二四頁）

(28) 道元禅師は「さとりと云は」で始まる法語を残している。「さとりと云は、別事にあらず、形式戒法立てのちの事なり。今時の僧、みだりに祖師の語を見て、思量し分別して、戒行不足にしてさとれりといへども、是末世法をみだり、人をまどはす大罪人なり。仏一代の説法、一切諸経は、皆是小玉をよぶ手段なる事をしらず。さとれるものは、戒法正しく、物我なく、大慈円満にして、もろもろをすくへり。あさましきかな、末世の法は俗家をたぶらかし、時にあへるにこころをよせ、ときに不合の人ありといへども、かつてみることなく、いまの法は、俗家の世渡業にもおとりてあさまし。なかなか渡世のなす事を見れば、なす事ありて取ることあり、これにははるかにおとれるは、此ごろの仏者のありさまなり。眼をさまして仏の真理をわきまへ、向上の大路をあゆむべし。」（「証悟戒行法語」『原文対照現代語訳　道元禅師全集』第十七巻、春秋社、二〇一〇年十二月、一二二〜一二三頁）

(29) 傍線bの部分を多くの註釈書はあやまって解釈している。この部分を現代語訳すれば次のようになる。

しかし「霊山会上八万衆前にして、世尊は拈華瞬目した。皆、釈尊の心が分からず、黙っていた。時に摩訶迦葉ひとりがにっこりとほほえんだ。世尊はおっしゃった、『吾に正法眼蔵涅槃妙心円妙無相の法門がある。悉く大迦葉に付嘱す』と。（このように皆な心得ているが、しかし）いわゆる彼の時の拈華（多子塔前で初めて出逢った時に拈華があったということ）は祖祖が単伝し来たもので、妄りに外人に教えることがなかった。だから経師論師や多くの禅師の知ることのできるところではなかった。まことに（そのような輩が）真実に付法のあった場所を知らなかったことがわかる。しかしそうであるといっても、それはさておいて、この拈華付法の公案は、霊山会上の公案ではない。多子塔前にして付嘱した時の言葉である。伝灯録、普灯録等に載っている所は、是れ霊山会上の説と言っているがそうではない。最初に仏法を付嘱したとき、是の如きの儀式があったのである。仏心印を伝える祖師でなければ、彼の拈華の時節を知らないし、又彼の拈華の意味もわからないのである。

(30) 拈華微笑の公案の文献的考察については、榑林皓堂『道元禅の本流』(大法輪閣、一九八〇年十月) 第八章「曹洞宗学における問題点」一、「拈華付法と瑩山『伝光録』——道元禅師のそれとの対比」1、「拈華付法についての概要」に詳しいので、参照のこと。

(31) 『天聖広灯録』には

大迦葉(中略)遂告阿難曰。汝今当知。婆伽婆未円寂時。多子塔前。以正法眼蔵付於我。我今将隠鶏峰。以此正法伝付於汝。(『卍続蔵経』一三五・三〇六左上～左下)

とある。全く一致するわけではないが、この部分からの引用か。

(32) 前出榑林皓堂『道元禅の本流』、二六三頁。

(33) 西澤まゆみ氏はこれに対し、

私は角田氏のように「道元禅師は付法説の主張として、多子塔前付法説を捨てて霊山付法説を採ったのではない」のではなく、また、榑林氏のように「霊山付法を取らざるを得ない」という消極的な付法話の選択でもないと考える。私は、道元禅師が霊山付法説を採用することで「得法・証契」を重視し、付法には「得法・証契」が必要であることを終始一貫して述べられたのであり、積極的な霊山付法説の採用、それこそが道元禅師の霊山付法説の意義であると考える。

と、道元禅師は霊山付法説を積極的に採用したという見解を示している(「道元禅師における多子塔前付法と霊山付法」『駒澤大学大学院仏教学研究会年報』第四三号、二〇一〇年五月)。

(34) 「その時釈尊が善来比丘、と言ったことはよいとして、その場において正法眼蔵を付属し終ったとすることは常識では受け取りがたいことであろう。もっとも、永嘉玄覚(七一三寂)は六祖慧能に参じて所見を呈し、即座に証明を得、師資の法縁を結んだという例もあるが、玄覚はさきに天台止観を学び禅に通じていたのを、六祖慧能に点検してもらったのであるが、迦葉の場合は外道の法を学んでいたものが仏門に転じただけであるから、初相見の一刹那に仏法の源底をつぎ、即座に釈尊の後継者となることは有りそうもないことである。」(前掲榑林書、二六四頁)。

(35) 既に、拙稿「道元禅師の身心脱落について」(『駒澤短期大学研究紀要』第二三号、一九九五年三月) において述べているが、道元禅師は宝慶元年の三月以前に天童山に掛搭され、つまり、「先師天童古仏、たやすく僧家の討掛搭をゆるさず」（「梅華」巻、四五九頁）と言われるところの掛搭をゆるされ、そののち如浄の「ことばを見聞する」（四五九頁）ことができ、そしてその後、この五月一日には「相見問訊」（四五九頁）が許され、さらにそののち「堂奥がゆるされ」（四五九頁）て、はじめて方丈に参じたのが『宝慶記』に示される七月二日であり、「先師の皮肉骨髄・眼睛面目を礼拝することを聴許」（四五九頁）されたのが、この後いずれかのことと考える（私はそれが宝慶三年あるいはその前年のことと考える）のである。詳細は、第一章第二節第二項「身心脱落の時期」で述べている。

(36) ところで、道元禅師の身心脱落に関する私見を述べた拙稿〈註（35）拙稿〉の、

道元禅師の身心脱落とは「参禅は身心脱落なり」という信決定であり心決定であると確信している。つまり、「坐禅こそ身心脱落である」ということが、全身心を挙げて（身心）徹底的にわかった（脱落）ということが「身心脱落」であると信ずる。

という記述に対し、星俊道氏は「拈華付法についての一考察」（『印度学仏教学研究』第四四巻第一号、一九九五年十二月）において、「「身心脱落」に一瞬のイベントとして特別な意識を見出そうとする論調」と批判している。星氏は、「禅師は「面授嗣法」を、ある一瞬に限定された特別なイベントではなく、「仏行」の不断の連続であるとされ、初相見時に始まる連続したタイム・スケールを有したものである、ととらえておられたのではないか」とこれまでの一連の研究を結論付け、「実際には時間の経過に従って、初相見があり、身心脱落（どのように定義するかは難しい問題であるが）があり、嗣法があったはずなのであるが、禅師の思想という観点から見た場合、それぞれのイベントが持つ特別な意味は消え、全ては等価と看做され、更に一瞬で終了してしまうのではなく、連続した存在として位置づけられるのである」と論じている。

星氏の主張に対し、基本的には同調するものであり、格別異論はない。ただ、道元禅師は、その修行のはじめから、その修行を「仏行の不断の連続」ととらえていたのかどうか。如浄のもとにおいて、その確信あるいは決定ということがあったはずではないのか。「仏行の不断の連続」という捉え方は、それ無くしてはたしてあり得るのか。私としては、そのような疑問を持ち、それを身心脱落の話に結果的に重ね合わせたのである。修証一等は、道元禅師自身によって、その修行の最初より認識されていたのではなく、この「身心脱落」ということを通して信決定し、この時点から過去を振り返ったときに、初発心の時が、あるいは出家の初めが、あるいは初相見の時が、あるいは「修」のはじめの時が、……まさに

「証」のはじめの時と胸落ちされたのではないか。先の星氏の言葉を逆にして言えば、「禅師の思想という観点から見た場合、それぞれのイベントが持つ特別な意味は消え、全ては等価と看做され、更に一瞬で終了してしまうのではなく、連続した存在として位置づけられるのである」が、「実際には時間の経過に従って、初相見があり、身心脱落があり、嗣法があった」のである。

(37) この相違について、榑林氏は、

この面授の仏法——いく千万遍の苦闘の結果としての得道という側からすれば、迦葉付法の時期は、道元禅師としては初相見の一刹那よりは、その後の永き修練の結実としての得法ということにならざるを得ないのではなかろうか。結論的にいえば面授の仏法を強調する道元禅師としては、必然的に霊山付法説とならざるを得ないことになるだろう。(『道元禅の本流』、大法輪閣、一九八〇年十月、二七〇頁)

と言われ、東隆眞『太祖瑩山禅師』(国書刊行会、一九九六年九月、「『伝光録』と『正法眼蔵』」)では、

道元禅師の『正法眼蔵』は、如浄禅師の説を採らず、瑩山禅師の『伝光録』は、如浄禅師の説を採るのである。『正法眼蔵』は、師が弟子に正法を授ける時節に重点をおいて説かれ、『伝光録』は、弟子が師に正法をはじめて受けた時節に標準をおいて説かれた。(四九一頁)

としている。

(38) 『宝慶記』によれば、「和尚示曰、若言一切衆生本是佛者、還同自然外道也。」(三七二頁)と如浄は示している。

(39) 佐藤悦成氏に、身心脱落に関する綿密な論考がある。その中「「身心脱落」考(その三)」(『宗学研究』二五号、一九八三年)で佐藤氏は「身心脱落とは自己をそのまま、ありのまま出している言葉と言える」とし、「身心脱落という時、ただ自己の身体のみ、心のみと自己限定して考えると、最初から誤りを犯し、理解の方向を狂わせる結果となろう。自己の身心のみを問題として、それが脱落したと考えるならば、それは単なる個人の心理的活動となり、禅師の内面的問題に終始してしまう。しかし、禅師の思想に自分のみという範囲の限定はない。自己と妄想している感覚・知覚作用などの内なる世界と、すべての色(物質的・現象的)の世界とが脱落する、というのである」と述べ「換言すれば、諸存在は自己の外世界に存在するという妄想が脱落する。つまり無自性なる自己の確認、追体験といった表現も可能となろう」(八二〜八三頁)と論じる。私も身心脱落とは自己の身心のみを問題としているものではないと捉えるが、身心脱落の内容を掘り下げて論じたものとして興味深い。

また、註（26）でも述べたが、下室覚道氏は、道元禅師の身心脱落が如浄の「睡眠を戒めた語」によることに注目し、インド仏教以来の「軽安」との比較考察の中で、結論として、道元禅師の身心脱落は、睡眠・昏沈の反対の意識である「軽安」を言うのではないかとし、身心脱落について、

吾人は欲望の成就をもって喜びとなすのであるが、身心脱落（軽安）という心的状態は欲望の生じない、欲望とは関係のない世界のできごとであり、そこにおいて喜びを感ずるのである。一般的な喜びとは異なるものである。

とその内容を推測する。そして「宝慶元年九月一日、道元禅師の身心に最初の軽安が生じた」とする。身心脱落の具体的内容について考察した斬新な主張である。

（40）この「尽未来際不離吉祥山示衆」は、諸本『建撕記』（明州本・瑞長本・延宝本・門子本・元文本・訂補本）に見られるもので（河村孝道編著『諸本対校 永平開山道元禅師行状建撕記』、大修館書店、一九七五年四月、七二～七三頁）、瑞長本には、「開山和尚五百年之際、此吉祥山不離ト云御誓約之アリト、古今ニ申伝。雖然本記録、未見出。今思量スルニ、此御法語其カト覚ウ」とあり、この示衆を載せている。

（41）中世古氏は、「伝道元禅師「尽未来際不離吉祥山示衆」と伝明全筆「伝授師資相承偈」について」（『宗学研究』第四二号、二〇〇〇年三月）において瑞長本の記述を挙げ、

よって「本記録未見出」態のものなら、この「誓約示衆」は一応疑議のあって然るべきもので、他の禅師の記録と照合必要のある資料といえよう。それを簡単に採って、宗学問題の一基底にするのには問題がなかろうか。即ちかかる資料を重視して、『正法眼蔵』等の諸資料よりも、これを優位に見ようとするのは、資料の扱いからは納得し難いものがある。却ってこの際は、他の資料から見て、「弁道話」の記こそ採られて然るべきと思われるのである。まま資料の十分な討究もなく、それを簡単にとって、宗学上の問題解決の一資料とする風潮がなくはない。

と批判する。私も中世古氏が本論を発表した同じ宗学大会で、同様にこの示衆の資料価値についての疑義を論じたが、その内容からは、積功累徳のはるかなる仏道を説く道元禅師の教説との類似点が見られ、あながち偽撰とは言えないと考えている。

（42）鏡島元隆氏は『道元禅師とその宗風』（春秋社、一九九四年二月）において『『永平広録』を通観して言えることは、興聖寺時代の禅師と、入滅後の禅師には思想的変化がみられることである。それは、とくに嘉禎年間（一二三五～一二三八）懐奘によって記録された『随聞記』との対比において著しい。この変化について述べれば、つぎのようである」（二

七四頁）として（一）鎌倉行化（二）父母・縁族への報恩供養（三）文筆に対する姿勢（四）在家得道容認と否定、の四点において思想が変化したとする。しかし、これらは「思想の変化」といえるのだろうか。

第一の「鎌倉行化」についてであるが、これを境として道元禅師に思想的変化があったと見るのは妥当ではないと私は思う。道元禅師は、宝治元年（一二四七）八月から翌年にかけて鎌倉に行化している。このいわゆる鎌倉行化がなかったとする説もあるが（柳田聖山「タブーへの挑戦　再掘日本宗教史その謎に迫る　道元」、『中外日報』一九八〇年十一月十八日～翌年一月十五日付、全二〇回）、鎌倉行化があったことを前提として、これを境として道元禅師の思想が変化したとする主張がある。

『随聞記』巻三に、

又或人すすみて云、仏法興隆の為、関東に下向すべし。答云、不然。若仏法に志あらば、山川江海を渡ても、来て可学。其志なからん人に、往き向てすすむとも、聞入んこと不定也。只我が資縁の爲、人を枉惑せん、財宝を貪らん爲か。其れは身の苦みなれば、いかでもありなんと覚る也。（四四七頁）

とあるように、仏法興隆のために自らが関東に下向することを良しとせず、志がない者に仏法を勧めても聞き入れてもらえるかわからないとし、志があればこちらにやって来て学びなさい、と言っている禅師が、後に鎌倉に行化したとすれば、道元禅師に何らかの心境の変化があったと考えられなくもない。しかしこの鎌倉行化は、はたして禅師自身の希望するところであったのであろうか。もし、自ら希望し意欲的に仏法興隆のために鎌倉に赴いたとすれば、そこには『随聞記』の説示との齟齬が認められ、思想の変化と受け取ることもできる。しかし、檀越波多野氏の招請をうけ波多野氏の立場を慮って、自らの意志を曲げて、やむなく下向したとすれば、それを禅師自身の思想の変化と受け取ることはできない。よって、この事実だけをみて、道元禅師の思想的変化と見るのは妥当ではない。

また、この鎌倉行化から帰還後その思想が変化したとする主張もある。

宝治二年〈戊申〉三月十四日上堂云、山僧昨年八月初三日、出山赴相州鎌倉郡、為檀那俗弟子説法。今年今月昨日帰寺、今朝陞座。這一段事、或有人疑著、渉幾許山川、為俗弟子説法、似重俗軽僧。又疑、有未曾説底法、未曾聞底法乎。然而都無未曾説底法、未曾聞底法。只為他説修善者昇、造悪者堕。修因感果、抛塼引玉而已。雖然如是、這一段事、永平老漢明得説得信得行得。大衆要会這箇道理麼。良久云、尀耐永平舌頭、説因説果無由。功夫耕道多少錯。今日可憐作水牛。這箇是説法底句、帰山底句作麼生道。山僧出去半年余。猶若孤輪処太虚。今日帰山雲喜気。愛山之愛甚於初。(『永平広録』巻三、二五一上堂、六三頁)

このいわゆる帰山上堂に知られるように、道元禅師は宝治元年八月三日、永平寺を出発して相州鎌倉郡に行き、翌宝治二年春、鎌倉を離れ、三月十三日に永平寺に帰った。その翌朝の上堂がこの上堂である。道元禅師は、弟子たちが「いくつもの山を越え谷を越えてはるばる鎌倉まで行って俗弟子のために説法するということは、俗人を重んじ僧侶を軽んじるものではないか」あるいは「未だかつて説いていない教えや、われわれが聞いていない教えがあったのだろうか」と疑っているかもしれないと懸念し、特別な教えを説いてきたのではなく「修善者昇、造悪者堕」、つまり善を行った者は天上界に昇り、悪事を作した者は地獄に堕ちること、原因と結果は明らかであるから、悪事を作す事をやめて善事を行えということを説いてきただけであると示している。そして「吋耐永平舌頭、説因説果無由。功夫耕道多少錯、今日可憐作水牛」と語っている。

松岡由香子氏は「新生の道元——十二巻正法眼蔵をめぐって」(『禅文化研究所紀要』第一九号、一九九三年五月)において、この鎌倉行化を境とした道元禅師の思想的変化を主張する。そしてこの一節を、

私は色々説いてみたが、ほとほと疲れた。因果を説いても始まらない。随分苦労して修行してきたが、なんと多くの誤りがあることか。その因果であろうか、可哀そうに、今日こうやって牛になって戻ってきたよ。(七八頁)

と解釈している。松岡氏は同論文の中で、

○未だかつて聞かない「仏法参学には第一因果を明むる也」(《深信因果》)との宣言のなかに、二〇年来説き尽くしてきた仏法としての坐禅が音を立てて崩壊していく。(松岡論文、八五頁)

○只管打坐は撥無因果の行になりかねない。道元自身が説いてきたように、坐禅は不落因果の面を持つ。因果の理の通用する三界を坐禅は超越するからだ。だがそれでは自らが陥ったように、仏道ではないものになっていく。(八六頁)

○そもそも坐禅を説くからこそ、仏道を間違うのだ。道元はその危うさにようやく気付いた。(一〇〇頁)

○ただ打坐して身心脱落を得ればよい、その道元の正伝の仏法に「帰依仏法僧」が抜け落ちる！それはひそかに外道へと通ずる道だ。(一〇一頁)

○(「帰依仏法僧宝」では)仏道修行者は坐禅というより、諸行を修行するらしい。只管打坐はどうなってしまったのだろうか。道元はどうもすっかり新生してしまったようだ。(一〇二頁)

○只管打坐を標榜して、かえって自ら外道のような驕慢に陥った道元は、もう一度敬虔な法華行者として、仏教者たる己れを再確認していったに違いない。（一〇八頁）

等と述べており、道元禅師はそれまで説いてきた自らの説（坐禅・只管打坐）の誤りに気づいて新生したのであるとする。しかしこのような説に対しては、拙稿「「道元禅師新生論」批判」（『宗学研究』第三六号、一九九四年三月）で反論している。

第二の「父母・縁族への報恩供養」について言えば、道元禅師は『随聞記』巻三において、

夜話の次に弉公問て云、父母の報恩等の事、可作耶。示云、孝順は尤も所用也、但し其孝順に在在家出家之別。在家は孝経等の説を守りて生につかふ、死につかふる事、世人皆知り。出家は棄恩入無為。無為の家の作法は、恩を一人に不限、一切衆生斉く父母の恩の如く深しと思て、所作善根を法界めぐらす。別して今生一世の父母に不限。是則不背無為道也。日日の行道、時時の参学、只仏道に随順しもてゆかば、其を真実の孝道とする也。忌日の追善、中陰の作善なんど、皆在家所有也。衲子は、父母の恩の深きことをば、如実可知。余の一切、又同く重して可知。別して一日をしめて殊に善を修し、別して一人をわきて回向するは、非仏意歟。戒経の父母兄弟死亡の日の文は、暫く令蒙於在家歟。大宋叢林の衆僧、師匠の忌日には其儀式あれども、父母の忌日は是を修したりとも見ざる也。（四五四頁）

と、出家の孝順と在家の孝順との相違を説き、出家は、今生一世の父母に限らず、また特定の一日に限って報恩を行するのではないと説かれ「日日の行道、時時の参学、只仏道に随順しもてゆかば、其を真実の孝道とする也」と説かれている。これに対して『永平広録』では、育父と先妣に対してそれぞれ二回づつ上堂していることを取りあげて、鏡島氏は、報恩供養に対する思想の変化としている。しかし、その一つである育父に対する報恩上堂を見れば、

源亜相忌上堂云、報父母恩、乃世尊之勝躅也。知恩報恩底句、作麼生道。棄恩早入無為郷。霜露盍消慧日光。九族生天猶可慶、二親報地豈荒唐。挙、薬山坐次、有僧問、兀兀地思量什麼。山云、思量箇不思量底。僧云、不思量底如何思量。山云、非思量。今日殊以這箇功徳荘厳報地。良久云、思量兀兀李将張。欲畢談玄又道黄。誰識蒲団禅板上。鑊湯炉炭自清涼。（『永平広録』巻七、五二四上堂、一三九頁）

とあり、出家することこそが二親に対する最高の供養であるとし、坐禅の拈提である薬山の「非思量」の話を挙げている。特に定められた日に報恩の上堂をされたといっても、その内容は出家を重んじるものであり、一般的な報恩供養とは異な

っており、『随聞記』の記述と何ら相違するものではない。これを思想の変化と見るべきなのであろうか。

第三の「文筆に対する姿勢」について言えば、『随聞記』巻三では、「只言語計を翫んで、理を不可得」（四四八頁）と、言葉をもてあそぶことを戒められたのであって、頌を作ることそのことを否定されたのではない。『永平広録』に偈頌があるからといって、このことが思想の変化にあたるとは思われない。

第四の「在家得道容認と否定」についてであるが、確かに、道元禅師は在家得道容認から出家主義に変化したとの見方もあり得る。しかし、『随聞記』巻四でも、

或時、比丘尼云、世間の女房なんどだにも仏法とて学すれば、比丘尼の身には、少少の不可ありとも、何で可不叶と覚ゆ、如何、と云し時、示云、此義不可然。在家の女人、其身ながら仏法を学でうることはありとも、出家人の出家の心なからんは、不可得。仏法の人をえらぶには非ず、人の仏法に不入也。出家・在家の儀、其心可殊。在家人の出家の心有は出離すべし、出家人の在家の心有は二重の僻事也。用心可殊事也。……世をすてば、実に世を可捨也。假名は何にてもありなんとおぼゆる也。（四五九～四六〇頁）

と出家と在家の別を言い、出家を勧めているとみられる部分もある。必ずしも初期は在家主義、晩年は出家主義というように、明確に分けることはできないのである。

尚、在家主義・出家主義についての最新研究に、西澤まゆみ「道元禅師における救済の理念」（『曹洞宗研究員研究紀要』第四四号、二〇一五年三月）がある。

第二章　修道論

　第一章では、道元禅師の修証観について、主として修行と証果の問題を中心に論じたが、本章では仏道修行論（略して修道論と章題した）について、道元禅師が説く修行の諸相について論じる。道元禅師といえば「坐禅」「只管打坐」（「祇管打坐」とも書く）という語が挙げられるほど、その仏道修行の特色として一般人にも知られている。第一節では、先ずその「坐禅」について、只管打坐の強調やその意義について述べ、坐禅の行が無所得無所求無所悟であることを論じる。また坐禅中の心のあり方を示すとされる「非思量」の意味を考察し、これら坐禅をめぐっての諸問題（諸議論）についても触れる。第二節では、道元禅師の修道の道程を、主として『随聞記』によりながら「仏道修行の用心」と題して考察する。修行とは何か、具体的にどのような心得を説いているのかについて整理し、そこから知られる仏道修行の道筋を明らかにしたい。第三節では、その仏道が今生に限らず、生生世世に亘る永遠の道であるとする説示を取りあげて、道元禅師が説く無窮なる積功累徳の遙かなる仏道について述べる。そして第四節では、その遙かなる仏道に関わって、道元禅師が、釈尊と同様の成仏・成道は遙か未来のこととして考えていたのではないのかとする道元禅師の成道観を探った。特に第三節と第四節は、第一章修証観の第一節で述べた「修証一等」や第四節で述べた「悟と証」の問題とも関係するが、この章で論じる道元禅師の修道論が、第一章で述べた修証観と齟齬するものでないことも明らかになると思う。

第一節　坐禅

第一項　只管打坐

道元禅師といえば「只管打坐」というくらいよく知られた言葉である。「只管」とは、〝ひたすら〟〝いちずに〟ということ、「打坐」の打とは接頭語で動作・行為をする意であり、坐とは坐禅のことであるから「打坐」とは坐禅をすること、よって「只管打坐」とは、ひたすら坐禅をする、という意味になる。

鎌倉仏教の祖師は、下層階級の民衆、つまり、救いの手を延べられることのない、しいたげられ苦しむ人たちを救う立場から、それぞれの祖師が、誰にでも行うことが出来る実践を説いた。親鸞聖人（一一七三〜一二六二）は「南無阿弥陀仏」と唱える念仏を、日蓮上人（一二二二〜一二八二）は「南無妙法蓮華経」と唱える題目を、そして道元禅師は「坐禅」を人々に勧めたのである。

念仏や題目にくらべ、坐禅は特別な人だけが出来る修行法のように思われがちであるが、道元禅師にとって坐禅は、ただ坐ればよいのであるから、誰にでも行うことが出来る修行法であったと言える。それは、次の『随聞記』の説示に窺える。

夜話云、人は、世間の人も、衆事を兼学して何れも能もせざらんよりは、只一事を能して、人前にしてもしつべきほどに学すべき也。況や出世の仏法は、無始以来修習せざる法也。故に今もうとし。我が性も拙なし。高広なる仏法の事を、多般を兼れば一事をも成ずべからず。一事を専らにせんすら、本性昧劣の根器、今生に窮め難し。努努学人、一事を専にすべし。

奘問云、若然、何事いかなる行か、仏法に専ら好み修べき。

師云、機に随、根に随べしと云へども、今祖席に相伝して専る処は坐禅也。此の行、能く衆機を兼ね、上中下根等修し得べき法也。（巻二、四三五頁）

道元禅師が「一事を専にすべし」と説いたのに対して、懐奘が「何事いかなる行か、仏法に専ら好み修すべき」と質問したのに答えて、仏道修行の実践はそれぞれの人の能力に応ずるべきであるが、自らが中国の如浄より伝えた仏法の門下において、専ら勤めるべき行は坐禅であるとし、「此の行、能く衆機を兼ね、上中下根等修し得べき法也」と示している。このように道元禅師は、様々な修行をしようと思わず、ただ坐禅の一行を修するべきであると教えている。この説示によれば「只管打坐」とは、坐禅の一行をただひたすら行ずるという意味になるが、「能く衆機を兼ね、上中下根等修し得べき法なり」という部分に注目すれば、法然や親鸞や日蓮がそれ以前の聖道門の諸宗の修行法に対して時機観に立った行法（念仏・題目）を勧めたことと同様な、道元禅師の行法すなわち「誰にでも行える」坐禅の推奨、という一面が窺える。「只管」にはそのような意味もあるものと考えられる。

ところで「只管打坐」という語は、道元禅師に初めて見られる言葉ではない。師の如浄の言葉の中に見出せる。

堂頭和尚示曰、参禅者身心脱落也、不用焼香・礼拝・念仏・修懺・看経、祇管打坐而已。（『宝慶記』三七七頁）

参禅者身心脱落也、不用焼香・礼拝・念仏・修懺・看経、祇管坐始得。（「行持（下）」巻、一五八頁）

先師尋常道、我箇裏、不用焼香・礼拝・念仏・修懺・看経、祇管打坐、弁道功夫、身心脱落。（「仏経」巻、四〇七頁）

このような一節は、如浄の語録等には見当たらず、この『宝慶記』や道元禅師の著作にのみ見られるものではあるが、これによれば如浄は、「いろいろな修行があるが、ただ坐禅すればよい」と教えていたことになる。先の「誰にでもできる」とは多少異なるが、坐禅の一行を強調したのは如浄の教えに基づくとも見られる。

ところで「只管」ということについて、小川隆氏は「「只管」ということ」（『春秋』二〇一三年十月号、春秋社、二二頁）において、

> 「只管」は中国の口語。「只顧」「只麼」「但知」などと同様、下の字に実義は無く、二字一語で「ただ」という意の副詞である。日本の辞典や訳書では、よく「ひたすら」という語釈が与えられているが、それは文脈のなかでそういう訳になる場合があるというだけで、「只管」という語の一面でしかない。「只管」自体の意味は単に「ただ」ということであって、それ以上でも、以下でも、ない。（二二頁）

と言う。ただし、文脈の中で「只管打坐」が「只管《ひたすら》に―打坐する」とする余地は充分にあるとし、

> これがさらに、公案を参究しないとか「悟り」を目的にしないとかいった解釈に、どのように結びついていったのか、頗る興味ある課題である。「只管打坐」に関わる語句は、道元の著述のなかに数多い。あらかじめ設けた宗学的定義を一律に代入してゆくのではなく、漢語の原義をふまえながら、個々の文脈を読み取ってゆく、そうした読まれかたを、それらの語句もひそかに待っているのではなかろうか。（二五頁）

と述べている。

小川氏は、中国の口語「只管」自体の意味は単に「ただ」ということであるとしながらも、「ひたすら」という意味も文脈のなかでは含まれうる余地もあるというが、『永平広録』に収録される次の上堂で示される大梅法常（七五二～八三九）の話にみられる「祗管」（只管）には、「ひたすら、いちずに」という意も含まれると私には思われる。この話は道元禅師の「只管打坐」を理解する上で重要であると考えられる。

> 上堂、仏仏祖祖正伝正法、唯打坐而已。先師天童示衆云、汝等知大梅法常禅師参江西馬大師因縁也不。他問馬祖、

如何是仏。祖云、即心即仏。便礼辞、入梅山絶頂、食松華衣荷葉、日夜坐禅而過一生。将三十年不被王臣知、不赴檀那請。乃仏道之勝躅也。測知、坐禅是悟来之儀也、悟者只管坐禅而已。当山始而有僧堂、是日本国始聞之、始見之、始入之、始而坐之。学仏道人之幸運也。後有僧、向大梅道、和尚見馬大師、得何道理便住此山。大梅道、馬祖向我道、即心即仏。僧云、馬祖仏法近日又別。大梅云、作麼生別。僧云、近日道、非心非仏。大梅道、這老漢、惑乱人未有了期在。任他非心非仏、我祇管即心即仏。僧帰挙似祖。祖云、梅子熟也。然則明得即心即仏底人、抛捨人間深入山谷、昼夜坐禅而已。当山兄弟、直須専一坐禅、莫虚度光陰。人命無常、更待何時。祈祷祈祷。大衆、要会即心即仏底道理也無。良久云、即心即仏甚難会、心者牆壁瓦礫、仏者泥団土塊。江西道来拕泥帯水、大梅悟来依草附木、即心即仏在什麼処。（巻四、三一九上堂、七七～七八頁）

大梅法常は、中国唐代の禅僧であり、馬祖道一の法嗣である。道元禅師が非常に尊敬している中国の禅僧の一人である。大梅は馬祖のもとで修行して「即心即仏」と聞いて、悟りを得る。「即心即仏」とは〝心こそが仏にほかならない〟という意であり、仏というのは外に求めるものではなく自己の心の中にあるというのであり、この自己をおいて他に仏はないということである（『永平広録』に見られるこの話では「即心即仏」であるが、『正法眼蔵』では「即心是仏」とする。「即心即仏」と「即心是仏」とはほぼ同意であるので、以下「即心是仏」と用いる）。この自己の心が仏と同じ心になれば、仏のような実践が自然と行われるようになり、この自己が仏の行を行ずればそのまま自己が仏であるということになる（但し、「即心是仏」巻で道元禅師の説く「即心是仏」は、このような解釈を超えて「心」を一切法とし、一切法が仏であるという解釈に導かれるが、これについては第三章「世界観」第三節「心」で述べる）。とにかくこの「即心是仏」という語によって大梅は得悟し、山に籠もり仏の実践である坐禅を専ら行って一生を過ごす。

鈴木哲雄『唐五代禅宗史』（山喜房仏書林、一九八五年、後編第一章第二節）に馬祖の即心是仏をめぐる論攷がある。

これによれば、馬祖下の多くの門人は馬祖の説く「即心是仏」という語に執着して、その語の示す本質を誤ることになり、馬祖は後に「即心是仏」を否定し「非心非仏」と説くに至る。しかし、ひとり大梅は「即心是仏」を貫き、「非心非仏」と聞くも動じなかったのである。

当代一流の禅者馬祖が「即心是仏」を強調したわけであるから、弟子たちの間では、この「即心是仏」が大いに流行する。誰でも彼でも、わけも分からずに口癖のように「即心是仏」と言うようなありさまになり、迷いのままで、それが仏の心であると言うようなものまで現れるようになったのであろう。馬祖はそのような状況に心を悩ませて、「即心是仏」と説くのをやめ、「非心非仏」(心に非ず、仏に非ず。心だとか仏だとかにとらわれてはいけない)と示す。そして、またもや流行は「非心非仏」に移っていった、というような状況であろうか。

そのころ、ある僧が山奥で大梅と出会い、問答を交わす。僧は馬祖が近日「非心非仏」と説いていると告げるが、大梅は動じない。その時語った言葉が、「這の老漢、人を惑乱すること未だ了期あらざる在り。任他、非心非仏、我れは祇管に即心是仏」である。〝おいぼれ爺め、いつまで人を惑わせる気だ。非心非仏などどうでもいい。私はひすじに即心是仏で貫き通すのだ〟とでも訳しておこう。僧は馬祖のもとに帰りこれを報告すると、馬祖は大いに喜んで「梅子、熟せり」と言ったという話である。

大梅は、馬祖の「即心是仏」という言葉の真意を悟って、本当にこの言葉を自分のものとしていたのであろう。だからこそ「非心非仏」と聞いても、まったく動じなかったのである。その時の言葉が「任他、非心非仏、我れは祇管に即心是仏」である。ここに「祇管」(只管)という言葉が出てくる。

私は、この馬祖のもとでの大梅の故事と、如浄のもとでの道元禅師の身心脱落と、深い関係があると考えている。大梅は「只管即心是仏」で、道元禅師は「只管打坐」で一生を貫いたのである。

第二項　無所得無所求無所悟の坐禅

さて、「只管打坐」には、もうひとつ重要な意味が考えられる。無所得無所求無所悟の坐禅である。道元禅師の坐禅観に初期と晩年とでは変化が見られるという説（この問題については第四項で詳説する）があり、初期の坐禅観に多く見られる無所得無所求無所悟の坐禅を強調することは、坐禅観の変化を主張する論者からは批判もあろうが、私は変化を認めない立場から以下を述べる。

道元禅師の坐禅を論じる場合、第一の資料となるのはやはり『普勧坐禅儀』である。その冒頭に、

原ぬるに夫れ、道本円通、いかでか修証を仮らん。宗乗自在、なんぞ功夫を費さん。いわんや、全体はるかに塵埃を出づ、たれか払拭の手段を信ぜん。おおよそ当処を離れず、あに修行の脚頭を用うるものならんや。然れども、毫釐も差あれば、天地はるかに隔り、違順わずかに起れば、紛然として心を失す。（『道元禅師全集』第五巻、春秋社、四頁、原漢文）

とある。この部分の前半（「……ものならんや」まで）が、『弁道話』に示される「本証」（第一章「修証観」）を意味していることは容易に知り得る。この「本証」が修行（坐禅弁道）の前提となっている。それでは、「本証」ならば修行は必要ないということになるが、「然れども」以下、この「本証」の誤解による天地懸隔が戒められ、この「本証」の正しい理解の上に立った「妙修」の坐禅の儀則が説かれているという展開になっていると言える。そして「本証」であるならば「妙修」なる坐禅弁道は「無所得無所求無所悟」とならざるを得ないのである。

『弁道話』の末尾に「その坐禅の儀則は、すぎぬる嘉禄のころ撰集せし普勧坐禅儀に依行すべし」（七四六頁）とあるから、逆に言えば、その教義的よりどころは『弁道話』に示されている、ということになろう。

『弁道話』は坐禅に関する十八の設問自答を通して坐禅の本義を開顕されたものであるが、そこに示される次の一節も、坐禅について述べられたものである。

それ修証はひとつにあらずとおもへる、すなはち外道の見なり。仏法には、修証これ一等なり。いまも証上の修なるゆゑに、初心の弁道すなはち本証の全体なり。かるがゆゑに、修行の用心をさづくるにも、修のほかに証をまつおもひなかれとをしふ。直指の本証なるがゆゑなるべし。すでに修の証なれば、証にきはなく、証の修なれば、修にはじめなし。ここをもて、釈迦如来・迦葉尊者、ともに証上の修に受用せられ、達磨大師・大鑑高祖、おなじく証上の修に引転せらる。仏法住持のあと、みなかくのごとし。すでに証をはなれぬ修あり、われらさいはいに一分の妙修を単伝せる、初心の弁道すなはち一分の本証を無為の地にうるなり。しるべし、修をはなれぬ証を染汚せざらしめんがために、仏祖しきりに修行のゆるくすべからざるとをしふ。妙修を放下すれば本証手の中にみてり、本証を出身すれば妙修通身におこなはる。（七三七頁）

ここに示される修証一等に基づく「修のほかに証をまつおもひなかれとをしふ」という語は、坐禅が「無所悟」であるべきことを教えている。

この無所得無所求無所悟の説は、初期の道元禅師の教説が記録されている『随聞記』にも見出だせる。

仏道に入ては、仏法の為に諸事を行じて、代に所得あらんと不可思。内外の諸教に、皆無所得なれとのみ勧むるなり。（四三三頁）

唯行好事、為人やすき事をなして、代を思に、我よき名を留めんと不思、真実無所得にて、利生の事をなす、即離吾我第一の用心也。（四六〇頁）

示云、学道の最要は坐禅是第一也。大宋の人、多く得道すること、皆坐禅の力也。……然ば学人、祗管打坐して他を管することなかれ。仏祖の道は只坐禅也、他事に順ずべからず。（中略）公案話頭を見て聊か知覚ある様なりとも、其は仏祖の道にとほざかる因縁也。無所得、無所悟にて、端座して時を移さば、即祖道なるべし。古人も、看語・祗管坐禅ともに進めたれども、猶坐をば専ら進めし也。又話頭を以て悟をひらきたる人有とも、其も坐の功によりて、悟の開くる因縁也。まさしき功は坐にあるべし。（四九四頁）

因問云、学人若自己仏法也不可求向外と聞て、深く此語を信じて、向来の修行・参学を放下して、本性にまかせて善悪業をなして一期を過ん、此見如何。

示云、此見解、語与理相違せり。外に向て不可求、行をすて、学を放下せば、此の放下の行をもて所求有りと聞えたり、不求あらず。只行学本とより仏法なりと証して、無所求にして、世間悪業等は我が心に作したくとも不作、学道修行の懶きをもいとひかへりみず、此行を以て果を得きたるとも、我心より求ること無して行ずるをこそ、外に向て求ること無と云道理には可叶けれ。南嶽の磚を磨して鏡を求めしも、馬祖の作仏を求めしを戒めたり、坐禅を制するには非る也。坐すなはち仏行なり、坐即不為也。是即自己の正体也、此外別に仏法の可求無き也。（四五五〜四五六頁）

これらのなかには、坐禅に関わらず修行一般について述べたものもあるが、いずれも所得や悟りを求めてはならないと教えている（傍線部）。ところで、ここで注意しなければならないことがある。それは、「証」或いは「悟」を否定しているのではないということである。

道元禅師の修証観において、無所得無所求無所悟の強調が、いかにも証悟の否定であるかのように理解されてきた面もあるが、決してそうではないことは明白である。この『随聞記』の中でも「大宋の人、多く得道すること、皆坐禅の力也」と言い、「話頭を以て悟をひらきたる人有とも、其も坐の功によりて、悟の開くる因縁也。まさしき功は坐にあるべし」と、「得道」「悟」を言い、「坐禅の力」「坐の功」と述べている（波線部）。それは、先の『弁道話』

においても同様である。そこでも、修証一等を説きながら、

大師釈尊、まさしく得道の妙術を正伝し、又三世の如来、ともに坐禅より得道せり。このゆゑに、正門なることをあひつたへたるなり。しかのみにあらず、西天東地の諸祖、みな坐禅より得道せるなり。（七三三頁）

と、「得道」ということを示している。「得道」という語は『弁道話』のなかに多く見られ、『正法眼蔵』においても随所に見られる。「得道」ということの内容については第一章第四節で述べたが、戒むべきは有所得の念をもって修行することであり、「修のほかに証をまつおもひ」をもつことであり、染汚の修行となってしまうことである。これは確実に得道・証悟への妨げとなる。

無所得無所求無所悟は、修行において所得や悟を求めてはいけないということであり、修行の用心として「修のほかに証をまつおもひ」があってはならないことを教えたものであり、けっして証悟を否定しているのではないが、修行は無所得無所求無所悟でなければならないのである。

第三項　非思量の坐禅

「非思量」とは、読み下せば「思量に非ず」であり、「思量」とは〝思い量る〟つまり〝考える〟ということ、「非」とは否定・反対を表す副詞であるから、非思量という言葉は〝考えない〟〝考えるのではない〟という意味になる。

この語は『普勧坐禅儀』（但し真筆本にはない）や『正法眼蔵』の「坐禅儀」巻、「坐禅箴」巻、あるいは瑩山禅師の『坐禅用心記』に見られる、坐禅に関わる重要な語である。

兀兀坐定、思量箇不思量底。不思量底、如何思量、非思量、此乃坐禅之要術也。（『普勧坐禅儀』、一六五頁）

兀兀と坐定して思量箇不思量底なり。不思量底如何思量、これ非思量なり。これすなはち坐禅の法術なり。（「坐

禅儀」巻、八九頁）
薬山弘道大師坐次、有僧問、「兀兀地思量什麼。」師云、「思量箇不思量底。」僧云、「不思量底如何思量。」師云、「非思量。」（「坐禅箴」巻、九〇頁）
思量箇不思量底。如何思量。謂非思量。此乃坐禅法也。（『坐禅用心記』、一九二頁。以下、『坐禅用心記』からの引用は、『瑩山禅』第九巻〈山喜房仏書林、一九九〇年八月〉により、頁数のみ記す。）
そして、この「非思量」の語は、『景徳伝灯録』巻一四等に見られる次の薬山惟儼（七四五〜八二八）とある僧との問答を引用したものである。
師坐次、有僧問、兀兀地思量什麼。師云、思量箇不思量底。曰、不思量底如何思量。曰、非思量。（一九九〇年五月、禅文化研究所、二七三頁下。句読点筆者）
この問答を、禅文化研究所『景徳伝灯録』五（第十三〜十五巻）の注解（二八四〜二八五頁）を参考に解釈すれば、
僧　「坐禅をして何を考えているのか？」
薬山　「『考えないもの（本来人・真実の人）』を考えている。」
僧　「『考えないもの』をどのように考えるのか？」
薬山　「思慮分別を脱する（考えないものと一体となる）ことだ。」
となる。兀兀地とは坐禅の状態、つまりどっしりと坐っている様子をいうが、薬山が坐禅をしていたとき、ある僧が仕掛けた問答である。僧の「坐禅をして何を考えているのか？」という質問に対し、薬山は答える「考えないところを考えている」と。考えないところを考えるとは奇妙な答えである。案の定、僧はさらに質問する、「考えないところをどのように考えるのか？」と。それに対する薬山の答えが「非思量」である。
「非思量」を、思慮分別を脱し、不思量底（本来人・真実の人）と一体となった境地とし、坐禅は本来人と一体とな

ること、つまり坐禅は本来人と一体となる行であることを示したものと考えられる（このような解釈については石井清純氏よりご教示頂いた）。

また、「非思量」という言葉は、禅宗においては、古くは三祖僧璨の『信心銘』に「虚明自然、不労心力、非思量処、識情難測」（『大正蔵』四八・三七六下〜三七七上）と見られ、非思量とは識情でもって測り難い境涯として示され、その後この語が取り上げられて展開し、『雲門広録』上には「問如何是非思量処。師云。識情難測」（『大正蔵』四七・五四六上）という問答も見られる。

さて、ここでは道元禅師における「非思量」の解釈について考察するが、この「非思量」という語は、『普勧坐禅儀』でも『坐禅用心記』でも坐禅の姿勢について説かれた後、「兀兀坐定」あるいは「兀兀端坐也」に続いて説かれている。よって、坐禅の姿勢が定まった後の、心（意識）のあり方について示されたものと思われる。

さて、伊藤俊彦氏は、先の薬山の問答商量について、

僧問、兀兀地思量・什麼《シモ》

師曰、思量ハ・箇《コレ》・不思量底ナリ

僧曰、不思量底ハ・如何《イカン》思量

師曰、非ノ思量。

と読まれるべきであろう。（「非思量の解釈について――非思量考一」、『宗学研究』第五号、一九六三年四月、八六頁）としている。道元禅師がこの薬山の問答商量をどのように読んだのかについては伊藤氏の示すとおりであろうが、非思量については原典も「非ノ思量」と読むのではないかと私は考える。つまり、この問答は、僧の「思量○○」という問いに対して、それに相応して「思量○○」というかたち（語順）で答え、さらに「○○思量」という問いに対しては、それに相応して薬山が「○○思量」というかたち（語順）で答えたものと理解する。つまり「何を考えている

のか」という質問に対しては「○○を考えている」と答え、「どのように考えるのか」という質問に対しては「○○と考える」と答えたものと思われるのである。よって「非思量」は〝思量に非ず〟ではなく〝非の思量〟〝非という思量〟の意味であると十分考えられ得るのである。

ところで、心（意識）のあり方について示された説示として『普勧坐禅儀』に、

不思善悪、莫管是非。停心意識之運転、止念想観之測量、莫図作仏、豈拘坐臥乎。〈善悪を思わず、是非を管することを莫れ。心意識の運転を停め、念想観の測量を止めて、作仏を図ること莫かれ、豈に坐臥に拘わらんや。〉（一六五頁）

とあり、『坐禅用心記』に、

放捨心意識、休息念想観、勿図作仏、勿管是非。〈心意識を放捨し、念想観を休息して、作仏を図ること勿れ、是非を管すること勿れ。〉（一八二頁）

若欲尽妄心、須休善悪思。又須一切縁務、都来放捨、心無思身無事。〈若し妄心を尽くさんと欲せば、須らく善悪の思いを休すべし。又須らく一切の縁務、都来放捨して、心に思ふこと無く、身事とすること無し。〉（一二一頁）

とある。これらの説示に「非思量」の意味を解く鍵がある。

坐禅の時には、是非・善悪を思う一切の思慮分別をやめ、あらゆる思い計らいを放ち捨てて坐る、というのがこれらの意味するところであり、これが「非思量」ということになる。

「心意識の運転」や「念想観の測量」の停止とは、一切の意識が無くなること、いわゆる「無念無想」のことではない。「運転」や「測量」を停止するというのは、恣意的な思い計らいをやめることであって、坐禅中に一切何も考えない状態を持続しなければならないということではない。一切何も考えまいと思うことは、かえって恣意的な思い計

らいとなる。また、坐禅の時の心のもち方、調え方などと言うと、特別な心があるように考えるが、そうではない。特別な心を「もつ」のではなく、むしろ「もたない」のである。

このことは、『正法眼蔵』「坐禅箴」巻の次の説示からも窺える。

僧のいふ、不思量底如何思量。まことに不思量底たとひふるくとも、さらにこれ如何思量なり。兀兀地に思量なからんや。(九〇頁)

不思量底を思量するには、かならず非思量をもちゐるなり。(九〇頁)

坐禅の時には、思量がないのではなく、「不思量底を思量する」のであり、それが「如何思量」であり、「非思量」である。

実際の坐禅では、まず身体(姿勢)を調え、息を調えて坐る。姿勢は『普勧坐禅儀』や『坐禅用心記』に示されているような姿勢に調える。そうすると自然と息が調う。息は『坐禅用心記』に「長息則任長、短息則任短、漸漸調之、稍稍随之。覚触来時、自然調適。而後鼻息、可任通而通也」〈長息なるは則ち長きに任せ、短息なるは則ち短きに任せ、漸漸に之を調え、稍稍に之に随ふ。覚触来る時、自然に調適す。而して後、鼻息は通ずるに任せて通ずべし〉(一三四頁〜一三五頁)とあるように、通常は自然に任せるのである。そのときの心のあり方を「非思量」という。

それではいったい「非思量」とは具体的にどのような心(意識)の状態をいうのか。

真筆本(天福本)『普勧坐禅儀』には、「思量箇不思量底。不思量底、如何思量。非思量」の語はなく、「念起即覚、覚之即失。久久忘縁、自成一片」(四頁)とあり、これを「坐禅之要術也」としている。つまり、流布本では「念起即覚、覚之即失。久久忘縁、自成一片」が削除され、この部分に「思量箇不思量底。不思量底、如何思量。非思量」が入れられたことになるが、道元禅師によって結果的にそのように改められたとしても、真筆本の「念起即覚、覚之即失。久久忘縁、自成一片」という語は興味深い。この語に「非思量」のあり方が窺われるのである。

ところで、この「念起即覚、覚之即失。久久忘縁、自成一片」という一節は、『禅苑清規』の「坐禅儀」からの引用である。これを読み下せば「念起こらばすなわち覚せよ。覚すればすなわち失す。久久に縁を忘ずれば自ら一片と成る」（鏡島元隆・佐藤達玄・小坂機融『訳註　禅苑清規』、曹洞宗宗務庁、一九七二年七月、二八一頁）となるが、これを現代語訳すれば、

坐禅中思い出したり考えたりする念がおこったとき、それを覚知せよ。覚知すればその念はなくなる。このようにして長い間、自己をとりまく縁にとらわれなくなったとき、おのずから能所一体のなりきりの境界にいたる。（原田弘道「非思量再考」、『駒澤大学仏教学部研究紀要』第四三号、一九八五年三月、二九頁）

となろう。

「非思量」の意義を考えるにあたって、この真筆本（天福本）『普勧坐禅儀』の「念起即覚、覚之即失。久久忘縁、自成一片」の語に注目したのが原田弘道氏である。原田氏は、これと同趣旨の文が「放捨諸縁、休息万事、不思善悪、莫管是非、停心意識之運転、止念想観之測量」であるとし、

ここに「心意識の運転」や「念想観」の停止は、是非善悪を思う思慮分別の一切にとりあわず、これを離れることである。「停止」を意識が全くなくなることと理解するのは問題で、恣意的な意識の働きがなくなることであって、この点を区別して考えなければならないと思う。即ちそれは（中略）坐禅中分別意識にとらわれた場合、このことに気付くことによって、意識を流れるにまかせきり、自づと分別意識への捉われを離れ、能所一体となることを意味するものである。（原田前掲論文、三〇頁）

と述べている。さらに原田氏は「非思量」について、

この非思量を形而下的な意味に捉えて、坐禅によって無意識な状態、即ち無念無想になることであるとすれば、誰にしても恐らく不可能に近いであろう。なぜならば、思うまいと決意すれば『啓迪』も「思うその念が矢張り

心意識の丹瘤になって決してやまるものではない」と云う如く、意識は転動して止まないのが本性だからである。即ち意識をもって意識を追えば、「努力に対する反作用の法則」によって、いわゆる精神交互作用によって、ますます煩悩妄想に執着し、葛藤を深めるようになるのである。したがって非思量というのは、この精神交互作用が全くなくなった意識活動ということができよう。それは具体的には、すべての観念・感情・意欲等の意識活動を押えたり、求めたりすることなく、生滅去来に任せきることである。これらは本来無自性であるから生滅に任せれば自然に消滅するのである。いわゆる煩悩といへども意識作用の一種にすぎないし、菩提も同じく意識作用以外のものではない。ただ菩提とは意識活動は依然として存しながら執着我執が脱落したものをいうのである。

（原田弘道「非思量について」、『駒澤大学仏教学部研究紀要』第二六号、一九六八年三月、一六一頁）

と述べているが、いずれにしても非思量とは、無意識の状態、無念無想の状態をいうのではないことは、多くの研究者や師家が指摘するところである。

私は先の「念起即覚」を「念起こらば即ち覚す」と読み下したいが、坐禅中に念起があればそれを「覚す」、つまり坐禅中〝今、考え事をしていたな〟と自覚する（気付く）ことがある。そして、気付いたとき、その念は消える。雑念が浮かんでいた場合、あるいは何かを思考していた場合、そのことに気づくことによって、その雑念、思考が消える。消そうとするのではなく、自然と消える。そしてまた、念起があればそれを「覚す」、そして「覚すれば失す」。久久にそれを続ける、いや続いてゆく。それが所縁を忘却（放捨）した「非思量」の状態であると考えられる。

このように、「非思量」とは、「無念無想」となることでもなく、かといって煩悩・妄想のままでもなく、思慮分別するのでもない。それが道元禅師の「非思量」であり、瑩山禅師の『坐禅用心記』にも確かに受け継がれ、そして曹洞宗の坐禅中の心のあり方の特徴として今に伝わっているのであると言える。

第四項　坐禅に関する諸問題

道元禅師において、初期と晩年とで坐禅観に変化があったとする説がある。石井修道氏は、道元禅師が晩年に強調した「邪見なき坐禅」とそれ以前の「無所得無所悟の坐禅」との、両者の坐禅観を区別し、そこに大きな変化を認めるが、私はそのような明確な区別、変化はなかったと捉えている。すなわち、石井氏がいう初期の道元禅師の「無所得無所悟の坐禅」といっても、得道や証悟や、その功徳を否定するものではなく、また因果歴然の道理を無視するものではなく、その最初から「邪見なき坐禅」であったと。

晩年の「邪見なき坐禅」「因果歴然の坐禅」といっても「待悟」でも「有所得」でもなく、道元禅師晩年の坐禅観においても「無所悟」であることは貫かれているのではあるまいか。道元禅師が晩年に強調された「邪見なき坐禅」は、それ以前の「無所得無所悟の坐禅」と決して食い違ったものではなく、道元禅師の坐禅観はその生涯において変わることはなかったのではあるまいか。

以下、このことについて論じる。

「坐禅」をめぐる論議は、本覚思想批判や思想的遍歴の問題と無関係ではない。たとえば、袴谷憲昭氏は「「弁道話」の読み方」（『宗学研究』第二九号〈一九八七年三月〉、袴谷憲昭『本覚思想批判』〈大蔵出版、一九八九年七月〉所収）において「批判としての言葉の重視」と「坐禅としての威儀の重視」の問題を取り上げ、「坐禅の行」よりも「批判の言葉」の方がより重要であることを論じている部分などがそれである。[1]

その後、石井修道「道元の「見性」批判（1）——最新の道元研究について」（『春秋』、春秋社、一九九〇年七月）において、「道元禅は果たして、坐禅の仏教か、それとも、智慧の仏教か」という坐禅に関する新たな問題提起が行わ[2]

れ、また石井修道『道元禅の成立史的研究』（大蔵出版、一九九一年八月）の「緒言」（五～六頁）においては、従来の曹洞宗における坐禅の理解や、宗学における坐禅の解釈に、重要な部分が欠落していた、という指摘がなされ[3]、さらに石井修道「最後の道元——十二巻本『正法眼蔵』と『宝慶記』」（『十二巻本『正法眼蔵』の諸問題』所収、大蔵出版、一九九一年十一月、第二章「十二巻本と坐禅の関係について」）においても、道元禅師の坐禅の説が「無所得無所悟」の坐禅の強調から、晩年には坐禅に邪見を含めてはならないと言う「坐禅」の説に大きく変化している、という指摘がなされた。（後述、二六七頁）

また、これらと時を同じくして、松本史郎「深信因果について」（『十二巻本『正法眼蔵』の諸問題』所収、大蔵出版、一九九一年十一月、第三章「道元における学と禅」）においても、初期の道元禅師には坐禅を非常に強調する傾向、すなわち初期においては、「学」よりも「禅」（「行」）を重視する傾向が認められ、それが『十二巻本』においては逆転するという見解が示されたのである[4]。

これらに対し、私は「道元禅師と坐禅（一）」（『宗学研究』第三四号、一九九二年三月）と「道元禅師と坐禅（二）」（『宗学研究所紀要』第五号、一九九二年三月）において反論を試みた。前者は「道元禅師において「坐禅」は生涯変わりなく最も重要な修行として説かれ、晩年においてまで行じられていた」ことを、資料に基づいて証明したものであり[5]、後者は、道元禅師の坐禅観がその生涯において変化したのかどうかについて論じ、道元禅師が晩年に強調された「邪見なき坐禅」は、それ以前の「無所得無所悟の坐禅」と決して食い違ったものではなく、道元禅師の坐禅観はその生涯において変わることはなかったことを論じたものである。

ここに坐禅に関する問題の整理をしてみると、

①道元禅師において「坐禅」は生涯変わりなく最も重要な修行として説かれ、行じられていたのかどうか、特に晩年においてはどうであったのか。

例えば、道元禅師が晩年に撰述・編集されたと思われる十二巻本『正法眼蔵』には、坐禅に関する直接的な記述がみられないが、このことにより、晩年に、道元禅師は坐禅をあまり強調することがなかったと言えるのかどうか。

②道元禅師の坐禅観は、その生涯において変化したのかどうか。

すなわち、石井氏が指摘するように、道元禅師の坐禅は「無所得無所悟の坐禅」から、さらに「邪見なき坐禅」へと変化していったのかどうか。

③道元禅師の坐禅は修行においてどのような位置を占めていたのか。

これは、如浄の言葉として示される「参禅は身心脱落なり。焼香・礼拝・念仏・修懺・看経を要いず、只管（ただ）打坐せば始めて得し（よし）」という言葉の解釈の問題とも関連するのであるが、坐禅とその他の行とはどのような関係にあったのか。

④これに関連して、もし、道元禅師が、生涯を通じて、坐禅の修行を第一と考え、そのように説き、それを行じていたとすれば、このことは現代の人権思想の観点から、どう捉えたらいいのか。

特に、身体的な種々の障害等から、坐禅を行なうことができない方々に対して、現代的・人権思想の視点から、どのように対応していったらいいのか。(6)

ということになる。

ここでは①と②について論じるが、まず①についてである。次頁の【表1】は、道元禅師の坐禅に関する著作（『永平広録』を除く）について、年表形式でまとめたものである。

一二二七年帰郷後まもなく撰述された『普勧坐禅儀』において、坐禅の意義とその威儀作法が開顕されたことは言うまでもない。その後、一二三一年に撰述された『弁道話』が、坐禅に関する十八の自問自答の問答を通して、『普

【表1】道元禅師と坐禅

年 月 日	資　　料	内　　　　容
1227	『普勧坐禅儀』撰述	坐禅の意義と作法
1231	『弁道話』撰述	坐禅に関する設問自答
1233. 7. 15	『普勧坐禅儀』浄書	坐禅の意義と作法
1234. 3. 9	『学道用心集』撰述	「決擇身心、自有両般。参師聞法与功夫坐禅矣。」
1234（?）～1238（?）	『正法眼蔵随聞記』	「禅僧ノ能ク成ル第一ノ用心は、祇管打坐スベキ也。」「仏祖ノ道ハ只坐禅也。」ほか
1239. 10. 23	「洗面」巻	坐禅の行が数ヵ所に説かれる
1241. 9. 9	「古鏡」巻	磨塼作鏡の話の拈提
1242. 3. 18	「坐禅箴」巻	磨塼作鏡の話の拈提
1242. 4. 5	「行持」巻	仏祖の坐禅の行の賛嘆
1242. 5. 21	「柏樹子」巻	趙州の坐禅の行の賛嘆　「まことに坐禅弁道は、仏道の正路なり、究理坐看すべし。」
1243. 9	「諸法実相」巻	大梅法常住山の因縁　如浄の語「如今春間、不寒不熱、好坐禅時節也、兄弟如何不坐禅」
1243. 10. 20	「洗面」巻（再示衆）	坐禅の行が数ヵ所に説かれる
1243. 11	「坐禅箴」巻	磨塼作鏡の話の拈提
1243. 11	「坐禅儀」巻	坐禅の作法
1243. 11. 27	「遍参」巻	「遍参はただ祇管打坐、身心脱落なり。」
1244. 2. 12	「優曇華」巻	「拈華を弄精魂といふ。弄精魂とは、祇管打坐、脱落身心なり。仏となり祖となるを弄精魂といふ。」
1244. 2. 14	「発無上心」巻	「坐禅弁道これ発菩提心なり。」
1244. 2. 15	「三昧王三昧」巻	この巻は坐禅（結跏趺坐）を主題としたもの
1244～46	『弁道法』撰述	僧堂における坐禅弁道の規矩を述べたもの
1250. 1. 11	「洗面」巻（再々示衆）	坐禅の行が数ヵ所に説かれる

【表3】『弁道法』にみられる日分行持

黄昏坐禅	18:00～20:00（2更3点マデ）
打　眠	20:00～2:00（4更2点マデ）
後夜坐禅	2:00～5:00（5更3点マデ）
僧堂行粥	5:30～6:10（40分とみなす）
早晨坐禅	7:00～11:00（三鼓已前デ止ム）
僧堂行鉢	11:10～11:50（40分とみなす）
看　読	13:10～15:50（未ノ終リマデ）
晡時坐禅	16:00～17:00（又ハ16:40マデ）
晩　参	17:00～18:00（又ハ16:40～17:30）

【表２】『永平広録』の上堂における坐禅に関する説示

年　月	上堂番号	坐禅に関する説示
1241. 1～4	33	焼香・礼拝・念仏・修懺・看経を抛却して、祇管打坐すべし。
1243. 3～44. 7	124	近来、好坐禅の時節なり。
1246. 1	142	大吉歳朝坐禅を喜ぶ。
1246. 9	193	今朝九月初一。蒲団を拈出して坐禅す。
1247. 1～2	221	仏の知見をして喫飯・著衣・屙屎・送尿し、雲堂裏に弁道し、長連牀に功夫せしむ。
1248. 5～7	270	甎を磨き鏡を作すはこれ功夫。兀兀たる思量、道、あに疏ならんや。…
1248. 9	279	九月初一の上堂。蒲団に倚坐して、この非思量を思量し、…
1248. 9	286	言うことなかれ、殺仏、終に果なしと。得仏の由来は、実に坐禅なり。
1249. 1	303	歳朝上堂。大吉なり歳朝の坐禅。衲僧の弁道平然たり。
1249. 1	304	当山の兄弟、須く光陰を惜んで坐禅弁道すべきものなり。
1249. 1～2	306	身心脱落好坐禅。猛作の功夫鼻孔穿げたり。…
1249. 2～4	318	参禅は身心脱落なり。
1249. 2～4	319	仏仏祖祖正伝の正法は、ただ坐禅のみなり。
1249. 5～7	337	参禅は身心脱落なり。祇管打坐の道理を聴かんと要すや。
1249. 5～7	338	参禅して仏を求むるに仏を図ることなかれ。仏を図って参禅せば、仏、転た疏なり。
1249. 7～8	343	仏仏祖祖の坐禅は、これ動静にあらず、これ修証にあらず、身心に拘わらず、迷悟を待たず、…
1249. 9	347	九月初一の上堂。今朝九月初一。三打、板鳴りて坐禅す。脱落身心兀兀たり。
1250. 2～6	373	〈薬山、非思量の話の拈提〉
1250. 2～6	375	衲僧の学道は要ず参禅すべし。
1250. 9	389	今朝九月初一。旧に依り板を鳴らし坐禅す。また云く、仏仏祖祖の坐禅、甚麼をか作さんと要すや。…
1250. 9～12	390	衲子の坐禅は、直須端身正坐を先とすべし。…
1251. 4～5	432	仏仏祖祖の家風は、坐禅弁道のみなり。先師天童云く、「跏趺坐は乃ち古仏の法なり。参禅は身心脱落なり。焼香・礼拝・念仏・修懺・看経を要いず、祇管打坐せば始て得し」と。それ坐禅は、乃ち第一に睡することなかれ。虚しく今時の光陰を度るべからず。応当に頭燃を救って坐禅弁道すべきものなり。仏仏祖祖、嫡嫡面授して、坐禅を先となす。…
1251. 5～7	437	凡夫・外道、倶に坐禅を営む。然れども凡夫・外道の坐禅は、仏仏祖祖の坐禅に同じからず。……先師天童道く、「参禅は身心脱落なり」と。…
1251. 5～7	438	今常に叢林の長連牀上にあって昼夜に弁道する、魔子することを得ず、…
1251. 8	449	坐禅と謂うは、煙雲を坐断して功を借らず。一片に打成して未だ窮まらず。
1251. 9	451	今朝これ九月初一。板を打ちて坐禅するは旧儀に依る。切に忌むらくは睡と疑いを除かんと要することを…
1251. 9	453	坐禅作仏、草を取りて道場に坐す。
1251. 9	454	身心脱落、これ参禅。
1251. 9	458	祖師、参禅を説似し、燕子、実相を深談す。
1252. 1	482	測り知りぬ、坐禅その功徳最勝甚深なることを。
1252. 4～5	498	古来、道を慕うの士は、みな深山に入りて閑居寂静なり。龍樹祖師云く、「坐禅人はみな深山に住す」と。
1252. 6	505	今朝六月初一より、坐禅を放下して板鳴らさず。盛夏に未だ抛たず禅板の旧りたるを。須く知るべし、法を伝えて迷情を救うことを。
1252. 7～8	516	龍樹祖師曰く、「坐禅は則ち諸仏の法なり。しかるに外道もまた坐禅あり。然りといえども外道には著味の過あり、邪見の刺あり。所以に諸仏・菩薩の坐禅には同じからず。二乗・外道もまた坐禅あり。然りといえども二乗には、自調の心あり、涅槃を求むるの趣あり。所以に諸仏・菩薩の坐禅には同じからず」と。師云く、…兄弟、須く知るべし、祖師はただ仏法の正脈を伝えて、面壁坐禅す。…面壁坐禅は仏祖の伝なり。外道・二乗の禅に同じからず。…
1252. 8	522	先師天童、天童に住せし時、上堂し、衆に示して曰く、「衲僧打坐の正に恁麼の時、乃ち能く尽十方世界の諸仏諸祖を供養す。悉く香華・燈明・珍宝・妙衣・種種の具をもって恭敬供養することと間断なし。…」と。…衲僧打坐の時節、磨塼打車は道うまでも莫く、十方の仏祖に妙衣・珍宝・香華を供養す。
1252. 9	523	今朝九月初一。板を打して大家坐禅す。切に忌むらくは低頭瞌睡することを。
1252. 9	524	源亜相忌の上堂。〈薬山、非思量の話の拈提〉

＊上堂の説示年月については、伊藤秀憲『道元禅研究』（本論第四章第一節「『永平広録』の説示年時について」、大蔵出版、1998 年 3 月、347 ～ 394 頁）を参照した。また便宜的に漢文を読み下して引用した。

勧坐禅儀』においては十分に説かれなかった坐禅の意義を示し、坐禅が「仏法の総府」であることを明確にしようとしたものであることも認められよう。

『学道用心集』においても第十「直下承当事」に、身心を決択する二つの方法として「参師聞法」と「功夫坐禅」が挙げられ、坐禅の重要なることが示されている。

嘉禎年中の記録（一二三四?～一二三八?）とされる『随聞記』に坐禅を第一の修行とする記述が多々見られる。(7)さて『正法眼蔵』であるが、『正法眼蔵』全体からみれば坐禅の説示は意外と少ない。これは当然のことで、『正法眼蔵』は、それぞれ主題をもった個々の法語のあつまりであり、そのほとんどが、この主題について拈提されたものであり、仏祖の経論・語録を引用してその解説をするという形をとっているものが多いので、坐禅という行に関する説示が少ないのは、当然とも言える。

しかしながら、「坐禅儀」巻や「坐禅箴」巻のように、坐禅をテーマとしたものには綿密に説かれており、「行持」巻のように「行」を強調された巻などには仏祖の坐禅の行の賛嘆が随所に見られる。叢林での儀則を説いた「洗面」巻のなかにも坐禅に関する威儀作法の説示が見られ、ほか坐禅に関する記述は【表1】に示した巻に見られる。ここにおいて知られるように、道元禅師の著作において、坐禅に関する説示は帰郷直後から晩年に至るまで不断に見出すことができるのである。特に注目した晩年についても、道元禅師晩年の撰述になると考えられる十二巻本『正法眼蔵』には坐禅に関する直接的な記述が見られないものの、『永平広録』の上堂からはその最晩年まで坐禅弁道を強調する説示や実際に行なっていたことを示す記述がある。【表2】は『永平広録』における坐禅に関する説示をまとめたものである。「健なれば即ち坐禅し、困ずれば即ち眠る」（七例）とか「這箇はこれ長連床上に学び得る底、向上また如何」（六例）等、上堂における坐禅に関する常套語については挙げなかったが、これらを除いても、坐禅に関する上堂がいかに頻繁に行なわれていたかがわかる。【表3】は大仏寺時代（一二四四～一二四六）に説示したとされる

『弁道法』（僧堂における坐禅弁道の規矩を述べたもの）における日分行持の様子をまとめた表である。[8] ここからも、いかに坐禅中心の行が行なわれていたかがわかる。『瑩山清規』にも四時の坐禅の行持が見られるので、少なくとも、この『弁道法』の行持が道元禅師の晩年までも、そして滅後しばらくの間も、僧団のなかで受け継がれていったとみてよい。

これらの資料に基づいてみても、道元禅師は生涯を貫いて坐禅を説き、そして行じていたことが推測されるのである。

次に、先の②の問題である。道元禅師の坐禅観は、その生涯において変化したのかどうか。

道元禅師の坐禅観に変化を認める最近の説に石井修道氏の説がある。石井氏は言う、

以前の「無所得無所悟」の坐禅の説は、邪見を含めてはならないと言う晩年に強調された「坐禅」の説に大きく変化していることが判った。それは初期の道元の坐禅観ではみられない内容であった。[9]

と。即ち、道元禅師の坐禅は「無所得無所悟の坐禅」から、さらに「邪見なき坐禅」へと変化していったというのである。石井氏がこのように主張する根拠は、次の『永平広録』の上堂の語による。

上堂、夫学仏法漢、用心身儀、太不容易。凡夫・外道、倶営坐禅、然而凡夫・外道之坐禅、不同仏仏祖祖之坐禅也。所以然者、外道坐禅有邪見・著味・憍慢故也。若其解会同於外道、雖身心苦労終無益也。況乎同於逆人・闡提等、豈有仏法之身心耶。世尊一時在羅閲城耆闍崛山中、与大比丘衆五百人倶。爾時、提婆達兜壊乱衆僧、壊如来足、教阿闍世取父王殺、復殺羅漢・比丘尼、在大衆中而作是説。何処有悪、悪従何生、誰作此悪当受其報、我亦不作此悪而受其報。時有衆多比丘、入羅閲城乞食、而聞此語、提婆達兜愚人、在大衆中而作是説、何処有悪、悪従何生、誰作此悪而受其報。爾時衆多比丘、食後摂取衣鉢、以尼師壇著右肩上、便往至世尊所、頭面礼足、在一面坐。爾時衆多比丘、白世尊曰、提婆達兜愚人、在大衆中而作是説、云何。為悪無殃、作福無報、無有受善悪

之報。爾時世尊、告諸比丘、有悪有罪、善悪之行皆有報応。若提婆達兜愚人、知有善悪報者、便当枯竭愁憂不楽。沸血便従面孔出。以彼提婆達兜、不知善悪之報、是故在大衆中而作是説、無善悪之報、為悪無殃、作善無福。爾時世尊、便説此偈、愚者審自明、為悪無有報。我今予了知善悪之報応。如是諸比丘、当遠離悪、為福莫惓。諸比丘当作是学。爾時諸比丘、聞仏所説歓喜奉行。世尊復告諸比丘、提婆達兜起五逆悪、身壊命終、生摩訶阿鼻地獄中。以此当知、要無邪見者、莫道莫謂、無善悪之報応、何処有悪、悪従何生、誰作此悪当受其報。若恁麼道者、則邪見也、必令断絶仏法身心也。若断絶仏法身心者、不得仏祖坐禅弁道也。先師天童道、参禅者身心脱落也。既得身心脱落、必無邪見・著味・憍慢。祈祷、祈祷。（二一二頁）

この上堂は、一二五一年の五〜七月に行なわれた、道元禅師五二歳の時の上堂（第四三七上堂）であるとされる[10]。ここでは、凡夫・外道ともに坐禅を営むが、凡夫・外道の坐禅と仏仏祖祖の坐禅とは違うことが示されており、なぜかといえば、彼らの坐禅には邪見・著味・憍慢があるからであると言われる。そこで、提婆達兜の因縁を挙げて、邪見をおこしてはならないと戒めている。石井氏はこの、邪見を含めてはならないという坐禅と、以前の無所得無所悟の坐禅との間に大きな変化を認めるのである。

ここに「要無邪見者、莫道莫謂、無善悪之報応（邪見なからんと要せば、道うことなかれ謂うことなかれ、善悪の報応なしと）」とあるから、邪見とは「善悪の報い無し」という見解である。坐禅を主題としてなされた上堂で、このような提婆達兜の因縁が挙げられ、邪見をおこしてはならないことが示されたことは注意すべきである。道元禅師は、「善悪の報い無し」という邪見をおこしてはならないと説く。「善悪の報い」の歴然なることを説く。それは、坐禅においても例外ではないのである。このような上堂がなされた背景には、門下の中に坐禅に対する誤った考え方があり、それを戒めたものであるとも考えられよう。さて、この上堂が、坐禅において邪見をおこしてはならないということを強調したものであり、その邪見とは「善悪の報い無し」という見解であるとすれば、坐禅において「善悪の報い無し」という見解は誤りであることを示したものということになる。裏がえせば、この上堂は、「坐禅には報いがある」と示しているものと受け取ることができるのである。

では、そうであるとすれば、晩年に示された「坐禅には報いがある」ということと、それ以前に道元禅師が示されていた「無所得無所悟」ということとは齟齬するのであろうか。以前の「無所得無所悟の坐禅」と晩年の「邪見なき坐禅」とは異なった坐禅であって、これを道元禅師の坐禅観における大きな変化と認めてよいのかどうか。石井氏が、「以前の「無所得無所悟」の坐禅の説は、邪見を含めてはならないと言う晩年に強調された「坐禅」の説に大きく変化している」と言うところの「以前の「無所得無所悟」の坐禅の説」と、今ここに挙げた「邪見を含めてはならないと言う晩年に強調された「坐禅」の説」との間には、道元禅師の坐禅観に関わる大きな変化がほんとうに認められるのであろうか。

前項で論じたように、「無所得無所悟」は、修行において所得や悟を求めてはいけないということであり、修行の用心として「修のほかに証をまつおもひ」があってはならないことを教えたものである。けっして証を否定しているのではない。所得はあり、証りはあるのである。先に述べたように、道元禅師が晩年に強調された「邪見なき坐禅」が、転じて「坐禅には報いがある」ということを意味しているとすれば、それ以前の「無所得無所悟」の坐禅観でもそれは同様であって、そこに変化はないのである。

先に挙げた『永平広録』の上堂（第四三七上堂）では、凡夫・外道ともに坐禅を営むが、凡夫・外道の坐禅と仏仏祖祖の坐禅とは違うことが示されていた。なぜかといえば、彼らの坐禅には邪見・著味・憍慢があるからである。先にも述べたので繰り返すことになるが、邪見とは「善悪の報い無し」（「要無邪見者、莫道莫謂、無善悪之報応」）という見解である。坐禅を主題としてなされた上堂で提婆達兜の因縁が挙されて、坐禅において邪見をおこしてはならないことが強調されている。邪見とは「善悪の報い無し」という見であるから、坐禅においては「善悪の報い無し」ではなく、裏がえせば、「善悪の報いがある」と示されているものと受け取ることができる。坐禅の功徳を強調したものである。

道元禅師晩年の上堂で、坐禅の功徳を述べたものはほかにもある。一二五二年一月の上堂（第四八二上堂）には「測知、坐禅其功徳最勝甚深」（一二五頁）とあり、同年八月の上堂（第五二二上堂）には、如浄の「衲僧打坐正恁麼時、乃能供養尽十方世界諸仏諸祖。悉以香華・灯明・珍宝・妙衣・種種之具恭敬供養無間断也」（一三八〜一三九頁）という語を挙げて「衲僧打坐時節、莫道磨塼打車、供養十方仏祖、妙衣・珍宝・香華」（一三九頁）とある。

さて、先の第四三七上堂と類似した上堂に、一二五二年の七〜八月に行なわれたとされる次の上堂（第五一六上堂）がある。

> 上堂、龍樹祖師曰、坐禅則諸仏之法也、而外道亦有坐禅。雖然外道、有著味之過、有邪見之刺、所以不同諸仏菩薩之坐禅也。二乗声聞亦有坐禅。雖然二乗、有自調之心、有求涅槃之趣、所以不同諸仏菩薩之坐禅也。師云、龍樹祖師既恁麼道。須知、二乗外道雖有坐禅之名、不同仏祖相伝之坐也。近代宋朝諸山杜撰長老等、未知此等之道理、蓋是仏法之衰微也。兄弟須知、祖師唯伝仏法之正脈面壁坐禅。後漢永平以来、雖有依文解義之坐全無其儀、唯独祖師伝而已。誠是仏法之親伝者歟。面壁坐禅仏祖伝、不同外道二乗禅。機先開得機先眼。譬如臘月火中蓮。
>
> （一三六〜一三七頁）

ここでも、「諸仏・菩薩」の坐禅と「外道」「二乗」の坐禅とは違うことが示されている。外道の坐禅には「著味の過」があり、二乗の坐禅には「自調の心」や「涅槃を求むるの趣」があるから、諸仏・菩薩の坐禅とは違うと言うのである。注目すべきは、諸仏・菩薩の坐禅には「涅槃を求むるの趣」はないということである。涅槃とは、ここでは「さとり」ほどの意であろうから、言い換えれば、諸仏・菩薩の坐禅は「無所悟」の坐禅であるということになる。

ろう。

「邪見なき坐禅」を強調された先の上堂（四三七上堂）からは「坐禅には報いがある」という立場を示していると受け取ることができると述べたが、これは有所得の坐禅を肯定されたものではないことはこの上堂においても明らかとならう。

また、これが「待悟」でも「有所得」でも「報をもとめる」のでもない点はさらに明確にしておかなければならないが、たとえば比較的晩年に撰述されたと考えられる十二巻本『正法眼蔵』の第五「供養諸仏」巻にも、

諸仏は、無量阿僧祇劫、そこばくの功徳善根を積集して、さらにその報をもとめず、ただ功徳を恭敬して供養しましますなり。（六六〇頁）

仏果菩提の功徳、諸法実相の道理、いまのよにある凡夫のおもふがごとくにはあらざるなり。いまの凡夫のおもふところは、造悪の諸法実相ならんとおもふ、有所得のみ仏果菩提ならんとおもふ。かくのごとくの邪見は、たとひ八万劫をしるといふとも、いまだ本劫・本見、末劫・末見をのがれず、いかでか唯仏与仏の究尽しましますところの諸法実相を究尽することあらん。（六六一頁）

とあることから知るべきである。「報をもとめる」のでもなく、「有所得」でもないのである。しかしながら、その功徳を尊ばれるのである。

先に述べたように石井氏は、道元禅師が晩年に強調された「邪見なき坐禅」とそれ以前の「無所得無所悟の坐禅」との、両者の坐禅観を区別し、そこに大きな変化を認めるが、私は以上の理由から石井氏の説には賛同できない。

それ以前の「無所得無所悟の坐禅」といっても、得道や証悟や、その功徳を否定するものではなく、また因果歴然の道理を無視するものではない。その最初から「邪見なき坐禅」であったのである。晩年の「邪見なき坐禅」「因果歴然の坐禅」といっても「待悟」でも「有所得」でもない。道元禅師晩年の坐禅観においても「無所悟」であることは貫かれているのである。

以上、「道元禅師の坐禅観は、その生涯において変化したのかどうか」についても、ここに私の見解をまとめておきたい。道元禅師が晩年に強調された「邪見なき坐禅」は、それ以前の「無所得無所悟の坐禅」と決して食い違ったものではない。道元禅師の坐禅観はその生涯において変わることはなかったのである。

ところで、道元禅師の坐禅に関する主要な研究については、伊藤秀憲編『道元思想大系』通巻八（思想篇2「道元と坐禅」、同朋舎、一九九五年四月）に収録され、編者によってまとめられているので参照されたいが、ここに、只管打坐に関わる鏡島元隆「道元の思想」（講座道元『道元の生涯と思想』所収）について触れておきたい。鏡島氏は、

自己をはこびて万法を修証するを迷とす。万法すすみて自己を修証するは悟りなり。（「現成公案」巻）

を取りあげ、

道元禅師からは、一方が迷の立場として斥けられ、一方が悟の立場として取られたのではなく、迷悟を越えた高い立場からその一体が説かれたのである。しかし、迷悟が一体であるのは、迷が悟の立場に転じ、悟が迷の立場に転ずる転換によるものであって、そのような転換を可能にするものは自我の滅却を通しての自己の転換である。いわゆる「行」の立場は、いかに全身をもって打ちこんでも、そのかぎりでは「自己をはこびて万法を修証する」迷の立場を免れないものであって、それが「万法すすみて自己を修証する」悟の立場と一つになるには「自己をはこびて万法を修証する」自己の転換を介しなければならないのである。この自己の転換を可能にする自我滅却の道は坐禅よりほかないというのが道元禅師の信条である。一歩譲って、それが坐禅だけに限らないにしても、坐禅が仏祖から伝えられた正門であり、もっとも容易な道であるというのが道元禅師の立場である。もちろん『正法眼蔵』を「行」の書とみて、祇管打坐とは、それぞれの業務の人が即今の業務に全身を挙げて打ちこむことであって、そこに『正法眼蔵』の精神があり、それが今日において道元禅師を生かす道であるという主張も

成立するであろうが、それは『正法眼蔵』を思想書としてみるものであって、宗教書としての『正法眼蔵』はそのような行の一般化を拒むものがあって、そこに『正法眼蔵』の限界もあれば、栄光もあると、私は考える。

(三七〜三八頁)

と述べている。当時学生であった私は、この鏡島氏の「そこに『正法眼蔵』の限界もあれば、栄光もあると、私は考える」という結びの言葉を感慨深く受け止めた。誤解をおそれることなく用いられた「限界」という言葉、そして、それ以上に力強く確信をもって記された「栄光」という言葉。ここに鏡島氏の『正法眼蔵』観や「只管打坐」観があますところなく示されていると思われた。道元禅師の『正法眼蔵』は、そして道元禅師の「坐禅」は、オールマイティーなものであろうか。決してそうとは言えないかもしれない。鏡島氏が言われるように、ある種の限界を認めざるを得ないかもしれない。しかし、そこに「栄光」がある。『正法眼蔵』とは、あるいは「只管打坐」とは、そういうものなのであると私も思う。

鈴木格禅氏は、「「身心脱落」考」(奈良康明監修『ブッダから道元へ』所収、東京書籍、一九九二年五月)において、

「只管打坐」は、自己存在の無常の事実に、無条件に随順するのみの行である。「只管」は「ひたすら」ではなく「ただ」であり、「無条件」の意である。(中略)「参禅は身心脱落なり」というとき、坐禅を方法とし、坐禅という身体的行為を手段として、それと引き換えに、ある特定の効果や功能を、見返りとして期待し要求するのではない。「只管打坐」は、「ものほしい己」の全面的放棄の実践である。(二二〇〜二二一頁)

と言い、

「求める」ということは、いかなる意味においても「自己中心的」であることを避けられぬ。求めなければ「真実」は得られない。しかしながら、求めたらそれは「真実」と相距ることになる。求めなければ得られず、求めたら誤るというこの絶対的矛盾を、そのまま許容するものは何であるか。それは宗教的実践としての「只管打

坐」であり、その「只管打坐」の内容を「身心脱落」と表現したのである。（二二〇頁）

と言う。「只管打坐」とは、まことにそのようであると私も思う。[11]

松本史郎「仏教の批判的考察」（『アジアから考える［7］世界像の形成』、一九九四年十二月）には大きな衝撃を受けた。[12] 松本氏は、

仏教は苦行主義を否定して成立したものであるから、〝仏教とは何か〟を明らかにするためには、どうしてもこの仏教が否定した対象である苦行主義を正確に理解する必要があるのである。（一四二頁）

として論を展開する中で禅について触れ、

禅が〝思考の停止〟を意味することは、インドの禅思想を継承した中国の禅宗の思想についても、指摘することができる。（一四八頁）

とし、神会の「無念」が〝思考の停止〟を説くことは明らかであり、神会の影響を強く受けたとされる無住が「一向に無念になれ」と説いたのも〝思考の停止〟を意味したのであるとし、また、やはり神会の影響を受けたと思われる摩訶衍の「離想」や「不思不観」も〝思考の停止〟を意味するとする。そしてさらには、この〝思考の停止〟〝思考の否定〟を説いた「中国の禅宗の流れが日本まで及び、中国禅宗のストレートな移入に尽力したと思われる初期の道元」も、『普勧坐禅儀』において〝思考の停止〟を説いていると指摘するのである。引用する『普勧坐禅儀』のその部分は、「不思善悪、莫管是非。停心意識之運転、止念想観之測量」（三頁）であり、これが「たとえ宗学的にどのように解釈されるにせよ、ここに説かれるのは、まさに〝思考の停止〟以外の何ものでもないように思える」と述べている。すなわち、それが「初期の道元」に限定されるにせよ、初期における道元禅師（の著作）、そしてこの『普勧坐禅儀』の説示は、仏教にあらざる苦行主義（無執着主義）を起源にするものであるとして批判するのである。

私は『普勧坐禅儀』の説示が「まさに〝思考の停止〟以外の何ものでもないように思える」ということについては、

言葉の解釈として認めたいと思うが、〝思考の停止〟は仏教ではないとすることは、一つの仏教理解であって、同意することはできない。仏教において正しく思考することは実に重要であることは言うまでもないが、それを坐禅中において停止させる（停心意識之運転、止念想観之測量）ことが非仏教であるとは思われないのである。

ところで、『大乗仏典〈中国・日本篇〉』第二三巻「道元」の解説（「Ⅳ 坐禅のこと」、二〇八〜二五一頁）において上田閑照氏は道元禅師の坐禅について論じている。これは端的に言えば、石井修道「道元の「見性」批判（1）〜（3）——最新の道元研究について」（「春秋」、春秋社、一九九〇年七月号、八・九月号、十月号）に対する論評である。石井氏が「道元禅は果たして、坐禅の仏教か、それとも、智慧の仏教か。そもそも、仏教は、坐禅の宗教か、智慧の宗教か」という自らの問題提起に対して、「曹洞宗の道元の教義の中心が、従来では坐禅の仏教であると言われて来たのに対して、智慧の仏教ではないかと新たに提言する」と述べていることに関連して、その問題提起の真意や、結論に至る論理を検証したものである。

上田氏は、結論的には「只管打坐」が道元禅の核心であることを、

ともに妙法を単伝して、よこしまなることなきは、すなはち只管打坐、その標準なり。

と『弁道話』の説示を捩って表現し、

「只管打坐」は単に初心ではなく「道元禅」の根源であり、「道元禅」として道元だけが日本の歴史に開き得た、そして現代の世界における人間に対して持ちうる独自の意義がありとすれば、只管打坐にその根源があると言うことが出来ると思う。（二五一頁）

と述べている。

これに対しては、石井氏よりさらに反論が述べられたが（仏教思想学会、一九九六年六月二十九日、於駒澤大学、論題は「道元の「見性」批判（再論）」）、個人的には上田氏の見解に共感を覚えるところが多い。ただし、

道元の只管打坐は「ただ坐禅していればよい」というような安易な「ただ」ではない。厳しい徹底的な否定性の遂行であり、否定性に貫かれている。「念想観の測量を止め」「言を追ひ語を尋ぬるの解行を休し」回向返照する、これが坐禅である。坐禅は身心脱落なりであり、これが只管打坐である。そして、このような徹底的な否定性の遂行である只管打坐という事は、同時に、「只管打坐」という言葉（「智慧の言葉」と言ってよい）になっており、既に只管打坐という思想、原思想である。……（二二二頁）

等と続く（後略）箇所などは、論理的に「只管打坐」を言い得た新たな見解として傾聴すべきものとは思うものの、我々（宗門の伝統宗学者や師家）が「只管打坐」と言った場合は、そのような「只管打坐の坐禅」……つまり「只管打坐」ということを目的とした坐禅……ではないことをも、この言葉のなかに加味されているのである。

さて、池田魯参氏に「祇管打坐の宗旨と『法華経』」（『宗学研究』第三八号、一九九六年三月）がある。これは、宮地清彦「瑩山禅師の坐禅観――『天台小止観』等との比較」（『宗学研究』第三七号、一九九五年三月）の論考を契機に、「道元禅師がいわれる「祇管打坐の坐禅」とはどのような構えのものであったのか」について論じたものであり、

道元禅師の「祇管打坐」の坐禅は、「釈尊の成道から入滅にいたるまで一貫して行ぜられた禅定に体現された智慧と慈悲の心を、自己の責任において不断に行じていくものである」と結論づけておきたい。その限りにおいて、祇管打坐の実践は、各自において日々に更新してやまぬ仏法のあるべき姿を提示し、その意義を開顕してやまないものとなるのである。（一七頁）

と結論づけている。

また、池田氏には、『仏教の論とこころ――坐 只管打坐』（東京美術選書60、東京美術、一九八八年二月）の著作があり、インド仏教における坐、中国仏教における坐、日本仏教における坐、についてまとめられ、天台止観との関連にも触れ、「道元は、天台止観の意義を正しく評価できた、恐らく我が国唯一の禅者であった」（一七九頁）と新たな視

点から論じている。
年次は前後するが、最後に、水野弥穂子氏は『十二巻『正法眼蔵』の世界』（大蔵出版、一九九四年三月）の末尾に「『正法眼蔵』と坐禅」という一章を設けている。文章は随想的にまとめられたものであるが、実に坐禅の肝要を述べたものと感じられる。「二十年ぐらい前だったら、このような題目を揚げることさえナンセンスのそしりを免れなかったであろう」（二九四頁）という一節に始まり、
坐禅を信じ、坐禅の中から『正法眼蔵』を見る目も開けてくる、と思われる。このようなわけで、『正法眼蔵』が改めて坐禅との関係から論ぜられる日の来ることを筆者はひそかに期待しているのである。（二〇三頁）
という結語を記しているが、私も、『正法眼蔵』が坐禅から独立して一人歩きすることを憂うるものの一人である。(13)

第二節　仏道修行の用心――『正法眼蔵随聞記』から

本論の序説「道元禅師の大疑滞とその解決」において、道元禅師の諸伝記に見られる疑滞を取り上げ、この疑問およびその解決が、その後の道元禅師の仏法に大きく関わっていくことを論じた。すなわち、道元禅師が比叡山の修学中にしばしば耳にしたと思われる「本来本法性、天然自性身」なる教理に疑問を抱き、入宋中もこれと類似する考え方である「冷煖自知」「痛痒了知」「見聞覚知」といった身心の働きを絶対肯定する見解に接して、これらを批判し解決する中で、道元禅師の仏法の核心部分が確立されていったと考えられるのである。
『弁道話』に示される、
この法は、人人の分上にゆたかにそなはれりといへども、いまだ修せざるにはあらはれず、証せざるにはうるこ

となし。（七二九頁）

は、この疑滞に対する解決を最も端的に示したものであり、「即心是仏」巻において、「いはゆる即心の話をききて癡人おもはくは、衆生の慮知念覚の未発菩提心なるを、すなはち仏とすとおもへり。これはかつて正師にあはざるによりてなり」（四二頁）と批判し、「しかあればすなはち、即心是仏とは、発心・修行・菩提・涅槃の諸仏なり。いまだ発心・修行・菩提・涅槃せざるは、即心是仏にあらず」（四五頁）と示すのも同様である。

道元禅師ほど、坐禅・食事・洗面・洗浄はじめ日常生活の威儀・作法を重視し、これらに厳格に従うべきことを強調した禅者はいない。それは、先の疑問とその解決と密接な関係をもつのであり、「冷煖自知」「痛痒了知」「見聞覚知」等の霊妙な身心の働き、「本来本法性、天然自性身」なる身心を煩悩に向かわせるのではなく、仏の威儀作法の実践に向かわせようとしたものである。

「冷煖自知」「痛痒了知」「見聞覚知」等の能力の自覚は、まさに我々の身心が「本来本法性、天然自性身」なることに気付かせるものであるが、それがそのまま悟りであり、仏に成ることではない。「冷煖自知」「痛痒了知」「見聞覚知」等の働きは、私たちを凡夫とも作し、仏とも作すからである。

道元禅師が、何故に坐禅を専らにすべきことを勧め、その上、食事・洗面・洗浄等の威儀・作法の実践を重んじたのか、それは私たちのこの身心を凡夫としてではなく仏として用いることの重要性を悟り、それこそが仏道であると確信したからに他ならない。

本節では、この点について、弟子たちを指導した肉声を伝える『随聞記』に見られる言葉によって確認し、道元禅師が弟子たちにどのような仏道修行の用心を説いていたのかについて整理し、そこから知られる仏道修行の道筋を明らかにしたい。

まず『随聞記』の成立について簡単に触れておくが、池田魯参編『正法眼蔵随聞記の研究』（北辰堂、一九八九年五

月）等を参照し以下述べれば、『随聞記』巻六末尾の跋語に、

先師永平弉和尚在学地日、学道至要、随聞記録。所以謂随聞。如雲門室中玄記、如永平宝慶記。今録集六冊記巻、入仮名正法眼蔵拾遺分内。六冊倶嘉禎年中記録也。（四九五頁）

とある。この跋語は長円寺本（愛知県長円寺蔵、寛永二十一年〈一六四四〉八月書写、六巻一冊本）や東本（東京都東隆眞氏蔵、書写年次不明、六巻一冊本）等に見られるもので、これによれば、懐奘を「先師」と呼ぶ弟子の跋文であり、懐奘にとって、道元禅師の『宝慶記』と同様の性格をもつものであること。また、嘉禄年中（一二三五〜一二三八）の記録であり、『随聞記』という題目は後に名付けられたもので、原本には「随聞」と書かれていたか或いは何も題目はなかったと思われ、この「随聞」が記録され六冊にまとめられて、仮字『正法眼蔵』の拾遺に収録され、『随聞記』と案題されたものであることが知られる。

『随聞記』の写本の主なものに、

①大安寺本（長野県大安寺蔵、寛永十年〈一六三三〉二月書写、零本〈第三巻から第六巻〉）

②長円寺本（愛知県長円寺蔵、寛永二十一年〈一六四四〉八月書写、六巻一冊本）

③東本（東京都東隆眞蔵、書写年次不明、六巻一冊本）

④駒大本（東京都駒澤大学図書館蔵、明和八年〈一七七一〉晩秋書写、六巻一冊本）

⑤大昌寺本（長野県大昌寺蔵、寛政七年〈一七九五〉三月書写、六巻三冊本）

があるが、①②③と④⑤とでは巻序が異なっている。前者の巻序の一二三四五六は、後者の六一二三四五に相応する。

さて、凡例に示したように『随聞記』本文の引用は、長円寺本を底本とする大久保道舟編『道元禅師全集』下巻によるが、本節ではその引用文の所在を、巻数および分類された法語の算用数字（例えば巻五の第十話は〈五―一〇〉）で示した。

さて本題に入り『随聞記』における仏道修行の用心についてであるが、六―二に、

示云、学道の人は、吾我の為に仏法を学することなかれ、只仏法の為に仏法を学すべき也。その故実は、我身心を一物ものこさず放下して、仏法の大海に廻向すべき也。其後は、一切の是非を管すること無く、我心を存することなく、難成ことなりとも、仏法につかはれて強いて是をなし、我心になしたきことなりとも、仏法の道理になすべからざることならば、放下すべき也。穴賢、仏道修行の功をもて、代りに善果を得んと思ふ事無れ。只一たび仏道に廻向しつる上は、二たび自己をかへりみず、仏法のおきてに任せて行じゆきて、私曲を存すること莫れ。先証皆如是。心にねがひてもとむる事無ければ、即ち大安楽也。世間の人にまじはらず、己が家ばかりにて生長したる人は、心のままにふるまひ、おのれが心を先きとして、人目を不知、人の心をかねざる人、必ずあしき也。学道の用心も如是。衆にまじはり、師に随ひて、我見を立てず、心をあらため行けば、たやすく道者となる也。学道は先づ須く貧を学すべし。猶ほ利をすてて、一切へつらふ事なく、万事なげすつれば、必ずよき僧となる也。(四八〇頁)

とある。道元禅師が学道の用心を示した重要な説示であると考えられる。ここには、「吾我を離れること」「身心を放下すること」「仏法に任せること」「所得を得ようと思わないこと」「私曲を存しないこと」「我見を立てないこと」「師に随うこと」「貧であること」「利(名利)を捨てること」などが説かれている。

また、二―二には、

一日示云、人、其の家に生れ、其道に入らば、先づ其の家の業を修べし、知べき也。我が道に非ず、自が分に非ざらんことを知り修するは、即非也。今出家の人として、便仏家に入り、僧道に入らば、須く其業を習べし。其儀を守ると云ふは、我執を捨て、知識の教に随ふ也。其大意は、貪欲無也。貪欲無らんと思はば、先須離吾我也。

吾我を離るるには、観無常是れ第一の用心也。世人多、我は元来人に能と言れ思はれんと思ふ也。其が即よくも成得ぬ也。只我執を次第に捨て、知識の言随ひゆけば、昇進する也。理を心得たる様に云へども、しかありと云へども、我は其の事が捨得ぬと云て、執し好み修するは、弥沈淪する也。禅僧の能く成る第一の用心は、祗管打坐すべき也。利鈍賢愚を論ぜず、坐禅すれば自然に好くなるなり。（四三〇頁）

とある。これも出家者の学道の用心を示した重要な説示と考えられるが、ここでは「我執を捨てること」「知識の教えに随うこと」「貪欲なきこと」「吾我を離れること」「無常を観ずること」「祗管打坐すべきこと」等が説かれている。無常を観じ、吾我を離れ、貪欲から離れ、我執を捨てて知識の教えにしたがい、祗管打坐すべきことが、やや段階的に示されている。

同様な説示は、四―三にもある。

此の故実は、まづ須棄世捨身也。我身をだにも真実に捨離つれば、人に善く被思と云心は無き也。然ども又、人は何にも思はば思へとて、悪しき事を行じ、放逸ならんは、又背仏意。唯行好事、為人やすき事をなして、代を思に、我がよき名を留めんと不思、真実無所得にて、利生の事をなす、即離吾我第一の用心也。欲存此心、先づ須念無常。一期は如夢、光陰易移、露の命は待がたうして、明るを知らぬならひなれば、唯暫くも存したる程、聊の事につけても、人の為によく、仏意に順はんと思べき也。（四六〇頁）

ここでも、「無常を念うこと」、それによって「吾我を離れること」、そして「無所得」にて「利生の事をなすこと」が説かれている。

道元禅師が示される仏道修行の用心として、これらの説示に示される用心は、『随聞記』の他の法語にも実に頻繁に見出される。次に、これらを整理してみる。

ア、吾我を離れること

仏道においては吾我を離れるべきことについては、一—一、四—三、六—一、六—一二、六—二一等に見られる。同様な言葉として「己見を離れる」(一—一六)、「我見を離れる」(五—三)等もある。吾我を離れることは「名利を捨てる」(六—一)ことと共に説かれる場合があり、「所謂出家と云は、先ず吾我・名利をはなるべき也。」(六—二四)、「我執を捨て、知識の教に随ふ也」(二—二)等の説示もある。また、吾我の為に仏道を学ぶのではなく、「仏法の為に仏法を学すべき也」(六—二)とする。また、己見を離れて、師の言葉を聞くべきであると示される。

この吾我を離れることは、私を無くす、ということでもある。これに関連して「私曲を存すべからず」(一—一〇)、「私曲を存するに非ず」(五—一五)、「私曲を存すること莫れ」(六—二)、「私を存する事なかれ」(六—四)、「私を用いず」(一—一〇)等の説示が見られる。

＊日ごろの智慧を捨てる〈己見を捨てる〉(二—一五)

＊名聞・我執を捨てる〈求めに応じて書状を与える〉(二—二四)

＊古見を離れる〈本執をあらためる〉(五—七)

＊我執を離れる(六—一二)

イ、身心を放下すること

吾我を離れるということは、身心を放下するということでもある。身心を放下するとは、「真実の得道と云も、従来の身心を放下して、只直下に他に随ひ行けば、即ち実の道人にてある也」(一—一六)等とあるように、他(師・善知識)に随うということであり、仏法の世界にわが身を投げ入れて、その教えに随って行くことを示している。

＊身心を放下する〈師に随う〉(一—一六、四—一)

＊命を軽くして、衆生を憐れみ、身を仏制に任せる（二―一四）
＊身命を仏法の為めに捨てる心を発す（三―二二）
＊此身を執すべからず（五―三）
＊「身心を倶に放下して、三宝の海に廻向して、仏法の教へに任せて、私曲を存することなかれ」（六―一）
＊「我身心を一物ものこさず放下して、仏法の大海に廻向すべき也」（六―二）
＊「只須く身心を放下して、仏法の中に他に随うて、旧見なければ、即ち直下に承当する也」（六―二一）
＊身命をかえりみない（一―二）
＊「命を惜むことなかれ、命を惜まざることなかれ」（一―七）
＊「仏法の為には身命ををしむ事なかれ」（六―一）
＊「身心を仏法に放下しつれば、くるしく愁ふれども、仏法にしたがって行じゆく也」（六―一二）

ウ、仏法に任せること

身心を放下するということは、仏法の教えに随うということであり、仏法の師（善知識）に随うということである。『随聞記』の中には、この「仏法に任せる」という説示が、その全体にわたり、学道の用心として最も多く見出される。

＊如来の風儀を慣う（一―一〇）
＊仏法の為に諸事を行する〈他に所得があるようにと思ってはいけない〉（二―一一）
＊仏制を守る〈只だ仏道を思う〉（二―一七）
＊仏祖の風流を学ぶ・仏教に随う・仏制に順う（二―一九）

＊仏法に随い、祖道に順う（三—五）
＊仏法に順う〈人情を捨てるというのは、仏法に随って行ずるということ〉（三—六）
＊仏祖の言語行履に順って行く〈仏教に順って行く〉（三—六）
＊「仏制を守て、戒律儀をも存じ、自行化他、仏制に任て行ずる」（三—一六）
＊仏法に順じたらば作し、仏法でなければ行じないで過ごす（三—一八）
＊只だ仏祖の行履、菩薩の慈行を学行する（三—一八）
＊仏制に任せて行ずる（三—一八）
＊一向に仏法によりて行ずべき（三—一八）
＊仏制を心に存す（三—一九）
＊仏祖の行履の外は皆な無用（三—二三）
＊先規を思い、先達にしたがい修行する（三—三〇）
＊仏意に順う（四—三）
＊仏祖の行履を守る（四—七）
＊祖道に随う（四—九）
＊僧の威儀を守る（四—一〇）
＊仏道に依行する（四—一三）
＊仏祖の行履、聖教の道理に依行する（四—一三）
＊「仏法のおきてに任行じゆきて、私曲を存すること莫れ」（六—二）
＊「学人仏祖の道を得んと思はば、すべからく祖道を好むべし」（六—五）

*「我心にたがへども、師の言ば、聖教のことばならば、暫く其に随って、本の我見をすてて改めゆく、此の心、学道の故実也」（六―一六）

*仏祖の行履に任せる（一―三）

また、わが身を仏法に任せることは、決して容易なことではなく、強いて好み学すことが説かれ、

*道を好む（一―四）

*強いて道を好み学す（一―六）

*強いて学道する（五―六）

*世俗に従わない（三―二九）

また、専ら仏法に随うべきであり、世を捨て、世俗に随ってはならないことも強調されている。

*世を捨てる（四―二）

*「世情の見をすべて忘て、只道理に任て学道すべきなり」（六―一二）

*「只すべからく仏道を学すべし、世情に随うこと無れ」（六―一二）

エ、善知識に随うこと

仏法に任せるということは、「知識の言葉に随うこと」（二―一五）〈善知識に随うということ、よき指導者に就いて修行すること〉であり、このことはまた同時に「衆とともに行ずること」（一―六、二―一、六―一二）、「教行によること」（一―一五）、「先人の言葉を尋ねること」（五―一）、「良き人の久しく語るを聞く」（六―一八）等と共に説かれている。

オ、戒行を守り、威儀を調えること

仏法に任せるということは、また、仏戒を守り、仏法の威儀を調えるということである。持戒の大切さは、一—三、二—一、三—三〇、四—九等に説かれている。そしてまた、随処に、先ず身を調えることの重要性が強調される。身をよく保てば心も随ってよくなる（一—三、一—六）、身儀を修める（一—三）、律儀の戒行を守る（一—六）ことや、また叢林に入ることの大切さ（一—八）も説かれる。

その他、『随聞記』には「貧」なるべきことを説き、「観無常」の大切さを示し、当然のことながら学道における第一の修行が「只管打坐」にあることが随処に説かれている。ここでは、それらについては省いたが、道元禅師が比叡山において疑問をもち、入宋して如浄のもとに参じてその疑問を解決し、「本来本法性、天然自性身」なる身心を煩悩に向かわせるのではなく、仏の威儀作法の実践に向かわせようとした、その仏法の特質が、懐奘はじめ弟子達に親しく説かれた説法の記録である『随聞記』の中に特徴的に見出されることが知られるのである。即ち、吾我を離れ、身心を放下して、仏法に任せ、善知識に随って、戒行を守り、威儀を調え、仏法を行ずること、それこそが、道元禅師の大疑団の解決であり、自ら伝えた正伝の仏法の実践であったと言えるのである。

第三節　積功累徳

道元禅師は、『弁道話』で次のように「修証一如」を説く。

すでに修の証なれば、証にきはなく、証の修なれば、修にはじめなし。（七三七頁）

すなわち、すでに修が証であるから、証に際限はなく、証が修であるから、修にはじめがない、と言う。これは、修行の上に証りがあるのであるから、証りにここまででよいという終着点はなく、証りの上での修行であるから、修行そのものに始め（であるとか終わりであるとか）はない、という意であろう。ゆえに、生涯にわたる修証（修がそもまま証であるから道元禅師は端的に修証と示す）を説いていると言える。

とはいえ、この修証は今生に限られたものではないようである。生生世世に亘るということが知られる。その点に注目してみたい。

以下、「生生世世」「今生より乃至生生をつくして」「生をかへ身をかへても」等、生死の連続や六道、輪廻に関する説示を挙げる。

a．たとひ三大阿僧祇劫、十三大阿僧祇劫、無量阿僧祇劫までも、捨身受身しもてゆく、かならず学道の時節なる、進歩退歩学道なり。（「身心学道」巻、四〇頁）

ここでは、たとえ「三大阿僧祇劫、十三大阿僧祇劫、無量阿僧祇劫」という無限に近い時間に亘って「捨身受身」、すなわち生死輪廻を繰り返してゆくとしても、その捨身受身の繰り返しの中に、必ず学道の時がある、と説く。この「身心学道」巻は、学道についてしばらく心学道と身学道にわけて、それぞれについて示したものであり、この説示は身学道の解説の部分に見られる。身学道の説示では、これが空間的に無限（尽十方界）の学道であるべきことと、時間的に無限（生死去来）の学道であるべきことが中心に説かれている。また、その中で、「尽十方界」（無限の世界）や「生死去来」（無限の時間）が「真実人体」（真実の身）であるとは言え、煩悩妄想の身そのままでよいのではなく、ゆえに、

この身体をめぐらして、十悪をはなれ、八戒をたもち、三宝に帰依して捨家出家する、真実の学道なり。このゆゑに、真実人体といふ。（同、三九頁）

とし、「後学かならず自然見の外道に同ずることなかれ」（同、三九頁）と戒めている。その自然見の外道とは、どのような見解かというに、

百丈大智禅師のいはく、若執本清浄本解脱自是仏、自是禅道解者、即属自然外道。（同、三九頁）

〈もし、本来清浄である、本来解脱している、自ずから仏である、おのずから是れ禅道である、というような見解に執着すれば、自然外道と同じである〉

という百丈の語を挙げて説明する。すなわち、真実人体とは「本清浄」「本解脱」「自是仏」「自是禅道」という安易な肯定ではないことを示す。これはまた、先に述べた（一五三頁）「本証妙修」の本証が、これら「本清浄」「本解脱」「自是仏」「自是禅道」と同等でないことを示しているとも受け取られる。

また、同巻で、

たとひ威音王よりさきに発心学道すれども、なほこれみづからが児孫として増長するなり。（同、三九頁）

と、たとえはるか過去に発心し学道しているといっても、なおその学道を、この自分が、その児孫として増長するのであるという。これは、後述する「生生世世、在在処処に増長し」という説示と重なるものがあろう。

b．しかあれば、従来の光陰はたとひむなしくすごすといふとも、今生のいまだすぎざるあひだに、いそぎて発願すべし。ねがはくは、われと一切衆生と、今生より乃至生生をつくして、正法をきくことあらん。きくことあらんとき、正法を疑著せじ、不信なるべからず。まさに正法にあはんとき、世法をすてて仏法を受持せん。つひに大地有情ともに成道することをえん。かくのごとく発願せば、おのづから正発心の因縁ならん。（「渓声山色」巻、二一九頁）

ここでは、今生において次のような発願をすべきであることが説かれている。それは「願うところは、私と一切衆生とが、今生より生生をつくして正法を聞くことがあったときに、それを疑わずに、世法を捨てて仏法を受持しよ

う」というものである。この発願の内容には、「生生をつくして」のはるか未来における「つひに大地有情とともに成道することあらん」という釈尊と同様の成道への願いがうかがわれる。この立場は、後述する「八大人覚」巻の末尾の説示や、『尽未来際不離吉祥山示衆』の内容とも重なるものがあろう。

c．つぎには、ふかく仏法僧の三宝をうやまひたてまつるべし。生をかへ身をかへても、三宝を供養し、うやまひたてまつらんことをねがふべし。ねてもさめても三宝の功徳をおもひたてまつるべし、ねてもさめても三宝をとなへたてまつるべし。（別本「仏道」〈道心〉巻、三八九頁。尚カタカナをひらがなに改めた。）

ここでは、生をかえ身をかえても三宝を供養し敬うことを願うべきことが示されている。この巻では、道心を発すこと、三宝を敬うこと、造仏し供養すべきこと、『法華経』を書写受持すること、坐禅することの大切なことを示しており、三宝を敬うべきことについて、より多くを語っている。さらに続いて同巻では、

たとひこの生をすてて、いまだ後の生にうまれざらんそのあひだ、中有と云ふことあり。そのいのち七日なる、そのあひだも、つねにこゑもやまず三宝をとなへたてまつらんとおもふべし。七日をへぬれば、中有にて死して、また中有の身をうけて七日あり。いかにひさしといへども、七ヶ日をばすぎず。このとき、なにごとを見きくもさはりなきこと、天眼のごとし。かからんとき、心をはげまして三宝をとなへたてまつり、南無帰依仏、南無帰依法、南無帰依僧ととなへたてまつらんこと、わすれずひまなく、となへたてまつるべし。すでに中有をすぎて、父母のほとりにちかづかんときも、あひかまへてあひかまへて、正智ありて託胎せん。処胎蔵にありても、三宝をとなへたてまつるべし。うまれおちんときも、となへたてまつらんこと、おこたらざらん。六根にへて、三宝をくやうしたてまつり、となへたてまつり、帰依したてまつらんと、ふかくねがふべし。またこの生のをはるときは、二つの眼たちまちにくらくなるべし。そのときをすでに生のをはりとしりて、はげみて南無帰依仏ととなへたてまつるべし。このとき、十方の諸仏、あはれみをたれさせたまふ縁ありて、悪趣におもむくべきつみも、

転じて天上にうまれ、仏前にうまれて、ほとけををがみたてまつり、仏のとかせたまふのりをきく也。眼の前にやみのきたらんよりのちは、たゆまずはげみて三帰依となへたてまつること、中有までも後生までも、おこたるべからず。かくのごとくして、生生世世をつくしてとなへたてまつるべし。仏果菩提にいたらんまでも、おこたらざるべし。これ諸仏菩薩のおこなはせたまふみちなり。これを深く法りをさとるとも云ふ、仏道の身にそなはるとも云ふなり。(同、三八九〜三九〇頁)

と、「この生」から「のちの生」へ生まれる間の「中有」を説いている。また「生生世世をつくしてとなえたてまつる」ことや、「仏果菩提」に至るまでも怠りなく帰依三宝の語(南無帰依仏、南無帰依法、南無帰依僧)を唱えることを教えている。

d. 初祖菩提達磨尊者、西来のはじめより、嵩嶽少室峯少林寺にして面壁跏趺坐禅のあひだ、九白を経歴せり。それより頂𩕳眼睛、いまに震旦国に遍界せり。初祖の命脈、ただ結跏趺坐のみなり。初祖西来よりさきは、東土の衆生いまだかつて結跏趺坐をしらざりき、祖師西来よりのちこれをしれり。しかあればすなはち、一生万生、把尾収頭、不離叢林、昼夜祇管跏趺坐して余務あらざる、三昧王三昧なり。(「三昧王三昧」巻、五四一頁)

ここでは、一生万生、叢林を離れず、昼夜に祇管打坐して余務のないことが、三昧王三昧であることが説かれている。この説示の前には、「釈迦牟尼仏、菩提樹下に跏趺坐しましまして、五十小劫を経歴し、六十劫を経歴し、無量劫を経歴しましまします」と釈尊の菩提樹下での結跏趺坐が説かれ、これらをまとめて、「しかあれば」以下が説かれていると思われる。「一生万生」とは、今生においても、そしてさらに生生世世においても、ということであろう。

e. 昨日は他のために不定法をとくといへども、今日はみづからのために定法をとくなり。かくのごとくの日面あひつらなり、月面あひつらなれり。他のために法をとき、法を修するは、生生のところに法をきき、法をあきらめ、法を証するなり。今生にも法を他のためにとくに、誠心あれば、自己の得法やすきなり。あるいは他人の法をきくをも、たすけすすむれば、みづからが学法よきたよりをうるなり。聞法を障礙するがごときは、みづからが聞法を障礙せらるるなり。生生の身身に法をとき法をきくは、世世に聞法するなり。前来わが正伝せし法を、さらに今世にもきくなり。法のなかに生じ、法のなかに滅するがゆゑに、尽十方界のなかに法を正伝しつれば、生生にきき、身身に修するなり。生生に法を現成せしめ、身身を法ならしむるゆゑに、一塵法界ともに拈来して、法を証せしむるなり。（「自証三昧」巻、五五四頁）

ここでは、「生生」「身身」という生死の永遠なる連続において「法を聞き」「法を説き」「法を修し」「法を証する」こと、それが、生生をむなしく過ごさないことであると説かれている。「前来わが正伝せし法を、さらに今世にもきくなり」とは、前世において前世の私自身が師から正伝した仏法をさらに今世においてこの私が聞く、ということであろう。それが「法のなかに生じ、法のなかに滅する」ということであり、このことは、

もし菩提心をおこしてのち、六趣四生に輪転すといへども、その輪転の因縁、みな菩提の行願となるなり。（「渓声山色」巻、二一九頁）

という説示、つまり、六道輪廻が仏法を行ずる場であるという説示や、

生死去来真実人体といふは、いはゆる生死は凡夫の流転なりといへども、大聖の所脱なり。（「身心学道」巻、四〇頁）

という説示、つまり、同じ「生死」（生死輪廻）ということが、凡夫にとっては、迷いの流転の世界であるが、大聖にとっては菩提成就の場であり、慈悲行実践の場である、という意（あるいはこの「所脱」とは、単に〝大聖は生死を脱している〟という意にも取れる）の説示にも重なるのである。

これらの説示に明らかなように、道元禅師は生死の連続を説いている。そして、その生死の連続は必ず、生生における仏法との出逢い、仏道修行の誓願とともに示されており、仏道修行を永遠のものととらえられた道元禅師の仏法

の一面を窺うことができる。

道元禅師は、同じ生死輪廻を見るに、凡夫の立場と大聖の立場との別があることを言い、輪廻を必ずしも否定することなく、かえって、この輪廻の立場に立ちながら、その中において仏道を行じ、この生死輪廻のなかにおいて仏道を行ずるということがそのまま生死輪廻からの解脱であるとするのである。

次に、「宿殖……」あるいは悪業（悪業力）・善業（善業力）・願生等の説示を挙げてみる。これらの説示も、生生世世の生死の連続という見地から示されたものであるということができる。

f．宿殖般若の正種なきやからは、祖道の遠孫とならず。いたづらに名相の邪路に跉跰するもの、あはれむべし。梁の普通よりのち、なほ西天にゆくものあり、それなにのためぞ。至愚のはなはだしきなり。悪業のひくによりて、他国に跉跰するなり。（中略）また真丹国にも、祖師西来よりのち、経論に倚解して、正法をとぶらはざる僧侶おほし。これ経論を披閲すといゑども、経論の旨趣にくらし。これ黒業は今日の業力のみにあらず、宿生の悪業力なり。今生つゐに如来の真訣をきかず、如来の正法をみず、（中略）ただ、宿殖般若の種子ある人は、不期に入門せるも、あるは筭砂の業を解脱して祖師の遠孫となれりしは、ともに利根の機なり、上上の機なり、……

（「行持（下）」巻、一四四～一四五頁）

g．願は、われたとひ過去の悪業おほくかさなりて、障道の因縁ありとも、仏道によりて得道せりし諸仏諸祖、われをあはれみて、業累を解脱せしめ、学道さはりなからしめ、その功徳法門、あまねく無尽法界に充満弥綸せらんあはれみをわれに分布すべし。（「渓声山色」巻、二二二頁）

h．まれに辺地の人身をうけて、愚蒙なりといへども、宿殖陀羅尼の善根力現成して、釈迦牟尼仏の法にうまれあふ。

（「陀羅尼」巻、四二三頁）

i．この経典（『法華経』）にあひたてまつれるは、信解すべき機縁なり。深心信解是法華、深心信解寿命長遠のため

に、願生此娑婆国土しきたれり。(「見仏」巻、四八四頁)

これらは前世・過去世における善悪の業や誓願が、現世に及んでいることを述べたものであり、現世において仏法に逢い仏子となる者は宿善の者であり、逆にそれに反するものは宿生の悪業力によるものとされる。生死の連続を言い、輪転を認めたものであると受け取らざるを得ない。ただ、悪業とか善業とかが仏法との邂逅ということを基準にしたものであることは重要であり、注意しておくべきことである。

さて、次に十二巻本『正法眼蔵』(以下、十二巻本)における「生死の連続」に関わる説示をみてみよう。これまで挙げた説示は七十五巻本『正法眼蔵』(以下、七十五巻本)のものである。ここに、ことさらに十二巻本を七十五巻本と区別したのは、最近の研究ではその対比が問題となっているからである。しかし、本論については、その内容的差違は認められず、あえて区別する必要もないのではあるが、その、差違のないことを明確にするために、あえていったん区別して、その同一であることを示すことを意図したものである。

まず、「出家功徳」巻には、

j. 世尊言、南洲有四種最勝。一見仏、二聞法、三出家、四得道。あきらかにしるべし、この四種最勝、すなはち北洲にもすぐれ、諸天にもすぐれたり。いまわれら宿善根力にひかれて、最勝の身をえたり。歓喜随喜して出家受戒すべきものなり。最勝の善身をいたづらにして、露命を無常の風にまかすることなかれ。出家の生生をかさねば、積功累徳ならん。(六〇六頁)

とある。われわれは宿善根力にひかれて最勝の身(南洲の身)を得たのであるから、歓喜随喜して出家受戒すべきである、というのである。「出家の生生をかさねば積功累徳ならん」(出家の人生を重ねれば功徳が積み累ねられるであろう)という説示は重要である。遙かなる積功累徳の仏道においては、出家の人生を重ねることが大切であり、出家として生きる人生は無上菩提を成就するための功徳を積み重ねる最高の人生であるというのである。

「袈裟功徳」巻には、袈裟を着けることの功徳が説かれている。その中で、

k．正法眼蔵を正伝する祖師、かならず袈裟を正伝せり。この衣を伝持し頂戴する衆生、かならず二三生のあひだに得道せり。たとひ戯笑のため利益のために身に著せる、かならず得道因縁なり。（六三三頁）

と、『正法眼蔵』を正伝する祖師が正伝した袈裟を伝持し頂戴する衆生はかならず二三生のあひだに得道することができる、とし、

l．まことにそれ、ただ作悪人とありしときは、むなしく死して地獄にいる。地獄よりいで、また作悪人となる。戒の因縁あるときは、禁戒を破して地獄におちたりといへども、つひに得道の因縁なり。いま戯笑のため袈裟を著せる、なほこれ三生に得道す。いはんや無上菩提のために、清浄の信心を起こして袈裟を著せん、その功徳、成就せざらめやは。いかにいはんや一生のあひだ受持したてまつり、頂戴したてまつらん功徳、まさに広大無量なるべし。もし菩提心をおこさん人、いそぎ袈裟を受持頂戴すべし。この好世にあうて仏種をうゑざらん、かなしむべし。南州の人身をうけて、釈迦牟尼仏の法にあふたてまつり、仏法嫡嫡の祖師にうまれあひ、単伝直指の袈裟をうけたてまつりぬるべきを、むなしくすごさん、かなしむべし。（六三四頁）

と、ただ作悪人であった時は、むなしく死んで地獄に入り、地獄より出て、また作悪人となるが、戒の因縁にあうときは、禁戒を破して地獄に落ちても、つひには得道の因縁となる、と受戒の功徳を言い、また、戯笑のために袈裟を着けても三生に得道するのであるから、無上菩提の成就のために、清浄なる信心を起こして袈裟を着ければ、その功徳は無上菩提の成就につながることが説かれる（ここで「得道」という語と「無上菩提の成就」がおそらく程度の異なったものとして示されていることは注意を有するが、このことは後述する）。また、南洲の人身をうけて、釈尊の法にあい、仏法嫡嫡の祖師にうまれあって単伝直指の袈裟を受けることができるのであるから、そのような恵まれたこの人生をむなしく過ごしてしまうことは悲しむべきことである、と示している。

次の「帰依仏法僧宝」巻の説示も、注目すべき説示である。

m．この帰依仏法僧の功徳、かならず感応道交するとき成就するなり。たとひ天上・人間、地獄・鬼畜なりといへども、感応道交すれば、かならず帰依したてまつるなり。すでに帰依したてまつるがごときは、生生世世、在在処処に増長し、かならず積功累徳し、阿耨多羅三藐三菩提を成就するなり。（六六七頁）

ここでは、たとえ天上・人間、地獄・鬼畜であっても、感応道交すれば、かならず仏法に帰依する、と説かれ、先に述べたように、六道が仏法に帰依する縁を得られる重要な場であることを示している。そしてすでに帰依したならば、それを、生生世世、在在処処に増長してゆき、かならず積功累徳し、阿耨多羅三藐三菩提を成就するのであるとしている。まさに、人間界（南贍部）を含む六道を仏道修行の場とした、無窮の仏道が説かれ、その完成としての阿耨多羅三藐三菩提の成就が説かれている。さらに、帰依三宝の功徳が、

n．人身うることかたし、仏法あふことまれなり。いたづらに鬼神の眷属として一生をわたり、むなしく邪見の流類として多生をすごさん、かなしむべし。はやく仏法僧の三宝に帰依したてまつりて、衆苦を解脱するのみにあらず、菩提を成就すべし。（六七〇頁）

o．世間の苦厄すみやかにはなれて、無上菩提を証得せしむること、かならず帰依三宝のちからなるべし。おほよそ三帰のちから、三悪道をはなるるのみにあらず、天帝釈の身に還入す。天上の果報をうるのみにあらず、須陀洹の聖者となる。まことに三宝の功徳海、無量無辺にましますなり。（六七三頁）

と説かれている。

「三時業」巻では、

p．仏祖の道を修習するには、その最初より、この三時の業報の理をならひあきらむるなり。しかあらざれば、おほくあやまりて邪見に堕するなり。ただ邪見に堕するのみにあらず、悪道におちて、長時の苦をうく。続善根せざ

るあひだは、おほくの功徳をうしなひ、菩提の道ひさしくさはりあり、をしからざらめや。この三時の業、善悪にわたるなり。（六八三頁）

と、「三時の業」が説かれ、仏祖の道を修習する、その最初より、三時の業報の理をならひあきらめることの大切さが説かれる。そうでなければ、あやまって邪見に堕ち、それのみならず、悪道におちて、長時の苦をうけるとする。

「深信因果」巻で、

おほよそ因果の道理歴然としてわたくしなし、造悪のものは堕し、修善のものはのぼる、毫釐もたがはざるなり。（六八〇頁）

と示すように、因果は歴然であって、善行を積めば功徳が積み重ねられ、悪行を行じて善根（善行の徳力）を断じてしまえば、多くの功徳を失うというのである。この功徳は、おそらく阿耨多羅三藐三菩提を成就する功徳であり、この功徳を失えば、阿耨多羅三藐三菩提の成就への道に大いに差し障りがあると説くのである。

道元禅師の最後の選述と言われる「八大人覚」巻の末尾に、次のように記されている。

q．仏法にあひたてまつること、無量劫にかたし。人身をうること、またかたし。たとひ人身をうくるといへども、三洲の人身よし。そのなかに南洲の人身すぐれたり、見仏聞法、出家得道するゆゑなり。如来の般涅槃よりさきに涅槃にいり、さきだちて死せるともがらは、この八大人覚をきかず、ならはず。いまわれら見聞したてまつり、習学したてまつる、宿殖善根のちからなり。いま習学して生生に増長し、かならず無上菩提にいたり、衆生のためにこれをとかんこと、釈迦牟尼仏にひとしくしてことなることなからん。（「八大人覚」巻、七二五〜七二六頁）

ここでは、仏法にあうこと、そして人身を得ることの有り難さが説かれ、その人身を得ることも三洲の人身がよいが、その中で南洲の人身がすぐれているとする。それは、見仏聞法、出家得道することができるからである。そして「いま、この八大人覚を習学したのであるから、生生に増長し、かならず無上菩提にいたり、衆生のためにこれを説くことは、釈迦牟尼仏と同様で異なることなくありたい」と言うのである。

この言葉はいったい、道元禅師自身の発願なのか、それとも弟子達を励まして言った言葉なのか。次節で、道元禅師の成仏観と関わって述べたいが、いずれにしても以上の考察から、道元禅師が、無窮の遙かなる道、生生世世に亘って積功累徳すべき永遠の修行を説いていることを知り得るのである。

第四節　成道観

道元禅師にとって、成仏あるいは成道とはどのようなことであったのか。成仏が文字通り「仏に成る」ことであるとすれば、道元禅師は釈尊と全く同等の仏陀に成ることができたと思われていたのかどうか。成道が文字通り「道を成ずる」ことであるとすれば、道元禅師は釈尊と同様、仏道を成就することができたと思われていたのかどうか。前節において述べたように道元禅師が無窮の遙かなる仏道を説いていることに関わって、大いに問題となるところである。

道元禅師は、釈尊と同様の成仏、成道は、はるか未来のことと思われていたのではないか。私がそのような思いを初めて持ったのは、次の『御遺言記録』の記述を見たときである。これは、義介が、道元禅師の言葉（遺言）として語っている部分である。


同七月八日、御病重増発。義介驚而参拝。

堂頭和尚示曰、汝近前来。義介近前于右辺。示云、今生寿命者此病必覚限。凡人之寿命必有限、然而非可任于病。日比被見之様、我随分合力人、被此加医療、雖然全不平喩、是又不可驚。但今生於如来仏法雖有未明知之千万、猶悦於仏法一切不発邪見、正是依正法取正信。其大意者、只如日来之所談、一切無異。可被存其趣也。（『道元禅師全集』第七巻、春秋社、一八四頁）

この記録は、建長五年（一二五三）七月八日の記録であり、道元禅師が示寂される八月二十八日より二ヶ月弱まえの、道元禅師の言葉が記されている。この部分を現代語訳すれば次のようになる。

同（一二五三）七月八日、御病気が再び増発された。義介は驚いてお部屋を尋ねてお目にかかった。堂頭和尚が示して言われた、「おまえさん、こちらに来なさい。」義介は（道元禅師の）右側近くに進んだ。［道元禅師は］示して言われた、「今生の寿命は、この病気できっと最期だと思う。だいたい人の寿命には必ず限りがある。しかし、［限りがあるといっても］病気のままに、なにもせずにほおっておくべきではない。［だから］日頃見られているように、私も随分人に助けてもらい、あれこれ医療を加えてもらった。それにもかかわらず全く平癒しない。これもまた［寿命であるから］驚いてはいけない。ただ、今生に、如来の仏法についてまだ明らかに知ることができなかったことが千万もある［たくさんある］が、それでも満足なのは、仏法において全く邪見を起こさず、まさしく正伝の仏法に従って、それを正しく信ずることができたことである。その大要はこれまで話してきたとおりであり、全く異なることはない。その趣旨を心に留めておきなさい。

病気であった道元禅師の様態が悪化し、義介が驚いて駆けつけたときに、道元禅師が語ったものである。その中に「今生於如来仏法雖有未明知之千万、猶悦於仏法一切不発邪見、正是依正法取正信」という語がある。

道元禅師にとっては、〝今生において、まだまだ仏法において明らめ知ることが出来なかったことが千万もある〟と言っているのであって、それでもただ、邪見を発することなく、正法に依って正信を取ることができたことが悦びであると言われるのである。如来に対する道元禅師の畏敬の心と、仏法に対する謙虚さが知られる。

このような思いは、死を間近にさとったがゆえの、老いたるがゆえの思いではない。延応二年（一二四〇）、道元禅師四十一歳の時に示衆されたとされる「渓声山色」巻の次の説示にも同様な誓願が示されている。

しかあれば、従来の光陰はたとひむなしくすごすといふとも、今生のいまだすぎざるあひだに、いそぎて発願すべし。ねがはくは、われと一切衆生と、今生より乃至生生をつくして、正法をきくことあらん。きくことあらんとき、正法を疑著せじ、不信なるべからず。まさに正法にあはんとき、世法をすてて仏法を受持せん。つひに大地有情ともに成道することをえん。かくのごとく発願せば、おのづから正発心の因縁ならん。(二一九頁)

すでにこのように「今生より乃至生生をつくして、正法をきくことあらん。きくことあらんとき、正法を疑著せじ、不信なるべからず。まさに正法にあはんとき、世法をすてて仏法を受持せん」という誓願を持つ道元禅師であったからこそ、『御遺言記録』にあるように「正是依正法取正信」ということを今生において成し得て、世法を捨てて仏法を受持できたことに満足されているのである。「つひに大地有情ともに成道することあらん」とは、未来の出来事としての願いであろう。「つひに」とは、最後には、とどのつまり、という意であろう。「大地有情ともに成道」とは、釈尊の成道であろう。ゆえに道元禅師は、釈尊と同等な成道は、未来の終局的なこととして願われていたのである。

先にも引用した、次の「八大人覚」巻の末尾の説示も、同様な趣である。

仏法にあひたてまつること、無量劫にかたし。人身をうること、またかたし。たとひ人身をうくるといへども、三洲の人身よし。そのなかに南洲の人身すぐれたり、見仏聞法、出家得道するゆゑなり。如来の般涅槃よりさきに涅槃にいり、さきだちて死せるともがらは、この八大人覚をきかず、ならはず。いまわれら見聞したてまつり、習学したてまつる、宿殖善根のちからなり。いま習学して生生に増長し、かならず無上菩提にいたり、衆生のためにこれをとかんこと、釈迦牟尼仏にひとしくしてことなることなからん。(七二五～七二六頁)

ここで、「いまわれら見聞したてまつり、習学したてまつる、宿殖善根のちからなり。いま習学して生生に増長し、かならず無上菩提にいたり、衆生のためにこれをとかんこと、釈迦牟尼仏にひとしくしてことなることなからん」とは、今この八大人覚を習学したのであるから、生生に増長し、かならず無上菩提にいたり、衆生のためにこれを説くことは、釈迦牟尼仏と同様で異なることなくありたいと言うのである。

この言葉はいったい道元禅師自身の発願なのか、それとも弟子達を励まして言った言葉なのか問題になるが、私はここに挙げた『御遺言記録』や「渓声山色」巻での説示をはじめ、先に述べた生生世世にわたる積功累徳の無窮なる遙かなる仏道を示した説示から、前者をとるのである。

さて、道元禅師において釈尊と同等の成道が限りない修行の後のはるか未来のこととされていたとすれば、道元禅師の著作の中に見られる「得道」あるいは『弁道話』に言う「一生参学の大事ここにをはりぬ」あるいは入宋して如浄のもとでの「身心脱落」とは何だったのか、ということが当然問題となるが、それらが釈尊と同等の成道ではないことを既に第一章第四節において考察している。そして最後に、さらにこのことを論証する道元禅師の重要な説示をここに挙げておきたい。それは石井清純氏が、「道元禅師の仏・菩薩・祖の定義について」(『宗学研究』第三四号、一九九二年三月)において、道元禅師が「仏」と「祖」をはっきりと区別されていたことを述べる中で、注目している『永平広録』の上堂である。

上堂、謂仏謂祖混雑不得也。謂仏者七仏也。七仏者、荘厳劫中三仏、謂、毘婆尸仏・尸棄仏・毘舎浮仏也。賢劫中四仏、謂、拘楼孫仏・拘那含牟尼仏・迦葉仏・釈迦牟尼仏也。此外更無称仏也。所以然者、毘婆尸仏雖有附法蔵遺弟多、倶称祖師或称菩薩、未曾有乱称仏世尊。必定至尸棄仏之出世而称仏。所以行満劫満也。乃至尸棄・毘舎浮等仏後、正法・像法時、亦復如是。於賢劫中、拘楼孫仏亦雖有附法蔵之遺弟、相続而住持仏法、未称彼彼為仏也。必定以拘那含牟尼仏、称仏世尊之出世也。乃至迦葉如来亦復如是、今釈迦牟尼仏法亦如是。迦葉尊者西天初祖也。菩提達磨廿八祖也。如迦葉尊者具三十相、謂、少白毫・肉髻而已。仏在迦蘭陀、与五百比丘倶。時迦葉乞食、前至仏所、却坐一面。仏言、汝年老長大志衰根弊、可捨乞食及十二頭陀、亦可受請并受長衣。迦葉曰、我不従仏教。若如来不成仏作辟支仏。辟支仏法、尽寿行蘭若行。仏言、善哉善哉、多所饒益。若迦葉行頭陀行在世者、我法久住増益人天、三悪道滅成三乗道。又迦葉聞天人称為仏、師起歛仏足云、仏是我師、我是弟子。迦葉説此語時、人天散疑。雖具如是功徳、未称迦葉為仏。又迦葉、頭陀既久鬚髪長、衣服弊来詣仏所。諸比丘起慢。仏命令就仏半坐共坐。迦葉不肯。仏言、吾有四禅禅定息心、従始至終無有秏損、迦葉亦然。吾有大慈、仁覆一切、汝亦如此、体性亦慈。吾有大悲、済度衆生、汝亦如是。吾有四神三昧、一無形、二無量意、三清浄積、四不退転、汝亦如是。吾有六通、汝亦如是。吾有四定、一禅定、二智定、三慧定、四戒定、汝亦如是。又一婆羅門白仏、昨有婆羅門至我家、何者是。仏指迦葉。又問、此沙門、非婆羅門。仏言、沙門法律、婆羅門法律、我皆知、迦葉亦爾。迦葉功徳、与我不異。何故不坐。諸比丘聞仏所讃、心驚毛豎。世尊引本因縁、昔有聖王、号文陀竭。高才絶倫。天帝欽徳、遣千馬車、造闕迎王。天帝出候与王同坐。相娯楽已、送王還宮。昔迦葉、以生死座、命吾同坐。吾今成仏、以正法座報其往勲。対仏坐時、天人咸謂仏。師雖具是徳、未称為仏。況乎澆季全無一徳之輩、猥称吾是仏、豈免謗仏・謗法・謗僧。大愚痴也、豈免墜堕三悪中。迦葉已後至于達磨二十七世、或是羅漢、或是菩薩、伝仏世尊正法眼蔵、未称為仏。所以仏是行満作仏也。祖是解備嗣法也、仏果菩提不猥得成。明知此道理、実是仏祖嫡子也。作仏必経三阿僧企耶大劫、或必経無量無数不可思議劫、或必経一念之頃。雖有三不同、非難非易、非長遠時、非頓速時。或在拳頭裏成仏、或在拄杖頭上成仏、或在衲僧頂𩕳上成仏、或在衲僧眼睛裏成仏。雖然如是、作仏之劫・名号・国土・所化弟子・寿命・正法・像法、必受先仏之記莂也。祖師亦授此仏所記、不可乱矣。明知如斯道理、乃是仏祖正法眼蔵涅槃妙心之附嘱也。大衆還要委悉這箇道理麼。良久云、必然掃破太虚空、万別千差尽豁通、師子教児師子訣、一斉都在画図中。（一一四～一一六頁）

石井氏は、この『永平広録』巻六・第四四六上堂に注目し、「禅師は、ここにおいて「仏」と「祖（菩薩・羅漢）」とをはっきりと区別し、後者は前者にはけっして及ばぬものであると定義されている」（一一三頁）とする。私も同様に、この上堂に注目している。

この上堂は、道元禅師が永遠の仏道を説かれていることを『永平広録』での上堂から再確認する上でも、また、〝道元禅師の「身心脱落」「大事了畢」やそれに伴う「嗣法」〟と、〝釈尊と同等の「無上菩提の成就」〟の相違を述べる私の主張を証明する一論拠としても、非常に重要な上堂である。

傍線にあるように、先ず〝仏と祖を混同してはならない〟とする。また、七仏以外はけっして「仏」と称することはないとし、七仏を「仏」と称するのは〝行が満ち、劫が満ちているからである〟という。そして、〝付法蔵の遺弟があって、相続して仏法を住持するといっても、未だ仏と称さない〟という語も見られる。後半においても、「迦葉より已後、達磨に至るまで二十七世、あるいはこれ羅漢、あるいはこれ菩薩、仏世尊の正法眼蔵を伝うれども、未だ称して仏とせず。仏はこれ行満ち作仏する所以なり。祖は解備わり嗣法するなり。仏果、菩提、みだりに成ずることを得ず。この道理を明らめ知る、実にこれ仏祖の嫡子なり」と示される。仏は行が満ちて作仏するのであって、祖は「解」が備わって嗣法するのであるという。仏果・菩提はむやみやたらに成就できるものではなく、そのことを仏祖の嫡子であれば明らかに知るというのである。また、このことを明らめ知るのが、正法眼蔵涅槃妙心の附嘱であるとする。

このように示される道元禅師にあって、先の「渓声山色」巻や「八大人覚」巻のような説示があっても極めて当然ではなかろうか。自らの誓願として、釈尊と同等の成道を、はるか未来の終局的なこととして願われていても何の不思議もないのである。

第五節　結語

本章では修道論と章立てして、道元禅師の仏道修行論について、道元禅師が説く修行の諸相について論じた。

第一節では、道元禅師の仏道修行の特色としてよく知られている「只管打坐」（祇管打坐）について述べ、只管の意味を考察し、坐禅が第一の行であり、その坐禅は無所得無所求無所悟でなければならないとする説を論じた。特に「只管」（祇管）を、道元禅師が非常に尊敬している中国の禅者の一人である大梅法常の「祇管即心是仏」と関連づけて論じたことは、新たな視点であろうと思う。

第二節では、道元禅師の修道の道程について主として『随聞記』によりながら「仏道修行の用心」と題して考察した。道元禅師が仏道修行において大切な事項として「吾我を離れること」「身心を放下すること」「仏法に任せること」「善知識に随うこと」「戒行を守り、威儀を調えること」などを繰り返し説き、強調していることを明らかにした。

第三節では、その仏道が今生に限らず永遠の道であるとする説示を取りあげて、道元禅師が説く無窮なる積功累徳の遙かなる仏道について述べ、そして道元禅師は釈尊と同様な「無上菩提」の成就は未来のこととして願われていたのではないかということを論じた。そこに必然的に問題となる、如浄のもとでの道元禅師の「身心脱落」の意義や、『弁道話』に記される「一生参学の大事ここにをはりぬ」の意味、あるいは道元禅師の選述に見られる「得道」という語の内容等については既に第一章において論じたところである。ここにそれらを整理してまとめるならば次のようになる。

道元禅師が出家し、比叡山において修行する中で大疑滞を抱かれたことは、諸伝記資料が記すところであるが、正師・正法を求めて入宋したことは確かであり、その求法の旅において諸師との出会いの中で正法を垣間見、ついに如浄に相見して「身心脱落」し、「一生参学の大事」を了畢して日本に伝来されたことは周知のことである。

私は道元禅師の研究を始めた当初、道元禅師の「身心脱落」や「一生参学の大事」の了畢を、無上菩提の成就である釈尊の成道と同等に考え、あるいは混同して考えていたが、その後の研究の中で、道元禅師の説く遙かなる仏道という視点が非常に重要であり、これこそ道元禅師の修行観であり、道元禅師において自らの「身心脱落」は、正しい修行の出発点であって、決して到達点ではなかったのではないかと考えるに至った。

すなわち入宋参学において、特に如浄のもとでの参学において、道元禅師は只管打坐を根幹とする正伝の仏法を新たに学び、あるいは従前の仏道修行に対する自らの疑問を次第に解決してゆき、最終的に「只管打坐」「修証一等」という正しい仏道修行の在り方をはっきりとつかむことができた。それが「身心脱落」であり、ゆえに自ら今後いかに仏道を行じてゆくべきかという一生参学の大事を明らめ、このことに関する参学を終えることができたので、「一生参学の大事ここにをはりぬ」と表現したのではなかろうか。これを道元禅師は、「得道」とか、「解脱」とか、「悟り」と言われるのであろうが、この正しい仏道修行への証入は、この大道（「只管打坐」「修証一等」）が確実に真っ直ぐに釈尊と同等の無上菩提の成就につながっているという確信的事実からは、「身心脱落」以後は大道の中にいる、あるいは無上菩提を受用している、ひいては「無上菩提」と同等に言うこともできるのであって、そのような説示も見られるのであろう。

よって道元禅師の修道論を概説するに、修行者は、正しい仏道修行とは何かを会得しているところの正師（身心脱落し、一生参学の大事を了畢している師）について修行し、そのもとで自らそれを明らめ、身心脱落し、大事了畢し、その後、限りない正しい仏道修行を確実に積み重ねて行き（その状態が修証一等）、はるか未来において、その究極に成正覚（釈尊と同等の「無上菩提」の成就）し成道することができる、という修道論であると結論づけたい。

第一章で述べたように、道元禅師の修証観の特徴は「修証一等」にあるが、「無上菩提」に向かう遙かなる仏道を歩むその全途（全行程）において、その修行自体は成正覚の時あるいは成正覚後と何ら変わりない修行であり、そのことを「修証一等」と言うのであると私は捉えている。

（1）　拙稿「宗学論争覚書」（『曹洞宗宗学研究所紀要』第二号、一九八九年三月）、「道元禅師をめぐる論争についての回顧」（『駒澤大学大学院仏教学研究会年報』第四二号、二〇〇九年五月）参照。

（2）　袴谷氏は、この論文において、

批判の言葉に徹底できない面があった分だけ、坐禅の威儀に力点が注がれるわけで、只管打坐はもとより、面授や嗣書、果ては洗面や洗浄に至るまで、広い意味での威儀に対する道元の思い入れが異常なほどであるのは、たぶんそのせいだろうと私は思っている。しかし、いくら只管打坐が強調されているからといって、只管打坐一辺倒で批判としての言葉を無視してしまったのでは、道元がなにを批判しなにを主張したのかさえ分らなくなってしまうのは火を見るよりも明らかである。従って、道元自身が山川草木と化してしまったのではない以上、禅師がなにを主張したかったのかを考えるときに、坐禅よりは批判が重要になってくるのは当り前なことなのであって（後略）（三三二頁）

と言い、また、その註において、

「只管打坐」の「只管」とは、坐禅はそれ以上でもそれ以下でもないということの限定だと私は考える。『曹洞宗宗憲』第三条には「本宗は、仏祖単伝の正法に遵い、只管打坐、即心是仏を承当するを宗旨とする」とあるが、もし、宗旨というものが、ある確信の表明だとすれば、只管打坐をもって我が宗旨とすることは果たしてできるであろうか。道元によってなされた批判こそ我が宗旨としなければなるまいと私は考えている。（三三六頁）

と言う。

（3）　石井氏は、「曹洞宗の道元の教義の中心が、従来では坐禅の仏教であると言われて来たのに対して、智慧の仏教と言われるべきではないかと新たに提言」（「道元の「見性」批判(1)―最新の道元禅研究について」、「春秋」、一九九〇年七月、一九頁）している。また、従来の宗学では臨済系の看話禅の坐禅に対して、〃無所得無所悟〃の坐禅が強調され、道元禅師が晩年に示された〃邪見なき坐禅〃が強調されることがなかったとする。重要な部分とは、〃邪見なき坐禅〃という部分。

（4）「初期の道元の基本的立場は、すでに見たように、仏性が修行によって現われるとする仏性修現論であると考えられる。しかるに道元にとって修行とは坐禅に他ならないので、初期の道元には坐禅を非常に強調する傾向が認められる。これは周知のことであろうが、私は特にこの傾向が初期においては、「学」よりも「禅」（「行」）を重視する傾向となって現れており、それが『十二巻本』においては逆転するという見解を示してみたい。」（二一六〜二一七頁）
「このように「四禅比丘」において、道元が「学」を欠いた「禅」を批判したことは明らかであると思われるが、この批判が果して「学」を欠いた「禅」に対する批判にとどまるのか、それとも「禅」そのものに対する批判をも意味するのかということは、微妙ではあるが極めて重要な問題であろうと思われる。私はこの問題に即答は出来ないが、……」（二二六頁）

（5）その論拠は、道元禅師の著作において、坐禅に関する説示が帰郷直後から晩年に至るまで不断に見出だせること、特に注目すべきであると考えた晩年についても、道元禅師晩年の撰述になると考えられる十二巻本『正法眼蔵』には坐禅に関する直接的な記述が見られないものの、『永平広録』の上堂からはその最晩年まで坐禅弁道を強調する説示や実際に行なっていたことを示す記述があること、また『弁道法』にみられる日分行持の記録から、坐禅が行持の中心であったことが窺われること等。

（6）宗学大会における発表（「道元禅師と坐禅（一）」）に対する質問の中で、吉津宜英氏より、この問題設定に疑問を投げかけられた。それは私の宗学に対する態度、研究姿勢そのものを問うものであったと思う。その主旨は、道元禅師の坐禅の観点から現代の人権思想を見るのか、現代の人権思想から道元禅師の坐禅を見るのか……、（この発表で私は後者をとったが）前者をとるほうがむしろ私（角田）らしいのではないか、というものであった。私はこの問いかけに対し、その場しのぎの返答しかできなかったが、この質問は坐禅に限ったことではなく、宗学の立場から現代の人権思想を見るか、現代の人権思想で宗学を斬るのか、という問いかけでもあったのであると思う。その後、この問題は私の一大公案となっている。吉津氏に感謝したい。やはりこの問題は「宗学を学ぶこの私が、現代をどう生きてゆくべきなのか」ということになるのであろうか。私にとって宗学は宗学であり、学術的研究を行わなくてはならないが、現代を生きる私は、その研究の上に立って、現代を生きなければならないのである。

（7）『随聞記』には坐禅を第一の修行とする記述が多々見られるが、ここにその二、三の例を挙げる。

「禅僧の能く成る第一の用心は、祇管打坐すべき也。利鈍賢愚を論ぜず、坐禅すれば自然に好くなるなり。」（巻二、四三〇頁）
「機に随、根に随べしと云へども、今祖席に相伝して専る処は坐禅也。此の行、能衆機を兼、上中下根等修し得べき法也。」（巻二、四三五頁）
「学道の最要は坐禅是第一也。大宋の人、多く得道すること、皆坐禅の力也。……然ば学人、祇管打坐して他を管することなかれ。仏祖の道は只坐禅也、他事に順ずべからず。」（巻六、四九四頁）

（8）野乃花香蔵「玄透即中の思想とその誓願――曹洞禅近代化への一過程」（玄透禅師復古会、一九八〇年六月）七〇頁、参照。本著の存在については尾崎正善氏よりご教示いただいた。但し、この表に見られるような更点に関する記述について伊藤秀憲氏は、「道元禅師時代の叢林の時刻法」（『永平正法眼蔵蒐書大成』続輯「月報6」、一九九五年四月）において「道元禅師時代の叢林の夜間の時刻法は、変則的な更点法であったのではないか」としている。

（9）石井修道「最後の道元――十二巻本『正法眼蔵』と『宝慶記』」、『十二巻本『正法眼蔵』の諸問題』所収、大蔵出版、一九九一年十一月、第二章「十二巻本と坐禅の関係について」、三六九頁。

（10）伊藤秀憲「『永平広録』説示年代考」（『駒澤大学仏教学部論集』第一一号、一九八〇年十一月）による。以下、『永平広録』の説示年月日は、同論考を参考にする。

（11）拙稿「『弁道話』の性格」（『宗学研究』三一号、一九八九年三月）。

（12）この論文の存在については、奥野光賢氏よりご教示頂いた。尚、松本氏は、仏教以前の苦行主義の時代に流行した無執着主義については、「〝思考〟とは、精神の平静を乱す〝執着〟にほかならないので、その〝執着〟たる〝思考〟を停止することによって、精神の平静が獲得される、という考え方である」としている。

（13）私が以前、前記拙稿「道元禅師と坐禅（一）（二）」についてお話した折、水野氏は「こういうことをわざわざ論じなければいけない時代になったのですねぇ」と嘆かれていたことを思い出す。

第三章　世界観

第一節　須弥山世界観

道元禅師は、この世界の実態をどのように考えていたのか。もちろんそれは現代科学が認める地球・太陽系・銀河系といった宇宙ではない。当時の仏教者がそう信じていたインドの須弥山世界観、三千大千世界である。我々人間世界は、須弥山を北に仰ぐ南贍部州であり、そこにインド・中国・朝鮮・日本等が存在する世界観である。

しばらく山河大地日月星辰これ心なり。この正当恁麼時、いかなる保任か現前する。山河大地といふは、山河はたとへば山水なり。大地は此処のみにあらず。山もおほかるべし、大須弥小須弥あり。横に処せるあり、竪に処せるあり。三千界あり、無量国あり。色にかかるあり、空にかかるあり。河もさらにおほかるべし、天河あり、地河あり、四大河あり、無熱池あり。北倶盧洲には四阿耨達池あり、海あり、池あり。地はかならずしも土にあらず、土かならずしも地にあらず。土地もあるべし、心地もあるべし、宝地もあるべし。万般なりといふとも、地なかるべからず。空を地とせる世界もあるべきなり。（「身心学道」巻、三七頁）

このような世界が、道元禅師が考えていた実態としての世界であり、南贍部州、南閻浮提、南閻浮、閻浮提、南洲、南浮等の記述は、『正法眼蔵』に十数カ所みられ、我々の住む世界を須弥山世界の中の南贍部州として捉えていたことは間違いない。そして次の説示のように、この我々が住む南贍部州こそが、仏法が存在する世界であり仏法と巡り会える世界であり、菩提心を発すことができる世界であるとするのである。

世尊言、南洲有四種最勝。一見仏、二聞法、三出家、四得道。あきらかにしるべし、この四種最勝、すなはち北洲にもすぐれ、諸天にもすぐれたり。いまわれら宿善根力にひかれて、最勝の身をえたり。歓喜随喜して出家受戒すべきものなり。（「出家功徳」巻、六〇六頁）

もし菩提心をおこさん人、いそぎ袈裟を受持頂戴すべし。この好世にあうて仏種をうゑざらん、かなしむべし。南洲の人身をうけて、釈迦牟尼仏の法にあふたてまつり、仏法嫡嫡の祖師にうまれあひ、単伝直指の袈裟をうけたてまつりぬべきを、むなしくすごさん、かなしむべし。（「袈裟功徳」巻、六三四頁）

この発菩提心、おほくは南洲の人身に発心すべきなり。（「発菩提心」巻、六四六頁）

仏法にあひたてまつること、無量劫にかたし。人身をうること、またかたし。たとひ人身をうくるといへども、三洲の人身よし。そのなかに南洲の人身すぐれたり、見仏聞法、出家得道するゆゑなり。（「八大人覚」巻、七二五～七二六頁）

そして、

釈迦牟尼仏、自従迦葉仏所伝正法、往兜率天、化兜率陀天、于今有在。まことにしるべし、人間の釈迦は、このとき滅度現の化をしけりといへども、上天の釈迦は、于今有在にして化天するものなり。（「行仏威儀」巻、五〇頁）

と、釈尊は今に天上界（兜率陀天）に存在して、天人を接化していると言う。そしてまた、この世界は、第七章第二節でも述べるように、六道輪廻の中の人間界であるのである。

さて、先ずは道元禅師が捉えた実態としての空間的世界をこのように見たのであるが、それはあくまでも仏教経典に見られる世界観を信じての想像としての世界であるといえる。しかし、

学人おほくおもはく、尽乾坤といふは、この南贍部州をいふならんと擬せられ、又この一四州をいふならんと擬せられ、ただ又神丹一国おもひにかかり、日本一国おもひにめぐるがごとし。又、尽大地といふも、ただ三千大千世界とおもふがごとし、わずかに一州一県をおもひにかくるがごとし。(「行仏威儀」巻、四九頁)

とも示すように、世界はこれにとどまるものではなく、広狭・大小ではないともする。須弥山世界をどこかで想定しながらも、道元禅師には「今」「ここ」「このこと」を生きる実際的世界観がある。次節においてそのような世界観を示していると考えられる「現成公案」について取り上げてみる。

第二節　現成公案

第一項　現成公案の意味するもの

「現成公案」という語を『禅学大辞典』(大修館書店)で引くと「公案は、政府の法令、動かすことのできない法則や真理をいう。眼の前に現れているものが、そのままの相において絶対の真理であること。諸法実相」(二八九頁)とある。道元禅師が示す「現成公案」も多くの学者によって、ほぼそのように解釈されている。しかし、そのなかで鏡

島元隆氏が、

公案とは、道元禅師の意味においては古則公案の意味ではなく、動かすことができない軌範、法則、真理という意味である。従って、現成公案とは、現成せるものはすべて絶対の真理である、ということである。（中略）すべてのものは一時のすがたであり、仮りのすがたであって、夢幻空華のごときものであるが、現成公案からすれば、この一時のすがたのほかに永遠はなく、仮りのすがたのほかに真実はないのである」（「三　現成公案の意味」、『講座道元Ｉ　道元の生涯と思想』第一章「道元の思想」、春秋社、一九七九年、一三～二一頁）

と解釈し、石井清純氏が、

ある全体的状況を、具体的な一事象を以て表現することを意味するものとして用いられている。（「「現成公案」の意味」、『印度学仏教学研究』第四六巻第一号、一九九七年十二月、一〇〇頁）

『正法眼蔵』「現成公案」の巻における道元禅師の主張は、「万法」に対する自己認識の限界を自覚し、その認識不能なる部分の存在を認識することを、自己の「暫定的」完成（悟り）とするところにあったと考えている。

（「再び「現成公案」について」、『宗学研究』第四一号、一九九九年三月、一九頁）

と捉えていることは注目される。そして、私はさらに次のような解釈を試みたい。「現成公案」とは、端的に言えば〝現実を生きる〟という意であり、いま諸法を仏法として捉え、仏道を生きるということである、と。但し、そこにおいては、そのように今生きている「ところ」「みち」以外に自己の認識の及ばない世界や様々な生き方があることを自覚し、その上で「私は今この仏道を生きる」というのが「現成公案」ということであると思う。

このことは道元禅師の世界観を論じる上で、実に重要である。道元禅師が認識し生きていた世界とは、このような世界であると考えられるからである。

第二項　『正法眼蔵』「現成公案」巻の冒頭の一節の解釈

以下、「現成公案」巻の冒頭の一節を取り上げ、その新たな解釈を試みることによって、道元禅師の世界観の一端を探ってみたい。

ところで、「現成公案」巻は、代表的古写本である六十巻本『正法眼蔵』でも七十五巻本『正法眼蔵』でもその第一に編集されている。おそらくそれは序論（三の㈡）でも述べたように道元禅師自らの意図（編集）によるものと考えられ、『正法眼蔵』の中でも最重要な巻であったからと推測される。そしてその冒頭の一節は、この「現成公案」巻において重要な一節であるのみならず、『正法眼蔵』全体にも関わり、道元禅師の仏道のあり方にも関わる注目すべき一節であると、私には思われる。

ところで、序論（二一頁）でも述べたように、私は『正法眼蔵』各巻の本文を解釈する場合、解釈において次のような方法を取っている。第一には、その巻の全体的流れの中で、あるいは前後関係を考えて、その部分の解釈を試みる。第二には、『正法眼蔵』をはじめ道元禅師の著作に同一の語句あるいは同一の内容を示している一節がある場合には、それらを参照する。第三には、諸経典・語録等より語句あるいは文節が引用されている場合には、その原典での意味・解釈を参照する（但し、道元禅師が特異な解釈をしている可能性もあるので注意が必要である）。第四には、『正法眼蔵』には最古の註釈書である『正法眼蔵聞書抄』や江戸期の諸註釈書があるのでそれらを参照する。そして第五には、種々の現代語訳や本文解釈に関わる論文等、先行業績を参照する、という方法である。

本節では、「現成公案」巻冒頭の一節について、主としてこの巻の前後関係あるいは全体的考察によって、その新たな解釈を試み、道元禅師の世界観と密接な関係をもつ「現成公案」の意味を論じた。

問題とする冒頭の一節の本文は次のとおりである。

諸法の仏法なる時節、すなはち迷悟あり修行あり、生あり死あり、諸仏あり衆生あり。万法ともにわれにあらざる時節、まどひなくさとりなく、諸仏なく衆生なく、生なく滅なし。仏道もとより豊倹より跳出せるゆゑに、生滅あり、迷悟あり、生仏あり。しかもかくのごとくなりといへども、華は愛惜にちり、草は棄嫌におふるのみなり。(七頁)

これを直訳すれば次のようになる。

諸法が仏法である時、そのとき迷悟があり修行があり、生があり死があり、諸仏があり衆生がある。万法がみな我でない時、迷いはなく悟りはなく、諸仏はなく衆生はなく、生はなく滅もない。仏道はもともと豊倹から跳出したから、生滅があり、迷悟があり、衆生や諸仏がある。しかもそうであるとは言っても、華は愛し惜しまれて散り、草は棄て嫌われて生い茂るだけである。

私はこの一節を三段に分ける。「しかもかくのごとくなりといえども」以下を、上の三段全体を受けた第四の段として分けることもできるが、後述する理由により私はこれは第三段に含まれるものと見なしている。さて、この一節は第一段において「諸法の仏法なる時節」には、迷・悟、(修行)、生・死(滅)、生(衆生)・仏(諸仏)が「あり」と示し、第二段において「万法ともにわれにあらざる時節」にはそれらが「なし」と示し、第三段において「仏道もとより豊倹より跳出せるゆゑに」それらは「あり」とし、「しかもかくのごとくなりといへども、華は愛惜にちり、草は棄嫌におふるのみなり」と示している。

(一) 第一段「諸法の仏法なる時節」

「諸法の仏法なる時節」すなわち〝諸法が仏法である時〟とは、如何なる意味か。〝諸法は仏法である〟と断定した上で、その時には、という意か、あるいは〝諸法が仏法である〟と仮定し、そのように受け取るとき、という意か。

この一句については金子宗元氏の綿密な考証がある。金子氏は「道元禅師初期の実践論と仏性顕在論について――「諸法の仏法なる時節」を中心に」（『宗学研究紀要』第一八号、二〇〇五年一月）において、この句の思想的背景となった典拠について、諸註釈書の中で伝統的に引用、言及されてきた『大方等大集経』巻第九の「仏法者名一切法」という語、また『大方広宝篋経』巻上の「一切諸法皆是仏法」の語、さらには金子氏がその語の淵源と考える『金剛般若経』の「一切法皆是仏法」の語を挙げて考察している。金子氏はまた松本史朗氏のこの一句に対する見解（＊「一切法皆是仏法」も、「諸法の仏法なる時節」も、「一切法」「諸法」をそのまま「仏法」として肯定する考え方、つまり、「仏性顕在論」を説いていると言う見解。『道元思想論』、大蔵出版、二〇〇〇年、一九二～一九三頁）を取り上げ検証している。この中で金子氏は、これまで伝統的に出典と見なされてきた先の諸経典に見られる語は、「論理的整合性を考慮する時、文字通りに解釈する限りに於いては、出典と看做し得ない」（三〇〇頁）としている。諸経典での意味が、「あらゆる法は、仏陀の法である」という断定であるとすれば、（この語の意味はさておき、金子氏とは異なる視点からかも知れないが）私もこれらの語を出典と見なすことはできない。なぜなら、「現成公案」巻冒頭の一節を全体的流れの中で解釈したとき、「諸法の仏法なる時節」は〝諸法は仏法である〟という断定に基づく〝その時〟ではなく、諸法を仏法として受け取るとき、と解釈するのが妥当であると考えるからである。

『随聞記』巻四（四六四頁）に、

諸法皆仏法なりと体達しつる上は、悪は決定悪にて、仏祖の道に遠ざかり、善は決定善にて、仏道の縁となる。

とある。「諸法の仏法なる時節」を解釈する上でよく参照される一節である。「諸法皆仏法ナリト体達シツル上ハ」とは、〝諸法はみな仏法であると体達したからには〟と訳すことができるが、そこにおいては、悪は悪であり、善は善であるというのであり、ここでいう善悪は、諸法は皆な仏法であると体達した上での、つまり仏道（仏祖の道）における悪や善と考えられる。そしてここでは、逆に「諸法皆仏法なり」と体達していない時も想定されるのである。

「諸悪莫作」巻に、

諸悪は、此界の悪と他界の悪と同不同あり、先時と後時と同不同あり、天上の悪と人間の悪と同不同なり。いはんや仏道と世間と、道悪・道善・道無記、はるかに殊異あり。(二七七頁)

とあるように、悪は決して固定したものではなく、世界により時代により立場により捉え方が異なり得ることを示している。このような柔軟な視座が道元禅師にはあったのであり、次の「万法ともにわれにあらざる時節、云々」もそのような視座に立った説示と考えられる。

これらから私は、この「諸法の仏法なる時節」を「あらゆる物事を仏法・仏道という立場(視点・見方)で見た時」と解釈し、この時には「やはり迷いは迷い、悟りは悟りであり、修行ということも必要であり、生まれることも死ぬことも(常識的な見方として)あり、悟れる諸仏もあれば迷える衆生もある」と解釈する。この部分は、道元禅師自身が現に諸法を仏法として捉え、仏道を生きている現実の中にあって、その現実のあり方を示した段と考えられよう。諸法を如何なる立場から見るのか、いろいろな見方があろう。当然、キリスト教においては現実世界をキリスト教の立場から捉えるであろうから「諸法のキリスト教なる時節」ということになるであろうし、イスラム教においては「諸法のイスラム教なる時節」もあるのである。

(二) 第二段「万法ともにわれにあらざる時節」

しかしその現実の仏道を生きる中で、その根底に極めて柔軟かつ広大かつ冷静なものの見方が道元禅師にあったのではないか、それがこの第二段に示されていると考えられる。

ここで問題は「われにあらざる」という語の解釈である。同巻に「万法のわれにあらぬ道理」という句が見られるので、まずこの句が示されている一節を参照してみたい。

人、舟にのりてゆくに、めをめぐらして岸を見れば、きしのうつるとあやまる、目をしたしく舟につくれば、ふねのすすむをしるがごとく、身心を乱想して万法を弁肯するには、自心自性は常住なるかとあやまる。もし行李をしたしくして箇裏に帰すれば、万法のわれにあらぬ道理あきらけし。（八頁）

この一節を分析すれば、

人、舟にのりてゆくに、

a　めをめぐらして岸を見れば、きしのうつるとあやまる、

b　目をしたしく舟につくれば、ふねのすすむをしるがごとく、

c　身心を乱想して万法を弁肯するには、自心自性は常住なるかとあやまる。

d　もし行李をしたしくして箇裏に帰すれば、万法のわれにあらぬ道理あきらけし。

と分けられ、人が舟に乗って行く時の、「岸」（万法）と「舟」（我）の例えがaとbであり、これに対比させて「万法」と「我」を示したのがcとdである。そして、aはcの例えであり、bはdの例えであると見られる。人が舟に乗って岸から離れて行く時、周囲を見回して岸の方を見ると、岸が向こうへ移動して行くように見誤る。しかし、眼を直に舟に着けて見ると舟が進んでいることがわかるように、身心を乱し迷わせて万法を弁えると、〈万法が移り変わり〉自分の心性は変化しないのではないかと思い誤る、というのである。ところが、もし一切の行為において親密に箇裏（このところ・自分自身の足もと）を見つめれば、「万法のわれにあらぬ道理」が明らかとなる、という意味である。

ここで「われにあらぬ」は「常住なる」に相対する語であるから、単純に対比させれば「われにあらぬ」は〝常住ではない〟ことを意味し、「万法のわれにあらぬ道理」とは、万法が常住（不変）ではないことを示していることに

なる。しかし、「自心自性は常住なるかとあやまる」という部分をうけて、そのアンチテーゼを示すものであれば、「自心自性」ではなく「万法」が常住でないと示しているのは不可解である（もちろん万法も常住ではないことは言うまでもないが）。

また、冒頭の一節に続いての「自己をはこびて万法を修証するを迷とす。万法すすみて自己を修証するはさとりなり」という一節や、「仏道をならふといふは、自己をならふなり。（中略）自己をわするるといふは、万法に証せらるるなり」という一節があることと関連づければ、ここでの「万法のわれにあらぬ」の「われ」が〝常住〟を意味するのではなく〝自己〟を意味する可能性もある。

私は後述（三二五頁）する理由から、「われ」が〝自己〟を意味する可能性の方を重視しており、この「万法のわれにあらぬ道理」を〝万法に対する見方が、自分の見方のようではない道理〟と訳したいと思う。よって、この「もし行李をしたしくして箇裏に帰すれば、万法のわれにあらぬ道理あきらけし」の部分は、〝もし一切の行為において親密に箇裏（このところ・自分自身の足もと）を見つめれば（舟が動いているのであって）、万法は自分の見方（岸が移っていくように見える見方）のようにあるのではない道理（自分の見方が正しいのではない道理）が明らかとなる〟と解釈するのである。

ここにおいて私は「万法ともにわれにあらざる時節」を〝あらゆる物事をみな己見（個々の立場からの視点や分別による見方）によって見ないときには〟と現代語訳したが、それにはさらに次のような理由もある。

「現成公案」巻全体を見るとき、ある特徴的な説示・語句が目に付く。それは、「ただわがまなこのおよぶところ、しばらくまろにみゆるのみなり」「参学眼力のおよぶばかりを見取・会取するなり」「のこりの海徳・山徳」「よもの世界」等である。これらはいずれも自己の認識の限界を示したものであり、それ以外に種々の見方、様々な姿・働きがあることを表現したものである。また、身心を挙して色を見取し、身心を挙して声を聴取するに、したしく会取すれども、かがみに影をやどすがごとくにあらず、水と月とのごとくにあらず。一方を証するときは一方はくらし。(七頁)

という一節も、様々な解釈がなされているが、私はこれも認識の限界、不確かさを説いたものであると考え、

全身心でもって(力を尽くして)色(物)を見、全身心でもって(力を尽くして)声を聞く場合、いくら親密に会得したとしても、鏡に影を映すよう〈に親密〉ではない。月が水に映るよう〈に親密〉ではない。一方を照らすとき、一方は暗い(一方〈自己〉が立てば一方〈万法〉は正しく見えない)。

と現代語訳したい。結論を述べれば、この一段は、前段「諸法の仏法なる時節」で現実のあり方を述べたのをうけて、この現実以外に、自己の認識の及ばない「よも」の世界、「のこれる」世界があることの自覚を示し、個々の立場からの視点や分別による見方によって万法を見ないときには、そもそも仏教的視点からの分別である迷・悟や生・仏や生・滅もないことを示したものであると思われる。

そして、「仏道もとより……」という次の第三段が示されるのである。我々は自己の認識の及ばない世界があることを自覚しながらも、やはり現実を生きるしかない。同巻で、

しかあるを、水をきはめ、そらをきはめてのち、水そらをゆかんと擬する鳥魚あらんは、水にもそらにも、みちをうべからず、ところをうべからず。(九〜一〇頁)

と示される通り、この全世界を究めた後に行動(修行)しようとしたなら、いつまでたっても行動はできず、生きる時処、生きる道を得られないのである。

(三) 第三段「豊倹より跳出せる」の意味

第三段は「仏道もとより豊倹より跳出せるゆゑに」とし、再び「…あり、…あり、…あり」と示す。「豊倹」とは

豊饒と倹約、豊かなるものと貧しいもの、これは有無・迷悟・生仏・生滅・修証等を、代表させて表現した言葉であると思われる。「跳出」とはここでは文字通り跳び出すことであろう。多くの学者はこれを超越の意味にとり、〝豊倹を超越している〟意味に取るが、あえて私は「跳出」を〝あるところから跳び出てきた〟つまり、あるところを母胎としてそこから生まれ出てきた意味と解し、「豊倹より跳出せるゆゑ」を〝豊倹から出現したから〟と訳した。(1)

即ち、本来万法は「われにあらざる」ものであり、「本来無一物」「説似一物即不中」であり、如何なる立場、観点、視点も、それのみを是とするものではないが、現実的存在は、豊倹のところより出現することを免れ得ないのであり、仏教も今から約二千五百年前にインドの地に出現し、そこから発展したものであるから、生滅も迷悟も生仏もあるのである。

(四) 第三段「華は愛惜にちり……」の意味

「しかもかくのごとくなりといへども、華は愛惜にちり、草は棄嫌におふるのみなり」という一句は、大別して二つの解釈ができる。一つは、これを肯定的に捉えて、現実は所詮そのようなものである、と愛嫌の感情を是認する解釈、一つは、愛惜棄嫌の取捨の念によって万法を認識するあり方を戒めたものであるとする解釈である。私は、後者の解釈を取り、そしてこの部分は第三段に含まれると考えている。

仏道はもともと豊倹より出現したものであり、故に生滅も迷悟も生仏もあるのであるが、しかし、そのような現実世界は、まさに「十八界之聚散」(『随聞記』巻五、四六九頁)であり、自らの見聞覚知によるものであり、そして、自らの能力には限界があり、先に挙げた「身心を挙して色を見取し、云々」の例えにもあるように、万法を如実に見ることはできないことを知っていなければならない。そのことを道元禅師は「華は愛し惜しむ感情によって早く散ってしまうように感じられ、草は斥け嫌う気持ちによって、あちこちに生い茂っているように見えるだけである(そのことを認識し自覚していなければならない)」と示したのであろうと思われる。

以上、「現成公案」巻の冒頭の一節の解釈を試みたが、先にも述べたように、道元禅師が示す「現成公案」とは端的に言えば〝現実を生きる〟という意であり、いま諸法を仏法として捉え、仏道を生きるということであると私には思われる。同巻において、「このところをうれば、この行李したがひて現成公案す。このみちをうれば、この行李したがひて現成公案なり」と示すように、今生きている「ところ」(場所)と「みち」(生き方)以外に人生はないのである。これが道元禅師の世界観でもある。「人もし仏道を修証するに、得一法通一法なり、遇一行修一行なり」(一〇頁)と示すように、私たちがもし仏道を修証するなら、一つのことに当たっては、その一つのことに通じ、一つの行に当たっては、その一つの行を修行するしかないのである。そして、そのような生き方の中で、次項で述べるように、自己の認識の及ばない世界や様々な生き方があることを自覚し、その上で「私は今この仏道を生きる」というのが「現成公案」ということであると考えられるのである。

第三項　自己と世界

「現成公案」巻は伊藤秀憲氏が指摘するように「自己と万法の関係が主として説かれて」いる(『道元禅研究』、大蔵出版、一九九八年十二月、四三九頁)と言える。自己と万法の関係についての伊藤氏の解釈(同、四三一~四三五頁)と以下に述べる私の解釈とは異なるが、この自己と万法、自己と世界との関係の究明が「現成公案」巻では実に重要である。「現成公案」巻に、

自己をはこびて万法を修証するを迷とす、万法すすみて自己を修証するはさとりなり。(七頁)

とある。己見で物事を見るのが迷いであり、自己をわすれて万法に証せられるのが「さとり」であるという意味であろう。我々は六根（主観）でもって六境（客観世界）を認識するが、いくら正確に認識しようとしても、そこに主観が加わるので、正しく認識できない。先に挙げた、

身心を挙して色を見取し、身心を挙して声を聴取するに、したしく会取すれども、かがみに影をやどすがごとくにあらず、水と月とのごとくにあらず。一方を証するときは一方はくらし。（七頁）

という説示もそのことを示しているように思う。全身心でもって力を尽くして色（物）を見、全身心でもって力を尽くして声を聴こうとしても、いくら親密に会得（認識）したとしても鏡に影を映すように親密（正確）に認識することはできない。水が月を映すようにはいかない。現代的に言えば、写真に撮るようにはいかないのである。なぜなら主観で見るからである。これが迷える者つまり「自己をはこびて万法を修証する」者の物の見方である。「一方を証するときは一方はくらし」とは先に述べたように「一方（自己）が立てば一方（万法）は正しく見えない」という意に解されよう。

私たちはそれぞれ自分の人生観をもっている。それはその人のこれまでの人生で得た知識や教養、様々な経験によって培われてきたものであり、それらがその人の人格を形成している。それら独自性が個性とも言うべきものであろうが、みなそれぞれの尺度で物事を見、認識し判断する。同じ物を見ても、違って見、同じ環境にいても異なった認識をする。それは当然のことでもあるが、吾我の念で物事を見ることは、迷いや苦しみを生じさせる原因ともなる。

一方、「さとり」を得るということは、「人のさとりをうる、水に月のやどるがごとし。月ぬれず、水やぶれず」（八頁）と示すように、水に月が映し出されるように、ありのままを見るのである。諸法実相を如実知見するのである。また、先の説示にあるように「万法すすみて自己を修証する」のが「さとり」である。では「万法すすみて自己を修証する」とは如何なることか。

よく知られた次の説示は、「仏道」が「万法に証せらるる」道であることを説いている。

仏道をならふといふは、自己をならふ也。自己をならふといふは、自己をわするるなり。自己をわするるといふは、万法に証せらるるなり。万法に証せらるるといふは、自己の身心および他己の身心をして脱落せしむるなり。悟迹の休歇なるあり、休歇なる悟迹を長長出ならしむ。(七〜八頁)

「万法すすみて自己を修証する」と「万法に証せらるる」とは同じことを言っているのであろう。そして「自己をわするる」ことが「万法に証せらるる」ことであり、「自己をわするる」とは、吾我を離れることであり、仏の教えに任せ従うことである。このことは、第二章第二節で述べた道元禅師の仏道修行の用心と合致するのである。

ところが学人は、「人はじめて法をもとむるとき、はるかに法の辺際を離却せり」(八頁)とあるように、はじめて仏法を求めるとき、大方は悟りを求める吾我の心が強いので、はるかに仏法から離れてしまっている。しかし、「法すでにおのれに正伝するとき」(八頁)、つまり吾我の心を放ち捨てて仏の教えに任せて修行するとき、そこに自ずと仏法が正伝しているのであって、すみやかに本分人(真実の人＝仏)となっているのである。先(三一七頁)にも挙げたが、

人、舟にのりてゆくに、めをめぐらして岸を見れば、きしのうつるとあやまる。目をしたしく舟につくれば、ふねのすすむをしるがごとく、身心を乱想して万法を弁肯するには、自心自性は常住なるかとあやまる。もし行李をしたしくして箇裏に帰すれば、万法のわれにあらぬ道理あきらけし。(八頁)

という舟の例えも、自己中心的な物の見方の誤りを戒めている。

「現成公案」巻の次の説示は重要である。

身心に法いまだ参飽せざるには、法すでにたれりとおぼゆ。法もし身心に充足すれば、ひとかたはたらずとおぼゆるなり。たとへば船にのりて、山なき海中にいでて四方をみるに、ただまろにのみみゆ、さらにことなる相み

ゆることなし。しかあれど、この大海、まろなるにあらず、方なるにあらず、のこれる海徳、つくすべからざるなり。宮殿のごとし、瓔珞のごとし。ただわがまなこのおよぶところ、しばらくまろにみゆるのみなり。かれがごとく、万法もまたしかあり。塵中格外おほく様子を帯せりといへども、参学眼力のおよぶばかりを、見取会取するなり。万法の家風をきかんには、方円とみゆるよりほかに、のこりの海徳山徳おほくきはまりなく、よもの世界あることをしるべし。かたはらのみかくのごとくあるにあらず、直下も一滴もしかあるとしるべし。(九頁)

この部分を現代語訳すれば、次のようになる。

身心に仏法が未だ充分に会得されていない時には、仏法は既に満たされていると思う。仏法がもし身心に充足すれば、どこか足りないと思うのである。例えば、舟に乗って山(陸地)の見えない海原に出て四方を見ると、ただ丸くのみ見えるだけであり、ほかに違った相(景色)が見えることはない。しかしながら、この大海は丸いのではない、四角いのでもない、私たちの理解を超えた海の功徳(様々な姿・はたらき)は計り知れないものである。同じ水を魚は宮殿と見、天人は瓔珞(珠玉や貴金属に糸を通して作った装飾品)と見るようなものである。ただ自分の眼が見渡せる範囲において、仮に〈海は〉丸く見えるだけなのである。そのように、あらゆる物事もまたそうである。塵中(六塵の中=世間・凡夫の世界)も格外(世間的な企画や尺度を超えたところ=出世間・仏法の世界)も様々な姿を現しているが、〈私たちは自分の〉能力の及ぶ範囲で見たり理解したりするのである。あらゆる物事のあり方を理解するには、四角いとか丸いとか見えるほかに、それにも余る海の功徳(様々な姿・はたらき)や山の功徳は多く限りなくあり、四方の(様々な)世界があることを知らなければならない。側ら(自分の外部)だけがそのようであるのではない。直下(自分自身)も一滴〈の水の中のような小さな世界〉もそのようであると知るべきである(*このことがわかっている人が、法が身心に充足した人であり、「ひとかたはたらず」と感じる人である)。

私は、前項（三一八頁）で、「万法のわれにあらぬ道理」を〝万法に対する見方が、自分の見方のようではない道理〟と訳したが、同じ「現成公案」巻で示されるこの説示と関連すると考えたからでもある。特に「万法もまたしかあり。塵中・格外おほく様子を帯せりといへども、参学眼力のおよぶばかりを、見取・会取するなり」という部分は重要である。私たちは自分の能力の及ぶ範囲で見たり理解したりしているというのである。これはまさに唯識論であって、道元禅師の仏法と唯識論の接点を知ることができる部分である。道元禅師の世界観は、ある意味で唯識論的世界観であるとも言えるのである。ただし、単に「万法」（客観世界）を「われ」（主観）の造作せるものと捉えて、世界は唯識であるとするのではなく、「万法」は「われ」の造作せるものであるからこそ、「われ」の参学眼力に限界がある以上、認識できる「万法」にも限界があるのであり、それ以外の「よもの世界」があることを自覚しなければならないと戒めるのである。そして、その自覚の上で、やはり自分の認識する世界が、自分の生きる場（「ところ」）であり自分の生きる道であることを「このところをうれば、この行李したがひて現成公案す。このみちをうれば、この行李したがひて現成公案なり」（一〇頁）と示しているのである。それ以外に自分の生きる世界はない、それがまた道元禅師の世界観なのである。

そこで次に、本項で取り上げた道元禅師の唯識論的世界観という一面に関連して、唯識論において重要な「心」を、道元禅師が如何に捉えていたのかについて論じてみる。

第三節　心

道元禅師の世界観には、「心」が大いに関わる。本節で論じるように、道元禅師は全世界を「心」とする。いや、全世界だけでなく、あらゆる存在も時間も現象も、すべてのものを「心」とするのである。それはいったい何故なのか、本節ではこの「心」と関わる世界観を論じる。

ところで、「心」は通常〝こころ〟と読み、我々が物事を知覚し認識し分別し思惟するはたらきのことを言う。いわゆる意識と呼ばれているものである。しかし、ここで論じる「心」は、道元禅師が「いはゆる正伝しきたれる心といふは、一心一切法、一切法一心なり」(「即心是仏」巻、四四頁)と示される心であり、常識を越えるものである。ゆえに〝こころ〟と言わず〝しん〟と言いならわしている。

さて、道元禅師における「心」の研究はすでに多くの研究者によりなされているが、[2]特に綿密にしてその全体をまとめたものは榑林皓堂『道元禅の研究』(禅学研究会、一九六三年、第一篇第二章「教外別伝の問題」、二四～三四頁、及び第十章「道元禅における心」、九九～一三八頁、以下「榑林書」と略記し頁数のみ記す)におけるものと、[3]宗門外にいて哲学的研究から道元禅を論じた秋山範二『道元の研究』(岩波書店、一九三五年、本論第一篇第二章「心」、八五～一〇一頁、以下「秋山書」と略記し頁数のみ記す)におけるものであろう。[4]「榑林書」は『正法眼蔵』中、心を主題として心の真義を開顕しようとする巻のうち九巻を取上げて、各々を綿密に究明する。また、同じく榑林氏の「道元禅における心について」(『駒澤大学仏教学部研究紀要』二〇号、一九六二年三月)は、心の解釈について特に肝要なところがまとめられている。その他、諸氏による論文は、全体的見地からのもの、「即心是仏」「三界唯心」「発菩提心」「説心説性」等の解釈について論じたもの等、二十余を数える。

本節ではまず、道元禅師の「心」解釈における慮知心の捉え方について述べ、次に「心」の説示にあたって『正法眼蔵』中の随所に見られる「牆壁瓦礫」の語について考察し、また、心を「存在の根拠」として捉えるべきでないことを論じる。次に、道元禅師における心、特に『正法眼蔵』における心について、その主要な説示を取上げ、心をどのように解釈すべきであるか、そして、心をどのように解釈してはならないか、について簡略に論じ、さらには私が心解釈における重要語と捉える「発菩提心」「三界唯心」について考察を加えたい。「発菩提心」は心解釈において最も重要な語のひとつであると言える。ゆえは、後述（三四八頁）するように、「発菩提心」のところにおいて「心」が現成すると言い得るからである。「心」が現成するということは世界が現成するということであり、このことは道元禅師の世界観において実に重要なのである。そしてこれに関連させて「三界唯心」についても論じることによって、道元禅師の世界観を明らかにしてみたい。

第一項　「心」の分類――特に慮知念覚心の捉え方

まず、「心」の分類から道元禅師が示す「心」を考察する。心の分類をしている点で先の「榑林書」「秋山書」の両書からは多くの示唆を受ける。ここでは両書によってその分類から見出される問題について、特に「心」の分類における慮知念覚心の位置とその捉え方について検討したい。ところで両書の研究はその基本的立場を異にするものであり、心の分類についても大きく異なっているが、その対比によって生ずる慮知心の捉え方の問題は重要であろう。

道元禅師における心の分類は「発菩提心」巻と「身心学道」巻に見られる。即ち質多心（慮知心）・汗栗駄心（草木心）・矣栗駄心（積聚精要心）である。これは明らかに『摩訶止観』の三心説（仏教の所説に二心説・三心説・四心説等あるがここでは触れない）の引用である。[5] しかしこの「心」の分類は道元禅師においてはさほど重要ではない。それは「発菩提心」の巻頭における三種の心の分類は「菩提心」と不即不離の関係にある「慮知心」の語を導き出すほどのものであると言え、「身心学道」巻における説示においても「その諸心といふは、質多心・汗栗駄心・矣栗駄心等也」（三六頁）と三種に限定されていないからである。ただ道元禅師における心の位置を知る上においてはこれらの分類は無用ではない。榑林氏はまずこれら三種の心の分類から道元禅師における「心」、即ち「真心」の位置を明示する。

三心の第三積集精要心は、ものの中心精髄をいうのであるから、精神作用のうちには入らぬ。したがって三心というものの、心作用としては、第一の質多心と第二の汗栗駄心だけとなる。（中略）質多心と汗栗駄心との相違は、認識論的心と本体論的心と云ってもよく、「ある心」と「あるべき心」と云ってもよい。だがこの二心は一心の二面であるから決して無縁のものではない。心が常に正常であり純粋であるなら、「あるべき心」を考える要はないが、現実は全く反対であるから、「あるべき心」を要請せざるを得ない。しかしそれは単なる要請であってはならない。それゆえ仏教では「ある心」を妄心、「あるべき心」を真心となし、その現実化をはかる。そしていかなるものも真心を生れながら本具するとの前提にたち、染汚の妄心を捨遺払拭して、本具清浄の真心に還皈すべきことを強調するが、しかし禅修行においては、妄心の処理よりも本具真心の自覚に重点をおき、心源（真源）を究わめることによって、妄心の自然解消をはかる、という建前である。心宗（禅）における成仏とは心源の究明に外ならぬからである。道元禅師における心は、例外なく、いつも真心であることは注意さるべきである。（「榑林書」、一〇〇〜一〇一頁）

この論を便宜上図式化したのが三三〇頁の（図1）である。図式は必ずしもこの論の真意を示したものと言えないかもしれないが「真心」（道元禅師における心）の位置が明確になる。同様に秋山氏の分類は（図2）のように表わし得る。秋山氏の分類は四種に分けられている。

第一は外界に対する内界、即ち心的過程或は意識現象としての心であって吾々が慮知念覚の心と呼んで来たもの、第二は内容に対する作用、対象或は客観に対する主観の意味に於ける心、即ちノエシスとしての心であって、三界唯一心と云った場合の心、第三は第二義に於ける心に対立するもの或は其の本質的なる半面としての心、即ちノエマとしての心であって、三界を三界として見、山河大地をたゞ山河大地と見る立場に立ちつゝ山河大地これ心なりとなす場合の心が之れである。（中略）道元の心の三義は既に挙げたが今存在の根拠の問題が起るに及び更に之れに第四義を加へる。彼は存在の根拠を呼ぶに又心の語を以てしているのである。（「秋山書」、一〇一〜一〇四頁）

ところで秋山氏はさらに、

然るに第一義に於ける心は実は第二及第三義に於ける心と対等の権利を以て対立し得るものではなく、抽象によって更に之れを作用と内容或は主観と客観とに分析し得るものであるから、結局第二及第三義に於ける心の中に抱摂せられうるものである。第二及第三義に於ける心は全一なる現実存在を抽象する事によって得られたものであるから本来一をあげれば他は必ず之れに含まれるものであって、二者合して全存在を尽すものである。精神の世界も、自然の世界も、更に又意味、本質、理念等と呼ばれるものの世界も悉く之れによって尽されているのである。第一義に於ける心は之れ等諸存在の世界の一である精神の世界を意味するものであるから、第二及第三義の心を挙げれば当然その中に含まれているのである。（「秋山書」、一〇二頁）

と言うのであるから結局分類は三種になろう。さて榑林・秋山両氏の心分類を比較してみるとその相違は歴然である。即ち前者は道元禅師における「心」を、分類の中の「真心」と見なすのに対し、後者においてはその分類の全体が道元禅師における「心」となっている。慮知心の位置を全く異にしていることは注目される。即ち慮知心を「心」（真心）と不即不離なる関係に置くか、或いは純粋な精神作用として「心」の中に含めるかである。前者における認識論的心から本体論的心への転換は榑林氏が「通常心は「こころ」であって認識主体とされるが、禅師の場合はかならずしもそうではないというよりは、むしろ認識論的心は本体論的心に転換されていることが多い」（「榑林書」、九九頁）と述べているところであるが、この転換はいわゆる転迷開悟的なもの（修行の結果として悟りが開ける）ではなく、発菩提心（あるいは出家）を契機とした転換であると考えられ、あくまでも道元禅が宗教であり仏教であるところの必

（図1）

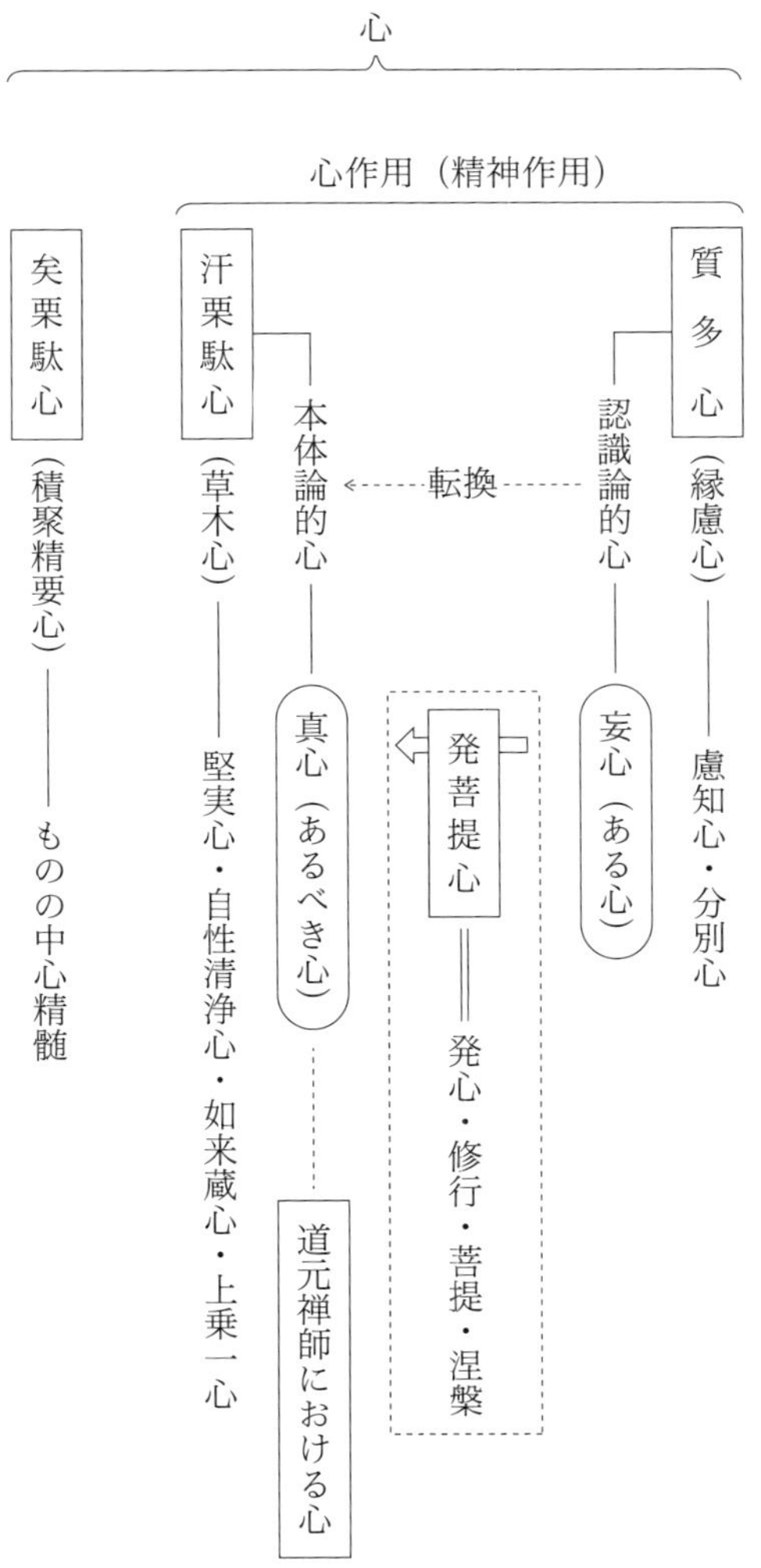
心
心作用（精神作用）
質多心
（縁慮心）
慮知心・分別心
認識論的心
妄心（ある心）
転換
発菩提心
発心・修行・菩提・涅槃
本体論的心
真心（あるべき心）
道元禅師における心
汗栗駄心
（草木心）
堅実心・自性清浄心・如来蔵心・上乗一心
矣栗駄心
（積聚精要心）
ものの中心精髄

（図2）

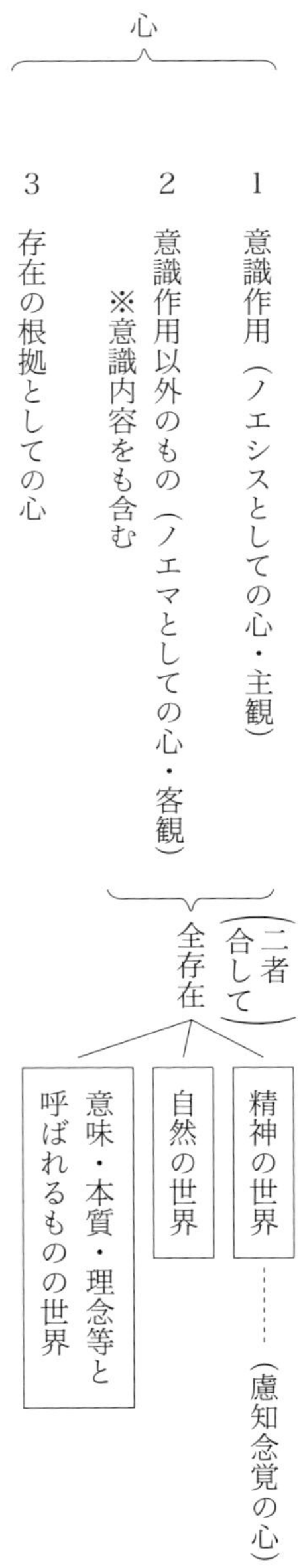
心
1　意識作用（ノエシスとしての心・主観）
2　意識作用以外のもの（ノエマとしての心・客観）
※意識内容をも含む
3　存在の根拠としての心
（二者合して）全存在
精神の世界
（慮知念覚の心）
自然の世界
意味・本質・理念等と呼ばれるものの世界

然的表現であると見られる。この点がまさに後者の心解釈の過程に見出し得ないところであり、実はここにおいて慮知心の捉え方が大いに異ってくるのである。後者においては慮知念覚の心は全存在の中の精神の世界として位置づけられる。即ち否定すべからざるものとして「心」の一分として含まれるのである。秋山氏が慮知念覚の心をそこに位置づける根拠は主として「説心説性」巻での説示によるものである。即ち禅師が大慧の心性説批判の中で「心はひとへに慮知念覚なりとしりて、慮知念覚も心なることを学せざるによりて、かくのごとくいふ」（三五九頁）と示している箇所と、達磨と慧可の商量（三六〇頁）によるものである。秋山氏の説は、これらの箇所のみ見れば実に的を得ているといえるが、「即心是仏」巻や「発菩提心」巻等の説示（後述、三四八頁）を見ると、また別の見方もできる。即ち慮知心を単に純粋なる精神作用と解して、肯定的に扱うのは軽率であるとも言えるのである。（図1）における点線内は私が付け加えたものであるが、この認識論的心（妄心）から本体論的心（真心）への転換には行（修行）が関わるのであって、具体的には「発菩提心」によるものである。これについて禅師が「この慮知心にあらざれば、菩提心をおこすことあたはず。この慮知心をすなはち菩提心とするにはあらず、この慮知心をもて菩提心をおこすなり」（「発菩提心」巻、六四五頁）と示されていることはその関係を明白にするものである。この「発菩提心」によって妄心から真心へと転換するというのである。その様子は禅師によって「この発心よりのち、大地を挙すればみな黄金となり、大海をかけばたちまちに甘露となる。云々」（「発菩提心」巻、六四七頁）と示されているところであって、「即心是仏」巻で示される「このゆゑに古人いはく、若人識得心、大地無寸土。しるべし、心を識得するとき、蓋天撲落し、帀地裂破す。あるいは心を識得すれば、大地さらにあつさ三寸をます」（四四頁）という説示に通ずるものである。ゆえにこの意味における転換があり得るのである。この「発心」或いは「心の識得」こそ大切であり、それが「痴人おもはくは、衆生の慮知念覚の未発菩提心なるを、すなはち仏とすとおもへり」（「即心是仏」巻、四二頁）であってはならないとともに、この「発心」或いは「心の識得」をほかにして道元禅師における「心」はあり得ないとも言えるのである。(6) そして榑林氏が指摘するように道元禅師における「心」は例外なくいつも「真心」であることは注意されるべきであり、その「真心」の内容を説き明かすために「即心是仏」「心不可得」「古仏心」「三界唯心」「説心説性」等の巻が著わされたと言っても過言ではないであろう。

第二項　牆壁瓦礫

道元禅師は「心」の説示において「牆壁瓦礫」という語を好んで用いている。「牆壁瓦礫」を「心」と言い得たのはおそらく南陽慧忠であり、この話は「古仏心」巻や「身心学道」巻に挙げられ、道元禅師によって賛嘆されている。道元禅師が大証国師南陽慧忠を称して「曹谿古仏の上足なり、天上人間の大善知識なり」(「即心是仏」巻、四三頁)と言い、「人帝・天帝おなじく恭敬尊重するところなり。まことに神丹国に見聞まれなるところなり」(「古仏心」巻、七九頁)と讃嘆しているのは南陽慧忠にこの話があるからかもしれない。道元禅師が「心」を説示するにあたって「牆壁瓦礫」の語を用いている箇所は少なくない。次に挙げるのは「心」を含んだ熟語あるいは法数について道元禅師が解説している箇所である。

a仏百草を拈却しきたり、打失しきたる。しかあれども、丈六の金身に説似せず。即公案あり、見成を相待せず、敗壊を廻避せず。是三界あり、退出にあらず、唯心にあらず。心牆壁あり、いまだ泥水せず、いまだ造作せず。(「即心是仏」巻、四四頁)

b心神足は、牆壁瓦礫なり、山河大地なり。條條の三界なり、赤赤の椅子・竹木なり。尽使得なるがゆゑに、仏祖心あり、凡聖心あり、草木心あり、変化心あり。尽心は心神足たり。(「三十七品菩提分法」巻、五〇六頁)

c観心無常は、曹谿古仏いはく、無常者即仏性也。(中略)心かならずしも常にあらず、離四句、絶百非なるがゆ

ゐに、牆壁瓦礫・石頭大小、これ心なり、これ無常なり。すなはち観なり。（「三十七品菩提分法」巻、五〇四頁）

aは即心是仏の各語について、bは四神足の中の心神足について、cは四念住の中の観心無常について、禅師が解説している部分である。類似する説示は『永平広録』にも見られる。

d身非肉団、心是牆壁。（巻第三、六四頁）

e観身是皮袋、観受是鉢盂、観心是牆壁瓦礫、観法是張翁喫酒李翁酔。（巻第四、三一〇上堂、七六頁）

f即心即仏甚難会、心者牆壁瓦礫、仏者泥団土塊。（巻第四、三一九上堂、七八頁）

右は紙幅の関係上、上堂語の中から部分的に引用したものであるが、dは身心について、eは四念住について、fは即心是仏について、簡約に解説している箇所である。以上、a〜fの引用は「心」の語を含んだ熟語あるいは法数について、そのひとつひとつについて禅師が最も簡略に、親切であり適切であるとする解説をした箇所で、その解説において「牆壁瓦礫」の語が挙げられていることは注目される。さらに挙げるならば、

g正伝は、自己より自己に正伝するがゆゑに、正伝のなかに自己あるなり。一心より一心に正伝するなり、正伝に一心あるべし。上乗一心は土石砂礫なり、土石砂礫は一心なるがゆゑに、土石砂礫は土石砂礫なり。もし上乗一心の正伝といはば、かくのごとくあるべし。（「仏教」巻、三〇七〜三〇八頁）

hこの発心よりのち、大地を挙すればみな黄金となり、大海をかけばたちまちに甘露となる。これよりのち、土石砂礫をとる、すなはち菩提心を拈来するなり。水沫泡焔を参ずる、したしく菩提心を担来するなり。（「発菩提心」巻、六四七頁）

i仏道の身心は草木瓦礫なり、風雨水火なり。これをめぐらして仏道ならしむる、すなはち発心なり。（「発無上心」巻、五二八頁）

j草木瓦礫と四大五蘊と、おなじくこれ唯心なり、おなじくこれ実相なり。（「発無上心」巻、五二八頁）

等の説示がある。「土石砂礫」と言うのも「草木瓦礫」と言うのも同義であろう。禅師が心（上乗一心〈g〉、菩提心〈h〉、身心〈i〉、唯心〈j〉）を「牆壁瓦礫」と示していることはこれらの引用の示すところである。

以上は、道元禅師が「心」を示すのに好んで「牆壁瓦礫」の語を用いていることについて述べたのであるが、次の説示はそれをさらに鮮明にする。

k しかあればすなはち、為法為身の消息、よく心にまかす。脱生脱死の威儀、しばらくほとけに一任せり。ゆゑに道取あり、万法唯心、三界唯心。さらに向上に道得するに、唯心の道得あり、いはゆる牆壁瓦礫なり。唯心にあらざるゆゑに牆壁瓦礫にあらず。これ行仏の威儀なる、任心任法、為法為身の道理なり。（「行仏威儀」巻、五三頁）

l 牆壁瓦礫これ心なり。さらに三界唯心にあらず、法界唯心にあらず、牆壁瓦礫なり。（「身心学道」巻、三七頁）

右の説示を言葉通りに受け取れば「心」を「牆壁瓦礫」と捉えることが最も強調されているようであるが、どうであろう。l について『御抄』では

是は牆壁瓦礫といはむときは、只牆壁瓦礫にて、三界唯心ともいはじ、法界唯心ともいはじと云心也、せめても一法独立の義をあらはさむ心地也、此道理のひびく所が、又牆壁瓦礫は三界唯心也、三界唯心は牆壁瓦礫也と云道理もあるべし。如此云へばとて、理の違事、一分もあるべからず、此法門の上には、此心地が一一の詞に皆具足する也、問話に道得ありと云程の義也。（『永平正法眼蔵蒐書大成』十一、大修館書店、一九七四年四月、二六七〜二六八頁。原文の片仮名を平仮名に改め句読点及び濁点を付した。以下同様）

と註釈している。即ち一法独立の義であるとしている。いわゆる一法究尽の道理である。即ち、三界と言えば三界、唯心と言えば唯心、牆壁瓦礫と言えば牆壁瓦礫のみ、ということであり、「牆壁瓦礫これ心なり」と言った時にはさらに「三界唯心」とも「法界唯心」とも言わないというのである。より徹底するならば「牆壁瓦礫これ心なり」でも

釈すべきであろう。同じく『御抄』によれば、「さらに向上に道得するにとは、万法唯心、三界唯心と云外に又道得ありと也」（三五八頁）としている。つまり『御抄』では向上は〝向上更道〟というような意とは解していない。しかしながら、あえて私が「牆壁瓦礫」に注目するのは、けっして『御抄』の解釈に反するのではないが、道元禅における「心」の研究の立場から言えば、単に一法究尽の道理のみでは納得できないと思うからである。たとえばｋについて『聞解』では「そこ（万法唯心也）をこへて向上に道取すれば、唯心ばかりで、三界万法面を出さぬ、其時はいはゆる牆壁ばかり、現処即心で、この外に別の心体はない」（『永平正法眼蔵蒐書大成』十七、大修館書店、一九七四年七月、四一頁）と註釈し、「牆壁」を強調し、「唯心」の徹底が「牆壁瓦礫」であるとする。先のａ〜ｆの引用からみても、道元禅師における「心」の説示において「牆壁瓦礫」の語はその代表であるのである。それは何故か。

「牆壁瓦礫」とは、言葉に従えば、かきね・かべ・かわら・こいし、ということである。我々の身体のことを四大五蘊と言って、その構成要素でもって換言することからすれば、「牆壁瓦礫」は、中国における住居（建物）の構成要素とも言える。いはゆる霊性・心性を持たないものとして例えられるものである。しかしながら、南陽慧忠は「如何是古仏心」という僧の問いに対して、「牆壁瓦礫」と答えている。それを道元禅師が讃歎されるのである。

私の思うに、道元禅師は『正法眼蔵』における「心」説示においてまず、仏祖道の「心」が凡人の慮知念覚心ではないことを繰り返し示す。例えば「即心是仏」巻における「いはゆる即心の話をききて、癡人おもはくは、衆生の慮知念覚の未発菩提心なるを、すなはち仏とすとおもへり。これはかつて正師にあはざるによりてなり」（四二頁）という説示や、「恁麼」巻における、

伽耶舎多の道取する、風のなるにあらず、鈴のなるにあらず、心の鳴なりといふは、能聞の恁麼時の正当に念起あり、この念起を心といふ。この心念もしなくば、いかでか鳴響を縁ぜん。この念によりて聞を成ずるによりて、

聞の根本といひぬべきによりて、心のなるといふなり。これは邪解なり、正師のちからをえざるによりてかくのごとし。(一六五頁)

という説示等がそれである。それでは仏祖道の「心」が何かと言えば、「いはゆる正伝しきたれる心といふは、一心一切法、一切法一心なり」(「即心是仏」巻、四四頁)であり、「一切諸法・万象森羅、ともにただこれ一心にして、こめずかねざることなし」(『弁道話』、七四〇頁)であり、「青黄赤白これ心なり、長短方円これ心なり、生死去来これ心なり、年月日時これ心なり、夢幻空華これ心なり、水沫泡焔これ心なり、春華秋月これ心なり、造次顛沛これ心なり」(「三界唯心」巻、三五五頁)であると示す。禅師が言おうとしているのは、尽界尽時が「心」であり、全存在・全現象すべてが「心」であるということである。「心」がいはゆる慮知念覚心ではなく(※「説心説性」巻では慮知念覚も心の一分とする)、右の如くであると強調する禅師であるが、さらに老婆親切であるのが「牆壁瓦礫」の説示であると私には思われる。その「牆壁瓦礫」とは、我々の最も身近にあるもので、しかもほとんど無価値なものを指すと言ってもよいだろうか。我々は〝尽界尽時がただちに心〟などと言えば、どうかすると宇宙であるとか大自然であるとか、とかく崇高なるものを直に想像する。このことはまた「心」識得の上で大きな妨げとなる。それを打ち破るのがこの「牆壁瓦礫」の説示ではあるまいか。

さて、以上「牆壁瓦礫」について考察したが、端的に言えば、「心」とは「牆壁瓦礫」として捉えてゆくべきである、ということである。しかしながら、道元禅師の示される「牆壁瓦礫」は、「千仭万仭の壁立あり、帀天帀地の牆立あり。一片半片の瓦蓋あり、乃大乃小の礫尖あり」(「古仏心」巻、八〇頁)という「牆壁瓦礫」である。即ち全界が「牆」であり「壁」であるということである。この観点からすれば「三界唯心」というのも「法界唯心」というのも「一心一切法、一切法一心」というのも何ら異ることはない。それが「牆壁瓦礫」である。さらに「古仏心は牆壁瓦礫にあらず、牆壁瓦礫というにあらず」(「身心学道」巻、三八頁)と説かれるところの真意を理解すれば、「心」はより鮮明となるに違いない。まことに道元禅師が言語によりて真理を説きながらさらに言語をも超越していることは驚嘆するばかりである。

第三項　秋山範二「存在の根拠としての心」批判

榑林皓堂氏は「道元禅における心について」（『駒澤大学仏教学部研究紀要』第二〇号）において〝心を存在の根拠となしうるか〟という問題提起をし、「もし禅師が、心を存在の根拠としているならば、禅師は有我説を容認するものとなり、仏教の根本的不動の立場に反することになろうが、禅師がそのような致命的錯誤をなすとは考えられぬ」（二頁）として、「即心是仏」「海印三昧」「三界唯心」等の各巻の説示からそれを否定し、「禅師が「心これ山河大地なり」と云うのに対し、心を存在の根拠となす思想に立っている——とみるのは妥当でない。（だがしかし、体験としての三界唯心を、しばらく哲学の語法をかりて、存在の根拠と云たにすぎないとならば、それも一つの現代的表現といえるが、そうした語法が禅師の承認をうるか否かについては、『正法眼蔵即心是仏』に取ッ組む必要がある。）」（五頁）と述べている。

この「存在の根拠としての心」は「秋山書」の所説（一〇一～一〇五頁）であろう。先に第一項（「心」の分類）で述べたように、秋山氏は道元禅師における「心」の意義を三つに分類する。即ち一つには意識作用（ノエシスとしての心）、二つには意識作用以外のもの（ノエマとしての心）、そして三つには存在の根拠としての「心」である。その哲学的解釈の展開は明解であり、哲学的立場から道元禅師の示す「心」に迫ったものとして注目される。哲学的立場からはたして道元禅師が把握され得るかという問題は措くとして、はたして道元禅師の示す「心」が「存在の根拠としての心」であったのか、このような表現[7]が適切であるのかどうかという疑問がある。もちろん、秋山氏の言う「存在の根拠としての心」とは何を意味するのかを見なければならないだろうが、それが何を意味するのであれ、仏教学の立場からは少なからず違和感のある言葉である。

さて、秋山氏が道元禅における「心」が存在の根拠をも意味するとする論拠に二つあると言える。しばらくこれを（一）思想史的根拠と（二）思想的根拠と呼ぶことにする。まず（一）思想史的根拠であるが、次の如くである。

縁起説は上述の如く世界の時間的生起についての説ではなく、各瞬間に於ける世界の相関的成立に関する説であるから、諸行無常の思想により、存在するものの変化を認めつつ、変化の基根に何等か常住の実在を認めることなく、縁起の刹那的生滅によってのみ変化を説明せんとするのである。存在するものの存在の仕方を説きながら存在の根拠については何事をも説かない、というよりも何等かくの如きものを認めようとしなかったのである。常一主宰の我を説く旧来の形而上学を否定して諸法無我を説いた仏陀がかくの如き態度に出た事は当然であるが、存在するもののある所にその根拠を認めんとするのは人間思惟の本質に属する。仏陀によって無我を教えられた仏教徒もその死後に於てはやはり無常にして無自性の存在の根抵《ママ》に何ものか存在をして存在たらしめて居る根拠を求めんとするに至ったのは自然であろう。三世実有、法体恒有を説く小乗有部の所説の如き、識の常住を説く唯識系統の思想の如き、皆かくして現れたものと見られ得るのであるが、法を恒有と説くも、識を常住と説くも、共に物質的或は精神的原理の実体的存在を認めるものであって、一切の実体的なるものを否定した仏陀の無常観、無我観に反する。ここに於て仏陀の実体否定の思想を継承しつつ存在の根拠の問題に対して何等かの解決を与えんとして現われたものが般若系統に属する空の思想であって、之れを大成したものが龍樹の中観哲学である。此の系統の思想は存在の根拠を認めつつ之れを有となす代りに却って之れを空となす事により、一種否定的原理によって仏陀の無我思想を生かしつつ存在の根拠の問題に答えんとしたものである。道元も亦この存在の問題をとらえてそれに対し多分に独創的なる解釈を与えているのであるが、その思想系統は明かに上にあげた最後のもの、即ち般若系統に属する。彼は存在の根拠として何等実体的なるものを認める事なく、而も存在を単なる存在に尽きるものに非ずとして個々特殊の存在をして存在たらしめている根源的なものを求めんとしたのである。（「秋山書」、一〇三〜一〇四頁）

これは『道元の研究』の本論、第一篇、存在論の第三章「仏性」においての論述である。同第二章（「心」）においては「心」に三義ありとしているのに加えてここに第四義として「存在の根拠としての心」を挙げるのであるが、その導引の部分である。

次に（二）思想的根拠であるが、これにはいくつかの論証を挙げている。秋山氏によれば、道元禅師が「存在の根拠としての心」を意味する場合、多くは単に「心」或は「一心」と言う代わりにこれに性をそえて「心性」と呼ぶのであるとし、のみならずこの外に「真如」「法性」「仏性」「無」「空」「何」「什麼物」等の語を用いてこれを呼ぶのであるとしている（「秋山書」、一〇五頁）。ここでは思想的論証の筆頭にあってその主たる「心性」についての論述箇所を見てみよう。

彼はいう、「しるべし仏法に心性大総相の法門といふは、一大法界をこめて性、相をわかず、生滅をいふことなし、菩提涅槃におよぶまで心性にあらざるなし、一切諸法、万象森羅ともにただこれ一心にして、こめずかねざることとなし、このもろもろの法門みな平等一心なり、あえて異違なしと談ずる、これすなはち仏家の心性を知れる様子なり。」（「弁道話」）ここに「心性大総相の法門云々」とは起信論上巻に「心真如者是一法界大総相法門之体云々」とあるに基いたものである。起信論の心真如とは心生滅に対立せしめられるものであって、後者が現象としての存在を意味するに対してその根拠を意味するものであるから、道元がここに心真如の代りに用いた心性が同じく存在の根拠を意味するものなる事は明かである。従って心性と同義語として用いられている性及一心が又存在の根拠を意味する事はいうまでもない。（「秋山書」、一〇五〜一〇六頁）

さて、道元禅師が『弁道話』において示されている「心性大総相の法門」とは榑林氏も述べているように（「榑林書」、一〇二〜一〇三頁）『大乗起信論』の説であり「心真如門」の一節、即ち「心真如者。即是一法界大総相法門体。（心真如とは、即ち是れ一法界にして、大総相、法門の体なり）[8]」の語から引かれている。とすれば秋山氏の言うように、道元禅師は「心真如」を「心性」の語に置き換えていると見ることができる。そして『大乗起信論』において「心真如」が「心生滅」と対立するものであって、後者が現象としての存在を意味するのに対して前者はその根拠を意味するものであるから、道元禅師が「心真如」の代わりに用いた「心性」が同じく存在の根拠を意味するとするのである。また『弁道話』の一節から「心性」は「一心」と同義であるとし、即ち「心（＝一心）」は存在の根拠を意味すると論証するのである。

　ここにもうひとつ、秋山氏が「仏性」を存在の根拠を意味するとする論述を挙げてみよう。秋山氏は「仏性」巻の「世尊道の一切衆生悉有仏性は、その宗旨いかん。是什麼物恁麼来の道転法輪なり」（一四頁）という一節を引いて、

> ここに什麼物と疑問詞を以て言い現わされているものはやがて一切の存在をして存在たらしめている存在の根拠を意味するものであって、是れ――汝懐譲――更に一般的に云えば今我が前に現前せる全存在は什麼物の現成であるという意味である。道元に取っては一切衆生悉有仏性とは是什麼物恁麼来の意味であるから、やがて悉有は仏性なりと解すべきものであるとするのである。そして什麼物が一切存在の根拠を意味するものであるから什麼物の代りに用いられた仏性が亦同じ物を意味する事は明かであろう。（「秋山書」、一〇九頁）

とする。そして、

> 道元は悉有は仏性なりとして、仏性を以て一切存在の根拠、否一切存在そのものとなすことによって、法性、真如等との区別を無みし、通常法性、真如と呼ばれるものを直ちに仏性と呼ぶのである。故に仏性は道元に於ては決して衆生の本性のみに限らず一切の存在の根拠を意味するのである。（「秋山書」、一〇九頁）

と「仏性」をも存在の根拠を意味するものとして挙げるのである。

さて、これらの論述を見てみるに、まず秋山氏が「心」を存在の根拠とする思想史的な論拠であるが、釈尊の縁起説についてはともかく、諸行無常・諸法無我を説く釈尊が、変化するものの基根に何ら常住の実在を認めなかったことは当然のことであり、存在するものの存在の仕方を説きながら存在の根拠については何事をも説かれなかったことも当然であろう。しかしながら、釈尊は何らかくの如きものを認めようとしなかったのではなく、ただ説かれなかったのであり、『摩羅迦小経』（『中部経典』六二、『南伝大蔵経』第一〇巻、二二二頁以下）の毒失に射られた人間のたとえによれば、形而上学的談議の実に無益であることを説き、現実する人生を正しく生きることこそ第一であることを説いたのであって、「其故に、摩羅迦子、是に、予によりて説かれざるを説かれざるままに受持すべし、又予によりて説かれしを説かれしままに受持すべし」（二三〇頁）と教えたのである。また、小乗有部の所説や唯識思想が、物質的或は精神的原理の実体的存在を認めるものと促え得るとしても、龍樹の「空」がまことに存在の根拠を認めるものであるのだろうか。秋山氏の言われるように龍樹は「存在の根拠を認めつつ之れを有となす代りに却って之れを空となす事により、一種否定的原理によって仏陀の無我思想を生かしつつ存在の根拠の問題に答えんとした」のであるならば、龍樹の「空」が「存在の根拠」ということになる。確かに「空」とは、現象成立の能動的根拠を示した用語であると言えるが、それが「存在の根拠」であるとするのか。いづれにしても、「有」と言い「空」と言い、言語上の概念的な換言にとどまるものでないはずである。有と空とは同意であるのか。いやそうではあるまい。また思想系統云々でその単純延長と考えることは、おそらく道元禅師においては当てはまらないのである。

また思想的根拠についてみても、『大乗起信論』における「心真如」は平川彰氏によれば（平川彰『大乗起信論』（仏典講座22）、七三頁）〝心のありのままの在り方〟であって、つまりは〝心の清浄なる本性〟である。榑林氏は「われわれの慮知心、分別心が純化され、自性清浄なる本源性を取りもどした状態」（「榑林書」、一〇三頁）であるとしている。また「什麼物」についてみても、何の論拠もなくこの語が存在の根拠を意味するものであるとしているが、この語は禅門においては、文字言句によって言い表わすことのできない真如実際の実態を意味する語として理解されている。「仏性」を存在の根拠と解するについても、存在そのものと存在の根拠が同意に解されていて理解に苦しむものである。いったい「空」を存在の根拠であると言い、また「心真如」を存在の根拠であるとし「仏性」或は「什麼物」等の語がそれであるとする秋山氏の、この「存在の根拠」という語の意味するところはいったい何であろう。

　秋山氏の言う「存在の根拠」という語の意味について見てみるに、龍樹の「空」の意味するところがそれであり、『大乗起信論』における「心真如」の意味するところがそれであると言える。「仏性」であり「什麼物」である。とするならば、通常我々が用いるところの「存在の根拠」の意（実体的存在）とは違うことになる。同じであるならば、仏教からは外道とならざるを得ない。榑林氏も指摘するように、外道の我大色小の見となり有我説を容認するものとなってしまうからである。しかしそうではないらしいことが次の秋山氏の論述から知られる。

> 　性と相、或は体と相とを対立せしめ、存在に対してその根拠などと云えば人は直ちに特殊として限定せられている存在の外に所謂其の根抵《ママ》に何らか実体的なるものが存在し、この実体的なるものによって存在は初めて存在せしめられているものの如くに思惟せんとするのが常である。一切の実在論的見解は此の人間思惟の根本性格に基くのであるが、仏陀以来の正統仏教思想に養われている道元がかくの如き意味に於ける存在の根拠を否定するは当然である。彼は如何なる意味に於ても現存在を外にして、之れと別に存在する如何なるものの存在をもゆるさないのであって、吾々の住む世界に夫々の特殊相を以てあらはれている一切の存在以外にその体或は性と名づけられるものの実体的存在を認むるものに対して強く反対するのである。（『秋山書』、一〇七頁）

とするならば、何故に秋山氏は強いて「存在の根拠としての心」などという語を掲げられたのであろう。ここで「道元がかくの如き意味に於ける存在の根拠を否定するは当然である」と言われる秋山氏の〝かくの如き意味でない存在の根拠〟とはいったい何を意味するのか。

郵便はがき

料金受取人払郵便

神田局
承認

1019

差出有効期限
平成28年2月
28日まで
（切手不要）

101-8791

535

千代田区外神田
二丁目十八―六

春秋社

愛読者カード係

＊お送りいただいた個人情報は、書籍の発送および小社のマーケティングに利用させていただきます。

(フリガナ) お名前	(男・女)	歳	ご職業
ご住所 〒			
E-mail		電話	

※新規注文書 ↓（本を新たに注文する場合のみご記入下さい。）

ご注文方法	□書店で受け取り	□直送（宅配便）※本代＋送料210円（一回につき）		
書店名	地区	書名		冊
				冊
取次	この欄は小社で記入します			冊
				冊

ご購読ありがとうございます。このカードは、小社の今後の出版企画および読者の皆様とのご連絡に役立てたいと思いますので、ご記入の上お送り下さい。
ご希望の方には、月刊誌「**春秋**」（最新号）を差し上げます。 ＜ **要** ・ **不要** ＞

〈本のタイトル〉※必ずご記入下さい

●お買い上げ書店名（ 地区 書店 ）

●本書に関するご感想、小社刊行物についてのご意見

※上記感想をホームページなどでご紹介させていただく場合があります。（諾・否）

●購読新聞	●本書を何でお知りになりましたか	●お買い求めになった動機
1. 朝日 2. 読売 3. 日経 4. 毎日 5. その他 （ ）	1. 書店で見て 2. 新聞の広告で （1）朝日 （2）読売 （3）日経 （4）その他 3. 書評で（ 紙・誌） 4. 人にすすめられて 5. その他	1. 著者のファン 2. テーマにひかれて 3. 装丁が良い 4. 帯の文章を読んで 5. その他 （ ）

●内容	●定価	●装丁
□満足 □普通 □不満足	□安い □普通 □高い	□良い □普通 □悪い

●最近読んで面白かった本 （著者） （出版社）

（書名）

㈱春秋社 電話03・3255・9611 FAX03・3253・1384 振替 00180-6-24861
E-mail:aidokusha@shunjusha.co.jp

「存在の根拠」という語に少なくとも〝かくの如き意味付け〟を許す秋山氏が、何故同一の語をもって〝かくの如き意味でない存在の根拠〟を表わすべく掲げなければならなかったのか、甚だ疑問である。榑林氏の言うように仮りに「しばらく哲学の語法をかりて」そのように言ったとしても、秋山氏が自ら認めるように、我々をして直ちに〝存在の根底に何等か実体的なるものが存在し、この実体的なるものによって存在は初めて存在せしめられている〟かのように連想させる「存在の根拠」なる語を用いることは、はなはだ適当とは言えないのみならず「ひとつの現代的表現」としても容認すべからざるものであるまいか。

秋山氏がいったい何を言おうとしたのかを推察するに、次の一節にあるのではないかと思われる。即ち、

彼（道元禅師）は存在の根拠として何ら実体的なるものを認める事なく、而も存在を単なる存在に尽きるものに非ずとして個々特殊の存在をして存在たらしめている根源的なるものを求めんとしたのである。（「秋山書」、一〇四頁）

という部分である。右の「彼」を「私」に代えたところがそのまま秋山氏の言われる「存在の根拠」の意であり、この「根源的なるもの」が「存在の根拠としての心」なのであろう。「存在をして存在たらしめている根源的なるもの」で、しかも「実体的ならざるもの」、これをいかに理解すべきかは難解であるが、秋山氏の言う「存在の根拠としての心」とはかくの如き意味におけるものであることが確認できた。しかし、この言葉は誤解を招きやすい言葉であり、道元禅師における心（の一端）を表す言葉として用いることはやはり不適切であろうと考えられる。最後に付け加えるならば、私の「道元禅における心」の研究の過程において、秋山氏の言われる「存在の根拠としての心」は未だに見出していない。道元禅師の示す「心」とは、「発菩提心」巻において、「この心、もとよりあるにあらず、いまあらたに歘起するにあらず。一にあらず、多にあらず。自然にあらず、凝然にあらず。（中略）この心は、法界に周遍せるにあらず。前にあらず。後にあらず。あるにあらず、なきにあらず。（中略）しかあれども、感応道交するとこ

ろに発菩提心するなり」（六四五頁）と示されている「心」である。

第四項　『正法眼蔵』における心

『正法眼蔵』には、「心」に関する説示が多く見られる。その巻目に「心」の字を含むものを挙げれば、「身心学道」「即心是仏」「心不可得」「古仏心」「三界唯心」「説心説性」「発無上心」「他心通」「発菩提心」があり、他にも「心」に関する説示のある巻は少なくなく、『弁道話』や『学道用心集』『永平広録』にも「心」に関する説示が見られる。これらの中で道元禅師は「心」をどのように説いているのか、ここにその主要な説示を挙げてみよう。

ａ一切諸法・万象森羅、ともにただこれ一心にして、こめずかねざることなし。（『弁道話』、七四〇頁）

ｂいはゆる正伝しきたれる心といふは、一心一切法、一切法一心なり。（「即心是仏」巻、四四頁）

ｃあきらかにしりぬ、心とは山河大地なり、日月星辰なり。（「即心是仏」巻、四四頁）

ｄ唯心は一二にあらず。三界にあらず、出三界にあらず、無有錯謬なり。有慮知念覚なり、無慮知念覚なり。牆壁瓦礫なり、山河大地なり。心これ皮肉骨髄なり、心これ拈華破顔なり。（中略）青黄赤白これ心なり、長短方円これ心なり、生死去来これ心なり、年月日時これ心なり、夢幻空華これ心なり、水沫泡焔これ心なり、春華秋月これ心なり、造次顛沛これ心なり。（「三界唯心」巻、三五五頁）

他、これらに類似する説示は少なくない。その示すところは、全界・全時・全存在・全現象、また、あらゆる活動・変化・要素等、総てが心であり、心以外のものはないということである。そして当然のことながら、先に述べた〝こころ〟（慮知念覚心）も「心」に含まれる。それについては「説心説性」巻での大慧禅師の心性説批判において、

ｅ心はひとへに慮知念覚なりとしりて、慮知念覚も心なることを学せざるによりて、かくのごとくいふ。（三五九

頁）

と、示す段で容易に窺い知ることが出来る。

次に、心をどのように解釈してはならないか、についてであるが、「仏教」巻に次の説示がある。

f ある漢いはく、釈迦老漢、かつて一代の教典を宣説するほかに、さらに上乗一心の法を摩訶迦葉に正伝す、嫡嫡相承しきたれり。しかあれば、教は赴機の戯論なり、心は理性の真実なり。この正伝せる一心を、教外別伝といふ、（中略）この道取、いまだ仏法の家業にあらず。（中略）ただ一心を正伝して、仏教を正伝せずといふは、仏法をしらざるなり。仏教の一心をしらず、一心の仏教をきかず。一心のほかに仏教ありといふ、なんぢが一心、いまだ一心ならず。仏教のほかに一心ありといふ、なんぢが仏教、いまだ仏教ならざらん。（「仏教」巻、三〇六〜三〇七頁）

これは形而上学的な一心を否定されたものである。教外の法、別伝の一心の否定である。即ち、崇高であり奇特なるものがあるとし、それを指して心と称してはならないという。かえって仏教（教典）そのものが心に外ならないと示している。また、「恁麼」巻で、

g 伽耶舎多の道取する、風のなるにあらず、鈴のなるにあらず、心の鳴なりといふは、能聞の恁麼時の正当に念起あり、この念起を心といふ。この心念もしなくば、いかでか鳴響を縁ぜん。この念によりて聞を成ずるによりて、聞の根本といひぬべきによりて、心のなるといふなり。これは邪解なり。（一六五頁）

と示すように、観念論的な心を否定する。即ち、念起の所産として世界（外境）があるとするが如き念起を心というのではないと示す（これについてはさらに第六項「三界唯心」の項にて論じる）。また、『弁道話』「即心是仏」巻においては、霊知（霊性）を指して心と言いその常住不滅を説く先尼外道の見解を厳しく批判する。これについての説示の引用は冗長となるので省くが、身心隔別の上に立つ心常相滅の見解を否定し、身心一如、性相不二であることを強調

している。また、「即心是仏」巻に次の説示がある。

ｈいはゆる即心の話をききて、癡人おもはくは、衆生の慮知念覚の未発菩提心なるを、すなはち仏とすとおもへり。これはかつて正師にあはざるによりてなり。（四二頁）

これは「即心是仏」の心の解釈について述べたものである。心とは慮知念覚のことではないというように理解され、このことは前記（ｅ）と矛盾するかのようであるが、そうではない。なぜなら、「衆生の」或いは「未発菩提心なるを」という語を伴っていることに注目してみると、同巻にて示す、

ｉいまだ発心・修行・菩提・涅槃せざるは、即心是仏にあらず。（四五頁）

という説示と照合してみても、非とされているのは「衆生のこころ」であり「未発菩提心なるこころ」であると受取れるからである。即ち、仏道修行とは無縁の、衆生凡夫の煩悩妄想そのままの〝こころ〟を「心」と言うのではなく、また、これがそのまま仏であるとするような安易な現実肯定を厳しく否定するのである。

以上、五点について述べたのであるが、これをまとめるならば、心をいかに解釈すべきか、については、

（1）全界・全時・全存在・全現象、また、あらゆる活動・変化・要素等、総てが心であり、心以外のものはないのであり、心をいかに解釈してはならないか、については、

（2）形而上学的事象を指して心としてはならない。（教外に特別なる伝附があるとし、それを心と称することの否定）

（3）観念論的心と解釈してはならない。（念起の所産として外境が存在する、という見解における念起を指して心とすることの否定）

（4）霊知（霊性）を指して心というのではない。（身心隔別・心常相滅の見地に立つ心の否定）

（5）衆生凡夫の煩悩妄想そのままのこころを心と言うのではない。（安易な現実肯定の否定）

ということになる。これが、『正法眼蔵』における心解釈の概要である。ここで重要なのは（1）である。（2）（3）

（4）は、観点をかえれば、何か一物を指して心と言うことの非なることを示されたものであるとも言えるから、（1）であるからには必ず（2）（3）（4）でなければならないのである。また、（5）については、後述するように、（1）が妙修の立場においてこそ説かれ得るものであるからには、当然（5）を言わねばならないわけである。畢竟、これら五項目は一貫した立場を持つのであって、このことから『正法眼蔵』における心が、延いては道元禅における心が、一貫した思想の上に説かれていることが知られるのである。

第五項　発菩提心

先に第一項において述べたように、榑林氏が「道元禅における心は、例外なく、いつも真心であることは注意さるべきである」（「榑林書」、一〇一頁）と明言していることは、心解釈の上で重要なことである。というのは、道元禅における心とは、先に概要を述べたところの（1）であるとすれば、それをここで真心（榑林氏が言うところの真心とは本具清浄の真心）とするからである。それは、同じく榑林氏が、

ここに大事なことがある。それは「心これ山河大地なり、日月星辰なり」等は、禅師の宗教体験すなわち真心の照鑑において、はじめて云えるのであるということである。もし体験をぬきにした観察、与えられたるままの山河大地ならば、それは決して「心」とは云われぬ。山河大地はただありのままのそれにすぎない。（「道元禅における心について」『駒澤大学仏教学部研究紀要』二〇号、五頁）

と言っていることに関連するが、道元禅師における心を論じるには、必ずこのことに触れなければならない。ここで、心の解釈において「発菩提心」を重要語とするのはそのためである。私は、「発菩提心のところに心が現成する」と言いたい（ここで〝心が現成する〟という表現は、例えば『弁道話』の「いまだ修せざるにはあらはれず……」（七二九頁）

という説示から逆に導かれるであろう〝修のところに現われる〟という意味で用いるのであって、「発菩提心（発心修証）のところに心が現成する」と言った場合、発菩提心（発心修証）する当体にとってはじめて「心」が真に「心」となり、「心」を「心」と見、「心」を「心」と言い得る、ということの表現である）。

道元禅師は「即心是仏」巻において、即心是仏とは衆生の慮知念覚の未発菩提心であるのをそのまま仏とするということではない（h）と言い、また、発心・修行・菩提・涅槃しないのは即心是仏ではない（i）と示している。そして、「しかあればすなはち、即心是仏とは、発心・修行・菩提・涅槃の諸仏なり」（「即心是仏」巻、四五頁）と、発心修証する諸仏こそ即心是仏であると示している。即ち、道元禅師の示す心は発心修証とともに現成するのである。

また「発菩提心」巻に次の一節がある。

この発心よりのち、大地を挙すればみな黄金となり、大海をかけばたちまちに甘露となる。これよりのち、土石砂礫をとる、すなはち菩提心を拈来するなり。水沫泡焔を参ずる、したしく菩提心を担来するなり。（六四七頁）

ここで示すように、「発心よりのち」大地が黄金となり大海が甘露となるのであり、「これ（発心）よりのち」土石砂礫や水沫泡焔が菩提心となるのである。これらの意味するところは、大地が真に大地となり、大海がまさに大海となる、ということであって、（d）と照合するに〝心がまさしく心となる〟意であると理解できる。即ち、「発心よりのち」心が現成するのである。また、「行持（上）」巻に、

この行持によりて日月星辰あり、行持によりて大地虚空あり、行持によりて依正身心あり、行持によりて四大五蘊あり。（一二二頁）

という興味深い説示がある。行持とは発心・修行・菩提・涅槃のことである。道元禅師は日月星辰を心と示し（c）四大五蘊を心と示している（「即心是仏」巻、四四頁）のであるから、この行持によって心があると言ってもよい。即ち、行持とは発心修証のことであるから、発心修証によって心が現成するのである。

さて、ここで「発菩提心」について論じておく必要がある。まず、「発心よりのち」という表現についてであるが、慮知心と菩提心の関係について『聞解』で、

慮知心と菩提心と二つは無けれども、其間に修証がある、慮知心を其侭取りかへずに、菩提心とするでは無い、たとへば慮知心は渋柿なれども、修証すれば菩提の甘柿に成る。（『正法眼蔵註解全書』巻八、一〇八頁）

と註釈しているが、「発心よりのち」には必ず修行（修証一等の修行であるから『聞解』では「修証」という）がある。修行を伴わなければ発心したとは言えない。これが道元禅の基本的性格である。ゆえに発心以後とは修行（修証）以後のことであると言える。また、発心は一時に限らない。

発心は一発にしてさらに発心せず、修行は無量なり、証果は一証なりとのみきくは、仏法をきくにあらず（「発無上心」巻、五二八頁）

であり、「一発菩提心を百千万発する」（「発無上心」巻、五二八頁）のであると禅師は言う。さらに発心は、

仏祖の大道、かならず無上の行持あり、道環して断絶せず。発心・修行・菩提・涅槃、しばらくの間隙あらず、行持道環なり。（「行持（上）」巻、一二二頁）

と示されるところの発心である。行持道環の道理の上に立つ発心である。これらの意味するところの発心によって心が現成するのである。これを撥無すれば安易な現実肯定に堕しかねない。それは道元禅師が最も嫌われるところである。

ところで、このような発心であれば、当然この心を発すことは至難である。発心と畢竟（仏果菩提）とを比べれば、仏果菩提を得ることよりも菩提心を発すことの方が難しいとさえ説く（「発菩提心」巻、六四六頁参照）のであるから、それでは凡人にとって仏道は成じ難いと言わなければならず、心の現成は期待できない。ところが道元禅師には次の説示がある。

たとひいまだ真実の菩提心おこらずといふとも、さきに菩提心をおこせりし仏祖の法をならふべし。発菩提心なり、赤心片片なり、古仏心なり、平常心なり、三界一心なり。（「身心学道」巻、三六頁）

この説示に、道元禅が信の仏法であると言われる一面を窺い知ることができる。即ち、仏祖の言行をひたすら信じてそのとおりに行ずればよいと言うのである。信の上に立つ行によってやはり同様に心が現成すると言えるのである。

第六項　三界唯心

道元禅師が示す三界唯心の「三界」とは、「三界は全界なり」（「三界唯心」巻、三五三頁）と示すように「全界」（全世界）のことである。即ち、全界が唯心であると示すのである。それは先の引用（a・b・c・d等）によっても知られるところであるが、「三界唯心」巻においてはそれがさらに徹底して説かれる。道元禅師が三界唯心と言われる場合、三界と心という二つのものがあって、それが即（イコール）であると言うのではない。三界と言えば三界のみで心はない、逆に心のときは心ばかりで三界などない、と言われる。『法華経』「寿量品」の「不如三界、見於三界」の語を引き、「今此三界は、三界の所見なり」（「三界唯心」巻、三五三〜三五四頁）等と示しているのがそれである。『御抄』において、「三界の三界を見るが如くならず」と読むのは教家での心得で、宗門では「三界の三界を見むには如かじ」と読むのである（前出、序論、七頁）と註解しているのを見ても、三界を正しく見るとは、三界を心と見ることではなく、三界を三界として見る（如実知見する）ことであるということになるから、三界と言えば三界、心と言えば心であり、ゆえに、「三界はすなはち心といふにあらず」（「三界唯心」巻、三五三頁）ということになるのであろう。これが一方究尺の道理である。三界と心が真に一如であることを示すのには、この道理をもって示さざるを得ないのである。

ここにおいてひとつの素朴な疑問が生ずる。それは、三界唯心の解釈において、当然、「秋山書」に見られるような表現がなされ得ることである。

①慮知念覚を心となす立場はただ之れのみでは常識的見方と一致するのであるが慮知念覚と同時に山河大地、日月星辰をも心なりとする事によつて常識的見方と明確たる区別を示すのである。ここに於て彼（道元禅師）は一方に意識の世界を心となすと同時に他方意識の対象の世界をも心となすことによって内外両界を同じく心となし、自然的見地に立つ限り厳然として否定すべからざる物、心の二元的対立を撥無して之れを一心の世界に統一したのである。（「秋山書」、九二頁）

道元禅師が全界を心として示していることは先に述べたが、それを「他方意識の世界をも心となす」と表現することもできる。禅師の言葉を表面的に解釈すれば、そのように理解できる。そしてさらに、意識の対象の世界を心となすことについて次のような解釈が生ずる。

②心を超越してそれ自体に於て存在するものを心によって知覚し、表象せられた限りに於て之れを問題とし、之れが意識内在的なるが故に純粋意識の本質探究の手がかりとなし得るというのではなく、常識が意識を超越して存在するとなす個々の自然物を直ちに、——表象せられた限りに於て、それが意識内在的なるが故という条件なしに——心となし、物即心、心の外物なしとするのである。（「秋山書」、九三頁）

これらの解釈（①②）は、三界を慮知念覚とは無関係に、そして無条件に心とすることを強調して述べたものであると言える。確かに、①の論述が示すように、内外両界が同じく「心」であれば二元的対立はない。しかし、道元禅師が強いて二元的対立をなくすために〝意識の対象の世界をも「心」と名付けた〟のであるならば、それは作為された一心の世界となる。それでは単なる言語的呼称の転換による作為によってつくられた一元の世界とならざるを得ないのではないか。また、②の論述は、道元禅師が唯心論的見解（ここでは〝客観世界は主観の反映であるとする見解〟をこのように言うことにする）を徹底して否定しているものと解釈するものであるが、はたしてそうであろうか。これらの疑問は、結局〝なぜ三界（全界）を心と言うのか〟という単純な疑問に起因する。①も②もけっしてそれに答えることがない。三界（全界—客観）と慮知念覚（意識—主観）との関係を撥無するのであるならば、この疑問の答えは望めない。であるならば道元禅師は「三界唯心」の語に如何なる意味を見出したのであろう。

川田熊太郎氏は「正法眼蔵三界唯心釈」（『宗学研究』第二〇号、一九七八年三月）において、「道元の三界唯心の成立するまでには長い仏法の歴史がある」（二頁）としてその主要なる発展段階を示し、「かくの如くに、三界唯心の説は仏教思想の根幹たるものである。これをそれとして道元は継承する。しかし、これを修証不二と了解する、ここに彼の仏法の新らしさがある」（三頁）としている。また、道元禅師が「よく三界をして発心・修行・菩提・涅槃ならしむ」（「三界唯心」巻、三五四頁）と示すところに注目して、「生起たる唯心の三界が、この（修証一等の）見地から受取られ、了解せられることとなる。即ち、妄心の顕現としての三界は、その始めから、真心によりて限定せられてゐるのである。故に、この限定によりて唯心の三界は発心・修行・菩提・涅槃ならしめられることとなる」（四頁）と言う。また、伊藤秀憲氏は「正法眼蔵「三界唯心」について」（『印度学仏教学研究』第二四巻第一号、一九七五年十二月）において、「三界唯心」巻の唯心ということと、『華厳経』の唯心説及び瑜伽行派の唯識説とを比較しながら考察し、後者に説かれている内容が究極の立場、即ち仏の立場からのものである場合において、両者に類似した点があることを述べている。そして、「これまでの研究において、他の大乗仏教の唯心説とは異なるという点のみが強調される傾向にあったのは、一方は本証の面から、他方は証への過程として「唯心」ということが説かれているという、その違いが明確にされていなかったためと思われる。しかし、その違いを除けば、両者の説は究極の所において、むしろ非常に類似した内容を持ったものであると言うことができよう」（一五一頁）と言う。これらの論述はたいへん興味深い。私の所見でも、道元禅における三界唯心は、従来の三界唯心の教説を継承し、それをまさしく徹底して説かれたものであり、唯心説そのものを否定しているのではないと考えるのである。

先に、心を観念論的心と解釈してはならないことを（g）の説示に基いて述べた。道元禅師は、聞の根本を心と言い根本であるが故にその根本であるもののみを指してそれを心ということの非なることを示している。即ち〝世界は主観のみ〟とする見解は否定される。とは言え、客観世界をそのまま認めるのでないことも、先の「この行持により て日月星辰あり、（中略）行持によりて四大五蘊あり」（「行持（上）」巻、一二二頁）等の説示に窺われるのであり、両者に偏することを嫌われるのである。ただ、主観世界（意識）と客観世界（外境）とを結びつける意味での唯心論的見解の否定はされていない、とするのが私の見方である。ゆえは、第一にこれに対する直接的な批判或いは否定箇所が『正法眼蔵』中には見あたらないこと、第二に唯心論的見解の否定は〝三界を心と言う〟ことの必然性を妨げ「三界唯心」が戯論に堕しかねないこと、そして第三に心の発菩提心のところに現成するという性格からである。道元禅師が「三界唯心」巻で示す三界唯心の心は、もちろん主観（慮知念覚）の意ではない。禅師が示す三界唯心が先の「発心よりのち」の消息であるからには、この心は先に述べた概要の（1）の意であるからである。ゆえに心は全界を指すのであって、この立場においては「三界は三界の所見のごとし。三界にあらざるものの所見は、三界を見不正なり」（「三界唯心」巻、三五三頁）等と説かれるのは当然なのである。しかしながら、この立場に終始して主客能所を撥無するのは正しくないと言わねばならない。何故（1）のように説示されるのかを究明するに、いわゆる主観と呼ばれる側の消息が必ず問題となるからである。先に述べたように、この自己が発菩提心するところにおいて心が現成し、この自己の行持によって心が現成し、発心・修行・菩提・涅槃する諸仏こそ即心是仏であるのである。ゆえに自己のあり方と心の現成とは大いに関わる。心はこの自己と無関係にあるのではない。従って、ここにおいては主客能所は撥無され得ないのである。

先の「発菩提心」の考察において〝発菩提心によって大地が黄金となり大海が甘露となる〟あるいは〝土石砂礫や

水沫泡焔が菩提心として現成する〞等の表現から、発菩提心のところに心が現成することを論じた。このことはまた、菩提心が見た菩提心の世界の表現であるとも言えるのである。菩提心が見てこそ（能観）、菩提心の世界（所観）となるのであって、ここには能観所観がありながら、しかし、菩提心が菩提心を見ることにおいては、能所がないとも言えるのである。それをここで「能所超越」と言うとすれば、三界と心との関係もまさにこの関係であると言えるのである。〝心が三界を見る〞ということにおいてはいわゆる唯心論的見解を否定しないのであり、〝三界（全界）を心とする〞必然性は妨げられないのであるが、発心修証する時、三界がありのままの三界ではなく、心として現成すると、この時、心一色の世界で心が心を見ることにおいては、主客の境界をもちえないのであり、能所を超越するのである。まことに、嫌うべきは能所相対、主客隔別の立場に立って三界が妄心の顕現であるとする衆生凡夫の「三界唯心」であり、道元禅師が説く「三界唯心」は能所・主客の相はそのままに認めながら、それを超越した一心の世界であると言えないだろうか。

道元禅における「心」が発心修証の立場より説かれていることは注意されるべきである。先に論じたように、発菩提心とともに「心」が現成するというのは、結局、修行とともに「心」が現成するということであり、修行なくして「心」は現われないのである。発心・修行・菩提・涅槃という行持道環の妙修によってこそ、尽界尽時が「心」として現成するのである。このことは、道元禅師が『弁道話』において、「いまだ修せざるにはあらはれず、証せざるにはうることなし」（七二九頁）と示していることに通ずるのであるが、この道元禅における基本的性格の上に立って「心」が示されていることを知らなければならない。「三界唯心」「即心是仏」等の語もここにおいて説かれているのである。ゆえに、「三界唯心」についての論述では、この語の解釈にあたってもいわゆる主観（修行する自己）の消息を無視できないという点から、従来、主客能所の相対を非とし一方究尽の道理によって解釈される方向にあった道元禅における「三界唯心」を、いわゆる唯心論的見解を否定しない立場に立つことによって、主客能所の相はそのままに認め、それを超越したところにおいて解釈しなければならないことを論じたのである。

最後に、道元禅師が「菩提心」について二様の説示をしていることはよく知られているところであるが、このことからさらに進んで、〝何故、発菩提心のところにおいて「心」が現成すると言えるのか〟について試論を呈しておきたい。「菩提心」についての二様の説示とは、一は観無常心であり、一は度衆生心である。例えば『学道用心集』においては、

龍樹祖師曰、唯観世間生滅無常心、亦名菩提心。然乃暫依此心、可為菩提心者歟。誠夫観無常時、吾我心不生、名利念不起。恐怖時光之太速、所以行道救頭燃。（二五三頁）

と、無常を観ずる心が菩提心であると説かれ、また、「発菩提心」巻には、

菩提心をおこすといふは、おのれいまだわたらざるさきに、一切衆生をわたさんと発願し、いとなむなり。（六四五頁）

と、自未得度先度他の心が菩提心であると示しているのがそれである。これらの菩提心を発せば、やはりそこに「心」が現成するのである。この二者が類似するのは、「吾我心不生」「おのれいまだわたらざるさきに」というところである。発菩提心の時、「吾我」は生ぜず「おのれ」は忘却されるのである。我（我慢・我見）は仏教で最も嫌うことのひとつであり、これによって仏道は大いに妨げられる。思うに、主客を分別し能所を隔別するは「我」のなせる業である。これをなげうち忘れれば、主客能所の分別を超越して、全一の世界が現成するはずである。これが仏教が理想とする世界であると言えようか。ここに道元禅師の示される心が現成するのである。ゆえに、道元禅師が「現成公案」巻において、

仏道をならふといふは、自己をならふ也。自己をならふといふは、自己をわするるなり。自己をわするるといふ

は、万法に証せらるるなり。万法に証せらるるといふは、自己の身心および他己の身心をして脱落せしむるなり。（七〜八頁）

と、仏道修行の根幹を示していることとも契合して、心の現成においても、自己をならい、自己をわすれることが重要となってくると言えるのである。

道元禅師が観る世界は、この節で論じた「心」と一体であり、発心修証する自己と一体のものとして存在するのである。

第四節　夢中説夢

夢中説夢という語は、『大般若波羅蜜多経』や『大宝積経』をはじめ、禅語録等に散見される。その意味は文字通り「夢の中で夢を説く」意で、「如人夢中説夢」（『大般若波羅蜜多経』巻第五九六、『大正蔵』七・一〇八四中）「如夢中説夢」（『大宝積経』巻七一、『大正蔵』一一・四〇五上）と「如」という字が冠され、「夢の中で夢を説いているようなもの」（実体のないもの）と解釈される。しかし道元禅師が説く夢中説夢は少々異なる。夢中説夢こそ現実の世界であり、この現実を生きる以外に仏道はないとする。

ところで、仏教では往々、この現実の世の中を〝迷い〟の世界とし、この迷いの世界から抜け出して〝悟り〟の世界、すなわち仏の世界に入るべきことを説く。例えば、代表的な伝統的仏教行事である彼岸会は、陰から陽（春彼岸）、あるいは陽から陰（秋彼岸）への季節の移り変わりの節目の時節に、迷いから悟りへの転機を願って行われる伝統的な行事であるとも言われる。現実の私たちの迷い（凡夫）の世界を川のこちら岸に例えて此岸とし、川のあちら岸を悟り（仏）の世界に例えて彼岸と言い、理想の彼岸に渡ることを願ったものである（ただし現代では彼岸会は先祖供養の期間であり、お墓参りをする季節行事と考えられているようであるが）。

確かに、現実の世界はやはり迷いの世界であり、苦しみの世界であって、理想の仏の世界ではないであろう。しかし、道元禅師は……この現実のままの世界であってよいというわけではないが……この現実の世界のほかに全く別に仏の世界があるのではない、現実の人間の世界のほかの全く別な仏の世界はありえない、と説くのである。

「夢中説夢」の巻に、

仏道をならはざらんと擬する人は、この夢中説夢にあひながら、いたづらにあるまじき夢草の、あるにもあらぬをあらしむるをいふならんとおもひ、まどひにまどひをかさぬるがごとくにあらんとおもへり。しかにはあらず。たとひ迷中又迷といふとも、まどひのうへのまどひと道取せられゆく道取の通霄の路、まさに功夫参究すべし。

（二四〇頁）

とある。この前半に道元禅師が理解する誤った「夢中説夢」の解釈が示されている。「仏法を学ぼうとするのでない偽者は、夢中説夢の教えにあいながら、いたずらに〝あるはずもない夢草が、あるわけでないのに、あるように錯覚しているのを夢中説夢と言うのであろう〟と思い、あたかも迷いに迷いを重ねるようなことであろうと思っているが、そうではない」と道元禅師は言う。もっとも、このような解釈が一般的な夢中説夢の解釈かもしれない。しかし道元禅師は、「夢中説夢」は〝迷いに迷いを重ねる〟というような意味ではないとし、よく知られた「迷中又迷」という言葉も、〝迷いの上に迷いを重ねていく〟という意味ではなく、その本来の意味は「天空に通じる道」つまり仏道の在り方を言っているのであることを、よくよく学ばなければならないとするのである。

繰り返すが、「夢中説夢」とは通常〝夢の中で夢を説くような何とも実体のない夢幻のこと〟〝この現実世界のすべての現象が固定的実体がないこと〟を示すと考えられるものの、道元禅師の解釈は違っており、この夢のような世界こそ、まさに現実であり、この現実の世界のほかに仏道を行じてゆく世界はないではないか、と示すのである。

さらに道元禅師は言う、

> 夢中説夢は諸仏なり、諸仏は風雨水火なり。この名号を受持し、かの名号を受持す。夢中説夢は古仏なり。乗此宝乗、直至道場なり。直至道場は、乗此宝乗中なり。（二四一頁）

この説示は重要である。現代語訳すれば、「夢中説夢は諸仏である。諸仏というのは風や雨や水や火のことである。この呼び名を受け、あの呼び名を持っている。夢中説夢は古仏（まことの仏）である。『法華経』に「乗此宝乗、直至道場」（この宝の乗り物に乗って、ただちに仏の道場に至る）とあるが、ただちに至るという仏の道場は、この宝の乗り物の中にある」となる。この夢のような現実の世界がもろもろの仏そのものであるという。もろもろの仏とは私たちの眼前にある風や雨や水や火のこと、つまり森羅万象であり、もろもろの仏が種種の相となって現れ、それぞれの呼び方がされているという。つまり、現実の世界こそもろもろの仏の世界であり、もろもろの仏は、この現実の世界を仏の世界と見ているというのである。

「乗此宝乗、直至道場」という語は『法華経』「譬喩品」に見られる（『大正蔵』九・一五上）。読み下せば「此の宝乗に乗って、直に道場に至る」となろう。〝釈尊は宝で飾られたすばらしい乗り物に私たちを乗せて、ただちに悟りの道場に連れていってくれる〟という意味である。

この言葉を取り上げて道元禅師は「直至道場は、乗此宝乗中なり」と示す。釈尊が直ちに連れていってくれるという道場は、今乗っているこの乗り物の中にある、この乗り物こそが仏の道場である、と解釈するのである。つまり、釈尊がどこかすばらしい世界に連れていってくれるのではなく、仏の世界は、今修行しているこの所に存在しているというのであろう。

「空華」巻にも、同様な説示がある。

如来道の翳眼所見は空華とあるを、伝聞する凡愚おもはくは、翳眼といふは、衆生の顛倒のまなこをいふ、病眼すでに顛倒なるゆゑに、浄虚空に空華を見聞するなりと消息す。この理致を執するによりて、三界六道・有仏無仏、みなあらざるをありと妄見するとおもへり。この迷妄の眼翳もしやみなば、この空華みゆべからず。このゆゑに空本無華と道取すると活計するなり。あはれむべし、かくのごとくのやから、如来道の空華の時節始終をしらず。諸仏道の翳眼空華の道理、いまだ凡夫外道の所見にあらざるなり。諸仏如来、この空華を修行して、衣座室をうるなり、得道得果するなり。拈華し瞬目する、みな翳眼空華の現成する公案なり。正法眼蔵涅槃妙心いまに正伝して断絶せざるを、翳眼空華といふなり。(一〇九〜一一〇頁)

「空華」とは、眼を患ったものが空中に見る実存しない花のことである。眼を患っているから、実際にはない空中の花を見るという意味である。何を譬えているかと言うと、仏教の一般的な解釈では、凡夫は迷いの眼で世界を見るから、そこに三界とか六道という迷いの世界が現れるとする。迷いがあるから、ないものをあると見る、という意味である。しかし、道元禅師の解釈は違う。「空華」とは夢幻ではなく、「空華」こそ現前の事実であるという。そして、諸仏如来はこの空華の世界の中で修行して衣座室を得、道を会得し、証果を得るのであるとし、釈尊から摩訶迦葉に法が伝わったのも「翳眼空華」が現れた公案であるとし、「正法眼蔵涅槃妙心」が現在に正しく伝わって断絶しないことを「翳眼空華」というのである。そして、

いま凡夫の学者、(中略)眼翳によりて空華ありとのみ覚了して、空華によりて眼翳あらしむる道理を覚了せざるなり。(中略)おろかに翳を妄法なりとして、このほかに真法ありと学することなかれ。(「空華」巻、一一〇頁)

と示す。「凡夫の学者は、眼の病気によって空華があるとばかり思って、空華によって眼の病気が起こっている道理がわかっていない」と批判し、「愚かにも、翳(眼のかげり=現実の世界)を妄法(迷妄、心の迷い)であるとして、このほかに真法(真実のあり方)があるなどと思ってはいけない」と説く。迷いがあるから、ないものをあると見るの

ではなく、まことにある（現存する）現実の世界で、凡夫は迷っているのであり、現存する現実の世界で、仏は仏として目覚め生き、凡夫は凡夫として迷い生きているというのであり、この現実の世界で迷っているのが凡夫であり、目覚めているのが仏であるというのである。

そういう意味で、道元禅師はきわめて現実的である。我々には現実の世界がある。現実の生活がある。この現実の生活のほかに真実の世界を求め、見つけようとしても、そのような世界は、どこを探してもない。現実の生活を生きるしかない。その現実の生活を、どう生きるか。それが問題なのである。迷いの中で生きれば、それは凡夫の世界、目覚めの中で生きれば、そこが仏の世界なのである。

「梅華」巻は、梅華に因んだ師の如浄の言葉を道元禅師が解説したものであるが、このなかで道元禅師は、如浄を讃え、如浄と出会えたことを歓喜し、そして自らが如浄の仏法を嗣ぐことができたことを無上の喜びとしていることがうかがわれる。

雪裏ノ梅華は一現の曇華なり。ひごろはいくめぐりか我仏如来の正法眼睛を拝見しながら、いたづらに瞬目を蹉過して破顔せざる。而今すでに雪裏の梅華まさしく如来ノ眼睛なりと正伝し、承当す。（四六〇頁）

とは、まさに道元禅師が如浄のもとで正伝の仏法に開眼したことを表明したものである。この部分を現代語訳すれば次のようになる。

あの、雪の中に咲いている一輪の梅華こそ、三千年に一度華咲くという優曇華であった。日頃、何度も何度も、梅華を見ながら、それがまさに釈尊の説法であることに気付くことがなかった。その昔、釈尊が華を拈じてまばたきした時に、迦葉尊者ただ一人が、その心をさとってにっこりとほほえんだというが、私はただ茫然と、釈尊のまばたきにも似た梅華の説法を見すごして迦葉尊者のように、にっこりとほほえむことができなかった。しかし、今すでに如浄に出会い、教えをうけて、雪の中に咲いている一輪の梅華が、まさに如来の眼であると知り、そのことをしっかりと受け止めることができた。

道元禅師は、雪の中に咲く梅華を、これまではただの梅華と見ていたが、如浄の教えをうけて「なんと、この日頃見ていた梅華が、三千年に一度華咲くという優曇華だったのか」と気づくことができたというのである。何気ない梅華が「それ見よ、それ見よ」と仏法を表現していたのだという目覚めを示したものである。

この話も、現実のすばらしさの発見であると言える。夢のような世界以外に現実はなく、空華こそ真実であると認める立場である。また、梅華を優曇華と見ることができたというこの話は、ほかならぬこの自分こそ仏であるということを知り、この自分を仏として行じつづけてゆく道を見つけることができたということを暗示している。

我々は、自分が認識する能力の範囲において、世界を見ている。自分が認識している世界以外に、自分が認識できない多くの世界が有ることを知らなければならない。自分の認識したものこそ真実であり、自分の見方、考え方こそ正しいと考えてはならない。鳥にとって空は、魚にとっての水であり、人間にとっての大地であると言える。そのように、広く大きな見方を持って生きていくことが大切であり、そのような広く大きい心を持ちながら、私にとっての現実を生きてゆくのである。私が認識している範囲の現実こそ私の生きる場であり、その現実を大切にして、今を一所懸命に生きてゆく、それが道元禅師の生き方であり、道元禅師が生きていた世界であり、道元禅師の世界観である。

第五節　結語

本章ではまず、道元禅師の世界観について、道元禅師がこの実態としての世界、物理的世界をどのような世界と捉えていたのかについて、当時の仏教者がそう信じていたインドの須弥山世界観、三千大千世界、即ち我々人間世界は、須弥山を北に仰ぐ南贍部州であり、そこにインド・中国・朝鮮・日本等が存在するという世界観を説いていることを論じた。しかし、道元禅師の捉えた世界はこれにとどまるものではなく、広狭・大小には関わらない、「今」「ここ」「このこと」を生きる実際的世界観であることを、第二節以降で述べた。

第二節「現成公案」では、道元禅師の世界観と密接な関係をもつ「現成公案」という語について考察した。即ち「現成公案」とは、端的に言えば〝現実を生きる〟という意であり、いま諸法を仏法として捉え、仏道を生きるということであり、それ以外に道元禅師における世界はないとした。但し、そこにおいては、そのように今生きている「ところ」「みち」以外に自己の認識の及ばない世界や様々な生き方があることを自覚し、その上で「私は今この仏道を生きる」というのが「現成公案」ということであることを論じた。

第三節「心」では、第二節で論じた「現成公案」の世界観が、いわゆる唯識論的世界観として捉えられることに関わって、道元禅師の「心」解釈について考察した。まず、道元禅師の「心」解釈における慮知心の捉え方について述べ、次に「心」の説示にあたって『正法眼蔵』の随所に見られる「牆壁瓦礫」の語について考察し、また、心を「存在の根拠」として捉えるべきでないことを論じた。また、道元禅師における心、特に『正法眼蔵』における心について、その主要な説示を取上げ、心をどのように解釈すべきであるか、そして、心をどのように解釈してはならないか、について簡略に論じ、さらには私が心解釈における重要語と捉える「発菩提心」「三界唯心」についての考察を加えた。「発菩提心」は「心」解釈において最も重要な語のひとつであることを指摘したが、それは「発菩提心」のところにおいて「心」が現成すると言い得るからであり、「心」が現成するということは世界が現成するということであり、このことは道元禅師の世界観において実に重要であると捉えた。そしてこれに関連させて道元禅師の説く「三界唯心」の意味についても論じ、道元禅師が説く「三界唯心」は能所・主客の相はそのままに認めながら、それを超越した一心の世界として、発心修証する自己と一体のものとして存在する世界観を述べた。

第四節「夢中説夢」では、道元禅師が「夢中説夢」という語を、通常の〝夢の中で夢を説くような何とも実体のない夢幻のこと〞〝この現実世界のすべての現象が固定的実体がないこと〞として解釈せず、この夢のような世界こそ、まさに現実であり、この現実の世界のほかに仏道を行じてゆく世界はないとする、きわめて実存的な実践的な世界観を論じた。

我々は、自分が認識する能力の範囲において、世界を見ている。自分が認識している世界以外に、自分が認識できない多くの世界が有ることを知らなければならない。しかしその上で、私にとっての現実を生きてゆくしかない。私が認識している範囲の現実こそ私の生きる場であり、その現実を大切にして、今を仏道に従って生きてゆく。それが道元禅師の生き方であり、道元禅師が生きていた世界であり、道元禅師の世界観であると結論できるのである。

(1)『正法眼蔵』での他の用例を見れば、「跳出」を超越の意味で用いていると思われる箇所もある。「仏祖は大悟の辺際を跳出し」(「大悟」巻、八二頁)、「迷悟を跳出する」(「看経」巻、二六九頁)などがそれである。しかし「遍参」巻には、「眼睛裏に跳入する」(四九〇頁)、「頂𩕳上に跳出する」(「遍参」巻、四九二頁。但し洞雲寺本等は「頂𩕳上より跳出する」)などの用例もあり、「跳出」という語は文字通り〝跳び出る(跳び出す)〞という意味であり、この語が文脈の中で、ある場所(概念)を〝超越する〞意味にも用いられ、ある場所から〝跳び出す〞意味にも用いられているようである。

(2) 榑林皓堂「道元禅における心について」(『駒澤大学仏教学部研究紀要』第二〇号、一九六二年)、山田霊林「道元禅師の即心是仏観」(『印度学仏教学研究』第四巻第二号、一九五六年)、峯岸孝哉「『正法眼蔵』における心について」(『宗学研究』第四号、一九六二年)、同「心解釈における二三の問題」(『宗学研究』第五号、一九六三年)、原田弘道「道元禅における菩提心の実践的性格」(『宗学研究』第一〇号、一九六八年)、竹村仁秀「正法眼蔵における心の研究」(『宗学研究』第九号〈一九六七年〉、第一〇号〈一九六八年〉、第一一号〈一九六九年〉、第一二号〈一九七〇年〉)ほか。

(3) 榑林氏は〝道元禅は中国禅(宋朝禅)の延長移植ではない〞という論究において、宋朝禅者の捉える「心」と道元禅師の捉える「心」との間には甚しい隔りがあることを指摘し、また〝禅宗の標語とも言える「不立文字、教外別伝、直指人心、見性成仏」について、道元禅師が宋朝禅者の標榜するそれをきびしく批判してその原初的意味を解された〟とする論述においても、道元禅師の捉える「心」を解明している。さらに『弁道話』や『正法眼蔵』中の「心」について言及している巻(「説心説性」「即心是仏」「心不可得」「身心学道」「古仏心」「三界唯心」「発無上心」「他心通」等)を取り上げ、道元禅師の示す「心」について詳細に考察している。

(4) 本書については若月正吾「昭和前期における宗学研究の「周辺」——秋山範二著「道元の研究」について」(一)(二)(三)の論稿がある(『駒澤大学仏教学部論集』第八号〈一九七七年十月〉、『北海道駒沢大学研究紀要』第一四号〈一九七九年二月〉、『駒澤大学仏教学部研究紀要』第四一号〈一九八三年三月〉)。

(5) 『摩訶止観』巻第一上に「菩提者天竺音也此方称道。質多者天竺音此方言心。即慮知之心也。天竺又称汙栗駄此方称是草木之心也。又称矣栗駄此方此積聚精要者為心也」(『大正蔵』四六・四上)とある。

(6) この、「発心」或いは「心の識得」をほかにして道元禅師における「心」はあり得ないという見解について、岩永正晴氏が批判している(「『正法眼蔵』「仏性」巻における〝衆生〟の語について」、『駒澤大学仏教学部論集』第二四号、一九九三年十月)。岩永氏は、「身心一如を主張し、身心あるいは依正二報の現成を生の全機現とみる禅師において、このような心の解釈が妥当なものであるかどうか」(二八一頁)と疑問を呈し、「角田氏の心解釈で禅師の「心」は、身心の内の心だけに限られており、さらにその心を真・妄に二分した上での真心の発現したものとなっているのに対し、筆者は禅師の「心」が、一如である身心あるいは依正二報の現成し続けている姿のことをさしていると解釈することになり、この点で異なることになるのである。角田氏の立場では衆生の慮知心は「心」から除外されるが、筆者の立場では衆生の慮知心を含めて「心」であるということになる」(二八二頁)と述べ、道元禅師は発心以前の慮知心も「心」であると認めているとしている。岩永氏が指摘するように、衆生の慮知心を道元禅師の「心」から除外することは確かに問題がある。ただし、「衆生の慮知心」を〝凡夫の煩悩妄想そのままのこころ〟と解釈するならば、これを道元禅師の示す「心」に含めることにも問題がある。この慮知心をどう捉えるかの問題は、やはり「仏」「仏性」「菩提心」等の問題とも関わるのである。この問題は、「発菩提心」巻で示される「慮知心にあらざれば、菩提心をおこすことあたはず。この慮知心をすなはち菩提心とするにはあらず、この慮知心をもて菩提心をおこすなり」(六四五頁)という説示等の解釈にも関わると思われるが、実に微妙で重要な問題である。

（7）峯岸孝哉「『正法眼蔵』に於ける心について」（『宗学研究』第四号、一九六二年三月）の中で「心性」に関して秋山氏の「存在の根拠としての心」の問題に解れ、その註記において、

「心性」の語義についてゞあるが、諸『註釈書』及び『啓迪』等は、「存在の根拠」の意味には解さないようである。一様に能所一元観に立脚して「心」及び「性」の不二、同体異名の意味に解するものの如くである。また実際『眼蔵』の本文に於ける「心性」の用語例からしても、この意味が近いようである。著者も後説しているようにこの性相不二の意に解されるべきとしていることから、ここに云う「存在の根拠としての」の根拠の意味は通常の意味では勿論ない。龍樹の縁起説も「無根拠即ち相依」（三枝充悳氏「縁起の考察」『印度学仏教学研究』第六巻第二号三九頁参照）を根本的立場とすることと関連して、「存在の根拠として」とあるのは、もう少し意味の限定が必要であろう。

と指摘している。

（8）『大乗起信論』（『大正蔵』第三二巻、五七九頁）。※読みは平川彰『大乗起信論』（仏典講座22）七二頁に依る。

第四章　時間論

道元禅師が「時間」について、どのように捉えていたのかについては、すでに多くの学者によって論じられている。[1]まことに道元禅師の時間論に関する研究は多い。そもそも時間論は、時間とは何かという、あらゆる哲学・思想・宗教・科学を通じて問題となる重要な課題であるからであり、そこにおいて比較思想というかたちで、あるいは仏教、あるいは禅、あるいは日本における特徴的時間論の一つとして、道元禅師の時間論が注目されて論じられるからである。

ここに道元禅師の時間論を論じる場合、先ずもってそれら先学の業績を参照し、どこまで研究が進み、どのような解釈の相違があり、如何なる点が問題となって議論されているのか等について論じ、その上で私が何を新たに積み上げようとしているのかを明確にする必要がある。しかしながら、先行論文は多数有り、また問題も多岐にわたっており、視点も哲学的・思想的なものから、宗学的・実践的なものまで種々ある。

研究方法としては、先行研究を分類・整理し、この問題に関する研究史をまとめ、その上で道元禅師の時間論を端的に示している「有時」巻を中心に考察して、道元禅師の時間論についての自らの見解を示したいと思う。

道元禅師の時間論研究において、もっとも優れていると思われる先行業績の一つに、高橋賢陳「道元の時間論とその意義」（『宗教研究』第三二巻第四輯〈一五九号〉、一九五九年）がある。この中で高橋氏は、その基本的な性格を次の五点に分類している。(2)（＊以下は私の取意）

①存在の優位の下に時間を見ようとする思想であること。

＊時間は「ある」のではなくして、「ある」のは存在だけである。時間と存在とが絶対的に同一なるを意味するのではなく、時間は存在によって意識される。

②存在の独立性と時間の不連続性ということ。

＊存在によって時間が意識されるのであって、時間そのものがあるのではないから、時間の性格は存在の性格によって規定されることになるが、その存在なるものは元来不連続である。存在はその地位においてそれぞれ独立し、時間はそれに伴って前後際断である。

③時間の（永遠中における）位置性ということ。

＊存在は空間の中に位置するものであり、しかもその空間は無限であるが、それの如くに時間もまた無限なるべき「永遠」の中に位置して前後を区切るものである。

④時間の（存在と共に）意識的性格ということ。

＊自己と存在と時間とが融即一如であるとしており、その「自己」とか「われ」とかは本質的には意識性において意義を持つものでなくてはならないから、時間は存在と共に意識的性格のものとして把握されている。

⑤時間の現在性ということ。

＊時間が意識的性格を持つということであれば、その意識は常に即今の自己における自覚状態をいうものであるから、時間は現在なるものとして考えられる。それを「而今」という。

そして、これらをまとめて、

道元の捉えた時間の根本性格は、何よりもまず存在と時間と自己との相即としてであり、存在は必ずその時の存在であり、時は存在においてあるのであって、しかもそれらはすべて自己の意識において成り立ち、そのゆえにまた常に現在なるべきものとして考えられていることを知り得たのである。(五三頁)

また、高橋氏は更に、このうち特に②の不連続性と⑤の現在性の二点を重点的に問題として考察している。高橋氏のいうには、①の存在の優位性と③の時間の位置性とは、①が②の根拠として、③はおのずから②に付随する性格として、それぞれ②に含めて考えられるとするからであり、また、④の意識性は⑤の現在性への根拠として⑤に含め得るとするからである。高橋氏の解釈には特異な面もあるが、この分類は道元禅師の時間論のポイントをよくまとめていると考えられる。

しかしながら私は本章で、道元禅師の時間論を禅師の言葉によって「有時」「経歴」「刹那生滅」「吾有時」の四つに分類する。高橋氏の分類と関連づけるならば、①を「有時」に含め、②と③を併せた上で「経歴」と「刹那生滅」とに分け、④と⑤を併せて「吾有時」として論じるものである。

第一節　有時

道元禅師が、「時」についてどう捉えていたのか、それを論じるにはやはり「有時」巻を考察する必要がある。道元禅師は「有時」巻の冒頭において、次の語を挙げる。

古仏言、

有時高高峰頂立、

有時深深海底行、
有時三頭八臂、
有時丈六八尺、
有時拄杖払子、
有時露柱灯籠、
有時張三李四、
有時大地虚空。（一八九頁）

「古仏言」とあるが、「高高峰頂立。深深海底行」の語が見られる文献はあるものの、「有時高高峰頂立」から「有時大地虚空」までの、まとまった形での語は未だに見出されないので、この一節は道元禅師の造語の可能性が高い。(3)

さて、ここで言う「有時」とは、一般的には「有る時は」と読み下され、移りゆく時のある時点や、ある時点における状態を示すことばであり、この冒頭の引用語の「有時高高峰頂立」以下の語の主語にあたる語は「仏」であり、「仏」が省略されたものであると考えられる。(4)

そして、これを一般的に理解すれば、「仏」は「有る時」は「高高峰の頂」に「立ち」、「仏」は「有る時」は「深深の海底」を「行き」、「仏」は「有る時」は「三頭八臂」なる不動明王の憤怒の姿を現し、「仏」は「有る時」は「丈六八尺」の仏像の姿を現す、というように受け取ることができる。「有時拄杖払子」以下も同様である。

しかし、このような理解が凡夫の見解であることは、

仏法をならはざる凡夫の時節にあらゆる見解は、有時のことばをきくにおもはく、あるときは三頭八臂となれりき、あるときは丈六八尺となれりき、たとへば、河をすぎ山をすぎしがごとくなりきと。（一九〇頁）

と示すところであり、このような見解は〝仏法を学んでいない凡夫の場合に考える「有時」についての見解〟である

という。

それでは「有時」とはどのような意味かと言えば、道元禅師の時間論を論じるほとんど全ての学者が、極めて特徴的な道元禅師の時間論を表す言葉として挙げる、次の言葉に表れている。

いはゆる有時は、時すでにこれ有なり、有はみな時なり。（一八九頁）

冒頭の引用語をあげて、まず示した言葉で、この引用語の中にある「有時」という語は、「有る時は」という〝移りゆく時のある時点における状態を示す語〟ではなく、〝時がすでに有であり、有はみな時である〟ということであるというのである。(5)

ところで、ここに用いられている「有」とは何かと言えば、この巻で使われている言葉で置き換えるとすれば、「尽界」「尽地」「万象百草」などがそれにあたるといえる。いわゆる存在である。つまり、「有時」とは、存在は時間であり、(6)時間は存在である、というのである。ここに極めて哲学的な道元禅師の存在論と時間論が示されている。

また、道元禅師の世界観、存在論について探ることができる言葉が、「有時」巻には数多く見られる。たとえば、つぎのような一節がある。

尽地に万象百草あり、一草一象おのおの尽地にあることを参学すべし。かくのごとくの往来は、修行の発足なり。到恁麼の田地のとき、すなはち一草一象なり、会象不会象なり、会草不会草なり。正当恁麼時のみなるがゆゑに、有時みな尽時なり、有草有象ともに時なり、時時の時に尽有尽界あるなり。しばらくいまの時にもれたる尽有尽界ありやなしやと観想すべし。（一九〇頁）

ここで言うように、全体から見れば、全大地には、さまざまな形あるものや、多くの種類の草木が存在する。そして、個々からみれば、その一本一本の草や一つ一つの形あるものは全大地の中に有る。あるいはこの部分は、一草一象おのおのに尽大地があるとも解釈できる。このように学んで、一つの事物から一つの事物への往来が、まさに全存在から全存在への往来であるがごとく生きるのが修行者の生き方であり、このような生き方が修行の始まりであり、このような境涯に到ったとき、〈私が〉そのまま一本の草や一つの象となり、象を理解（認識）するのに〈単に〉象と理解（認識）することなく、草を理解（認識）するのに〈単に〉草と理解（認識）することがないのである。まさにそのような「時」だけであるから、有時（存在と一つである時間）が、みな、すべての「時」であり、存在としての草も存在としての形もみな「時」である、というのである。その時その時の「時」にすべての存在があり、すべての世界があるのであって、しばし、今の「時」から漏れてしまっているすべての存在や全世界があるのかどうか、しっかり考えてみれば、漏れてしまっているものなどありはしない、と示している。

「一草一象おのおの尽地にあることを参学すべし」をどのように解釈するかは難しいが、「尽地に」を〝尽地の中に〟と解釈するのが一般的であろうが〝尽地として〟と解釈することも可能であろう。つまり、この尽地すなわち全世界にはあらゆる存在があり、あらゆる存在が集まって全世界ができているが、そのあらゆる存在の一つ一つに、実は全世界があるという意味にも取れる。このような説示は、道元禅師の世界観を示したものと考えられる「山水経」巻はじめ、その著作の随処に見られるからである。[7] 一本の花から一本の花へと舞い移る蝶も、この全世界の存在の一つとして存在する花から、別のもう一つの存在として存在する花へと移動しているのではない。蝶が一本の花から一本の花へと舞い移るのは、全世界から全世界へと舞い移っているのだということである。

例えば、「昨日は北海道にいた、今日は東京にいる」と言った場合、日本地図を頭に描いて、北海道から東京に移動したと考える。しかし、その移動した主体にとっては、北海道から東京への移動は、全世界から全世界への移動である。あのときはあそこにいた、そしてあのときはあそこにいた、というのではない、その主体の居場所は常にその主体にとっての全世界である。全世界から全世界へと行き来しているのである。そのような認識も、ひとつの認識なのかも知れない。しかし、そのように受けとることができるのが修行者であると道元禅師は言うのであろう。「今・

自分がいる」このところ、そして私という存在、そして今という時間、その時その時の時間にすべての時間があり、すべての存在があり、今という時間から除外されている存在はない、それが道元禅師の世界観であり時間論であると言える。

さて、この「いはゆる有時は、時すでにこれ有なり、有はみな時なり」という言葉に続いて次のように示している。

丈六金身これ時なり、時なるがゆゑに時の荘厳光明あり。いまの十二時に習学すべし。三頭八臂これ時なり、時なるがゆゑにいまの十二時に一如なるべし。（一八九頁）

「有」はみな「時」であるから、「有」であるところの「丈六金身」も「時」であり、「有」であるところの「丈六金身」の「荘厳光明」も「時」の「荘厳光明」であるというのである。そして、その「時」とは、いわゆる「十二時」、つまり子、丑、寅、……などと言っているところの時、すなわち「今は何時《なんどき》か？」「子の刻だ」と会話するような一般的な時のことと習えばいいのであり、「丈六金身」がまさにその「時」であるというのである。同様に「有」であるところの「三頭八臂」も「時」であり、「時」であるから「三頭八臂」は「十二時」と一如であると言っている。そして、その「十二時」について、さらに、

十二時の長遠短促、いまだ度量せずといへども、これを十二時といふ去来の方跡あきらかなるによりて、人これを疑著せず。疑著せざれども、しれるにあらず。衆生もとよりしらざる毎物毎事を疑著すること一定せざるがゆゑに、疑著する前程、かならずしもいまの疑著に符合することなし。ただ疑著しばらく時なるのみなり。（一八九～一九〇頁、一部句読点を改変した。）

と示す。

「十二時」の長い短い遠い近いを、いまだ量ったことがないといっても、これを「十二時」という去来の方跡（過ぎ去ったり、やって来たりする時間の計り方）が明らかであったので、人はこれをあえて疑わないのであり、疑わないけ

れども実は知っているのではないというのである。衆生は、ほんとうにわからないで疑うこともあれば、ほんとうはわかっていないのに疑わないこともある。その「疑い」もその時その時の「疑い」であって、必ずしもぴったりと一つになることはない。そしてその「疑い」ということも「時」なのであるというのである。

ところで、一般的にまた、「時」をどう捉えるかと言えば、先に、

仏法をならはざる凡夫の時節にあらゆる見解は、有時のことばをきくにおもはく、あるときは三頭八臂となれりき、あるときは丈六八尺となれりき、……（一九〇頁）

の一節を挙げたように、「ある時」はどこにいて、「ある時」はどのような姿を現していて……というように「時」を考え、また、

たとへば、河をすぎ山をすぎしがごとくなりと。いまはその山河たとひあるらめども、われすぎきたりて、いまは玉殿朱楼に処せり。山河とわれと、天と地となりとおもふ。（一九〇頁）

と、たとえば、〝自分は河や山を過ぎてここにきた〟というように思い、〝私が過ぎ来たった山も河も、今もその場所にあるであろうが、私は今は美しい御殿にいる。そして山や河と私とは、天と地ほどに隔たってしまった〟と凡夫は思う。しかし真実の道理はそうではないと道元禅師は言う。

しかあれども、道理この一條のみにあらず。いはゆる、山をのぼり河をわたりし時にわれありき、われに時あるべし。われすでにあり、時さるべからず。時もし去来の相にあらずば、上山の時は有時の而今なり。時もし去来の相を保任せば、われに有時の而今ある、これ有時なり。（一九〇頁）

ここに示されるように、〝私が歩んできた山や河は、すでに隔たってしまったがそこに存在し、そこを歩んでいた「時」はすでに過ぎ去ってしまった〟というのは真実の道理ではなく、〝山を上り河を渡った時に私があった、その私に「時」があったはずである〟というのである。「私」と「山や河」と「時」とは一つであるというのである。私は

既にこうして存在している、その今ここに存在している私に「時」があり、「時」は去ってゆくのではない。「時」は過ぎ去ってしまったりやって来たりする相（ありよう）でなかったとしたら、山に登ったとき、それが「有時」（時間と存在が一つである）の「而今」（まさに今）であったのである。「時」は過ぎ去ってしまったりやって来たりする相（ありよう）でなかったとしたら、上山の時の私に「有時」の「而今」があったのであり、同様に今の私に「有時」の「而今」があるのである。これが「有時」（時間と存在が一つである）ということであるという。山に登った「時」も、河を渡った「時」も、まさに今の私の「時」のなかにあると言われるのであろうか。

ここに示されている「有時」という語は、「ある時は」どこにいて、「ある時は」どんな姿をしていて、というような、時間の経過の中における一時を言うのではなく、またその一時における存在の仕方を言うのではないと考えられる。

たとえば、私たちは過去を振り返って、あのときは北海道にいたとか、あのときは沖縄で仕事をしていたとか、記憶をよみがえらせることができる。「ああ、あの時はよかった」とか「あの時はつらい時期だったとか」、そのように思い出して、「時」は過ぎ去ってしまったと考える。あれは十年前のこと、あれからもう十年も経ってしまった、などと思う。しかし、「時」は私から去ってゆくのではなく、今に移ってきたのでもなく、今の私にすべての「時」があるという。過去を思い出している今の私も「時」であり、今の私の中にすべての「時」があるというのである。

道元禅師が言う「有時」というのは、「有る時は」ということではなく、時間と空間、時間と存在がひとつであるという現実の在り方、それを「有」（空間・存在）と「時」（時間）を一つにして「有時」と言うのであろう。そして私たちの人生は常に「有時」であり、「今」「ここ」だけであり、そのほかに「私」は存在しないということになる。過去を思い出す私も、今の私である。

そして、このことは「私」だけについて言えるのではなく、松や竹などの植物もそうであり、山や海などの自然もそうであると道元禅師は言う。

松も時なり、竹も時なり。時は飛去するとのみ解会すべからず、飛去は時の能とのみは学すべからず。時もし飛去に一任せば、間隙ありぬべし。有時の道を経聞せざるは、すぎぬるとのみ学するによりてなり。要をとりていはく、尽界にあらゆる尽有は、つらなりながら時時なり。有時なるによりて吾有時なり。（一九一頁）

静止して存在しているように見える松や竹などの植物も「時」（時間）であるという。動き回ったり、飛び去ったりしているものは、その場所の移動によって時の移り変わりを考えることができるから、時とはそのようなものであると我々は思うが、時とは飛び去る（行き過ぎる）ものだけではないことを、ここでは示している。そして松そのものの存在も、竹そのものの存在も「時」であるというのである。

動き、移り変わるものだけが時ではない。「尽界にあらゆる尽有は、つらなりながら時時なり」という言葉は興味深い。この世の中の出来事は、因果関係を持ちながらつながってゆくが、つながりながらも、その時その時であり、その時その時、時々刻々以外に人生はなく、そのような人生がつらなってゆくということになる。ここで、道元禅師は「有時」という言葉に「吾」という字をつけて、「吾有時なり」と言っているが、存在と時間が一つであるということは、私と存在と時間が一つである、ということになるのである。

そして次に、存在と時間ということについて、一般的な常識をくつがえす説示が語られている。

山も時なり、海も時なり、時にあらざれば山海あるべからず、山海の而今に時あらずとすべからず。時もし壊すれば山海も壊す、時もし不壊なれば山海も不壊なり。この道理に明星出現す、如来出現す、眼睛出現す、拈華出現す。これ時なり、時にあらざれば不恁麼なり。（一九三頁）

山も時であり、海も時であるという。このことは既に尽界が「時」であるというのであるから当然の説示である。しかしここで、〝時でなかったら海も山もあるはずがない〟と言われる。山や海の而今（まさに今）、つまり瞬間の静止したかのごとき山や河に「時」がないとしてはならないと言われる。〝時がもしなくなってしまえば、山や海もなくなってしまう、時がもしなくならなければ、山も海もなくならない〟とも言われる。この道理において、明けの明星が出現し、仏陀（釈尊）が出現し、仏陀の眼《まなこ》がまばたきし、摩訶迦葉との拈華微笑も出現し、それによって仏教が代々伝わってきたのであると言うのである。まさに、これが時ということである。時がなければ、このようにはならなかったと。

さて、我々は、もし仮に時間が止まってしまったら、世界のあらゆる物事が静止するかのように考える。しかし、この道元禅師の説示によれば、時間だけが止まって、この世界のあらゆるものごとが存在しているという状態はあり得ないことになる。時間が静止すれば、存在もなくなるのである。存在がなくなれば時間もなくなるのである。例えば、時間が止まり、あらゆるものが静止してしまっている状態の中で、私だけが動き回って活動するというようなことはあり得ないと道元禅師は言う。時間だけが止まり、あらゆる存在が静止してそこにあるという状態はあり得ない。時間だけがあり、あるいは存在だけがあるということはあり得ない、それが道元禅師の見方である。時間と存在はひとつなのである。

さてここで問題になるのが、先に述べた高橋氏の分類①の存在の優位性という視点である。高橋氏は言う、

時間は「ある」のではなくして、「ある」のは存在だけなのである。「時すでにこれ有なり、有はみな時なり」と言っても、時間と存在とが絶対的に同一なるを意味するのではなく、「ある」という点から言えば有すなわち存在だけがあって、時間はそれによって意識されるに外ならないのである。換言すれば存在は何等かの時の存在であり、時は何等かの存在に関連して認められるのであって、その相即性から言えば存在と時間とは即一的であるが、「ある」という点からすればどこまでも存在が優位しているのである。（『宗教研究』第三一巻第四輯、四八～四九頁）

例えば、日月など何等か物質的なものの動きに頼らなければ日時を計り得ないように、実際如何なる存在をも離れて時間そのものを把握することは不可能であるというのである。

森本和夫「時間の問題を考える——有時の巻」（『大法輪』、一九八一年十月）も、同様の見解を示す。森本氏は「ただ、『有時』の巻は、主として「有」の側面、すなわち「存在」の側面から「時間」の問題を扱ってゆこうとしているだけなのである」といい、『有時』の巻は、とりあえず「有」の立場から説き進められる」とする。(8)

これに対して、道元禅師の時間論研究の多くは、存在の優位性を言わない。ほとんどの論考が「時間とは存在のこと、存在は直ちに時間である」（秋山範二「有時（時間）」、『道元の研究』本論第一篇存在論第四章、岩波書店、一九三五年一月、一二七頁）、あるいは「時間がすなわち存在であり、存在がそのまま時間である」（玉城康四郎「道元の時間論」、『講座仏教思想』第一巻、一九七四年四月、理想社、二七三頁）などと言うにとどまる。すなわち「時間」と「存在」の同一性をいうのであり、その顕著なものは辻口雄一郎「「有時」の巻における時間について」（『宗学研究』第二七号、一九八五年三月）であって、道元禅師は「有と時の両者を、等価、ないし同値なものとしてとらえる立場を表明されている」とし、「この「有」と「時」の等価性ということが、「有時」の巻全体を貫く根本的な定位であり、そして、我々が「有時」の巻を読み解くために取るべき基本方針であらねばならない」（八四頁）と言い、「等価」「同値」という言葉を用いている。

前掲秋山論文では、時間と存在について次のように述べる。

常識は時といふものを過去より未来に向って永遠に流れて留ることを知らぬ空虚無内容なるものにして一切の存在は此の空虚なる時の流れの中に起滅しつつ時によってたえず未来より過去に向って運ばれてゆくものと考へるのである。即ち時間と存在とを区別し、時は無内容ではあるがそれ自身の存在を有し瞬時の停滞もなく常に同一速度を以て過去より未来に向って流れゆき、永遠に滅することなきものであるが、存在はこの無限延長の意味に於ける永遠の時の中に顕はれ来り一定の時間中其處に留って、その時間の経過と共に消滅しゆくものとなすのである。然るに道元は常識が二と見る時間と存在とを直ちに一と見て存在は即時間、時間は即存在にして、一を挙ぐるとき他は同時に尽きるものとするのである。（一二七頁）

一般的・常識的理解における時間と、道元禅師の見方を明解に示していると思われる。

道元禅師の時間論は、存在優位の立場に立った上での同一を示すものか、全く等価なものとして捉えているのか。先にも挙げた「時すでにこれ有なり、有はみな時なり」（一八九頁）という一句を私は「時間はすでに存在とともにある。存在はみな時間そのものである」と訳してみたが、その場合、高橋賢陳氏が言うように、目に見えて「ある」のは存在とその変化（動き）であるのであるから、そこに「時間」を見るのであれば、「存在」がまず問題とされているとも言えよう。とはいえ、道元禅師が、存在優位の立場に立っていたのかどうかについては私には明確にはできないが、「時間」を「存在」から独立したものとして捉えるのではなく、道元禅師が「存在」が「時間」であることを繰り返し強調していることは確かであり、とかく「存在」と切り離して捉えがちな「時間」について、「時間は存在そのものにあるのである」と強調しているものであることは間違いない。

第二節　経歴

道元禅師の時間論においてよく問題とされるのが「経歴」という言葉である。道元禅師は、

有時に経歴の功徳あり。（「有時」巻、一九一頁）

と、有時には「経歴」という功徳があるという。功徳とは、一般的に〝善いことをした報い〟とされるが、ここでは

〝付加的なはたらき〟と受け取ることができる。有時には「経歴」という付加的なはたらきがあるというのである。「経歴」とは、いわゆる〝時が過ぎる〟ことであるが、ここではそのような意味ではないらしいことは次の説示にうかがえる。

有時に経歴の功徳あり。いはゆる、今日より明日へ経歴す、今日より昨日に経歴す、昨日より今日へ経歴す、今日より今日に経歴す、明日より明日に経歴す。経歴はそれ時の功徳なるがゆゑに。(「有時」巻、一九一頁)

「今日より明日へ経歴す」「昨日より今日へ経歴す」ということは理解できても、「今日より昨日に経歴す」という語は不可解であり、「今日より今日に経歴す、明日より明日に経歴す」という語も、一日の中での時の経過として理解できないことはないが、単に時の経過を言っているとは思えない。

「経歴」ということについて道元禅師は、次のようにも示している。

経歴といふは、風雨の東西するがごとく学しきたるべからず。尽界は不動転なるにあらず、不進退にあらず、経歴なり。経歴は、たとへば春のごとし。春に許多般の様子あり、これを経歴といふ。外物なきに経歴すると参学すべし。たとへば、春の経歴はかならず春を経歴するなり。経歴は春にあらざれども、春の経歴なるがゆゑに、経歴いま春の時に成道せり。審細に参来参去すべし。経歴をいふに、境は外頭にして、能経歴の法は、東にむきて百千世界をゆきすぎて、百千万劫をふるとおもふは、仏道の参学、これのみを専一にせざるなり。(「有時」巻、一九二頁)

「経歴」というのは、例えば雨が東から西へと降り過ぎてゆくようなことではないという。雨が通り過ぎてゆくことをいうのではなく、その時、その時の在り方を「経歴」というと受けとることができる。それは「経歴は、たとへば春のごとし。春に許多般の様子あり、これを経歴といふ」という説示によく表れている。我々は「春」と言った場合、「春の許多般(さまざまな)の様子」を思い浮かべる。その様子、その在り方を「経歴」というのであると言う。

その時、その時の在り方を「経歴」というのであれば、それは必ずしも、昨日から今日へ、今日から明日への時の経過ではないから、昨日の「経歴」（在り方）があり今日の「経歴」（在り方）があるということで、日々仏道という同様の在り方を行じている修行者にとっては、「今日より昨日に経歴す」という前述の言い方もあり得るのである。道元禅師のいう「時」は、いわゆる時間の経過ではなく、「有」（存在）であり「経歴」（在り方）であると言うことができよう。

ところで、「時」は過ぎゆくものではないが、また重なってゆくものでも、ならんで積もってゆくものでもないという。

古今の時、かさなれるにあらず、ならびつもれるにあらざれども、青原も時なり、黄檗も時なり、江西も石頭も時なり。自他すでに時なるがゆゑに、修証は諸時なり。入泥入水、おなじく時なり。いまの凡夫の見、および見の因縁、これ凡夫のみるところなりといへども、凡夫の法にあらず。法しばらく凡夫を因縁せるのみなり。この時この有は法にあらずと学するがゆゑに、丈六金身はわれにあらずと認ずるなり。われを丈六金身にあらずとのがれんとする、またすなはち有時の片片なり、未証拠者の看看なり。（二九一頁）

過去から現在への「時」というものは、昨日積もった落ち葉の上に今日の落ち葉が重なり積もるように、つもり重なってゆくのではない。しかしながら青原も黄檗も馬祖も石頭も、歴代の仏祖がみな「時」であるという。「時」は時間の経過ではなく「有」（存在）であり「経歴」（在り方）であるならば、このとおりなのである。修証も「時」であり、衆生済度も「時」である。それでは、すべて「時」として肯定されるのかと言えば、必ずしもそうではない。「いまの凡夫の見、および見の因縁、これ凡夫のみるところなりといへども」と、凡夫の見が誤りであることをいったん区別し、その上で「凡夫の法にあらず。法しばらく凡夫を因縁せるのみなり」と、「凡夫の見」も「有時の片片」として認めている。それは、しばらく凡夫として因縁している凡夫に、この「有時」を法に従って仏として生きることを期待しているものと思われる。

この「経歴」という言葉をどう理解するのかについて、やはり諸論がある。また、この「経歴」の問題は、「過去・現在・未来」の問題であり、第三節で述べる「刹那生滅」や「前後際断」等の言葉とも関わって論じられている。

茅原正「道元禅における時のつらなり」(『宗教研究』第六六巻第三輯〈二九四号〉、一九九二年十二月)は、この「経歴」を中心に論じている。論題の「つらなり」とは「経歴」を意味している。茅原氏はまず、過現来(過去・現在・未来)について次のように述べる。


われわれは「現在」という観点から現実の世界を、時の相ととらえている。常に、過去は「現在」における「過去」であり、未来は「現在」における「未来」である。また、見方によっては、かつて「現在」であった過去は、既に現在しない「現在」であり、やがて、「現在」となるであろう未来は、未だ現在しない「現在」でもある。われわれは、〈既にない〉と〈未だない〉との間で宙ぶらりんであり、「過去」に思いをはせ、「未来」に望みをかけながら、「現在」を生きている。しかし、この「現在」さえも「現在」としては止まりえない。にもかかわらず、現実にわれわれの眼前には、常に新しき「今」、「現在」が開かれているのである。(二八頁)

このような「現在」における「過去」、「現在」における「未来」という見方は、多くの学者によってなされている。たとえば先に挙げた高橋氏の論文でも、

過去も未来も共に即今の意識において成り立ち秩序付けられ把握せられ自覚されることによって「ある」のであり、従って過去未来といえども「ある」のは常に意識と共に現在(自己において)である。(五二頁)

と述べている。また、前掲秋山氏の論文でも、

時といふものはもともと現在のみより存しないものであって、常識が現在の時以外に存在するかの如くに解する過去及び未来も実は現存の内容として以外には存し得ないのである。過去は記憶として、未来は期待として現在

するのみ。而も記憶し期待する意識の主体は現在のわれである。（一三六頁）

という。これらは、いわば「時」に対する哲学的思索における常套の見解であると言えるが、道元禅師も「彼方にあるににたれども而今なり」「彼処にあるににたれども而今なり」（「有時」、一九一頁）と示されているところである。

そして諸論に共通して言えることは、この「現在」が「自己（われ）」と密接であり、そして、この「自己（われ）」の「実践」に帰着すると見るのである。これについてはさらに第四節で述べたい。

源重浩氏の「道元における時間の問題――「永遠」の成立根拠を遶って」（『龍谷大学大学院真宗研究会紀要』第六号、一九七四年十二月）は、道元禅師における時間の問題を「永遠」の現成が如何なる論理構造をもつかという立場から解明しようとしたものであるが、この中で源氏は、道元禅師において「時」が「経歴」するということは、次の六つの性格を踏まえて成立していると考えられるとしている。六つの性格とは即ちa連続性b常に現在から現在へという性格c逆流性d断絶性e現在における過去現在未来の同時現成f断絶性と連続性の相即、でありこれらを足場にして詳細な考察を行っている。

前掲森本論文も、「経歴」の語に注目し、先に引用した「今日より今日に経歴す」という道元禅師の説示を挙げて「このような「経歴」という捉え方の提示によって、『有時』の巻の叙述は、後半において、さらに生き生きとした様相を示すことになる」と言い、同じく「有時」巻に示される「経歴は、たとえば春のごとし、春に許多般の様子あり、これを経歴といふ」という説示をあげて、これを「梅華」巻の「老梅樹の忽開華のとき、華開世界起なり。華開世界起の時節、すなはち春到なり」（四五八頁）、「梅開に帯せられて万春はやし。万春は梅裏一両の功徳なり。一春なほよく万物を咸新ならしむ」（四六二頁）という語をあげて、この叙述が、相対的な時間を超える絶対の場所で語られているとする。それは「万物といふは、過現来のみにあらず、威音王以前及至未来なり」（四六二頁）という言葉や「無量無尽の過現来、ことごとく新なりといふがゆゑに、この新は新を脱落せり」（四六二頁）という言葉によって明らかであると述べる。また、「釈迦牟尼仏、菩提樹下に跏趺坐しましまして、五十小劫を経歴し、六十劫を経歴し、無量劫を経歴しましますと」(「三昧王三昧」巻、五四一頁)といわれる場合の「経歴」を「有時」巻に示される「経歴」と統一的に受け止めることができるとし、「過去・現在・未来の諸仏、ともにほとけとなるときは、かならず釈迦牟尼仏となるなり」(「即心是仏」巻、四五頁)といわれるのも、このことにほかならないとする。

南直哉氏も、この「経歴」と「三世」について論じている(「経歴と三世――道元禅師の時間論」、『傘松』一九九四年九月号)。南氏は、「放浪と旅行」という小見出しを付し、「経歴」に「放浪」を、「三世」に「旅行」を譬え、両者の違いは目的地の有無にあり、それが放浪者と旅行者の時間意識に決定的な違いを与えるとし、「経歴」が「三世」に論理的に先立ち、後者を時間と呼ぶなら、前者は原時間性とでも呼びうる関係にあるとする。そして、興味深いのは、『倶舎論』などでいう「刹那」と道元禅師の「経歴」とは全然別の概念であるとし、小見出し「時間の理念、理念の時間」の中で、「「経歴」とはあくまで、線形イメージへと理念化してゆく時間に論理的に先行する、原時間性でなければならない」(三三頁)とし、「これに対して「刹那」とは、線形にイメージされる時間の理念を分析した結果えられた、理念の時間である」(三三頁)としている点である。ちなみに、この「刹那」の解釈について、星俊道氏が「道元禅師における宗教的時間の特質(三)」(『宗学研究』第三七号、一九九五年三月)において反論している。

岡島秀隆氏は「『正法眼蔵』の時間論」(『印度学仏教学研究』第三三巻第二号、一九八五年)において、「而今」と「経歴」について中心に論じている。岡島氏は、有時には「而今」(現在只今)と「経歴」(過現未の去来の相)という二相が存するとしながらも、道元禅師の時間論は単なる主観的相対的時間論にとどまるものではなく、普遍的絶対的局面も担うものであるとする。ここにおいて「内的意識対象(内在的意識世界)の形式と超越的対象(超越的世界)の形式が、唯一の現象世界の内に統一的に捉えられている」(二三三頁)と論じ、これらは「実存するわれの意識における今を重視するところから生まれているのではなかろうか」としている。

中山延二氏は「正法眼蔵に於ける時の性格」（『仏教に於ける時の研究』所収、百華苑、一九四三年四月、一五六頁）の中で、常識的に「一時究尽の無去来の現在」（無去来）と「経歴して去来するもの」（去来）という矛盾する性格を論じ、

然し正法眼蔵の時の成立はかかる矛盾の相即に存せねばならない。其所に華厳と等しく大乗の極理を顕すものがある。従って経歴というもそれが単なる生滅に過ぎぬ去来を意味しないことは言うまでもない。正法眼蔵が経歴というものに対して周到の注意を払う所以も其所にあると言わねばならぬ。経歴は却って先述の如き独立無伴の尽時現在即ち絶対現在ということから成立するのである。即ち無去来ということを媒介として却って成立するのである。

と述べている。そして、「道元の経歴は華厳の如く、前後際断された無底の隔法である現在が、現在から現在へ異成するということを更に徹底せしめたものと考えることが出来る」としている。

秋山氏（前掲秋山論文）も同様である。秋山氏は、

時は、従って又存在は、一面より見るときは各瞬間卓立不伴にして前後相断絶せる絶対非連続であるにかゝはらず、他面刻々に新しき特殊時又特殊存在に移り行き各瞬間の存在には前もあり後もあり前後相連続して時の経歴を現じ来る。こゝに存在の又時の非連続的にして而も連続的であるといふ矛盾的性格が存するのであって、此の矛盾の止揚せられた所に吾々の其の中に生きてゐる現実存在があるのである。道元は存在に於ける此の矛盾の統一を「要を取っていはゞ尽界にあらゆる盡有はつらなりながら時々なり」（「有時」）「しるべし薪は薪の法位に住してさきあり後あり、前後ありといへども前後際断せり」（「現成公案」）といふ語を以て表現してゐるのである。「つらなりながら」といひ「さきあり後あり」といふはその連続性の方面を、「時時なり」といひ「前後際断せり」といふはその非連続性の方面をいふものである。（一三四頁）

といい、「道元は之れを時の経歴……経過を説明することによって明らかにせんとしてゐる」とし「現在の意識内容中に前後ありながら意識全体としては前後際断せる事をいふ」としている。

以上「経歴」という語を取り上げて私見を述べ、諸氏の解釈を紹介した。諸氏の解釈の中には、哲学的言語や思考に慣れない私には理解に及ばない部分もあるが、道元禅師が説く「経歴」とは、いわゆる時間の経過を言うのではないことは、諸氏も論じるところであり、「経歴は、たとへば春のごとし。春に許多般の様子あり、これを経歴といふ」という説示によく表れているように、その時その時の様子、而今の在り方を「経歴」というのであり、「有時」はその時その時の〝様子〟〝あり方〟を付加的な働きとしてもっている、即ちこの「経歴」という語も、時間と存在の同一性を示した言葉であると捉えられるのである。

第三節　前後際断

道元禅師の時間論を論じるにおいて重要な語に「前後際断」がある。前節で、「有時」巻に見られる、

要をとりていはく、尽界にあらゆる尽有は、つらなりながら時時なり。有時なるによりて吾有時なり。（一九一頁）

という語を取り上げたが、「要をとりていはば」とは〝要するに〟ということであり、結局のところ「つらなりながら時時なり」と道元禅師は示している。「要をとりて」言われた存在論・時間論に関する重要な言葉であると考えられる。

「現成公案」巻では、薪が燃えて灰になる様子を例にして「前後ありといへども、前後際断せり」（八頁）と示して

いる。この語も〝前後はあるが、前後は途切れている〟と解釈できる。時間と存在に関する同様の観念を言ったものと思われる。西田幾多郎（一八七〇〜一九四五）氏の言う「非連続の連続」はこのことを表現したものであろう。

さて、ここで前節の「経歴」と関わってこの「前後際断」という語が問題となる。多くの論文が、この「つらなりながら」「前後ありといえども」（時間の連続性）という面と「時時なり」「前後際断せり」（時間の不連続性）という面の相即の問題を取り上げている。

高橋氏（前掲高橋論文）は、

「さきありのちあり」と言い「つらなりながら」と言うより見れば、時間の連続性をも一面において肯定していることは確実で、その意味において道元の時間論が不連続の連続であると言われる所以には当然賛同すべきものであろう。しかしその連続性とは前後に位置する存在を一連として意識する所に成り立つもので、存在そのものはむしろ常に前後際断してその各時性を堅持するとの見解が、より強く主張されていることに気付かざるを得ないのである。それが「前後ありといへども」とか「つらなりながら」と前提しつつ、なお且つ「前後際断せり」とか「時時なり」と断定する所以であり、従ってまた連続性よりもむしろ多く不連続性に着目すべきを言わんとするものと見ることができる。（五三〜五四頁）

と、道元禅師の時間論においてはその「不連続性」により注目し、辻口雄一郎氏も、

「有時」の巻に於て、時は「去来の相」と「去来にあらざる相」の二面性において捉えられており、この内「去来にあらざる相」がより本来的な時のあり方と見なされている。（「正法眼蔵における有と時」、『宗学研究』第二九号、一九八七年三月、八一頁）

と同様な見解を述べている。この「去来にあらざる相」とは、いわゆる「前後際断」のことであるとする。そして、この前後際断は、主体への現前をもって有とし、現在とする発想とは異なるものであると考えなければならない。

存在するものがそれ自身法として生起していること（＝現成公案）このことが有であり現在（而今の有時）である

という捉え方、これが「前後際断」の意味なのである。（八二頁）

と述べ、『正法眼蔵』における他の用例がいずれも「際断」を一語として扱っていることから、「「前後際断」は「前際、後際」に意味があるのではなく「三際」の「際」が断滅されているところに意味があるのである」としている。因みに辻口氏には、ほか比較思想を中心として道元禅師の「有時」の解明を試みた、「正法眼蔵における有と時（二）〜（四）」（『宗学研究』第三〇〜三二号、一九八八年三月〜一九九〇年三月）の一連の研究がある。

杉尾玄有氏は「前後際断・刹那生滅の論理」（『宗学研究』第二〇号、一九七八年三月）において、

前刹那の薪が後刹那の薪へと連続しないこと、それが『現成公案』でいう「前後際断せり」の究極の意味内容でなければばならない。すなわち、前後際断は刹那際断でなければばならない。（三〇頁）

と解釈し、不連続性をより強調している。

ところで、先に挙げた「現成公案」巻の「前後際断」の語であるが、

たき木はいとなる、さらにかへりてたき木となるべきにあらず。しかあるを、灰はのち、薪はさきと見取すべからず。しるべし、薪は薪の法位に住して、さきありのちあり。前後ありといへども、前後際断せり。灰は灰の法位にありて、のちありさきあり。かのたき木、はいとなりぬるのち、さらに薪とならざるがごとく、人のしぬるのち、さらに生とならず。しかあるを、生の死になるといはざるは、仏法のさだまれるならひなり、このゆゑに不生といふ。死の生にならざる、法輪のさだまれる仏転なり、このゆゑに不滅といふ。生も一時のくらゐなり、死も一時のくらゐなり。たとへば冬と春とのごとし。冬の春となるとおもはず、春の夏となるといはぬなり。（八頁）

という脈絡の中で示されている。薪が燃えて灰になるのを例えて、〝灰が後、薪が前と見てはいけない。薪は薪のあ

り方の中で前後があり、灰は灰のあり方の中で前後がある〟という。「法位」とは〝あり方〟〝状態〟ほどの意味であろう。そして「前後ありといへども、前後際断せり」と言われる。この「前後際断」をめぐって議論があった。すなわち先に挙げた諸氏の論考では、この語を「前後／際断」と区切るとするが、ここに「前後際／断」と区切るべきだとする主張がある。

松本史朗氏は「深信因果について――道元の思想に関する私見」(『十二巻本『正法眼蔵』の諸問題』、大蔵出版、一九九一年十一月、二三〇～二三一頁)で、この「前後際断」を因果の隔絶性を説くものであるとした。これに対して袴谷憲昭氏が、

ところで、松本氏が「現成公案」巻中の道元の「前後際断」の考え方に因果の隔絶性の思想を認めてそれを絶賛していることには私もかなりの危惧を感じずにはいられない。私は「現成公案」巻全体が「本覚思想」を示していると見倣してよいと思っているのであり、それゆえに、この巻が七十五巻本及び六十巻本『正法眼蔵』の冒頭を固めることに使われたと考えている(第二部第一論文)が、その中に因果の隔絶性が認められるとは俄かに信じ難いのである。道元が「たき木はひとなる、さらにかへりてたき木となるべきにあらず。しかあるを、灰はのち、薪はさきと見取すべからず。(中略)さきありのちあり、前後ありといへども、前後際断せり。」(大久保本 八頁)と述べたのは、むしろ傍線のごとき前後の区別があるという考えを避けるためであり、従って「前後際断」とは「前後がない」という意味ではあるまいか。ある写本が「前後〔の〕キワタエタリ」と読んでいるのはその解釈を支持するように思われるし、それに「前後際断」が仏教語であるとすれば、「前後裁断」のような意味には読めないわけで、「前後際(pūrvâparânta)が断ず」と理解する方が自然なのである。かかる仏教語の意味を積極的に前面に押出せば、中際(現在)はあるが前際(過去)と後際(未来)はないとさえ読みうるであろうが、道元が前後よりも「薪の法位」「灰の法位」というそれぞれの「法位」の絶対性を重んじていることはほとんど

確実なように思われる。(『道元と仏教――十二巻本『正法眼蔵』の道元』、大蔵出版、一九九二年、三三三頁)と「前後際断」とは「前後がない」という意味ではないかとし、「前後際が断ず」と理解する方が自然ではないかと述べ、「中際(現在)はあるが前際(過去)と後際(未来)はない」という意味に受け取っている。これに対し、松本氏はこの袴谷氏の説を認め、自説を訂正したのである。これらの経緯は星俊道「道元禅師における宗教的時間の特質(四)」(『宗学研究』第三八号、一九九六年三月)に詳しいが、星氏はこの袴谷氏の解釈に対し「前後がある」ということに重きがおかれている文章であるとし、先の「現成公案」巻の解釈は「而今」の絶対性、過去にも未来にも影響されることのない独立性が主眼である」(星俊道「道元禅師における宗教的時間の特質(二)」、『宗学研究』第三六号、一九九四年三月、三三頁)と反論した。

星氏はまた、「道元禅師における宗教的時間の特質」(『駒澤大学仏教学部論集』第二三号、一九九二年十月)をはじめ、「道元禅師における宗教的時間の特質(四)」(『宗学研究』第三八号、一九九六年三月)においても、「刹那」について詳細に論じ、これを道元禅師の修証観(修証一等)と関連づけて述べている。

ところで、星氏の言う「宗教的時間」とは「相対性理論等で説明される物理的時間でも、私達が日常体験している経験的時間でもなく、道元禅師の宗教的世界に流れている時間、即ち道元禅師がお持ちだったと考えられる〝時間の概念〟を示すもの」であるとするが、この宗教的時間について、道元禅師の「行持道環」の教義に基づいて螺旋構造を有するものであるとする(「道元禅師における宗教的時間の特質」)。これについては、諸議論があったようであるが、詳細はこれら一連の論文を参照されたい(9)。

また、「前後際断」について論じたものに、石井清純「「前後際断」について」(『宗学研究』第四〇号、一九九八年三月)がある。石井氏は先の松本氏の「前後際断」解釈(後に撤回された因果の隔絶性という解釈)を取り上げ、そのような素地も道元禅師に見られるのではないかと再検討している。

下室覚道「「現成公案」の考察（一）――前後際断」（『宗学研究』第四四号、二〇〇二年三月）も、この語の解釈について考察したもので、『維摩経』や禅籍、『般若経』におけるこの語の用例を検討し、道元禅師は『般若経』からの影響を受けており、前後際断も『般若経』で説く「無自性・空」を宣揚するためのものであろうとしている。

さて、以下私見を述べるなら、先に挙げた「現成公案」巻での薪と灰の例えは、「刹那生滅」つまり、薪と灰の例えにより万物が刹那に生滅することを示したものと考える。そこに示される「前後際断」も「刹那生滅」の意ではないか。この意においては前後の不連続性を言う高橋・辻口・杉尾氏らも、連続性を言う松本・袴谷氏も同様ではあるまいか。両者ともに「「薪の法位」「灰の法位」というそれぞれの「法位」の絶対性を重んじている」（前出、袴谷論文）ことに変わりはなく、「前後、際断せり」と読むも「前後際、断ぜり」と読むも、その相違は、次に述べる刹那を瞬間と捉えるか時間と捉えるかの相違のように思われる。

「発菩提心」巻には、

おほよそ壮士の一弾指のあひだに、六十五の刹那ありて、五蘊生滅すれども、凡夫かつて不覚不知なり。怛刹那の量よりは、凡夫もこれをしれり。一日一夜をふるあひだに、六十四億九万九千九百八十の刹那ありて、五蘊ともに生滅す。しかあれども、凡夫かつて覚知せず。覚知せざるがゆゑに、菩提心をおこさず。（六四七～六四八頁）

とあるが、五蘊の刹那生滅を言ったものである。我々の身心は刹那に生滅を繰り返しているという。(10) ここにおいて先の「現成公案」巻の薪と灰の例えを振り返れば、次のように解釈できるのではないだろうか。我々は、薪が燃えて灰になる様子を見た時、その「燃える」ということによる薪から灰への大きな変化を見る。しかし、この「発菩提心」巻の説示にあるように、我々は常に一刹那一刹那に生滅（生じ滅する）という大きな変化を繰り返していることになるのであるから、それは薪も灰も同様であって、薪が焼かれて灰になるという目に見える大きな変化と同様な変化を、薪は薪の状態（法位）で一刹那一刹那に、灰は灰の状態で一刹那一刹那に、刹那生滅という大きな変化を繰り返しているのである。目に見える変化のみが変化ではない、目に見えずとも万物は常に、一刹那一刹那に大きな変化をしているのである。ゆえに道元禅師は、一刹那一刹那の大きな変化を強調するがゆえに、常識的には、灰は後、薪は先であるはずのところを、あえて「灰はのち、薪はさきと見取すべからず」と、目に見えた変化だけが変化ではないとして、このように示したのであると受け取るべきであろう。

先に挙げた「有時」巻の「尽界にあらゆる尽有は、つらなりながら時時なり」（一九一頁）という説示も、尽界（全世界）の尽有（全時間）が刹那生滅していることを示していると思われるのであり、これが「有時」の重要な側面と言えるのである。

第四節　吾有時

道元禅師の時間論では、「自己」（われ）あるいは「行」の問題が重視されて論じられる。有時に「私」が関わるのである。「私」のほかに「時間」も「空間」も論じることはできないのである。

われを排列しおきて尽界とせり、この尽界の頭頭物物を時時なりと覰見すべし。物物の相礙せざるは、時時の相礙せざるがごとし。（一九〇頁）

私を並べ置いて尽界としており、この尽界のそれぞれの「物」を、それぞれの「時」と見るべきであると言うのである。それぞれの「物」がお互いに妨げないように、それぞれの「時」もお互いに妨げない。「時」とはそのようなものであると示している。

このゆゑに、同時発心あり、同心発時なり。および修行成道もかくのごとし。われを排列してわれこれをみるなり。自己の時なる道理、それかくのごとし。（一九〇頁）

この部分の「同時発心……成道」は、釈尊の成道時の語とされる「我与大地有情同時成道」および「発心・修行・菩提・涅槃」の行持をふまえたものと思われるが[11]、釈尊の成道の時の言葉も、「われ」と「有」と「時」という三者の一如を示した言葉であるとするのであろう。そして、成道の時のみでなく、発心も修行[12]も同様であるとするのである。「有時」巻の中ほどに「吾有時」（一九一頁）の語が見られるが、このことを端的に表した重要な語であると考えられる。また「この道理に明星出現す、如来出現す」（一九三頁）とあるのも三者の一なることを言うものであろうか。

釈尊は、明けの明星を見て悟りを開いたといわれるが、時間と存在が一つになってあけの明星が現れ、まさにその明星を釈尊が見て、釈尊の眼と明星が一つになり得たからこそ釈尊が悟りを開いたのであり、そこに如来が出現したのである。明け方に釈尊が明星を見たのではない。「夜明け」という時間に「明星」という存在が出現し、明星とは別の存在である「釈尊」がこの明星を見て、つまり、見るものと見られるものがあって、悟りというという別な心境を得た、というのではないのである。まさに「夜明け」と「明星」と「釈尊」が完全に一つとなって、これらが完全に一つになったとき釈尊が悟りを開かれたと、道元禅師は言うのである。

しかし、通常は、次のように考える。「私」がこの「世界」の中で「生きている」、そこに「時間」の経過がある、と。しかし道元禅師は、「私」と「生きている」ということと「時間」と「世界」はみな一つのことであると言っていると思われる。それが事実であると。私以外に世界はなく、世界以外に時間はなく、時間があるということは、私が生きる、生きているということであると言う。

その事実をいったいどう生きたらいいのかといえば、「現成公案」巻に、このところをうれば、この行李したがひて現成公案なり。このみちをうれば、この行李したがひて現成公案す。このみち、このところ、大にあらず小にあらず、自にあらず他にあらず、さきよりあるにあらず、いま現ずるにあらざるがゆゑに、かくのごとくあるなり。しかあるがごとく、人もし仏道を修証するに、得一法通一法なり、遇一行修一行なり。(一〇頁)

とある。要旨は、私たちが、人生を生きて行くということは、常に一つのこと、一つの行いを生きて行く、それ以外にないということである。こうして、いのちを受けて、この世に生まれ出で、今という現実の中にいる、この現実に従って今を生きるのである。

道元禅師の世界観・存在論・時間論といった難解な哲学的な思惟が、結局は単純な結論に到達すると思われるが、まことに人生は、「今」「ここ」「このこと」を「生きてゆく」ということの連続であり、そこに懸命になるしかないと、気づかされる。

それでは、どう生きていったらいいのか。道元禅師は、当然こう言うだろう、仏道を生きてゆくのであると。歴代の仏たちが行ってきた行持、つまり修行を、そのまま私の修行として生きること、そこに、時間と空間と私が一つになり、私が仏と一つになるのであると。それが節題の「吾有時」である。

それは、次の、「行持(上)」巻に示されているところでもある。

この行持によりて日月星辰あり、行持によりて大地虚空あり、行持によりて依正身心あり、行持によりて四大五蘊あり。行持これ世人の愛処にあらざれとも、諸人の実帰なるべし。(中略)かの行持を見成する行持は、すなはちこれわれらがいまの行持なり。行持のいまは、自己の本有元住にあらず。行持のいまは、自己に去来出入するにあらず。いまといふ道は、行持よりさきにあるにはあらず、行持現成するをいまといふ。(一二二～一二三頁)

我々には、いつでも「いま」はあるのであるが、道元禅師には、修行しているとき以外に「いま」はないという。道元禅師にとっての「今」は、つねに修行の時であるということなのであろう。日常生活のすべてを、大切な修行として生きる道元禅師であるからこその言葉である。

これについて論じているのが、河村孝道氏の「正法眼蔵「有時」について――仏性の問題との関連に於いて」(『宗学研究』第三号、一九六一年)である。「有時」巻について、「仏性」参究の一環として問題としたものである。「仏性」巻で示されるところの、仏性が時節因縁であるとはどういうことなのか、時節(時)とは如何なるものであるのか、という問題提起のもと、それを実践的・修道的に捉えて、「行持の而今」を重視するものとしている。

同様に、「仏性」に関わって論じたものに、阿部正雄「道元の時間・空間論」(講座道元Ⅳ『道元思想の特徴』所収、春秋社、一九八〇年九月)がある。阿部氏は、「道元の時間・空間論は、その仏性の立場を離れては理解できない。又、その行持の立場を外れては把握できない。仏性の立場、行持の立場に立たぬ、道元の時間・空間論についての議論は、如何に明快緻密であっても、戯論といわなければならない」(一六四頁)とする。そして「悉有仏性」「無常仏性」あるいは「行持道環」「行持現成」の立場から、道元禅師の時間・空間論を論じている。

鈴木格禅氏も同様に自己と行という面から「有時」を捉える(「『正法眼蔵有時』考」、『印度学仏教学研究』第三〇巻第二号、一九八二年)。「「有時」は、道元における只管の行証を契機とし、打坐において明確にせられた宗教世界の開陳である」(八八頁)とする。時間論に関連して道元禅師の修学時代の「本来本法性、天然自性身」に対する疑滞とその解決、および無常観の問題を中心に論じ、結語では「『正法眼蔵有時』の根底にあるのは、生きた人間道元が、必死で求めた実存的苦悩であるということができる」(九三頁)とまとめている。

その他、本稿で触れた研究の多くが、この「自己」あるいは「行」との関わりにおいて道元禅師の時間論を論じており、ここではその主なもののみ取り上げたが、このことは道元禅師の時間論を論じる上で、「自己」や「行」が実に重要であることがうかがわれるのである。

他、道元禅師の時間論に関する研究は、比較思想研究（哲学からのアプローチ）[13]はじめ多くの論考が発表されているが[14]、ここでは註に紹介するにとどめておきたい。

第五節　結語

さて、本章では、道元禅師の時間論を禅師の言葉によって「有時」「経歴」「刹那生滅」「吾有時」の四つに分類して論じた。まず「有時」については、「有時」巻に示される、よく知られている「いはゆる有時は、時すでにこれ有なり、有はみな時なり」（一八九頁）という説示を取り上げて、道元禅師が「存在」（有）と「時間」（時）を一体のものとして捉えていることを論じた。そこでは、「存在」優位の立場に立った上での「存在」と「時間」の同一を示していると捉える説と、「存在」と「時間」を全く等価（同値）なものと示していると捉える説があることを紹介したが、私見ではどちらとも明確にはできないが、いずれにしても、道元禅師は「時間」を「存在」から独立したものとして捉えるのではなく、「存在」が「時間」であることを繰り返し強調していることは確かであり、とかく「存在」と切り離して捉えがちな「時間」について、「時間は存在そのものにあるのである」と強調しているものであることを論じた。

次に「経歴」という語は、道元禅師の時間論において問題とされる語であり、「有時に経歴の功徳あり」（「有時」巻、一九一頁）という説示が注目されるが、ここでいう功徳を、一般的な〝善いことをした報い〟と解釈せず、〝付加的なはたらき〟と解釈した。即ち、有時には「経歴」という付加的なはたらきがあるというのである。「経歴」とは、いわゆる〝時が過ぎる〟ことであるが、道元禅師が示す「経歴」とは、時間の経過を言うのではなく、「経歴は、たとへば春のごとし。春に許多般の様子あり、これを経歴といふ」（「有時」巻、一九二頁）という説示によく表れているように、その時その時の様子、而今の在り方を「経歴」というのであり、「有時」はその時その時の〝様子〟〝あり方〟を付加的な働きとしてもっている、即ちこの「経歴」という語も、時間と存在の同一性を示した言葉として理解した。

次に、道元禅師の時間論を論じるにおいて重要な語と思われる「前後際断」について考察したが、「有時」巻の「要をとりていはく、尽界にあらゆる尽有は、つらなりながら時時なり。有時なるによりて吾有時なり」（一九一頁）という説示を中心に、「現成公案」巻の「前後ありといへども、前後際断せり」（八頁）という説示を関連させて、要するに道元禅師は、時間は連続しながら刹那生滅していると捉えていることを論じた。つまり、尽界（全世界）の尽有（全存在）が刹那生滅しているのであり、これが「有時」の重要な側面と言えるのである。

また「吾有時」では、道元禅師の時間論では、「自己」（われ）あるいは「行」の問題が重視されていることを論じた。「有時」に「吾」（私）が関わるのである。「私」のほかに「時間」も「空間」も「存在」も論じることはできない、さらに言えば、道元禅師にとっての「今」は、つねに修行の時であり、私が修行しているということのほかに、時間も空間も存在もないのである。

以上、道元禅師の時間論について論じたが、「時間」と「存在」、そして「吾」や「修行」、それらが決して切り離せないものとして示されていることが明らかとなった。道元禅師の思想の中でも、世界観（存在論）や時間論は実に難しい部分であり、充分な解説ができなかったが、存在論・時間論といった難解な哲学的な考察が、結局は単純な結論に到達するように思われる。それは、人生は、「今」「ここ」「このこと」を「生きてゆく」ということの連続であり、そこに懸命になるしかない。この人生を仏道に生きること、それがまさに道元禅師の「有時」であるということになる。

(1) これまでに道元禅師の時間論について論じた先行論文を年代順に挙げれば、私の手元にあるものだけで、以下のものがある。これらはその全てではなく、さらに多くの論述があるものと思われる。道元禅師の時間論に関する研究は実に多い。ここには「有時」巻の現代語訳あるいはテキストの註釈は含まれていない。
広瀬文豪「正法眼蔵「有時」(体験的時間の問題)」(『哲学改造』第九号、一九三二年六月一日)、広瀬文豪「正法眼蔵「有時」(続)」(『哲学改造』第一〇号、一九三二年七月一日)、齋藤良雄「道元禅師の有時(時)について——特に有時巻を中心として」(『駒沢大学仏教学会年報』五—一、一九三四年)、秋山範二「有時(時間)」(『道元の研究』本論第一篇存在論第四章、岩波書店、一九三五年一月)、中山延二「正法眼蔵に於ける時の性格」(『仏教に於ける時の研究』所収、百華苑、一九四三年四月)、増永霊鳳「道元禅師の立場とその時間論」(『印度学仏教学研究』第一巻第二号、一九五三年)、高橋賢陳「道元における存在時間の論理」(『尾道短期大学研究紀要』第二輯、一九五三年)、高橋賢陳「道元の時間と実践」(『尾道短期大学研究紀要』第三輯、一九五四年)、芦田玉仙「道元禅師の時間観」(『東海仏教』第一巻、一九五五年)、数江教一「正法眼蔵の時間論」(『中央大学文学部紀要』第一八号、一九五九年)、高橋賢陳「道元の時間論とその意義」(『宗教研究』第三二巻四輯、一九五九年)、林秀頴「道元禅師の時間論について」(『仏教学会誌』第三号、一九六一年)、河村孝道「正法眼蔵「有時」について——仏性の問題との関連に於いて」(『宗学研究』第三号、一九六一年)、保坂玉泉「眼蔵研究法の一例としての有時巻の観方」(『宗学研究』第四号、一九六二年)、河村孝道「道元禅師に於ける〝有時〟の性格——時の記念日〟に因んで」(『曹洞宗報』、一九六三年六月)、大村豊隆「道元禅における「時」と「行」」(『印度学仏教学研究』第一八巻第一号、一九六九年)、大村豊隆「「有」と「時」について——『正法眼蔵有時』との関連において」(『駒沢大学大学院仏教学研究会年報』第三号、一九六九年)、玉城康四郎「道元の時間論」(『講座 仏教思想』第一巻「存在論・時間論」所収、理想社、一九七四年四月)、源重浩「道元における時間の問題——「永遠」の成立根拠を遡って」(『龍谷大学大学院真宗研究会紀要』第六号、一九七四年)、島田燁子「シェリングと道元における時間論」(『比較思想研究』第二号、一九七五年)、大塚忠秀「道元とメルロ=ポンティにおける時間」(『比較思想研究』第二号、一九七五年)、阿部正雄「道元の時間・空間論」(講座道元Ⅳ『道元思想の特徴』所収、一九八〇年九月、春秋社)、森本和夫「時間の問題を考える――有時の巻」（『大法輪』、一九八一年十月）、池田魯参「道元における時」（中外日報、一九八二年六月七日）、鈴木格禅「『正法眼蔵有時』考」（『印度学仏教学研究』第三〇巻第二号、一九八二年）、柳田聖山「禅仏教の時間論」（講座『日本思想』４「時間」、東京大学出版会、一九八四年）、辻口雄一郎「「有時」の巻における時間について」（『宗学研究』第二七号、一九八五年）、岡島秀隆「『正法眼蔵』の時間論」（『印度学仏教学研究』第三三巻第二号、一九八五年）、辻口雄一郎「「有時」の巻における時間について（二）」（『宗学研究』第二八号、一九八六年）、辻口雄一郎「正法眼蔵における有と時」（『宗学研究』第二九号、一九八七年）、辻口雄一郎「正法眼蔵における有と時（二）」（『宗学研究』第三〇号、一九八八年）、務台孝尚「道元禅師における〝時〟の一考察」（『印度学仏教学研究』第三七巻第一号、一九八八年）、辻口雄一郎「正法眼蔵における有と時（三）」（『宗学研究』第三一号、一九八九年）、辻口雄一郎「正法眼蔵における有と時（４）」（『宗学研究』第三二号、一九九〇年）、由木義文「時がそのまま存在である」（『大法輪』、一九九一年十一月）、星俊道「道元禅師における宗教的時間の特質」（『駒澤大学仏教学部論集』第二三号、一九九二年）、茅原正「道元禅における時のつらなり」（『宗教研究』二九四、一九九二年）、石島尚雄「『正法眼蔵』と科学をめぐる諸問題――特に「有時」の巻と「相対性理論」について」（『宗学研究』第三五号、一九九三年）、星俊道「道元禅師における宗教的時間の特質（二）」（『宗学研究』第三六号、一九九四年）、辻口雄一郎「『正法眼蔵』と『存在と時間』における自己の所在について」（『比較思想研究』第二〇号、一九九四年）、杉尾玄有「有時の仏法――アビダルマと『正法眼蔵』序説」（『宗学研究』第三六号、一九九四年）、星俊道「道元禅師における宗教的時間の特質（三）」（『宗学研究』第三七号、一九九五年）、星俊道「道元禅師における宗教的時間の特質（四）」（『宗学研究』第三八号、一九九六年）、ミハイロワ・スベトラーナ「過ぎ去らない時――道元とロシア――「有時」の巻へのアプローチ」（『宗学研究』第四三号、二〇〇一年三月）、ほか公表されていないものもある。

（2）　同様に、道元禅師の時間論について分類しているものに、増永霊鳳「道元禅師の立場とその時間論」（『印度学仏教学研究』第一巻第二号、一九五三年）がある。増永氏は、㈠存在即時間（self-identity of existence and time）の問題、㈡個別的時間（specific time）の問題、㈢根元的時間（basic time）の問題、㈣連続的原理（principle of continuity in time）の問題、㈤絶対現在（the absolute present）の問題、㈥実践的時間（applied time or time in practice）の問題、の六つに分類して論じている。

（3）　拙稿「道元禅師の時間論――『正法眼蔵』「有時」を中心にして」（『駒澤短期大学佛教論集』第七号、二〇〇一年十月）で私は、「有時」巻冒頭の引用文の出典に関して、多くの研究者がその出典としてきた『景徳伝灯録』巻十四（『大正蔵』五一・三一二中）の薬山惟儼の語を挙げ、

ここにあるように薬山惟儼の語は「直須向高高山頂坐。深深海底行」のみであり、それも「有時高高峰頂立、有時深深海底行」ではない。ほかに何らかの典拠があるかも知れないが、現時点では契合したものが見出されず、この《有時》冒頭の「古仏言」で始まる引用語は道元禅師の造語であると言わざるを得ない。（七七〜七八頁）

と述べた。これについて晴山俊英氏より、「有時高高峰頂立、有時深深海底行」の語は、いくつかの文献に見出されるとのご指摘を頂いた。「有時」巻の冒頭の「古仏言」で始まり「有時大地虚空」までの、まとまった形での語は未だに見出されないので、これが道元禅師の造語であると思われる点は訂正しないが、私が『景徳伝灯録』の薬山惟儼の「直須向高高山頂坐。深深海底行」の語のみを挙げて「現時点では契合したものが見出されず」としたことは誤りであり、これよりも更に道元禅師の引用語に近い「高高峰頂立」「深深海底行」が並列で用いられている文献が存在することは晴山氏の指摘の通りであり、ここに晴山氏より御教示頂いた文献を紹介して、訂正してお詫びしたい。尚、「高高峰頂立。深深海底行」の語が見られる文献は『大慧録』（『大正蔵』四七・八四二上）、『圜悟録』（『大正蔵』四七・七四一下）であり、『圜悟録』には「有時向高高峰頂立。有時向深深海底行」（『大正蔵』四七・七六八中）の語も見られる。そのほか、「高高峰頂立」と「深深海底行」が同一箇所に示されているものに『碧巌録』（『大正蔵』四八・一六五中）、『虚堂録』（『大正蔵』四七・一〇五四上）等がある。

（4）このような用法は、たとえば隠山殲和尚語に「有時放夜市於諱螟眼中。有時駕鉄船於須弥頂上。有時倒騎駿馬驟高楼。有時軽引藕糸牽大象」（『卍続蔵経』一一八・四六八中〜下）などとある。

（5）冒頭の「古仏言」である引用文のほか、「有時」巻には二つの古則の引用がある。一つが次の薬山惟儼の語である。

薬山弘道大師、ちなみに無際大師の指示によりて、江西大寂禅師に参問す、「三乗十二分教、某甲ほぼその宗旨をあきらむ。如何是祖師西来意。」かくのごとくとふに、大寂禅師いはく、「有時教伊揚眉瞬目、有時不教伊揚眉瞬目、有時教伊揚眉瞬目者是、有時教伊揚眉瞬目者不是。」薬山きさて大悟し、大寂にまうす、「某甲かつて石頭にありし、蚊子の鉄牛にのぼれるがごとし。」（一九三頁）

薬山惟儼が石頭希遷の指示により、馬祖道一に参じた時の問答で、仏教の教学をほぼ修学した薬山が馬祖に禅の宗要を質問している。その答えが「有時教伊揚眉瞬目、有時不教伊揚眉瞬目。有時教伊揚眉瞬目者是、有時教伊揚眉瞬目者不

是」の四句である。馬祖の答えは「（祖師西来意を説くのに）ある時は伊（釈尊）に揚眉瞬目させ、ある時は伊に揚眉瞬目させない。ある時は伊に揚眉瞬目させるのが是であり、ある時は伊に揚眉瞬目させるのは不是である」と、時に応じてさまざまな説き示し方があることを示したものであると思われる。しかし、冒頭の「有時高高峰頂立、……」という引用文の「有時」が「ある時」ではないとする道元禅師にあって、この馬祖の語の「有時」を「ある時」と解釈しているとは考えにくい。

ところで、冒頭の「有時高高峰頂立、有時深深海底行」は、「いはゆる有時は、時すでにこれ有なり、有はみな時なり」と「有時」を捉える道元禅師にとっては「ある時は、高い高い峰の頂きに立ち、ある時は深い深い海の底を行く」と読んで解釈するのではなく、おそらく「有時なる高高峰頂立、有時なる深深海底行」あるいは「高高峰頂立は有時、深深海底行は有時」などと読み、〝高い高い峰の頂きに立つときも、有と時が一つになっている在り方であり、深い深い海の底を行くときも、有と時が一つになっている在り方である〟というような解釈になろう。ゆえに、

> 大寂の道取するところ、余者とおなじからず。眉目は山海なるべし、山海は眉目なるゆゑに。その教伊揚は山をみるべし、その教伊瞬は海を宗すべし。是は伊に慣習せり、伊は教に誘引せらる。不是は不教伊にあらず、不教伊は不是にあらず。これらともに有時なり。（一九三頁）

と、これらの句の示すところがともに「有時」であるとし、巻末においても、馬祖の語をさらに言い換えて、

> 教伊揚眉瞬目也半有時、教伊揚眉瞬目也錯有時、不教伊揚眉瞬目也錯錯有時。（一九四頁）

と「伊をして揚眉瞬目せしむるも也た半有時、伊をして揚眉瞬目せしむるも也た錯有時、伊をして揚眉瞬目せしめざるも也た半有時、伊をして揚眉瞬目せしめざるも也た錯錯有時」と、「有時」の語を句末において、これらが「有時」の在り方であると示すのである。そして「恁麼のごとく参来参去、参到参不到する、有時の時なり」と言われるように、このような参究がまた「有時」の時なのであるとする。

ところで、ここに「半有時」という語が見られるが、これ以前に「有時」巻で述べる「半究尽の有時も、半有時の究尽なり」（一九二頁）に関わっている。「有時」が「ある時」の意ととれば「半有時」という言葉は成り立たないが、

> いま世界に排列せるむまひつじをあらしむるも、住法位の恁麼なる昇降上下なり。ねずみも時なり、とらも時なり。生も時なり、仏も時なり。この時、三頭八臂にて尽界を証し、丈六金身にて尽界を証す。それ尽界をもて尽界を界尽するを、究尽するとはいふなり。丈六金身をもて丈六金身するを、発心・修行・菩提・涅槃と現成する、すなはち有

なり、時なり。尽時を尽有と究尽するのみ、さらに剰法なし。剰法これ剰法なるがゆゑに、たとひ半究尽の有時も、半有時の究尽なり。（一九一～一九二頁）

と捉える道元禅師の「有時」であるからこそ「半有時」の語が成り立つ。それは、尽界が尽時であり、尽界の尽有の一々が尽時であり、尽時の一々に尽界があるのであるから、一も全も半も尽もなく、有時であるからである。

ここに示されるように、時々が住法位の時であり、あらゆる事象の在り方の中に時があるのであるから、排列するいわゆる時も「時」であれば「生」も「仏」も「時」であることになる。ちなみに「三頭八臂にて尽界を証し、丈六金身にて尽界を証す」るのであるが、「三頭八臂」が一方究尽の道理にて「尽界」であると言えるのであり、「証する」とは明らかにすること、究め尽くすことであるから、それぞれ言葉を入れ替えて「それ尽界をもて尽界を界尽するを、究尽するとはいふなり」と言ったままでであると思われる。「丈六金身をもて丈六金身するを、発心・修行・菩提・涅槃と現成する、すなはち有なり、時なり」の一節も重要な一節である。この説示は、

いまの凡夫の見、および見の因縁、これ凡夫のみるところなりといへども、凡夫の法にあらず。法しばらく凡夫を因縁せるのみなり。この時この有は法にあらずと学するがゆゑに、丈六金身はわれにあらずと認ずるなり。われを丈六金身にあらずとのがれんとする、またすなはち有時の片片なり、未証拠者の看看なり。（一九一頁）

の部分とも関わるが、「丈六金身はわれにあらず」と思わず、「われを丈六金身にあらずとのがれんと」せず、「われ」を「丈六金身」にしてゆこうと思い行ずることが大切であり、「われ」が「発心・修行・菩提・涅槃」を行ずるところに「丈六金身」が現成するのであり、それこそを「有」と言い「時」というのである。このことは、「行持（上）」巻の説示を挙げて後述するところである。

もう一つの古則の引用が次の帰省の語である。

葉県の帰省禅師は、臨済の法孫なり、首山の嫡嗣なり。あるとき、大衆にしめしていはく、有時意到句不到、有時句到意不到。有時意句両倶到、有時意句倶不到。（一九三頁）

通常「有時意到句不到、有時句到意不到。有時意句両倶到、有時意句倶不到」は、「ある時は意到りて句到らず、ある時は句到りて意到らず。ある時は意句両つ倶に到る、ある時は意句倶に到らず」と、「有時」を「ある時」と読むが、冒頭の「有時高高峰頂立、……」あるいは先の薬山の語の解釈同様、この「有時」も道元禅師は「ある時」ではないとする。ゆえに、「意句ともに有時なり、到不到ともに有時なり」（一九三頁）と示すのである。ゆえにまた巻末で、「意句半到也

有時、意句半不到也有時」（一九四頁）と「有時」の語を句末に置いて、「意句半到も也た有時、意句半不到も也た有時」とすべて「有時」の時であると示すのである。

（6）「時間」といった場合、時の流れの二点間（時刻間）の長さ（永さ）としての「時間」、すなわち時の長さを示すことが多いが、ここでは「時の流れ」あるいは「時間」と「時刻」とを合わせたような概念を「時間」と表す。

（7）「山水経」巻には、「一滴のなかにも無量の仏国土現成なり」（二六三頁）と言い、また「身心学道」巻には「尽十方世界といふは、十方面ともに尽界なり。東西南北四維上下を十方といふ。かの表裏縦横の究尽なる時節を思量すべし。（中略）又、一塵に十方を諦観すべし、十方は一塵に嚢括するにあらず。あるいは一塵に僧堂・仏殿を建立し、あるいは僧堂・仏殿に尽界を建立せり」（四〇頁）とある。

（8）森本氏がこのように言う根拠は、「いはゆる有時は、時すでにこれ有なり、有はみな時なり」という有名な言葉に続いて道元禅師が、次のように示していることによる。

丈六金身これ時なり、時なるがゆゑに時の荘厳光明あり。いまの十二時に習学すべし。三頭八臂これ時なり、時なるがゆゑにいまの十二時に一如なるべし。十二時の長遠短促、いまだ度量せずといへども、これを十二時といふ。（「有時」巻、一八九頁）

「有」はみな「時」であるから、「有」であるところの「丈六金身」も「時」であり、「有」であるところの「丈六金身」の「荘厳光明」も「時」の「荘厳光明」であり、同様に「有」であるところの「三頭八臂」も「時」であるとする、この説示は、「有」の側面から「時」を扱っているとするのである。

（9）この「宗教的時間」という語は、道元禅師に関わる論文としては松本史朗「深信因果について――道元の思想に関する私見」（『十二巻本『正法眼蔵』の諸問題』、一九九一年十月、所収）に見られる。松本氏は十二支縁起こそ宗教的時間を説くものであるとするが、これはすでに同『縁起と空――如来蔵思想批判』（大蔵出版、一九八九年七月）に、

私は、十二支縁起を宗教的時間を説くものと解するのであるが、この宗教的時間を、〝過去と未来は相待的であるから空である〟などという人間の自由な解釈による相対化・曖昧化からまもるためには、〝縁起〟は必ず〝三世因果〟でなければならない。つまり過去は〝業〟として、未来は〝希望〟として、我々の解釈を拒絶した過去世と来世に厳然として存在していなければならない。（三七〇頁）

と示されているものである。

(10)　この一節は、『阿毘達磨大毘婆沙論』巻一三六（『大正蔵』二七・七〇一中）の「此有少二十不満六五百千刹那。此五蘊身一昼一夜。経於爾所生滅無常（中略）如壮士弾指頃経六十四刹那」という説に基づいていると思われる。ところで「六五百千刹那」とは「六十五億刹那」を言うのであろうから、これより二十少ないということであれば、正確には「六十四億九千九百九十九万九千九百八十刹那」ということになろうか。

(11)　「同時成道」の語は、『永平広録』巻三の三七上堂（一六頁）並びに二四〇上堂（六一頁）にある。尚前者を挙げれば、「上堂云、釈迦牟尼仏言、明星出現時、我与大地有情同時成道。作麼生是成道底道理。大道元来無、今日還始有釈迦老子、喚什麼作有情。又把什麼来為道而成。速道、速道。〈句読点の一部を筆者改変〉」とある。また、この語は、「行持（上）」巻・「説心説性」巻・「古鏡」巻・「渓声山色」巻等にも見られる。参考に「説心説性」巻の説示を挙げれば、「説心説性は仏道の大本なり、これより仏仏祖祖を現成せしむるなり。説心説性にあらざれば、転妙法輪することなし、発心修行することなし、大地有情同時成道することなし、一切衆生無仏性することなし。拈花瞬目は説心説性なり、破顔微笑は説心説性なり、礼拝依位而立は説心説性なり、祖師入梁は説心説性なり、夜半伝衣は説心説性なり。拈拄杖これ説心説性なり、横払子これ説心説性なり」（三五八頁）とあり、「発心修行」の語と「同時成道」の語が見られる。

(12)　発心については、「発菩提心」巻に「この発心よりのち、大地を挙すればみな黄金となり、大海をかけばたちまちに甘露となる」（六四七頁）とあり、「われ」と尽界の関係をあらわし、修行については「洗浄」巻では、「ただ身心をきよむるのみにあらず、国土樹下をもきよむるなり」（四六六頁）と「われ」と国土の関係を示すのはその一例である。

(13)　比較思想研究、主に哲学からのアプローチであるが、道元禅師の時間論は、他思想の研究者に最も注目されているものの一つである。時間論を総合的に研究する哲学・思想学者の多くが、道元禅師の時間論に言及しており、ここに挙げたものはその一部であり、私が検索したものの中で実際にみることができた論考の一部である。その限りで述べれば、古くは木村卯之「道元の「有時」より」（『人生と表現』、一九一六年四月号）がある。これは後に木村卯之『道元と日本哲学』（丁子屋書店、一九四一年七月）の中に収録されている（この論文の所在については石井公成氏よりご教示いただいた。記して感謝申し上げるものである。それにしても大正の始めにすでにこのような論考が発表されていたことを知り聊か驚いた。宗門外の学者により道元禅師研究が行われるようになったのは和辻哲郎「沙門道元」（『日本精神史研究』所収、これは一九二〇年（大正九）から一九二三年（大正一二）頃発表されたもの）がその嚆矢であると思っていたが、これはそれに先立つものである。その後、昭和の初から戦時にかけて、盛んに日本の哲学・科学といった分野の学者によって道元禅師鑽仰がなされるようになる。このような時代の大勢に導いた思想界の先達として哲学者である田辺元氏と科学者の橋田邦彦氏、およびキリスト教の金子白夢氏等があげられる。木村卯之氏については、石井公成「親鸞を讃仰した超国家主義者たち（一）――原理日本社の三井甲之の思想」（『駒澤短期大学研究論集』第八号、二〇〇二年十月）に述べられているので参照されたい）。木村氏は「有時」巻を道元禅師の思想の基調として取り上げ、「道元の信念の哲理的根拠」として、これを「坐禅」の実践にも結びつけて論じている。また、時間論にも大いに関わる「前後際断」「薪と灰の法位」などの説示がある「現成公案」巻の私訳も試みている。

広瀬文豪「正法眼蔵「有時」（体験的時間の問題）」（『哲学改造』第九号、一九三二年六月一日）では、

この「有時」の思想は自己の体験の移り行くこと、即ち体験の時間を述べたもので、時間の問題として頗る意味深いものである。現代に於てもベルグソンやフッセルをはじめとして時間問題は主としてこの方向に向けられて居るのであるが、これ等の最も新しい学説に比して、既に約七百年前道元が如何に卓越した思想を持って居たかと云ふことをこゝに紹介することは実に痛快に堪えないところである。（五頁）

として、いわゆる現象としての時間ではなく、体験・実践としての時間という捉え方で論じている。この点が、道元禅師の時間論の特質と捉えられていることがわかる。

齋藤良雄「道元禅師の有時（時）について――特に有時巻を中心として」（『駒澤大学仏教学会年報』五―一、一九三四年）では、まず、「高祖の宗教は徹頭徹尾、心の実究実学である」とし、「有時の研究も心の考察を無視することによっては必して正しい結論に導かれるものではないと思う」（一二六頁）として、道元禅師における「心」の意義を考察し、その上で道元禅師の時間論について論じている。また、フッサル、ベルグソン、フオルケルトの時間論なども紹介され、また「心」の問題と関連させて、カント、ハイデッガー、ゼンチーレ、あるいは西田幾多郎、田辺元氏などの思想とも対比させて述べられている。

増永霊鳳「道元禅師の立場とその時間論」（『印度学仏教学研究』第一巻第二号、一九五三年）は、道元禅師の時間論を六つに分類して論じる中で、アウグスチヌスの「時間について誰も問わなければ、私は知っている。しかし、誰かに問われると判らないのである」（一五頁）という有名な言葉を引いて時間論研究の難解さを言い、ハイデッガーの「存在と時間」の思想、あるいは「日常性における平俗的時間」、あるいは「時の持続」という見方、またベルグソンの「純粋持続」等と対比させて論じている。

島田燁子「シェリングと道元における時間論」(『比較思想研究』第二号、一九七五年)は、シェリングと道元禅師の思想の比較を試みる比較思想研究であり、

(1)両者の思索の中心となっているのが、存在論、時間論であり、しかも個人の実践的立場が重視されている上、たがいに密接で切り離せない構造で形成されている。(2)両者の思索に実存論的思考が多分にあり、シェリングにはヨーロッパの実存哲学の源流的思考が、道元には仏教的な実存の思考がみられるという類似によるのであるが、(3)両者のそれぞれの精神史上における近似した立場も興味深いのである。というのは、シェリングは基本的にはキリスト教とギリシャ思想によるヨーロッパ的存在論、とくにドイツ観念論に立ちながらそこから超出するものがあり、一方、道元には中国と日本仏教の伝統を超える独自の思想がみられるからである。したがって両者は東西思想の一つの典型であり、対比によって根本的な差異も考察できよう。(一四一頁)

としている。そして、ここにおいて両思想の中できわめて重要な意義をもつと思われる時間論について取り上げたものである。ともに存在論と一体となっていること、実践的立場であることを論じている。結論として、時間論においては、「抽象的な時間観念を否定し、自己との相関性たる具体性において時間をとらえ、しかも両者ともに「現在」という時点に重要な意味をおいている」と指摘している。

大塚忠秀「道元とメルロ＝ポンティにおける時間」(『比較思想研究』第二号、一九七五年)は、時間に関わる問題は多岐にわたっているが、それらの問題を整理して、そこに解明の光を投げかける中心点として、「主体である「われ」の時間体験」をあげる。時間は、主体の生の営みという具体的・現実的な経験のうちにその姿を現すことになろうというのである。そして、そのような視点から、このような主体の生の営みにおける時間体験を媒介として、時間の問題に触れた思想家として、道元禅師とメルロ＝ポンティという二人の思想家をあげて、共通点ならびに相違点をあげて論じている。大塚氏は、

両者の基本的な問題意識が必ずしも同一であるとは言うことができない。だから時間の問題に関わる直接の動機あるいはその意義づけについても相違するところがあるであろう。しかし相似たアプローチの仕方によって導き出されたいくつかの結論は、二人が生きた時代や文化的状況の違いを超えて、時間が持つひとつの本質的な性格をわれわれに示唆しているように思う。それは、時間を具体的・現実的に世界を生きる主体の生を通して捉えようとした場合には、それが主体と世界といずれの世界にも帰属しない、しかし他方ではいずれの世界にも帰属するとも言える両義的な性

格をもって、主体の経験の領野に現れるということである。（二頁）といい、この時間の両義性という局面の意味内容を、道元とメルロ＝ポンティの時間についての考え方に則して解明している。結論として、両者の主張には極めて相通じるところがあるとし、第一に「時間は具体的・現実的主体が世界と交わる「生」の行動であるとされていること」、第二に「時間は、主体を含めて存在者を事態的個体として存立せしめる動的な理法ということ」の二点を挙げている。

石島尚雄「『正法眼蔵』と科学をめぐる諸問題――特に「有時」の巻と「相対性理論」について」（『宗学研究』第三五号、一九九三年三月）は、カントの『純粋理性批判』と、アインシュタインの「相対性理論」に触れ、前者については「十八世紀以後、我々仏教徒はカントの説に謙虚に耳をかたむけなければならない」（七七頁）とし、後者についても「我々は、アインシュタインの説に謙虚に耳を傾けねばならぬ」とする。特に後者については「四次元時空」（「たて」「よこ」「高さ」の「空間」と「時間」とが一体不可分であること）に注目し、これと道元禅師の時間論を対比させ、道元禅師はこれを「時すでにこれ有なり、有はみな時なり」という言葉の中に包含させているとする。そして、形而上学的な問いに対して「無記」の立場を取った釈尊と、「時すでにこれ有なり、有はみな時なり」と看破した道元禅師を、現代物理学の成果を包摂できるものとして賛嘆する。因みに、この論に対しては、星俊道「道元禅師における宗教的時間の特質（三）」（『宗学研究』第三七号、一九九五年三月）が、「既に人口に膾炙した説」（九七頁）とし、また方法論的に問題点を含むものとして批判している。星氏は、石島氏のように、「アインシュタインの天才性に引き寄せて道元禅師の天才性を示すことは、非常に危険な方法である」とし、「それは、アインシュタインへの評価の失墜が、ストレートに道元禅師に対する評価の下落につながるからである」と批判する。そして、既に量子力学の分野においては、ハイゼンベルグの不確定性原理以降、アインシュタインの占めるウェートは少なくなりつつあり、更に超弦理論等の新たな理論も次々と生まれている現状を指摘する。星氏は、宗教と科学が一致する必要性を全く認めない立場に立つ。

(14)　数江教一「正法眼蔵の時間論」（『中央大学文学部紀要』〈第一八号、一九五九年〉、『日本の末法思想』〈弘文堂、一九六一年〉）は、『正法眼蔵』における「有時」の巻の成立の意義についてまず述べ、「只管打坐を説く道元が何故に一見行と証の宗教的実践からかけはなれた、時間というような形而上的、理論的な問題を、特に一篇にまとめて示す必要を認めたか」（二八九～二九〇頁）ということと「何故にその時間論を著作活動の最も白熱した時期に書かれた七十数篇の眼蔵に先行せしめたのか」（二九〇頁）という二つの疑問を挙げて考察している。結論として、道元の求道の出発点であった仏性の問題は「時」の問題であり、「時」の問題を明らかにすることは、正法眼蔵全体の完成を意味するものであったともいいうるであろう。したがって、初期の作品で提出した問題をそれぞれ独立の諸編で具体的に述べる前に、この「時」に対する彼の態度をより鮮明にしておく必要を認めたものであろう。

としている。また、「有時」巻を中心に、道元禅師の示す「存在」と「時間」について考察し、仏性との関連において、特に「仏性」巻の説示と対照しながら、

存在といえば、ただ在るのはこの現象世界の特殊的存在のみであり、時といえば、排列されたかのごとくみえる時々があるのみである。存在と時とは本来的に一如であって、存在というも時というも、ただものの見方をかえてつけた名にすぎない。（三一一頁）

「有時」を存在と時間の二つに分けて考えること自体が分別思量の結果であって、人間の分別知によっては、因果・対立・差別のすべてを超越しつつ、なおそれらのすべてを己れのうちに包みこむところの悉有・仏性・無仏性の絶対性は捉えることができない。（三一二頁）

等と、存在と時間の関係について論じている。また、注目すべきは、道元禅師の有時と『中論』の巻第三の「観時品第十九」の偈とを対比し、時間の様態について論じていることである。道元禅師の思想の源流を遡れば、当然龍樹の思想に到達すると考える論者の方法論として注目される。

林秀頴「道元禅師の時間論について」（『駒澤大学仏教学会誌』第三号、一九六一年）は、道元禅師の時間論を、まず「仏性」との関連において論じ、「仏性と有と時の三者は、結局、一つに統一されることを意味している」とし、「有時は仏性と同義と言い得る」とする。また「前後際断」の語を取り上げて時の非連続性を述べ、「時間が刹那に生滅しつつ、不断に連続するという、いわば時間を非連続の連続、連続の非連続として解するものである」としている。そして結論的には、「実践論的解決」「行の宗教として積極的性格を有する」等、実践的立場から捉えようとしたものであると言える。

玉城康四郎「道元の時間論」（『講座 仏教思想』第一巻「存在論・時間論」所収、理想社、一九七四年四月、二七一頁）において玉城氏は、

仏教の時間論に関して、あらかじめ留意しておかねばならないことは、仏教は時間そのものをそれだけで考察していることはないということである。これについては二つの視点を明らかにしておく必要がある。第一点は、時間を考察する場合には、存在あるいはその他のものとの関連において試みられているということである。第二点は、時間の考

察はそれ自体が目的ではなく、仏教のより根本的な立場（解脱・涅槃）において時間はどのような意味を持つのか、あるいは時間の観念は解消するのか、しないのか、または他のより重要な意味へ転換するのか、という問題である。とし、このような視点から道元禅師の時間論が論じられている。そこには「時間」「存在」「光明」「自己」という要素が組み込まれており、これらが一体となって時間論が説かれているとする。そして玉城は、これらを含めたさまざまな視点から論じ、道元禅師における時間論はその根底に身心脱落の体験があり、自受用三昧に裏付けられたものであると結んでいる。

源重浩「道元における時間の問題――「永遠」の成立根拠を遶って」（『龍谷大学大学院真宗研究会紀要』第六号、一九七四年十二月）は、道元禅師における時間の問題を「永遠」の現成が如何なる論理構造をもつかという立場から解明しようとしたものであるが、道元禅師の時間論が仏教思想の時間論的展開の中で最も成熟した形で論じられていると捉える源氏が、彼の浄土教研究における「時と永遠」の問題解明の基礎的作業としての意味も持った論考である。源氏は、「永遠」の問題を論じるにあたって、「輪廻と涅槃」「現成」「経歴」等の言葉に注目して考察している。

柳田聖山「禅仏教の時間論」（講座『日本思想』4「時間」、東京大学出版会、一九八四年三月）は、禅仏教全体の時間論をさまざまな視点から考察したものであり、先ず仏教の無常について、

　無常とは、無限にくりかえす時間のうちに、形あるものが生れては滅する、一定の周期のことである。時間とは、生きものの生死の、無限のくりかえしの節、つまり時節因縁を意味する。（七九頁）

と述べる。そして、仏教の教学も含めその時間論が農耕あるいは農耕社会と関わるものとして、独自の時間論を展開している。道元禅師の時間論も、インドから中国、そして中国禅へと伝わったこの時節因縁に基づいた時間論とみる。そして、

　道元の有時の示衆を、この人独自の時間論とする意見がある。あるいは、そこに仏教の時間論の特色を見つけ、あるいはハイデガーの哲学に対比させることで、今日的な時間の発想を先取するものとして、高く評価しようとする動きもある。いずれも、見当ちがいとはいえないが、道元の有時の示衆は、必ずしも今日的な意味での、時間の問題だけを追求していないし、そこに主題があるわけでもない。むしろ、唐代より宋代に完成する禅仏教の運動の、根元的な問いかけを、道元がもっとも純粋な形で受けとめていること、そこに必然的な結果として、禅仏教の根元的な時の思考と、つねに新しい問いかけが、如実にあらわれているにすぎない。（一一一頁）

とし、結論的に、道元禅師の時間論は禅仏教の時間論をうけるものであるとする。禅仏教の時間論とは何かといえば、そ

れはいわゆる禅問答と言われる、師と弟子の、あるいは学人と学人の対話の緊張にほかならないとする。禅仏教の特色は、この新しい対話の発見にあり、時と処と人の、新しい出会い、時節因縁が、禅の対話を生むという。そして柳田氏は、道元に、独自の発想があるのは、時と間を分けて、間に重点をおいたことだろう。時は、華開世界起の時、投機展事の時である。要するに、悟りの時であり、花開く時である。確かに在るといえる、存在の時である。八万四千の仏祖の言葉を、道元は対機方便ならぬ、投機展事の対話に深めた。すべてが、正法眼蔵となる。(一二〇〜一二一頁)

と、道元禅師を位置づけている。

務台孝尚「道元禅師における〝時〟の一考察」(『印度学仏教学研究』第三七巻第一号、一九八八年十二月)は、まず「現成公案」巻の「人と舟」「薪と灰」「冬と春」の喩えの一節をあげて、「時」について考察し、さらに道元禅師の時間論に関する説示を挙げて、「時」と「自己」の関係について主に論じている。結論として、道元禅師が「時」を非常に重視し、これを行へと転換させたこと、自己との関係において常に捉えられていることを指摘している。

杉尾玄有「有時の仏法――アビダルマと『正法眼蔵』序説」(『宗学研究』第三六号、一九九四年三月)は、道元禅師の時間論を、アビダルマ仏教と深く通じあう三世実有や刹那生滅の観点から論じたものである。杉尾氏は、「三世実有や刹那生滅について、禅師がアビダルマ仏教の教説をそのまま引きついでいるわけではないし、ましてやそのほかのアビダルマ的教説(たとえば五位七十五法など)については禅師はほとんど無関心とも考えられる。《有時》の巻のどこにも、アビダルマからの直接的引用は見出されない」としながらも、「禅師はアビダルマをしっかり踏まえたところがあり」「《有時》においてアビダルマ的発想を発見する」(二頁)として論を展開している。そして道元禅師が、未来についても三世実有的に考え、かつ説こうとしていることを指摘し、また時間論における「而今」と「われ」の問題について考察している。

ミハイロワ・スベトラーナ「過ぎ去らない時――道元とロシア――「有時」の巻へのアプローチ」(『宗学研究』第四三号、二〇〇一年、四三〜四七頁)は、ロシアにおける仏教研究の現状を紹介し、自らの道元禅師研究の実際を述べたものである。その中でも道元禅師の時間論に大きな関心を寄せている。

第五章　因果論

第一節　因果歴然

道元禅師の因果論は、基本的に因果歴然である。徹頭徹尾、一貫して因果歴然であり、撥無因果を批判している。まず、この点を明確にしておく必要がある。

道元禅師は師の如浄に参学中、因果の道理について質問している。

拝問、因果必可感耶。和尚示曰、不可撥無因果也。所以永嘉曰、豁達空撥因果、莽莽蕩蕩招殃禍。若言撥無因果者、佛法中断善根人也、豈是仏祖之児孫耶。（『宝慶記』、三七五頁）

道元禅師の「因果必可感耶」の質問に対し如浄は「不可撥無因果」と答え、因果を撥無する者は仏祖の児孫とは言えないと語っている。この如浄の示訓を道元禅師は重く受け取ったに違いない。

『随聞記』巻第二には、

或時、弉、問師云、「如何是不昧因果底の道理。」師云、「不動因果也。」云、「なにとしてか脱落せん。」師云、

「歴然一時見也。」（『随聞記』、四三〇頁）

とある。ここで道元禅師は、懐奘に不昧因果の道理について問われ「不動因果」と答えている。因果の道理は動かない、すなわち因果歴然ということである。さらに懐奘の「なにとしてか脱落せん」という質問に対し、「歴然一時見也」と答えている。因果は歴然であり、一時（同時）に現れているということである。懐奘の問いは南泉斬猫の話に因み、斬猫の罪や是非を尋ねたものであるが、斬猫に対する道元禅師の見解はここではおき、因果歴然を語っていることは明らかである。

この比較的初期の資料から、寛元二年（一二四四）示衆の「大修行」巻、晩年の選述と考えられる「深信因果」巻・「三時業」巻に至るまで、この因果歴然を説くことに変わりはない。

即ち、「大修行」巻の、

たとひ先百丈ちなみありて不落因果と道取すとも、大修行の瞞他不得なるあり、撥無因果なるべからず。（五四七頁）

という説示は、百丈野狐の話（後出）における「不落因果」は「撥無因果」ではないことを示すものであり、「不落因果」を、大修行の立場（因果超越の立場、後出）から「撥無因果」でない「不落因果」として捉えて評価しようとするものである。つまり、道元禅師は、「撥無因果」ではない「因果歴然」の立場に立って説示しているのである。

また、「深信因果」巻では、

不落因果は、まさしくこれ撥無因果なり、これによりて悪趣に堕す。不昧因果は、あきらかにこれ深信因果なり、これによりてきくもの悪趣を脱す。あやしむべきにあらず、うたがふべきにあらず。（六七六～六七七頁）

と、明らかに「撥無因果」を否定する立場に立っていることは言うまでもなく、そして、

おほよそ因果の道理、歴然としてわたくしなし。造悪のものは堕し、修善のものはのぼる、毫釐もたがはざるな

り。(「深信因果」巻、六八〇頁)

と「因果歴然」を説き、「撥無因果」を否定することは明白である。「三時業」巻でも、

まづ因果を撥無し、仏法僧を毀謗し、三世および解脱を撥無する、ともにこれ邪見なり。(「三時業」巻、六八九頁、六十巻本「三時業」も同文〈六九七頁〉)

と「撥無因果」を邪見とする。

三時業とは、順現法受業、順次生受業、順後次受業をいい、順現法受業とは、その報いを現在世にもたらす業、順次生受業とは、その報いを第二生(次の世、来世)にもたらす業、順後次受業とは、その報いを第三生(第三回目以降の生)にもたらす業をいう。この「三時業」巻は、道元禅師が『大毘婆沙論』一一四(『大正蔵』二七・五九二上〜五九三中)より引用され、拈提された巻である。

冒頭に、『景徳伝灯録』巻二、第十九祖鳩摩羅多章にある鳩摩羅多と第二十祖闍夜多の因縁(『大正蔵』五一・二一二下)を引用し、鳩摩羅多の説く「善悪の報に三時あり」という道理を挙げて、三時業の拈提へと展開している。

①第一順現法受業者、謂、若業此生造作増長、即於此生受異熟果、是名順現法受業。いはく、人ありて、或は善にもあれ、あるいは悪にもあれ、この生につくりて、即ちこの生にその報をうくるを、順現法受業といふ。(「三時業」巻、六八三頁)

②第二順次生受業者、謂、若業此生造作増長、於第二生受異熟果、是名順次生受業。いはく、もし人ありて、この生に五無間業をつくれる、かならず順次生に地獄におつるなり。順次生とは、この生のつぎの生なり。余のつみは、順次生に地獄におつるもあり。また順後次受のひくべきあれば、順次生には大地獄におちず、順後業となることもあり。この五無間業は、さだめて順次生受業に地獄におつるなり。順次生、また第二生ともこれをいふなり。(同、六八五頁)

③第三順後次受業者、謂、若業此生造作増長、随第三生、或随第四生、或復過此、雖百千劫、受異熟果、是名順後次受業。いはく、人ありて、この生に、あるいは善にもあれ、あるいは悪にもあれ、造作しをはれりといへども、あるいは第三生、あるいは第四生、乃至百千生のあひだにも、善悪の業を感ずるを、順後次受業となづく。菩薩の三祇劫の功徳、おほく順後次受業なり。かくのごとくの道理しらざるがごときは、行者おほく疑心をいだく。いまの闍夜多尊者の在家のときのごとし。もし鳩摩羅多尊者にあはずば、その疑ひとけがたからん。行者もし思惟それ善なれば悪すなはち滅す。それ悪思惟すれば、善すみやかに滅するなり。（同、六八七〜六八八頁）

以上が『大毘婆沙論』一一四（『大正蔵』二七・五九二上〜五九三中）よりの引用文（漢文傍線部分、傍線筆者〈第三順後次受業については原典は「雖百千劫」を欠く〉）と、それに対する道元禅師の解説である。①の順現法受業については、「悪をつくりて、この生にうけたる例」として、採樵者因縁（『大毘婆沙論』一一四、『大正蔵』二七・五九二中〜下）が挙げられ、「此生に善をつくりて、順現法受に、善報をえたる例」として、黄門因縁（『大毘婆沙論』一一四、『大正蔵』二七・五九三上）が挙げられている。②の順次生受業については、「この生に五無間業をつくれる、かならず順次生に地獄におつるなり」として、この五無間業について詳説している。その例としては、提婆達多の例、瞿伽離比丘の例、四禅比丘の例を挙げている。③の順後次受業については、室羅筏国の二人（修善行の者と作悪行の者）の因縁（『大毘婆沙論』六九、『大正蔵』二七・三五九下〜三六〇上）が挙げられている。

ここに挙げた、三時業についての道元禅師の解説と、三時の業報についての例話をみて明らかであるのは、ここでいう三時が単なる過去・現在・未来ではなく、過去世・現在世・未来世を指していることである。「この生」があり、「この生のつぎの生」があり、「あるいは第三生、あるいは第四生、乃至百千生」があるのである。当然、この生の前の生（過去世）が想定されうることも黄門因縁のなかの自思惟として示される「我宿悪業、受不男身」等の語の中に窺われる。

このように因果歴然の道理は、前世における過去・現在・未来のみではなく、過去世・現在世・未来世の三世に渡るのである。このことは第二章第三節（積功累徳）で述べたように生生世世に渡る修証を説く道元禅師であれば当然のことであろう。

ここに、まず、道元禅師が一貫して「因果歴然」を説くことを確認したのである。

第二節　不落因果と撥無因果

さて、道元禅師が一貫して「因果歴然」を説かれていることは明白であるが、「不落因果」は「撥無因果」であるのかどうか、先の「大修行」巻と「深信因果」巻の説示の相違を、如何に理解したらよいのであろうか。(1) 両巻はともに、その冒頭に次の話を挙げる。

洪州百丈山大智禅師、嗣馬祖、諱懐海、凡参次、有一老人、常随衆聴法。大衆若退、老人亦退。忽一日不退。師遂問、「面前立者、復是何人。」老人対云、「某甲是非人也。於過去迦葉仏時、曽住此山。因学人問、大修行底人、還落因果也無。某甲答佗云、不落因果。後五百生、堕野狐身。今請和尚代一転語、貴脱野狐身。」遂問云、「大修行底人、還落因果也無。」師云、「不昧因果。」老人於言下大悟、作礼云、「某甲已脱野狐身、住此山後。敢告和尚、乞依亡僧事例。」師令維那白椎告衆云、「食後送亡僧。」大衆言議、「一衆皆安、涅槃堂又無病人、何故如是。」食後只見師領衆、至山後巌下、以杖指出一死野狐。乃依法火葬。師、至晩上堂、挙前因縁。黄檗便問、「古人錯対一転語、堕五百生野狐身。転転不錯、合作箇什麼。」師云、「近前来与儞道。」檗遂近前、与師一掌。師拍手笑云、「将為胡鬚赤、更有赤鬚胡。」（「大修行」巻、五四四頁。「深信因果」巻〈六七六頁〉は、若干の相違あるもののほぼ同じ）

この話を物語風に訳すと次のようになろう。
洪州の百丈山大智禅師〈馬祖に嗣法した。名前は懐海〉のもとでの話であるが、小参のおり、一人の老人がいつも大衆に混じって説法を聞いていた。大衆が退出すると、老人も退出するという様子であった。ある日のこと老人は退出しなかったので、師（百丈）は、その老人に質問した、「目の前に立っている者は、いったい何者だ。」老人が答えて言った、「私は人間ではありません。はるか遠い昔、この百丈山の住持をしておりました。ある時、学人が、『大修行をしている人も、因果の道理に支配されるのでしょうか、されないのでしょうか』と質問したので、私は、『因果の道理に支配されない』（不落因果）と答えました。そのため（その答えが誤りであったのか）後の五百生を、キツネの身体を受けております。今、お願いいたします、どうか和尚さま、私に代って一転語を指し示してください。そしてできることならばキツネの身体からお救い下さい」といって、質問した、「大修行をしている人も、因果の道理に支配されるのでしょうか、されないのでしょうか。」師（百丈）は言った、「因果の法則は明らかであり、くらますことができない。」（不昧因果）老人はその言葉を聞いて大いなる悟りを得た。（後略＊この老人はキツネの身体を脱して、人間に戻るのであろうか、寺の裏に一匹のキツネが死んでいたので、百丈は、このキツネを修行僧として葬る。）
いわゆる「百丈野狐の話」である。両巻では共にこの話を取り上げ、そこに示される先百丈の「不落因果」の語について拈提する。即ち、「大修行」巻では「不落因果」ついて、
たとひ先百丈ちなみありて不落因果と道取すとも、大修行の瞞他不得なるあり、撥無因果なるべからず。（五四七頁。傍点筆者、以下同じ）
と示し、「不落因果」は「撥無因果」ではないとするが、「深信因果」巻では、
不落因果は、まさしくこれ撥無因果なり、これによりて悪趣に堕す。不昧因果は、あきらかにこれ深信因果なり、

これによりてきくもの悪趣を脱す。あやしむべきにあらず、うたがふべきにあらず。（六七六頁）

と、「不落因果」はまさしく「撥無因果」であるとする。

「大修行」巻では「不落因果」を「撥無因果」ではないとし、「深信因果」巻では「不落因果は、まさしく撥無因果なり」としていることは、明らかに相違するものであり、私も松本史郎氏が「この二つの文章は矛盾」であるとする[2]ことは当然の見方であり、鏡島元隆氏の「次元が異なる」[3]という表現は私も肯えない。[4]この点においては、道元禅師の解釈（思想ではなく、公案の評価・解釈）に変化を認めざるを得ないのである。

「大修行」巻の奥書によればこの巻は寛元二年（一二四四）に示衆されたものであることがわかるものの、「深信因果」巻には選述・示衆奥書がない。両巻選述の前後関係は不明である。仮に「深信因果」巻を道元禅師晩年の選述とし「大修行」巻が先に選述されたとすれば、「大修行」巻の説示（特に「不落因果」に対する理解）は「深信因果」巻において改められたと見るしかないであろう。

ただし、そうとはいえ、それはあくまでも「百丈野狐の話」の「不落因果」に対する理解の変化、評価の変化であって、前節で述べたように「因果歴然」を説く立場は終始一貫しているのであるから、因果観（因果論）そのものの変化ではなく、「百丈野狐の話」の公案解釈の変化であると考えられるのである[5]（これを「思想的変化」と見るかどうかは、また別に議論すべき問題であるが、私はこれを「思想的変化」とは考えない）。

道元禅師が、従前の禅語に特異な解釈を与えていることは、道元禅師研究者の間ではよく知られていることであるが[6]、例によって道元禅師は、「大修行」巻でも、「百丈野狐の話」における「不落因果」を、「撥無因果」ではない「不落因果」に高めようとしたと思われる。しかし、「百丈野狐の話」における「不落因果」の語については、後に、まさしく「撥無因果」であり、「撥無因果」であることを免れることはできない、つまり、正伝の仏法における「不落因果」とは理解し得ないものであると考えるにいたって「深信因果」巻ではその解釈を改めたと、私には思われるのである。

しかしながら、「大修行」巻が全面的に否定されたわけではないと私は考える。伊藤秀憲氏〈註（4）の伊藤論文〉も言うように、「大修行」巻を否定して「深信因果」巻が成立したとは、単純に論じられない。「大修行」巻はあくまでも修行ということをテーマとして「百丈野狐の話」を拈提されたものであり、大修行の立場からは不落因果（次節の因果超越の意味における不落因果）でなければならないからである。くどい論説になるが、「百丈野狐の話」における「撥無因果」としての「不落因果」は否定されても、大修行の立場からは「不落因果」は「因果歴然」の上に立った「不落因果」（因果超越）として認められ得るものであり、これを認めないとすれば、修行は証果を求め期待する待悟の修行となり、染汚の修行となり、只管打坐の思想的基盤も崩れるのである。不昧因果（因果歴然）を単なる有所得の修行とさせないためにも「不落因果」（因果超越）を同時に説く必要があったのである。石井清純氏が指摘するように、『永平広録』においても「不落因果」と「不昧因果」はほぼ同等に取り上げられ、いずれかを是とするものではないのである。[7]ゆえに、「大修行」巻において、

不落因果もしあやまりならば、不昧因果もあやまりなるべし。（前出）

と説かれるのは、「不落因果」（因果超越）の大修行がもし誤りであるというならば、「不昧因果」（因果歴然）の証果を求める有所得の修行もまた誤りであると、道元禅師はいわれるのである。

すなわち道元禅師は、「深信因果」巻で示されるように、最終的には「百丈野狐の話」における「不落因果」は「撥無因果」として否定されたと考えられるのであるが、「大修行」巻で正伝の仏法の立場から解釈されようとした「不落因果」は「因果歴然」の上に立った「不落因果」（因果超越）として、大修行の立場からは肯定されうるものであり、「修証一等」「本証妙修」「不染汚の修証」「只管打坐」等を説く道元禅師が、「大修行」巻において、修証観の視点から「不落因果」を肯定的に示されたことは、十分理解され得るのである。

ここにおいて、「大修行」巻に示される「不落因果」（道元禅師における「不落因果」）は「撥無因果」ではないが、「深信因果」における「不落因果」（「百丈野狐の話」における「不落因果」）は「撥無因果」である、という常識的に不可解と思われるような結論が導き出せるのである。

重ねて述べるが、道元禅師の因果論が変化したのではなく、「百丈野狐の話」に対する解釈に変化が生じたと考えられる。即ち、「大修行」巻においては「百丈野狐の話」における「不落因果」を、大修行の立場から「撥無因果」でない「不落因果」として捉えて評価しようとしたのであるが、後に「深信因果」巻では、「不落因果」はあくまでも「撥無因果」であると、この公案に対する解釈が変わったのである。

しかし、いずれにしても、変わらないのは「撥無因果」を否定する立場に立っていることであり、「大修行」巻において「不落因果」を評価しようとしてそれが「撥無因果なるべからず」と主張するのも、「深信因果」巻において「撥無因果なり」と言って批判するのも、ともに「撥無因果」を批判し、否定する立場に立っていることに変わりはなく、道元禅師の因果歴然の因果論には、変わりはないのである。

第三節　因果超越

前節では、道元禅師の因果論は、基本的に因果歴然であることを述べた。しかしそうであれば、道元禅師の因果論は、因において果は将来に得られるもの、求めるものと、常識的に理解してよいかどうかというと、そうでない。そこに因果超越、因果同時の、冒頭に挙げた次の「円因満果」の因果論が論じられなければならない。

大修行を摸得するに、これ大因果なり。この因果、かならず円因満果なるがゆゑに、いまだかつて落不落の論あ

らず、昧不昧の道あらず。不落因果もしあやまりならば、不昧因果もあやまりなるべし。（「大修行」巻、五四五頁）

ここで修行の上に「大」の字を付す「大修行」とは、如何なる修行をいうのであろう。因果の上に「大」の字を付す「大因果」とは、いったい如何なる因果をいうのであろう。この箇所を現代語訳してみれば、次のようになる。

大修行とは何かを探ってみるに、これは大因果である。この因果は、必ず因と果が円満であるから（因の中に果が円満に具わっていて、果を求める必要のない因であるから）いまだかつて、因果に落ちるか落ちないかの論はなく、また明らかであるか明らかでないかの言葉もない。であるから「不落因果」がもし誤りであるというならば、「不昧因果」も誤りであるはずである。

大修行とは大因果の修行であり、大因果の修行とは、円因満果すなわち、因の中に果が円満に具わっている修行であり、果（証果）を求めない因（修行）であるところの修行であるということである。つまり、果（証果）を待つ（期待する）修行ではなく果と一つである修行を意味していると考えられる。それを道元禅師は「大修行」という。

さて、第一節の冒頭に、「道元禅師の因果論は、基本的に因果歴然である」と述べたが、その因果論は因果超越の因果論である。私はかつてこの「超越」ということについて修証観に関わって述べたことがある〈註（1）論文〉。「超越」という言葉を安易に使うことを、実は私は好まないが、敢えて次のような意味で用いたのである。つまり、修行と悟りの関係で言えば、修行において、果としての悟りを求めることなく、ただひたすら仏の行を行ずる。それは悟りを求めない修行、果を求めない因であって、もはや因において果は問題ではなく、因なる修行において、果なる悟りを期待せず、ただ而今の修行あるのみでよしとする。その時その人にとって、その修行は因果の道理の超越であると。

たとえば『随聞記』巻二に、

仏道に入ては、仏法の為に諸事を行じて、代に所得あらんと不可思。内外の諸教に、皆無所得なれとのみ勧むるなり。（四三三頁）

とある代償があるだろうと思うことのない行、また巻六に、

無所得、無所悟にて、端坐して時を移さば、即祖道なるべし。古人も、看語・祗管坐禅ともに進めたれども、猶坐をば専ら進めし也。又話頭を以て悟をひらきたる人有とも、其も坐の功によりて、悟の開くる因縁也。まさしき功は坐にあるべし。（四九四頁）

と示される無所得・無所悟の坐禅、これらがまさしく因果を超越した行であり坐禅であると、因果超越をそのように定義したい。しかしながら、まさに因果歴然であるからこそ、道元禅師はここで「坐の功によりて、悟の開くる因縁也。まさしき功は坐にあるべし」と「坐」（因）の「功」（果）を示されるのである。祗管打坐は因果超越の行であるが、必ず因果歴然であるから『弁道話』に示されるように功徳は無尽なのである。無尽にあるのであるが求めてはならず、無尽でありながら当人の覚知するところではないのである。(8)

またこの因果超越は、因果同時として説かれる。「出家功徳」巻で道元禅師は、

阿耨多羅三藐三菩提は、かならず出家の即日に成熟するなり。しかあれども、三阿僧祇劫に修証し、無量阿僧祇劫に修証するに、有辺無辺に染汚するにあらず。（六一一頁）

と示し、無上正等正覚が、仏道修行の始まりである出家の日に成熟しているとする。因果同時である。常識的な因果歴然の道理によれば、時間的経歴がなければならないが、この因果同時も因果歴然の道理に反するものでない。因果歴然の上に立った因果同時である。なぜなら、この説示は言葉通り無条件に出家のその日に無上正等正覚を得られると理解すべきではなく、「しかあれども」以下の無限の修行（道元禅師は修証一等の立場からよく「修証」という語を使われる）が条件となっているからである。

第四節　懺悔滅罪

道元禅師が一貫して「因果歴然」を説いていることは第一節で述べたが、それでは、道元禅師が「因果歴然」を説いていることと、懺悔による悪業報の軽受あるいは滅罪清浄を説いていることは、矛盾するのではないかという疑問が当然おこる。

この問題を提起し、新たな解釈を試みたのが、西澤まゆみ「道元禅師における懺悔と滅罪について」(『駒澤大学仏教学部論集』第四二号、二〇一一年十月)である。道元禅師は六十巻本「三時業」に、

かの三時の悪業報、かならず感ずべしといへども、懺悔するがごときは、重を転じて軽受せしむ、また滅罪清浄ならしむるなり。善業また、随喜すればいよいよ増長するなり。これみな作業の黒白にまかせたり。(六九八頁)

と示している。この「悪業報」(悪業の報い)が「懺悔」によって「重を転じて軽受せしむ」あるいは「滅罪清浄ならしむる」とは、どういうことか。先の「深信因果」巻の「おほよそ因果の道理、歴然としてわたくしなし。造悪のものは堕し、修善のものはのぼる、毫釐もたがはざるなり」と矛盾しないのか、という問題である。

これについて西澤氏は、

懺悔滅罪の罪は、あくまでも「宗教的違反行為」であって、滅罪とは懺悔によって「宗教的違反行為」がなくなることをいうのであり、懺悔すればその「報い」がなくなることをいうのではない、と思われるのである。

とし、滅罪の「罪」を所謂「報い」(罰)と解釈せず、あくまでも「罪」(悪業)と理解すべきであるとする。また、「又滅罪清浄ならしむるなり」は、懺悔することによって悪業の報いが滅して清浄になると言っているのではな

く、真に懺悔することによって、その後、罪を犯すことがなくなることを示すものであり、業（行為）が清浄となることを言っているのではないと思われるのである。

とする。そのように解釈すれば、「懺悔」による「滅罪清浄」とは、「懺悔」によって、過去の悪業の報いがなくなるのではなく、過去の悪業を懺悔することによって、未来において罪（悪業）を犯すことがなくなる（滅する）という意になり、「懺悔」と「滅罪」が「因果歴然」となって、道元禅師の因果論と矛盾しなくなる。

それでは、「重きを転じて軽受せしむ」という説示についてはどうであろう。西澤氏は、

『随聞記』二―十四において、

　聖教の中にも、麁強悪業人覚悟、無利の言説は能障正道。只、打出し言ふ語すら、無利言説わ、障道の因縁也。況や、如然言説ことばに引れて、即ち、心も起りつべし。尤も、用心すべき也。わざとことさらいで、かくなん、いはじとせずとも、あしき事と知なば、漸々に退治すべきなり。（『道元禅師全集』第七巻、春秋社、七八頁）

とあるように、完全なる滅罪に至るまでの過程（漸々）を説示されたものと思われる。

とし、「重きを転じて軽受せしむ」も未来の罪（悪業を犯すこと）の軽減と解釈する。

なるほど、懺悔滅罪といっても、それは、「過去に犯した罪の報いも、懺悔によって滅する」とする一般的な解釈は妥当ではなく、あくまでも「罪」は「罪」（悪業）と理解すべきであり、「重きを転じて軽受せしむ」についても、そのような解釈が可能であるかも知れない。

ところで、注目すべきは、十二巻本『正法眼蔵』所収「三時業」巻（以下、《十二巻本》）と六十巻本『正法眼蔵』所収「三時業」巻（以下、《六十巻本》）の説示の相違である。先に挙げたように、《六十巻本》で、

　かの三時の悪業報、かならず感ずべしといへども、懺悔するがごときは、重を転じて軽受せしむ、また滅罪清浄

ならしむるなり。善業また、随喜すればいよいよ増長するなり。これみな作業の黒白にまかせたり。（六九八頁）

とする部分を、《十二巻本》では、

世尊のしめしましますがごときは、善悪の業つくりをはりぬれば、たとひ百千万劫をふといふとも不亡なり。もし因縁にあへば、かならず感得す。しかあれば、悪業は懺悔すれば滅す、また転重軽受す。善業は、随喜すればいよいよ増長するなり。これを不亡といふなり、その報なきにはあらず。（六九一頁）

とする。《六十巻本》における「悪業報」が《十二巻本》では「悪業」となり、《十二巻本》では「善悪の業」の「不亡」が示され、「その報なきにあらず」と、因果歴然が強調されるのである。

同じ「三時業」という題目の巻が、六十巻本と十二巻本に存在し、若干内容を異にしていることは、『正法眼蔵』の書誌学的研究においても問題とされているが、道元禅師が晩年に編集された可能性が高い十二巻本所収の「三時業」巻が六十巻本所収の「三時業」巻の再治本であると考えるのが妥当であろう。とすれば、《十二巻本》において、《六十巻本》の誤解を招きやすい部分が書き改められたと考えられないであろうか。

私の見解では、《六十巻本》で示される「かの三時の悪業報」は「かならず感ずべしといへども」のみに係るのであるが、「懺悔するがごときは、重を転じて軽受せしむ、また滅罪清浄ならしむるなり」の部分にも係るように誤解される可能性があり、そうすると「悪業報」が軽減したり清浄となると誤解されるので、《十二巻本》では「悪業報」を「悪業」と改めて誤解を招かないようにし、さらに「善悪の業」の「不亡」と、「その報なきにあらず」という因果歴然の道理を強調して、この節の意味を明確にしたと思われるのである。

《十二巻本》の「悪業（＝罪）は懺悔すれば滅す」という説示こそ、まさに「懺悔滅罪」を言い換えた言葉であると考えられ、「懺悔」すれば「滅す」るのは「悪業報」ではなく「悪業」そのものと解釈すべきであろう。

ところで、瑩山禅師が門弟の覚明に授けたとされる「出家授戒略作法」は、道元禅師の撰述とされる「出家略作法」が伝写されたものとされるが、「出家受戒略作法」では道元禅師の「出家略作法」には存在しない「罪障尽消滅」や「得大清浄」の語が見られる。そして、この何者かによって改訂された「出家受戒略作法」の次に挙げる言句が、現在、曹洞宗において、「出家得度式作法」の授菩薩戒法〈昭和修訂〉『曹洞宗行持軌範』、二四三〜二四四頁）や「檀信徒喪儀法」の授戒（同、三四九頁）の儀式において用いられ、導師によって唱えられて、多くの宗侶の耳慣れたものとなっている。

欲求帰戒、先当懺悔罪根、懺悔雖有二儀両懺、先仏有所成就懺悔文。罪障尽消滅、随我語可誦之。我昔所造諸悪業、皆由無始貪瞋痴、従身口意之所生、一切我今皆懺悔。既浄除身口意三業、得大清浄。次可奉帰依仏法僧三宝。

（「出家授戒略作法」、下・二七三〈校異〉。駒大図書H170W／35）

しかし、この「出家授戒略作法」のもととなったと思われる道元禅師選述の「出家略作法」のこの部分は、

欲求帰戒、先当懺悔罪根、方今至誠随我懺悔。我昔所造諸悪業、皆由無始貪瞋痴、従身口意之所生、一切我今皆懺悔。既浄治身口意業、次応帰依仏法僧宝。（「出家略作法」、二七四頁）

であり、何者かが前者のように改めたのではないかと考えられる。大久保道舟編『道元禅師全集』下、解題（五三〇〜五三一頁）において大久保氏は、

永光寺所伝のものは、元亨四年（一三二四）瑩山が門弟の覚明（三光国師）に授けたもので、これは出雲雲樹寺（覚明の開創にかかる）の室中に伝えられ、その後一般には流伝しなかった。従って瑩山自筆の正本も既に散佚したのであるが、幸にそれを書写したものが、故今津洪嶽氏の書架に襲蔵されているので、今はそれによって全貌を知ることができる。室町中期の書写と思われるが、この書成立当初の俤を伝えていて甚だ貴重すべきものである。しかしながら、これを前述の虎室の謄写したものと比較するに、作法の順序、字句の配置等に著しい相違がある。面山の校訂本と対比すればさらに多くの相違が認められる。いずれにしても、この瑩山本は授戒作法を簡

潔に纏めている点に特徴があるが、これは禅師の原作に或は瑩山が修正を加えたのではないかとも思われる。ともかく瑩山が、この授戒作法をもって「三国伝灯祖訓、伝仏心印之秘訣也」といっていることからみて、この書が当時いかに重要視されたかを窺うことができる。

と述べているが、「出家略作法」と「出家受戒略作法」とは著しい相違があって、道元禅師の原作に或いは瑩山禅師が手を加えられたのではないかと推測されている。

道元禅師の「出家略作法」と何者かによって修訂された「出家受戒略作法」の懺悔文の部分を比較すると、

「出家略作法」	「出家受戒略作法」
欲求帰戒、先当懺悔罪根、 方今至誠随我懺悔。 我昔所造諸悪業、皆由無始貪瞋痴、従身口意之所生、一切我今皆懺悔。既浄治身口意業。 次応帰依仏法僧宝。	欲求帰戒、先当懺悔罪根、 懺悔雖有二儀両懺、先仏有所成就懺悔文。罪障尽消滅、 随我語可誦之。 我昔所造諸悪業、皆由無始貪瞋痴、 従身口意之所生、一切我今皆懺悔。 既浄除身口意三業、得大清浄。 次可奉帰依仏法僧三宝。

となる。両者を「懺悔」「滅罪」「清浄」という観点から比較すれば、「出家略作法」では罪根の「懺悔」のみが説か

れているのに対し、「出家受戒略作法」では、「懺悔」に加えて「滅罪」（罪障尽消滅）と「清浄」（得大清浄）が付加されている。

先に述べたように、道元禅師の因果論は因果歴然の因果論であり、罪障が尽く消滅するとは示されていないように思われる。もし、懺悔によって罪障が悉く消滅するとすれば、撥無因果となる可能性もある。

私は、個人的に、「出家得度式作法」や「檀信徒喪儀法」の懺悔あるいは授戒の文は、道元禅師の「出家略作法」によって改められるべきであると思う(9)。

しかし、悪業を犯してしまった者は「百千万劫をふといふとも不亡なり。もし因縁にあへば、かならず感得す」（前出、十二巻本「三時業」巻）であり、「その報なきにはあらず」ということであれば、その救いの光は見出し難い。真に懺悔する者であれば、未来における悪業の消滅ばかりでなく、過去の罪障（悪業報）も尽く消滅すると説くことは、あながち悪いとは言えない。教化宗団である曹洞宗が、瑩山禅師の弘誓願をより尊重するということであれば、それはそれでよいであろうとも思う。道元禅師は『随聞記』巻二に、

問曰、受戒の時は七逆の懺悔を許さず。先きの戒中に逆罪も懺悔すべしと見ゆ、如何。答云、実懺悔すべし。受戒の時不許ことは、且抑止門とて抑る儀也。又上の文は、破戒なりとも還得受せば清浄なるべし、懺悔すれば清浄也。未受に不同。（四三一～四三二頁）

と示している。重罪である七逆罪を犯した者も懺悔すべきであるとし、懺悔によって清浄になると説かれ、「逆罪なりとも、悔て受戒せば可授」（同、四三二頁）としている。まさに道元禅師の大慈悲心であり、瑩山禅師はこのような道元禅師の心を受け継がれたのであるとも解されよう。

しかし「我昔所造諸悪業、皆由無始貪瞋痴、従身口意之所生、一切我今皆懺悔」と懺悔文さえ唱えれば、たちどこ

ろに過去の罪障が尽く消滅し大清浄になると安易に説くことは、道元禅師の教えに反するばかりでなく瑩山禅師の誓願にも背くことになるはずである。

道元禅師は、ここに「抑止門」という語を用いられているが、悪業を抑えるための大慈悲心を説くこともまた必要である。悪業の報いは「不亡」であるからこそ、未来においては決して悪業を犯すまいという、真の懺悔がなされるのであり、「不亡」であることが抑止門となって悪業を抑えることができるからである。

因果歴然であって、犯した悪業の報いは一生背負わなければならない。そう思わない者に真の懺悔はあり得ず、真の滅罪もあり得ない。そう思う者には、真の懺悔があって、因果歴然であるからこそ、懺悔すれば滅罪するのである。これをまた道元禅師は「不亡」と言われるのである。

第五節　結語

道元禅師の因果論は、第一節で述べたように、基本的に因果歴然である。それは多くの学者が指摘するところであり、一部の学者が言うように、晩年になって因果歴然として深められた、あるいは因果歴然に改められたということはない。

但し、第二節で述べたように、「百丈野狐の話」における「不落因果」の解釈は、「大修行」巻と「深信因果」巻では、明らかに相違しており、これについては「大修行」巻を年代的に先の選述とすれば、「深信因果」巻において、「百丈野狐の話」における「不落因果」の解釈は、「まさしく撥無因果なり」と改められたと思われる。但し、それはあくまでも「百丈野狐の話」における「不落因果」の解釈が改められたのであって、因果論そのものの変化ではなく、公案解釈の変化であって、道元禅師の思想の変化とは言えないものであると思われることは、先に述べた通りである。

そして、第三節において述べたように、道元禅師の因果論は、基本的に因果歴然・深信因果であるものの、因において果は将来に得られるもの、求めるものいう常識的理解に立つ因果論でなく、因果超越、因果同時の因果論である。第四節では、道元禅師が「因果歴然」を説いていることと、六十巻本「三時業」巻で懺悔による悪業報の軽受あるいは滅罪清浄を説いていることとは矛盾するのではないかという問題について論じ、六十巻本「三時業」巻と十二巻本「三時業」巻における説示の相違に注目して、前者は後者に書き改められたという推論を前提に、後者では、やはり因果歴然の道理が強調されていることを述べた。

これらを結論付ければ、道元禅師の因果論は、因果歴然の道理の上に立った因果超越の因果論であると言えるのである。

(1) この問題について私は、道元禅師の因果論、特に、「大修行」巻と「深信因果」巻における、「百丈野狐の話」の「不落因果」の解釈における相い矛盾する説示について、十二巻本『正法眼蔵』の選述意図、人権問題等に関わって、かつて論じたことがある(「三時業批判(下)」(『曹洞宗研究員研究紀要』第二二号、一九九一年十月)。以下、冗長ではあるがその箇所を引いておく。

道元禅師は言われる、

大修行を摸得するに、これ大因果なり。この因果、かならず円因満果なるがゆゑに、いまだかつて落不落の論あらず、昧不昧の道あらず。不落因果もしあやまりならば、不昧因果もあやまりなるべし。(「大修行」、上・五四五)

と。同じ道元禅師が言われる、

不落因果は、まさしく撥無因果なり、これによりて悪趣に堕す。不昧因果は、あきらかにこれ深信因果なり、これによりてきくもの悪趣を脱す。あやしむべきにあらず、うたがふべきにあらず。(「深信因果」、上・六七六)

と。前者は後者の深信因果の立場、つまり不昧因果(因果歴然)の立場に立って示されていることが窺われ、決して両者は相反するものでないと思われるが、後者が、明確に、不落因果を否定し、不昧因果の立場に立ったことには、それなりの意図があったと思われるのであり、道元禅師の真意は前者にあったと考えるのである。

道元禅師の因果論については、いずれ研究したいが、ここに、私的因果論を述べておくなら、私は「因果は超越されなければならない」と思う。

ここで「超越」とはどのような意かと言うと、これを修行と証りの関係について言えば、修行において、果としての証りを求めることなく、ただひたすら仏行としての修行を行ずる。修行の功としての証りがあるかも知れない。或いはないかもしれない。しかしそれを問題としない。因なる修行において、果なる証りを期待せず、またその果がいかなる果であろうとも、それを問題としない。証があろうがなかろうが、今の修行があるのみでよしとする。

もちろん因果歴然の道理は、動かすことはできないであろう。しかしながら、因において果を問題としない時、私はそれを因果の超越と言いたい。

三世について言えば、来世があろうがなかろうが、いかなる来世が待ちうけていようが、それはかまわない。現世においてそれを問題としない。来世においてその報いがあるから、現世において善行を積むとか、悪行を行じないとか、そんな思惑を持つことはつまらないことである。来世があろうがなかろうが、善悪の報いがあろうがなかろうが、諸悪莫作であり、衆善奉行である。莫作の力量の現成である。

因においてまったく果を問題としないとき、そのように心決定したとき、その人は因果歴然の道理の中に生きながら、因果を超越する、それが大修行底の人である。落不落や昧不昧は問題ではない。しかしながら、諸悪莫作であり衆善奉行である。それが大修行底の人の生き方である。

ここにおいて私は、十二巻本『正法眼蔵』に収録される「三時業」・「深信因果」の両巻に示される輪廻説を思わせる説示、特に「三時業」巻の三時業説を批判的に考察し、人権問題の立場に立って、現代において三世業報説を説くことの是非を論じた。その中で、「大修行」巻と「深信因果」巻の、一見相反すると思われる説示について、七十五巻本『正法眼蔵』を、より重視する立場から、十二巻本『正法眼蔵』の選述意図を問題とし、道元禅師の真意は七十五巻本にあり、十二巻本の諸巻の扱いには十分注意しなければならないことを論じたのである。

また、後に「宗学」とは何かを考える中で、「道元禅師の説示の違いを、思想の変化と受け取らない」ということに関わって、両巻の説示の相違について論じている（拙稿「宗学考」、『宗学研究』第四〇号、一九九八年三月）。これは、宗学とは何かを考えることを主題としたものであるが、道元禅師の思想変化の問題に関わって、「道元禅師の説示の違いを、思想の変化と受け取らない」という立場から、「大修行」巻と「深信因果」巻における説示の相違について、若干触れて、私見を述べている。その中心部分を一応次に挙げておく。

「大修行」巻と「深信因果」巻の説示は、一見矛盾する説示となっている。ところで、修行の上に「大」という文字を付す「大修行」とは、いわゆるの修行ではなく、それが果を待つ修行ではなく果と一つである修行を意味している。これはけっして「深信因果」あるいは因果歴然の否定ではない。しかしながら、中国において「不落因果」を撥無因果として理解していた禅者がいたのである。それらに対する批判がbであり、この説示は道元禅師の説かれる「不落因果」が撥無因果ではないことを明確にされているのである。そしてそれは、矛盾するかのように見える「深信因果」巻でのcの説示も同様であり、ここで説かれる「不落因果」は中国の禅者によって撥無因果として理解されていた「不落因果」であり、道元禅師は、この「不落因果」をこれは「まさしく撥無因果なり」と否定されたのである。「大修行」巻における「不落因果」と「深信因果」巻における「不落因果」は、言葉は同じであっても、全く違うのである。前者は道元禅師によって受け取られた因果超越の「不落因果」であり、後者は中国の禅者によって間々理解されていた撥無因果の「不落因果」なのである。道元禅師の因果論は、基本的に「深信因果」すなわち因果歴然である。「大修行」は「深信因果」の上に立って言われているのである。(二四頁)

私の見解も、かつてのこの考察の主旨と同じであるが、「大修行」「深信因果」両巻の「百丈野狐の話」の「不落因果」の解釈（公案解釈）の相違について、明確にその変化を認めていなかった点は改めたい。

(2) 松本史朗氏は「批判宗学の可能性（三）——批判宗学の提唱」（『宗学と現代』第二号、一九九八年）において、

この二つの文章は矛盾であり、これは次元が異なるというようなことではないと思います。次元が異なるというような言い方は、〝道元は悟った人であって、思想的な変化はない〟という立場から、この矛盾を調停しているものであって、決してテキストをそのものとして読んではいないと考えているわけです。(九六頁)

と述べている。私も松本氏同様、両巻の説示は明らかに矛盾していると考える。それは認めざるを得ない。しかし、本論でも述べたように、私はそれを思想の変化とは受け取らない。「深信因果」巻では「百丈野狐の話」の「不落因果」の解釈が、基本的な因果歴然、深信因果という立場から見直され、訂正されたのであると思う。この両巻の矛盾については、高橋賢陳氏も「両者は明らかに矛盾した論述になっている」（「道元における因果性の論理」、『宗学研究』第一七号、一九

七五年三月、二〇頁）としながらも、公案解釈の変化とまでは受け取っておらず、道元禅師の「全体的な思想性格との関連」（二一頁）において理解する必要性を述べている。私も、高橋氏はじめ多くの学者が両巻の立場、或いは選述意図の相違とすることに基本的には賛同するが、松本氏の言うようにテキストをそのものとして読んだならば、やはり両巻の説示は明らかに矛盾であり、公案解釈に明らかな変化が生じたことは認めざるを得ないと思うのである。

（3）鏡島元隆氏は『道元禅師とその宗風』（春秋社、一九九四年二月）において、

以上によってみれば、『大修行』巻は、不落不昧一等の立場から不落因果の道理を説いたものであり、『深信因果』巻は、不落不昧対立の立場から不落因果の道理を示したものである。両巻における不落と不昧および一等の意味は、次元が異なるのであって、いわば『大修行』巻における不落因果は、『深信因果』巻における不落因果を成り立たせているが、『深信因果』巻における不落不昧一致は、これを排斥しなければ『大修行』巻における不落不昧一等の深義は開顕されないと言えよう。（二一九頁）

と述べている。

（4）両巻の矛盾的説示について河村孝道氏は、「百丈野狐話は七十五巻本第六十八『大修行』に引用され、相矛盾対立する巻として対置し問題とされているが、『深信因果』が現実の信仰生活の実践行為における因果の道理を説く処に中心が置かれて、「不昧因果」を強調する立場に立って「不落因果」を批判するのに対して、『大修行』では修行そのものの真偽とその〝大悟却迷〟の自在性に力点を置いて「不落因果」を「大修行の瞞佗不得なるあり、撥無因果なるべからず」（『大修行』）と主張し、不落・不昧を超えて説かれることに留意すべきであろう」（『正法眼蔵の成立史的研究』、春秋社、一九八七年、五三三〜五三四頁）とし、伊藤秀憲氏は、「『大修行』と『深信因果』とで、不落因果に対して正反対の解釈を行なっているということは、後世の者に混乱を生じさせることになる。大修行という面から言えば、不落因果は否定されるべきではないが、禅師の修証観を正しく理解しない者には、因果を否定することを認めたと解する危険性を含んでおり、それが『深信因果』を書かれた一つの動機と考えられるのではないであろうか。筆者は、『大修行』が書き改められて『深信因果』が成ったという可能性を否定することはできない。禅師は「百丈野狐の話」を『永平広録』の上堂でも取り上げ説示しているが、石井清純氏が指摘しているように、そこでは両方の因果に関する解釈が行われていることからも、『大修行』を否定して『深信因果』が成立したとは、単純には論じられない。それよりも、何故『深信因果』を説く必要があったのかを考えることの方が重要であると言えよう」（『道元禅研究』、大蔵出版、一九九八年十二月、三二四〜三二

五頁）と述べている。また、この問題については、下室覚道氏が「道元禅師の著作における円因満果と修因感果」（『曹洞宗研究員研究紀要』第三〇号、二〇〇〇年三月）に整理して論じているので参照されたい。

（5）公案解釈の変化といっても、「大修行」巻において、この話が肯定的に捉えられているわけではない。例えば、誤った答えをして野狐身に堕したということや、また一転語によって野狐身から脱したということや、野狐を亡僧の事例によって送葬したこと等、厳しく批判している。これらのこともあって後に「深信因果」巻では、「不落因果」という語を含めてこの話を徹底批判するに至ったと考えたい。

（6）「迷中又迷」「夢中説夢」「空華」「画餅」「受記」「神通」「葛藤」「看経」「即心是仏」「説心説性」「無情説法」「将錯就錯」「八九成」等、道元禅師は、多くの仏教語や禅語について、通常の（多くの学人が理解する）解釈に対して「癡人おもはくは……」（「即心是仏」巻、四二頁）「愚人おもはくは……」（「無情説法」巻、三九八頁）「凡愚おもはくは……」（「空華」巻、一〇九頁）等と批判して、時に独自の解釈を示している。これらについては、あらためて論じる必要があるが、その多くが『正法眼蔵』の巻目にもなっているこれらの言葉は、常に必ずしも、同じ立場から、同じ意味で用いられているわけではない。それでは、道元禅師の教説は一貫しておらず支離滅裂かというと、そうではないのである。これらの解釈の根底に一貫するもの（「坐禅」「修証一等」「因果歴然」等）を見ることこそ、道元禅師の思想研究の在り方であり、表面的な解釈を見て、私見によって一方を取り、或いは捨てることを行ってしまう研究こそ、支離滅裂な研究になってしまう可能性があるのである。

（7）石井清純「十二巻本『正法眼蔵』と『永平広録』――「百丈野狐」の話を中心として」（『宗学研究』第三〇号、一九八八年）。

（8）「もし人、一時なりといふとも、三業に仏印を標し、三昧に端坐するとき、遍法界みな仏印となり、尽虚空ことごとくさとりとなる。（中略）この水火を受用するたぐひ、みな本証の仏化を周旋するゆゑに、これらのたぐひと共住して同語するもの、またことごとくあひたがひに無窮の仏徳そなはり、展転広作して、無尽、無間断、不可思議、不可称量の仏法を、遍法界の内外に流通するものなり。しかあれども、このもろもろの当人の知覚に昏ぜざらしむることは、静中の無造作にして、直証なるをもてなり。もし凡流のおもひのごとく、修証を両段にあらせば、おのおのあひ覚知すべきなり。もし覚知にまじはるは、証則にあらず。証則には迷情およばざるがゆゑに。」（『弁道話』、七三一～七三二頁）

（9）もし道元禅師の「出家略作法」を瑩山禅師が修訂して「出家受戒略作法」を著されたとすれば、「罪障尽消滅」や

「大清浄」の語を加えたのは瑩山禅師御自身ということになる。そこに瑩山禅師の大悲の弘誓願があると受け取れば、「罪障尽消滅」や「大清浄」の語も尊重すべきかも知れない。

第六章　仏性論

本章では、道元禅師の仏性論の考察をする。道元禅師において仏性とは何かを論じることは実に重要であったのである。『正法眼蔵』にこの仏性を主題にして拈提した「仏性」巻がある。その中で道元禅師は、

おほよそ仏性は、いまの慮知念覚ならんと見解することさめざるによりて、有仏性の道にも、無仏性の道にも、通達の端を失せるがごとくなり。道取すべきと学習するもまれなり。しるべし、この疎怠は廃せるによりてなり。諸方の粥飯頭、すべて仏性といふ道得を、一生いはずしてやみぬるもあるなり。あるひはいふ、聴教のともがら仏性を談ず、参禅の雲衲はいふべからず。かくのごとくのやからは、真箇是畜生なり。なにといふ魔儻の、わが仏如来の道にまじはりけがさんとするぞ。聴教といふことの仏道にあるか、参禅といふことの仏道にあるか。いまだ聴教・参禅といふこと、仏道にはなしとしるべし。（二六頁）

と示している。当時「聴教のともがら仏性を談ず、参禅の雲衲はいふべからず」という輩がいたのであろうか。「かくのごとくのやからは真箇是畜生なり。なにという魔黨の、わが仏如来の道にまじはりけがさんとするぞ」と厳しく批判している。〝禅に参ずる修行者は仏性についてあれこれと論じてはならない、実践こそ大切だ〟というような説は誤りであり、正伝の仏法には、聴教（学問）であるとか参禅（実践）であるとかの区別はないと道元禅師は戒める。修行者は必ず仏性の何たるかを談ずるべきであり、当然のことながら、仏性を談ずる修行者は必ず仏道を修行するの

である。また、同じく「仏性」巻に、

仏性の道取問取は、仏祖の家常茶飯なり。(三二頁)

とあるように、仏性について論じ、わからなければこれを師に問いかけるのが、仏祖の日常の営みであるというのである。道元禅師の思想的研究を行うにあたって、この仏性について必ず論じなければならない。

第一節 仏性論の受容

ところで先ず、道元禅師が仏性論を受容していたことの確認をしておきたい。なぜなら、仏性論は正統的な仏教ではないという説があり[1]、仏性とは何かを批判的にではなく肯定的に論じることは、このような論者の視点からいえば問題があるからである。しかし私はここで、〝インド仏教において仏性という概念はなかったのではないか〟あるいは〝仏性論は正統的な仏教であるか否か〟という議論はさておき、道元禅師が仏性論を受容していたことを先ず述べておきたい。但し、第三節で述べるような従来の仏性論をそのまま受容したのではないこと、即ち仏性の語に新たな解釈を与え、その上で仏性を受容していたとすれば、(従来の)仏性論を受容していなかったということにもなろう。

さて、道元禅師は「仏性」巻冒頭に、

釈迦牟尼仏言、一切衆生、悉有仏性。如来常住、無有変易。

これわれらが大師釈尊の師子吼の転法輪なりといへども、一切諸仏、一切祖師の頂𩕳眼睛なり。参学しきたること、すでに二千一百九十年、当日本仁治二年辛丑歳正嫡わづかに五十代、至先師天童浄和尚西天二十八代、代代住持しきたり、東地二十三世、世世住持しきたる。十方の仏祖、ともに住持せり。(「仏性」巻、一四頁)

と『涅槃経』[2]の仏性論を「釈迦牟尼仏言」といい、自らに連なる歴代仏祖が代々「頂𩕳眼睛」として伝えてきたものであるとして重要視する。そしてこの仏性とは何かを拈提している。つまり、道元禅師は仏性論を受容し、「仏性」巻においてそれ以前の誤った仏性論の幾つかを否定し、正伝の仏法における仏性（と自らが確信する仏性）を説く。また、この「仏性」巻は何度か修訂再治され[3]、その本文の完成がなされた巻であることが知られ、終生道元禅師によって肯われたものと考えられる。

次に、仏性論の歴史を概観して、道元禅師がそれ以前のいかなる立場の仏性論を否定し、何処の立場を正伝の仏法における仏性論として受容されたのか、高崎直道「道元の仏性論」（講座道元Ⅳ『道元思想の特徴』、春秋社、一九八〇年）の「二　仏性説の歴史」（一〇三〜一〇七頁）を参照して要約しながら述べてみたい。

この高崎直道「道元の仏性論」は、過去において道元禅師の仏性について論じた最も優れた論文の一つであり、私はその論述のほとんどを極めて妥当なものと評価している。

まず高崎論文では、仏性に深く関わる如来蔵（tathāgata-garbha）について論じる。如来蔵とは元来、衆生それ自体をさして、「如来を内に宿すもの」（如来の胎を有するもの、あるいは如来の胎児）の意であり、『如来蔵経』がその初出である。その後の教理の展開にしたがって、衆生のうちなる、如来となる可能性自体を「如来蔵」とよび、衆生をその所有者と解するようになった。

「仏性」の語は、そのような意味での如来蔵を説明することばとして、『涅槃経』によってはじめて用いられた術語であり、文字どおりには「仏となる因、可能性」をいい、原語はチベット訳から判断して buddha-dhātu であるとされる。

この「仏性」（仏の本質）が、一切の衆生にも具わっており、衆生は仏と本質を同じくするから、衆生はすべて仏となることが可能である、とするのが『涅槃経』の「一切衆生悉有仏性」の意味である。したがって「仏性」は具体的には仏について云々されるのではなく、衆生つまり、まだ仏になっていないものに関して言及される。
ところで、漢訳の「仏性」には、もう一つ別の原語が考えられるという。それは（buddhagotra 仏種姓）であり、仏弟子（釈子・仏子・勝者《ジナ》の子）とも訳される。大乗仏典では、菩薩こそが「勝者《ジナ》の子」で、如来の家に生まれたもの、如来の家の後継者、如来の系統を絶やさぬこと（不断仏種）を使命とするものとみなされている。その意味で菩薩は、「仏の種姓を有する者」ということになる。

さて、「衆生がすべて仏となる可能性を有している」という場合の「仏となる可能性」とは、実質的には「自性清浄心」を指すというのが伝統的な解釈である。つまり、「衆生の心は自性として（本性上、生まれつき）清浄であるが、ただ客塵たる煩悩によって汚されている」というのである。

しかし、ア如来蔵にせよ、仏性にせよ、心が本来煩悩によって染せられていないことを表すだけで、実体があるわけではない。つまり、『般若経』的に本来空と解するのが正道である。

ところが、『起信論』の本覚の説は華厳教学において、唯心の法門と合体し、澄観（七三八～八三九）の「霊知不昧の一心」とか、宗密（七八〇～八四一）の「本覚真心」の観念を生み、次第に内在的な実体視をされるに至る。

如来蔵・仏性の思想と不可分の関係にある「本覚法門」は、空海（七七四～八三五）によって輸入された『釈摩訶衍論』の教義（即身成仏義）の影響をうけた安然（八四一～九一五）によって芽生えたと考えられ、即身成仏説は本来成仏説と共に現在成仏説を生み、これが修行面における堕落を生む次第ともなって、道元禅師の疑念を引き起こしたのである。

以上、道元禅師に至る仏性論についての高崎説の要旨である。

仏性論が正統的な仏教の説であるかはさておき、道元禅師が「仏性」巻において「正伝の仏法」における仏性を説き明かそうとされたことは確かであろう。そしてここに高崎氏が傍線アの部分において言われるように、道元禅師は

「仏性」巻において、「仏性」という実体があるわけではなく『般若経』的に本来空と解するのが正道である」ところの「仏性」を拈提されたのであろうと私には思われる（「仏性」巻的な考えが晩年において変化したとする説もあるが、これは「仏性」巻に幾度かの再治が行われている事実から、妥当とは言えない）。

それでは次に道元禅師は仏性をどのように解釈したのか、「仏性」巻の説示に見てみよう。

第二節　悉有仏性

「悉有仏性」とは、先に挙げた『涅槃経』に見られる語である。通常は「悉く仏性有り」と読み下すが、道元禅師は、

悉有の言は、衆生なり、群有也。すなはち悉有は仏性なり、悉有の一悉を衆生といふ。正当恁麼時は、衆生の内外すなはち仏性の悉有なり。（「仏性」巻、一四頁）

というように「悉有」を一つの熟語として用い、〝悉く有るもの〟という意に解しているように思われる。そしてよく知られた「悉有は仏性なり」という語に知られるように、〝悉く有るものは仏性である〟という解釈をしている。故に「一切衆生、悉有仏性。如来常住、無有変易」は、通常は〝一切衆生、悉く仏性あり。如来は常住にして、変易有ること無し〟と読み下すが、道元禅師は〝一切衆生は、悉有なり仏性なり、如来は常住にして、変易有ること無し〟と読んでいたことになろう。つまり、一切衆生とは悉く有るものであり、悉く有るものは仏性そのものであり、ゆえに如来は常住であって変わることがない、と解釈していたと考えられる。

この解釈において注目すべきは、第一に、「一切衆生」を「悉有」（悉く有るもの）とする解釈である。通常「衆生」とは〝生きとし生ける者〟のことをいい、有情（心を有するもの）を言う。しかし道元禅師は、『涅槃経』でいう一切

衆生とは、悉有（悉く有るもの）つまり全ての存在であるとしたのである。それは、馬鳴の語を取り上げて、「この山河大地、みな仏性海なり」（一七頁）といい、塩官斉安（？～八四二）の「一切衆生有仏性」の拈提の中で、

いま仏道にいふ一切衆生は、有心者みな衆生なり、心是衆生なるがゆへに。無心者おなじく衆生なるべし、衆生是心なるがゆへに。しかあれば、心みなこれ衆生なり、衆生みなこれ有仏性なり。草木国土これ心なり。心なるがゆへに衆生なり、衆生なるがゆへに有仏性なり。日月星辰これ心なり。心なるがゆへに衆生なり、衆生なるがゆへに有仏性なり。（二七頁）

と示していることからもわかる。草木国土も日月星辰も心であり、心であるから衆生であるという。「心」については第三章第三節で論じたが、道元禅師は全ての存在を心という。道元禅師においては、山河大地も日月星辰も草木国土も全てが「心」であり、それら全てが「衆生」なのであって、「仏性」巻で、「一切衆生」を「悉有」とすることは、至極当然のことであるとも言えるのである。

第二に、特徴的であるのは、一切衆生であるところの悉有（悉く有るもの、全ての存在）を「仏性」とする解釈である。このことは先にも挙げた、よく知られる「悉有は仏性なり」という説示に端的に示されているが、このことは「仏性」巻全体に繰り返し示されている。

ところで、「世尊道の一切衆生悉有仏性は、その宗旨いかむ。是什麼物恁麼来の道転法輪なり」（「仏性」巻、一四頁）という説示が見られる。ここで注目したいのは「是什麼物恁麼来」の語をここで取り上げていることである。この語は有名な六祖慧能と南嶽懐譲の問答に見られる語の転用で、本来この語は「何者がこのように来たのか」という質問の言葉であるが、道元禅師はこの語をいわゆる「問処の道得」の語と捉え、「何者がこのように来た」という事実を表した語と理解していると思われる。いかなる説明も中らない事実、「何者がこのように来た」としか言いようのない事実と道元禅師はこの語を捉えるのであり、そうであるからこそ南嶽は「説示一物即不中」と答えたのである

とするのであろう。

「一切衆生悉有仏性」も「是什麼物恁麼来」という言葉と同様の転法輪であり、現前の事実を語ったのもであるとするのが、この道元禅師の説示であると思われる。故に一切衆生が仏性を内に可能性として持っているというのではなく、仏性が現にあらわれているという現前の事実を示した語としてこの「一切衆生悉有仏性」を捉えるのである。

さて、〝一切衆生とは悉く有るものであり、悉く有るものは仏性そのものであり〟という道元禅師の仏性論を述べたが、それを明確にするためにも、道元禅師が「仏性」に対する誤った理解として批判している仏性理解を次に挙げてみよう。

第三節　従来の仏性論批判

「仏性」巻に、

仏性の言をきゝて、学者おほく先尼外道の我のごとく邪計せり。それ人にあはず、自己にあはず、師をみざるゆへなり。いたづらに風火の動著する心意識を、仏性の覚知覚了とおもへり。たれかいふし、仏性に覚知覚了ありと。覚者知者はたとひ諸仏なりとも、仏性は覚知覚了にあらざるなり。いはんや諸仏を覚者知者といふ覚知は、なんだちが云云の邪解を覚知とせず、風火の動静を覚知とするにあらず。たゞ一両の仏面祖面、これ覚知なり。往こに古老先徳、あるいは西天に往還し、あるいは人天を化導する、漢唐より宋朝にいたるまで、稲麻竹葦のごとくなる、おほく風火の動著を仏性の知覚とおもへる、あはれんべし。学道転疎なるによりて、いまの失誤あり。

（一五頁）

とある。ここでは、仏性は、先尼外道の我（アートマン）ではなく、また「風火の動著」（生命・生きているというそのままの在り方、蚯蚓両断の動）を言うのではないとする。また、

ある一類おもはく、仏性は草木の種子のごとし、法雨のうるひしきりにうるほすとき、芽茎生長し、枝葉華果もすことあり、果実さらに種子をはらめり。かくのごとく見解する、凡夫の情量なり。たとひかくのごとく見解すとも、種子および花果、ともに條ゝの赤心なりと参究すべし。果裏に種子あり、種子みえざれども、根茎等を生ず。あつめざれどもそこばくの枝條大圍となれる、内外の論にあらず、古今の時に不空なり。しかあれば、たとひ凡夫の見解に一任すとも、根茎枝葉、みな同生し同死し、同悉有なる仏性なるべし。（「仏性」巻、一六頁）

と、仏性を草木の種子のように思うのは、凡夫の思いであるとする。ここでは、内なる種子という「因」によって果実という外なる「果」が生ずるとみる一般の見解を一旦認めながらも、果裏（結果）に種子（原因）があるという、因果の同時を説いている。これは同巻における「仏性と成仏の同参」や「大修行」巻における「因円果満」と同様の説である。また、

時節若至の道を、古今のやから往々におもはく、仏性の現前する時節の向後にあらんずるをまつなりとおもへり。かくのごとく修行しゆくところに、自然に仏性現前の時節にあふ。時節いたらざれば、参師問法するにも、弁道功夫するにも、現前せずといふ。恁麼見取して、いたづらに紅塵にかへり、むなしく雲漢をまぼる。かくのごとくのたぐひ、おそらくは天然外道の流類なり。（「仏性」巻、一六〜一七頁）

と示すように、修行（参師問法・弁道功夫）してゆくといずれ将来に仏性が現前する時節に遇うことができると考えるのは誤りであり、修行の時節が仏性が現前している時節である、つまり修行のところに仏性が現れていると説く。仏性が現前する時節とは、参師問法し、功夫弁道する時節に限定されるのである。また、

六祖の道取する人有南北、仏性無南北の道、ひさしく再三撈摝すべし。まさに撈波子に力量あるべきなり。六祖

の道取する人有南北、仏性無南北の道、しづかに拈放すべし。おろかなるやからおもはくは、人間には質礙すれば南北あれども、仏性は虚融にして南北の論におよばずと六祖は道取せりけるかと推度するは、無分の愚蒙なるべし。この邪解を抛却して、直須勤学すべし。(「仏性」巻、二一頁)

と、五祖と六祖の問答をめぐって、六祖の言葉を「人間には物質的に南北があるが、仏性は虚空に行きわたっている」と受け取るのは邪解であるとする。道元禅師は、「人は作仏すとも仏性は作仏すべからずという一隅の搆得あり」と、「南北」の語を「作仏」に入れ替えて示すが、これは「仏性」においては「南北」の論よりも「作仏」が問題であるとするものであろう。即ち、「仏性」は、無条件に行きわたっているのではなく、「作仏」(＝修行)に現れるものであると言っているのであろう。

これら道元禅師による従来の仏性論批判を整理すれば、仏性は、

一、先尼外道の我(アートマン)のようなものではない。

二、「風火の動著」(生命・生きているというそのままの在り方)を言うのではない。

三、草木の種子のような実体的なものではない。

四、修行(参師問法・弁道功夫)してゆくといずれ将来に現われるというようなものではない。

五、あらゆるものに無条件に行きわたっているのではなく、あらゆる人間に無条件に具わっているものでもない。

ということになる。(4)

第四節　身現仏性

前節、道元禅師による従来の仏性論批判の中で、既に道元禅師の仏性論が垣間見られるが、道元禅師の仏性論を端的に言えば、仏性は修行のところに現れるということになろう。そしてこの説は、さらに次の龍樹の身現円月相の話を引用して明かされる。本節ではそれを「身現仏性」という語で言い表してみた。

> 第十四祖龍樹尊者、梵云那伽閼刺樹那、唐云龍樹、亦龍勝、亦云龍猛。西天竺国人也。至南天竺国。彼国之人、多信福業。尊者為説妙法。聞者遞相謂曰、「人有福業、世間第一。徒言仏性、誰能覩之。」尊者曰、「汝欲見仏性、先須除我慢。」彼人曰、「仏性大耶小耶。」尊者曰、「仏性非大非小、非広非狭、無福無報、不死不生。」彼聞理勝悉廻初心。尊者復於坐上、現自在身、如満月輪。一切衆会、唯聞法音、不覩師相。於彼衆中、有長者子迦那提婆、謂衆会曰、「識此相否。」衆会曰、「而今我等目所未見、耳無所聞、心無所識、身無所住。」提婆曰、「此是尊者現仏性相、以示我等。何以知之。蓋以無相三昧、形如満月。仏性之義、廓然虚明。」言訖輪相即隠。復居本坐、而説偈言、身現円月相、以表諸仏体、説法無其形、用弁非声色。（「仏性」巻、二二頁）

第十四祖とされる那伽閼刺樹那（「仏祖」巻、四五五頁）は、中国では龍樹あるいは龍勝といい、また龍猛ともいう（以下、龍樹）。西インドの人で、のちに南インドに行く。南インドの人は、多く現世利益の教えを信じ、求めていたが、龍樹は彼らに対して仏の真実の教え（仏性）を説いたのである。それを聞いた人々は「現世での幸福を得るための行いをすることが世間では一番の目的であるが、あなたはいたずらに仏性などということを言う。だれがそのようなものを見ることができるのか」と問う。龍樹はそれに答えて「あなたが仏性を見ようとするなら、まず自分の慢心を除きなさい」と示す。またその人がたずねる、「仏性は大きいものなのか、小さいものなのか」と。龍樹は答える、「仏性は大きくも小さくもなく、広くも狭くもなく、福とか報いとかもなく、生じも滅しもしない」と。彼人は、この勝れた道理を聞いて心を改めたという。またあるとき龍樹は、座上に満月輪の如き自在身を現す。集まっていた者みな、その説法の声を聞くのみで、師の姿を見なかった。その中で長者の子、迦那提婆は皆なに尋ねた、「師の姿が分かりますか」と。皆なは「いま私たちには、目にも見えませんし、耳にも聞こえませんし、心にも認識できませし、身体で感じることもできません」と答えた。迦那提婆は、「尊者は我々に仏性の相を〈無相三昧によって〉現して、我々に仏性そのものを示されたのだ。なぜなら、無相三昧の形は満月のようなものだからである。仏性の意味は廓然として虚明である」と言った。迦那提婆がこれを言い終わると、満月輪の相は隠れ、座上にもとのように坐っている龍樹の姿が現れた。龍樹は偈を説いて言った、「身で円月の相を現したのは、諸仏の体を表したのである。諸仏の体を表す説法には定まった形はなく、声や姿にたよるものではない」と。

さて、この話を取り上げて道元禅師は、

愚者おもはく、尊者かりに化身を現ぜるを円月相といふとおもふは、仏道を相承せざる儻類の邪念なり。いづれのところのいづれのときか、非身の他現ならん。まさにしるべし、このとき尊者は高座せるのみなり。身現の儀は、いまのたれ人も坐せるがごとくありしなり。この身、これ円月相現なり。(二三頁)

と示している。伊藤秀憲氏も言うように、(5)龍樹が満月輪の如き自在身を現じたというのは、坐禅を行ったのである。この話を理解して、龍樹が仏性を現すために化身して円月相を現したと理解するのは愚者の理解であり、龍樹のその身以外の他の姿を現したと考えるのは仏道を正しく相承しない者たちが考えることであり、龍樹はただ座上に坐っていただけであり、それも今の誰もが坐禅するように、坐禅をしていただけであるというのである。そして、この坐禅する龍樹の身こそ円月相の現れであるとするのである。(6)

さて、この話に登場する迦那提婆を道元禅師は高く評価する。「身現相は仏性なり」と言い得たのは提婆尊者のみであると讃える。

迦那提婆尊者、ちなみに龍樹尊者の身現をさして、衆会につげていはく、此是尊者現仏性相、以示我等、何以知之、蓋以無相三昧、形如満月、仏性之義、廓然虚明なり。いま天上・人間、大千法界に流布せる仏法を見聞せる前後の皮袋、たれか道取せる、身現相は仏性なりと。大千界には、ただ提婆尊者のみ道取せるなり。（二四頁）

先に身現相とは坐禅の姿であることが知られたが、ここにおいて坐禅の姿こそ仏性の現れであるとする道元禅師の立場が明らかになる。また「説仏性の身現なる、以表諸仏体なり。いづれの一仏二仏か、この以表を仏体せざらん。仏体は身現なり、身現なる仏性あり」（二四頁）と示すように、仏性を説くということは身（身心）をもって現すのであり、仏を表現するということが仏性を現すことになるのであり、仏のあり方を身現しなかった仏は一仏たりともなかったとするのである。仏性を身現しているのが諸仏であり、諸仏の体であり、仏性を身現していない諸仏は決してないのである。ゆえに、

いはゆる、身現円月相、以表諸仏体なり。すでに諸仏体を以表しきたれる身現なるがゆへに、円月相なり。（二二〜二三頁）

という。円月相とは諸仏体を表しているところの身現であり、筆で画く円相を言うのではないとするのである。そのことを道元禅師は、

大宋国むかしよりこの因縁を画せんとするに、身に画し、心に画し、空に画し、壁に画することあたはず、いたづらに筆頭に画するに、法座上に如鏡なる一輪相を図して、いま龍樹の身現円月相とせり。（二五頁）

と示している。大宋国では、昔から先に挙げた龍樹身現円月相の因縁を画くのに、おそらく法座上に龍樹の坐相を画かずに、ただ一輪相（一円相）を画いていたのであろうと思われるが、それを道元禅師は批判する。坐禅の姿こそ円

月相であるとする道元禅師にとって、ことさら円月相（一輪相）を画くことを嫌われたのであろう。

道元禅師は在宋中の嘉定十六年（一二二三）秋と宝慶元年（一二二五）夏安居中、阿育王山広利寺を訪ねている。その時の話が「仏性」巻に見られる。

予、雲遊のそのかみ、大宋国にいたる。嘉定十六年癸未秋のころ、はじめて阿育王山広利禅寺にいたる。西廊の壁間に、西天東地三十三祖の変相を画せるをみる。このとき領覧なし。のちに宝慶元年乙酉夏安居のなかにかさねていたるに、西蜀の成桂知客と廊下を行歩するついでに、予、知客にとふ、「這箇是什麼変相。」知客いはく、「龍樹身現円月相。」かく道取する顔色に鼻孔なし、声裏に語句なし。予いはく、「真箇是一枚画餅相似。」ときに知客大笑すといへども、笑裏無刀、破画餅不得なり。すなはち知客と予と、舎利殿および六殊勝地等にいたるあひだ、数番挙揚すれども、疑著するにもおよばず。おのづから下語する僧侶も、おほく都不是なり。予いはく、「堂頭にとふてみん。」ときに堂頭は大光和尚なり。知客いはく、「他無鼻孔、対不得、如何得知。」ゆへに光老にとはず。恁麼道取すれども、桂兄も会すべからず、聞説する皮袋も道取せるなし。前後の粥飯頭、みるにあやしまず、あらためなほさず。又、画することうべからざらん法は、すべて画せざるべし。画すべくは端直に画すべし。しかあるに、身現の円月相なる、かつて画せるなきなり。おほよそ仏性は、いまの慮知念覚ならんと見解することさめざるによりて、有仏性の道にも、無仏性の道にも、通達の端を失せるがごとくなり。道取すべきと学習するもまれなり。しるべし、この疎怠は癈せるによりてなり。（二六頁）

道元禅師は在宋中の嘉定十六年の秋ごろ、はじめて阿育王山を訪ねる。その時に西廊の壁間に西天東地三十三祖の変相が画かれているのを見る。西天東地三十三祖とは、西天第一祖摩訶迦葉より東地第六祖慧能までの仏祖であり、変相とはそれぞれの仏祖の逸話を画いたものであろう。しかしこの時はそれらをよく見ることはなかった。後に宝慶元年の夏安居中、再び阿育王山を訪れる。この時、成桂知客と廊下を歩いていた時に、第十四祖の龍樹の変相が目にとまったのであろう。それはおそらく、先の引用文にあるような「法座上に如鏡なる一輪相を図して」あるもの、つまり法座の上にただ一円相が画かれたものであったと思われる。そこで成桂知客との問答が行われる。

ところで、道元禅師はこの時点において龍樹の身現円月相に対して「仏性」巻で示しているような明確な視座を持っていたのかどうか。「堂頭にとふてみん」という言葉からは、堂頭の境涯を試そうという意図を感じることもできないではないが、素直に捉えれば、道元禅師にもまだ不審な点があったから「堂頭にとふてみん」と言ったのであろうと私には思われる。

このことは道元禅師の身心脱落の時期と関わるが、私説によれば、道元禅師の身心脱落の時期は宝慶二年あるいは三年のことであり、この宝慶元年の時点ではまだ身心脱落の機縁を得ておらず、坐禅こそが身心脱落であるとする信決定は未了と思われ、ここに示されるような明確な視座は得ていなかったと考えられる。つまり、この一節は、「仏性」巻が撰述された時点で、当時を遡って回想しているものと私は解釈するのであるが、いずれにしても、道元禅師の疑問に答えられる者は、当時はいなかったことが知られる。

「画することうべからざらん法は、すべて画せざるべし。画すべくは端直に画すべし」という説示は、〝画けないことは画かないほうがよいし、画くべきことはきちんと画くべきである〟と解釈したいが、そこから〝一円相など描かずに端的に坐禅の姿を描けばよいのに〟という道元禅師の思いが窺われる。「身現の円月相なる、かつて画せるなきなり」とは、〝身現の円月相がまさに坐禅の姿であることを画いたものはかつてない〟という意味であろう。仏性を、何か心的な霊妙なものと捉える見解から、仏性を現すのに一円相を画くということが行われていたと考えられるのであり、その点を道元禅師は「おほよそ仏性は、いまの慮知念覚ならんと見解することさめざるによりて、（後略）」と批判するのであろう。

さて、仏性を論じるのに重要な語に「除我慢」がある。先の説示に見られる「汝欲見仏性、先須除我慢」である。

仏性を見ようとするなら、先ず必ず我慢を除きなさい、というのである。仏性はまた、この除我慢のところに現れるのである。我慢とは、吾我に対する固執であり、そこに生ずる慢心である。これこそが仏道を妨げる最大の障害であるといえる。この除我慢は、仏性に限らず、道元禅師の仏法に一貫して言えることであり、その根幹をなす語であると言っても過言ではない。

仏道をならふといふは、自己をならふ也。自己をならふといふは、自己をわするるなり。自己をわするるといふは、万法に証せらるるなり。万法に証せらるるといふは、自己の身心および他己の身心をして脱落せしむるなり。

（「現成公案」巻、七〜八頁）

この「現成公案」巻の語は、仏道を学ぶことが自己を学ぶことであること、そして自己を学ぶということが自己を忘れることであること、そして自己を忘れたところに、その自己が万法に実証され、自他一如の身心脱落があることを示している。「自己をわするる」とは、吾我を離れることであると考えられ、吾我を離れて、この身心を仏道に任せたとき、そこに仏が現れる。仏性が現れるのである。それを「生死」巻で、

ただわが身をも心をもはなちわすれて、仏のいへになげいれて、仏のかたよりおこなはれて、これにしたがひもてゆくとき、ちからをもいれず、こころをもつひやさずして、生死をはなれ、仏となる。（「生死」巻、七七九頁）

と示すのであろう。このことは『随聞記』においても繰り返し説かれる。

離吾我第一の用心也。（巻四、四六〇頁）

示云、学道の人は、吾我の為に仏法を学することなかれ、只仏法の為に仏法を学すべき也。その故実は、我身心を一物ものこさず放下して、仏法の大海に廻向すべき也。其後は、一切の是非を管すること無く、我心を存することなく、難成ことなりとも、仏法につかはれて強ひて是をなし、我心になしたきことなりとも、仏法の道理になすべからざることならば、放下すべき也。（巻六、四八〇頁）

一日示云、学道は須く吾我をはなるべし。たとひ千経万論を学し得たりとも、我執をはなれずはつひに魔坑におつ。古人云、仏法の身心なくば、焉仏となり祖とならん。我をはなると云は、我が身心をすてて、我が為に仏法を学すること無き也。只道の為に学すべし。身心を仏法に放下しつれば、くるしく愁ふれども、仏法にしたがって行じゆく也。（巻六、四八四頁）

ところで、「身心脱落」については、第一章第二節および第四節第三項で述べたが、「身心脱落」とは身心が脱落することであるが、ここに「身心を仏法に放下しつれば」とあるように、身心を仏法に放下したとき、つまり「生死」巻でいう「ほとけのいへになげいれ」たとき、身心が脱落したといえようか。つまり「身心脱落」とは「身心を仏法に放下すること」（吾我を放下して仏法に任せること）とも解釈することができるのである。『宝慶記』に見られる如浄の語「参禅者身心脱落也」（三七七頁）とは、参禅、すなわち坐禅（「参禅は坐禅なり」〈「坐禅儀」巻、八八頁〉）が身心脱落であるということであり、なぜなら坐禅は、身心を仏法に放下している行であるからである。

また、本論の序説「道元禅の核心」で述べたように、道元禅師が坐禅修行を第一とし、只管打坐の坐禅に専念することを説かれたことの意義、そして日常生活におけるあらゆる行持における威儀・作法を重視し、食事作法から洗面・洗浄の儀則に至るまで事細かに示されて、それに従うことを示された意義も、この「仏性」巻に見られる「除我慢」（吾我を離れる）のところに仏性（仏のあり方）が見られる（現成〈見成〉する）とする説示と一つなのである。

第五節　仏性論の諸相

松本史朗氏に、如来蔵思想そのものに内部区分を認める左記のような仮説（図示）がある（『禅思想の批判的研究』、大蔵出版、一九九四年一月、五八九頁)。

①仏性内在論(如来蔵思想①)〔二元論的〕↓修行必要論

②仏性顕在論(如来蔵思想②)〔一元論的〕↓修行不要論

③仏性修現論(如来蔵思想③)↓修行必要論

「内在論」「顕在論」という術語は山内舜雄氏によるが、「仏性修現論」は松本氏の造語であり(その後、修顕論と改めている)、仏性は修行によって現れるという論に名付ける。松本氏によれば、中国において仏性内在論は仏性顕在論に展開したとする。発生論的一元論を基盤とする如来蔵思想は、ダーツ(能生)と万物(所生)が一応区別されるという二元論的性格を残していたが、それが中国において理(理法)と事(個物)として把握され絶対的一元論に発展し、仏性はある何らかのものに内在するものではなく、事おいて全面的に顕現しているとする「仏性顕在論」に発展したとする(『禅思想の批判的研究』、〈五九一頁〉、「伝統宗学から批判宗学へ」〈『道元思想論』、大蔵出版、二〇〇〇年〉三頁)。

ところで、松本氏は、『弁道話』における道元禅師の「心常相滅」説批判は、「仏性顕在論」(身心一如・性相不二・生死即涅槃・一大法界・一心・一法)による「仏性内在論」(心常相滅)の批判であるとする。確かにこの部分は「身」(相)と「心」(性)について、絶対的一元論の立場から両者を隔別と見る二元論的思考を批判したものであるが、はたしてこの「心」(性)は仏性を指すのであろうか。

思うに、『弁道話』で示される先尼外道説では、「心常相滅論」と同様に「霊知即仏論」「領解解脱論」「性悔帰入論」を説くが、(特に「仏性帰入論」については、「深信因果」巻で「仏法を修習せざれども…」(六七八頁)と、これが「修行不要論」であることを示している)道元禅師の場合は、心常相滅論を修行不要論に結びつくものとして批判していると考えられるので、もし松本氏の言うように「心常相滅論(批判)」=「仏性内在論(批判)」とするならば、「仏性内在論」＝「修行必要論」とはならず、先の図式は、道元禅師の場合、当てはまらないことになる。

また、松本氏が言う「仏性顕在論」は「修行不要論」であるとするが、「仏性顕在論」と思われる道元禅師の説示の箇所は、仏（修行者）から見た世界（山河大地）であり、凡夫が見た世界（山河大地）をそのまま仏性の顕在とするのではない。たとえば、

発菩提心の正当恁麼時には、法界ことごとく発菩提心なり。（「身心学道」巻、三八頁）

この発心よりのち、大地を挙すればみな黄金となり、大海をかけばたちまちに甘露となる。これよりのち、土石砂礫をとる、すなはち菩提心を拈来するなり。水沫泡焰を参ずる、したしく菩提心を担来するなり。（「発菩提心」、六四七頁）

と発菩提心について説く中で、「発菩提心の正当恁麼時」において「法界ことごとく発菩提心」となり、「発心よりのち」において大地が黄金となり、土石砂礫や水沫泡焰が「菩提心」となると説くのも同様であり、坐禅について、

もし人、一時なりといふとも、三業に仏印を標し、三昧に端坐するとき、遍法界みな仏印となり、尽虚空ことごとくさとりとなる。（『弁道話』、七三一頁）

と「三業に仏印を標し、三昧に端坐するとき」つまり坐禅を行ずるとき、遍法界がみな仏印となり、尽虚空が悉くさとりとなるという説示も同様であろう。また、「四禅比丘」巻に見られる、

あるがいはく、諸仏如来ひろく法界を証するゆゑに、微塵法界、みな諸仏の所証なり。しかあれば、依正二報ともに如来の所証となりぬるがゆゑに、山河大地・日月星辰・四倒三毒、みな如来の所証なり。山河をみるは如来をみるなり、三毒四倒、仏法にあらずといふことなし。微塵をみるは法界をみるにひとし、造次顚沛、みな三菩提なり。これを大解脱といふ、これを単伝直指の祖道となづく。かくのごとくいふともがらが、大宋国に稲麻竹葦のごとく、朝野に遍満せり。しかあれども、このともがら、たれ人の児孫といふことあきらかならず、おほよ

その仏祖の道をしらざるなり。たとひ諸仏の所証となるとも、山河大地たちまちに凡夫の所見なかるべきにあらず。諸仏の所証となる道理をならはず、きかざるなり。なんぢ微塵をみるは法界をみるにひとしといふ、民の王にひとしといはんがごとし。またなんぞ法界をみて微塵にひとしといはざる。もしこのともがらの所見を仏祖の大道とせば、諸仏出世すべからず、祖師出現すべからず、衆生得道すべからざるなり。たとひ生即無生と体達すとも、この道理にあらず。（七一一頁）

という説示も同様の趣旨であって、ここに見られる「あるがいはく」の見は、修行を前提としない現実肯定の法界観と考えられ、三毒四倒までも含めて「諸仏の所証」とする、いわゆる自然外道見を道元禅師は批判したものであると考えられるのである。

ゆえに、「修行」（発菩提心・坐禅）のところに「さとり」（菩提心・仏印）が現れるとする道元禅師の場合、仏性についても、修行のところに仏性が現れるのであり、「仏性顕在論」は「修行不要論」とはならないのである。[7]

また、松本説では、

道元禅師は仏性内在論を否定して仏性顕在論にもとづく仏性修現論を説いたが、仏性顕在論は仏性内在論にもとづいて展開したものであり、如来蔵思想内部の論争にしかすぎない。しかし、仏性内在論という如来蔵思想の根本論理を道元禅師が根底から否定したということは、たとえそれが仏性修現論という如来蔵思想の発展形態を批判の手段として用いたとしても、それは如来蔵思想批判として評価されるべきである。」（『禅思想の批判的研究』、五九六〜五九七頁の要旨）

というが、たとえ、道元禅師の如来蔵思想批判について、あいまいであるとは指摘しながらも、[8]一応の評価はされているにしても、傍線の部分については、私の見解では、松本氏の言葉を借りれば、道元禅師は仏性内在論を否定して仏性修現論を説き、仏性修現論にもとづいた仏性顕在論を示したものと思われる。すなわち、仏性は内在するものではなく、修行によって現成するものであり、そして修行によって仏性を現成している主体にとって、仏性はあらゆるものに顕在すると観えるのである。よって、松本氏の仏性説に関する所説は仏教一般においてはたとえ成り立っても、道元禅師については成り立たず、妥当ではない、と私は結論する。

第六節　結語

本章では、道元禅師が「諸方の粥飯頭、すべて仏性といふ道得を、一生いはずしてやみぬるもあるなり。あるいはいふ、聴教のともがら仏性を談ず、参禅の雲衲はいふべからず。かくのごとくのやからは、真箇是畜生なり」（「仏性」巻、二六頁）「仏性の道取問取は、仏祖の家常茶飯なり」（三二頁）と示す「仏性」について論じた。仏者は必ず仏性について論じなければならないとする道元禅師の仏性論を考察することは、道元禅師の思想的研究において重要だからである。

第一節においては、まず道元禅師が仏性論を受容していたことを述べたが、仏性論そのものが正統的な仏教の説であるかはさておき、道元禅師が「仏性」巻において「正伝の仏法」における仏性を説き明かそうとされたことは確かであり、高崎直道氏が指摘するように、道元禅師は「仏性」巻において、「仏性」という実体があるわけではなく『般若経』的に本来空と解するのが正道である」ところの「仏性」を拈提されたのであろうと述べた。

第二節においては、『涅槃経』に見られる「悉有仏性」の語を取り上げ、「悉有は仏性なり」（「仏性」巻、一四頁）と示す道元禅師の仏性解釈を明かした。第一に、「一切衆生」を「悉有」（悉く有るもの）とする解釈すること、第二に、一切衆生であるところの悉有（悉く有るもの、全ての存在）を「仏性」とする解釈について述べた。

第三節では、道元禅師が、「仏性」に対する誤った理解として批判している仏性理解を挙げ、道元禅師による従来の仏性論批判を、

一、先尼外道の我（アートマン）のようなものではない。

二、「風火の動著」（生命・生きているというそのままの在り方）を言うのではない。

三、草木の種子のような実体的なものではない。

四、修行（参師問法・弁道功夫）してゆくといずれ将来に現われるというようなものではない。

五、あらゆるものに無条件に行きわたっているのではなく、あらゆる人間に無条件に具わっているものでもない。

と整理した。

第四節では、龍樹の身現円月相の話に見られる「身現」という語に注目し、「身現仏性」と題して、仏性は修行のところに現れるとする道元禅師の仏性論を論じた。そして、坐禅の姿こそ仏性の現れであるとする道元禅師の立場も明らかにした。また、節として立てることはしなかったが、仏性を論じるのに重要な語と私が捉える「除我慢」を取り上げ、この「除我慢」のところにまた仏性が現れることを述べた。我慢とは、吾我に対する固執であり、そこに生ずる慢心であるが、これこそが仏道を妨げる最大の障害であり、この我慢を除くこと、すなわち「除我慢」が、仏性論に限らず、道元禅師の仏法に一貫する大切な修行であることを論じた。

第五節では、松本史朗氏が道元禅師の仏性論を「仏性修現論」（その後「仏性修顕論」とした）とする論攷を取り上げ、「道元禅師は仏性内在論を否定して仏性顕在論にもとづく仏性修現論を説いた」とする松本説に対して、「道元禅師は仏性内在論を否定して仏性修現論を説き、仏性修現論にもとづいた仏性顕在論を示した」とする私論を提示した。即ち、これがまさに道元禅師の仏性論であり、道元禅師にとって仏性は内在するものではなく、修行によって現成するものであり、そして修行によって仏性を現成している主体にとって、仏性はあらゆるものに顕在すると見えるので

ある、と結論したのである。

（1） 袴谷憲昭「道元と本覚思想」（『道元と仏教――十二巻本『正法眼蔵』の道元』大蔵出版、一九九二年二月）、松本史朗『縁起と空――如来蔵思想批判』（大蔵出版、一九八九年七月）、同『禅思想の批判的研究』（大蔵出版、一九九四年一月）、同『道元思想論』（大蔵出版、二〇〇〇年二月）。

（2） 「一切衆生悉有仏性。如来常住無有変易」は『大般涅槃経』（北本）巻二十七「師子吼菩薩品」（『大正蔵』一二・五二二下）、（南本）巻二十五「獅子吼菩薩品」（『大正蔵』一二・七六七上～中）に見られる語。

（3） 「仏性」巻の修訂再治については、序論三「正法眼蔵の文献学的研究――四種古写本の考察を中心にして」の『正法眼蔵』編集の時期参照のこと。

（4） 伊藤秀憲氏はその著『道元禅研究』（大蔵出版、一九九八年十二月、四六七～四六九頁）において、道元禅師が「仏性」巻において、「どのような仏性の捉え方が誤りであるとされるのか」について、次の五つの説示を取り上げ、整理している。

(a)仏性の言をききて、学者おほく先尼外道の我のごとく邪計せり。それ人にあはず、自己にあはず、師をみざるゆへなり。いたづらに風火の動著する心意識を、仏性の覚知覚了とおもへり。たれかいふし、仏性に覚知覚了ありと。覚者知者はたとひ諸仏なりとも、仏性は覚知覚了にあらざるなり。いはんや諸仏を覚者知者といふ覚知は、なんだちが云云の邪解を覚知とせず、風火の動静を覚知とするにあらず。ただ一両の仏面祖面、これ覚知なり。（道元全〈筆者註：大久保道舟編『道元禅師全集』筑摩書房〉上・一五頁）

(b)仏性は動不動によりて在不在し、識不識によりて神不神なり、知不知に性不性なるべきと邪執せるは外道なり。無始劫来は痴人おほく識神を認じて仏性とせり。本来人とせる、笑殺人なり。（道元全 上・三四頁）

(c)ある一類おもはく、仏性は草木の種子のごとし、法雨のうるひしきりにうるほすとき、芽茎生長し、枝葉華果もすことあり、果実さらに種子をはらめり。かくのごとく見解する、凡夫の情量なり。（道元全 上・一六頁）

(d)時節若至の道を、古今のやから往々におもはく、仏性の現前する時節の向後にあらんずるをまつなりとおもへり。かくのごとく修行しゆくところに、自然に仏性現前の時節にあふ。時節いたらざれば、参師問法するにも、弁道功夫するにも、現前せずといふ。恁麼見取して、いたづらに紅塵にかへり、むなしく雲漢をまぼる。かくのごとくのたぐひ、おそらくは天然外道の流類なり。（道元全 上・一六〜一七頁）

(e)衆生もとより仏性を具足せるにあらず、たとひ具せんともとむとも、仏性はじめてきたるべきにあらざる宗旨なり。張公喫酒李公酔といふことなかれ。（道元全 上・二八頁）

（中略）

(a)と(b)は、我々の内にある意識を仏性とする考えを、(c)は、仏性を草木の果実の種子のように内在するものであるとする考えを、(d)は、何もしなくても時節が至れば仏性は現前するという考えを否定している。(e)は、仏性は本来具わっていたり、外からやって来るものではないとする。（後略）

（5）伊藤秀憲氏は、

龍樹が満月輪の如き自在身を現じたというのは、

このとき尊者は高座せるのみなり、身現の儀は、いまのたれ人も坐せるがごとくありしなり。この身、これ円月相現なり。（道元全 上・二三頁）

とあるように、ただ坐禅をしただけのことであったのである。「身現相は仏性なり」（道元全 上・二四頁）とあることからも、坐禅が仏性にほかならないことが分かる。仏性と言っても仏となる可能性ではない。「以表諸仏体」とあるのであるから、仏そのものを表しているのである。〈註（4）前掲書、四七四頁〉

と述べている。

（6）これと同様な思想が『随聞記』巻一において龍門の話の中で示されている。

示云、海中に龍門と云処あり。浪頻に作也。諸の魚、波の処を過ぐれば、必ず龍と成る也。故に龍門と云也。今は云く、彼処、浪も他処に異ならず、水も同くしははゆき水也。然れども定れる不思議にて、魚、此処を渡れば、必ず龍と成る也。魚の鱗も改まらず、身も同身ながら、忽に龍と成る也。衲子の儀式も是をもて知べし。処も他所に似たれども、叢林に入れば、必ず仏となり祖となるなり。食も人と同く喫し、衣も同く服し、飢を除き寒を禦ことも同じけれども、只頭を円にし、衣を方にして、斎粥等にすれば、忽に衲子となる也、成仏作祖も遠く求むべからず、只叢林に入ると入ざると也。龍門を過ると過ざると也。（四二三〜四二四頁）

龍門を過ぎて魚が龍になるといっても、魚が龍に変身するのではないというのが道元禅師の解釈である。「魚の鱗も改まらず、身も同身ながら、忽に龍と成る也」といわれるように、魚が龍に化身するのではなく、魚は魚のままで鱗も改まらず身も同身のままでありながら、龍門を通過した魚を龍という、と道元禅師は解釈するのである。同様に修行僧も叢林に入れば仏となり祖となるとするのである。

（7）伊藤秀憲氏もこの松本説に対し、

松本博士は、「仏性顕在論においてはすでに仏性が全現しているのであるから、（中略）修行は成り立たないのではないか、つまり、仏性修現論は論理的に成立しないのではないかと考えている」（前掲書〈筆者註：『禅思想の批判的研究』〉、五九四頁）と言われるが、仏性が顕在（存在）しているのではなく、修証によって自己において始めて顕在するのである。（後略）

と反論している〈註（4）前掲書、四七八頁〉。私も同様に考える。

（8）松本氏が、道元禅師の仏性修現論を仏性内在論を払拭できないものであるとするのは、次の『弁道話』の説示による。

諸仏如来、ともに妙法を単伝して、阿耨菩提を証するに、最上無為の妙術あり。これただ、ほとけ仏にさづけてよこしまなることなきは、すなはち自受用三昧その標準なり。この三昧に遊化するに、端坐参禅を正門とせり。この法は、人人の分上にゆたかにそなはれりといへども、いまだ修せざるにはあらはれず、証せざるにはうることなし。はなてばてにみてり、一多のきはならんや。かたればくちにみつ、縦横きはまりなし。諸仏のつねにこのなかに住持たる、各各の方面に知覚をのこさず。群生のとこしなへにこのなかに使用する、各各の知覚に方面あらはれず。（七二九頁）

ここで傍線部の「この法」とは何か。松本氏は「仏性」とし、ここにおける「そなはれり」を如来蔵と受け取り、これが「仏性顕在論」と同様な如来蔵思想に基づく「仏性内在論」であるとする（因みに高崎直道氏も「明らかに仏性の本質を教えている」（『道元の仏性論』〈『講座道元Ⅳ』〉九九頁）と言う）。広く捉えればそのような受け取りも可能であろうが、私見では「第一章　修証観　第四節　悟と証」でも述べたように、「人人の分上にゆたかにそなはれりといへども」という部分の解釈は、〝人人の分上に豊かに具わっているなどと言う者がいるが〟と、修証一等の立場から否定的に示したものと捉えるか、あるいは「この法」を冒頭の「最上無為の妙術」（＝「端坐参禅」）を指すものと捉え、この「最上無為の妙術」である「端坐参禅」は、人間が誰でも行える修行法であるから「人人の分上にゆたかにそなはれり」と示したものと捉え、〝実際に修（坐禅）しなければ坐禅の法（相）は現れ得ることはない〟と解釈できれば矛盾はないのである。

第七章　身心一如説と輪廻説

道元禅師が先尼外道の心常相滅論を批判して身心一如説を主張されていることはよく知られているところである。このことは『弁道話』や「即心是仏」巻に明示され、ほか二、三の巻にも関連する説示が見られる。仏性に関する論議が、心常相滅論の「心」に関わる事は前章で述べたが、本章では仏性論に関わる道元禅師の心常相滅論批判と身心一如説、また、身心一如説と輪廻説の関係について、さらに詳しく論じる。

心常相滅論とは、性（心）と相（身）の隔別を説き、身は滅するが心は滅することなく過去現在未来にわたって常住不変であるとし、この心をまた、「心性」「霊知」「本性」「本体」「真我」等とも呼び、これらは不変であり、周遍しており鎮常なる（永遠に変わらない）ものであるとする説である。

この心常相滅論批判や身心一如説によれば、道元禅師は実体的存在を否定し「無我説」に立たれたと考えられ得るが、それは当然までも、なにやらそこに、不明瞭な部分が見え隠れするのである。

というのは、道元禅師のこの心常相滅論批判や身心一如説にもまして、その著作全体に数多く見られるのが「輪廻説」であり、過去現在未来にわたる生死の連続を説く教説が随所に見られるからである。そして、常識的に考えれば、この輪廻説は、実体的存在を認めずして成り立ち得ず、無我説とは相反する説であるからである。

もっとも、インド仏教思想史においても、業を担い輪廻する主体と無我説との矛盾が常に重大問題であり、この矛盾を会通することが重要課題のひとつであったとされ、そしてついに唯識瑜伽行派のアーラヤ識に至ってその解決がなされたとも言われる。とすれば、道元禅師も、実体ではなくしかも輪廻するその主体として、このアーラヤ識を認めていたのであろうか、それとも、他の何物かを考えられていたのであろうか。

とにかく、以下、道元禅師が批判した先尼外道説とはいかなる見解であるのか、道元禅師における身心一如説とはいかなる説であるのか、道元禅師は果たして輪廻転生を認めたのか、認めたとすれば身心一如説と輪廻説は道元禅師において矛盾していなかったのかどうか、等について詳説する。

第一節　先尼外道説批判

『弁道話』の第十問答に次のようにある。

とうていはく、あるがいはく、[ア]生死をなげくことなかれ、生死を出離するにいとすみやかなるみちあり。いはゆる、心性の常住なることわりをしるなり。そのむねたらく、この身体は、すでに生あればかならず滅にうつされゆくことありとも、この心性はあへて滅することなし。よく生滅にうつされぬ心性わが身にあることをしりぬれば、これを本来の性とするがゆゑに、身はこれかりのすがたなり、死此生彼さだまりなし。心はこれ常住なり、去来現在かはるべからず。かくのごとくしるを、生死をはなれたりとはいふなり。このむねをしるものは、従来の生死ながくたえて、この身をはるとき性海にいる。性海に朝宗するとき、諸仏如来のごとく、妙徳まさにそなはる。いまはたとひしるといへども、前世の妄業になされたる身体なるがゆゑに、諸聖とひとしからず。いまだこのむねをしらざるものは、ひさしく生死にめぐるべし。しかあればすなはち、ただいそぎて心性の常住なるむねを了知すべし。いたづらに閑坐して一生をすぐさん、なにのまつところかあらん。かくのごとくいふむね、これはまことに諸仏諸祖の道にかなへりや、いかん。

しめしていはく、いまいふところの見、またく仏法にあらず、先尼外道が見なり。

いはく、かの外道の見は、わが身うちにひとつの霊知あり、かの知、すなはち縁にあふところに、よく好悪をわきまへ、是非をわきまふ。痛痒をしり、苦楽をしる、みなかの霊知のちからなり。しかあるに、かの霊性は、この身の滅するとき、もぬけてかしこにうまるるゆゑに、ここに滅すとみゆれども、かしこの生あれば、ながく滅せずして常住なりといふなり。かの外道が見、かくのごとし。しかあるを、この見をならうて仏法とせん、瓦礫をにぎりて金宝とおもはんよりもなほおろかなり。癡迷のはづべき、たとふるにものなし。大唐国の慧忠国師、ふかくいましめたり。いま心常相滅の邪見を計して、諸仏の妙法にひとしめ、生死の本因をおこして、生死をはなれたりとおもはん、おろかなるにあらずや、もともあはれむべし。ただこれ外道の邪見なりとしれ、みみにふるべからず。

ことやむことをえず、いまなほあはれみをたれて、なんぢが邪見をすくはん。しるべし、仏法には、もとより身心一如にして、性相不二なりと談ずる、西天東地おなじくしれるところ、あへてうたがふべからず。いはんや常住を談ずる門には、万法みな常住なり、身と心とをわくことなし。寂滅を談ずる門には、諸法みな寂滅なり、性と相とをわくことなし。しかあるを、なんぞ身滅心常といはん、正理にそむかざらんや。しかのみならず、生死はすなはち涅槃なりと覚了すべし、いまだ生死のほかに涅槃を談ずることなし。いはんや心は身をはなれて常住なりと領解するをもて、生死をはなれたる仏智に妄計すといふとも、この領解知覚の心は、すなはちなほ生滅して、またく常住ならず。これ、はかなきにあらずや。嘗観すべし、身心一如のむねは、仏法のつねの談ずるところなり。しかあるに、なんぞこの身の生滅せんとき、心ひとり身をはなれて生滅せざらん。もし一如なるときあり、一如ならぬときあらば、仏説おのづから虚妄になりぬべし。又生死はのぞくべき法ぞとおもへるは、仏法をいとふつみとなる。つつしまざらんや。
しるべし、仏法に心性大総相の法門といふは、一大法界をこめて、性相をわかず、生滅をいふことなし。菩提涅槃におよぶまで、心性にあらざるなし。一切諸法・万象森羅、ともにただこれ一心にして、こめずかねざることなし。このもろもろの法門、みな平等一心なり。あへて異違なしと談ずる、これすなはち仏家の心性をしれる様子なり。しかあるを、この一法に身と心とを分別し、生死と涅槃とをわくことあらんや。すでに仏子なり、外道の見をかたる狂人のしたのひびきをみみにふるることなかれ。（七三八〜七四〇頁）

冗長な引用となってしまったが、『弁道話』の中では、もっとも長い問答である。この『弁道話』は、道元禅師が正伝の坐禅を開顕するために、坐禅に対する考えられうる質問を自ら想定し、この質問に答えるかたちで坐禅の真なる意義を開示された著作である。(1)「とうていはく……」という質問の部分の傍線を付した部分が、この問答の問いの主旨であり、心性が常住である道理を了知すればそれがさとりであるから、坐禅の修行など無意味ではないかというのである。坐禅を第一の行とし、これからあまねく勧め弘めようとする道元禅師にとっては、きちんと反論しておかなければならないところである。

さて、この問いの中にある「あるがいはく」の説（有人説）が、「しめしていはく……」以下の答えの部分では、「いまいふところの見、またく仏法にあらず、先尼外道が見なり」と言い、これを先尼外道の説であるとして、再度この説を詳述されている。この再度にわたる先尼外道説を詳しく見てみよう。まず、質問の中の先尼外道説（波線部ア）の趣旨はこうである。

生死をなげくことはない。生死を出離する手っ取り早い方法があるからだ。それは、心性が常住であるという道理を知ることである。どういうことかというと、この身体は、すでに生まれてきたのであるから、必ず死ぬのであるけれども、この心性は消滅してしまうことがない。この生とか滅によって変わることのない心性が自分の身体にあることを知ったならば、これを本来の性とするのであるから、身は仮のすがたであって、ここに死に、かしこに生まれることは定まりなく繰り返される。しかし、心は常住であって、過去現在未来にわたって変わることがない。このように知ることを、「生死を離れた」というのである。この道理を知る者は、従来の生死輪廻が絶えて、この身が終わるときには性海に入る。性海に朝宗するとき、諸仏如来のように、すばらしい功徳がまさに備わるのである。ただし、いまここで知ったとしても、この身体は前世の迷いの行為によって生じた身体であるから、いまは諸聖と同じではない。そして未だにこの道理を知らない者は死後も久しく生死輪廻するのである。

そして、答えの部分でも先尼外道の見解が、再び次のように解説される（波線部イの趣旨）。

我々の身体の中に一つの「霊知」がある。その「知」は、縁にふれて、よく好悪、是非を分別する。痛痒や苦楽を知るのも皆その「霊知」のちからである。そして、その「霊性」は、この身体が滅するとき、蛇や蟬などが脱皮するように身体から抜け出て、どこかに生まれるから、ここで身体とともに消滅するように見えるけれどもどこかに生まれるということがあるのであるから、永遠に消滅することなく常住不変である。

この、『弁道話』の中で再度にわたって詳述される先尼外道説批判は、道元禅師の先尼外道説批判の中では最も明解で重要な部分である。この先尼外道の見解をここに整理してみると次のようになる。

A．心性というものが自分の身体の中にある。身体は仮のすがたであって、生滅を繰り返して一定ではないが、この心性は常住であって、この身体が滅するとき、蛇や蟬などが脱皮するように身体から抜け出て、どこかに生まれ、過去現在未来にわたって不変である。

B．この心性は「霊知」（不思議な知覚のはたらき）であり、好悪、是非を分別し、痛痒や苦楽を知る。（これが「ほとけ」であり「さとり」である。↑「即心是仏」巻）

C．この心性が我々の身中にあり、常住不変であるという道理を知る（領解する）ことによって、生死（生死輪廻）から出離（解脱）することができる。

D．今生にこの道理を知れば、死後、性海に入り、諸仏如来のような妙徳が自然にそなわる。

E．よって修行は必要ない。（直接示されてはいないが結果として必然的に導き出される考え）

Aは、いわゆる心常相滅論であり、Bは霊知を「ほとけ」・「さとり」とする説（これについては後述の「即心是仏」巻での説示を参照して結合させた）であり、Cは心性の領解知覚を解脱とする説（根底に生死と涅槃の隔別説がある）であり、Dは「性海」なる世界の肯定であり、Eは修行を無用とする説である。以後、これらを仮に、

A…心常相滅論

B…霊知即仏論

C…領解解脱論

D…性悔帰入論

E…修行無用論

と名付けることとする。

このような見解に対し、道元禅師は次のように批判している。批判点を要約すれば次のようになる。

仏法においては、もともと「身心一如」「性相不二」と説くのであり、インドにおいても中国においても常識であって、全く疑うべきではない。常住であるというのであれば万法諸法すべて常住であり、寂滅であるというのであればすべて寂滅であり、身と心、性と相を分けることはない。また、生死（生死輪廻）がそのまま涅槃であり、生死のほかに涅槃を語ることはない。また、心は身を離れて常住であると「領解」することをもって、生死を離れた「仏智」と誤解してはいけない。

すなわち、先に挙げた先尼外道説のＡＢＣＤＥについて、

ａ．身（相）と心（性）は一如不二である。（＝身心一如）

ｂ．心常相滅の領解は生死をはなれた仏智とは違う。

ｃ．生死（輪廻）のほかに涅槃はない。（＝生死即涅槃）

の三点で反論している。

さて、繰り返すが、この『弁道話』は、道元禅師が正伝の坐禅を開顕するために示されたものである。ここに先尼外道説批判がなされたのは、心性が常住である道理を了知すればそれがさとりであるとすれば、坐禅の修行など必要ないものとなるからである。裏返せば、心性が常住である道理の了知が「さとり」ではなく、坐禅を行ずることが「さとり」と関わることを示されたのである。身心一如という語はその中で出てくるものである(2)。すなわち、主眼は身心一如説の主張ではなく、修行無用論の打破なのであって、「身」の修行（坐禅）が「心」と大いに関わること（その意味において身と心が一如不二であること）を述べたものと捉えられるのである。そのような視点で、この『弁道話』の第十問答を読み直す必要がある。それは後述の論考でさらに明らかになるであろう。

ところで、「即心是仏」巻にも、ほぼ同様な先尼外道説批判が見られる。先の『弁道話』において心常相滅の邪見を挙げ「大唐国の慧忠国師、ふかくいましめたり」と言われたその具体的典拠が示されている部分でもある。

> 仏仏祖祖、いまだまぬかれず保任しきたれるは、即心是仏のみなり。しかあるを、西天には即心是仏なし、震旦にはじめてきけり。学者おほくあやまるによりて、将錯就錯せず。将錯就錯せざるゆゑに、おほく外道に零落す。いはゆる即心の話をききて、痴人おもはくは、衆生の慮知念覚の未発菩提心なるを、すなはち仏とすとおもへり。これはかつて正師にあはざるによりてなり。
>
> 外道のたぐひとなるといふは、西天竺国に外道あり、先尼となづく。かれらが見処のいはくは、[ウ]大道はわれらが

いまの身にあり、そのていたらくは、たやすくしりぬべし。いはゆる、苦楽をわきまへ、冷煖を自知し、痛癢を了知す。万物にさへられず、諸境にかかはれず。物は去来し、境は生滅すれども、霊知はつねにありて不変なり。此霊知、ひろく周遍せり、凡聖含霊の隔異なし。そのなかに、しばらく妄法の空華ありといへども、一念相応の智慧あらはれぬれば、物も亡じ、境も滅しぬれば、霊知本性ひとり了了として鎮常なり。たとひ身相はやぶれぬれども、霊知はやぶれずしていづるなり。たとへば人舎の失火にやくるに、舎主いでてさるがごとし。昭昭霊霊としてある、これを覚者智者の性といふ。これをほとけともいひ、さとりとも称す。自他おなじく具足し、迷悟ともに通達せり。万法諸境ともかくもあれ、霊知は境とともならず、物とおなじからず、歴劫に常住なり。いま現在せる諸境も、霊知の所在によらば、真実といひぬべし。本性より縁起せるゆゑには実法なり。たとひしかありとも、霊知のごとくに常住ならず。存没するがゆゑに。明暗にかかはらず、霊知するがゆゑに。これを霊知といふ。また真我と称し、覚元といひ、本性と称し、本体と称す。かくのごとくの本性をさとるを、常住にかへりぬるといひ、帰真の大士といふ。これよりのちは、さらに生死に流転せず、不生不滅の性海に証入するなり。このほかは真実にあらず。この性あらはさざるほど、三界六道は競起するといふなり。これすなはち先尼外道が見なり。

大唐国大証国師慧忠和尚問僧、「従何方来。」僧曰、「南方来。」師曰、「南方有何知識。」僧曰、「知識頗多。」師曰、「如何示人。」僧曰、[エ]「彼方知識、直下示学人即心是仏。仏是覚義、汝今悉具見聞覚知之性。此性善能揚眉瞬目、去来運用、偏於身中、挃頭頭知、挃脚脚知、故名正遍知。離此之外、更無別仏。此身即有生滅、心性無始以来未曾生滅。身生滅者、如龍換骨、似蛇脱皮、人出故宅。即身是無常、其性常也。南方所説、大約如是。」師曰、「若然者、与彼先尼外道、無有差別。彼云、[オ]我此身中有一神性、此性能知痛癢、身壊之時、神則出去、如舎被焼舎主出去。舎即無常、舎主常矣。審如此者、邪正莫弁、孰為是乎。吾比遊方、多見此色。近尤盛矣。聚却三五百衆、目視雲漢云、是南方宗旨。把他壇経改換、添糅鄙譚、削除聖意、惑乱後徒。豈成言教。苦哉、吾宗喪矣。若以見聞覚知、是為仏性者、浄名不応云法離見聞覚知。若行見聞覚知、是則見聞覚知非求法也。」

大証国師は曹渓古仏の上足なり、天上人間の大善知識なり。国師のしめす宗旨をあきらめて、参学の亀鑑とすべし。先尼外道が見処としりてしたがふことなかれ。(「即心是仏」巻、四二〜四三頁)

『弁道話』において示された先尼外道説とほぼ一致するが、道元禅師の捉える先尼外道説を把握する上で重要であるので、「即心是仏」巻における記述も詳しく見てみたい。この巻において先尼外道の見解を示した波線部ウを解釈すれば次のようになる。

大いなる菩提(さとり)は我々のこの身体にある。その様子は簡単に知ることができる。それは、苦楽を感じ、冷煖を自知し、痛痒を了知する、それである。万法(あらゆる存在)に邪魔されることなく、諸境(自分をとりまくもろもろの環境)に影響されることなく、存在は変化し、環境は生滅しても、霊知(不可思議な知覚の力)は常に存在して不変である。この霊知はあまねくゆきわたっており、凡夫・聖人・含霊によって隔て異なるものではない。今は仮に、俗世間の迷いの世界にあっても、ほんの一瞬でも仏の智慧にかなった念いがあらわれれば、万法も諸境も生滅してしまえば(身体の滅するときに)、霊知をもった本性だけはあきらかにあって永遠不変なのである。たとえ肉体は無くなってしまっても霊知(本性)は無くなることなく、肉体から出るのである。譬えば、家が火事で焼けても住人は助かるのと同じである。明らかにして不可思議に存在するもの、これを「覚者知者の性」と言う。これを「ほとけ」とも言い、「さとり」とも称する。自分も他人も同様に具足しており、迷いの中にある者にも悟った者にも同様にゆきわたっている。万法や諸境がどのようでもあれ、霊知はそれらと同様に変化することはなく常住不変である。いま現実に存在する諸境も、霊知の所在という点から言えば真実であると言うことができるし、本性から縁起したからには真実であるとも言える。たとえそうであっても、(諸境は)霊知のように常住不変ではない、存在したり無くなったりするからである。(霊知は)明るいとか暗いとかにかかわらない、霊知する(不思議な力で知る)からである。これを「霊知」と言うのである。また「真我」とも「覚元」とも「本性」とも「本体」とも言う。このような「本性」を〝さとる〟ことを「常住に帰ってしまった」と言い、「帰真の大士」と言うのである。これより後は、けっして生死に流転することなく不生不滅の性海に証入するのである。このほかは真実ではない。この性(本性)を顕かにしない間は、三界六道は競起する(次々と現れる)。

さて次に、道元禅師が先尼外道説が仏法ではないことの証明として引かれる南陽慧忠とある僧との問答における見解であるが、この引用の出典は『景徳伝灯録』巻二八(禅文化研究所本、五七一上～下)である。これは、慧忠が南方から来た僧に対して南方の宗旨を尋ね、その応答を聞いてその教えの内容が先尼外道の見解と同様であることを指摘し、六祖慧能の宗旨が早くも歪められてしまったことを嘆くというものである。ここで僧の言う南方の所説(波線部エ)はこうである。

南方の知識(善知識、すぐれた師家)はすぐさま学人に「即心是仏」(心こそが仏である)と示して、こう言っております。『「仏」とは「覚」の意味である。おまえたちが今皆な備えている見聞覚知の「性」がそれである。この「性」がよく眉を揚げたり目をパチクリしたりさせるのであり、身体の中を行ったり来たりしてよく働いて、頭に触れば頭がそれを覚知し、脚に触れば脚がそれを感じるように、この「性」がゆきわたっているのである。であるから正遍知とも言うのである。これ以外に別に「仏」は無いのである。この身体は生じたり滅したりするが、「心性」は遠い昔から未だかつて生滅がないのである。身体が生滅するのは、龍が骨を換えるようなものであり、蛇が脱皮したり、人間が古い家を出るようなものである。つまり、「身」は「無常」であるが「性」は「常」なのである』と。

これに対する慧忠の言葉の中に「そうであるならば、かの先尼外道と差違がないではないか」として、また慧忠が捉えた「先尼外道見」が示されている（波線部オ）。

私のこの身体の中に一つの「神性」（＝心性）があって、この「性」がよく痛い痒いを知覚する。「身」が壊れるとき「神」（＝心）が出ていく。舎が焼かれて舎主が出で去るようなものである。「舎」は「無常」であるが「舎主」は「常」である。

さて、道元禅師の言葉によって示された先尼外道説（波線部ウ）は、先の『弁道話』の解説同様、A（心常相滅論）、B（霊知即仏論）、C（領解解脱論）、D（性悔帰入論）、そして必然的にE（修行無用論）を含むものである。ところが南陽慧忠と南方の僧との問答のなかでの先尼外道説はAおよびBを言うのであって、C以下には触れていない。このことは何か重要な差違を示すものであろうか。

ところで、この「即心是仏」巻において、何故に先尼外道説批判がなされているのか、このことも『弁道話』同様確認しておく必要がある。それは、この巻の冒頭に示された、

仏仏祖祖、いまだまぬかれず保任しきたれるは、即心是仏のみなり。しかあるを、西天には即心是仏なし、震旦にはじめてきけり。学者おほくあやまるによりて、将錯就錯せず。将錯就錯せざるゆゑに、おほく外道に零落す。いはゆる即心の話をききて、痴人おもはくは、衆生の慮知念覚の未発菩提心なるを、すなはち仏とすとおもへり。これはかつて正師にあはざるによりてなり。（四二頁）

という説示に知られる。すなわち傍線部にあるように、「即心是仏」は「衆生の慮知念覚そのままの、未だ発菩提心していないのを仏とする」ということではないと言われる。つまり、「即心是仏」という教えにおける発菩提心（道元禅師の場合、この発菩提心は修行、菩提へと直結する）の必要性を示すことが主眼であったのであり、ゆえに「衆生の慮知念覚そのままの、未だ発菩提心していないのを仏とする」考え方の代表として先尼外道の見解を揚げて厳しく批判したのである。

であるから、この「即心是仏」巻での先尼外道説批判も、直接的には心常相滅論批判によって無我説を主張したのではなく、心常相滅論批判によって修行無用論（心常相滅論↓霊知即仏論↓〔領解解脱論↓性悔帰入論〕↓修行無用論）を批判したのであると考えられよう。

ところで、心とか性とか心性と言えば、「仏性」という言葉が関わってくる。確かに、先の「霊知」や「心性」と、この「仏性」とは混同されやすい。当然のごとく道元禅師もこのことに言及している。

仏性の言をきゝて、学者おほく先尼外道の我のごとく邪計せり。それ人にあはず、自己にあはず、師をみざるゆへなり。いたづらに風火の動著する心意識を、仏性の覚知覚了とおもへり。たれかいふし、仏性に覚知覚了ありと。覚者知者はたとひ諸仏なりとも、仏性は覚知覚了にあらざるなり。いはんや諸仏を覚者知者といふ覚知は、なんだちが云云の邪解を覚知とせず、風火の動静を覚知とするにあらず。ただ一両の仏面祖面、これ覚知なり。往こに古老先徳、あるいは西天に往還し、あるいは人天を化道する、漢唐より宋朝にいたるまで、稲麻竹葦のごとくなる、おほく風火の動著を仏性の知覚とおもへる、あはれんべし。学道転疎なるによりて、いまの失誤あり。いま学道の晩学初心、しかあるべからず。たとひ覚知を学習すとも、覚知は動著にあらざるなり。たとひ動著を学習すとも、動著は恁麼にあらざるなり。もし真箇の動著を会取することあらば、真箇の覚知覚了を会取すべきなり。（「仏性」巻、一五頁）

ここで道元禅師は、「仏性の言葉を聞いて、学者はたいてい先尼外道の〝我〟のように誤って理解している」と批判している。ここで言う「我」とはアートマンの意であろうが、先の「即心是仏」巻の説示と照合すれば、「真我」にあたるものであり、「霊知」「本性」「本体」と換言されるものである。つまり、仏性とは覚知覚了する主体ではないと言うのである。

ここにおいて道元禅師が批判する「いたづらに風火の動著する心意識を、仏性の覚知覚了とおもへり」という学者の誤解は、先の「即心是仏」巻冒頭の「痴人おもはくは、衆生の慮知念覚の未発菩提心なるを、すなはち仏とすとおもへり」という癡人の思いと共通する。すなわち、ここは前述Bの「霊知即仏論」の否定に相当する。

また、「説心説性」巻の、

心は疎動し、性は恬静なりと道取するは外道の見なり。性は澄湛にして、相は遷移すると道取するは外道の見なり。仏道の学心・学性しかあらず。仏道の行心・行性は外道にひとしからず、仏道の明心・明性は外道その分あるべからず。（三六二頁）

という説示における外道見批判は、前述Aの「心常相滅論」の否定である。

以上、道元禅師の先尼外道説批判を考察したが、ここに知られるように、道元禅師の捉える先尼外道の見解とは、A心常相滅論であり、B霊知即仏論であり、C領解解脱論であり、D性悔帰入論であり、そしてこれらの論から必然的に導き出されるところのE修行無用論であることが明らかになったと言えよう。

そして、さらにここで特に確認しておきたいのは、道元禅師が、先尼外道説批判の中でAの心常相滅論を否定された主眼は、無我説の主張というよりも、E修行無用論の根拠の打破にあったと考えられることである。

第二節　輪廻説

道元禅師が、いわゆる霊的・実体的存在を認めていないことは、前出の道元禅師の言葉の中に十分な根拠をもって知りうるが、いったい何故に「身心一如説」を強調されたかと言えば、ことさらに心を絶対視し神秘化して貴び、反面、遷移して止まらない身を迷いの根元と見て軽視する見解に対して、両者が一如であることを示されようとしたのではないかと考えられるのである。

それは、これから述べるように、ひいては、生生世世に渡って「積功累徳」するところの「身」の重視であり、「身」の仏法の強調でもあるといえようか。

ところで、道元禅師が身心一如を強調されたのが、修行の強調であり、坐禅弁道の重要性を述べたものであることは、次の『随聞記』の説示からも知られる。

又云、得道の事は、心をもて得るか、以身得るか。教家にも身心一如と云て、以身得とは云へども、猶一如の故にと云。正く身の得る事はたしかならず。今我が家は、身心倶に得也。其中に、心をもて仏法を計校する間は、万劫千生にも不可得。放下心捨知見解会時き、得る也。見色明心、聞声悟道ごときも、猶身を得也。然れば心の念慮知見を一向すてて、只管打坐すれば、今少し道は親得也。然ば道を得ことは、正く身を以て得也。是によりて坐を専にすべしと覚也。（巻三、四五八頁）

ここで「身心一如」という語と「只管打坐」が関連づけて述べられ、「身」の重要性が説かれていることは確認しておくべきであろう。

さて、道元禅師が、心常相滅論批判の中で、「生死即涅槃」を強調し、生死（生死輪廻）を重視していることは重要である。これはまさに「積功累徳」する当体である身体的行為の重視である。後述するように、おそらく道元禅師は、修行の功徳が蓄積される輪廻の主体としての何者かを認めておられたと考えざるを得ないが、功徳が累積される〝なにものか〟も大切だが、それ以上に、その功徳を生み出す心的・身体的行為を重視されたのである。

そこで、以下、「今生より乃至生生をつくして」、あるいは「生をかへ身をかへても」、あるいは「生生世世」等、生死の連続や六道、輪廻に関する説示をみてみよう。(3)

まず、生死の連続を意味する説示を挙げてみる。傍線部がそれであり、波線部はこれらとともに例外なくあらわれる〝仏法との出逢い〟〝仏法を行ずる誓願〟等を示した部分である。

a たとひ三大阿僧祇劫、十三大阿僧祇劫、無量阿僧祇劫までも、捨身受身しもてゆく、かならず学道の時節なる、進歩退歩学道なり。（「身心学道」巻、四〇頁）

b しかあれば、従来の光陰はたとひむなしくすごすといふとも、今生のいまだすぎざるあひだに、いそぎて発願すべし。ねがはくは、われと一切衆生と、今生より乃至生生をつくして、正法をきくことあらん。きくことあらんとき、正法を疑著せじ、不信なるべからず。まさに正法にあはんとき、世法をすてて仏法を受持せん。つひに大地有情ともに成道することをえん。かくのごとく発願せば、おのづから正発心の因縁ならん。（「渓声山色」巻、二一九頁）

c つぎには、ふかく仏法僧の三宝をうやまひたてまつるべし。生をかへ身をかへても、三宝を供養し、うやまひたてまつらんことをねがふべし。ねてもさめても三宝の功徳をおもひたてまつるべし、ねてもさめても三宝をとなへたてまつるべし。（別本「仏道」〈道心〉巻、三八九頁。＊カタカナをひらがなに改めた。）

d 初祖菩提達磨尊者、西来のはじめより、嵩嶽少室峯少林寺にして面壁跏趺坐禅のあひだ、九白を経歴せり。それより頂𩕳眼睛、いまに震旦国に遍界せり。初祖の命脈、ただ結跏趺坐のみなり。初祖西来よりさきは、東土の衆生いまだかつて結跏趺坐をしらざりき、祖師西来よりのちこれをしれり。しかあればすなはち、一生万生、把尾収頭、不離叢林、昼夜祇管跏趺坐して余務あらざる、三昧王三昧なり。（「三昧王三昧」巻、五四一頁）

e 昨日は他のために不定法をとくといへども、今日はみづからのために定法をとくなり。かくのごとくの日面あひつらなり、月面あひつらなれり。他のために法をとき、法を修するは、生生のところに法をきき、法をあきらめ、法を証するなり。今生にも法を他のためにとくに、誠心あれば、自己の得法やすきなり。あるいは他人の法をきくをも、たすけすすむれば、みづからが学法よきたよりをうるなり。身中にたよりをえ、心中にたよりをうるなり。聞法を障礙するがごときは、みづからが聞法を障礙せらるるなり。生生の身身に法をとき法をきくは、世世に聞法するなり。前来わが正伝せし法を、さらに今世にもきくなり。法のなかに生じ、法のなかに滅するがゆゑに、尽十方界のなかに法を正伝しつれば、生生にきき、身身に修するなり。生生に法を現成せしめ、身身を法ならしむるゆゑに、一塵法界ともに拈来して、法を証せしむるなり。(「自証三昧」巻、五五四頁)

aでは、たとえ無量劫にわたって捨身受身、すなわち生死輪廻を繰り返したとしても、その身身が必ず学道の場であることが説かれている。この「身心学道」巻は、学道についてしばらく心学道と身学道にわけて、それぞれについて示されたものである。身学道の説示では、これが空間的に無限の学道であるべきことと、時間的に無限の学道であるべきことが中心に説かれている。また、その中で、「後学かならず自然見の外道に同ずることなかれ」と言って、

百丈大智禅師のいはく、若執本清浄本解脱自是仏、自是禅道解者、即属自然外道。(「身心学道」巻、三九頁)

〈もし、本来清浄である、本来解脱している、自ずから仏である、おのずから是れ禅道である、というような見解に執着すれば、自然外道と同じである〉

という百丈の語を挙げて、自然外道批判をしている点は重要である。

bでは、今生より生生をつくして正法を聞くことがあったときに、それを疑わずに、世法を捨てて仏法を受持しようという発願を今生においておこすべきことが説かれている。この発願の内容には、「生生をつくして」のはるか未来における「つひに大地有情とともに成道することあらん」という釈尊と同様の成道への願いがうかがわれる。この立場は、「遙かなる仏道」(4)を説いた十二巻本『正法眼蔵』の立場と同様である。

cでは、生をかえ身をかえても三宝を供養し敬うことを願うべきことが示され、dでは、一生万生、叢林を離れず、昼夜に祇管打坐して余務のないことが、三昧王三昧であることが説かれ、eでは、「生生」「身身」という生死の永遠なる連続において「法を聞き」「法を説き」「法を修し」「法を証する」こと、それが、生生をむなしく過ごさないこ

とであるとするのである。

ここに明らかなように、道元禅師は生死の連続を説いている。そして、その生死の連続は必ず、生生における仏法との出逢い、仏道修行の誓願とともに示されており、仏道修行を永遠のものととらえられた道元禅師の仏法の一面を窺うことができる。

次に、流転、六道あるいは輪廻に関する説示を挙げる。

f生死去来真実人体といふは、いはゆる生死は凡夫の流転なりといへども、大聖の所脱なり。(「身心学道」巻、四〇頁)

g天女・神女も、いまだ断惑の類にあらず、なほこれ流転の衆生なり。(「礼拝得髄」巻、二五五頁。＊カタカナをひらがなに改めた。)

hしるべし、安楽兜率といふは、浄土・天堂ともに輪廻することの同般なるとなり。(「行仏威儀」巻、五二頁)

iただ人間を挙して仏法とし、人法を挙して仏法を局量せる家門、かれこれともに仏子と許可することなかれ、これただ業報の衆生なり。(「行仏威儀」巻、五一頁)

j愛せざらんや、明珠かくのごとくの彩光きはまりなきなり。彩彩光光の片片條條は、尽十方界の功徳なり、たれかこれを攙奪せん。行市に塼をなぐる人あらず、六道の因果に不落有落をわづらふことなかれ。不昧本来の頭正尾正なる、明珠は面目なり、明珠は眼睛なり。(「一顆明珠」巻、六二頁)

kもし菩提心をおこしてのち、六趣四生に輪転すといへども、その輪転の因縁、みな菩提の行願となるなり。(「渓声山色」巻、二一九頁)

これらの説示をまとめて解説すれば、道元禅師は常識的立場から、やはり生死輪廻は迷いの世界であることを、f(生死は凡夫の流転である)、g(天上界の衆生も所詮、六道に流転する衆生である)、h(浄土・天堂ともに輪廻の世界という上においては同般である)、i(人間界における法をさして仏法と局量するのは、業報の衆生の見解である)において示される。しかしながら、この生死輪廻のほかに仏道があるのではないことを、f(生死輪廻は凡夫の流転であるが、大聖の所脱である)、j(六道の因果における「不落」「有落」をわずらってはならない(=因果超越)(5))、k(菩提心をおこせば六趣四生に輪転するといっても、その因縁がみな菩提の行願となる)において説かれている。

このように道元禅師は、同じ生死輪廻を見るに、凡夫の立場と大聖の立場との別があることを言い、輪廻を必ずしも否定することなく、かえって、この輪廻の立場に立ちながら、その中において仏道を行じ、この生死輪廻のなかにおいて仏道を行ずるということがそのまま菩提の行願であるとするのである。

次に、「宿殖……」あるいは悪業(悪業力)・善業(善業力)・願生等の説示を挙げてみよう。

l宿殖般若の正種なきやからは、祖道の遠孫とならず。いたづらに名相の邪路に跉跰するもの、あはれむべし。梁の普通よりのち、なほ西天にゆくものあり、それなにのためぞ。至愚のはなはだしきなり。悪業のひくによりて、他国に跉跰するなり。(中略)また真丹国にも、祖師西来よりのち、経論に倚解して、正法をとぶらはざる僧侶おほし。これ経論を披閲すといゐども、経論の旨趣にくらし。これ黒業は今日の業力のみにあらず、宿生の悪業力なり。今生つゐに如来の真訣をきかず、如来の正法をみず、(中略)たゞ、宿殖般若の種子ある人は、不期に入門せるも、あるは筭砂の業を解脱して祖師の遠孫となれりしは、ともに利根の機なり、上上の機なり、(後略)(「行持(下)」巻、一四四~一四五頁)

m願は、われたとひ過去の悪業おほくかさなりて、障道の因縁ありとも、仏道によりて得道せりし諸仏諸祖、われをあはれみて、業累を解脱せしめ、学道さはりなからしめ、その功徳法門、あまねく無尽法界に充満弥綸せらんあはれみをわれに分布すべし。(「渓声山色」巻、二二二頁)

nまれに辺地の人身をうけて、愚蒙なりといへども、宿殖陀羅尼の善根力現成して、釈迦牟尼仏の法にうまれあふ。

（「陀羅尼」巻、四二三頁）

oこの経典（法華経）にあひたてまつれるは、信解すべき機縁なり。深心信解是法華、深心信解寿命長遠のために、願生此娑婆国土しきたれり。（「見仏」巻、四八四頁）

これらは前世・過去世における善悪の業や誓願が、現世に及んでいることを述べたものであり、現世において仏法に逢い仏子となる者は宿善の者であり、逆にそれに反するものは宿生の悪業力によるものとされる。生死の連続を言い、生死輪廻を認めたものである。ただ、悪業とか善業とかが仏法との邂逅ということを基準にしたものであることは付言しておくべきことである。

さて、次に十二巻本『正法眼蔵』（以下、十二巻本）における輪廻に関わる説示をみてみよう。ここに、ことさらに十二巻本を七十五巻本『正法眼蔵』（以下、七十五巻本）と区別したのは、最近の研究ではその対比が問題となっているからである。しかし、本論についてはその内容的差違は認められず、あえて区別する必要もないのではあるが、その、差違のないことを明確にするために、あえていったん区別して、その同一であることを示すことを意図したものである。

p世尊言、南洲有四種最勝。一見仏、二聞法、三出家、四得道。あきらかにしるべし、この四種最勝、すなはち北洲にもすぐれ、諸天にもすぐれたり。いまわれら宿善根力にひかれて、最勝の身をえたり。歓喜随喜して出家受戒すべきものなり。最勝の善身をいたづらにして、露命を無常の風にまかすることなかれ。出家の生生をかさねば、積功累徳ならん。（「出家功徳」巻、六〇六頁）

q正法眼蔵を正伝する祖師、かならず袈裟を正伝せり。この衣を伝持し頂戴する衆生、かならず二三生のあひだに得道せり。たとひ戯笑のため利益のために身に著せる、かならず得道因縁なり。（「袈裟功徳」巻、六三三頁）

rまことにそれ、ただ作悪人とありしときは、むなしく死して地獄にいる。地獄よりいで、また作悪人となる。戒の因縁あるときは、禁戒を破して地獄におちたりといへども、つひに得道の因縁なり。いま戯笑のため袈裟を著せる、なほこれ三生に得道す。いはんや無上菩提のために、清浄の信心を起こして袈裟を著せん、その功徳、成就せざらめやは。いかにいはんや一生のあひだ受持したてまつり、頂戴したてまつらん功徳、まさに広大無量なるべし。もし菩提心をおこさん人、いそぎ袈裟を受持頂戴すべし。この好世にあうて仏種をうゑざらん、かなしむべし。南洲の人身をうけて、釈迦牟尼仏の法にあふたてまつり、仏法嫡嫡の祖師にうまれあひ、単伝直指の袈裟をうけたてまつりぬべきを、むなしくすごさん、かなしむべし。（「袈裟功徳」巻、六三四頁）

ｓこの帰依仏法僧の功徳、かならず感応道交するとき成就するなり。たとひ天上・人間、地獄・鬼畜なりといへども、感応道交すれば、かならず帰依したてまつるなり。すでに帰依したてまつるがごときは、生生世世、在在処処に増長し、かならず積功累徳し、阿耨多羅三藐三菩提を成就するなり。（「帰依仏法僧宝」巻、六六七頁）

ｔ人身うることかたし、仏法あふことまれなり。いたづらに鬼神の眷属として一生をわたり、むなしく邪見の流類として多生をすごさん、かなしむべし。はやく仏法僧の三宝に帰依したてまつりて、衆苦を解脱するのみにあらず、菩提を成就すべし。（「帰依仏法僧宝」巻、六七〇頁）

ｕ世間の苦厄すみやかにはなれて、無上菩提を証得せしむること、かならず帰依三宝のちからなるべし。おほよそ三帰のちから、三悪道をはなるるのみにあらず、天帝釈の身に還入す。天上の果報をうるのみにあらず、須陀洹の聖者となる。まことに三宝の功徳海、無量無辺にましますなり。（「帰依仏法僧宝」巻、六七三頁）

ｖ仏祖の道を修習するには、その最初より、この三時の業報の理をならひあきらむるなり。しかあらざれば、おほくあやまりて邪見に堕するなり。ただ邪見に堕するのみにあらず、悪道におちて、長時の苦をうく。続善根せざるあひだは、おほくの功徳をうしなひ、菩提の道ひさしくさはりあり、をしからざらめや。この三時の業、善悪にわたるなり。（「三時業」巻、六八三頁）

w如来は梵天・帝釈・転輪聖王等、昼夜に恭敬侍衛し、恒時に説法を請したてまつる。孔老かくのごとくの徳なし、ただこれ流転の凡夫なり。いまだ出離解脱のみちをしらず、いかでか如来のごとく、諸法実相を究尽することあらん。(「四禅比丘」巻、七一三頁)

x仏法にあひたてまつること、無量劫にかたし。人身をうること、またかたし。たとひ人身をうくるといへども、三洲の人身よし。そのなかに南洲の人身すぐれたり、見仏聞法、出家得道するゆゑなり。如来の般涅槃よりさきに涅槃にいり、さきだちて死せるともがらは、この八大人覚をきかず、ならはず。いまわれら見聞したてまつり、習学したてまつる、宿殖善根のちからなり。いま習学して生生に増長し、かならず無上菩提にいたり、衆生のためにこれをとかんこと、釈迦牟尼仏にひとしくしてことなることなからん。(「八大人覚」巻、七二五〜七二六頁)

これらについて、要約すれば

pわれわれは宿善根力にひかれて最勝の身(南洲の身)を得たのであるから、歓喜随喜して出家受戒すべきである。出家の生生をかさねれば功徳が積み累ねられる。

q正法眼蔵を正伝する祖師が正伝した袈裟を伝持し頂戴する衆生はかならず二三生のあいだに得道することができる。

rただ作悪人であった時は、むなしく死んで地獄に入る。地獄より出て、また作悪人となる。戒の因縁にあうときは、禁戒を破して地獄に落ちても、ついには得道の因縁となる。戯笑のために袈裟を著しても三生に得道する。南洲の人身をうけて、釈迦牟尼仏の法にあい、仏法嫡嫡の祖師にうまれあって単伝直指の袈裟を受けることができるであろうのに、むなしく過ごしてしまうことは悲しむべきことである。

sたとえ天上・人間、地獄・鬼畜であっても、感応道交すれば、かならず仏法に帰依する。すでに帰依すれば、生生世世、在在処処に増長し、かならず積功累徳し、阿耨多羅三藐三菩提を成就する。

t人身をうることは難しく、仏法に出会うことはまれである。

u三帰の力は三悪道をはなれるだけではなく、天帝釈の身に還入する。天上の果報を得るのみでなく、須陀洹の聖者となる。

v仏祖の道を修習するには、その最初より、三時の業報の理をならひあきらめるのである。そうでなければ、あやまって邪見に堕ちる。ただ邪見に堕ちるのみではない。悪道におちて、長時の苦をうける。

w如来には梵天・帝釈・転輪聖王等、昼夜に恭敬侍衛して恒時に説法を請う。孔子にはこのような徳はない。ただ流転の凡夫である。いまだ出離解脱のみちを知らない。

x仏法にあうこと、人身を得ることは難しい。その人身を得ることも三洲の人身がよいが、その中で南洲の人身がすぐれている。見仏聞法、出家得道するからである。いま、この八大人覚を習学したのであるから生生に増長し、かならず無上菩提にいたり、衆生のためにこれを説くことは、釈迦牟尼仏と同様で異なることなくありたいというものである。

さて、輪廻に関わる説示は、七十五巻本に十数例あるのに対し、十二巻本に十例ほど見られ（生死の連続を示す言葉を厳密に挙げれば、数十例に及ぶ）、その使用頻度からみれば、後者により多いことが窺われる。しかしこれは十二巻本の性格によるものであり、思想の変化によるものではないことは明らかである。(6)

ところで、輪廻転生といえば、中陰思想がある。道元禅師にもこの中陰（中有）に関する説示がある。

つぎには、ふかく仏法僧三宝をうやまひたてまつるべし。生をかへ身をかへても、三宝を供養し、うやまひたてまつらんことをねがふべし。ねてもさめても三宝の功徳をおもひたてまつるべし。ねてもさめても三宝をとなへたてまつるべし。たとひこの生をすてて、いまだ後の生にうまれざらんそのあひだ、中有と云ふことあり。そのいのち七日なる、そのあひだも、つねにこゑもやまず三宝をとなへたてまつらんとおもふべし。七日をへぬれば、中有にて死して、また中有の身をうけて七日あり。いかにひさしといへども、七日をばすぎず。このとき、なにごとを見きくもさはりなきこと、天眼のごとし。かからんとき、心をはげまして三宝をとなへたてまつり、南無帰依仏、南無帰依法、南無帰依僧ととなへたてまつらんこと、わすれずひまなく、となへたてまつるべし。すでに中有をすぎて、父母のほとりにちかづかんときも、あひかまへてあひかまへて、正智ありて託胎せん、処胎蔵にありても、三宝をとなへたてまつるべし。うまれおちんときも、となへたてまつらんこと、おこたらざらん。六根にへて、三宝を供養したてまつり、となへたてまつり、帰依したてまつらんと、ふかくねがふべし。またこの生のをはるときは、ふたつのまなこたちまちにくらくなるべし。そのときをすでに生のをはりとしりて、はげみて南無帰依仏ととなへたてまつるべし。このとき十方の諸仏、あはれみをたれさせたまふ縁ありて、悪趣におもむくべきつみも、転じて天上にうまれ、仏前にうまれて、ほとけををがみたてまつり、仏のとかせたまふのりをきくなり。眼の前にやみのきたらんよりのちは、たゆまずはげみて三帰依となへたてまつること、中有までも後生までも、おこたるべからず。かくのごとくして、生生世世をつくしてとなへたてまつるべし。仏果菩提にいたらんまでも、おこたらざるべし。これ諸仏菩薩のおこなはせたまふみちなり。これを深く法りをさとるとも云ふ、仏道の身にそなはるとも云ふなり。（「道心」〈別本仏道〉巻、三八九〜三九〇頁。カタカナをひらがなに改めた。）

この「道心」巻は、二十八巻本『正法眼蔵』（通称『秘密正法眼蔵』、永平寺蔵）初巻に所収のもので、大久保道舟編『道元禅師全集』上巻では、「別本仏道」として収録されている。この巻は、道心を発すこと、三宝を敬うこと、造仏し供養すべきこと、『法華経』を書写受持すること、坐禅することの大切なことを示した巻であり、三宝を敬うべきことについて、より多くを語っている。そのなかに、この中有の記述がある。道元禅師の著作であるのか、疑義を呈する学者もいるが、先に挙げた輪廻に関する説示の多きをみれば、別段偽撰と疑う根拠もない。

さて、以上、道元禅師の輪廻に関わる説示を挙げて考察したが、過去世を認め、来世を認め、生生世世出生入死、未来永劫にわたる〝はるかなる仏道〟を説かれていることが明確にされた。そこで問題となるのが、道元禅師の心常相滅論批判（身心一如説）と、輪廻説の関わりである。

第三節　身心一如説

「深信因果」巻にも、心常相滅論に対する批判がみられる。先の『弁道話』や「即心是仏」巻の先尼外道の心常相滅論と同様な説相を持つが、少々おもむきが異なっている。

龍樹祖師云、如外道人、破世間因果、則無今世後世。破出世因果、則無三宝・四諦・四沙門果。

あきらかにしるべし、世間・出世の因果を破するは、外道なるべし。今世なしといふは、かたちはこのところにあれども、性はひさしくさとりに帰せり。性すなはち心なり、心は身とひとしからざるゆゑに。かくのごとく解する、すなはち外道なり。あるいはいはく、ひと死するとき、かならず性海に帰す、仏法を修習せざれども、自然に覚海に帰すれば、さらに生死の輪転なし、このゆゑに後世なしといふ。これ断見の外道なり。かたちたとひ比丘にあひにたりとも、かくのごとくの邪解あらんともがら、さらに仏弟子にあらず、まさしくこれ外道なり。おほよそ因果を撥無するより、今世後世なしとはあやまるなり。因果を撥無することは、真の知識に参学せざるによりてなり。真の知識に久参するがごときは、撥無因果等の邪解あるべからず。龍樹祖師の慈誨、ふかく信仰したてまつり、頂戴したてまつるべし。（中略）

おほよそこの因縁、その理いまだつくさず。そのゆゑいかんとなれば、脱野狐身は、いま現前せりといへども、野狐身をまぬかれてのち、すなはち人間に生ずといはず、天上に生ずといはず、および余趣に生ずといはず。人のうたがふところなり。脱野狐身のすなはち善趣にうまるべくは、天上人間にうまるべし。悪趣にうまるべくは、四悪趣等にうまるべきなり。脱野狐身ののち、むなしく生処なかるべからず。もし衆生死して性海に帰し、大我に帰すといふは、ともにこれ外道の見なり。（六七八～六七九頁）

ここで、「かたちはこのところにあれども、性はひさしくさとりに帰せり。性すなはち心なり、心は身とひとしからざるゆゑに」という部分は、心常相滅論であり、「性はひさしくさとりに帰せり」という性悔を認めるものである。これが「今世なし」という説明の中で示されている。つまり、性（本性・本体）の常住を認めれば、この性にとっては今世も後世もないということになると言うのである。

また同様に、先の『弁道話』や「即心是仏」巻でも示されている先尼外道の見解（性悔帰入論と修行無用論）が、「ひと死するとき、かならず性海に帰す、仏法を修習せざれども、自然に覚海に帰すれば、さらに生死の輪転なし」（「深信因果」巻、六七八頁）と、「後世なし」という論拠として示されている。すなわち、ここで性悔は後世ではなく、輪廻からの解脱であり、後世とは輪廻転生の輪の内での後世である。「これ断見の外道なり」とあるから、性悔に帰入するというのは「断見」になるということである。

また、「野狐身をまぬがれてのち、すなはち人間に生ずといはず、天上に生ずといはず、および余趣に生ずといはず。人のうたがふところなり。脱野狐身のすなはち善趣にうまるべくは、天上人間にうまるべし。悪趣にうまるべくは、四悪趣等にうまるべきなり。脱野狐身ののち、むなしく生処なかるべからず」というような輪廻転生説が見られ、死後においてかならず「生処」があるべきことを説いている。

ここにおいて批判される外道説は、「かたちはこのところにあれども、性はひさしくさとりに帰せり」という心常相滅論＋性悔帰入論であり、「ひと死するとき、かならず性海に帰す」、「衆生死して性海に帰し、大我に帰す」という性悔帰入論であり、「性すなはち心なり、心は身とひとしからざる」という心常相滅論であり、「仏法を修習せざれども、自然に覚海に帰すれば、さらに生死の輪転なし」という「修行無用論＋性悔帰入論」である。また、「撥無因果等の邪解」も外道説として批判されている。

先の『弁道話』では、先尼外道説が批判されて身心一如と生死即涅槃が強調されたが、ここでは外道説（先尼外道説）が批判されて、今世後世があることが説かれ、因果歴然（撥無因果批判）が強調されている。

身心一如といえば、この身の滅するとき、心もまた滅し、すべて無に帰するように考えたくなるが、道元禅師の身心一如は、どうもそのようなことではないことが知られるのである。便ち身心一如なのであり、今世後世があるのであり、因果歴然なのである。

この「深信因果」巻との関係が問題となる「大修行」巻に次のようにある。

老人道の後五百生堕野狐身は、作麼生是堕野狐身。さきより野狐ありて、先百丈をまねきおとさしむるにあらず。先百丈もとより野狐なるべからず。先百丈の精魂いでて野狐皮袋に撞入すといふは外道なり。野狐きたりて先百丈を呑却すべからず。もし先百丈さらに野狐となるといはば、まづ脱先百丈身あるべし、のちに堕野狐身すべきなり、以百丈山換野狐身なるべからず。因果のいかでかしかあらん。（五四五頁）

ここで注目したいのは「もし先百丈さらに野狐となるといはば、まづ脱先百丈身あるべし、のちに堕野狐身すべきなり」という説示である。精魂が出たり入ったりして野狐や老人（先百丈）に姿を変えるのはおかしいのである。もし、先百丈があらたに野狐となるというのなら、まず百丈の身を脱するということがあって、その後に野狐身に堕ちるべきであり、「百丈野狐の話」(7)において、野狐が老人の姿となって衆に混じって説法を聞くということは、道元禅師からみれば奇異なのであろう。つまり、身心は一如であって、身の終わるとき共に滅し、そして身心が一如となって、次なる生処を得なければならないのである。ここにおいて、転生のときに何が引き継がれていくのか。実体ではなくしかも輪廻する主体とは何かということが問題となるのである。これについては、結論にて論じたい。

さて、同じく「大修行」巻に、

しかあるに、すべていまだ仏法を見聞せざるともがらいはく、野狐を脱しをはりぬれば、本覚の性海に帰するなり。迷妄によりてしばらく野狐に堕生すといへども、大悟すれば、野狐身はすでに本性に帰するなり。これは外道の本我にかへるといふ義なり、さらに仏法にあらず。もし野狐は本性にあらず、野狐に本覚なしといふは、仏法にあらず。大悟すれば野狐身ははなれぬ、すてつるといはば、野狐の大悟にあらず、閑野狐なるべし。しかいふべからざるなり。（五四六頁）

とある。やはり、外道の性悔帰入論を破している。ここで留意したいのは、「野狐は本性にあらず、野狐に本覚なしといふは、仏法にあらず。大悟すれば野狐身ははなれぬ、すてつるといはば、野狐の大悟にあらず」というところである。道元禅師は野狐にも本性・本覚があると言う。野狐も大悟すると言う。大悟すれば野狐の身を離れるのではなく、野狐の身のままでの大悟があると言うのである。道元禅師は野狐という存在をおとしめられてはいないのである。それは、流転が、その六趣四生が、仏道の道場だからである。先の引用、

f生死は凡夫の流転なりといへども、大聖の所脱なり。（「身心学道」巻、四〇頁）

lもし菩提心をおこしてのち、六趣四生に輪転すといへども、その輪転の因縁、みな菩提の行願となるなり。（「渓声山色」巻、二二九頁）

とも関連するところである。

さて、以上、道元禅師の心常相滅論批判（身心一如説）と輪廻説の関わりを問題として論じた。身心一如といえば、この身の滅するとき、心もまた滅し、すべて無に帰するように考えたくなるが、道元禅師の身心一如は、どうもそのようなことではないことが知られるのである。便ち身心一如なのであり、今世後世があるのであり、因果歴然であり、輪廻があるのである。

つまり、身心は一如であって、身の終わるとき共に滅し、そして身心が一如となって、次なる生処を得ることになる。そしてここにおいて、転生のときに何が引き継がれていくのか。実体ではなくしかも輪廻する主体とは何であるのかということが新たな問題となるのである。

第四節　結語

私は拙稿「十二巻本『正法眼蔵』の性格」（『十二巻本『正法眼蔵』の諸問題』、大蔵出版、一九九一年十一月）の中で「仏道――はるかなる道」と章立てし、本章に挙げた説示をやはり引用しているが、十二巻本の重要な性格は、仏道修行が生生世世をつくして行じられるべき道であり、菩提への道は「無窮なる積功累徳の遙かなる道」であることを示している点にあると考えている（この点については第二章「修道論」において既に述べている）。この「遙かなる道」は、宿善により仏の正法に生まれ逢うことができてから、なおそこからの「遙かなる道」なのであろうが、ここに至るまでの道（過去世）も当然あることになろう。

このことは、ひとり十二巻本の特徴的な性格ではなく、七十五巻本にも、そのような説が多く見られることは、すでに論じたが、これは道元禅師の終生一貫した思想の一つとして認められよう。

道元禅師は、この身体とは別な、実体的な霊的存在を認めているのではないであろう。しかし、生死の連続あるいは輪廻を説かれているのである。つまり、身心一如説（心常相滅論批判）を説くと同時に、輪廻説を説いているのである。輪廻説を説くためには、身から身へと輪廻する何らかの主体を認めなければならない。このことは、道元禅師において、片や身心一如を説くことと矛盾していなかったのであろうかというのが問題提起のひとつであり、実は本論のテーマでもあったのである。

これについては、道元禅師の身心一如説が、無我説の主張を主眼とするものではないことはすでに述べた。では、身心一如説は何のために説かれたのかといえば、それは修行無用論に対する批判の中で示されたものであって、身心一如説の主張、すなわち心常相滅論批判は、心常相滅論↓霊知即仏論↓（領解解脱論↓性悔帰入論）↓修行無用論と、畢竟して修行無用論批判であったと考えられることを述べた。

つまり、身とは別に、身とは隔別の、すなわち身による修行とは関わらない（身の修行を必要としない）本来清浄なる心、本来完成された円満な性の存在を否定されたのである。それは「輪廻の主体」の否定ではなく、「輪廻の主体」がもとより完全無欠なさとりとしての存在ではないということの主張であったと言えるのである。道元禅師は、修行の功徳を積み上げて行くものとして、「輪廻の主体」を認めておられたと結論せざるを得ないのである。

以上に基づいて、道元禅師の「身心一如」とは何かといえば、それは、身体的行為（＝修行　＊もちろん口業、意業も含むべきであろう）が、心的〝なにもの〟（輪廻する主体）に密接に関わるということである。ゆえに、修行の必要性を説き、積功累徳（功徳の積み累ね）の重要なることを示されたのが、道元禅師の輪廻説である。であれば、道元禅師にとって、身心一如説（心常相滅論批判）と輪廻説とは決して矛盾するものではない。むしろ契合するものである。そのような結論に達するのである。

それでは、道元禅師にとって、「実体ではなく、しかも輪廻する主体」、つまり「修行の功徳」を蓄積していく〝なにもの〟とは何であったのか。結局それは本稿において明らかにし得なかったが、おそらく道元禅師自身にも明らかにし得なかったことなのであろうと私には思われる。

道元禅師も、仏教思想史が「無我説」と「輪廻説」との間で歩んできた苦渋の歴史の中の仏者の一人として位置づけられるのかも知れない。(8)

（1）拙稿「『弁道話』の性格」（『宗学研究』第三一号、一九八九年三月）。

（2）身心一如という語は、この『弁道話』と六十巻本「洗面」巻にそれぞれ一ヶ所用いられているのみである。七十五巻本「洗面」巻にはこの語は見られないので、もし六十巻本の「洗面」の方が古く、七十五巻本の「洗面」はこれを再治したものであるとすれば、『正法眼蔵』からこの語は姿を消したことになる。ただ、『正法眼蔵』中には「身心」の語は頻出している。「身心」の語をともなう熟語（「仏祖の身心」等）は約五十種、百五十語以上、あらゆる巻にわたって見出すことができる。多数に、そして随所に見出されるこの「身心」という言葉こそ、「仏法には、もとより身心一如」を言い表そうとした道元禅師の端的な説示とも言える。この「身心一如」に関する道元禅師の説示については、拙稿「道元禅師の身心一如に関する説示について」（『駒澤大学大学院仏教学研究会年報』第一九号、一九八六年二月）にまとめている。

（3）以下、輪廻説に関する説示は、拙稿「宗門と葬祭――道元禅師の教説と葬祭の接点」（『曹洞宗研究員研究紀要』第二三号、一九九二年九月）から、一部転用した。

（4）十二巻本『正法眼蔵』の特徴の一つに、仏道が無窮なる積功累徳の遙かなる道であることが示されていることが挙げられる。すなわち、「菩提の成就」は今生において期待されるものではなく、未来永劫の仏教への帰依や功徳の積み重ねによって得られるとしている点である。詳細は、第二章第三節「積功累徳」で述べている。初出は、拙稿「十二巻本『正法眼蔵』の性格」（鏡島元隆・鈴木格禅編『十二巻本『正法眼蔵』の諸問題』、大蔵出版、一九九一年十一月、所収）。

（5）道元禅師の因果論は根本的に「因果歴然」を説くものである。これは「大修行」巻においても同様である。「大修行」巻では因果超越（因において果を問題としない）の立場に立ち、修行において悟りを問題としない修行（＝大修行）を説く。ちなみに十二巻本「深信因果」は、十二巻本の選述意図を考えれば、初心に対して「因果歴然」という基本的立場を示したにすぎない。

（6）もし七十五巻本と十二巻本の性格付けをしなければならないならば、そしてそれを端的に表現するとすれば、「七十五巻本は「菩提の世界」を説き示したものであり、十二巻本は「菩提への道」を説き示したものである」ということになると思われる。これについては註（4）論文を参照されたい。

（7）洪州百丈山大智禅師、〈嗣馬祖、諱懐海〉、凡参次、有一老人、常随衆聴法。大衆若退、老人亦退。忽一日不退。師遂問、「面前立者、復是何人。」老人対曰、「某甲是非人也。於過去迦葉仏時、曽住此山。因学人問、大修行底人、還落因果也無。」某甲答佗云、不落因果。後五百生、堕野狐身。今請和尚代一転語、貴脱野狐身。」遂問云、「大修行底人、還落因果也無。」師云、「不昧因果。」老人於言下大悟、作礼云、「某甲已脱野狐身、住在山後。敢告和尚、乞依亡僧事例。」師令維那白槌告衆云、「食後送亡僧。」大衆言議、「一衆皆安、涅槃堂又無病人、何故如是。」食後只見師領衆、至山後巖下、以杖指出一死野狐。乃依法火葬。師、至晩上堂、挙前因縁。黄檗便問、「古人錯対一転語、堕五百生野狐身。転転不錯、合作箇什麼。」師云、「近前来与儞道。」檗遂近前、与師一掌。師拍手笑云、「将為胡鬚赤、更有赤鬚胡。」(「大修行」巻、五四四頁)

(8) 私は以前、三時業説批判を論じたことがある(「三時業説批判」(上)〈『宗学研究所研究紀要』第四号、一九九一年三月〉、「三時業説批判」(下)〈『曹洞宗研究員研究紀要』第二二号、一九九一年十月〉)。道元禅師が十二巻本「三時業」で三時業説を説いていることは周知のところであろうが、これについての私的見解を、批判的に述べたものである。ここで私は、自らは無記の立場に立つことを明言し、道元禅師が三時業説や輪廻説を説かれていることを確認しながらも、道元禅師は基本的には無記の立場に立たれていたに違いないとし、三時業説や輪廻説を学人を仏道に導くための方便説と位置づけた。

また、(下)において、七十五巻本「大修行」と十二巻本「深信因果」の説示を対比させながら、前者を道元禅師の真意とし、後者を何らかの意図(方便)をもって説かれたものとした。私が、「大修行」巻における因果超越(この意味は(下)六四〜六五頁)を道元禅師の本意であるとする確信は決して揺らぐものではないが、道元禅師の輪廻に関する説示を方便説としたことは、ここに再考しなければならないであろう。

第八章　言語表現

第一節　著作選述の意図

道元禅師の仏法の特徴は、と尋ねられて、まず脳裏に思い浮かぶのは「只管打坐」あるいは「坐禅」という言葉である。これは私のみではなく、多くの宗門人や道元禅師研究者とて同様であろう。

実際、道元禅師は嘉禄三年（一二二七）に宋より帰朝して直ちに『普勧坐禅儀』を著し、寛喜三年（一二三一）には『弁道話』を撰述している。前者は正伝の坐禅を普く勧めるために、正伝の坐禅の意義とその具体的実践方法を示したものであり、後者は立教開宗の宣言書とも言われ、具体的には道元禅師のもとに参集した門下ほか「真実の参学」を対機として、坐禅に関する十八の設問自答の問答を通して正伝の仏法における坐禅を開顕し、坐禅が仏法の正門であることを明確にしようとしたものである。(1)尚、『普勧坐禅儀』同様、坐禅の儀則について述べたものに『正法眼蔵』の「坐禅儀」巻がある。

第二章第一節第四項「坐禅に関する諸問題」でも述べたように、道元禅師の主著である『正法眼蔵』には、坐禅に関する説示はさほど多くないが、「坐禅儀」巻、「坐禅箴」巻や「三昧王三昧」巻のように、坐禅を主題としたものや、「行持」巻のように「行」を強調された巻などには見られる。また叢林での儀則を説いた「洗面」巻のなかにも坐禅に関する威儀作法の説示があり、ほか「古鏡」巻には坐禅に関する重要な問答である磨磚作鏡の話(2)が取り上げられて拈提されている（この話は「坐禅箴」巻にて、より綿密に拈提されている）。また、「諸法実相」巻には、師の如浄が天童山において普説し、大梅法常の住山の因縁を説いた時の様子が感慨深く語られているが、この話は道元禅師の只管打坐を論じるうえで実に重要な話である(3)。

『学道用心集』（天福二年〈一二三四〉三月九日撰述）においても第十「直下承当事」に、身心を決択する二つの方法として「参師聞法」と「功夫坐禅」が挙げられ、坐禅の重要なることが示されている（二六〇頁）。

嘉禎年中の記録（一二三四?～一二三八?）とされる『随聞記』に坐禅を第一の修行とする記述が多々見られることは言うまでもない(4)（これらについては、第二章第一節第四項「坐禅に関する諸問題」において表示している〈二六四頁【表1】〉）。

『永平広録』からも、弁道修行において坐禅が重要なることが道元禅師によって説かれ、かつ行じられていたことが、よく窺われる(5)。坐禅に関する上堂は道元禅師の最晩年に至るまで頻繁に行われている。

僧堂における坐禅弁道の規矩を述べたものに『弁道法』がある。これは大仏寺時代（一二四四～一二四六）に撰述・説示されたものである。ここから、この当時の日分行持の様子が推察されるが、いかに坐禅中心の修行が行なわれていたかがわかる(6)。『瑩山清規』にも四時の坐禅の行持が見られることを考えると、当然このような『弁道法』の行持が道元禅師在世中はもとより、滅後しばらくの間も僧団のなかで受け継がれていったとみてよい。

以上の資料から見て、坐禅に関する道元禅師の説示は、帰朝直後から晩年に至るまで不断に見出せることから、道元禅師が生涯を貫いて坐禅を説き、そして行じておられたことは容易に知り得る。

それならば、なぜ、「只管打坐」を強調する道元禅師が、百巻にも及ばんとする『正法眼蔵』を撰述されたのか。きわめて常識的な疑問として投げかけられる。

『正法眼蔵』は、先に述べたように、それぞれ主題をもった個々の法語のあつまりであり、そのほとんどが、その主題に関わる仏祖の経論・語録の言葉を引用して拈提するという形をとっている。「只管打坐」でよいのであれば、仏祖の経論や語録の解説をする必要もないのではないかと考えたくなる。(7)

しかし、道元禅師は百巻にも及ばんとする『正法眼蔵』をはじめ幾多の撰述を残し、頻繁に上堂を行うというように、かくも多くを語っている。それはなぜなのか。(8)

もちろん、当然のことながら、正伝の仏法を、弟子たちに、そして後代の我々に伝えたかったからであろうに違いないが、もし後代の我々に伝えたかったからであるならば、自ら言語以外の道得を強調する（後述）禅師は、言語のみによる道得を可能と考えられたのかどうか。可能と考えられたとすれば、それはいかなる言語表現をもって可能ならしめられたのか。

しばらく、導入にあたり、中国における仏教の受容と禅の成立について、ごく簡略に私なりにまとめておきたい。文化や思想が全く異なり、さらに言語も異なる異域へ伝わる場合、形になって表現されたものや、儀式・儀礼の類は比較的伝えられやすいであろうが、こと「思想」については多大の困難をともなう。仏教が、インドから中国へ伝わる場合もそうであった。そして、困難をともなうと同時に、思想そのものも変貌して伝わることを決して免れることはできなかった。

ある経典が、たとえば、インドから中国に伝えられる場合、まず翻訳（漢訳）が行われなければならない。よって中国への仏教の伝来の初期には、必ず翻訳を中心とする翻訳仏教となる。これと並行して、これに基づく学問仏教がその後、行われてゆく。これも必然的な展開である。漢訳された経典に基づいて、その解釈が行われ、種々の註釈書が作られてゆく。このような、解釈仏教・註釈仏教ともいうべき難解な学問仏教が行われ、思想的に深められてゆく。その過程において、仏教は、いわゆる格義なる受容がなされ、中国古来の儒教や老荘思想の影響をうけて変貌してゆくことになる。(9)

それはさておき、このような翻訳仏教や学問仏教の中で、中国の仏教学者あるいは仏教信奉者は、その経典・論書の内容の研究、その思想の受容を通して、かえって自らの態度に疑問を持ち、仏教本来のあり方に、次第に気づいていったと考えられる。いわゆる中国の禅は、そのような自覚、学問仏教に対する反動の中で生まれたと思われる。(10)仏教伝来の初期形態において、翻訳仏教や、それに基づく学問仏教が、必然的な展開であったとすれば、禅の勃興もまた必然的な展開であったのである。

禅は二つの旗印を掲げたと言われている。一つは「不立文字、教外別伝」であり、一つは「直指人心、見性成仏」である。どちらも、学問研究を中心とする仏教に対する批判として掲げられた言葉である。「不立文字、教外別伝」とは、釈尊の仏法は文字(経論)の上にあるのではなく、この文字の外に別に伝えられているとするものである。さらに言えば、経論に依るのではなく、自分の言葉で自内証を語ろうという主張である。「直指人心、見性成仏」とは、釈尊の仏法は、直接、人間の本性を見究め、自己を明らかにするところにあり、そこに釈尊の仏法の本来の目的があるということである。いずれにしても、文字(経論)は月をさす指にすぎないというのである。

ありきたりの言い方をすれば、確かに、仏教というのは、世界のありのままのあり方や人間の正しい生き方を説いたものであって、経典はそれを言葉によって表したものであるとは言え、道しるべにすぎない。経典を学ぶことそのことが仏教の目的ではない。経典の教えを自己の生き方の中に生かしてゆくこと、経典を学び、それに従って実践し、釈尊と同様の「悟り」を得るべく、釈尊に近づくべく精進努力することが仏教の目的である(仏教における悟りとは何か、道元禅師における悟りとは何か、あるいは仏教はそもそも悟りの仏教か、等についても問題となるが、ここでは触れない。本論第一章第四節参照のこと）。つまり、教えを学ぶこと（法灯明）のみが仏教ではなくて、自己をあきらめること（自灯明）がまた仏教の大切な道である。

禅者は当時の中国の仏教界においては、まさにアウトサイダーであったが、仏教本来のあり方を真摯に求めた仏教の復古者であった。禅者は、文字を退けたとはいえ、経典を全く無用なものとしたのではない。いや、最終的に無用のものとしたとしても、経典と無関係であったのではない。「籍教悟宗」と言われるように、経典を退けたのではないい。唐代の有名な禅者たちの多くは、実によく経論を学んでいた。しかし、仏法の学問研究にあらざることを明めてよりは、再びこれらを拠り所とすることはなかった。ある者は、これら諸経論をすべて焼き捨てるかたちで禅に帰入している。そして、自らの中で再構築した仏法を、自らの行いによって示し、自らの言葉で語ったのである。自らの行いによって示し、自らの言葉によって語ることによって、仏法の表現は無限大に広がっていった。[11]「不立文字」を標榜したにもかかわらず、還って膨大な量の文字（語録）が残されているのはそのためである。

道元禅師は明らかに、この禅の流れを汲んでいる。[12]

道元禅師は、なぜ『正法眼蔵』を撰述されたのか。それについての手がかりは『弁道話』の中にある。如浄のもとで身心脱落して帰朝した道元禅師は、「弘法救生」の誓願をもちながらも、その実践にあたっては「なほ重担をかたにおけるがごとし」と心中を述懐している。

しかあるに、弘通のこころを放下せん激揚のときをまつゆゑに、しばらく雲遊萍寄して、まさに先哲の風をきこえんとす。ただし、おのづから名利にかかはらず、道念をさきとせん真実の参学あらんか、いたづらに邪師にまどはされて、みだりに正解をおほひ、むなしく自狂にゑうて、ひさしく迷郷にしづまん。なにによりてか般若の正種を長じ、得道の時をえん。貧道はいま雲遊萍寄をこととすれば、いづれの山川をかとぶらはん。これをあはれむゆゑに、まのあたり大宋国にして禅林の風規を見聞し、知識の玄旨を稟持せしを、しるしあつめて、参学閑道の人にのこして、仏家の正法をしらしめんとす。これ真訣ならんかも。（七三〇頁）

中国から帰朝した道元禅師は、正伝の仏法を弘めようという誓願をいざ実践する（放下する）激揚のときを待とうと考えていた。そこで、しばらくの間は雲水のごとく山河を遊行して、先哲が行った行持（「行持」巻で示されるような仏祖の行持）を自らも実践しようと考えていたのである。しかし、そこでさらに思いをめぐらす。〝名利に関わることなく、真の仏道を求めることを第一としている本当の求道者がもしかするとあるかもしれない。そのような求道者が、もし、いたずらに邪師にまどわされて、正しい見解を見失い、自ら迷いに迷いを重ねて、迷いの世界に沈んでしまっていたとしたら、いったい、どうやって智慧の正しい種を養って、得道する時を得ることかできようか〟と。〝もしいま山河を遊行することにして、いずれかの山河を尋ねれば、そのような求道者を導くことができるものか。いずれの山河を尋ねたらよいものか〟と。そこで道元禅師は「雲遊萍寄」することよりも、正伝の仏法を言葉に記して残す道を選んだのである。

「まのあたり大宋国にして禅林の風規を見聞し、知識の玄旨を稟持せしを、しるしあつめて、参学閑道の人にのこして、仏家の正法をしらしめんとす」というのは、決して『弁道話』のみに限って言ったことではないであろう。当然『正法眼蔵』はじめ清規類の撰述も含まれているはずである。

さて、先に、なぜ道元禅師は『正法眼蔵』をはじめ幾多の撰述を残し、頻繁に上堂するというように、かくも多くを語ったのかについて、正伝の仏法を弟子たちに、そして後代の我々に伝えたかったからであると述べた。

ところで、弟子たちに伝えるためであるならば、語りかけることによって伝え、自ら共に行ずることによって伝えることができる。道元禅師は「道得」という言葉を用い、『正法眼蔵』にも特に「道得」という巻が示されているが、その主旨は、仏法は必ず「道い得る」ことができるというのである。いや、道い得ることができなければ真に仏法を会得したものではないと言う。そして、これについては「言葉」による道得と「行い」で示す道得とがあるというのである。これについては後述するが、弟子たちに正伝の仏法を直接伝えることは、後代の法孫に伝えることに比べれば容易であろう。弟子たちの側から言えば、道元禅師という人格に接することによって、言葉以外の道得によって、そこから多くのものを会得し得るからである。

しかし、後世に伝えるためには、人格から人格への伝承がもし断絶することがあれば、残され得るのは言葉のみである。「言葉」のみによって正伝の仏法を正しく伝えることは実に困難なことである。言葉にはやはり限界がある。しかし道元禅師はそれを敢えて試みたのではないか。それが『正法眼蔵』であると私は考える。もちろん『正法眼蔵』は弟子たちに対して示す（示衆）というかたちをとっているが、道元禅師は後代までこれを残すことを考えていたことは間違いない。でなければ、『正法眼蔵』を何度も再治することはなかったであろうし、その書写を懐奘の求めに応じて許す（或いは道元禅師の方から書写が指示されたのかもしれない）こともなかったはずである（むしろ、書写よりも只管打坐を勧めたはずであろう）。

繰り返すが、言葉のみによって仏法を正しく伝えることは困難である。言葉には限界がある。しかし道元禅師はそれを敢えて試みなければならなかった。そして、結果的に道元禅師は、卓越した言語表現を用いて、言葉の限界を超えたのである。私はそのように確信している。

それでは道元禅師は、どのような言語表現によって、言葉を用いながら言葉の限界を越えたのであろうか。

第二節　道得

仏法の表現に関する道元禅師の重要な立場、それは「道得」という立場であるといえる。道元禅師には「道得」と標題された法語一巻があって『正法眼蔵』に編集されている。道得とは、読み下せば「道い得る」ということであって、端的に言えば「真理は表現できる」ということである。ここでは敢えて仮に一般的な語でもって「真理」と述べたが、物事の真実のすがたという意である。「法」あるいは「仏法」と言ってもよく、また道元禅師が「恁麼」「什麼」等の疑問詞でもっても表現しているところのものである。

一般的に言えば、言葉は所詮言葉であって真理そのものではない。言葉は真理を表す一つの表現であるが、そのすべてを尽くせない。有名な六祖慧能と南嶽懐譲の「什麼物恁麼来」の話は、そのことを示している。『真字正法眼蔵』巻中の一（『永平正法眼蔵蒐書大成』巻一、大修館書店、一九七八年八月、四頁）によれば、南嶽は六祖に参じた時、「什麼物与麼来」と尋ねられて答えることが出来ず、八年の修行の後にして「説似一物即不中」と答えることができ、それを六祖が認めている。当初、「なにもの」が「このように」来たのか、という問いに対して南嶽は答えられなかったが、答えられなかったということは未熟であったからではない。道元禅師によれば「什麼物与麼来」というのは問いではなく（後述）、すでに道得（真理の表現）であるからには、答えようもないと言える。しかし、仏祖であれば自らの言葉で道得しなければならない（後述）。それが南嶽の八年の修行の後の「説似一物即不中」という道得である。南嶽はこの言葉によって見事に真理を道い得たのである。「説似一物即不中」とは、何らかの言葉によって示せば、たちどころに的はずれとなるというのである。南嶽の「説似一物即不中」も「一物」には違いない。言葉には違いない。しかし、この言葉によって南嶽は真理を表現し得たのである。

六祖の「是什麼物恁麼来」が単なる質問ではないという道元禅師の解釈は、

画餅不能充飢と道取するは、たとへば、諸悪莫作、衆善奉行と道取するがごとし、是什麼物恁麼来と道取するがごとし、吾常於是切といふがごとし。しばらくかくのごとく参学すべし。(「画餅」巻、二一一頁)

と言うように「是什麼物恁麼来」が「道取」として示されていることによってわかり、また、

是什麼物恁麼来、これ教諸仏の千経なり、教菩薩の万経なり。説似一物即不中、よく八万蘊をとき、十二部をとく。(「仏経」巻、四〇七頁)

と示すように、六祖および南嶽のこれらの言葉は、諸法・諸教を説き尽くした言葉であるとするのである。

曹渓山大鑑禅師、ちなみに南嶽大慧禅師にしめすにいはく、是什麼物恁麼来。

この道は、恁麼はこれ不疑なり、不会なるがゆゑに、是什麼物なるがゆゑに、万物まことにかならず什麼物なると参究すべし。一物まことにかならず什麼物なると参究すべし。什麼物は疑著にはあらざるなり、恁麼来なり。(「恁麼」巻、一六八頁)

道元禅師は「是什麼物恁麼来」を、「しめすにいわく」として挙げている。「万物」を「什麼物」と言ったのであり、「什麼物」は疑著ではないと言う。すなわち六祖は、「なにもの」が「このように」来たのか、と質問したのではなく、南嶽が六祖に参じたことを「なにものがこのように来た」と道得したのであるという。「什麼物は疑著にはあらざるなり、恁麼来なり」とは、おそらく「什麼物は疑著にはあらざるなり、什麼物なり。恁麼来は疑著にはあらざるなり、恁麼来なり」というべきを省略して表現したものであると思われる(禅の語録には「是什麼物恁麼来」ではなく「什麼物恁麼来」と「是」の字を冠しないものが多い。あえて道元禅師が「是」の字を付すのは、この語が質問ではなく道得の語であることを示そうとしたものであるとも考えられる)。

まことに、われわれは自己の存在を空間的には「なにもの」としか言いようがなく、時間的には「このように」としか言いようがない。いや、時間的・空間的などと分別するのではなく「なにものがこのように」としか言いようがない。言いようがない、といっても、これは六祖の道得であり、われわれが真理を表現するときは、六祖の言葉を借りることなく、また別の「言いよう」で、やはり真理を表現しなければならないのである。いや、自らの言葉で表現できなければならないのである、もし仏祖であるならばであるが。

すなわち道元禅師は言う。

諸仏諸祖は道得なり。このゆゑに、仏祖の仏祖を選するには、かならず道得也未と問取するなり。(「道得」巻、三〇一頁)

諸仏諸祖であるならば道い得るのである。仏法を表現することが出来なければ、真に仏法を会得しているとは言えない。ゆえに、師が法を授けるべき弟子を選ぶときには必ず〝道得することができるかどうか〟と問うのである。[13]

このような道元禅師の信念は、「心不可得」巻からも窺える。この巻は、周金剛王と自称する経師であった頃の徳山宣鑑が、餅売りの老婆にやりこめられるという話である。

現在大宋国にある雲衲霞袂、いたづらに徳山の対不得をわらひ、婆子が霊利なることをほむるは、いとはかなかるべし、おろかなるなり。そのゆゑは、いま婆子を疑著する、ゆゑなきにあらず。いはゆる、そのちなみ、徳山道不得ならんに、婆子なんぞ徳山にむかうていはざる、和尚いま道不得なり、さらに老婆にとふべし、老婆かへりて和尚のためにいふべし。かくのごとくいひて、徳山の問をえて、徳山にむかうていふこと道是ならば、婆子まことにその人なりといふことあらはるべし。問著たとひありとも、いまだ道処あらず。むかしよりいまだ一語をも道著せざるを、その人といふこと、いまだあらず。いたづらなる自称の始終、その益なき、徳山のむかしにてみるべし。いまだ道処なきものをゆるすべからざること、婆子にてしるべし。(「心不可得」巻、六五～六六頁)

宋代の禅師たちは、老婆の質問に窮してしまった徳山を笑い、徳山をやりこめた老婆を讃えた。しかし、道元禅師の老婆に対する評価はなかなか手厳しい。老婆に道得がないではないかと言う。そして「むかしよりいまだ一語をも道著せざるを、その人といふこと、いまだあらず」と言って、老婆を認めてはいない。

また、「仏性」巻では、塩官斉安（?〜八四二）の言う「一切衆生有仏性」と潙山霊祐（七七一〜八五三）の言う「一切衆生無仏性」を取り挙げて拈提し（「仏性」巻、二七〜二八頁）、両師の道得にいったん賛意を表するものの、いまだ不足なりとして自らの仏性観を吐露している。ここにおいて道元禅師は百丈の「説衆生有仏性、亦謗仏法僧。説衆生無仏性、亦謗仏法僧」という語を挙げるが、「有仏性といひ、無仏性といふ、ともに謗となる」と、百丈の道得を評価しながらも、「謗となるといふとも、道取せざるべきにはあらず」と、百丈をおさえている。ところで道元禅師自らも、道得することが仏法に対する謗となると自覚されていたのであろうか。そうではあるまい。道元禅師は、謗とならない道得のあることを確信していたに違いない。だからこそ、さらに百丈に対し「しばらくきくべし。謗はすなはちなきにあらず、仏性は説得すやいまだしや。たとひ説得せば、説著を罣礙せん。説著あらば聞著と同参なるべし」と言い、仏性について何かを道得したのかと詰めより、また潙山に向かって「一切衆生無仏性はたとひ道得すといふとも、一切仏性無衆生といはず、一切仏性無仏性といはず、いはんや一切諸仏無仏性は夢也未見在なり。試挙看」（以上「仏性」巻、二七〜二八頁）と問いかけている。

道元禅師の道得は「一切仏性無衆生」であり「一切仏性無仏性」であり「一切諸仏無仏性」である。尋常な表現ではない。道元禅師は「仏性」と「衆生」と「諸仏」の絶対同一（後述）を、これらの表現を用いて示されたのである。

確かに、一般的に言えば、言葉は所詮言葉であって真理そのものではなく、言葉は真理を表す一つの表現であるが、そのすべてを尽くせるものではない。いや、真実は言語世界を離れたところにあると常識的には考えられる。しかし、道元禅師の立場は異なる。仏法は表現できるのである。真理は表現できるのである。

言葉によって、そして行動によって、その他さまざまな道得の仕方があって自由自在に道得できるのである。まさに、言葉で言い身をもって行動するところに真理はあると言われるのであろう。

「海印三昧」巻の「不言は不道にはあらず、道得は言得にあらざるがゆゑに」（一〇三頁）という説示は注目される。「道得」とは「言得」とは違うと言われるが、いったいどのように違うのか。やはり、その違いには「行」が関わってくるのかもしれない。

道元禅師は「行持（上）」巻で大慈寰中（七八〇～八六二）の「説得一丈、不如行取一尺。説得一尺、不如行取一寸」（一三三頁）の語を挙げて拈提している。「行持」と題する巻で引用されているのであるから、この語を用いて「行」の重要性を示そうとしたものである。しかし禅師は、「一丈の説は不是とにはあらず、一尺の行は一丈説よりも大功なりといふなり」と「説」を「不是」というのではないと説明する。次の洞山の語も「説」も重視されていたことを窺わせるものである。

洞山悟本大師道、説取行不得底、行取説不得底。

これ高祖の道なり。その宗旨は、行は説に通ずるみちをあきらめ、説の行に通ずるみちあり。しかあれば、終日とくところに終日おこなふなり。その宗旨は、行不得底を行取し、説不得底を説取するなり。（一三三頁）

道元禅師の「道得」を、言葉で表現できないところを行で表現し、行で表現できないところを言葉で表現し、両者補いあってこそ、仏法を道得することが出来るとも理解できる。

まことに、道元禅師は修行の重要性を、特に坐禅の行を強調している。それは、行が伴わずして仏法の表現はありえないとするからであろう。しかし、そのことが、言葉のみでは不十分であると言われているのではないことは、さらに次の「三界唯心」巻では釈尊の言葉を挙げて、

釈迦大師道、三界唯一心、心外無別法。心仏及衆生、是三無差別。

一句の道著は一代の挙力なり、一代の挙力は尽力の全挙なり。たとひ強為の為なりとも、云為の為なるべし。このゆゑに、いま如来道の三界唯心は、全如来の全現成なり。全一代は全一句なり、三界は全界なり。（三五三頁）

と示しているところに知られる。この「三界唯一心、云々」が釈尊の親説であるかどうかは別として、この語は釈尊の一代を挙げての修行力を尽くした言葉であると道元禅師は捉えている。道元禅師がこの言葉を単なる言葉として受け取っているのではないことはここに知られる。時空を離れて、道元禅師は釈尊の言葉を文字にとどまらない文字として受容している。真理は言葉のみによって表現できなくとも、しかしながら言葉によって伝えることができるのである。行の必要性も含めて、まさに言葉によって正しく伝えられうるのである。

道元禅師の言葉もまさに同様である。

以前私は、宏智と道元禅師の「坐禅箴」を比較して、道元禅師の「坐禅箴」が、宏智の「坐禅箴」に比べ、より行を強調されていることについて、これは宏智の『坐禅箴』の表現に含まれる自然外道と誤解されやすい危険性を、言語表現を巧みに変えることによって払拭しようとしたものと考えられると述べたが（拙稿「道元禅師撰『坐禅箴』について」、『宗学研究』第三七号、一九九五年三月）、それにしても、その表現に「行」の重要性を加えることは、かえってその頌としての宏智の『坐禅箴』の格調を損なうように思えてならない。恐れながら言えば、道元禅師は宏智の『坐禅箴』を超えたのではなく、「行」を加えたことは蛇足ではないかという感想をもったことを素直に告白したい。しかし、道元禅師が宏智の『坐禅箴』に「行」を加えたことは、それだけ道元禅師が、道得ということを重視したからに相違ないとも今は考えられる。その点においては、前掲拙稿が「誤解を生じやすい危険性を、言語表現を巧みに変えることによって払拭しようとされたもの」と結論したことは、本節の「道得」の視点からもう一度、捉え直さなければならないかもしれない。

さて、真理は表現できるとされた道元禅師の言語表現とはいかなる言語表現であるのか、その具体相については、次節において詳細に論じたい。

次節において述べるような表現を自在に用いることによって、道元禅師は言語によりながら言語表現の限界を越えているると私は考える。とにかく、我々は『正法眼蔵』に接する時、自らの言語理解の拙さを痛感しながら苦労して読みすすまざるを得ない。ここに『正法眼蔵』理解の一つの難しさがあるのであり、その一つひとつを克服し得る時、誤りのない理解を確実に得られるという、道元禅師の「道得」の恩恵を蒙ることができるのである。

第三節　絶対同一

ここに掲げた絶対同一とは、絶対的な合一性を言う。すなわち、一般的に、或いは常識的に異なると考えられる複数の「こと」あるいは「もの」等が、実は全く一つである場合に……もちろん、それをそう捉えることのできるものにとってであるが……、それを言語で示す方法として、その複数の異なった言葉（の示す内容あるいは事物）が、前提として二元論的・相対的観念をもつ同一ではなく、一元論的・絶対的観念をもつ同一であることを言う。

当然、この場合、絶対同一を語る当人にとって、絶対同一とは論理ではなく事実であり、これを表現するには、すでに複数の言葉で示されているにもかかわらず実は絶対同一であるこの事実を、すでに異なった観念として理解され用いられている言葉を使用して表現しなければならず、よって、自ずときわめて特異な言語表現を用いることになる。

これについての道元禅師の場合を論じるものである。

そこでまず、最も端的な一例を取り上げて、絶対同一の表現を紹介する。

「摩訶般若波羅蜜」巻に、

色即是空なり、空即是色なり。色是色なり、空即空なり。（二一頁）

という説示がある。この巻は『般若心経』に対する道元禅師の提唱であると考えられ、この一節は「色即是空、空即是色」に対するコメントである。

「色即是空」とは、あらゆる存在は空なる存在であることを意味する。万物は実体的存在ではないということである。逆に、「空即是色」とは、どのような意味なのか、解釈に苦しむが、空であることが、あらゆる存在の在り方であるとでも理解すべきか。つまり、「空」なる存在ではあるが、因縁和合によって事実「色」が現実に存在しているのであり、現に「空」なる存在が「色」として実在するということを示したものであろうか。あるいは、空であることが、あらゆる存在の在り方であるとでも理解できよう。

「色即是空」とは、「色」には「空」なる性質がある、あるいは「色」は「空」なる性質をもっている、とも解釈できるが、道元禅師においては、「色」は「空」なる存在であり、「空」なる存在がすなわち「色」なのであって、そこに、「ある」とか「もっている」というような思考は退けられる。まさに「色」は「空」なのであり、「空」は「色」なのである。

いずれにしても「色即是空、空即是色」は『般若心経』の言葉であるからさておき、ここで問題とすべきは道元禅師の「色是色」「空即空」という言葉である。

この、一見、意味を為さない言葉を「色即是空」「空即是色」という語の直後に添えることによって、道元禅師は「色」と「空」の絶対同一を示された、と私は捉えるのである。

「A即是B」とは、AはBである、AはBにほかならない、ということであり、これを数式で書けばA＝Bである。A＝Bということになると、AとBはもともとAとBであって、AはA、BはBであるものを、A＝Bと結びつけるものである。もちろん、AとBが同一であることを示すために「AはBである」という表現を用いるわけであるが、所詮別物であるものを結び付ける感を免れない。

「色是色」「空即空」とは、「色即是空」「空即是色」の直後に添えられることによって、そのような認識を直ちに打ち消す言葉である。これが道元禅師の言語表現の特異性であり、すばらしさである。「色即是空」「空即是色」は、さらに「色是色」「空即空」と言い得て完璧と言えるのである。「色」と「空」の絶対同一を言うには「色即是色」「空即是空」と言語表現するのが最も親切（的確）なのである。道元禅師が「即是」を「即」と「是」に分け「色」と「空」にあてたのも両文字にとらわれないための配慮である。

この「色即是空」については、「仏性」巻でも示されている。

いはゆるの空は、色即是空の空にあらず。色即是空といふは、色を強為して空とするにあらず、空をわかちて色を作家せるにあらず、空是空の空なるべし。空是空の空といふは、空裏一片石なり。（一九頁）

ここにも明確に示されているように、「色即是空」というのは「色」を強いて「空」と結びつけているのではないとする。「色」と「空」はまさに絶体同一なるものであり、「空是空」と言うべきものであり、空裏一片石（空以外に何ものもない）ということであると示す。このようなまでに道元禅師は、実に親切に周到に仏法を解説する。仏法を表現するのに言葉を用いざるを得ない上において、正しい理解を与えるべく配慮しているのである。このような表現法は『正法眼蔵』には非常に多い。

先に述べたように、私はこのような「色」と「空」の関係を絶対同一と言い、この絶対同一を表現する特異な表現を、以下、道元禅師の『正法眼蔵』の中に探ってみた。

「現成公案」巻に、

うを水をゆくに、ゆけども水のきはなく、鳥そらをとぶに、とぶといへどもそらのきはなし。しかあれども、うをとり、いまだむかしよりみづそらをはなれず。只用大のときは使大なり、要小のときは使小なり。かくのごとくして、頭頭に辺際をつくさずといふことなく、処処に踏翻せずといふことなしといへども、鳥もしそらをいづれば、たちまちに死す、魚もし水をいづれば、たちまちに死す。以水為命しりぬべし、以空為命しりぬべし。以鳥為命あり、以魚為命あり。以命為鳥なるべし、以命為魚なるべし。このほかさらに進歩あるべし。修証あり、その寿者命者あることかくのごとし。しかあるを、水をきはめ、そらをきはめてのち、水そらをゆかんと擬する鳥魚あらんは、水にもそらにも、みちをうべからず、ところをうべからず。このところをうれば、この行李したがひて現成公案す。このみちをうれば、この行李したがひて現成公案なり。このみち、このところ、大にあらず小にあらず、自にあらず他にあらず、さきよりあるにあらず、いま現ずるにあらざるがゆゑに、かくのごとくあるなり。しかあるがごとく、人もし仏道を修証するに、得一法通一法なり、遇一行修一行なり。これにところあり、みち通達せるによりて、しらるるきはのしるからざるは、このしることの、仏法の究尽と同生し同参するがゆゑにしかあるなり。(九〜一〇頁)

とある。言葉は簡単であっても、その内容は難しい。要旨は、人が修証[14]するのに「得一法通一法」「遇一行修一行」であるべきことを、いや、必ず「得一法通一法」「遇一行修一行」であることを述べたものであるが、その様子を「鳥」と「空」と「命」、「魚」と「水」と「命」の譬えを用いて説明したものである。

さて、ここで「鳥、もしそらをいづればたちまちに死す、魚、もし水をいづればたちまちに死す」という言葉を受けて、「以水為命しりぬべし、以空為命しりぬべし。以鳥為命あり、以魚為命あり。以命為鳥なるべし、以命為魚をなるべし」と言葉が並ぶ。そして「このほか、さらに進歩あるべし」と言われる。

「以水為命しりぬべし、以空為命しりぬべし」について「(魚は)水を命としていることを知ることができる。(鳥は)空を命としていることを知ることができる」と解釈できることは、ほぼ問題なかろうが、「以鳥為命あり、以魚為命あり。以命為鳥なるべし、以命為魚なるべし」という部分は、訳者を悩ませ、その解釈は訳者によって異なる。

「以鳥為命」とは「鳥を以て命と為す」と読むことができ、「あり」と続くから、鳥を以て命と為すもの（こと）があるという意になる。これは魚の部分（以魚為命）についても同様である。

この言葉に解釈を加えようとすれば、「鳥を命としているもの（こと）がある」とは、「鳥が空を命としているように、鳥そのものを、鳥にとっての空のように、命としているもの（こと）がある」ということに解され得る。これは魚についても同様である。

このことは十分納得できる。やや科学的な解釈になるが、生命体の中には、それを拠り所とする、より小さな生命体が存在する。そしてこのことは、同じくこの巻に示される次の話に通じる。

船にのりて、山なき海中にいでて四方をみるに、ただまろにのみみゆ、さらにことなる相、みゆることなし。しかあれど、この大海、まろなるにあらず、方なるにあらず、のこれる海徳、つくすべからざるなり。宮殿のごとし、瓔珞のごとし。ただわがまなこのおよぶところ、しばらくまろにみゆるのみなり。（九頁）

「宮殿」「瓔珞」は『摂大乗論釈』四の「一水四見」を踏まえたものであろうが、「一水四見」のごとく、物事には種々の見方がある。そこから転じてやはり同巻にて、我々は「ただわがまなこのおよぶべきところ」や「参学眼力のおよぶばかり」をもって万法を知覚するが、「よもの世界あることを」知らなければならないと戒められている。「鳥が空を命としているように、鳥そのものを、鳥にとっての空のように、命としているもの（こと）」、すなわち「以鳥為命」が確かにあるのである。(15)

しかし、私自らが、そのような解釈を成し得ることをここに示しながらも、やはりこの部分は、絶対同一の表現と捉えるべきであると考える。

そこで「以命為鳥なるべし、以命為魚なるべし」についてはどうであろう。現代語訳すれば「命を鳥としているのであるかもしれない。命を魚としているのであるかもしれない」ということになる。命を鳥としているということに

ついても十分解釈が成し得る。道元禅師は、十二巻本『正法眼蔵』の「帰依仏法僧宝」巻において、

この帰依仏法僧の功徳、かならず感応道交するとき成就するなり。たとひ天上・人間、地獄・鬼畜なりといへども、感応道交すれば、かならず帰依したてまつるなり。すでに帰依したてまつるがごときは、生生世世、在在処処に増長し、かならず積功累徳し、阿耨多羅三藐三菩提を成就するなり。（六六七頁）

と示され、七十五巻本『正法眼蔵』でも、

もし菩提心をおこしてのち、六趣四生に輪転すといへども、その輪転の因縁、みな菩提の行願となるなり。（「渓声山色」巻、二二九頁）

と説かれる。これは一例であって、ことに十二巻本には、このような説示が多く見られ、遥かなる仏道を説き、我々は幾生死を重ねながら功徳を積み釈尊（仏）へと近づいてゆくと説く。

とすれば、釈尊の本生譚のごとき、永遠なる仏道修行の輪転の一生として、鳥として命を受け、魚として命を受ける。ある時はその命を鳥とし、ある時はその命を魚とするとも理解できる。「以命為鳥なるべし、以命為魚をなるべし」もあくまでも一解釈としてではあるが、かく解釈されうるのである。

しかし、これについても私自らが、そのような解釈を成し得ることをここに示しながらも、やはりこの「現成公案」巻の「鳥」と「魚」の一節は、絶対同一の表現と捉えるべきであると考えるのである。

「即心是仏」巻に、やはり道元禅師の特異な解釈がある。「即心是仏」は馬祖禅（馬祖道一の禅風）が旗印として掲げた南宗の中心思想であって、通常「心こそが仏である」「心そのままそれが仏である」等と解釈される。中国禅の成立とも深く関わるが、この語は、中国への仏教伝来後、必然的に興隆した翻訳仏教や学問仏教への反動として、これらを批判し、仏教本来のあり方に還るべきであるとして打ち出された言葉であり、実践の必要性や、自己の心をあきらめることの重要性を打ち出した言葉と言える。

この「即心是仏」巻では、この「即心是仏」の語に対し、「仏仏祖祖、いまだまぬがれず保任しきたれるは、即心是仏のみなり」等と讃えるが、「心」の解釈において原意と大いに異なる解釈を示されたものであり、「即A是B」という文法においても、常識的解釈を超えている。すなわち、

仏百草を拈却しきたり、打失しきたる。しかあれども、丈六の金身に説似せず。即公案あり、見成を相待せず、敗壊を廻避せず。是三界あり、退出にあらず、唯心にあらず。心牆壁あり、いまだ泥水せず、いまだ造作せず。

（四四頁）

と、「即心是仏」を「仏」「即」「是」「心」に分け、そのそれぞれについてコメントを付すのであり、さらにこの四つの語を自在に結びつけて、

あるいは即心是仏を参究し、心即仏是を参究し、仏即是心を参究し、即心仏是を参究し、是仏心即を参究す。かくのごとくの参究まさしく即心是仏、これを挙して即心是仏に正伝するなり。かくのごとく正伝して今日にいたれり。（四四頁）

と示すのである。ここで「心即仏是」「仏即是心」「即心仏是」「是仏心即」のそれぞれについて、異なった妥当な解釈を見いだすことは、私には不可能であり、もし、先の「現成公案」の説示の如く「このほか、さらに進歩あるべし」であるとすれば、それはなおさらであろう。この説示も、私にとって見れば、絶対同一の表現であり、道元禅師が「心即仏是」「仏即是心」「即心仏是」「是仏心即」等の言葉を参究せよと言われるのは、「心」と「仏」の絶対同一を示され、先の「摩訶般若波羅蜜」巻における、「色是色なり、空即空なり」（一一頁）と同様に「是」や「即」についてもこれを分けて、さらに独立させることによって、「A即是B」や「即A是B」の「即・是」が数式における「＝」ではないことを示されたものと考えられよう。

このような道元禅師の語法は他にも見られるのである。したがって先の「現成公案」巻の「鳥」と「魚」を例にし

た説示においても、語順に従った解釈があるいは可能であるとはいえ、より以上に妥当な解釈として、「鳥」と「空」と「命」の絶対同一、そして「魚」と「水」と「命」の絶対同一の表現と、受け取るべきであろうと思われるのである。だからこそ、これらの絶対同一を表現するには、さらに自在な表現がなされうるのであり、ゆえに道元禅師は「このほか、さらに進歩あるべし」と示されるのであると思う。

「仏性」巻には、

仏言、欲知仏性義、当観時節因縁、時節若至、仏性現前。（一六頁）

の語が引用され拈提されている。その中で道元禅師は、

時節の因縁を観ずるには、時節の因縁をもて観ずるなり。払子拄杖等をもて相観するなり。（一六頁）

と言われる。「時節の因縁」を観ずるのは「私（自）」であり、「私」が「時節の因縁」を観ずるはずであるが、道元禅師は「時節の因縁」が「時節の因縁」を観ずるのであるという。「私」が「時節の因縁」を観ずるのではない。「時節の因縁」が「時節の因縁」を観ずる。そして「いはゆる仏性をしらんとおもはば、しるべし、時節因縁これなり」と言われるから、「仏性」が「時節因縁」であることになる。そして、「観ずる」とは、

当観といふは、能観・所観にかゝはれず、正観・邪観等に準ずべきにあらず。これ当観なり。当観なるがゆへに不自観なり、不他観なり。時節因縁聻なり、超越因縁なり。仏性聻なり、脱体仏性なり。仏ゝ聻なり、性ゝ聻なり。（一六頁）

と示されるように「能観」（観ずるもの）「所観」（観ぜられるもの）があるのではなく、「自観」（私が観ずる）のでもなく「他観」（他が観ずる）のでもなく「時節因縁聻」（時節因縁そのものが観ずる、聻は「そのもの」の意）のであるという。「時節の因縁」が「時節の因縁」を観ずるのであれば、そこには「能観」も「所観」もない。そしてこのとき、「超越因縁」（時節因縁そのものも離れる）であり、先に「時節因縁」が「仏性」である（「いはゆる仏性をしらんとおも

性は、しるべし、時節因縁これなり」）と言ったところの「仏性」そのもの、つまり、「仏性」が「仏性」を観ずる（「仏性聻なり」）のであり、さらに「仏性」そのものもわすれ、「仏性」が「仏性」を観ずるというそのこともわすれる（「脱体仏性なり」）のである。

「仏仏聻なり、性性聻なり」という言葉は、「仏性聻なり」という言葉に対して「仏」と「性」の関係についてその絶対同一を示した言葉と受けとることができる。「仏性」と言えば、一般的に、仏となる可能性とか、本来具わっている仏となる素質とか解釈されるが、このような常識的解釈を打ち砕くものがこの「仏仏聻なり、性性聻なり」である。

さてここで、「能観」「所観」という二元論的観念の超克において、道元禅師の特徴的な説示を挙げれば、次の「三界唯心」巻の一説を挙げることができる。

三界は全界なり。三界はすなはち心といふにあらず。そのゆゑは、三界はいく玲瓏八面も、なほ三界なり。三界にあらざらんと誤錯すといふとも、総不著なり。内外中間、初中後際、みな三界なり。三界は三界の所見のごとし。三界にあらざるものの所見は、三界を見不正なり。三界には三界の所見を旧窠とし、三界の所見を新條とす。旧窠也三界見、新條也三界見なり。このゆゑに、釈迦大師道、不如三界、見於三界。この所見すなはち三界なり、この三界は所見のごとくなり。三界は本有にあらず、三界は今有にあらず。三界は新成にあらず、三界は因縁生にあらず、三界は初中後にあらず。出離三界あり、今此三界あり。これ機関の機関と相見するなり、葛藤の葛藤を生長するなり。今此三界は、三界の所見なり。いはゆる所見は、見於三界なり。見於三界は、見成三界なり、三界見成なり、見成公案なり。よく三界をして発心・修行・菩提・涅槃ならしむ。これすなはち皆是我有なり。（三五三〜三五四頁）

道元禅師が「三界唯心」と言われる場合、三界と心という二つのものがあって、それが即是（イコール）であると言うのではない。三界といえば三界のみで心はない、逆に心のときは心ばかりで三界などない、と言われる。この『法華経』「寿量品」の「不如三界、見於三界」の語を引かれて、ここに「今此三界は、三界の所見なり」「三界は三界の所見のごとし」等と示されているのがそれである。「三界」と「心」の絶対同一である。『正法眼蔵抄』において、「三界の三界を見るが如くならず」と読むのは教家での心得で、宗門では「三界の三界を見むには如かじ」と読むのである（『永平正法眼蔵蒐書大成』第一一巻、六七八頁）と註解しているが、「心」が「三界」を見るというよりも、「三界」が「三界」を見るというほうが、より親しい（親切、親密）のである。とはいえ、二元論的観念の上に立って「三界」を「心」と「いう」（呼ぶ、名付ける）、あるいは「即」（すなわち、イコール）と両者を結びつけるのではないことを「三界はすなわち心といふにあらず」と示されるのである。「心」と「三界」の絶対同一の表現である。

また「仏性」巻において、

おほよそ、時節の若至せざる時節いまだあらず、仏性の現前せざる仏性あらざるなり。（二七頁）

という。時節が至らない時節はなく、仏性が現前しない仏性はない、というのは、時節が至らなければ現前しないという仏性はなく、仏性が現前しない時節はないということである。常に時節が至っており仏性が現前している。而今こそ仏性が現前している時節なのである。仏道に生きている道元禅師にとって、日々刻々が仏性の現前する時節なのである。ここでも「時節」と「仏性」は絶対同一である。

さらに摸索すべし、一切衆生なにとしてか仏性ならん、一切仏性あらん。もし仏性あるは、これ魔儻なるべし。魔子一枚を将来して、一切衆生にかさねんとす。仏性これ仏性なれば、衆生これ衆生なり。衆生もとより仏性を具足せるにあらず、たとひ具せんともとむとも、仏性はじめてきたるべきにあらざる宗旨なり。張公喫酒李公酔といふことなかれ。もしおのづから仏性あらんは、さらに衆生にあらず。すでに衆生あらんは、つゐに仏性にあらず。（「仏性」巻、二八頁）

これは、潙山霊祐の語、「一切衆生無仏性」に対する拈提の語である。「仏性」と「衆生」の絶対同一を示している。一切衆生に仏性がある、とか、一切衆生は仏性であるという見解を破している。「一切衆生」に「仏性」が「ある」と言えば、実体的な存在として衆生が仏性を有するということになる。「衆生」と「仏性」とは絶対同一であるから、一切衆生に仏性があると言えば、一切衆生に余分なものを重ねることになる。仏性は仏性であって、衆生は衆生なのである。このような表現自体も、仏性は衆生であることの絶対同一の表現である。衆生は元々仏性を具足しているから、同一だというのではない。具足と言えば所有することであるが、所有する以前からすでに衆生は仏性なのであり、「仏性はじめてきたる」のではないのである。「もしおのづから仏性あらんは、さらに衆生にあらず。すでに衆生あらんは、つひに仏性にあらず」というのも「仏性」と「衆生」の絶対同一の表現であり、「仏性」というときには「衆生」はなく、「衆生」というときには「仏性」はないのである。

あきらかにしりぬ、心とは山河大地なり、日月星辰なり。しかあれども、この道取するところ、すすめば不足あり、しりぞくればあまれり。山河大地心は、山河大地のみなり。さらに波浪なし、風煙なし。日月星辰心は、日月星辰のみなり。さらにきりなし、かすみなし。生死去来心は、生死去来のみなり。さらに迷なし悟なし。牆壁瓦礫心は、牆壁瓦礫のみなり、さらに泥なし、水なし。四大五蘊心は、四大五蘊のみなり。さらに馬なし、猿なし。椅子払子心は、椅子払子のみなり、さらに竹なし、木なし。かくのごとくなるがゆゑに、即心是仏、不染汚即心是仏なり。諸仏、不染汚諸仏なり。(「即心是仏」巻、四四頁)

ここで道元禅師は、まず慮知念覚が「心」であるという一般的常識を打ち破るために、「心とは山河大地なり、日月星辰なり」と明言される。しかし、このような言葉も、受け取り方によっては、「心」と「山河大地」という二つの対立が生まれ「不足」や「余り」がでてくる。「山河大地」と「心」は絶対同一であるから、道元禅師はさらに「山河大地心」と一つの言葉にしてしまう(日月星辰心・生死去来心・牆壁瓦礫心・四大五蘊心・椅子竹木心も同じ)。「山河大地心」のとき、「心」と言えば「心」のみ、「山河大地」と言えば「山河大地」のみであって、ここでは後者をとって「山河大地のみなり」と言われる。このとき、けっして「波浪」も「風煙」もないとは、「山河大地」についての観念論的見解を打ち砕くものである。同様に「牆壁瓦礫」と言えば「牆壁瓦礫」であって、「泥」とか「水」とかその構成要素を問題とするのではなく、「椅子」と言えば「椅子」であって、それが「木」でできているとか「竹」でできているとか、そういうことにとらわれてはならないと言われるのである。それはまた裏返せば、すべてが「心」であって「心」以外のものはないことの表現なのである。

古仏心といふは、むかし僧ありて大証国師にとふ、「いかにあらんかこれ古仏心。」ときに国師いはく、「牆壁瓦礫。」しかあればしるべし、古仏心は牆壁瓦礫にあらず、牆壁瓦礫を古仏心といふにあらず。古仏心それかくのごとく学するなり。（「身心学道」巻、三八〜三九頁）

これは、南陽慧忠とある僧の問答である。ある僧の「いかにあらんかこれ古仏心」という問いに対して慧忠は「牆壁瓦礫」と答えた[16]。故に「古仏心」とは「牆壁瓦礫」なのである。しかし、道元禅師はその解説で「しかあればしるべし」と、この問答を承けながら「古仏心は牆壁瓦礫にあらず」と全く逆のことを言われている。これは、典型的な絶対同一の表現であり、「古仏心」と「牆壁瓦礫」と二つを置いて同一化することの非を示し、「牆壁瓦礫」を「古仏心」と「いう」ものではないことを示すことによって、その絶対同一を述べたものであり、この問答を否定するものではないことはあらためて言うまでもない。

しかあればすなはち、為法為身の消息、よく心にまかす。脱生脱死の威儀、しばらくほとけに一任せり。ゆゑに道取あり、万法唯心、三界唯心。さらに向上に道得するに、唯心の道得あり、いはゆる牆壁瓦礫なり。唯心にあらざるゆゑに牆壁瓦礫にあらず。これ行仏の威儀なる、任心任法、為法為身の道理なり。（「行仏威儀」巻、五三頁）

「心」について示す場合、よく用いられる語に「万法唯心」「三界唯心」がある。先に「法界唯心」の語もあった。これらの語によって、その意は十分尽くされるのであるが、道元禅師は、「唯心」の表現としてさらに言い方があるという。それが「牆壁瓦礫」であるというのである。そこには「唯心」などという説明（「牆壁瓦礫唯心」）もない。「唯心にあらざるゆゑに牆壁瓦礫にあらず」とは不可解であるが、「唯心（万法唯心・三界唯心）ではないから、牆壁瓦礫ではない」というのではなく「唯心（万法唯心・三界唯心）ではないから牆壁瓦礫（である）」（と言うの）ではない」と言われるのである。

婆子もし徳山とはん、現在心不可得、過去心不可得、未来心不可得、いまもちひをしていづれの心をか点ぜんとかする。かくのごとくとはんに、婆子すなはち徳山にむかうていふべし、和尚はただもちひの心を点ずべからずとのみしりて、心のもちひを点ずることをしらず、心の心を点ずることをもしらず。（「心不可得」巻、六六頁）

ここで示されるのは、一切法が心であるという立場からは、「もちひ（餅）」も「心」である。であるから、「餅」が「心」を点ずるということは、「心」が「心」を点ずることであり、「心」が「餅」を点ずるとも言えるとされる。「心」と「餅」の絶対同一である。

随順世縁無罣礙。世縁と世縁と随順し、随順と随順と世縁なり。これを無罣礙といふ。罣礙不罣礙は、被眼礙に慣習すべきなり。（「空華」巻、一一三頁）

これは、張拙の悟道の頌に対する拈提である。この語の前に、対になる形で「趣向真如亦是邪」の語があるが、その主語は、「私」あるいは「修行者」である。原意は、〝真如であってもそれを追い求めれば邪であるといい、世縁であっても世縁に随順しながら世縁に妨げられなければよし〟と言うのであろう。これについての道元禅師の解説は「世縁と世縁と随順し、随順と随順と世縁なり」とあり、一見不可解である。しかし、これも「私」と「世縁」と「随順すること」の三者の絶対同一の表現なのである。「世縁」と対立するところの「私」というものがあれば、それは真に世縁に随順したことにならない。また「随順」という言葉そのものには、すでに能所対待が前提となるので、「随順」を「世縁」という言葉に、しかも「世縁なり」と動詞形にして置き換えることによって、「随順」という語そのものを絶対同一化させたのである。また助詞を変えることによってもそれを試みている。この「世縁と世縁と随順し、随順と随順と世縁なり」のような説示は、現代語訳不可能なのであって、絶対同一の表現と受け取る以外にない。

仏道の嫡嗣に学しきたれるには、無上菩提正法眼蔵、これを寂静といひ、無為といひ、三昧といひ、陀羅尼といふ。道理は、一法わづかに寂静なれば万法ともに寂静なり、風吹寂静なれば鈴鳴寂静なり、このゆゑに倶寂静といふなり。心鳴は風鳴にあらず、心鳴は鈴鳴にあらず、心鳴は心鳴にあらずと道取するなり。親切の恁麼なるを究弁せんよりは、さらにただいふべし、風鳴なり、鈴鳴なり、吹鳴なり、鳴鳴なりともいふべし。何愁恁麼事のゆゑに恁麼あるにあらず、何関恁麼事なるによりて恁麼なるなり。(「恁麼」巻、一六五頁)

ここでは「一法」と「万法」の絶対同一を言い、「心」と「法」(個々の法を含む万法)との絶対同一を表現している。前者については、表現においての特異性はない。この部分は、僧伽難提と伽耶舎多の鈴鐸の話を拈提したものであり、この話の趣旨は、鈴鐸が風に吹かれて鳴っているのを聞いて、僧伽難提が伽耶舎多に「風が鳴っているのか、鈴が鳴っているのか」と問い、伽耶舎多が「風が鳴っているのでもなく、鈴が鳴っているのでもなく、我が心が鳴っているのである」と答え、さらに僧伽難提が「心とはなにか」と尋ね、これに対する伽耶舎多の「倶寂静」という答えを大いに称えて、嗣法するというものである。

「心鳴は風鳴にあらず」とは、「心」と「風」の不同を言ったのではなく、絶対同一の表現であることは、前述の諸例とおなじであり、「心鳴は鈴鳴にあらず」も、「心」と「鈴」の絶対同一の表現であり、であるからこそ、これらの「風鳴」や「鈴鳴」の語を「心鳴」の語に置き換えて「心鳴は心鳴にあらず」などとも言われるのである。さらにこれを親切に言えば、ただ「風鳴なり」「鈴鳴なり」「吹鳴なり」「鳴鳴なり」とも言うべきであると示されるのである。

「鳴鳴なり」とはまさに絶妙である。「風に吹かれて鈴が鳴る」、言葉で表現すればそうなるが、現実には一つの事実があるだけである。次の六祖慧能の風幡の話に対する拈提も同様である。

いはゆる、仁者心動はさもあらばあれ、さらに仁者動といふべし。為甚麼恁麼道。いはゆる、動者動なるがゆゑに、仁者仁者なるによりてなり。既是恁麼人なるがゆゑに、恁麼道なり。（「恁麼」巻、一六六頁）

六祖の「仁者心動」の語は、風に吹かれて幡が動いているのを見て「幡が動いている」とする一僧と「風が動いている」とする一僧の争論を聞いて、六祖が「風が動いているのでも幡が動いているのでもない」といって示されたもので、「あなたがたの心が動いているのだ」というものである。これに対して道元禅師は、さらに「仁者動」と言うべきであるとしている。ここには「心」ということも抜け落ちている。さらに「動者動」と言い、「仁者仁者」と言う。これもやはり「仁者」と「動」と「心」の絶対同一を示したものである。当然「幡」「風」「吹」等も同様である。

このかがみ、内外にくもりなしといふは、外にまつ内にあらず、内にくもれる外にあらず。面背あることなし、両箇おなじく得見あり。心と眼とあひにたり。相似といふは、人の人にあふなり。たとひ内の形像も、心眼あり、同得見あり。たとひ外の形像も、心眼あり、同得見あり。いま現前せる依報正報、ともに内に相似なり、外に相似なり。われにあらず、たれにあらず、これは両人の相見なり、両人の相似なり。かれもわれといふ、われもかれとなる。心と眼と皆相似といふは、心は心に相似なり、眼は眼に相似なり。相似は心眼なり。たとへば、心眼各相似といはんがごとし。いかならんかこれ心の心に相似せる、いはゆる三祖・六祖なり。いかならんかこれ眼の眼に相似なる、いはゆる道眼被眼礙なり。（「古鏡」巻、一七七頁）

ここでも「内」と「外」の絶対同一、「心」と「眼」の絶対同一を示す。表現としては「心と眼と皆相似といふは、心は心に相似なり、眼は眼に相似なり」が特徴的である。「心」と「眼」が絶対同一であるからには、「心と眼と皆相似」を「心は心に相似」「眼は眼に相似」と言い得るのである。「心は心に相似」「眼は眼に相似」という表現によって「心」と「眼」の絶対同一を表現したのである。また「我」と「彼」についてもその同一を「かれもわれといふ、われもかれとなる」と表現する。これはいわゆる絶対同一の特異な表現ではないが、両者の一如を言っている。彼も自分のことを「われ」と言うし、私も彼からみれば「かれ」なのである、という意である。自他一如とは、そのような見方ができることである。

いま世界に排列せるむまひつじをあらしむるも、住法位の恁麼なる昇降上下なり。ねずみも時なり、とらも時なり。生も時なり、仏も時なり。この時、三頭八臂にて尽界を証し、丈六金身にて尽界を証す。それ尽界をもて尽界を界尽するを、究尽するとはいふなり。丈六金身をもて丈六金身するを、発心・修行・菩提・涅槃と現成する、すなはち有なり、時なり。尽時を尽有と究尽するのみ、さらに剰法なし。剰法これ剰法なるがゆゑに（後略）。

（「有時」巻、一九一〜一九二頁）

これは、「私」（修証する私）と「時」（時間）と「空」（空間）の絶対同一を示したものである。「とき（午・未・子・寅等）」も「時」であり、「生」も「時」であり、「仏」も「時」であるという。この「時」は、「三頭八臂」「丈六金身」等の「有」（一法）をかりて尽界を証してゆく。「それ尽界をもて尽界を界尽するを、究尽するとはいふなり。丈六金身をもて丈六金身するを、発心・修行・菩提・涅槃と現成する、すなはち有なり、時なり」という表現は、「時」と「有」（これらの「一法」）と「尽界」と「証する」ということの絶対同一の表現であり、そこに「発心・修行・菩提・涅槃と現成する」と示されるところの修証の現成が関わるのである。(17)

さて、「自己」と「尽界」とは本来ひとつなのであるが、通常は真にそのことを認識し得ない。ゆえにそのところが道元禅師においても種々に示される。すなわち、

正修行のとき、渓声渓色・山色山声、ともに八万四千偈ををしまざるなり。自己もし名利身心を不惜すれば、渓山また恁麼の不惜あり。たとひ渓声山色八万四千偈を現成せしめ、現成せしめざることは、夜来なりとも、渓山

の渓山を挙似する尽力未便ならんは、たれかなんぢを渓声山色と見聞せん。（「渓声山色」、二二三頁）

と言われるように、正修行のとき、渓声山色が八万四千偈を惜しまず唱えるのである。つまり、正しい修行をしている当体において、大自然の原自然（人間によって破壊・汚染されていない自然……私はこれに限定したい）のありとあらゆる現象を、仏の説法と聞き得るのである。「自己」と「渓山」の絶対同一の現成は、「不惜名利身心」のときにあるのである。ちなみに「渓声渓色・山色山声」というのは、「山」と「渓」、「声」と「色」との絶対同一の表現である。それぞれの言葉、そしてその言葉の観念にとらわれることを避ける表現である。渓と言えば声、山と言えば色、というように念想させないためである。

また、現実世界と理想世界という二つの対立世界があるのではない。道元禅師はこれを「夢」と「覚」という言葉を用いて示される。たとえば、道元禅師の「夢中説夢」の語の捉え方は独特である。「夢中説夢」とは、夢の中で夢を説くことで、まったく非現実的な愚かさを言う。しかし、道元禅師の解釈は違う。

証中見証なるがゆゑに、夢中説夢なり。この夢中説夢処、これ仏祖国なり、仏祖会なり。仏国仏会・祖道祖席は、証上而証、夢中説夢なり。この道取説取にあひながら、仏会にあらずとすべからず。これ仏転法輪なり。（「夢中説夢」巻、二四〇頁）

「証中見証」とは、さとりの中でさとりを見るということであり、「現成公案」巻の「悟上得悟」と同意語であり、いわゆる「本証妙修」や「証上の修」等とも関連する語である。道元禅師の説かれる「夢中説夢」は迷いの世界のことではなく、仏祖の世界を言う。「証中見証」が「夢中説夢」であり、「証上而証」が「夢中説夢」である。仏祖の世界などといえば、「仏祖」と「世界」と異なるものになってしまうが、次に示されるように、「夢中説夢」が「諸仏」そのものである。

夢中説夢は諸仏なり、諸仏は風雨水火なり。この名号を受持し、かの名号を受持す。夢中説夢は古仏なり。乗此

宝乗、直至道場なり。直至道場は、乗此宝乗中なり。（「夢中説夢」巻、二四一頁）

『法華経』「譬喩品」の偈に「乗此宝乗、直至道場」（『大正蔵』九・一五上）（此の宝乗に乗って、直に道場に至る）とある。宝乗（宝の乗り物）とは大白牛車であり、道場とは一乗法である。宝乗に乗って道場に至るのである。「直に」とあるから、一瞬にして至るのであるが、「宝乗」と「道場」とは別物である感をまぬがれない。そこで道元禅師は言う、「直至道場は、乗此宝乗中なり」と。すなわち、「道場」へと「宝乗」に乗って至るのではなく、「道場」はこの乗り物（宝乗）の中にあると言われるのである。修行が悟りを得るための手段・方法ではなく、修行そのものが証りであるとする道元禅師であれば、このように言われるのも当然である。そして、「夢」（現実の迷いの世界に譬える）から「覚」（理想的な悟りの世界に譬える）へと至るのではなく、「夢」そのものが実相であり、この「夢」以外に「覚」を求めてはならないと言う。

釈迦牟尼仏言、諸仏身金色、百福相荘厳。聞法為人説、常有是好夢。又夢作国王、捨宮殿眷属及上妙五欲、行詣於道場、在菩提樹下、而処師子座、求道過七日、得諸仏之智。成無上道已、起而転法輪、為四衆説法、経千万億劫、説無漏妙法、度無量衆生、後当入涅槃、如煙尽灯滅。若後悪世中、説是第一法、是人得大利、如上諸功徳。而今の仏説を参学して、諸仏の仏会を究尽すべし。これ譬喩にあらず。諸仏の妙法は、ただ唯仏与仏なるがゆゑに、夢覚の諸法、ともに実相なり。覚中の発心・修行・菩提・涅槃あり、夢裏の発心・修行・菩提・涅槃あり。夢覚おのおの実相なり。大小せず、勝劣せず。しかあるを、又夢作国王等の前後の道著を見聞する古今おもはくは、説是第一法のちからによりて、夜夢のかくのごとくなると錯会せり。かくのごとく会取するは、いまだ仏説を暁了せざるなり。夢覚もとより如一なり、実相なり。仏法は、たとひ譬喩なりとも実相なるべし。すでに譬喩にあらず、夢作これ仏法の真実なり。釈迦牟尼仏および一切の諸仏諸祖、みな夢中に発心修行し、成等正覚するなり。しかあるゆゑに、而今の娑婆世界の一化の仏道、すなはち夢作なり。（「夢中説夢」巻、二四三～二四四頁）

ここに示されるように、夢・覚の諸法がともに実相であり、夢と覚とはもとより一如であると言われるのである。ただし、無条件ではなく、そこには「修行」がある。夢中の修行、すなわち、この現実の修行の他に「覚」はないと言われるのである。ところで、ここで「発心・修行・菩提・涅槃」を「修行」と省略して述べたが、道元禅師は「修行」と用いればよい箇所において「発心・修行・菩提・涅槃」と用い、「発心」と用いればよい箇所において「発心・修行・菩提・涅槃」と用い、「菩提」(証・悟)と用いればよい箇所でもやはり、「発心・修行・菩提・涅槃」と示されている。これも「発心」「修行」「菩提」「涅槃」の絶対同一の表現であり、親切な説示である。

次に、道元禅師が、たびたび用いられる表現を挙げるが、これは仏祖の語句等に対して、不十分であることを指摘する場面において用いられる。

馬祖道の尽是法性、まことに八九成の道なりといへども、馬祖いまだ道取せざるところおほし。いはゆる、一切法性不出法性といはず、一切法性尽是法性といはず、一切衆生不出衆生といはず、一切衆生法性之少分といはず、一切衆生一切衆生之少分といはず、一切法性是衆生之五分といはず、半箇衆生半箇法性といはず、無衆生是法性といはず、法性不是衆生といはず、法性脱出法性といはず、衆生脱落衆生といはず、ただ衆生は法性三昧をいでずとのみきこゆ。法性は衆生三昧をいづべからずといはず、法性三昧の衆生三昧に出入する道著なし。いはんや法性の成仏きこえず、衆生証法性きこえず、法性証法性きこえず、無情不出法性の道なし。しばらく馬祖にとふべし、なにをよんでか衆生とする。もし法性をよんで衆生とせば、是什麼物恁麼来なり。もし衆生をよんで衆生とせば、説似一物即不中なり。速道速道。(「法性」巻、四一七〜四一八頁)

この部分は、馬祖道一の語「尽是法性」について拈提したものであるが、その全体を挙げれば、「洪州江西馬祖大寂禅師云、一切衆生、従無量劫来、不出法性三昧、長在法性三昧中、著衣喫飯、言談祇対。六根運用、一切施為、尽是法性」(四一六頁)であり、一切の施為が法性であることを示している。

「衆生」と「法性」と「施為」との絶対同一を示し、「一切」・「少分」、「不」・「出」まで、あらゆる対比をも絡めて、これらの語の意味を徹底追及し、その真意を問おうとしている。これらの語に、一見対待がなければよし、と言わんがごとくである。また、

転次の道理、しばらくも一隅にとどまりぬることなし、身心偏歓喜しもてゆくなり。歓喜なる及転次受決、かならず身と同参して偏参し、心と同参して偏参す。さらに又、身はかならず心に偏ず、心はかならず身に偏するゆゑに、身心偏といふ。すなはちこれ偏界偏方、偏身偏心なり。（「授記」巻、一九九頁）

と、「心」と「身」の絶対同一を言う。道元禅師が頻繁に用いられる「身心」という言葉自体が「心」と「身」の絶対同一の表現である。道元禅師は、「心」に関わる説示の中で周到に「身」の語を併記し、「身」に関わる説示の中で「心」の語を添える。(18)

さて、「心」と「身」に限らず、道元禅師は「心」と「境」（対象）あるいは「一切法」の一如不二を説かれる。たとえば「月」を例に次のように言う、

盤山宝積禅師云、心月孤円、光呑万象。光非照境、境亦非存。光境倶亡、復是何物。

いまいふところは、仏祖仏子、かならず心月あり。月を心とせるがゆゑに。月にあらざれば心にあらず、心にあらざる月なし。孤円といふは、虧闕せざるなり。両三にあらざるを万象といふ。万象これ月光にして万象にあらず、このゆゑに光呑万象なり。万象おのづから月光を呑尽せるがゆゑに、光の光を呑却するを、光呑万象といふなり。たとへば、月呑月なるべし、光呑月なるべし。（「都機」巻、二〇七頁）

すなわち「月」が「心」であると示すが、絶対同一の表現は「万象」と「月」と「光」について示されている。「万象これ月光にして万象にあらず、このゆゑに光呑万象なり。万象おのづから月光を呑尽せるがゆゑに、光の光を呑却するを、光呑万象といふなり。たとへば、月呑月なるべし、光呑月なるべし」は、絶妙な絶対同一の表現である。

また、「心」と「一切法」の絶対同一を、やはり「月」に絡めて次のように説かれる、

古仏いはく、一心一切法、一切法一心。

しかあれば、心は一切法なり、一切法は心なり。心は月なるがゆゑに、月は月なるべし。心なる一切法、これことごとく月なるがゆゑに、遍界は遍月なり、通身ことごとく通月なり。たとひ直須万年の前後三三、いづれか月にあらざらん。いまの身心依正なる日面仏月面仏、おなじく月中なるべし。生死去来ともに月にあり、尽十方界は月中の上下左右なるべし。いまの日用、すなはち月中の明明百草頭なり、月中の明明祖師心なり。(「都機」巻、二〇七頁)

「心は一切法なり、一切法は心なり。心は月なるがゆゑに、月は月なるべし。心なる一切法、これことごとく月なるがゆゑに」なども典型的な絶対同一の表現である。

さて、このような絶対同一の表現について述べれば、枚挙にいとまがないので以上に止めるが、最後に、本節で取り上げた絶対同一の表現が、単に道元禅師の特異な言語表現であるのみでなく、道元禅師の仏法の根幹に関わることを述べてまとめたい。

私はこれまで、道元禅師の示される「心」について幾つかの論述を行ってきた[19]。そしてそれを本論第三章第三節でまとめている。それは道元禅師の仏法において「心」の理解が、実に重要であることを確信するからである。

ところで「心」とは、一般的に〝こころ〟と読み、我々が物事を知覚し認識し分別し思惟するはたらきのことを言う。いわゆる意識と呼ばれているものである。しかし、次に挙げる道元禅師の説かれる「心」は、それとは異なる。正確に言えば、「心」は、それを含む一切を示す言葉として捉えられている。たとえば、

一切諸法・万象森羅、ともにただこれ一心にして、こめずかねざることなし。(『弁道話』、七四〇頁)

いはゆる正伝しきたれる心といふは、一心一切法、一切法一心なり。（「即心是仏」巻、四四頁）
あきらかにしりぬ、心とは山河大地なり、日月星辰なり。（「即心是仏」巻、四四頁）
唯心は一二にあらず。三界にあらず、出三界にあらず、無有錯謬なり。有慮知念覚なり、無慮知念覚なり。牆壁瓦礫なり、山河大地なり。心これ皮肉骨髄なり、心これ拈華破顔なり。（中略）青黄赤白これ心なり、長短方円これ心なり、生死去来これ心なり、年月日時これ心なり、夢幻空華これ心なり、水沫泡焔これ心なり、春華秋月これ心なり、造次顛沛これ心なり。（「三界唯心」巻、三五五頁）

等が、その端的な説示であり、他、これらに類似する説示は少なくない。その示すところは、全界・全時・全存在・全現象、また、あらゆる活動・変化・要素等すべてが「心」であり、「心」以外のものはないということである。そして当然のことながら、先に述べたところの〝こころ〟も「心」に含まれることは、次の「説心説性」巻での大慧宗杲（一〇八九～一一六三）の心性説批判よりうかがわれる。

後来、径山大慧禅師宗杲といふありていはく、いまのともがら、説心説性をこのみ、談玄談妙をこのむによりて、得道おそし。ただまさに心性ふたつながらなげすてきたり、玄妙ともに忘じきたりて、二相不生のとき、証契するなり。この道取、いまだ仏祖の縑緗をしらず、仏祖の列辟をきかざるなり。これによりて、心はひとへに慮知念覚なりとしりて、慮知念覚も心なることを学せざるによりて、かくのごとくいふ。（三五九頁）

「心」とは、一般的に慮知念覚であるとされる。しかし道元禅師は、慮知念覚も「心」であって、慮知念覚だけが「心」でないと言われる。繰り返すが、「心」とは、全界・全時・全存在・全現象、また、あらゆる活動・変化・要素等すべてが「心」であり、「心」以外のものはないというのである。

何故であろう、何故あらゆるものを「心」と言う（する）のであろう。秋山範二氏は『道元の研究』（黎明書房、一九六五年、第一篇「存在論」）の中で道元禅師の「心」について考察し、慮知念覚を心となす立場はたゞ之れのみでは常識的見方と一致するのであるが慮知念覚と同時に山河大地、日月星辰をも心なりとする事によって常識的見方と明確なる区別を示すのである。こゝに於て彼は一方に意識の世界を心となすと同時に他方意識の対象の世界をも心となすことによって内外両界を同じく心となし、自然的見地に立つ限り儼然として否定すべからざる物、心の二元的対立を撥無して之れを一心の世界に統一したのである。

（九二頁）

と述べている。[20]

秋山氏の研究は非常に優れており、おそらくその後の哲学的研究の追従を許さないものと高く評価できるが、このような理解、表現は首肯できない。確かに、内外両界が同じく「心」であれば二元的対立はない。しかし、道元禅師が二元的対立をなくすために意識の対象の世界をも強いて「心」と名づけたのであるならば、それは作為された一心の世界となる。道元禅師は二元論を嫌って一元論としたのではない。事実が一元の世界であるから、このように言うのである。道元禅師は山河大地、日月星辰をも「心」であるとしたのではなく、道元禅師にとって、すべてが「心」なのである。

かつて私も、秋山氏同様、なぜ道元禅師は意識の対象の世界をも「心」と言うのであるかと考えた。そして、道元禅師の修証観からその答を導き出した。[21] しかし、今思えば蛇足である。いや、訂正をなさなければならないかもしれない。すなわちかつて、主観世界（意識）と客観世界（外境）とを結びつける意味での唯心論的見解の否定を道元禅師はされているのではないとし、「発菩提心」巻の説示から導き出して、[22] 発菩提心以後、あるいは本証妙修の仏道修行以後、主観世界と客観世界が一枚となると考えた。しかし、発心や修行をかりて、自己が世界と一つになるのではなく、実際はすでに一つなのであって、真に発心するとき、その事実に気づくのであり、そこから自ずと修証一等の修行がはじまるのである。

道元禅師の絶対同一は、観念や論理ではなく、原事実[23]であったのである。

さて、何故に私はこのような絶対同一を、そして、その言語表現を問題にするのか。それは、このことが、そして、このような言語表現が、道元禅師の仏法の根幹を示すと考えられるからである。これらの表現は、なされるべくしてなされ、このような一見不可解な言語表現なくして、絶対同一の原事実を示すことができないからであったと考えられるからである。

第四節　将錯就錯

道元禅師は、経典・語録の言葉を取りあげて、しばしば特異な解釈を与えて用いている。この「将錯就錯」もその一つであるが、この語は単にそれらのなかの一例にとどまるものではなく、道元禅師のきわめて重要な主張が込められていると考えられる。

「将錯就錯」とは通常、「錯を将《も》って錯を就《な》す」とか「錯を将《も》って錯に就《つ》く」と訓読され、「錯」は文字どおり〝誤り〟の意に用いられ、誤りの上の誤り、誤りに誤りを重ねる意に解釈されたり、誤りを好転させて活かしてゆく作略を示す言葉として使われたとされている。

因みに、入矢義高監修・古賀英彦編著『禅語辞典』（思文閣出版）では、「錯を将《も》って錯を就《な》す」と訓み、「自分の間違いを逆手に利用する。自分のあやまちを強引に自己主張に転化するしたたかさのこと」（二一五頁）と解釈する。用例として『五祖法演語録』中、『碧巌録』三十九本則著語、『圜悟語録』十三を挙げている。

また、『禅学大辞典』では、「あやまったことをあやまりなりにまとめる。すでに間違ってしまったことがらを、その情況に応じて上手に処理し、問題を有利に解決する策略にいう」（五五一頁）とする。用例として『海会法演録』（『古尊宿語録』巻二十一）及び『正法眼蔵』別本「心不可得」、同「即心是仏」（後出）を挙げる。

この「将錯就錯」に関する諸註釈書および諸氏の一般的解釈や道元禅師の解釈に関する所見のいくつかを註記したが(24)、道元禅師が用いる「将錯就錯」は、「誤りに誤りを重ねる」というような解釈や先の辞典が示すような禅一般の解釈とはどうも違うようである(25)。

仏仏祖祖、いまだまぬかれず保任しきたれるは、即心是仏のみなり。しかあるを、西天には即心是仏なし、震旦にはじめてきけり。学者おほくあやまるによりて、将錯就錯せず。将錯就錯せざるゆゑに、おほく外道に零落す。（「即心是仏」巻、四二頁）

ここでは、「学者は多くそこのところを間違えるので、将錯就錯しないのである。将錯就錯しないから多くは外道になってしまうのである」と言うが、この文脈から推し量れば、道元禅師は「将錯就錯」しなさい、と言うのであり、この「将錯就錯」は〝誤り〟に関わる意味ではなく、むしろ〝誤り〟とは相い対する意味を込めた言葉として解釈せざるを得ないのである。

もっとも、道元禅師の「将錯就錯」が尋常の解釈ではないことは、『正法眼蔵』の最古の註釈書である『御抄』がすでに明示している。

将錯就錯とは、打任ては、あやまりと云詞につきてはあしくなりたるやうに心得べきに、此あやまりは解脱の詞也。実にも仏を誰人かなにとあやまるべきぞ。いはゞ今の即心是仏の理が将錯就錯とは云はるべき歟。ゆへに将錯就錯せざるゆへに多外道に零落すと云也。然者凡夫の思ならはしたるあやまりに非ざる道理顕然也。（『正法眼蔵蒐書大成』巻一一、三〇一頁。＊カタカナをひらがなに改め句読点を付した。）

『御抄』は「将錯就錯」を〝あやまり〟ではなく〝解脱の言葉〟と捉え、「即心是仏の理」であるとする。つまり、

「学者は多くそこのところを間違えるので、即心是仏しないのである。即心是仏しないから多くは外道になってしまうのである」と、「将錯就錯」を「即心是仏」に置き換えて解釈すべきであると言うのであろう。もちろんここでいう即心是仏とは、仏々祖々が免れず保任してきたところの即心是仏を指す。『御抄』によれば「将錯就錯」とは仏祖の保任する即心是仏の道理の別の表現であり、即心是仏を正しく理解し、実践することを「将錯就錯」と表現したことになろう。

『薦福山義雲和尚敷演正法眼蔵品目頌』（以下、『品目頌』）は同様にこの語を重視する。『品目頌』は、義雲が『正法眼蔵』各巻について著語（一語・一句）を付し、その大意を七言四句の偈で示したものであるが、「即心是仏」巻については、

即心是仏　　将錯就錯

江西直説透波心　従此大梅卜絶岑
三十来年不人識　香風馥ゝ在而今　（『永平正法眼蔵蒐書大成』巻二〇、四頁）

とし、この巻の著語は「将錯就錯」である。義雲も、即心是仏を「将錯就錯」と表現する。それでは何故、『御抄』や『品目頌』は「即心是仏」を「将錯就錯」と言うのか。その謎を解く鍵は、実はこの義雲の偈にある。この偈は馬祖道一と大梅法常の次に挙げる因縁(26)を詠ったものである。

明州大梅山法常禅師者。襄陽人也。姓鄭氏。幼歳従師於荊州玉泉寺。初参大寂。問如何是仏。大寂云。即心是仏。師即大悟。唐貞元中。居於天台山余姚南七十里。梅子真旧隠。時塩官会下一僧入山採拄杖。迷路至庵所。問曰。和尚在此山来多少時也。師曰。只見四山青又黄。又問。出山路向什麼処去。師曰。随流去。僧帰説似塩官。塩官曰。我在江西時曽見一僧。自後不知消息。莫是此僧否。遂令僧去請出師。師有偈曰

摧残枯木倚寒林　幾度逢春不変心

樵客遇之猶不顧　郢人那得苦追尋

大寂聞師住山。乃令一僧到問云。和尚見馬師得箇什麼便住此山。師云。馬師向我道即心是仏。我便向這裏住。僧云。馬師近日仏法又別。師云。作麼生別。僧云。近日又道非心非仏。師云。這老漢惑乱人未有了日。任汝非心非仏。我只管即心即仏。其僧迴挙似馬祖。祖云。大衆。梅子熟也。（『景徳伝灯録』巻第七、大梅法常章、『大正蔵』五一・二五四下）

これに基づけば、大梅は馬祖のもとで「即心是仏」と聞き、深く山谷に入って「即心是仏」を実践していた。後に塩官下の僧が山中にてたまたま大梅に出会い、その話が馬祖に伝わる。馬祖は一僧を大梅のもとに遣わせて問答させる。その中で僧は馬祖が近日「非心非仏」と説いていると告げる（馬祖は「即心是仏」の語で学人を指導していたが、この語に執われて心・仏に執着するものが出てきたので、その執着をすてさせるために、こんどは「非心非仏」と説いていた）。しかし、これに対して大梅は動じなかった。大梅は言う、「おいぼれ爺め、いつまで人を惑わせるのだ。あなたが何と言っていようと私は即心是仏で貫き通すのだ」と。これを聞いて馬祖は「梅の実が熟した」と大衆に告げたというのである。

義雲は、『品目頌』において、この大梅こそまさに「将錯就錯」の人であると示しているのではあるまいか。

道元禅師の即心是仏を論じる上においてこの「将錯就錯」の語に注目するのが、山田霊林「道元禅師の即心是仏観」（『印度学仏教学研究』第四巻第二号、一九五六年三月）である。山田師は言う、

将錯就錯というこの一句は宋朝時代には「錯誤《あやまち》をおかしたら、錯誤をおかした所以を究明して、再び錯誤《あやまち》をおかさないようにいたすべきだ」という諺語であったようである。将錯就錯という語はまた世上一般では、錯誤の意にとらないで、礪石《あらど》の意にとって、「つまらないものでも、錯《あらど》として活用すれば、大いに役立つ。つまらないといって捨てないで活用して、おのれを研磨するがいい」という諺語とされていたこともあったようであ

る。ともかくもこの諺語が禅者によって禅語としての特別の意味をもつようになった。更にそれが道元禅師に於ては、禅修行の「真実一路」としての厳然たる性格をもつようになった。（中略）当面の事実を究尽する、その究尽の精神気迫、その精神気迫のまっしぐらの推進、それが将錯就錯である。「世の人々が錯誤《あやまち》だと言って非難するなら勝手に非難するがいい。われはわれの道を行くのだ」と、おおしく推進する、それが将錯就錯である。

（三三二〜三三三頁）

と。

さて、鈴木哲雄『唐五代禅宗史』（山喜房仏書林、一九八五年、後編第一章第二節）によれば、馬祖下の多くの学人は、馬祖の説く「即心是仏」を誤った。ゆえに馬祖は後に「非心非仏」と説くに至った。しかし、ひとり大梅は「即心是仏」を貫き、「非心非仏」と聞くも動じなかった。

道元禅師は、この話を殊のほか愛されている。『永平広録』巻四の三一九上堂での賛嘆、「諸法実相」巻の先師如浄の普説（大梅住山の因縁を挙せられた）に会したことの感慨を示した部分等が挙げられる。

道元禅師は「即心是仏」巻で、この語の一般的な解釈とされる「心こそが仏である」というような理解を否定される。「心」の理解が重点となっているが、この語のA＝B的理解も打ち破られている。ところで、大梅は「心」や「即心是仏」をどのように捉えたのか。おそらく当時の禅一般の解釈によってとらえたのであろう。それは道元禅師から見れば〝誤り〟に違いないが、この「即心是仏」と聞いて深く山に入り昼夜に坐禅した大梅はこの上なく賛嘆されるのである。大梅の〝誤り〟は大いなる〝誤り〟であったからか、その〝誤り〟が昼夜不断の只管打坐として実践されたときに、仏々祖々正伝の正法となったのである。「将錯就錯」とはこのことを示しているのではあるまいか。

ゆえにここで、「将錯就錯」を、「究尽」「徹底」あるいは「参究」「体得」等と捉えてみたいが、それならば何故、道元禅師は「究尽」「徹底」等を意味する言葉を用いることなく、あえて「将錯就錯」と用いたのか。実はそこに重要な意味がありはしないか。
「即心是仏」巻においては、大梅法常の因縁との関連において述べたが、さらにこの言葉は私の脳裏に新たな道元禅師像を思い起こさせるのである。

道元禅師は、自らの仏法を「正伝の仏法」といい、その仏道は「只管打坐」の仏道を貫いている。如浄のもとでの「身心脱落」は、その確固たる信決定（心決定）と捉えられるが、その確信は不動のものであったにせよ、そこには仏法に対する畏敬と、自らに対する照顧があったのではあるまいかと思われるのである。それは『御遺言記録』に見られる道元禅師の晩年の言葉の中にも窺われる。

これは極めて主観的な見方であるが、「これこそが正しい仏法である」と確信することは、必ず必要なことであるにしても、その確信には、それを「将錯就錯」（私の考え、生き方は、もしかすると誤りの上に誤りを重ねてゆくようなものであるかもしれない）と受けとめる謙虚さと余裕が伴っているべきであり、しかしその上で「将錯就錯」（我はわが確信する道を究尽）してゆくことがなされるべきであると思われるのである。

「究尽」という言葉を用いるべき箇所において、道元禅師が「将錯就錯」という語を用いていることは、そのような道元禅師の生き方を示唆していまいか[27]。

第五節　結語

本章では道元禅師の言語表現について考察した。第一節においては、道元禅師がなぜ多くの言葉（著作）を残されたのかについて、その教化活動において直接的に関わることできない「真実の参学」や、後代の参学者までも視野に入れて、「正伝の仏法」を書き記して残すことを意図されたのではないかと推論した。そして第二節では、「正伝の仏法」を言葉によって表現できる（もちろん行〈行為〉によっても表現する）とする道元禅師の「道得」という立場を明らかにし、第三節では、そのための特異な言語表現について、特に物事の同一性を端的に表現しようとした言語表現（「絶対同一」と表現）について考察し、第四節では、道元禅師が経典・語録の言葉を取りあげて、しばしば特異な解釈を与えて用いている一例として「将錯就錯」という語を取り上げ、この語が単にそれらのなかの一例にとどまるものではなく、道元禅師のきわめて重要な主張（「即心是仏」「只管打坐」の意義）が込められているものであることを論じた。

道元禅師の言葉は実に難解である。何故に難解なのか、単なる言葉の遊戯で難解なのではない。私は道元禅師の言葉の総てを理解できないが、道元禅師の言語は実に注意深く示され、足らざるはなく余るもなく、絶妙に並べられ、結びつき、それぞれが深い意味をもっていることを感じる。その言葉との出会いの時において不可解に思う言葉も、いずれ判って見れば、そのような表現が必然的になされたことを、そして実に絶妙な表現であることを知り得る。

まずは、不可解なままでも、それを受用する事が大切であると思われる。不可解ないくつかの言葉や表現が、ある時、同時に、すべてが納得されることもある。第三節で述べた「絶対同一」も、原事実を示すための必然的な表現であり、観念でも論理でも思想でもない。私たちは、心と身体を分別し、自己と環境（自然）を対立させ、自己（自分）と他己（他人）を分け隔て、仏と衆生を別と見、迷いと悟りを分けて考える。しかし、そのような分別が誤りであることは、本章が引用した道元禅師の言葉からも明らかである。

しかし、仏は仏であり、衆生は衆生であり、迷いは迷い、悟りは悟りであるとも言える。これらを一緒くたにすれば仏教ではなくなる。ここが実に難しい。

理と事、暗と明、正と偏、回互と不回互、これら平等相と差別相とを繋ぐもの、いや超えるものは、やはり修行である。道元禅師の言葉は決して修行を離れない。修行を行じ、修行の直中にある言葉である。だからこそ難しい。私自身の『正法眼蔵』の読み方自体、次第に変わりつつある。極めて客観的・学術的に『正法眼蔵』を論じようとしても、その解釈において必ず主観が関わるからであろうか。主観が変われば『正法眼蔵』理解も変わる。だからこそ、今の自分（の境涯）に理解できないからといって、『正法眼蔵』を疑ってはならないと思っている。私自身かつて全く理解できなかった『正法眼蔵』の一節が、今は理解できるということがある。それが『正法眼蔵』であり道元禅師の言葉である。

（1）『弁道話』には、「その坐禅の儀則は、すぎぬる嘉禄のころ撰集せし普勧坐禅儀に依行すべし」（七四六頁）とある。儀則については、すでに『普勧坐禅儀』で述べているのでそれに依るべきことを示したものである。『弁道話』の十八問答（『弁道話』の草稿本と考えられる正法寺本は、第四問答と第五問答との間に本尊論に関する問答があり、合計十九問答となっている）は、道元禅師の自（設）問自答であると考えられるが、あるいは『普勧坐禅儀』撰述後に、それに類する問いかけがあったのかも知れない。ところで、竹内道雄氏はその著書『永平二祖孤雲懐弉禅師伝』（春秋社、一九八二年四月）の中で、第十問の質疑の趣旨が、懐奘が覚晏の会下において「頻伽瓶喩」の公案により省悟した境地と全く同様であるとし、この質疑の内容は、「道元禅師と懐弉禅師の初相見の時に、道元禅師が受けた質問であると考えて差し支えないと思う」（一〇〇〜一〇一頁）としている。また、このほか第四問・第十一問・第十二問も懐奘が問者であると見ると推察し、「この初相見の時に道元禅師との間に交わされた対談と法戦の内容は、後に道元禅師によって『正法眼蔵弁道話』として整理、撰述され、発表された」（九九〜一〇〇頁）と推定しているが、私は、この『弁道話』の十八問答がすべて坐禅に関する問答である点から、道元禅師が坐禅の意義を示すために自ら設問し、自ら答えたものであると考えている。もちろん、坐禅に関して懐奘との間でこのような問答があったことは想像に難くない。

（2）磨磚作鏡の話とは、南嶽懐譲と馬祖道一との坐禅に関する問答商量であるが、道元禅師はこの話について独特な解釈をしている。典拠は『景徳伝灯録』巻五（鏡島元隆監修『道元引用語録の研究』、曹洞宗宗学研究所編、春秋社、一九九五年三月、四四八頁）であると思われる。禅語録の伝統的解釈では、南嶽が馬祖に対し、坐禅の一行に執することを戒め、磨塼ということを通して、坐禅のみによっては仏になることができないことを示したものとされ、これが『景徳伝灯録』の本文の自然な理解であるといえるが、道元禅師の解釈では、南嶽が馬祖に対し、坐禅を行ずることにおいて、作仏を目的とすることを戒めたものであるとしている。常識的に考えれば、道元禅師の誤釈であるかもしれないが、ここに道元禅師の仏法の特徴がよく示されている（鏡島元隆『道元禅師と引用経典・語録の研究』、木耳社、一九六五年十月、六七～六八頁、参照）。尚、道元禅師のこのような解釈は、「坐禅箴」巻・「古鏡」巻、『随聞記』巻三（四五五～四五六頁）にて示されている。

（3）この大梅法常の住山の因縁話は、『景徳伝灯録』巻第七（『大正蔵』五一・二五四下）にある。大梅は、馬祖の示す「即心是仏」によって大悟し、大梅山に住山して一人行道した。後に馬祖の弟子、塩官斉安（?～八四二）会下の一僧が入山し、馬祖は近日「非心非仏」と示していると告げたが、大梅は「遮老漢惑乱人未有了日。任汝非心非仏。我只管即心是仏」と動じなかった。馬祖はこれを賛嘆して「梅子熟」と言って認めた、という話である。この話によれば大梅は生涯「即心是仏」で貫いたわけであるから、只管「即心是仏」である。道元禅師の「只管打坐」の「只管」は、大梅のこの「只管」と重要な関連を持つと思われる。私はこの只管「打坐」の決定こそ道元禅師の身心脱落であると確信するが、大梅のこの話が、道元禅師の身心脱落の大きな契機となったと考えている（拙稿「『正法眼蔵』の性格――七十五巻本と十二巻本」〈『駒澤大学仏教学部研究紀要』第四八号、一九九〇年三月〉、石井修道「道元禅師の大梅山の霊夢の意味するもの――宝慶元年の北帰行」〈『中国仏蹟見聞記』第七集、一九八六年八月〉）。

（4）『随聞記』には、坐禅を修行の第一とすべきことが繰り返し説かれている。その例の二三を挙げておく。

機に随、根に随べしと云へども、今祖席に相伝して専る処は坐禅也。此の行、能衆機を兼、上中下根等修し得べき法也。（四三五頁）

坐禅も、自然に久くせば、忽然として大事を発明して、坐禅の正門なる事を知る時も有べし。（四六九頁）

学道の最要は坐禅是第一也。大宋の人、多く得道すること、皆坐禅の力也。一文不通にて無才愚鈍の人も、坐禅を専らにすれば、多年の久学聡明の人にも勝れて出来する。然ば学人、祗管打坐し他を管することなかれ。仏祖の道は只坐禅也、他事に順ずべからず。（四九四頁）

（5）『永平広録』における坐禅に関する説示の主なものを挙げれば次の如くである（原漢文。便宜上、書き下し文にした）。尚、第二章第一節第四項「坐禅に関する諸問題」において表示している（二六五頁【表2】）。

焼香・礼拝・念仏・修懺・看経を抛却して、只管打坐すべし。（三三上堂）
近来、好坐禅の時節なり。（一二四上堂）
大吉歳朝坐禅を喜ぶ。（一四二上堂）
今朝九月初一、蒲団を拈出して坐禅す。（一九三上堂）
九月初一の上堂、蒲団に倚坐して、この非思量を思量し、……（二七九上堂）
得仏の由来は、実に坐禅なり。（二八六上堂）
歳朝上堂、（中略）大吉なり歳朝の坐禅、衲僧の弁道平然なり。（三〇三上堂）
当山の兄弟、須く光陰を惜んで坐禅弁道すべきものなり。（三〇四上堂）
身心脱落好坐禅、猛作の功夫鼻孔穿げたり。（三〇六上堂）
仏仏祖祖正伝の正法は、ただ坐禅のみなり。（三一九上堂）
九月初一の上堂、今朝九月初一、三打板鳴りて坐禅す、脱落身心兀兀たり。（三四七上堂）
衲僧の学道は参禅を要す。（三七五上堂）
今朝九月初一、旧に依りて板を鳴らし坐禅す。また云く、仏仏祖祖の坐禅、甚麼をか作さんと要すや。（三八九上堂）
仏仏祖祖の家風は、坐禅弁道のみなり。先師天童云く、「跏趺坐は乃ち古仏の法なり。参禅は身心脱落なり。焼香・礼拝・念仏・修懺・看経を要いず、只管打坐せば始て得し」と。それ坐禅は、乃ち第一に瞌睡することなかれ。（中略）虚しく今時の光陰を度るべからず。応当に頭燃を救って坐禅弁道すべきものなり。仏仏祖祖、嫡嫡面授して、坐禅を先となす。（四三二上堂）
凡夫・外道、倶に坐禅を営む。然れども凡夫・外道の坐禅は、仏仏祖祖の坐禅に同じからず。（中略）先師天童道く、「参禅は身心脱落なり」と。（四三七上堂）
今常に叢林の長連牀上にあって昼夜に弁道する、魔子嬈することを得ず、（四三八上堂）
今朝これ九月初一、板を打ちて坐禅するは旧儀に依る。切に忌むらくは睡と、疑いを除かんと要することなり。（四五一上堂）
今朝六月初一より、坐禅を放下して板鳴らさず。盛夏に未だ抛たず禅板の旧りたるを。須く知るべし、法を伝えて迷情を救うことを。（五〇五上堂）

龍樹祖師曰く、「坐禅は則ち諸仏の法なり。しかるに外道もまた坐禅あり。然りといえども外道には著味の過あり、邪見の刺あり。所以に諸仏・菩薩の坐禅には同ぜず。二乗・声聞もまた坐禅あり。然りといえども二乗には、自調の心あり、涅槃を求むるの趣あり。所以に諸仏・菩薩の坐禅には同じからず」と。師云く、（中略）兄弟、須く知るべし、祖師はただ仏法の正脈を伝えて、面壁坐禅す。（中略）面壁坐禅は仏祖の伝なり。外道・二乗の禅に同じからず。（五一六上堂）

先師天童、天童に住せし時、上堂し、衆に示して曰く、「衲僧打坐の正に恁麼の時、乃ち能く尽十方世界の諸仏諸祖を供養す。悉く香華・灯明・珍宝・妙衣・種種の具をもって恭敬供養すること間断なし。（中略）」と。（中略）衲僧打坐の時節、磨塼打車は道うこと莫れ、十方の仏祖に、妙衣・珍宝・香華を供養す。（五二一上堂）

今朝九月初一、板を打して大家坐禅す、切に忌むらくは低頭瞌睡することを。（五二三上堂）

（6）『弁道法』からは、次のような日分行持の様子が推定される。尚、第二章第一節第四項「坐禅に関する諸問題」において表示している（二六四頁【表3】）。

黄昏坐禅　一八時〜二〇時（二更三点まで）
打　眠　二〇時〜二時（四更二点まで）
後夜坐禅　二時〜五時（五更三点まで）
僧堂行粥　五時三〇分〜六時一〇分（四〇分とみなす）
早晨坐禅　七時〜一一時（三鼓已前デ止ム）
僧堂行鉢　一一時一〇分〜一一時五〇分（四〇分とみなす）
看　読　一三時一〇分〜一五時五〇分（未ノ終リマデ）
晡時坐禅　一六時〜一七時（又ハ一六時四〇分マデ）
晩　参　一七時〜一八時（又ハ一六時四〇分〜一七時三〇分）

※野乃花香蔵「玄透即中の思想とその誓願――曹洞禅近代化への一過程」（玄透禅師復古会、一九八〇年六月）七〇頁を参照（本著の存在については尾崎正善氏よりご教示いただいた）。尚、道元禅師当時の時刻（更点）に関する問題については伊藤秀憲「道元禅師時代の叢林の時刻法」（『永平正法眼蔵蒐書大成』続輯「月報6」、一九九五年四月）がある。伊藤氏は「道元禅師時代の叢林の夜間の時刻法は、変則的な更点法であったのではないか」としており、現

代の時刻とはかならずしも一致するものではないと思われる。

（7）伊藤秀憲「公案と只管打坐」（『宗学研究』第二二号、一九八〇年三月）は、「只管打坐」ということと、道元禅師が公案を用いられたということの一見矛盾する関係について考察している。そして、道元禅師が公案を用いたことについては、

道元禅師が公案を用いたということは否定できない事実である。しかしそれは、単に公案を額に掛けて工夫し、無師独悟するということではなく、親しく師に参じ法を聞くという、参師聞法を必要とするのである。参師聞法を抜きにした公案工夫を、禅師は決して行わなかったと思われる。（一〇五頁）

と述べ、公案を用いていることと只管打坐とは矛盾しないのかどうかについては、

禅師は、只管打坐、即ちただひたすら坐るということに徹し、それを学人にすすめながら、公案は、仏法を理解させる手段として用いられたのである。それ故、只管打坐ということと、公案を用いるということの間には、何ら矛盾はないと言える。（一〇六頁）

としている。

（8）石井修道「道元の「見性」批判（1）――最新の道元研究について」（「春秋」、一九九〇年七月号）も、この問題に触れて「道元禅は果たして、坐禅の仏教か、それとも、智慧の仏教か」という問題提起をし次のように述べている。

結果的にこの只管打坐の坐禅が強調されると、智慧を見失ってしまい、実際、智慧を欠いた坐禅が、道元禅として伝えられていることもある。ただ、次のような意見を耳にする。「只管打坐」と言う道元が、なぜ百巻もの『正法眼蔵』を書いたのであろう。坐ることを強調した人が、机に向かって書くこと自体がおかしいし、説と矛盾している。道元の主張通りとすれば、ただ坐禅していればよいはずだ。このような疑問をもつことは、むしろ私は大いに歓迎したい。なぜならば、坐禅するだけでよいとするのであれば、坐禅の仕方を書いたものさえあれば、すべて事足りるからである。なぜ、道元は『正法眼蔵』を書いたのか、と問うことこそ曹洞宗を考えるに当たって一番大事であるからだ。それでは、なぜ道元は『正法眼蔵』を書いたのか。答えは簡単である。正法を明らかにすること、つまり、仏の正しい教えを伝えたかったからに違いないのである。（一八〜一九頁）

と述べ、

曹洞宗の道元の教義の中心が、従来では坐禅の仏教であると言われて来たのに対して、智慧の仏教と言われるべきで

はないか。(一九頁)

と新たに提言している。この提言は、もちろん、道元禅師の仏法は、坐禅の仏法か、智慧の仏法か、どちらなのか、という二者択一的の立場に立って「智慧」を選んだのではなく、敢えて「智慧の仏教である」と主張することによって、従来「只管打坐」の仏法だと強調され続けてきたことに対して再検討を促す言葉と私は理解しているが、生涯「只管打坐」を実践した道元禅師が、かたや百巻にも及ばんとする『正法眼蔵』を残されたことには、重要な意味があったのである。道元禅師にとっても、そして仏教史においても。

(9) 伊藤隆寿『中国仏教の批判的研究』(大蔵出版、一九九二年五月)第一章「格義仏教考——初期中国仏教の形成」参照。中国人がインドの仏教を受容理解するに際し中国固有思想を媒介として行ったことを「格義」といい、そのような仏教を「格義仏教」と呼ぶが、伊藤氏は格義仏教において決定的な役割を果たしたのは儒家思想ではなく道家思想であったと判断し、道家思想の特質を「道・理の哲学」と捉え、仏教を道・理の哲学を基盤として理解解釈することを「格義」とし、そのような格義的理解による仏教を、すべて「格義仏教」とし、このような格義仏教、即ち中国仏教に対し、仏教本来の基本的立場(縁起説)にたって批判的に研究している(一四四頁)。

(10) この中国の禅の興隆については、石川力山氏が、『典座教訓・赴粥飯法』(講談社、一九九一年七月)のなかの解説で非常に分かりやすく要領を得て解説しているので参照されたい。その一部をここに挙げておく。

中国唐代における禅の興起は、インドで成立した仏教がもっとも中国的に変貌をとげる過程で行われた、きわめて土着性の強い思想運動そのものであった。禅思想の大きな特徴は、天台宗や華厳宗、三論宗・浄土教などが、特定の経典や論書を拠り所とし成立したのとは異なり、唐代中期に禅宗内で成立し広く宣伝された標語成句「不立文字、教外別伝、直指人心、見性成仏(文字に絶対的な権威を措定せず、経論の教えとは別に自分の言葉で思想を語り、現在の自分のままで、自己の真実を明らかにする)」の語が示すように、自己自身が現在この場で、直接ブッダの悟りを追体験する(頓悟)ことにあった。

また、唐代の禅者達はいずれも、ある者は『涅槃経』や『般若経』、また天台や華厳などの一流の学者でありながら、それら旧修の教養はおくびにも出さず、禅院(叢林)の修行と、現実のおのれの生き方そのものとの一体化を求めていた。たとえば、徳山宣鑑(七八〇—八六五)という禅僧は、もと「周金剛」と呼ばれたほどの『金剛経』の大学者であったにもかかわらず、その所持の注疏類をすべて焼き捨てて禅に帰依したが、彼らは経典や論書を最初から無視したわけではなく、それらの権威をまず最初にすべて自己に問い直すことを無限に試み、この営みのなかから禅思想は醸成されたと言える。(二三五~二三六頁)

(11) 『随聞記』巻三に、次のようにある。

一日示云、我在宋の時、禅院にして見古人語録時、或西川の僧の、道者にて有しが、問我云、「なにの用ぞ。」答て云、「古人の行履を知らん。」僧の云、「何の用ぞ。」云、「郷里に帰て人を化せん。」僧云、「なにの用ぞ。」云、「利生の為也。」僧云、「畢竟じて何の用ぞ。」予、後に此理を案ずるに、語録、公案等を見て、古人の行履をも知り、或は迷者の為に説き聞かしめん、皆是自行化他の為に無用也。只管打坐して大事を明め、心理を明めなば、後には一字を不知とも、他に開示せんに用ひ不可尽。故に彼の僧、畢竟じて何用ぞとは云ひけると。是真実の道理也と思て、其後ち語録等を見ることをとどめて、一向打坐して大事を明め得たり。(四四八頁)

ここで言われるように、語録・公案等を見て学ばなくても、専心に打坐して大事を明めれば、その後は一字も知らなくても、説き尽くせない、といわれるのである。ここにおいて語録を読むのはやめて、専心に坐禅して大事を明らめたと言われる。

なるほど、禅者の語録自体がすでに、自らの自内証を、自らの行動で示し、自らの言葉で語った記録なのである。それをまた、「経典」同様に扱って、知識として学び、その講釈に専念するようでは、再び過ちを繰り返すことになるのである。もちろん、『正法眼蔵』の多くの巻々が、祖師の古則公案の拈提(しかし、道元禅師は、この古則公案を現成公案として拈提しておられることは注意すべきことである)というかたちをとっているのは、大きな矛盾と考えられようが、『正法眼蔵』は単なる語録の解説書ではなく、只管打坐によって身心脱落された道元禅師によって、祖師の語録が再解釈されている点で、看話禅(公案禅)の参究態度とは全く異なっているのである。そのことは『正法眼蔵』をみれば歴然としており、それは道元禅師の公案解釈の特異性からも知れるであろう。道元禅師が嫌った経論を講釈する経師・論師の立場と、道元禅師が『正法眼蔵』を撰述された立場とは根本的に異なるのである。

(12) ここで、道元禅師が禅の流れを汲んでいるというのは、実に大雑把な言い方である。前註の繰り返しになるが、道元禅師が経論や語録の解説書と見紛わんばかりの、百巻にも及ばんとする『正法眼蔵』を撰述されたといっても、それは道元禅師みずから批判されるところの経師・論師や教家の流れを汲むものではないということである。もちろん、道元禅師は自らを「禅宗」とも「曹洞宗」とも言われていないのであり、それは衛藤即応氏が次のように言うとおりである。

道元禅師も、栄西禅師と同じく叡山で修行し入宋して禅宗を伝えたのであるが、帰朝後の道元禅師は、栄西禅師とは系統を異にした曹洞禅を伝来したという如き考えはなく、又、一宗を開いて日本仏教を革新するという如き主張もなく、只真実の仏法を唱道するという他はなかった。真実の仏法、それを禅師は正伝の仏法といわるるが、禅師のいう正伝の仏法は決してそのまま所謂の禅宗ではなかった。況や禅門五派の随一である曹洞宗でもなかった。蓋し道元禅師は正しく禅門の流れを汲み、五家の中の曹洞の法脈を継いで帰朝せられたにも拘らず、その唱道せらるる正伝の仏法は所謂の禅宗でもなく曹洞宗でもないといわるる所に、禅師の仏法の独自の立場があって、ここから道元禅師の真実の仏法が展開せらるるのである。（衛藤即応「仏教史上に於ける道元禅師」、『衛藤即応博士遺稿集　道元禅師と現代』、春秋社、一九八〇年二月、一四七頁）

（13）ここで、この「道得」巻の本文をこのように意訳したが、「仏祖が仏祖を選するには、かならず道得しているかどうかと問うのである」と現代語訳すべきかもしれない。分かり易くするために「仏祖の仏祖を選するには」を「師が法を授けるべき弟子を選ぶときには」と解釈したが、当然、師は仏祖であり、道得した弟子は仏祖となるのであり、弟子の中からとにかく選ぶのではないから、私の解釈は適切とは言えない。やはり「仏祖が仏祖を選する」のである。仏祖が仏祖であるかどうかを見定めるのである。また「道得也未」も「道得することが出来るかどうか」ではなく「道得しているかどうか」なのであろう。真に仏祖であれば、道得しようと思わなくとも、その言葉や行いに仏祖であることがあらわれているからである。諸仏諸祖が道得するのではない。諸仏諸祖が道得なのである。分かり易く解釈しようとすれば、的外れとなる。それほど道元禅師の言葉は、そのもので完結されている。

（14）ここでも道元禅師は絶対同一の言葉を用いる。修行と使えばよいところであるが、その修行が証果と同一であるから、道元禅師は「修証」と使うのである。

（15）かつて衛藤即応氏は、田辺元氏が、「その（道元禅師の）思想は、今日の哲学の体系的思索が行き着く可き所を、はやくも既に洞見し道破したという観がある」と云い、現代の「実存哲学は、その深刻さと徹底とに於て遥かに正法眼蔵に及ばないこと是非もなし」（衛藤即応「正法眼蔵の研究について」、『衛藤即応博士遺稿集　道元禅師と現代』、九一頁）という道元禅師賛歎の語を引いて次のように言われている、

　これは、哲学に立場を置くものにとってはそうであるかもしれませんが、道元禅師の本来の立場からは、かような賛辞を聞かれて定めし苦笑しておられることでありましょう。私が十数年前から感じていることですが、哲学の研究か

ら入って既に道元禅師の信仰に進んで行った私が、遂にその哲学を捨てようとしていたことであります。それですから私には、「道元禅師の思想が、六百年前に、既に今日の哲学の体系的思索の行き着く可き所を道破している」と云って驚嘆に値するように言われるのが、時遅れのようにさえ思われます。私から言えば最近の哲学界が、今日やっと高祖の思想に到達するようになった事の方がむしろ驚嘆に値すると思います。（同書、九一頁）

と。それから五十年たった今、かつて我々が不可思議と思っていた生命をとりまく種々の現象が、科学的に、医学的に、あるいは哲学的・心理学的に、次第次第に解明されつつある。ことに近年、それらの研究成果に対して驚きをもって受け入れつつ、衛藤氏が言うように、現代哲学や現代医学や現代科学が、漸く道元禅師に追いつこうとしているという思いもする。道元禅師の教えは、未来からも注目されるに違いない。

(16) 拙稿「正法眼蔵における心について（二）」（『宗学研究』第二七号、一九八五年三月）において、何故、牆壁瓦礫か、この問答の意義について考察している。要旨を述べれば、道元禅師は「心」の説示の上で、この南陽慧忠の「牆壁瓦礫」の語を最も高く評価されている。この「牆壁瓦礫」とは、我々の最も身近にあるものでしかもほとんど無価値なものを指すと言ってもよい。我々は「尽界がただちに心」などと言えば、どうかすると宇宙であるとか大自然であるとか、とかく崇高なるものを直に想像する。このことはまた「心」識得の上で大きな妨げとなる。それを打ち破るのがこの「牆壁瓦礫」の説示であると考えられ、道元禅師はこの「牆壁瓦礫」を「心」の説示の筆頭とされているようである。

(17) 「尽界をもて尽界を界尽する」とは奇妙な表現である。「界尽」というように「尽界」の語をひっくり返したのも、意図的になされたのであって、〝界を尽くす〟というような「尽界」に対する固定観念を持つことをうまくかわした表現である。そういえば、宿なし興道と言われ、その生涯を只管打坐で貫いた近代の傑僧沢木興道（一八八〇～一九六五）師は「自分が自分を自分する」をいう道得を遺しているが、このような道元禅師の説示に基づいたものであろうか。「自分を自分が自分する」とは只管打坐のあり方であり、この時、尽界が自己となり、宇宙とぶっつづきとなると言う。そこに修証がある。そこにただ只管打坐がある。

(18) 拙稿「道元禅師の身心一如に関する説示について」（『駒澤大学大学院仏教学研究会年報』第一九号、一九八六年二月）にその用例や身心一如に関する説示を挙げた。

(19) 「『正法眼蔵』における心について」（『宗学研究』第二六号、一九八四年三月）、「正法眼蔵における心について（二）」（『宗学研究』第二七号、一九八五年三月）、「『正法眼蔵』における心について（三）――秋山範二『道元の研究』における「存在の根拠としての心」について」(『駒澤大学大学院仏教学研究会年報』第一八号、一九八五年二月)、「道元禅における心解釈考」(『駒澤大学仏教学部論集』第一六号、一九八五年十月)、「道元禅師の身心一如に関する説示について」(『駒澤大学大学院仏教学研究会年報』第一九号、一九八六年二月)。

(20) また、秋山氏は、

心を超越してそれ自体に於て存在するものを心によって知覚し、表象せられた限りに於て之れを問題とし、之れが意識内在的なるが故に純粋意識の本質探求の手がゝりとなし得るといふのではなく、常識が意識を超越して存在するとなす個々の自然物を直ちに、――表象せられた限りに於て、それが意識内在的なるが故にという条件なしに――心となし、物即心、心の外物なしとするのである。(『道元の研究』、九三頁)

という。哲学的思索において、このように表現することは、おそらく、ほぼ正しい。これ以上の表現を、私はなし得ないかも知れない。確かに、道元禅師は、「個々の自然物を直ちに、……表象せられた限りに於て、それが意識内在的なるがゆえにという条件なしに……心となし、物即心、心の外物なしと」している。無条件に「心」と「一切法」は、一如不二なのである。しかし、私は以前、前出拙稿「道元禅における心解釈考」(『駒澤大学仏教学部論集』第一六号、一九八五年十月)において、この「無条件」ということに反論し、道元禅師は「主観世界(意識)と客観世界(外境)とを結びつける意味での唯心論的見解の否定はされていない」とし、またそこには「自己のあり方」(つまりこの自己が、発心・修行・菩提・涅槃しているかどうか)が問題であるとし、これら二つの条件があるべきこと述べた。しかし、今振り返れば、この秋山氏に対する批判・反論は、私の前者の主張については妥当ではなかった。さきに述べたように、道元禅師の説示は、やはり、無条件に「心」と「一切法」は一如不二なのである。そしてこれが原事実であると、今は捉えている。この原事実を如実に知ることにおいて「自己のあり方」が関わるのである。

(21) 前出「道元禅における心解釈考」(『駒澤大学仏教学部論集』第一六号、一九八五年十月)三八六～三九一頁。

(22) 「この心、われにあらず、他にあらず、きたるにあらずといへども、この発心よりのち、大地を挙すればみな黄金となり、大海をかけばたちまちに甘露となる。これよりのち、土石砂礫をとる、すなはち菩提心を拈来するなり。水沫泡焔を参ずる、したしく菩提心を担来するなり。しかあればすなはち、国城妻子・七宝男女・頭目髄脳・身肉手足をほどこす、みな菩提心の閙聒聒なり、菩提心の活鱍鱍なり。いまの質多慮知の心、ちかきにあらず、とほきにあらず、みづからにあらず、他にあらずといへども、この心をもて、自未得度先度他の道理にめぐらすこと不退転なれば、発菩提心なり。」(六

四七頁）

（23）原事実という語は、杉尾玄有「原事実の発見――道元禅参究序説」（『山口大学教育学部研究論叢』第二六巻第一部）に見られる。杉尾氏はこの言葉について「人間を含む一切の存在者ないし世界の根源的な成り立ちの真相そのもの、それを私はいま簡潔に原事実と呼んでおきたい」（一七頁）と定義しているが、私もその意味でこの語を用いさせていただいた。

（24）「将錯就錯」に関する諸氏の解釈を挙げておく。

「将錯就錯は、常には悪ひ方に取る。今は好ひ方に取る也。錯字は、やすりのことで、やすりは歯が食ひ違ふてあるもの故に、其道理を転じ用てあやまりという。あやまりの時は、法の本法は無法なるに、法を起し来るわあやまりなり。然れども仏祖共に一ひはこの錯につかねばならぬ。又やすりは、物をすり落す故に、実際理地にはすり落して一塵も立せぬ。ここが仏祖共に就錯して至り課せた処也と見る。今は此の義を取る。（『正法眼蔵聞解』、『正法眼蔵蒐書大成』第一七、二八頁、＊カタカナをひらがなに改め句読点を付した）

「将錯就錯とは、平生はこれを悪しき意味にとるが、いま開山はこれを活語にして用いられる。それはどうかというと、将錯就錯――錯を将《も》って錯に就《つ》くといえば、錯の上の錯と見えるが、今はそうでない、これは純一無雑の意として見る。すなわちそのものをもってそのものに相続してゆくという、つまりわき目もふらず、水も洩らさぬ消息をいうのである。（西有穆山『正法眼蔵啓迪』上、四三〇頁）

「本来は錯を以て錯を就《な》す、という意味であるが、ここでは絶対の真実は言葉で言えば錯りになるのであるが、やはり、言わなければならないことをいう。」（水野弥穂子、日本の仏典7『道元［上］正法眼蔵』、筑摩書房、一九八八年十月、二〇〇頁）

「私は、道元がこの言葉をもって語っているのは、誤った前提からは誤った結論しか出てこない、それと同様に、修からは証しか出てこない、ということであったと思います。証とは、修のときに見る世界です。これは、証の世界を見ていることと、修行していることとは同じ概念だということです。」（春日佑芳『道元　正法眼蔵の言語ゲーム』ぺりかん社、一九九二年二月、一一七頁）

（25）「将錯就錯」の用例は「即心是仏」巻のほかは『正法眼蔵』中に四例が見られる（別本「心不可得」巻〈七六～七七頁〉、「行仏威儀」巻〈四八頁〉、「柏樹子」巻〈三五〇頁〉、「大修行」巻〈五四五頁〉）。これらの用例すべてについて私が本論で述べた解釈が当てはまらなければならないと言うわけではない（私の道元禅師の他の言語の研究からして、一つの言葉に対してすべて同じ意味が与えられているわけではないからである）。しかし、これらの用例についても「究尽」とか「参究」とか「体得」等の語が当てはめられ得ると私は考える。尚、この説を宗学大会での発表した折り、春日佑芳氏より、『永平広録』での用例が取り上げられておらず、これらを視野に入れることの重要性を指摘された。『永平広録』には、巻二の一三八上堂と巻三の二二九上堂に用例があるが、前者は典座を称える一節の中で述べられており、本節で述べた如き解釈もなし得ると考えられ、また春日氏が問題とされた後者（「若道会将錯就錯、若道不会五戒也不持」）についても、「会す」というも「不会」というもだめであるというのではなく、「会す」というのならば徹底究尽して実践しなさい、もし「不会」というのであれば五番目の戒も持たない（四番目の妄語戒は既に犯した）ことになるぞ（不会とは言わせないぞ）、ということであると私は受け取りたい。

(26) 道元禅師がこの「梅子熟せり」の話を引用される場合、その出典は『景徳伝灯録』と考えられるので、ここでは『景徳伝灯録』から引用した。但し、鈴木哲雄氏によれば（『唐五代禅宗史』後編第一章第二節）、この話は『祖堂集』の方が元の形で、『景徳伝灯録』はその発展した形である。即ち『祖堂集』では「梅子熟せり」は塩官の語とし、馬祖は何ら与かっていないが、『景徳伝灯録』では馬祖の語としていて、塩官と馬祖の混乱が見られる。

(27) ところで恩師、酒井得元先生は、自らの『正法眼蔵』と坐禅の生涯を自ら「暴走」と表現した（退任記念講演「駒澤大学と私」〈『駒澤大学仏教学部論集』第一八号、一九八七年十月、九頁〉にて）。まさにこの語は道元禅師の「将錯就錯」と同様の表現であり、酒井先生の一代の挙力であると私は受けとめている。

第九章　教化論

第一節　弘法救生

「道元禅師の仏法の特徴は」と尋ねられて、まず脳裏に思い浮かぶのは「坐禅」あるいは「只管打坐」という言葉である。これは私のみではなく、多くの宗門人や道元禅師研究者とて同様であろう。本論第二章第一節第一項「只管打坐」で述べたように、道元禅師が坐禅の行を第一とし、もっぱら坐禅を行ずることを勧めたのは事実である。しかし、もし坐禅さえすればよいのであれば、只管打坐でよいのであれば、当時、道元禅師は、『普勧坐禅儀』や『弁道話』など坐禅の儀則や意義を示した書を著し、実際に坐禅の仕方を行って見せて教え、実践させれば、それで事足りたはずである。しかし道元禅師は、『正法眼蔵』や『永平広録』をはじめ、膨大な量の著作（言葉）を残している。それは何故なのか。

既に本論第八章「言語表現」で述べたように、それについての手がかりは『弁道話』の中にある。そして、そこに「弘法救生」の語が見いだせるのである。「弘法救生」とは、「仏法を弘め、衆生を救う」という意である。

如浄のもとで身心脱落した道元禅師は、「弘法救生」の誓願をもって帰朝した。(1) しかし、その実現にあたっては「なほ重担をかたにおけるがごとし」と心中を述懐している。

大宋紹定のはじめ、本郷にかへりし、すなはち弘法救生をおもひとせり、なほ重担をかたにおけるがごとし。しかあるに、弘通のこころを放下せん激揚のときをまつゆゑに、しばらく雲遊萍寄して、まさに先哲の風をきこえんとす。ただし、おのづから名利にかかはらず、道念をさきとせん真実の参学あらんか、いたづらに邪師にまどはされて、みだりに正解をおほひ、むなしく自狂にゑうて、ひさしく迷郷にしづまん。なにによりてか般若の正種を長じ、得道の時をえん。貧道はいま雲遊萍寄をこととすれば、いづれの山川をかとぶらはん。これをあはれむゆゑに、まのあたり大宋国にして禅林の風規を見聞し、知識の玄旨を稟持せしを、しるしあつめて、参学閑道の人にのこして、仏家の正法をしらしめんとす。これ真訣ならんかも。(七二九〜七三〇頁)

中国から弘法救生の思いを抱いて帰朝した道元禅師は、その誓願を放下する(〝いざ実践する〟という意か)激揚のときを待とうと考えていた。この思いこそ道元禅師の布教教化の根本であると言える。そこで、しばらくの間は雲水のごとく山河を遊行して、先哲が行った行持(「行持」(上)(下)巻で示されるような仏祖の行持)を自らも実践しようと考えていたのである。しかし、そこでさらに思いをめぐらす。〝名利に関わることなく、真の仏道を求めることを第一としている本当の求道者がもしかするとあるかもしれない。そのような求道者が、もし、いたずらに邪師にまどわされて、正しい見解を見失い、自ら迷いに迷いを重ねて、迷いの世界に沈んでしまっていたとしたら、いったい、どうやって智慧の正しい種を養って、得道する時を得ることかできようか〟と。〝私がもしいま山河を遊行することにして、いずれかの山河を尋ねれば、そのような求道者を導くことができるものか。いずれの山河を尋ねたらよいものか〟と。そこで道元禅師は「雲遊萍寄」することよりも、正伝の仏法を言葉に記して残す道を選んだのである。

「まのあたり大宋国にして禅林の風規を見聞し、知識の玄旨を稟持せしを、しるしあつめて、参学閑道の人にのこして、仏家の正法をしらしめんとす」というのは、決して『弁道話』のみに限って言ったことではないであろう。当然『正法眼蔵』はじめ清規類の撰述も含まれているはずである。

さて、なぜ道元禅師は『正法眼蔵』をはじめ幾多の撰述を残し、頻繁に上堂するというように、かくも多くを語ったのか。それは、正伝の仏法を弟子たちに、そして後世の我々に伝えたかったからであろう。『正法眼蔵』を〝書く〟ということが道元禅師の弘法救生の実践だったのである[2]。

ところで、弟子たちに伝えるためであるならば、語りかけることによって伝え、自ら共に行ずることによって伝えることができる。道元禅師は「道得」という言葉を用い、『正法眼蔵』にも特に「道得」という巻が示されているが、その主旨は、仏法は必ず「道い得る」ことができるというのである。いや、道い得ることができなければ真に仏法を会得したものではないと言う。そして、道得には「言葉」による道得と「行い」で示す道得とがあるというのである。これについては後述するが、弟子たちに正伝の仏法を直接伝えることは、後代の法孫に伝えることに比べれば容易であろう。弟子たちの側から言えば、道元禅師という人格に接することによって、言葉以外の道得によって、そこから多くのものを会得し得るからである。

しかし、後世に伝えるためには、人格から人格への伝承がもし断絶することがあれば、残され得るのは言葉のみである。「言葉」のみによって正伝の仏法を正しく伝えることは実に困難なことである。言葉にはやはり限界がある。しかし道元禅師はそれを敢えて試みたのではないか。それが『正法眼蔵』そのものであると私は考える。もちろん『正法眼蔵』は弟子たちに対して示す（示衆）というかたちをとっているが、道元禅師は後代までこれを残すことを考えていたことは間違いない。でなければ、『正法眼蔵』を何度も再治することはなかったであろうし、その書写を懐奘の求めに応じて許す（或いは道元禅師の方から書写が指示されたのかもしれない）こともなかったはずである（むしろ、書写よりも只管打坐を勧めたはずであろう）。

繰り返すが、言葉（著作）のみによって仏法を正しく伝えることは困難である。言葉には限界がある。しかし道元禅師はそれを敢えて試みなければならなかった。そして、結果的に道元禅師は、卓越した言語表現を用いて、言葉による道得の限界に挑んだのである。私はそのように確信している。

道元禅師の教化論として、まず挙げるべきはこのことである。『正法眼蔵』をはじめとする種々の著作の選述がまさに道元禅師の布教教化であったと思われるのである。

第二節　在家教化

それでは、道元禅師は寺に籠もり著作の選述に専念していたのかというと、そんなことはない。在家信者との関わりがあったことが知られる。先に『正法眼蔵』の選述が〝示衆〟であった旨のことを述べたが、実際に衆に示すということも行っている。たとえば、「現成公案」巻は鎮西の俗弟子楊光秀に与えているし（「現成公案」巻、一〇頁）、「法華転法華」巻は慧達禅人に授けている（「法華転法華」巻、七七七頁）。また「全機」巻は、その奥書に「在雍州六波羅蜜寺側雲州刺史幕下示衆」（「全機」巻、二〇五頁）とあるように波多野氏の幕下で示されており、「古仏心」巻は、その奥書に「在六波羅蜜寺示衆」（「古仏心」巻、八一頁）とあるように六波羅蜜寺で示されている。また『永平広録』第十に収録されている偈頌からは、道元禅師が中国や日本（主に京都）において様々な在家信者や禅人と交流があったことが知られるのである。

『随聞記』巻一にも、在家人との交流を示す話が見られる。

爰にある在家人、長病あり。去年の春の比、相契て云く、当時の病療治して、妻子を捨て、寺の辺に庵室を構へて（中略）と云しに、（中略）今年正月より俄に大事になりて、（中略）纔に一両月に死去しぬ。前夜菩薩戒受、三宝に帰して、臨終よくて終りたれば、在家にて狂乱して、妻子に愛を発して死なんよりは尋常なれども、去年思よりたりし時、在家を離て寺に近づきて、僧に馴て、一年行道して終りたらば勝れたらましと存るにつけても、仏道修行は後日を待つまじきと覚るなり。（四二二～四二三頁）

この在家人に臨終にあたって菩薩戒を授けたのは道元禅師自身なのか不明であるが、非常に詳細な状況描写からみて、伝聞した話ではなく、道元禅師と直接関わっていた者の話であろう。また、『随聞記』巻二には、

爰に有在家人、来て問云、近代在家人、衆僧を供養し、仏法を帰敬するに、多く不吉の事因出来、邪見起りて、三宝不帰思ふ、如何。（四三九頁）

という在家人の質問に答えた話が見られるが、道元禅師のもとに種々の在家人がやって来て問答往来があったものと思われる。また、同じく『随聞記』巻二に、

夜話云、若人来て用事を云中に、或は人に物を乞、或は訴訟等の事をも云はんとて、一通の状をも所望する事出来有るに、其の時、我は非人也、遁世籠居の身なれば、在家等の人に非分の事を謂んは非なりとて、眼前の人の所望を不叶、臨其時思量すべき也。（中略）仏・菩薩は、人の来て請ふ時は、身肉手足をも斬る也。況や人来て一通の状を乞ん、少分の悪事の、名聞ばかりを思て其事を不聞は、我執の咎也。人人、ひじりならず。非分の要事云人とかなと、無所詮思ふとも、我は捨名聞、一分の人の利益とならば、真実の道に可相応也。古人も其義あるかと見ること多し、予も其義を思ふ。少少檀那知音の、不思懸ことを人に申伝てと云をば、紙少分こそ入、一分の利益をなすはやすきこと也。（四四〇頁）

という話が見られる。これを現代語訳すれば、次のようになる。

夜話に言われた、もし人がやって来て、用事を言う中で、あるいは人に物を乞い、あるいは訴訟などの事を言お

うとして、一通の書状を書いて欲しいと要望されるようなことがあった場合に、「私は世を捨てて出家した者であり、遁世して家に籠もっている身であるので、俗世の人などに、その立場ではない者が何かを言うことはよくない」と言って、目の前の人の要望を叶えてあげないでよいものか、その時にあたってよく考えなければならないことである。（中略）仏や菩薩は、人がやって来て願い事を言うときは、自分の身体の肉や手足を斬って与える〈ような思いで、助けてあげる〉ものである。それに比べれば、ここでは一つの書状を書いて欲しいと願っているのである。世間の人から少々悪く言われるのではないかと評判ばかりを気にして、要望を聞いてあげないのは、我執による過ちである。人々が「聖人のすることではない、出家らしからぬ用事を言う人だな」と、しかたがない人だと思われても、自分が世間の評判を捨てて、少しでも人の利益になることなら、まことの道に適っているると思うのである。古人も、このようなことがあったのではないかと思われるようなことが多い。私もそのように思うのである。少々檀那（信者）や知り合いの者が思いがけないことを人に伝えて欲しいと言われた時、書状を書く紙が少しばかり必要であるだけで、わずかでも利益を与えてあげることができれば、簡単なことである。

（私訳）

おそらく実際に、このように在家人が書状を所望するようなことがあったのであろう。であるからこそこのような在家人の要求に対する具体的な対処法が懐奘に示されたのである。(3)

『随聞記』に見られる在家人とのこれらの交流は、もちろん京都深草での興聖寺時代のものであろうが、(4)石井清純氏が指摘するように、(5)比較的その活動が「出家至上主義的」であったと考えられている永平寺での活動においても、在家者との関係は維持されていたのである。

また、『御遺言記録』（『永平室中文書』）には、「同（建長五年）八月三日、賜八斎戒の印板」（四九九頁）と、義介が道元禅師より「八斎戒の印板」を賜ったという記述が見られる。八斎戒とは、在家人の男女（優婆塞・優婆夷）が六斎日に受持する八種の戒である。この印板（版木）を義介が道元禅師から賜ったのである。おそらくこの印板を刷って在家人に与えていたのであろう。

第一節でも述べたように、道元禅師は正伝の仏法を言葉に記して残し、参学の真流にのこす道を選んだのであり、それが道元禅師の弘法救生であって、必ずしも積極的に市井に足を運んで布教教化をしたわけではないと推察されるにしても、必要に応じて、出来る限りにおいて、在家人の接化にもあたっていたことが窺われるのであり、倉卒に出家至上主義などと言うことは慎まなければならないであろう。

第三節　四摂法

『正法眼蔵』に「菩提薩埵四摂法」巻がある（六十巻本『正法眼蔵』の第二十八にあたる。七十五巻本には収録されていない）。「菩提薩埵四摂法」（以下、「四摂法」）とは、菩薩が衆生を済度するにあたり、衆生を摂する四つの化他行であり、布施（摂）・愛語（摂）・利行（摂）・同事（摂）の四つである。[6]道元禅師の教化論を論じるに当たっては重要な巻である。本節では、他の章（節）と趣きを変え、主として「四摂法」巻にみられる重要と思われる説示の読解を試みながら、本章の主題である道元禅師の教化論の特徴について考察し、道元禅師の「四摂法」に対する拈提を通してその思想的特徴にも言及したい。

この巻では、冒頭に「一者、布施。二者、愛語。三者、利行。四者、同事」（七六四頁）と「四摂法」が紹介され、それぞれについて道元禅師が拈提している。

第一項　布施

布施についてはまず「その布施といふは、不貪なり。不貪といふは、むさぼらざるなり。むさぼらずといふは、よのなかにいふへつらはざるなり」（七六四頁）と示している。布施といえば一般的には〝施すこと〟であるが、「布施といふは不貪なり」という解説は特徴的である。もし布施が施すということに限定されるならば、たとえば物を施す場合（もちろん財施だけでなく法施もあるが）、財物を所有していない者あるいは他に財施する余裕のないものは布施行ができないことになる。ところが道元禅師の「布施といふは不貪なり」「むさぼらざるなり」という説示は、財物を所有していない者も「不貪」ということにおいて、布施を行ずることができるとするものである。単に物を施すことだけが布施であるのではなく、自分自身が物をむさぼらないということが布施ということになる。であれば、財物を十分に所有しない貧しき者でも布施行は行じられるのである。なるほど、自らが貪らない（過剰に所有しない）ことによって、その分、物が他に行き渡ることになる。間接的に自分以外の者に物を分け与えることになる。貧富を問わず誰にでもできる布施、これが道元禅師が説く布施である。また、布施は物を施すことに限らない。もちろん法施ということもある。そして道元禅師は「むさぼらずといふは、よのなかにいふへつらはざるなり」と示している。

我々は何かを得たいと貪るとき、他に諂うことがある。相手に気に入られるように振る舞う。そこにおいて自ら不妄語戒を犯すこともあり、贈賄罪を犯すこともある。「八大人覚」巻の少欲の段に、「少欲之人、則無諂曲以求人意」（少欲の人は、即ち諂曲して以て人の意を求むること無し）（七二三頁）とあるが、少欲の人は諂曲（自分の意を曲げて諂うこと）して相手の気に入るようにすることはないということである。布施を行ずる人は貪らない人であり、貪らない人は少欲の人であり、諂うこともない。道元禅師が説く布施は、一般的に言われる財施と法施にとどまらず、仏道の生き方と密接に関わらせている。

また、布施について「すつるたからをしらぬ人にほどこさんがごとし」（七六四頁）と示している。訳すれば〝捨てる宝を知らない人に施すようなものである〟ということになる。そのまま理解しようとすれば不可解であるが、私は次のように解釈する。即ち〝捨てる宝を知らない人に施す〟ということを逆に考えれば、〝失いたくない宝を知っている人に施す〟ということになる。その場合、どうかと言えば、さまざまな執着が起こる可能性がある。布施の原則は三輪空寂であって、施者・施物・受者ともに執着がないのが布施のまことのあり方であるとされる。大切な宝であれば当然執着し、それを施す相手が知人であれば、お礼の言葉を期待し、見返りを期待することにもなる。「すつるたから」とは、おそらく執着を離れた施物という意であり、「しらぬ人にほどこさん」とは受者（布施した相手）に対する執着を離れる（見返りを期待しない）ことを示したものであろう。それを一句で「すつるたからをしらぬ人にほどこさんがごとし」と表現したことは、まさに道元禅師の巧みな言語表現と考えられる。

「遠山の華を如来に供じ、前生のたからを衆生にほどこさん」（七六四頁）という一句も難解である。何か典拠があるのかも知れないが不明である。「遠山の華」とは布施を空間的な面から見たものであり、「前生のたから」とは布施を時間的な面から見たものであると考えられ、それを「如来」あるいは「衆生」に施すというのである。『正法眼蔵』にはこのような表現がよく見られるが、時間的・空間的な面から、主観的（自）・客観的（他）な面から、大小、多少など、様々な面から、様々な角度から、満遍なく、周到に、仏法を表現する。(7) 遠くの山の華を如来に供養し、前生の宝を衆生に施すとは、いったい何を言っているのか。道元禅師の言葉は、その言葉の意味はわかっても、その内容を理解することは実に難しい。岸澤惟安師は「遠山の華を如来に供し」を「もち主のない遠山に咲いた花を、そのまま如来にたてまつるのだ。おしむこともなにもないではないか」（『正法眼蔵全講』第十九巻、大法輪閣、一九七四年二月、二三八頁）と解釈し、「前生のたからを衆生にほどこす」を「いまのたからは前生に徳をつんだ福分にこたえて出てきたものだ。そうだと思われないかも知らぬが、実際そうなのだ。そのいまの宝をむさぼらないで、衆生に施してしまいなされ」（同、二三九頁）と提唱している。私見では、「遠山の華」は苦労して摘んできた貴重な花であり、「前生のたから」も前生より永いあいだ大切にしてきた大切な宝であろうから、(8) これを如来に供え、衆生に施す(9)ことは、執着があれば出来るものではない。この執着を離れた、見返りを求めない布施に、大きな功徳があると禅師は言われるのであろうと思う。

さらに注目すべきは、「我物にあらざれども、布施をさへざる道理あり」（七六四頁）という説示である。直訳すれば〝私の物でないけれども、布施を妨げない道理がある〟となる。この「我物にあらざれども」とは、あらゆる物は本来私の所有物ではないことを意味すると考えられる。いや、私自身も我物ではない。一切は無我なるものであり、無自性空であるというのが仏教の基本である。道元禅師が説く布施行にこの基本的前提があることは実に重要であると考えられる。即ちこの説示は道元禅が正統的な仏法を根底におくものであることを示していると考えられる。布施をすると言っても、私の物を他に与えるのではない。本来私の物でも他の物でも、誰の物でもないもの、無自性空なるものを布施するのである。本来私の物でも他の物でも、誰の物でもないけれども布施が出来るのである。布施しなければならないのである。

「そのもののかろきをきらはず、その功の実なるべきなり」（七六四頁）という句も、布施において重要である。この「かろき」とは、いわゆる世俗における価値の軽さを示しているのであろうが、そうであるからといって、布施の功徳に軽重があるのではなく、いわゆる貧者の一灯であって、その布施の真心こそ大切なのであるとする。現実の仏教教団における寺院運営において、あるいは種々の組織において、寄付を仰ぐことは必要なことであろうが、道元禅師のこの言葉は心に留めておかなければならない。

「道を道にまかするとき、得道す。得道のときは、道かならず道にまかせられゆくなり。財のたからにまかせらるるとき、財かならず布施となるなり。自を自にほどこし、他を他にほどこすなり」（七六四頁）という説示は、道元禅師独特の説示である。「生死」巻に、「ただわが身をも心をもはなちわすれて、仏のいへになげいれて、仏のかたよりおこなはれて、これにしたがひもてゆくとき、ちからをもいれず、こころをもつひやさずして、生死をはなれ、仏となる」（七七九頁）とあるが、まさに身も心も仏道に投げ入れていくということが、「道を道にまかする」ということであろう。ただ仏道を行ずる、そのあり方が得道であると言える。言葉を換えれば、その得道の時は、仏道が仏道にまかせられてゆくのである。この「まかせられゆくなり」という「ゆく」という言葉に、得道というのは一瞬の体験的なものではなく、継続されてゆくものであり、その〝あり方〟であることが窺われる。「財のたからにまかせらるるとき、財かならず布施となるなり」の〝財（たから）がたから（財）に任せられるとき〟というのは、〝ただ布施をする〟ということであろうか。ただ布施をした時、その財が真の布施になると言うのであろう。三輪空寂の布施を言ったものと思われる。「自を自にほどこし、他を他にほどこすなり」という表現は、道元禅師の特徴的な表現であるが、自他不二を示したものであろう。布施をするというのは自分が他人に施すのではなく、自分が自分に施すのであり、他人が他人に施すのである。「現成公案」巻に、「仏道をならふといふは、自己をならふ也。自己をならふといふは、自己をわするるなり。自己をわするるといふは、万法に証せらるるなり。万法に証せらるるといふは、自己の身心および他己の身心をして脱落せしむるなり」（七～八頁）とあるのは、まさにこの消息である。自己を忘れたとき、即ち吾我を離れたとき、自他不二となる。自己をわすれて「道を道にまかする」時、自他不二となって、その布施は「自を自にほどこし、他を他にほどこす」とも言えることになる。

第二項　愛語

愛語についてはまず「愛語といふは、衆生をみるにまづ慈愛の心をおこし、顧愛の言語をほどこすなり。おほよそ暴悪の言語なきなり」（七六六頁）と示している。まず慈愛の心をおこす。そしてその心の自然の発動として顧愛の言葉を施す。慈しみの心を起こして、気にとめ、目にかけて、言葉を発するのである。後に示される「慈念衆生、猶如赤子のおもひをたくはへて言語するは愛語なり」も同意であり、赤子を思う如くに言語するのである。

道元禅師は『随聞記』巻四においても同様な接化を説いている。

仏子、受如来家風、一切衆生を如一子可憐。属我侍者所従なればとて、呵責し煩はすべからず。何況同学等侶・耆年宿老等を恭敬すること如如来すべしと、戒文分明也。然ば今の学人も、人には色に出て知れずとも、心中に上下親疎を不別、為人よからんと可思也。大小事につけて、人をわづらはし、心を傷こと不可有也。如来在世に、外道多く謗如来、悪くむも有き。仏弟子問云、如来は本より柔和を本とし、慈を心とす、一切衆生等く恭敬すべし。何故にか如是有不随衆生。仏言く、我昔衆を領ぜし時、多く呵嘖竭摩をもて弟子をいましめて、是に依つて今如是。律中に見たり。然ば即、住持・長老として領衆たりとも、弟子の非をただしいさめんとて、呵責の言を不可用。以柔和言いさめすすむとも、可随は可随也。況や衲子、親属兄弟等の為に、あらき言を以て人をにくみ呵責する事は、一向に可止也。能能可用意也。（四六二頁）

これは、修行道場において指導者（住持・長老）が修行僧（弟子）を指導する場合の心得について示したものであるが、弟子の非を正す場合も、荒々しい言葉で叱り責めるのではなく、柔和の言葉で諭し諫めるべきであるとする。柔和な言葉であっても、それに従うものは従うであろうと言う。これが道元禅師の教化方針である。道元禅師の師である如浄は、弟子に対して厳しい指導をしていたことが窺えるが、それは「慈愛の心」によるものと道元禅師は評する。

夜話に云、悪口をもて僧を呵嘖し、毀呰すること莫れ。悪人不当なりと云とも、無左右悪毀ること莫れ。先づ何にわるしと云とも、四人已上集会しぬれば、僧の体にて国の重宝なり、最帰敬すべき者也。若は住持長老にてもあれ、若は師匠知識にてもあれ、弟子不当ならば、慈悲心・老婆心にて能教訓誘引すべき也。其時、直饒可打をば打ち、可呵嘖をば呵嘖すとも、毀呰謗言の心を不可起。先師天童浄和尚住持の時、僧堂にて衆僧坐禅の時、眠を警に、履を以て是を打、謗言呵嘖せしかども、僧皆被打ことを喜び、讃嘆しき。或時又上堂の次でには、常に云、我已に老後の今は、衆を辞し、庵に住して、老を扶て居るべけれども、衆の知識として、各各迷を破り、道を助けんが為に住持人たり。因是、或は呵嘖の言を出し、竹篦打擲等の事を行ず。是頗る恐あり。然れども、代仏揚化儀式なり、諸兄弟、慈悲をもて是を許し給へと言ば、衆僧流涕しき。如是心を以てこそ、衆をも接し、化をも宣べけれ。住持長老なればとて、猥りに衆を領じ、我物に思うて呵嘖するは非也。況其人に非して人の短を謂、他の非を謗しるは非也、能能用心すべき也。他の非を見て、わるしと思て、慈悲を以てせんと思はば、腹立つまじき様に方便して、傍のことを言ふ様にてこしらふべし。（巻二、四三二～四三三頁）

後継者の教育・指導については、現代社会においても種々の議論がある。体罰や言葉による暴力等、言語道断であろう。ここに知られるように如浄の学人接化においても、ある程度の厳しい指導（「履を以て是を打」「謗言呵嘖」）があった事が知られる。今から七百五十年以上前のことであり、このことを現代の視点から一概に批判することはできないが、私はここに示される教育・指導論は、当時としては卓越したものと思う。如浄に「慈悲心・老婆心」があったことがうかがわれるのであり、厳しい指導の中に「衆の知識として、各各迷を破り、道を助けんが為」の住持人としての役割の自覚があるのであり、「諸兄弟、慈悲をもて是を許し給へ」という如浄の詫びの言葉に「衆僧流涕しき」

とあるから、衆僧に怨恨の思いは残らなかったのではないかと思う。「如是心を以てこそ、衆をも接し、化をも宣べければ」とあるように、如浄のような「慈悲心・老婆心」があってこそ、学人の接化は行われるべきであり、「住持長老なればとて、猥りに衆を領じ、我物に思うて呵嘖するは非也。況其人に非して人の短を謂、他の非を謗しるは非也。能能用心すべき也」とあるように、指導者（住持・長老）の立場にあるからといって、みだりに修行者を我が物のように思って呵嘖してはならないのであり、ましてやその立場にないものは、他人の短所を語ったり、非を謗ったりしてはならないのである。再三示される「能能用心すべき也」「能能可用意也」という戒めを、道元禅師門下の宗侶は、肝に銘じなければならない。また、道元禅師の化他の方針として「他の非を見て、わるしと思て、慈悲を以てせんと思はば、腹立つまじき様に方便して、傍のことを言ふ様にてこしらふべし」という語は注目される。一般的には厳格な禅僧としてイメージされる道元禅師であるが、他人に対しては実に繊細な心遣いで接していたことが知られる訓戒である。

また、愛語は相手の心を変える大きな力を持った言葉でもあるとする。それは「怨敵を降伏し、君子を和睦ならしむること、愛語を根本とするなり」「愛語よく廻天のちからあることを学すべきなり」（七六六頁）という説示から知られる。『学道用心集』に「忠臣献一言、数有廻天力。仏祖施一語、莫不廻心之人」（二五四頁）とあるのも同様であるが、これには故事がある。『唐書』「張玄素伝」（和刻本正史『唐書』（三）、汲古書院、一九七〇年十月、二五頁上）に、

（唐張玄素、）魏徴名梗挺、聞玄素言歎曰、張公論事、有廻天之力。可謂、仁人之言哉。（＊句読点、筆者）

とあるが、唐の太宗の諫議となった張玄素の諫言を聞いて、やはり太宗に仕え諫議大夫となった、直諫で有名な魏徴（五八〇〜六四三）が「廻天の力あり」と賛歎したという話である。また『随聞記』巻六に次の話が見られる。

秦の始皇の時、太子華園をひろげんとす。臣の云、尤。もし華園をひろうして鳥類多くば、鳥類をもち隣国の軍をふせいつべしや。よて其事とどまりぬ。又宮殿をつくり、はしをぬらんとす。臣の云、もとも然るべし。はし

をぬりたらば、敵はとどまらんかと。よて其事もとどまりぬ。云心は、儒教の心如是。たくみに言を以て悪事をとどめ、善事をすすめし也。衲子の人を化する善巧として、其の心あるべし。（四八二頁）

これも愛語である。ここにも示されるように先の「廻天之力」とは、天子の心をも変えさせる力という意であろうが、またこの語には、時勢を一変する力という意味もある。いずれにしても、時に愛語は大きな力を持つというのである。そして、「衲子の人を化する善巧として、其の心あるべし」とあるように、僧侶が人々を接化する善巧としてこの心がなければならないとする。道元禅師の教化論としてこの愛語は重要である。

そしてこの愛語は、面と向かって語りかける言葉だけが愛語なのではない。「むかひて愛語をきくは、おもてをよろこばしめ、こころをたのしくす。むかはずして愛語をきくは、肝に銘じ、魂に銘ず」（七六六頁）とあるように、「むかはずして」すなわち間接的に人伝に聞く愛語は直接聞く愛語より一層心にしみる。なるほど、人は面と向かってはお上手を言うことがあるが、本人がいないところで人々が批評する言葉は真実味がある。愛語を語る場合、あるいは聞く場合、心に留めて置かなければならない一節である。

この一節に続いて「しるべし、愛語は愛心よりおこる、愛心は慈心を種子とせり」（七六六頁）という説示がある。愛語は愛心よりおこり、愛心は慈心を種子としている、というのであるから、「愛心」と「慈心」は別の意味で用いていることになる。私は両者の違いを明確に区別できないが、(10)「愛心」という語には自より他に向かう心の方向性が感じられるのに対し、「慈心」という語からは他が自の心を動かすという方向性が見られるように思う。「愛語」は、他を思う心から発せられるのであるが、しかしその思いは決して自己中心的な思いではなく、他をいつくしむ思いが根底にあって、そこから受動的に発せられるものであることを、「愛語は愛心よりおこる、愛心は慈心を種子とせり」と示したのであるとも考えられるのである。いや、もはやそのような能所なき愛語の発動をいうのであろう。いずれにしても、そのような慈愛の心が愛語を生み出すのである。

ところで、愛語とは直接関わらないが、言行に関する戒めとして、

学道の人、言を出さんとせん時は、三度顧て、自利利他の為に利あるべければ是を言ふべし、利なからん時は止べし。如是、一度にはしがたし、心に懸て漸漸に習べき也。（巻一、四二〇頁）

がある。言葉を出すときに三度考えて、自分のためにも他人のためにも利益のあることならば言うべきであるが、そうでなければやめなさいと言うのである。[11] このような心得を持つことによって、愛語も生み出されるのかも知れない。

第三項　利行

利行といふは、貴賤の衆生におきて、利益の善巧をめぐらすなり。たとへば、遠近の前途をまぼりて、利他の方便をいとなむ。窮亀をあはれみ、病雀をやしなふべし。窮亀をみ、病雀をみしとき、かれが報謝を求めず、ただひとへに利行にもよほさるるなり。

愚人おもはくは、利他をさきとせば、自が利はぶかれぬべしと。しかにはあらざるなり。利行は一法なり、あまねく自他を利するなり。むかしの人、ひとたび沐浴するに、みたびかみをゆひ、ひとたび飡食するに、みたびはきいだせしは、ひとへに他を利せしこころなり。ひとのくにの民なれば、をしへざらんとにはあらざりき。しかあれば、怨親ひとしく利すべし、自他おなじく利するなり。もしこのこころをうれば、草木風水にも利行のおのれづから不退不転なる道理、まさに利行せらるるなり。ひとへに愚をすくはんといとなむなり。（七六六～七六七頁）

右に挙げたのが道元禅師の「利行」に関する説示の全体である。ここにあるように「利行」とは「利他」行である。それは「利他の方便をいとなむ」あるいは「利他をさきとせば」「ひとへに他を利せし」の語から知られる。しかし、

「利行は一法なり」「自他おなじく利するなり」とあるように、その利他行が自利に対する利他ではなく、利他行がそのまま自利行であることを示している。とはいえ利他行がそのまま自利行であるからといって、決して自利のために利他を行うのではなく、「ただひとへに利行にもよほさるるなり」「ひとへに他を利せしこころなり」「ひとへに愚をすくはんといとなむなり」とあるように、ひたすら利他行を行うのである。

その対象は「貴賤の衆生におきて」とあるように空間的にすべての衆生に向けられるのであり、「遠近の前途をまぼりて」「不退不転なる」「怨親ひとしく」とあるように、時間的に永遠にわたり永続的に行われるのである。そして、衆生は人間だけではなく、「窮亀をあはれみ、病雀をやしなふべし」とあるように、雀や亀などの動物にも向けられるのであり、それらの衆生だけでなく、「草木風水」とあるように草木などの植物も、風水などの自然も、利行の対象となるのである。

その思想的内容もさることながら、道元禅師の説示は実に綿密で、この一段落の中に、利行の空間・時間・対象等が、また利行のあり方が、あらゆる面にわたって、種々の故事を踏まえて不足なく説かれる、まさに見事な説示である。

そして利行のあり方について『随聞記』巻四に懇切丁寧な慈訓が見られるのでここに挙げておく。

為人善事を為して、彼主に善しと被思、被悦と思てするは、比於悪勝たれども、猶是は思自身、為人非実善也。主には不被知とも、人の為にうしろやすく、乃至未来の事、為誰不思ども、為人よからん料事を作置なんどするを、真に為人善きとは云也。況や衲僧は、是には超たる心を可持也。衆生を思ふ事、親疎をわかたず、平等に済度の心を存し、世出世間利益、都て不憶自利、不被人知、不主被悦、唯だ為人善き事を心の中になして、我は如是心もちたると人に不被知也。（四六〇頁）

〝他人のために善いことを行う場合、相手に善い人だと思われようと思って行うことは、悪事を行うことに比べれば勝っているが、所詮自分が善く思われようと思って行っているのであって、本当に善いことを行っているのではない〟と手厳しい。誰のためとか未来のためとかいうことも思わずに只だ善いことを行う、それが真の善行というのである。そして衲僧はそれを超えた心を持たなければならないという。〝衆生を思うこと、親疎を区別せず平等に済度の心を持ち、世間的にも出世間的にも決して自らの利益を求めずに、人知れず、悦ばれずとも、只だ善いこと心に思って、そのような心を持っていることも他人に知られなくてもよい〟まさにこれが利行のあり方であろう。このように徹底した、吾我を離れた利他行、それが道元禅師の教化論の根底にあるのである。

第四項　同事

同事についての拈提の最初に、道元禅師は、

同事といふは、不違なり。自にも不違なり、他にも不違なり。たとへば、人間の如来は人間に同ぜるがごとし。人界に同ずるをもてしりぬ、同余界なるべし。同事をしるとき、自他一如なり。（七六七頁）

と示す。同事とは「同事といふは不違なり」「同事をしるとき、自他一如なり」とあるように自他不違、自他一如をいう。そのあり方は、例えば〝人間世界での如来は人間の姿をしているようなものである〟という。そして〝如来は人間世界では人間の姿をしているのであるから、同様に余界（他の世界）では余界の姿をしているはずである〟と示している。すなわち如来は、天上界では天人の姿をしており、動物の世界では動物の姿をしているのであり、それが同事ということである。

「人間の如来」というのは人間界の如来ということであり、人間界に姿を現された如来（仏陀・釈尊）は、仮に人間の姿を現して、私たち人間界の人間と和合しているのである。如来は人間界において特別な姿を現しているのではな

く、人間の姿をしておられる。しかし如来は如来であって、人間ではない、それを「不違」といい「同事」というのであろう。如来が全く人間と同様であるならば、煩悩・欲望にまみれた人間も如来となり、それでは現実肯定の自然外道となる。人間界で人間の姿をしながらも、如来は如来でなければならない。それでは、その同化のあり方とは如何なるあり方であるのか、最も注目される説示が次の説示である。

他をして自に同ぜしめてのちに、自をして他に同ぜしむる道理あるべし。自他はときにしたがうて無窮なり。（七六七頁）

私はこの言葉に永らく疑問を持ってきた。「他をして自に同ぜしめてのちに」、つまり他人を自分と同様にさせた後に、「自をして他を同ぜしむる」、自分を他人と同様にさせる、とはいったいどういうことなのか。通常は「和光同塵」にしても「拖泥帯水」にしてもその逆であって、仏菩薩が衆生の境遇に同和して、救済教化につとめるのである。であれば〝自をして他に同ぜしめてのちに、他をして他に同ぜしむる〟ということになる。この説示の主語はやはり仏菩薩であって、仏菩薩が「他をして自に同ぜしめてのちに自をして他に同ぜしむる」ということになる。それでは通常の和光同塵とはならない。逆ではないのか。

しかし、この説示にこそ、実は道元禅師の仏法の核心が示されていると私は捉える。それは本論の序説で述べた「道元禅の核心」と関わるのである。

この説示を衆生の側から見れば、衆生が仏の世界にわが身を同じさせることになる（仏の側から見れば、仏が衆生を仏の世界へと導き入れることになる）。「生死」巻に、

ただわが身をも心をもはなちわすれて、仏のいへになげいれて、仏のかたよりおこなはれて、これにしたがひもてゆくとき、ちからをもいれず、こころをもつひやさずして、生死をはなれ、仏となる。（七七九頁）

と示す、この「仏のいへになげいれる」のであり、それを仏の側から言ったとき「他をして自に同ぜしめ」ることに

なり、「生死」巻の「仏のかたよりおこなはれて」ということになるのである。第二章修道論第二節「仏道修行の用心」で論じたように、『随聞記』にも仏道修行の用心として「仏法に任せる」ということが最も多く見出せるのであり、仏の側からすれば「他をして自に同ぜしめ」ることであり、このあり方こそ、吾我を離れ、善知識に従って、身心を仏法に任せよと強調する道元禅に合致すると言えるのである。

同事の項の末尾に示される「ただまさに、やはらかなる容顔をもて一切にむかふべし」(七六八頁)は、同事を締め括った言葉なのか「四摂法」全体を締め括った言葉なのか、どちらとも取れるが、私には、「布施」「愛語」「利行」「同事」すべて含めたものとして、結局は「ただまさに……」と、この四摂法を総合したところの実践行として端的に示されたものと思われる。

そして最後に「この四摂おのおの四摂を具足せるがゆゑに、十六摂なるべし」とまとめている[12]。「布施」「愛語」「利行」「同事」がそれぞれ密接に関連するものであり、切り離すことができないものであることを言ったものか。愛語も利行も同事もいわゆる「布施」であり、「愛語」は布施であり利行であり同事である。そして、布施も愛語も同事も「利行」と言えるのであり、「同事」であるからこそ布施や愛語や利行が行えるのである。

第四節　自未得度先度他

道元禅師の仏法の基本になるのが坐禅(只管打坐)であることは、あらためて述べるまでもないが、その坐禅によって育まれるのが「柔軟心」であり、ここに取り上げた「自未得度先度他」の心である。そしてこの心が利他行の基本となっており、道元禅師の教化論を論じるにおいて実に重要である。

結論を先取りして言えば、この「自未得度先度他」を自らが実践することが衆生を救済することであることは当然のことながら、この心を一切衆生に発こさせることが衆生に利益を与えることであり、それこそが真に衆生を救済することであるという道元禅師の説示は、特筆すべき道元禅の特徴であると思われる。このことについて以下論じる。

その前に、坐禅と衆生済度の関係について示している『宝慶記』の記述を挙げておこう。

和尚或時示曰、羅漢・支仏之坐禅、雖不著味、闕大悲。故不同仏祖大悲為先、誓度一切衆生之坐禅也。(中略)謂仏祖坐禅、従初発心、願集一切諸仏法。故於坐禅中、不忘衆生、不捨衆生、乃至蜫虫、常給慈念、誓願済度、所有功徳廻向一切。是故仏祖、常在欲界坐禅弁道。於欲界中、唯瞻部州最為因縁。世世修諸功徳、得心柔輭也。道元拝白、作麼生是得心柔軟。和尚示、弁肯仏仏祖祖身心脱落、乃柔軟心也。喚這箇作仏祖心印也。道元礼拝。六拝。(三八四頁)

〝誓って一切衆生を度する坐禅〞〝坐禅の中において衆生を忘れず、衆生を捨てず、昆虫にも常に慈しみの念いを持ち、誓って済度しようと願う坐禅〞が説かれている。後に道元禅師は『普勧坐禅儀』を撰述し、その中で「停心意識之運転、止念想観之測量」(三頁)と説かれているのであるから、『普勧坐禅儀』撰述後の道元禅師の坐禅において、坐禅中に衆生のことを念ずるということはないはずであるが、それでもこの「誓度一切衆生之坐禅」「坐禅中、不忘衆生、不捨衆生」という如浄の訓戒は道元禅師の心に深く刻まれたのではあるまいか。坐禅は自らの悟りを求める自利の坐禅ではない、あらゆる功徳を一切に廻向する坐禅であり、一切衆生を済度するのが坐禅弁道であると。

ところで、ただひたすら坐る坐禅が、何故一切衆生を済度するのか。この問題を解く鍵は「自未得度先度他」についての道元禅師の拈提の中に見られるように思われるが、後述する。

さて、「自未得度先度他」という語は『大般涅槃経』(北本巻第三八、『大正蔵』一二・五九二上)に見られる語であり、これを引用して道元禅師は次のように示している。

迦葉菩薩、偈をもて釈迦牟尼仏をほめたてまつるにいはく、

発心畢竟二無別、如是二心先心難。
自未得度先度他、是故我礼初発心。
初発已為天人師、勝出声聞及縁覚。
如是発心過三界、是故得名最無上。

発心とは、はじめて自未得度先度他の心をおこすなり。これを初発菩提心といふ。（「発菩提心」巻、六四六頁）

つまり、発心とは「はじめて自未得度先度他の心をおこす」ことを言い、この発心と畢竟とはこの『大般涅槃経』の偈に見られるように別物ではないというのである。畢竟とは、次に挙げる「説心説性」巻で道元禅師が示す「成正覚」（阿耨多羅三藐三菩提、無上正等正覚、無上菩提）であり、釈尊の成道時の無上の菩提（覚）である。「如是二心」とは発心と畢竟であり、両者は一応区別された上で、「先心難」つまり発心（初発菩提心）を起こすことの方が成正覚より難しいとするのである。

これをマラソンに例えれば、スタート地点に立つことが発心であり、ゴールに至るときが畢竟となる。スタートして走り始めれば、必ずゴールがある。もちろんゴールまで〝走り続けることをやめなければ〟であるが、走り続けさえすれば、かならずゴールがある。なるほど、走り続けることよりもっと難しいのは、そもそもマラソンをする気が起きるかどうかである。そしてスタートに立つことである。スタートすることである。マラソンをする気がなく、スタートする気がなければ、ゴールは全く望めない。同様に、菩提心を発こして修行を始めたならば、その道のりは遙かな道のりであったとしても必ず成正覚に至る。(13) しかし、そもそも菩提心を発こすことがなければ成正覚は決してあり得ないのである。

この「発心畢竟二無別」と関わる説示として、「説心説性」巻に、

仏道は、初発心のときも仏道なり、成正覚のときも仏道なり、初中後ともに仏道なり。たとへば、万里をゆくもののの、一歩も千里のうちなり、千歩も千里のうちなり。初一歩と千歩とことなれども、千里のおなじきがごとし。しかるを、至愚のともがらはおもふらく、学仏道の時は仏道にいたらず、果上のときのみ仏道なりと。（三六一頁）

とある。ここで言う「初発心」と「成正覚」が、先の『大般涅槃経』の偈の「発心畢竟二無別」の「発心」と「畢竟」に当たるであろう。仏道は初発心から成正覚まで初中後すべてが仏道であり、この仏道における一歩一歩の歩みが、同等の価値を持つものであって、最初の一歩も、最後の一歩も同じ仏道の一歩であるというのである。

さて、その仏道が「自未得度先度他」で貫かれていることは、仏教の教化論として、また道元禅師の教化論として重要な基本的立場であると言ってもよい。はじめて「自未得度先度他」の心を発こすのが初発菩提心であり、この心が成正覚に至るまで、いやそれ以降も永遠に保たれ続けてゆく。まさに仏道は、この「自未得度先度他」の実践の連続であると言っても過言ではない。そこでこの「自未得度先度他」とは、いったい如何なることなのか。

この「自未得度先度他」を読み下せば、

菩提心をおこすといふは、おのれいまだわたらざるさきに、一切衆生をわたさんと発願し、いとなむなり。（「発菩提心」巻、六四五頁）

と示されているところから察すれば、「自ら未だ度るを得ざる先に、他を度す」となろう。「度る」とは、河川を渡ることに例えて、こちら岸からあちら岸へ渡る意であるが、あちら岸とは先に言う成正覚である。一切衆生を成正覚に導こうと発願し、営む（実践する）のである。また、菩提心（自未得度先度他の心）は、

おほよそ菩提心は、いかがして一切衆生をして菩提心をおこさしめ、仏道に引導せましと、ひまなく三業にいとなむなり。いたづらに世間の欲楽をあたふるを、利益衆生とするにはあらず。（「発菩提心」巻、六四六頁）

とあるように、菩提心は、どのようにして一切衆生に菩提心をおこさせ、仏の道に導こうかと、常に身体と言葉と心で実践するのである。「いたづらに世間の欲楽をあたふるを、利益衆生とするにはあらず」という説示は重要である。むやみに世間的な欲望を叶えてあげるのが、衆生に利益を与えることではないのである。では、何が衆生に利益を与えることになるのかと言えば、ここにあるように「一切衆生をして菩提心をおこさしめ、仏道に引導[14]」することであり、このことは次の説示でさらに明確になる。

衆生を利益すといふは、衆生をして自未得度先度他のこころをおこさしむるなり。自未得度先度他の心をおこせるちからによりて、われほとけにならんとおもふべからず。たとひほとけになるべき功徳熟して円満すべしといふとも、なほめぐらして衆生の成仏得道に回向するなり。(『正法眼蔵』「発菩提心」、六四七頁)

衆生を利益するというのは、衆生に「自未得度先度他」の心を発こさせることであるという。ここが重要である。相手に真に利益を与えるというのは、お金や物を与えたりするのではない。何か相手の願いを叶えてあげるということでもない。その人に、「自未得度先度他」の心をおこさせることができたら、それが本当にその人を救うことになる、大きな利益を与えることになるというのである。

そして、衆生に「自未得度先度他」の心をおこさせることができれば、その人を真に救うことができ、自分自身にも大きな功徳があるわけであるが、その功徳によって〝私が仏になろう〟〝私が成仏できるだろう〟と思ってはいけないという。もし、成仏の功徳が満ち足りて、いよいよ仏になることができるという段階になっても、それでも自分は仏にならずに、さらに衆生の成仏得道につとめていくのである。衆生は無限に存在するので、すべての衆生をあちらの岸に渡し尽くすということはあり得ないとも言えるが、それを生きている限り実践していくのが、まさに菩薩なのである。このように説く道元禅師は、まさに菩薩であり、この菩薩こそ、実は仏にほかならないのであると私は思う。

仏教では、一般的に、私たちの迷いの世界を川のこちら岸（此岸）に例え、理想的な仏の世界をあちら岸（彼岸）に例え、この川を渡ることが修行であり、川を渡ることが理想であると教えているように思われるが、道元禅師のこれらの説示によれば、こちらの岸にいる私自身がまず自未得度先度他の心をおこし、他の人々にも自未得度先度他の心をおこしてもらうように只だひたすら務めるのである。思うに、菩薩が「自未得度先度他」の心を持つ人をこちらの岸に一人でも残すことが出来れば、もう自分は死んでもよいと思うのであろう。今度はその人が菩薩となって人々を救ってくれるからである。仏教において後継者を育てるとは、まさに「自未得度先度他」の心を持つものを育てることであるといえようか。

「自未得度先度他」の心を持つ人が、こちらの岸に一人増え二人増え、そしてもしも仮に、全ての人がこの心を持ったとき、あちらの岸に渡ろうとする人は、誰一人いなくなる。その時、あちらの岸にある理想の世界はもはや必要ない。なぜなら、こちらの岸が理想の世界になっているからである。

道元禅師が目指す理想の世界とは、そのような世界であると私には思われる。(15)

第五節　教化論の諸相

布教教化において、まず我々が思うのは、自分はまだよく仏法のことが解ってもおらず、実践できてもいないのに他を教え導くことはできないという思いである。私自身にもそのような思いはある。ある意味では謙虚な思いである。しかし、次の教説は、そのような考えを戒める。そのような考えでは、永遠に法を説くことはできないと道元禅師は言う。

いまだあきらめざれば人のためにとくべからずとおもふことなかれ。あきらめんことをまたんは、無量劫にもかなふべからず。たとひ人仏をあきらむとも、さらに天仏あきらむべし。たとひ山のこころをあきらむとも、さらに水のこころをあきらむべし。たとひ因縁生法をあきらむとも、さらに非因縁生法をあきらむべし。たとひ仏祖辺をあきらむとも、さらに仏祖向上をあきらむべし。これらを一世にあきらめをはりて、のちに他のためにせんと擬せんは、不功夫なり、不丈夫なり、不参学なり。（「自証三昧」巻、五五五頁）

ここに示されるように、〝未だ仏法を明らめていなければ他人に説いてはいけない〟と思ってはならないと道元禅師は言う。仏法を明らめてからと期しても、永遠にそのようなことはできない。本論第二章第三節「積功累徳」及び第四節「成道観」で述べたように、仏道は無窮であり、成正覚には永遠に近い修行を要する。この世一代においてすべてを明らめ終わるということは不可能なことであり、明らめ終わった後に他人に説こうとするのは、そもそも説くことを永遠に放棄することと変わりない。それでは仏法は弘まらず伝わらない。そのように考える者は、正しい努力をする者ではなく、正しい修行者とは言えず、正しく仏法に参じている者ではないと戒める。

たとえ自分自身が未だ仏法を明らめていなくとも、僧侶は仏法を説かなければならない。明らめ難い仏法であるからこそ、明らめてからと皆が思えば、仏法は断絶してしまう。思うに、自ら説くという行為によって、自らが仏法に縛られるということがある。仏法に縛られて実践せざるを得なくなるということがある。やはり、未だ明らめていなくとも、それが仏法であれば説かなければならない。

また、その仏法に照らし合わせて、他の非なることを見た場合、他を思う慈悲の心があれば、教え導かなければならない。その場合、方便をもって説くということが大切であるとする。道元禅師は『随聞記』巻二で、

他の非を見て、わるしと思て、慈悲を以てせんと思はば、腹立つまじき様に方便して、傍のことを言ふ様にてこしらふべし。（四三二～四三三頁）

と示し、『随聞記』巻五では、

他の無道心なるひが事なんどを、直に面てにあらはし、非におとすべからず。方便を以て、かれ腹立つまじき様に云べき也。暴悪なるは其法久しからずと云。たとひ法をもて呵嘖すれども、あらき言ばなるは、法も久しからざる也。（四七七頁）

と戒める。他の悪い点や悪行を見た時、やはりそれを注意してあげなければならない。しかし、その場合、相手にその非を自覚させることが必要であるが、相手が腹を立てないように、方便をもって、それとなく注意しなければならない。荒々しい言葉を発してはいけないという。

また、布教教化においては、先ず自らに厳しく、自らが実践することが大切である。自らが道を修することによって、自ずとその徳が顕れて、他に影響を及ぼしていく。道元禅師は示して言う、

隋の文帝の云、密密の徳を修してあくるをまつ。言ふ心は、能き道徳を修して、あくるをまちて民を厳すると也。僧猶不及、尤可用心也。只内内に修道業、自然に道徳可露外。自不期不望道心道徳露外被知人、只専随仏教順祖道行けば、人自帰道徳也。此に学人の誤出来る様は、人に貴びられて、財宝出来たるを以て、道徳彰たると、自も思ひ、人も知也。是即天魔波旬の心に付たると可知、（中略）徳の顕ると云も、財宝に饒に、供養に誇るを云にあらず。徳の顕に三重あるべし。先は其の人、その道を修するなりと被知也。次には、慕其道者出来る。後には其道を同学し、同行する也。是を道徳の顕ると云也。（『随聞記』巻三、四四四〜四四五頁）

と。隋の文帝（初代皇帝、楊堅〈五四一〜六〇四〉）の「密《ひそ》かに徳を修めて、おのずから外にあらわれるのを待つ」という言葉を取り上げて、〝よく徳を積む行をつとめて、その徳が外にあらわれるようになって、それから民衆を厳正に治めるということである〟と解説し、僧侶も及ばない行いであると文帝を讃えている。そして僧侶が心得るべきこととして、内々に密かに修行を行っていれば、自然と修行の徳が外に露われるとし、自分自身は、道を求める心や修

行の徳が外に露れて周囲の人に知られることを期待したり望んだりせず、ただひたすら仏の教えに随い、祖師方の道に随って行っていれば、人々は自然とその修行の徳に帰依するものであるとする。

ここで学人に誤った認識が出てくることがあるという。それは、人々から尊敬されて（布施や供養をうけて）財宝が得られるようになると、修行の徳があらわれたと自分自身も思い、周囲の人もそのように考えてしまうことである。そのように考えるのは、天界の悪魔が心に入り込んでいるからと思いなさい、と道元禅師は厳しく戒める。

〝徳が顕れる〟というのも、財宝が豊かとなり、人々の供養を受けることを誇ることを言うのではない。それでは〝徳が顕れる〟というのはどういうことかと言えば、それに三段階がある。先ずはその人がその道を修行しているということが知られるようになる。次には、その道を慕う者が出てくる。後には、その道を共に学び、同じく修行するようになることである。これを修行の徳が顕れるというのであるとする。

このことは布教教化において重要である。まずは自らが修行をするということが大切であり、自らのあり方が重要であるとするものである。これが道元禅師の教化論の基本であると言っても過言ではない。

第六節　結語

さて本章では、教化論と章立てして、まず第一節では、道元禅師が「大宋紹定のはじめ、本郷にかへりし、すなはち弘法救生をおもひとせり、なほ重担をかたにおけるがごとし」（『弁道話』、七二九〜七三〇頁）と、「弘法救生」の誓願をもって帰朝したことを論じ、この誓願こそ道元禅師の布教教化の根本であるとした。しかし道元禅師は、「まのあたり大宋国にして禅林の風規を見聞し、知識の玄旨を稟持せしを、しるしあつめて、参学閑道の人にのこして、仏家の正法をしらしめんとす。これ真訣ならんかも」（七三〇頁）と、伝道布教の旅に出ることよりも、正伝の仏法を言葉に記して残す道を選んだものと考えられる。この、正伝の仏法を言葉に記して後代に残す願行こそが、道元禅師の人天大衆に対する布教教化であったも言えることを論じたのである。

とはいえ、道元禅師は寺に籠もり著作の選述に専念していたのかというと、そうではなく、在家信者との関わりがあったことを第二節で述べた。在家信者や禅人との交流があったことが知られるのであり、必要に応じて、出来る限りにおいて、在家人の接化にもあたっていたことが窺われるのである。

第三節では、道元禅師の教化論を論じるに当たっては重要な著作であると考えられる「四摂法」巻を取り上げ、衆生を摂する四つの化他行である、布施（摂）・愛語（摂）・利行（摂）・同事（摂）の四つについて、重要と思われる説示の読解を試みながら、道元禅師の教化論の特徴について考察した。四摂法のそれぞれの解説に、道元禅師の仏法の特徴（独自性）が見られることは、本節で述べた通りである。

第四節では、利他行の基本的な心であると考えられる「自未得度先度他」の心について論じた。「自未得度先度他」を自らが実践することが衆生を救済することであることは当然のことながら、この心を一切衆生に発こさせることが衆生に利益を与えることであり、それこそが真に衆生を救済することであるという道元禅師の説示は、まさに特筆すべき道元禅の特徴であることを述べた。

第五節では、教化論の諸相について、まず〝自分自身が未だ仏法を明らめていなくとも、僧侶は仏法を説かなければならない〟ことを述べ、〝慈悲の心で教え導かなければならないこと〟を述べ、〝荒々しい言葉を発することなく〝方便をもって相手の心を傷つけることのないように〟接化しなければならないことを述べた。また、布教教化においては、まずは自らが修行をするということが大切であり、自らのあり方が重要であるとする道元禅師の教化論の基本立場を論じた。

ここに本章で論じた教化論において道元禅師における特質を述べれば、自らが仏法を行ずること、そして他にも仏法を行じてもらうことであると言える。第一節に窺えるように、自らが正伝の仏法を記し残すことにおいて、後にその撰述に接した衆生が、それを学び行ずることになるように、第二節に見られる在家人に関する説示でも出家行道を勧めているように、第三節の四摂法の布施行では自らが貪らないことを布施といい、同事行では「他をして自に同ぜしめ」る道理（衆生に自らと同じ仏道を行じてもらう道理）を言うように、第三節の「自未得度先度他」では、一切衆生にこの心を発こさせることが衆生に利益を与えることであると説くように、そして第四節では、内々に密かに修行を行っていれば、自然と修行の徳が外に露われると示すように……、自らが仏法を行ずること、そして他にも仏法を行じてもらうことが、道元禅師の教化論において重要な視点であることが知られたのである。

（1）『随聞記』にまた「興法」「利生」（四四一頁）の言葉がある。道元禅師は、「只臨時触事、為興法為利生、諸事を斟酌すべき也」（四四一頁）と言い、「但仏・菩薩の大悲、利生を以て本となす」（四四一頁）と示している。

（2）河村孝道氏は『正法眼蔵の成立史的研究』（春秋社、一九八七年二月）において、

参学大衆への実際の説法提唱と「記・書」とは截然と区別された表記ではなく、（中略）現実に大衆に行われる口頭説法も〝示衆〟であり、〝書・記〟による著述も、広く人天大衆に示されるのも〝示衆〟であり〝書写〟〝書示〟も〝示衆〟であって、常に一貫しているのは〝正伝仏法〟の開示敷演ということで、〝示衆〟はそのような〝正法〟敷演の実際化を統轄した表記であったのである。その意味では『正法眼蔵』の「示衆」は基本的には〝撰述〟がその〝示衆〟の意味する処であると、私は思っている。「記」も「書示」も「示衆」も禅師にとっては、すべて人天大衆への〝示衆〟であるという『正法眼蔵』の〝示衆〟の基本的性格の確認の上に立てば、それは『辦道話』にその撰述意図を述べられた如くに、〝仏祖正法眼蔵〟の、

　真訣をしるしとどめて参学のねがはんにきこえんとす……これをあつめて仏法をねがはん哲匠、あはせて道をとぶらひ雲遊萍寄せん参学の真流にのこす、

という撰述（記・書）も〝示衆〟であり、この場合〝示衆〟は所謂〝提唱〟ではない。（五四七〜五四八頁）

と述べているが、『正法眼蔵』の「示衆」は基本的には〝撰述〟がその〝示衆〟の意味するところであったと、私も考える。「大悟」巻の奥書には「錫駐越宇吉峯古寺而書、示於人天大衆」（八七頁）とあるが、道元禅師にとって『正法眼蔵』の撰述は、机上の作業なのではなく、それがそのまま人天大衆に広く説き示す「弘法救生」の実践であったに違いないと思うのである。

（3）この対処法をまとめれば次のようになる。

一、基本的にはできるだけ希望に添ってあげる。

二、「口添えあるいは紹介状を頼まれたので、その要望に応じてのことである」ということを相手方に伝える。

三、判断はあくまでも相手方がすることであり、私のことは考えずに道理にかなった対処をしてもらうよう申し添える。

四、とにかく双方がわだかまりを残さないようにし、自分も名声や我執を捨てて対処する。

実にすばらしい対処法である。在家人から何らかの口添えや仲介を頼まれた時には、基本的には〝煩わしい〟と思わずに、できるだけ希望に添ってあげるということであるが、「頼まれたので応じたのである」旨をきちんと説明し、そして、「判断は、そちらの判断で、あくまでも道理にしたがって対処してください」と伝えるのが良いというのである。相手方に「私の頼みだから何とかしてやってくれ」となどと言うようことはせず、また依頼者の希望通りに事が進んだ場合でも「私のお陰でうまくいったのだ」などと言って恩を売ってはならないのである。

（4）『随聞記』が筆録されたのは嘉禎年間（一二三五〜一二三八）頃のことであり、この中に見られる在家人との交流は、これ以前のことである。ところで無住道暁（一二二六〜一三一二）の『雑談集』（巻八・持律坐禅の事）に「一向ノ禅院ノ儀式、時至テ仏法房ノ上人、深草ニテ如《ク》大唐《ノ》、広床ノ坐禅始テ行ズ。其ノ時ハ坐禅メヅラシキ事ニテ、有《レル》信俗等拝《ラ》シ貴ガリケリ」（中世の文学『雑談集』、三弥井書店、一九七三年九月、二五七頁）とあることから、当時の興聖寺には在俗の信者が少なからず訪れていたことが推測される。

（5）石井清純氏は、「永平寺撰述文献に見る道元禅師の僧団運営」（『道元禅師研究論集』所収、大本山永平寺、二〇〇二年八月）において、

道元禅師の在家者に対する意識が希薄になったといわれる時期、すなわち永平寺入院前後以降に撰述された清規のす

べてに、僧団の経済的援助者としての在家者の姿が見出されるのである。これにより、永平寺においても、僧侶たちが、完全に世俗と隔絶した出家至上主義的僧院生活を送っていたものではないことが明らかとなる。（四二五頁）
と述べている。

（6）「摂」の意味については、桜井秀雄『修証義を読む』（名著普及会、一九九〇年、一七二頁）では、四摂法を「人々を摂《おさ》めて守り、人々を摂り入れて仏の道に導く四つの仕方」と解説している。

（7）たとえば「発菩提心」巻で菩提心を表現するのに、
この心、もとよりあるにあらず、いまあらたに欻起するにあらず。一にあらず、多にあらず。自然にあらず、凝然にあらず。わが身のなかにあるにあらず、わが身は心のなかにあるにあらず。この心は、法界に周遍せるにあらず。前にあらず、後にあらず。あるにあらず、なきにあらず。自性にあらず、他性にあらず。共性にあらず、無因性にあらず。しかあれども、感応道交するところに、発菩提心するなり。（六四五頁）
と示し、「即心是仏」巻で即心是仏を表現するのに、
たとひ一刹那に発心修証するも即心是仏なり、たとひ一極微中に発心修証するも即心是仏なり、たとひ無量劫に発心修証するも即心是仏なり、たとひ一念中に発心修証するも即心是仏なり、たとひ半拳裏に発心修証するも即心是仏なり。（四五頁）
と示すのがそれであると思われる。他にも、空間・時間、自・他、前・後、一瞬・永遠、一・多、大・小など、あらゆる面から仏法を表現する用法は、所々に見られる。

（8）この「遠山の華」「前生のたから」については、湯澤正範氏は〝遠い山でやっと手に入れた珍しい花〟〝過去の生涯に蓄積してきた財宝〟というように私と同様な解釈をするが（『正法眼蔵菩提薩埵四摂法を読む』、文芸社、二〇〇八年五月、二六頁）、橋本禅巌講話『正法眼蔵四摂法之巻摸壁』（鴻盟社、一九八三年三月）では「自分の庭先の花でありますと、人が欲しいような顔をしても、あげたくない、惜しい気持ちがする。然し遠い山に咲いている花でありますと、好きな程どうぞと平気で云える。また前生の財と云うことになれば、今持っている財に全く関係がありませんから、欲しいと云う人があれば全部差上げても、少しも惜しいことはありません」（一二頁）と解説している。この部分に限らず『正法眼蔵』には、解説者（提唱者）によって相反する解釈が存在する。

（9）ここで如来とは在世中の仏陀釈尊をいうのではなく仏像としての如来を指すのであろうか。いずれにしても布施行は

施者に功徳があるのであるから受者はそれに対して礼辞を述べる必要はないという理がある。（私は個人的にはそのような立場はとらず、施者に対して相応の礼を述べるべきであると思っているが）「如来に供す」とはそのような理を踏まえたものか。またここでいう衆生とは、無辺の衆生あるいは見知らぬ衆生を意味するのであろうか。とにかくこの句は、執着を離れ、見返りを期待しない布施行を表現したものであろう。

(10) 岸澤惟安師は「愛というとどうもせまい。眷属のあいだぐらいのことになる。慈悲心は自他の仕切りのとれてしまった心だ。大小のちがいだ」（『正法眼蔵全講』第十九巻、大法輪閣、一九七四年二月、二七〇頁）とその区別を解説する。布施の項に「心の大小ははかるべからず」（七六五頁）という語が見られ、そうような解釈も可能であるかも知れない。橋本禅巌講話『正法眼蔵四摂法之巻摸壁』（鴻盟社、一九八三年三月）では「愛と云詞は、仏教では煩悩の一つで、悪い意味にばかり使われていますが」と愛に対する仏教の基本的な解釈を揚げ、「愛そのものは、悪いものではありませんが、そこに貪ぼり執着する心が働くと、色々の問題を起しますので、警戒されているのであります。この嫌われている愛心も、その根源を究めて見ると慈悲心から出ている。この慈悲心は、言い換えると仏心であります」（四四頁）と提唱している。

(11) 同様な説示は、『随聞記』巻五に、「示云、三覆して後に云へと云心は、おほよそ物を云んとする時も、事を行はんとする時も、必三覆して後に言行べし。先儒多くは三たび思ひかへりみるに、三びながら善ならば言ひおこなへと云也。宋土の賢人等の心は、三覆をば、いくたびも覆せよと云也。言ばよりさきに思ひ、行よりさきに思ひ、思ふ時に必たびごとに善ならば、言行すべしと也。衲子も又かならずしかあるべし。我ながら思ことも云ことも、主にも知られず、あしきことも有るべき故に、先づ仏道にかなふやいなやとかへりみ、自他のために益有りやいなやと能能思ひかへりみて後に、善なるべければ行ひもし、言ひもすべき也。行者若此の心を守らば、一期仏意にそむかざるべし」（四七三頁）とある。

(12) 「八大人覚」巻で「一一各具八、すなはち六十四あるべし。ひろくするときは無量なるべし、略すれば六十四なり」（七二五頁）と示すのも同意である。

(13) このような言い方をすれば、成正覚を遙か未来に求めることになり「修証一等」と齟齬するのではないかとも考えられようが、これについては、本論第二章第三節「積功累徳」・第四説「成道観」で既に述べているので参照されたい。

(14) ところで、これによれば、曹洞宗の喪儀法における引導は、霊位を仏の道に引導するのであり、具体的には霊位に菩提心（「自未得度先度他」の心）をおこさせること、それが引導ということになろう。

(15) 本論第三章第四節「夢中説夢」で述べたように、この現実世界の他に仏の世界を見ることをしない。このような思想は道元禅師の著作全体にわたってその奥底に流れるものであると考えられる。

結論

本書は、『道元禅師の思想的研究』と題した。曹洞宗に僧籍を持つ宗侶であり宗祖として道元禅師を仰ぐ立場から、道元とは言わず道元禅師と尊称を用いた。また、道元禅師の思想について中心に論じたものであるので、「思想的研究」とした。道元禅師の教説は禅師自らがそう示すように〝正伝の仏法〟であり、禅師からすれば〝思想〟というべきものではないが、序論の「宗学研究論について」で述べたように、本書は道元禅師の教説を〝参究〟ではなく〝研究〟の立場から論じたものであり、『道元禅師の思想的研究』と題したのである。

また、本書で論じた道元禅師の教説は、修行道場において説かれたものであり、実際に修行している修行僧に対して示されたものであり、修行を前提としている。すなわち、修行を教説の必要条件としており、この必要条件なくして道元禅師の教説は正確に把握できないことを私は十分認識しているつもりである。本書の研究はそのような認識のもとで行われたものである。

さて、本書ではまず序論において、私の宗学研究論を述べ、その研究対象である道元禅師の仏教史における位置を論じた。ここにおいて論じた仏教史は、これまでの宗学で捉えられてきた伝統的な理解の範疇を出るものではなく、史実を客観視するものではない。道元禅師自身が仏教史をどのように捉え、みずからの立場をどのように定めていたのかを、道元禅師の著作を通して推測したものである。道元禅師の思想を研究する場合、史実としての仏教史よりも、道元禅師が捉えた仏教史の解明がより重要であると考えられるからである。即ち、道元禅師に至る仏教の系統は、釈尊から大乗仏教の流れを経て、第二十八祖・中国禅宗初祖とされる菩提達磨に至り、二祖慧可、三祖僧璨、四祖道信、五祖弘忍、六祖慧能と伝わる禅の系統である。五祖弘忍のもとに慧能と神秀が出て、前者を南宗禅、後者を北宗禅と称するが、道元禅師はその南宗禅の系統である。その南宗禅の慧能の門下に南嶽懐譲と青原行思が輩出し、さらに南嶽の下に馬祖道一、青原の下に石頭希遷が出現し、この二人の系統から潙仰宗、臨済宗、曹洞宗、雲門宗、法眼宗の五つの宗が生まれ、また臨済宗の系統から黄龍派と楊岐派の二派が生まれる。いわゆる「五家七宗」と称されるが、道元禅師の師、如浄は曹洞宗の系統であるから、道元禅師はその流れを汲んでいることになる。ところで、この五家のうち中国宋代には、臨済宗と曹洞宗の系統が栄える。殊に臨済宗が最も盛んであったことは間違いない。臨済宗と曹洞宗も「五家ことなれども、ただ一仏心印なり」（『弁道話』）とされるものの、宋代にはその立場の相違が見られるようになる。いわゆる大慧宗杲の看話禅と宏智正覚の黙照禅である。前者は、禅の修行に公案の工夫を取り入れ、これによって修行僧の境涯を深め、悟りを得させようとしたものであり、後者は、公案を工夫して悟りを開くのではなく黙々として坐禅することの中に悟りがあるとした。宏智は道元禅師に至る系譜の祖師の中にはその名を連ねないが、道元禅師の禅の系統は、看話禅と黙照禅に大別すれば黙照禅の系統に属するものである。道元禅師が嗣法した如浄は、曹洞宗すなわち黙照禅の流れを汲むものであったが、如浄その人は、教学にも禅にも偏ることなく、臨済宗・曹洞宗のいずれの派閥にも与せず両宗の宗旨を兼ね備えて独自の宗風を振るっていたと考えられ、このことが道元禅師にも影響を与えたことは間違いない。このような仏教の流れの自覚の中で道元禅師の思想が形成されたと考えられるのである（但し本書では道元禅師が青年期に学んだ比叡山での教学、すなわち日本天台の本覚法門からの影響についてはほとんど論じることがなかった。今後の課題である）。

また序論では、本書が道元禅師の思想を論じるに当たって中心的に取り上げた文献である『正法眼蔵』について、四種の古写本（七十五巻本・六十巻本・十二巻本・二十八巻本）を取り上げ、その成立的考察を行った。ここにおいて展開した私論は次の通りである。道元禅師は、入越後まもなくの寛元二年頃、これまで示してきた個々の法語を『正法眼蔵』という総題のもとにまとめるべく編集を始め、『正法眼蔵』という総題になる六十巻の大系（「旧六十巻本」〔私称〕）を一応編集する（あるいは、この大系は四十巻であったかも知れない）。しかしこの頃、道元禅師は新たに「出家功徳」巻を第一とし「受戒」巻「袈裟功徳」巻とつづく明確な思想体系をもった『正法眼蔵』の編集を企て、この大系を崩されて「出家功徳」巻を第一巻とする新草の撰述・編集を行なう一方、これまでのように『正法眼蔵』の巻々の再治を行ないながら「現成公案」巻を第一巻とする『正法眼蔵』の再編集を並行して行う。しかし、晩年に始められたこの作業は、病と闘う道元禅師にとって容易なことではなく、両者合せて百巻の『正法眼蔵』の撰述・編集の悲願は達成されることなく、道元禅師は遷化する。道元禅師遷化の後、懐奘は、道元禅師自筆の『正法眼蔵』のすべてを手中にする。懐奘は、第十一「一百八法明門」巻まで撰述・編集された、ほとんど草稿本のままの状態の新草『正法眼蔵』と、もう一方の「現成公案」巻を第一巻とする編集途中の『正法眼蔵』を手にする。そこで懐奘は、道元禅師の最後の御草本となった「八大人覚」巻を新草『正法眼蔵』の第十二に置き、建長七年（一二五五）の夏安居に義雲らとともにこの十二巻を浄書して、いわゆる十二巻本『正法眼蔵』を編集する。その後、懐奘は、詮慧・義演らとともに『永平広録』の編集を行ないながら、一方でこの十二巻本以外の巻の編集（書写）整理を行なう。もちろん道元禅師によって途中まで編集された「現成公案」巻を第一巻とする『正法眼蔵』を基にしての作業である。懐奘は、道元禅師自身による中途の編集を完成させるにあたり、道元禅師の編集はそのままに、それに続けて、残った巻々をほとんど撰述（示衆）年月日順に並べて編集する。こうしていわゆる七十五巻本『正法眼蔵』が編集される。

この七十五巻本の編集は、道元禅師の真筆本についておこなわれる（ゆえに七十五巻本系の『正法眼蔵』には道元禅師の奥書のみで懐奘等の書写奥書がない）。懐奘の手元には、この道元禅師自筆の『正法眼蔵』のほかに、道元禅師在世のころ懐奘自らが書写した五十余巻の『正法眼蔵』の巻々があった。晩年になって懐奘は、六十巻の『正法眼蔵』を編集（「新六十巻本」（私称））するが、その基になったのがこの懐奘の書写本である（ゆえに六十巻本系には懐奘等の書写奥書が記されている）。この六十巻の『正法眼蔵』は新草本の編集によって道元禅師自らの手によって崩された編集本であったが、道元禅師親集の『正法眼蔵』である。懐奘自身の手が大いに加わってしまった七十五本のみを残して、この六十巻本を無にすることは、懐奘にはできなかったのである。後、何故か、永平寺には六十巻本が伝わることになるが、永平寺ではこれに欠けた巻々を次第に収拾した。その後、何時かに何人かによって、永平寺に所蔵されていたこれら二十八巻の書写本が、散逸を恐れて無作為に三冊（二十八巻）にまとめられる。こうして二十八巻本『秘密正法眼蔵』が成立する。以上が、『正法眼蔵』の四種の古写本の成立に関する私論であるが、立証不可能な部分もあるものの、全体的見地から眺めて私はこのように推定している。今後、新たな資料が発見され、さらに『正法眼蔵』の成立的研究が進められ、解明されることを切に望むものである。

本論ではまず「道元禅の核心」と題して序説を述べた。道元禅師が比叡山での修学時代に抱いたとされる疑滞の解決が、道元禅師を論じる上で極めて重要であったと考えたからであり、この疑滞の解決から本論で述べる道元禅師のさまざまな教説や、清規類の撰述が生まれたといっても過言ではないと捉えたからである。道元禅師は坐禅修行を第一とした修行の重要性を説き、日常生活のあらゆる行持における威儀・作法を重視し、食事作法から洗面・洗浄の儀則に至るまで事細かに示している。これらの実践の強調は、比叡山における「本来本法性。天然自然身。顕密両宗。不出此理。大有疑滞。如本自法身法性者。諸仏為甚麼。更発心修行」という疑滞の超克の上にあると思われる。私は「冷煖自知」「見聞覚知」の語に注目し、これらを肯定する思想が「本来本法性。天然自然身」の理であると捉え、「冷煖自知」「見聞覚知」の絶対肯定に対する否定と、只管打坐や仏の威儀作法を行ずることの重視は、密接に関連することを本論の序説として述べたのである。

第一章「修証観」では、まず道元禅師の修証観の特徴とされる「修証一等」「本証妙修」等について論じたが、「修証一等」が道元禅師の修証観を端的に表す語として認められることを述べた。道元禅師の修証観を示す言葉として用いられる「本証妙修」という語については、やや批判的に扱った。即ち、「本証」という語も「妙修」という語も『弁道話』に見られ、「現成公案」巻の「風性常住の話」の解説などからも、「本証妙修」の語も、充分な根拠をもって道元禅師の修証観を表す言葉として認められ得るのであるが、もし発心（出家）以前をも含めて「本証」と言うならば、それは他の道元禅師の修証観に関する説示と照らし合わせて矛盾するのであり、発心（出家）以前、つまり仏道修行を伴わない状態（立場）をも含めてしまい易い「本証」という語は、まさに誤解を招きやすい語であり、道元禅師の修証観の特質を代表させる語としては不適切であると結論づけるに至った。また伝記資料に見られるいわゆる「身心脱落の話」については、これを虚構とする説もあるが、私は「身心脱落」という何らかの機縁があったという立場に立って、その時期と意義について考察した。身心脱落の時期については、伊藤俊彦氏の説や、面授時と身心脱落時とは別時であるとして宝慶三年の頃である可能性を示唆する鏡島元隆氏の説を受け、宝慶三年（あるいはその前年）、それは如浄からの嗣書伝授に先だってのことと結論づけた。また、身心脱落の意義については、これを文献に基づいて明らかにすることは容易ではないとしたものの、道元禅師が如浄のもとにあって、〝坐禅こそが身心脱落である〟との教えをうけて、それを信受しながらも、厳しい坐禅の修行のなかで、しだいにその信を深め、ついに「正伝の仏法は坐禅である。坐禅こそが身心脱落である」と確信するにいたった、そのような機縁であったと結論づけた。また、修証観と密接に関わる「付法説」についても論じた。摩訶迦葉が、多子塔前において初めて釈尊に相見したとき直ちに正法眼蔵の付属を受けたとする説を「多子塔前付法説」と言い、霊鷲山において釈尊から摩訶迦葉への付法が行われたとする説を「霊山付法説」と言うが、その著作から如浄・瑩山両禅師は「多子塔前付法説」に立ち、道元禅師は「霊山付法説」に立つことが知られるものの、思想的に見れば、道元禅師も「多子塔前付法説」に立つものであり、そこには思想的相違は無く、三禅師は一貫した立場に立っていると結論した。また道元禅師においては、思想的には「多子塔前付法説」に立ちながらも機縁としては「霊山付法説」に立ったところに実は深い意義付けが出来ることも論じ、その根底には「修証一等」の修証観があることを論じた。また、道元禅師の修証観において注意すべき「本証」という語の定義に関連して「覚（悟）と証」の相違についての私見を述べ、道元禅師の修証観をより明確に示すことができたと思う。

第二章「修道論」では、道元禅師の仏道修行論について、道元禅師が説く修行の諸相について論じた。まず、道元禅師の仏道修行の特色としてよく知られている坐禅（「只管打坐」「祇管打坐」）について述べ、只管の意味を考察し、坐禅が第一の行であり、その坐禅は無所得無所求無所悟でなければならないとする説を確認した。また「非思量」という語の意義や、坐禅に関する諸問題（諸議論）についても論じた。特に「只管」（祇管）を、道元禅師が非常に尊敬している中国の禅者の一人である大梅法常の「祇管即心是仏」と関連づけて論じたことは、新たな視点であろうと思う。また、道元禅師の修道の道程について主として『随聞記』によりながら「仏道修行の用心」について考察した。道元禅師が仏道修行において大切な事項として「吾我を離れること」「身心を放下すること」「仏法に任せること」「善知識に随うこと」「戒行を守り、威儀を調えること」などを繰り返し説き、強調していることを明らかにした。また、その仏道が今生に限らず永遠の道であるとする説示を取りあげて、道元禅師が説く無窮なる積功累徳の遙かなる仏道について述べ、道元禅師は釈尊と同様な「無上菩提」の成就は遙か未来のこととして願われていたのではないかということを論じた。即ち、道元禅師の修道論を概説するに、修行者は、正しい仏道修行とは何かを会得しているところの正師（身心脱落し、一生参学の大事を了畢している師）について修行し、そのもとで自らそれを明らめ、身心脱落し、大事了畢し、その後、限りない正しい仏道修行を確実に積み重ねて行き（その状態が修証一等）、はるか未来において、その究極に成正覚（釈尊と同等の「無上菩提」の成就）し成道することができる、という修道論であると結論づけた。

第三章「世界観」では、まず、道元禅師の世界観について、道元禅師がこの実態としての世界、物理的世界をどのような世界と捉えていたのかについて、当時の仏教者がそう信じていたインドの須弥山世界観、三千大千世界、即ち我々人間世界は、須弥山を北に仰ぐ南贍部州であり、そこにインド・中国・朝鮮・日本等が存在するという世界観を説いていることを論じた。しかし、道元禅師の捉えた世界はこれにとどまるものではなく、広狭・大小には関わらない、「今」「ここ」「このこと」を生きる実際的世界観であることを、「現成公案」「心」「夢中説夢」など、道元禅師の世界観に関わると思われる語を取り上げて論じた。我々は自分が認識する能力の範囲において世界を見ており、自分が認識している世界以外に、自分が認識できない多くの世界があることを知らなければならないこと、しかしその上で、私にとっての現実を生きてゆくしかないこと、また、私が認識している範囲の現実こそ私の生きる場であり、その現実を大切にして、今を仏道に従って生きてゆくべきこと、それが道元禅師の生き方であり、道元禅師が生きていた世界であり、道元禅師の世界観であると結論した。

第四章「時間論」では、道元禅師の時間論を禅師の言葉によって「有時」「経歴」「刹那生滅」「吾有時」の四つに分類して論じた。まず「有時」については、「有時」巻に示される、よく知られている「いはゆる有時は、時すでにこれ有なり、有はみな時なり」という説示を取り上げて、道元禅師が「存在」（有）と「時間」（時）を一体のものとして捉えていることを論じた。そこでは、「存在」優位の立場に立った上での「存在」と「時間」の同一を示していると捉える説と、「存在」と「時間」を全く等価（同値）なものと示していると捉える説があることを紹介したが、私見ではどちらとも明確にはできないが、いずれにしても、道元禅師は「時間」を「存在」から独立したものとして捉えるのではなく、「存在」が「時間」であることを繰り返し強調していることは確かであり、とかく「存在」と切り離して捉えがちな「時間」について、「時間は存在そのものにあるのである」と強調しているものであることを論じた。また、時間論を論じるにあたって重要な語であると思われる「経歴」「前後際断」「吾有時」という語を取り上げて考察したが、「時間」と「存在」、そして「吾」や「修行」、それらが決して切り離せないものとして示されていることが明らかとなった。道元禅師の思想の中でも、世界観（存在論）や時間論は実に難しい部分であり、充分な解説ができなかったが、存在論・時間論といった難解な哲学的な考察が、結局は単純な結論に到達するように思われた。

それは、人生は、「今」「ここ」「このこと」を「生きてゆく」ということの連続であり、そこに懸命になるしかない。この人生を仏道に生きること、それがまさに道元禅師の「有時」であるという結論に至った。

第五章「因果論」では、道元禅師の因果論は、因果歴然の道理の上に立った因果超越の因果論であることを論じた。晩年になって因果歴然として深められた、あるいは因果歴然に改められたという説もあるが、そのような変化はないとした。但し、「百丈野狐の話」における「不落因果」の解釈は、「大修行」巻と「深信因果」巻では明らかに相違しており、これについては「大修行」巻を年代的に先の選述とすれば、「深信因果」巻において、「百丈野狐の話」における「不落因果」の解釈は、「まさしく撥無因果なり」と改められたと思われることを論じた（ただ、それはあくまでも「百丈野狐の話」における「不落因果」の解釈が改められたのであって、因果論そのものの変化ではなく、公案解釈の変化であって、道元禅師の思想の変化とは言えないものであると思われる）。道元禅師の因果論は、基本的に因果歴然・深信因果であるものの、因において果は将来に得られるもの、求めるものという常識的理解に立つ因果論でなく、因果超越、因果同時の因果論であると考えられる。

第六章では「仏性論」について論じた。まず道元禅師が仏性論を受容していたことを述べたが、『涅槃経』に見られる「悉有仏性」の語を「悉有は仏性なり」と読み、「一切衆生」を「悉有」（悉く有るもの）と解釈し、一切衆生であるところの悉有（悉く有るもの、全ての存在）を「仏性」とする道元禅師の解釈について論じた。また、道元禅師が、「仏性」に対する誤った理解として批判している仏性理解を挙げて整理しながら、道元禅師の仏性論を明確にすべく試みた。さらに龍樹の身現円月相の話に見られる「身現」という語に注目し、仏性は修行のところに現れるとする道元禅師の仏性論を確認し、伊藤秀憲氏の説を受けて、坐禅が仏性にほかならず、坐禅の姿こそ仏性の現れであると論じた。また、道元禅師の仏性論について松本史朗氏が「仏性修現論」（その後「仏性修顕論」とした）とする論攷を取り上げ、「道元禅師は仏性内在論を否定して仏性顕在論にもとづく仏性修現論を説いた」とする松本説に対して、「仏性が顕在（存在）しているのではなく、修証によって自己において始めて顕在するのである」と反論する伊藤秀憲氏の説に賛同し、「道元禅師は仏性内在論を否定して仏性修現論を説き、仏性修現論にもとづいた仏性顕在論を示した」のではないかと論じた。即ち、これがまさに道元禅師の仏性論であり、道元禅師にとって仏性は内在するものではなく、修行によって現成するものであり、そして修行によって仏性を現成している主体にとって、仏性はあらゆるものに顕在すると見えるのである、と結論した。

第七章「身心一如説と輪廻説」では、道元禅師の身心一如説が、無我説の主張を主眼とするものではないことを述べ、身心一如説は何のために説かれたのかについては、修行無用論に対する批判の中で示されたものであって、身心一如説の主張、すなわち心常相滅論批判は、心常相滅論→霊知即仏論→（領解解脱論→性悔帰入論）→修行無用論と、畢竟して修行無用論批判であったと考えられることを述べた。つまり、身とは別に、身とは隔別の、すなわち身によ る修行とは関わらない（身の修行を必要としない）本来清浄なる心、本来完成された円満な性の存在を否定されたのであり、それは「輪廻の主体」の否定ではなく、「輪廻の主体」がもとより完全無欠な存在ではないということの主張であったと考えられることを論じ、道元禅師は、修行の功徳を積み上げて行くものとして、「輪廻の主体」を認めていたと結論せざるを得ないとした。即ち、道元禅師の「身心一如」とは何かといえば、それは、身体的行為（＝修行＊もちろん口業、意業も含むべきであろう）が、心的〝なにもの〟（輪廻する主体）に密接に関わるということであり、ゆえに、修行の必要性を説き、積功累徳（功徳の積み累ね）の重要なることを示されたのが、道元禅師の輪廻説であると結論したのである。つまり道元禅師にとって、身心一如説（心常相滅論批判）と輪廻説とは決して矛盾するものではなく、むしろ契合するものであったのである。

第八章では、道元禅師の「言語表現」について論じた。まず、道元禅師がなぜ多くの言葉（著作）を残したのかについて、その教化活動において直接的に関わることできない「真実の参学」や、後代の参学者までも視野に入れて、

「正伝の仏法」を書き記して残すことを意図されたのではないかと推論した。そしてその「正伝の仏法」を言葉によって表現できる（もちろん行〈行為〉によっても表現する）とする道元禅師の「道得」という立場を明らかにし、そのための特異な言語表現について、特に物事の同一性を端的に表現しようとした言語表現（「絶対同一」と表現）について考察し、また、道元禅師が経典・語録の言葉を取りあげて、しばしば特異な解釈を与えて用いている一例として「将錯就錯」という語を取り上げ、この語が単にそれらのなかの一例にとどまるものではなく、道元禅師のきわめて重要な主張（「即心是仏」「只管打坐」の意義）が込められているものであることを論じた。

第九章では道元禅師の「教化論」を述べた。道元禅師は『弁道話』において「大宋紹定のはじめ、本郷にかへりし、すなはち弘法救生をおもひとせり、なほ重担をかたにおけるがごとし」と、「弘法救生」の誓願をもって帰朝したことが知られるが、この誓願こそ道元禅師の布教教化の根本である。しかし道元禅師は、「まのあたり大宋国にして禅林の風規を見聞し、知識の玄旨を稟持せしを、しるしあつめて、参学閑道の人にのこして、仏家の正法をしらしめんとす。これ真訣ならんかも」と、伝道布教の旅に出ることよりも、正伝の仏法を言葉に記して残す道を選んだものと考えられる。この、正伝の仏法を言葉に記して後代に残す願行こそが、道元禅師の人天大衆に対する布教教化であったとも言えることを論じたのである。とはいえ、道元禅師は寺に籠もり著作の選述に専念していたのかというと、そうではなく、在家信者や禅人との関わりがあったことも述べた。必要に応じて、出来る限りにおいて、在家人の接化にもあたっていたことが窺われるのである。また、道元禅師の教化論を論じるにあたって重要な著作であると考えられる「菩提薩埵四摂法」巻を取り上げ、衆生を摂する四つの化他行である布施（摂）・愛語（摂）・利行（摂）・同事（摂）の四つについて、重要と思われる説示の読解を試みながら、道元禅師の教化論の特徴について考察した。四摂法のそれぞれの解説に、道元禅師の仏法の特徴（独自性）が見られた。そして、利他行の基本的な心であると考えられる「自未得度先度他」の心についても論じた。「自未得度先度他」を自らが実践することが衆生を救済することであることは当然のことながら、この心を一切衆生に発させることが衆生に利益を与えることであり、それこそが真に衆生を救済することであるという道元禅師の説示は、まさに特筆すべき道元禅の特徴である。

さて、本論では「修証観」「修道論」「世界観」「時間論」「因果論」「仏性論」「身心一如説と輪廻説」「言語表現」「教化論」と九章に分けて、道元禅師の思想を論じた。実はこれらはそれぞれが密接に関連しており、区別して論じることができないものである。それぞれに他のすべてが含まれていると言ってもよい。そして、その根底にあるものは、やはり行（修行）である。

また、便宜的に分けて論じたこれらの論点のほかに、「信」「慈悲」「智慧」「嗣法」など、本論では触れることができなかった重要な論点がある。これらは今後に残された課題である。よって『道元禅師の思想的研究』と題したものの、思想全体を論じるに不十分なものであることは自覚している。また本論は、宗門内部の研究に偏った研究であることも否めない。例えば修証観を論じるについて、本覚思想に触れる場合でも、宗門外の学者の研究（花野充道「道元と天台本覚思想」、『印度学仏教学研究』第五三号第一号、二〇〇四年十二月、など）がある。これらの研究にも目を広げなければ、充分な考察は為し得ない。また、道元禅師の思想を論じる場合、道元禅師が生きた時代の社会（時代背景）や同世代の仏者・禅者等の研究も不可欠である。本論がこれらを欠いているものであることは承知している。これらは今後の課題である。

しかしながら、現時点において、道元禅師の思想的研究として、まことに不十分なものであるとは言え、これまでの私の研究を、ここに整理してまとめ、一応の区切りとして提示しておきたい。そして、これらの研究をこのような形で纏めて提示することによって、諸氏の御叱正を仰ぎ、さらに今後の自らの研究の叩き台となして、さらに歩を進めたいと願うものである。

ところで本書では、附論として、第一章に、本論第一章第二節第二項の「身心脱落の時期」に関する論述を補うために、道元禅師の在宋中の動静に関する研究を収載した。また第二章において、漢文宗典の訓読の問題、特に『普勧坐禅儀』と『学道用心集』の読み方（訓読法）についての私論を提示した。これまでの訓読を、道元禅師の思想的研究の立場から批判したものである。既に読み慣れた訓読を改めることは容易ではなかろうが、識者の判断を仰いで向後修正が検討されることを願うものである。また、第三章に「道元禅師と現代」という章を設け、道元禅師と葬祭や、道元禅師と社会との関係について、現代的・社会的・教団的視点から道元禅師の思想について触れてみた。私の道元禅師研究を、少しでも現代社会に関わらせたいとの思いからである。仏教（宗学）研究そのものは必ずしも社会的でなければならないとは思わないが、研究者自身は社会的でなければならないと私は思うのであり、研究者は、学問のための学問ではなく、社会に貢献するための学問を積極的に行わなければならないと思うからである。これも私自身の今後の課題である。

附論

第一章　道元禅師在宋中の動静について

本論第一章第二節において道元禅師の身心脱落について述べたが、その第二項の「身心脱落の時期」に関する論述を補うため附論としてこの章を述べる。

従来、道元禅師伝における在宋中の動静の研究においては、如浄の天童山入院を宝慶元年（一二二五）春とし、道元禅師が如浄とはじめて出会ったのは、この年の五月一日であるとされてきた。

これに対して鏡島元隆氏は『天童如浄禅師の研究』(1)において、伊藤慶道氏の説(2)を承けて如浄の天童山入院を嘉定十七年（一二二四）秋とし、さらに伊藤秀憲氏は、綿密な資料考証からこの年の七月後半から八月のことと論証し(3)、これに基づいて道元禅師の在宋中の有様が塗り替えられようとしている。

私も、これまで鏡島・伊藤両氏の説に基づき、如浄の入院を嘉定十七年のこととし、これによって道元禅師在宋五カ年中の行状を捉えてきたが、ここに改めて道元禅師在宋中の動静を検証し、この問題に関する私論を述べたい。

西暦	1224	1223
中国	嘉定 17	嘉定 16
日本	元仁 1	貞応 2
1月	1月21日　天童山にあって無際了派の嗣書を見る（嗣書）	
2月		2月22日　建仁寺を出発（舎利相伝記）
3月		
4月	4月以前　無際了派示寂	4月　明州に到着
5月		5月　在慶元舶裏（典座教訓）
6月		
7月	7月5日　天童山にて栄西十回忌にあたり祠堂供養（千光法師祠堂記） ↑	↑　7月天童山（嗣書・典座教訓） 諸　秋のころ阿育王山（仏性）
8月	7〜8月　如浄、天童山に入院 諸	山　径山万寿寺（伝光録・建撕記） 歴　＊ほか、浄慈寺、霊隠寺等、
9月	山	遊　五山の巡拝をされたと思われる。 ↓
10月	歴　（11月25日、明年を宝慶とする詔令がでる）	10月　慶元府にて高麗僧と会う（袈裟功徳・伝衣）
11月	遊	10月頃　如浄、明州瑞巌寺を退き、浄慈寺に再住
12月	↓	
備考	諸山歴遊 解夏ののち、天童山を出発。明州より海路、普陀に立ち寄り、補陀洛迦山の観音霊場を参詣され、南下して台州湾に入る。 この年から宝慶元年にかけて、台山・雁山等を遍参される。	中国禅院五山 第一　径山興聖万寿寺 第二　北山景徳霊隠寺 第三　太白山天童景徳寺 第四　南山浄慈報恩光孝寺 第五　阿育王山広利寺

1227	1226	1225
宝　慶　3	宝　慶　2	宝　慶　1
安　貞　1	嘉　禄　2	嘉　禄　1
この年、如浄の嗣書を相承する。 （永平寺蔵道元禅師嗣書） ＊如浄の退院は、この嗣書伝授の後であると考えられる。「嗣書」巻末の「先師古仏天童堂上大和尚……」以下の如浄との問答は、嗣書拝受の時のものと思われ、この時、如浄はまだ住持であったと考えられる。 ？　帰国の途につく 7月17日　如浄示寂（世寿66歳） ＊生年は紹興32年（1162） 8月　帰国	3月　天童山 如浄の普説「大梅の話」 （諸法実相）	↑　諸山歴遊（嗣書） 諸　台山・雁山 山　平田　万年寺 歴　大梅山護聖寺 遊　＊3月末以前、天童山に戻る ↓　（「安居」の説示から推定） 5月1日　面授（面授） 5月27日　明全示寂（舎利相伝記） 夏安居時、阿育王山へ（仏性） 夏安居時、仏祖を礼拝頂戴（仏祖） 7月2日　参方丈（宝慶記） 9月18日　受菩薩戒 （仏祖正伝菩薩戒作法奥書）
この年、如浄の嗣書を受ける。 （永平寺蔵道元禅師嗣書） 翌年、寂円来朝（宝慶寺由緒記） ＊この表は（）内に記した資料をもとに作成し、鏡島元隆・石井修道・伊藤秀憲・佐藤秀孝・中世古祥道、各氏ほかの論考を参照した。	如浄の天童寺退院 『如浄語録』では、12月8日の臘八上堂の次に退院上堂があり、この年の冬から明年春頃、天童寺を退院したとされる。	＊諸山歴遊については、石井修道氏の説によった。伊藤秀憲氏は二回目の歴遊を1224年の2～3月とし、鏡島元隆氏は、径山への旅を1224年のこととする。

第一節　如浄の天童山入院の時期

まず問題となるのが、如浄の天童山入院の時期である。先に述べたように、従来、如浄の天童山入院は宝慶元年春のこととされてきた[4]。

その論拠は、「鉢盂」巻に引用される、次の如浄の上堂語である。

先師天童古仏、大宋宝慶元年、住天童日、上堂云、記得、僧問百丈、如何是奇特事。百丈云、独坐大雄峯。大衆不得動著、且教坐殺者漢。今日忽有人、問浄上座、如何是奇特事。只向他道、有甚奇特。畢竟如何、浄慈鉢盂、移過天童喫飯。（五六五〜五六六頁）

この「記得」以下の上堂は『如浄録』の「明州天童景徳寺語録」に収められている、如浄が天童山に入院した折の上堂語（「結座」法語）であり、道元禅師が「先師天童古仏、大宋宝慶元年、住天童日」の上堂語として示されていることから、これまで如浄の宝慶元年入院説の強力な論拠となってきた。

しかし、先に述べたように、伊藤慶道氏の研究を承けて、鏡島氏は『天童如浄和尚録』（以下『如浄録』と略す）の詳細な研究から、凡そ年次順に排列されていると考えられる『如浄録』の上堂の排列から、如浄の天童山入院を嘉定十七年秋のことと推定し、さらに伊藤秀憲氏は、それぞれの上堂の年月日を推定し、伊藤慶道氏・鏡島氏の説を傍証して、如浄の天童山入院の時期を、嘉定十七年の七月後半から八月と推定したのである。

思うに、宝慶元年（一二二五）という年は、道元禅師にとって決して忘れることのない重要な年であろう[5]。「道元禅師の記憶が錯綜し、嘉定十七年を宝慶元年と記された[6]」とは、私には考えがたいのであるが、如浄の嘉定十七年秋入院説は、やはり動かし難いであろう。
そして、次なる問題は、如浄と道元禅師の出逢いの時期である。

第二節　如浄と道元禅師の相見問題

如浄の天童山入院を宝慶元年とする従来の説では、宝慶元年五月一日を如浄と道元禅師の初相見の日と考えてきた。しかし、如浄の入院の時期を嘉定十七年の七月後半から八月と推定する伊藤秀憲氏は、如浄と道元禅師との出会いを嘉定十七年七、八月頃とし、「身心脱落の話」[7]による大悟があったのを宝慶元年と推論するのである。

ところで、如浄と道元禅師との出会いの時期を考えるにあたって重要な記述が、古伝に見える。

遂掛錫于天童。于時有老璡者。勧云。大宋国裏。独有浄和尚。具道眼者。儞欲学仏法者。看他必有所得。師雖聞璡語。未遑参他。将満一年。爰浄和尚作天童之主而来。(『永平寺三祖行業記』「初祖道元禅師章」〈以下『行業記』と略す〉、河村孝道編著『諸本対校永平開山道元禅師行状建撕記』、一九七五年四月、大修館書店、一五八頁下段、以下、道元禅師の伝記資料は本書により頁数のみ記す)

遂掛錫于天童。其時有老璡者。勧云。大宋国裡独有浄和尚。具道眼者。儞欲学仏法者。看他必有所得。雖聞璡語。未遑参他。将満一年。爰浄長老作天童之主而来。(『元祖孤雲徹通三大尊行状記』「越州吉祥山永平開闢道元和尚大禅師行状記」〈以下『行状記』と略す〉、一六一頁下段)

大我慢ヲ生ジテ、日本大宋ニワレニオヨブ者ナシトオモヒ、帰朝セントセシ時ニ、老璡ト云フモノアリ、ススメテ曰、太宋国中ヒトリ道眼ヲ具スルハ浄老ナリ、汝マミエバ、必ズ得処アラン、カクノゴトクイヘドモ、一歳余ヲフルマデ参ゼントスルニイトマナシ、時ニ派無際去テ後チ、浄慈浄和尚、天童ニ主トナリ来ル、（『伝光録』、一六五頁上～中段、河村孝道編著『諸本対校永平開山道元禅師行状建撕記』、大修館書店、一九七五年四月）
于時径山羅漢殿前。有老人。告云。大宋国裏。浄慈浄老。具道眼者。汝見必釈所疑。為汝師。師雖聞誨励。未遑参学。将及一年。浄老作天童主来。（『洞谷記』、一六七頁中～下段）

ここで問題となるのは、老璡なる僧と出会い、如浄に参ずることを勧められてから満一年ほどを経て如浄に出会ったという記述（傍線部）と如浄が天童山に住持となってやって来たという記述（波線部）である。

まず、老璡（『洞谷記』では有老人）なる僧との出会いであるが、『行業記』・『行状記』では、いわゆる「新到列位問題」（後述）ののち、天童山への掛錫後にこの記述がある。天童山への掛錫を嘉定十六年七月のことと考えれば(8)、それから約一年後に道元禅師は如浄に出会ったことになるから、既に道元禅師が安居していた天童山に如浄が住持となってやって来たとする伊藤秀憲氏の説はぴったりと契合する。

しかし問題となるのは、『伝光録』に見られる次の記述である。

在宋ノ間ダ、諸師ヲトブラヒシ中ニ、ハジメ径山琰和尚ニマミユ、琰問云、幾時到此間、師答曰、客歳四月、琰曰、随群恁麼来、師曰、不随群、恁麼来時作麼生、琰曰、也是随群恁麼来、師曰、既是随群恁麼来、作麼生是、琰一掌曰、者多口阿師、師曰、多口阿師即不無、作麼生是、琰曰、且坐喫茶、又造台州小翠巌、見卓和尚便問、如何是仏、卓曰、殿裏底、師曰、既是殿裏底、什麼周遍恒沙界、卓曰、遍沙界、師曰、話堕也、カクノ如ク諸師ト問答往来シテ、大我慢ヲ生ジテ、日本大宋ニワレニオヨブ者ナシトオモヒ、帰朝セントセシ時ニ、老璡ト云フモノアリ、ススメテ曰、太宋国中ヒトリ道眼ヲ具スルハ浄老ナリ、汝マミエバ、必ズ得処アラン、カクノゴトクイヘドモ、一歳余ヲフルマデ参ゼントスルニイトマナシ、時ニ派無際去テ後チ、浄慈浄和尚、天童ニ主トナリ来ル、（一六五頁上～中段）

道元禅師が、径山の浙翁如琰（一一五一～一二二五）を訪ね問答したおり、如琰の「幾時到此間」（何時ここ〈中国〉に来たのか）という問いに、道元禅師は「客歳四月」（昨年四月）と答えている(9)（傍線部）。これと、先にも挙げた「于時径山羅漢殿前。有老人。告云。…」という『洞谷記』の記述、つまり道元禅師は径山の羅漢殿前で老人（老璡）と出会ったとする記述を併せ考えれば、道元禅師は入宋の翌年に径山の浙翁如琰と会い、それから満一年ほどを経て如浄と出会ったことになるから、入宋の翌嘉定十七年に如浄と出会ったとする説は、この点で当てはまらないのである。とはいえ、老璡との出会いを天童山とする『行業記』・『行状記』に従えば、問題はなく、また道元禅師の諸山歴遊における径山訪問を嘉定十七年のこととすればよいのであるが、『伝光録』や『洞谷記』の記述が、どこまで信頼できるのかは別として、いずれにしても、これらとも矛盾しない考え方ははたしてできないだろうか。また、先の、如浄が天童山に住持となってやって来たという記述を含めて、どのような在宋中の行状が考えられるであろうか。ここに私論を述べてみたい。

その前に、道元禅師の諸山歴遊について考察する必要がある。

第三節　諸山歴遊の時期

諸山歴遊の時期については、第一回を道元禅師入宋の年（嘉定十六年〈一二二三〉）の七月から十月頃、第二回を嘉定十七年の七月解夏の後より宝慶元年の三月までとする石井修道氏の説(10)が最も注目される。その大きな理由は、石井氏は道元禅師が第二回の諸山歴遊に出発したのを、嘉定十七年の七月解制の後、それも如浄が天童山に入院してくる以前とするからである。

但し私は老璡との出会いを嘉定十七年の春のことと考える。そうすれば、『伝光録』の記述にある「客歳四月」という語や、老璡との出会いから満一年ほど経過して如浄に相見したとする記述と矛盾しないからである。そして、もちろんこの場合、私は如浄と道元禅師の出会いを宝慶元年春のことと考えるのである。

そこでまず、諸山歴遊についての私論を述べておこう。

嘉定十六年（一二二三）二月二十二日、建仁寺を出発した道元禅師は（「明全和尚戒牒奥書」、但し「舎利相伝記」は二十一日とする）、四月に明州に到着（「仏性」巻）、しばらく慶元府の船裏にとどまり（五月に「在慶元舶裏」、『典座教訓』）、七月には天童山に掛錫する（「嗣書」巻、『典座教訓』）。この掛錫は、おそらく解制後であろうから、正式な安居ではなかったであろう。「嗣書」巻に、「嘉定十六年癸未あきのころ、道元はじめて天童山に寓直するに、……」（三四二頁）とあるのは、天童山に寓止したことを示したものであり、『行業記』に見える「掛錫」とは身を寄せたというほどの意味であると思われる。また、いわゆる道元禅師の「新到列位問題」に関わる事件があったとすれば、このころであろう。これは道元禅師が天童山に掛錫した折、戒臘の次第によらず新戒の位に列せられようとしたことに対して、三度上表して抗議したという事件であるが、皇帝にまで上表するということが史実としては問題であるとしても、戒儀に関する、或いは僧堂での列位をめぐる何らかの事件があったことが考えられる。そして、仮りに三度の上表（第一回目は天童山の住持・両班・大衆が評議、第二回目は五山が評議、第三回目は寧宗皇帝による裁決）があったとすれば、三度にわたる評議・裁決が、抗議する道元禅師に好意的に迅速に行われたとは考えにくい。この事件は、翌嘉定十七年四月、正式に天童山に安居するまで長期にわたり続いたと私は考えるがいかがなものであろうか(11)。

さて、道元禅師は、慶元府の船舶や天童山を拠点にしながらも、翌嘉定十七年春にかけて、第一回の諸山歴遊を行われたと思われる。秋には阿育王山へ（「仏性」巻）、十月には慶元府で高麗僧と会っている（「伝衣」巻・「袈裟功徳」巻）。翌年一月二十一日には天童山にあって無際了派の嗣書を拝覧している（「嗣書」巻）。そして、二月から三月にかけて径山を訪ね、その時の出来事が先にも挙げた次の記録に示されているのではなかろうか。

在宋ノ間ダ、諸師ヲトブラヒシ中ニ、ハジメ径山琰和尚ニマミユ、琰問云、幾時到此間、師答曰、客歳四月、琰曰、随群恁麼来、師曰、不随群、（後略）（『伝光録』一六五頁上段）

于時径山羅漢殿前。有老人。告云。大宋国裏。浄慈浄老。具道眼者。汝見必釈所疑。為汝師。師雖聞誨励。未遑参学。将及一年。浄老作天童主来。（『洞谷記』一六七頁中〜下段）

ここで、「在宋ノ間ダ、諸師ヲトブラヒシ中ニ、ハジメ径山琰和尚ニマミユ」とあり、これによれば、初めに如琰を訪ねたとあるので、嘉定十七年の二から三月頃とするのは遅すぎる感もある。しかし、道元禅師はすでに無際了派には参じており、それ以外の「諸師」として参学を期した師はさほど多くはなかったであろうから、これ以前に中国五山参拝はあったとしても、当代一流の善知識への参学としては、無際以外では如琰が初めてであったのだろう。

私は、径山の如琰参学を嘉定十七年二月から三月のこととし、石井修道氏同様、如浄と道元との出会いを宝慶元年春のことと考えるので、右の傍線や波線の部分も矛盾なく理解できるのである。

そして、ここで当然問題となるのが、改めて、如浄と道元禅師の出会いの時期である。まず問題となるのが先に示した「如浄が天童山に住持となってやって来た」とする古伝の記述である。

未遑参他。将満一年。爰浄和尚作天童之主而来。（『行業記』、一五八頁下段）

未遑参他。将満一年。爰浄長老作天童之主而来。（『行状記』、一六一頁下段）

一歳余ヲフルマデ参ゼントスルニイトマナシ、時ニ派無際去テ後チ、浄慈浄和尚、天童ニ主トナリ来ル、（『伝光録』、一六五頁中段）

未遑参学。将及一年。浄老作天童主来。（『洞谷記』、一六七頁下段）

これらの記述は、道元禅師が掛錫していた天童山に、如浄が住持となってやって来たと読むことができる。しかし、この場合、道元禅師が天童山に居たと考えなければならないのだろうか。私はそうは思わない。道元禅師の修行の拠点が天童山であったことは、おそらく間違いない。道元禅師は天童山を起点として諸山歴遊・参師問法を行っていたのである。そのような道元禅師にとってみれば、あるいは同様に考える伝記作者にとってみれば、諸山歴遊のためにしばらく離れていた天童山に如浄が住職として晋住してきたことを「天童之主而来」と表現することもあり得る。すでに天童山は道元禅師自らの入宋修行の拠点であったからである。

道元禅師は、嘉定十七年の夏安居はおそらく天童山で過ごしている。七月五日には栄西十回忌にあたり天童山にて祠堂供養が行われている（「千光法師祠堂記」）。そして、解夏（七月十五日）を迎えた道元禅師は何を考えたであろう。如浄の天童山入院が伊藤氏が推定するように、七月後半から八月の間にあったとすれば、すでにそのことは一山の大衆には知れ渡っていたと考えられる。そのことを道元禅師も知っていたならば、かの老璡から聞き及んだ如浄がやってくるのを待たずして第二回目の諸山歴遊の旅に出かけるとは、確かに考えにくい。しかし私は石井修道氏が言うように(12)、それを待たずして旅立ったと考える。

道元禅師は「嗣書」巻で、

のちに宝慶のころ、道元、台山・雁山等に雲遊するついでに、平田の万年寺にいたる。（三四四頁）

と述べている。「宝慶のころ」とは嘉定十七年から宝慶元年にかけての諸山歴遊を言ったのであろう。おそらく道元禅師は老璡の勧めや風評から如浄の大善知識なることを知り、如浄との出会いに大きな期待を持ち、徹底した参学を期していたと思われる。であればこそ、如浄に参ずる前に、かねて予定していた栄西ゆかりの台山・雁山等への歴遊に旅立ったのではなかろうか。諸伝記資料では、径山への旅と台山・雁山への旅がまとめて記されているが、これは伝記作者が諸山歴遊・参師問法の行状として一つにまとめたものであろう。そして、この第二回目の諸山歴遊から天童山に帰ったのは、宝慶元年の春のことと私は考えるのである。

第四節　如浄参学と身心脱落

「面授」巻に、

大宋宝慶元年乙酉五月一日、道元はじめて先師天童古仏を妙高台に焼香礼拝す。先師古仏はじめて道元をみる。そのとき、道元に指授面授するにいはく、仏仏祖祖面授の法門現成せり。これすなはち霊山の拈華なり、嵩山の得髄なり。黄梅の伝衣なり、洞山の面授なり。これは仏祖の眼蔵面授なり。吾屋裏のみあり、余人は夢也未見聞在なり。（四四六頁）

とあり、同巻末尾には、再び、

道元、大宋宝慶元年乙酉五月一日、はじめて先師天童古仏を礼拝面授す。やや堂奥を聴許せらる。わづかに身心を脱落するに、面授を保任することありて、日本国に本来せり。（四五〇頁）

とある[13]。この再度にわたり印象的に示されている宝慶元年五月一日とは如何なる日なのかについて、既に本論第一章第二節において論じた。私はこの日（五月一日）を如浄と道元禅師が正式に対面の礼をとった日と見るのであり、いわゆる「身心脱落の話」は宝慶二年あるいは三年、そして嗣法は、道元禅師帰朝の年（宝慶三年）と考えるのである。

『宝慶記』に、

元子参問、自今已後、不拘昼夜・時候、著衣・衩衣、而来方丈問道無妨。老僧一如親父恕無礼也。太白某甲

宝慶元年七月初二日、参方丈。（三七一頁）

とある。この如浄の言葉は、自由に方丈に参ずることの許可である。そして、宝慶元年七月二日より参問が始まった

ことを示すのがこの記述である。この記述ののち記録されている如浄との入室問答は、これより後に行われたと考えるのが妥当であろう。

面授時脱落を主張する論者は、『宝慶記』の記録を、身心脱落以後のこととし[14]、この後の宝慶元年九月十八日の『仏祖正伝菩薩戒作法』の伝授を伝法以後のこととしているが[15]、『宝慶記』の内容から見て、この『宝慶記』を身心脱落以後の記録と考えられるであろうか。『宝慶記』の記述が、おおよそ年月日順に並べられていることは、伊藤氏の研究[16]のとおりであろうと賛同するが、それを前提に以下を述べる。『宝慶記』第十段に、次のようにある。

和尚或時召示曰、你是雖後生頗有古貌。直須居深山幽谷、長養仏祖聖胎、必至古徳之証処也。于時道元、起而設拝和尚足下。和尚唱云、能礼所礼性空寂、感応道交難思議。于時和尚、広説西天東地仏祖之行履。于時道元、感涙沾襟[17]。（三七六頁）

ここでは、将来のこととして「必ず古徳の証処に至らん」と如浄は言っている。古徳の証処に至るとは、いわゆる証悟、つまり身心脱落[18]を言うのではなかろうか。

また、第十五段において、

堂頭和尚示曰、参禅者身心脱落也、不用焼香・礼拝・念仏・修懺・看経、祇管打坐而已。

拝問、身心脱落者何。

堂頭和尚示曰、身心脱落者、坐禅也。祇管坐禅時、離五欲、除五蓋也。（三七七頁）

と、「身心脱落」の意味を質問している。身心脱落以後に身心脱落の意義を問うようなことがあろうか。

さらには第三八段において、

堂頭和尚慈誨云、吾見你在僧堂被位、昼夜不眠坐禅、得甚好。你向後必聞美妙香気世間無比者也、此乃吉瑞也。（三八六頁）

という記述が見られる。如浄が道元禅師の昼夜にわたる厳しい坐禅の修行を讃え、吉瑞のあることを予言しているのである。これは証悟以前の言葉と思われる。

また、如浄は先の第十五段をはじめ、五蓋・六蓋を除くべきことの重要性を説かれるが、第三十段（三八三頁）において道元禅師がその秘術を尋ねたのに対し「你向来功夫、作甚麼。這箇便是離六蓋之法也」と答え「祇管打坐作功夫、身心脱落来、乃離五蓋・五欲等之術也」と答えている。「向来功夫」とは坐禅のことである。坐禅がそれであることを、この時道元禅師はまだ領得していないのである。これがはたして身心脱落の後の問答と言えるのであろうか。『宝慶記』の末尾（第三六段から四三段）には如浄の坐禅に関する示誨が集中している。このことは、道元禅師にとって正伝の坐禅の解明が一大事であり、そのような道元禅師の態度に応えるかのように如浄の親切な示誨が頻繁に行われたことを意味する。ここにおいて道元禅師の疑問は次第に氷解してゆくのである。即ち「参禅は身心脱落なり」と確信するにいたるのである。『宝慶記』の記述はその過程を思わせる。

思うに、道元禅師の、弟子としての入室問道問法の参学は、身心脱落によって了るのであるまいか。それが『弁道話』に示すところの「一生参学の大事ここにをはりぬ」（七二九頁）にあたるのであり、『宝慶記』の記録は、身心脱落以前の参学の様子と考えられるのである。

それでは、「身心脱落の話」にあるような機縁は何時あったのか。『行業記』・『行状記』ともに、先の『宝慶記』冒頭の言葉を挙げた後に、次のように記す。

……老僧一如親父恕子無礼。然間。独歩於堂奥。昼夜問道。入室請益。不拘時節。聞未聞。伝不伝。脇不至席。将及両歳。（『行業記』、一五八頁下段）

そしてこの後に、「天童五更坐禅。云々」の身心脱落の話が示される。『伝光録』もこの順序は同様である。

如浄と道元禅師との出会いを嘉定十七年の七～八月頃とし、大悟（身心脱落）を宝慶元年のこととする伊藤氏は、この「将及両歳」を嘉定十七年（一二二四）から宝慶元年（一二二五）とする。しかし、両者の出会いを宝慶元年のこととし、古伝に記された順序の如くに考え、また『宝慶記』に見られるように、その入室問道の開始を宝慶元年の七月二日と考える私は、この「両歳」を丸二年と見れば、大悟（身心脱落）は宝慶三年、それは如浄からの嗣書伝授に先だってのことと推測し、あるいはこれを足掛け二年と見れば、それは宝慶二年のことと推測するのである。

第五節　結語

道元禅師の入宋中の動静については、不明な点が多い。我々は、限られた伝記資料の中で、道元禅師の足跡を探らなければならない。まず拠るべきであるのは、道元禅師の著作に見られる禅師自らの記録であることはいうまでもない。そして次に本論でも引用した『行業記』『行状記』『伝光録』『洞谷記』『建撕記』の諸本に見られる記録である。これらを元に、入宋中の動静を探るのであるが、これらの記録も決して一様ではないため、我々を悩ませる。あとは研究者がこれらを種々の角度から全体的に眺めて推測するしかない。

本章の研究も、道元禅師伝研究に関する先行業績を参照しながら、伝記資料を開き並べて、そこに記されたできるだけ多くの記録を受け入れて、あまり取捨することなく会通する形で、道元禅師在宋中の動静についての私論を提示したものである。

まず、如浄の天童山入院の時期については、伊藤慶道・鏡島元隆・伊藤秀憲諸氏の説に基づき、如浄の入院を嘉定十七年の秋と推測し、諸山歴遊の時期については、第一回の諸山歴遊が道元禅師入宋の年（嘉定十六年〈一二二三〉）の七月から十月頃、第二回が嘉定十七年の七月解夏の後より宝慶元年の三月までとする石井修道氏の説を支持した。

そして私は、如浄との出会いを宝慶元年春（諸山歴遊から天童山に戻った時）のこととし、正式に師と弟子の礼拝を行ったのを同年五月一日のことと考え、身心脱落の機縁があったのを宝慶三年（或いは二年）と推測したのである。これについては第一章第二節第二項「身心脱落の時期」（一六八〜一八三頁）で述べた通りである。

部分的には先行業績に重なるところが多いが、全体的には新たな論を展開できたと思う。道元禅師伝研究者の叱正を乞いたい。

（1）鏡島元隆『天童如浄禅師の研究』（春秋社、一九八三年八月）八四〜八九頁。

（2）伊藤慶道『道元禅師研究』（大東出版社、一九三九年七月）。

（3）伊藤秀憲『道元禅研究』（大蔵出版、一九九八年十二月）八三〜九八頁。

（4）大久保道舟『修訂増補道元禅師伝の研究』（筑摩書房、一九六六年五月）一四三頁。

（5）「面授」巻に、

大宋宝慶元年乙酉五月一日、道元はじめて先師天童古仏を妙高台に焼香礼拝す。先師古仏はじめて道元をみる。そのとき、道元に指授面授するにいはく、仏仏祖祖面授の法門現成せり。これすなはち霊山の拈華なり、崇山の得髄なり。黄梅の伝衣なり、洞山の面授なり。これは仏祖の眼蔵面授なり。吾屋裏のみあり、余人は夢也未見聞在なり。（四四六頁）

とあり、同巻末尾には、再び、

道元、大宋宝慶元年乙酉五月一日、はじめて先師天童古仏を礼拝面授す。やや堂奥を聴許せらる。わづかに身心を脱落するに、面授を保任することありて、日本国に本来せり。（四五〇頁）

とある。この再度にわたり印象的に示されている五月一日は、道元禅師にとって非常に重要な日であり、この出来事があった年（宝慶元年）が忘れがたい年であることは、文面が示すとおりである。

（6）伊藤秀憲『道元禅研究』（大蔵出版、一九九八年十二月）九〇頁。

（7）「天童五更坐禅。入堂巡堂。責衲子座睡。曰。参禅者必身心脱落也。祇管打睡作什麼。師聞豁然大悟。早晨上方丈。

焼香礼拝。天童問云。焼香事作麼生。師云。身心脱落来。天童云。身心脱落。脱落身心。師云。這箇是暫時伎倆。和尚莫乱印某甲。童云。吾不乱印儞。師云。如何是不乱印底。童云。脱落身心。」（『行状記』、河村孝道編著『諸本対校永平開山道元禅師行状建撕記』、一六二頁上段）尚、以下、この話を「身心脱落の話」と記す。

（8）『典座教訓』に「同年（嘉定十六年）七月間、山僧掛錫天童時、彼典座来相見」（二九九頁）とあり、「嗣書」巻には「嘉定十六年癸未あきのころ、道元はじめて天童山に寓直するに、……」（三四二頁）、「去年（嘉定十六年）七月のころ、師広都寺、ひそかに寂光堂にて道元に語れり」（三四三頁）とあることから、嘉定十六年七月頃に道元禅師が天童山に掛錫していたことは間違いない。

（9）「客歳四月」という記述は、ここに挙げた流布本『伝光録』（仏洲仙英本）と面山の『訂補建撕記』に見られる。乾坤院本『伝光録』・古写本『建撕記』には「四月間」（河村孝道編著『諸本対校永平開山道元禅師行状建撕記』、大修館書店、一九七五年四月、一八頁）とある。伊藤氏は、「客歳」のないのが本来の姿であり、あるのは後の付加であるとする。確かに、我々はより古い資料に従うべきであろうが、もし後の付加であるのならば、何故付加されたのか。何らかの意図があったはずであるがそれが明確にできない。むしろ私は、伝記作者が伝記資料の排列から、径山参学を嘉定十六年としたほうが妥当であると考えて「客歳」を削除し「四月間」としたのではないかと考える。なぜなら、仮りに「四月間」とすれば、径山訪問は嘉定十六年のこととなり、疑問が残るのである。それは、多くの古伝は帰朝しようと思っていた時に、あるいはその後に老璡と出会い如浄への参学を勧められたとするのであり、それから満一年ほど如浄と会うことができなかったというのであるから、如浄の天童山入院を嘉定十七年七～八月のこととし、このとき如浄と道元禅師が出会ったとすれば、道元禅師は入宋したその年の七～八月頃、すでに諸山歴遊・参師問法を終え大驕慢を生じて帰朝しようとしていたことになるのである。わざわざ入宋した道元禅師が、慶元府の船舶裏に滞在していた期間を含めて、わずか三ヶ月ほどの諸山歴遊で驕慢を生じて日本に帰ろうとしたとは思えない。それは、老璡から如浄への参学を勧められた出来事を、入宋の年である嘉定十六年夏の無際了派下の天童山に掛錫した時であるとしても、なおさらのことなのである。後に述べるように私は、老璡と出会った径山への旅を嘉定十七年春のことと考え、あるいは老璡との出会いが天童山に掛錫後であったとする場合も、それは嘉定十六年の夏安居ではなく翌嘉定十七年の夏安居（結制）時の掛錫ではないかと考え、よってその約一年後とする如浄と道元禅師との出会いを宝慶元年のことと推定するのである。

（10）石井修道「道元の大梅山の霊夢の意味するもの――宝慶元年の北帰行」（『道元禅の成立史的研究』、大蔵出版、一九九一年八月、四一六～四三八頁）。尚、伊藤秀憲氏は第二回の歴遊を嘉定十七年（一二二四）の二～三月とし、鏡島氏は径山への旅を嘉定十七年中のこととする。

（11）このいわゆる新到列位の事件については幾つかの疑問点・問題点があり、石川力山氏が諸氏の説を挙げているが（『道元禅師全集』第七巻所収、解題、春秋社、三六二～三六六頁）、中にはこの事件そのものの史実性を疑い、「粉飾的虚構」であるとする説もある（吉田道興「高祖道元禅師伝考――新到列位の問題をめぐって」〈『宗学研究』第二八号、一九八六年三月〉、同「再考「新到列位問題・是認論を否定する」」〈『曹洞宗総合研究センター第十三回学術大会紀要』、二〇一二年六月ほか〉）。新到列位に関する「表書」（三種）については、原文対照現代語訳『道元禅師全集』第十七巻「法語・歌頌等」（春秋社、二〇一〇年十二月〈第1刷〉、二〇一四年八月〈第2刷〉）において私が現代語訳し、解題も載せているが、第一刷においては私は史実性を疑う説として、前掲石川力山氏の解題をうけて境野黄洋『活ける宗教』（丙午出版社、一九一五年十月）を挙げた。当時私は境野黄洋『活ける宗教』（以下、「境野書」）を駒澤大学の図書館で探したが見当たらず、それ以上、この文献を探し求める時間的余裕もなく、確認できなかったが、「境野書」が「こうした事実は全くなかったとする説」の初出であるならば、「境野書」を確認できなかったものの、これを埋没させるわけにもいかないと考え、石川氏の解題の記述（実はこの記述も中世古祥道氏の記述を引用したものと思われる）をそのまま信用して、そのような説の代表として挙げるのみにしたのである。しかしその後、吉田氏より「境野書」には新到列位問題に関する記述は見出せないという指摘をうけ、また私自身もその後「境野書」を手にすることができ確認したが、吉田氏の指摘のとおりであった。明確に「粉飾的虚構」であるとする吉田氏の説を紹介しなかったことは、私の過誤であり、ここに訂正してお詫びしたい。新到列位に関する「表書」（三種）については、原文対照現代語訳『道元禅師全集』第十七巻「法語・歌頌等」（春秋社、二〇一〇年十二月〈第1刷〉、二〇一四年八月〈第2刷〉）の第2冊の解題（この点を訂正したもの）を参照されたい。ところで私は、郡司博道氏の説（口頭で聞いたものであり、公にしたものを確認できていないが）により、史実である可能性もあると考えている。『典座教訓』に登場する育王山の典座が、船中の問答の後、「若し未だ了得せずんば、他時後日、育王山に到れ」（原漢文、『道元禅師全集』第六巻、春秋社、一五頁）《もしまだ〈文字・弁道の道理が〉理解できなければ、いずれ育王山を尋ねてきなさい》と言い残して去るが、この典座が解夏に育王山を下りて故郷に帰る途中、「たまたま兄弟の老子箇裏に在りと説くを聞く、如何んぞ来って相見せざらんや」（原漢文、同頁）《たまたま兄弟子から、老子〈道元禅師〉がここ〈天童山〉に居ると聞いて、どうして、お目にかかれないでおられましょう》と言って、典座の方からわざわざ天童山を尋ねてきたのは、やはり、この事件によって道元禅師の名声が広く知れ渡っていたからであるとも考えられるからである。いずれにしても、問題点の多い「表書」であるが、道元禅師には常に、世法ではなく、仏法があらゆる事の基準におかれていたことは、その著作全体に伺えるところであり、これらの表書は内容から見れば、道元禅師の撰述として充分認められうると私には思われるのである。

(12) 同右石井書、四二五～四二六頁。

(13) 以下、拙稿「道元禅師の身心脱落について」（『駒澤短期大学研究紀要』第二三号、一九九五年三月）に基づき一部訂正して論じる。

(14) この身心脱落の時期については、宝慶元年五月一日の前日とする説（佐藤秀孝「如浄会下の道元禅師――身心脱落と面授」、『印度学仏教学研究』第三七巻第二号、一九八九年三月）、五月一日であるとする説（田中一弘「如浄・道元禅師の相見……御遺言記録を中心にして」〈『中外日報』一九七三年三月二十八日～四月一日〉、同「如浄禅師と道元禅師の相見について」〈『傘松』一九九〇年九月号〉、志部憲一「「面授」と「脱落」について」〈『駒澤大学大学院仏教学研究会年報』第一二号、一九七八年十月〉ほか）、五月一日以降『宝慶記』で示す七月二日参方丈までの間とする説（伊藤秀憲「道元禅師の在宋中の動静」、『駒澤大学仏教学部研究紀要』第四二号、一九八四年三月、一一五～一一六頁）、九月十八日以降のほど遠くない時期とする説（中世古祥道前掲書）、宝慶二年若しくは宝慶三年における出来事であったとする説（伊藤俊彦「道元禅師の身心脱落の年次について――宝慶元年夏安居説への疑義」、『駒澤大学仏教学部研究紀要』第二四号、一九六六年三月）また宝慶三年の嗣書相承の時点ではないかとするもの（鏡島元隆『道元禅師とその周辺』、大東出版社、一九八五年四月、三一六～三一八頁）等がある。

(15) 宝慶元年九月十八日の『仏祖正伝菩薩戒作法』の伝授をどのように捉えるかについては、拙稿「道元禅師の身心脱落について」（『駒澤短期大学研究紀要』第二三号、一九九五年三月）一一八～一二〇頁参照。師より菩薩戒を授かる前に身心脱落してしまうことがないことはなかろうが、授菩薩戒（後出「授道元式」）が身心脱落以後でなければならない理由などなにもない。かえってそれは身心脱落以前であることが通常であるはずである。道元禅師の身心脱落は宝慶元年九月十八日の伝授菩薩戒作法以後のこととみるのが妥当である。『仏祖正伝菩薩戒作法』の奥書には、「右大宋宝慶元年九月十八日、前住天童景徳寺堂頭和尚、授道元式如是。祖日侍者時焼香侍者。宗端知客・広平侍者等、周旋行此戒儀。大宋宝慶中伝之」（大久保道舟編『道元禅師全集』下、二七〇頁）とあるが、冒頭において「大宋宝慶元年九月十八日」と明記しておきながら、末尾に「大宋宝慶中伝之」と再び書き添えてあるのは、一見不可解に思われる。しかし、後者にはこれが記された意味があるはずである。後者を前者とは別の時期と考えるべきなのである。すなわち、伝授菩薩戒の「儀式」は宝慶元年の九月十八日に行なわれたのであるが、その後、その作法・次第の詳細が伝授された、つまり道元禅師自身が仏祖正伝菩薩戒を弟子に「授与」することが許され『仏祖正伝菩薩戒作法』の「書写」が許されたのは、それより後の「宝慶中」であると理解できるのである。それは何時であるのか。「伝之」とは、これを日本国に伝承したことともちろん解され得るが、私はそれを伝法の時、すなわち如浄からの嗣書相承の時と考える。

(16) 伊藤秀憲『道元禅研究』(大蔵出版、一九九八年十二月) 四〇四〜四〇八頁。

(17) 伊藤氏は、この段は「仏祖」巻との関係から、宝慶元年の夏安居中の記録であると推定し、次のように述べている。臨終まで師承を明かさなかったと言われる如浄が、道元禅師に『仏祖』の巻に記されるような過去七仏から如浄までの系譜を示したということは、まさに伝法を許したということである。すなわち伝法は、『伝光録』が言うように、宝慶元年（一二二五）の、しかも夏安居中のことであったのであろう。そしてこの第一〇段は、伝法を許してよりそれほど過ぎないある時であろう。礼拝する道元と、礼拝される如浄とは、「感応道交」したのであり、それはまさに禅師と西天東地の仏祖との「感応道交」であったと言ってよいであろう。それ故、道元禅師は感涙に襟を沾されたのである。(前掲伊藤著書、四〇五頁)

『伝光録』が「宝慶元年乙酉、日本嘉禄元年、タチマチ二五十一世ノ祖位ニ列ス」(一六五頁下段) としているのは、まさに伊藤氏の言うように「仏祖」巻を承けているのである。しかし必ずしも瑩山禅師は身心脱落が宝慶元年夏安居時にあったと言われているのではない。もしそうであったとしても瑩山禅師の多子塔前付法説がその背景にあるのである。それは『伝光録』首章において示されるところであるが、瑩山禅師は迦葉尊者が多子塔前においてはじめて釈尊に相見したとき正法眼蔵の付嘱〈伝法〉が行われたとする（これに対して、釈尊が王舎城外の霊鷲山において迦葉尊者に付法したとする説を霊山法説と言う)。この説をとる瑩山禅師にとっては思想的には初相見時の付法を主張されるはずであるから、むしろそのような視点から示されたものと受け取るべきであろう。また、この第十段での「感応道交」は伝法に関わるような感応道交ではなく、これは偈文としてのそれであろうと思う。それは、この「礼拝偈」が第十九段においても如浄によって普説の時に大衆に対して示され（あるいは唱えられ）ていること、そして道元禅師はこの言葉の意味について熟知しておられず、この第十九段で如浄に尋ねていることからも推測できる。

ところで、付法説についてさらに述べれば、如浄と瑩山禅師は多子塔前付法説をとり、道元禅師は霊鷲山での付法を示している（「面授」巻）。道元禅師は「面授」巻の冒頭において霊鷲山での付法の因縁をあげ、その直後に、いわゆる「面授時脱落」の話をあげているが、両者を関連させて述べれば、「面授時脱落」の話は初相見の時のことではないことになる。しかし、それでも五月一日は初相見の日でよいのであって、この矛盾に重要な意味があるともいえる。つまり、伝法（身心脱落）はあくまでも霊鷲山であることを示した上で、初相見の日にそれが行われたとも言える道理を示されたと考えたい。だからこそ、思想的には道元禅師は如浄や瑩山禅師と同じ多子塔前付法説をとっていたとも言えるのであり、それは『正法眼蔵』の随所に示される考え方でもあるのである。また、如浄が初相見（五月一日）の時に「仏仏祖祖面授の法門現成せり」のみでなく、それに続く「これすなはち霊山の拈華なり、嵩山の得髄なり。黄梅の伝衣なり、洞山の面授なり。これは仏祖の面授なり。吾屋裏のみあり、余人は夢也未見在なり」も言われたとしても、多子塔前付法説をとっていた如浄（『宝慶記』第二八段〈三八一頁〉参照のこと）がそのように示したとしても、それは当然のことであって、このときに身心脱落があって付法したと受け取らなければならないことはないのである。

また、第一〇段において道元禅師が「感涙沾襟」したのも、如浄から「必至古徳之証処」という授記を得た、そのことに対してであると私は考える。

(18) ここで言う身心脱落とは、決して瞬間的な覚体験のみを言うのではない。それについては、拙稿「道元禅師の身心脱落について」（『駒澤短期大学研究紀要』第二三号、一九九五年三月）参照のこと。如浄が「身心脱落者、坐禅也〈身心脱落とは坐禅である〉」（『宝慶記』、三七七頁）と示しているように、身心脱落とはまさに「坐禅」そのもののことであるが、しかしまた私は、古伝に見られるいわゆる「身心脱落の話」は、「身心脱落とは坐禅である」ということの信（心）決定であると捉えている。

第二章　漢文宗典の訓読の問題等

漢文で書かれた道元禅師の著作を読む場合、第一に、和文で書かれた著作を参照することが大切である。そこに道元禅師自身の読み方が知られるからである。例えば、『学道用心集』に見られる「救頭燃」(1)（二五三頁）は「頭然をはらふ」と読むが、これは、「坐禅儀」巻に「頭燃をはらふがごとく坐禅をこのむべし」（八八頁）とあり、「行持（上）」巻に「光陰をすごさず、頭燃をはらふべし」（一一三頁）とあり、また、「重雲堂式」に「いまはこれ頭燃をはらふときなり」（三〇五頁）等とあることから、「救」を「はらふ」と読むのである。

また、『普勧坐禅儀』の「乃正身端坐、不得左側、右傾、前躬、後仰」（一六五頁）は、『曹洞宗日課勤行聖典』（一六二頁）はじめ、ほとんどの経典が「後」を「しりえ」と読む。しかし、「坐禅儀」巻（八九頁）では「正身端坐すべし。ひだりへそばだち、みぎへかたぶき、まへにくぐまり、うしろへあふぐことなかれ」と「後」を「うしろ」と読んでいる。これに依って「うしろ」と読むほうがよい(2)。

第二に、できるだけ解釈に即した読み方をするのがよい。どのように現代語訳すべきであるのかを考えて訓読するのである。例えば、『学道用心集』に「可識、立行於迷中、獲証於覚前」（二五四頁）とある。多くの学者は「識るべし、行を迷中に立て、証を覚前に獲ることを」と読んでいるが、この一節は、

知るべきである、迷いの中で修行を始めることは、（そのまま）証りを覚前に獲ることであることを。

と現代語訳すべきであろうから、「識るべし、行を迷中に立つるは、証を覚前に獲るものなることを」と読んだ方がよいように思われる。

第三に、他の撰述を参照することも有効である。『普勧坐禅儀』の「莫図作仏、豈拘坐臥乎」（一六五頁）の「豈に坐臥に拘わらんや」の解釈は私にとって難解である。諸註釈書でも種々な解釈をしている。[3] これについては、「坐禅儀」巻には「作仏を図することなかれ、坐臥を脱落すべし」（八八頁）とあるので、「豈に坐臥に拘わらんや」は「坐臥を脱落すべし」と言い換えることができると考えてよいであろう。また、瑩山禅師の『坐禅用心記』の「身心倶脱落、坐臥同遠離。〈身心倶に脱落して、坐臥同じく遠離す。[4]〉」という説示は、「坐臥を脱落すべし」の解釈をする上で参考になるものである。

さらに、道元禅師の漢文の著作を訓読する場合、道元禅師の教説・基本思想に即して読むことが大切である。例えば、『普勧坐禅儀』の「久習模象、勿恠真龍」の読み方などがそれである。[5]

第一節 『普勧坐禅儀』の読み方

『普勧坐禅儀』は、道元禅師が坐禅の宗旨と儀則を開顕すべく四六騈儷体で書かれた宗義の根本書であり、今日では坐禅の宗旨参究の書としてばかりではなく、読誦教典としても用いられている。

『普勧坐禅儀』には、真筆本の『普勧坐禅儀』（天福本）と、『永平広録』巻八に収録されている『普勧坐禅儀』（流布本）とがあるが、前者は草案本で後者が修訂本と考えられ、今日では後者が一般に知られている。

ところで、それが誰によって、今日僧堂等で読誦されているように読み下され、いつごろから『曹洞宗日課勤行聖典』（曹洞宗宗務庁刊、以下『聖典』と称す）等の諸聖典に収載されて読誦されるようになったのか定かではないが、今日ではこの諸聖典による読み方が定着し、それに基づいてその解釈が行われている。

しかし、この読み方は、大本山永平寺蔵『永平広録』[6]（以下、『門鶴本』と称す）巻八に収載されたものに付された読み方とも、卍山本『永平広録』[7]（以下『卍山本』と称す）巻八に収載されたものに付された読み方とも、また、『道元禅師語録』（駒大図書一三一・五／四、享保十六年（一七三一）刊本、以下『語録本』と称す）に収載されたものに付された読み方とも異なっている。しかも、これら三本もそれぞれ異なった読み方をしているのである。

本節では、これら諸本の読みを比較対照し、また「坐禅箴」巻・「坐禅儀」巻はじめ道元禅師の著作を参照しながら私論を述べたものである。便宜上、私が問題としたいくつかの部分について、それぞれ原文（一六五～一六六頁）を挙げ、諸本の読みを示して考察した。

一、直饒誇会豊悟兮、獲瞥地之智通、得道明心兮、挙衝天之志気、雖逍遥於入頭之辺量、幾虧闕於出身之活路。矧彼祇薗之為生知兮、端坐六年之蹤跡可見。少林之伝心印兮、面壁九歳之声名尚聞。

【聖典】

直饒、会に誇り、悟に豊**かにして**、瞥地の智通を獲、**道を得**、**心を明めて**、衝天の志気を挙**し**、入頭の辺量に逍遥すと雖も、**幾ど**出身の活路を虧闕**す**。矧んや、彼の祇園の生知**たる**、端坐六年の蹤跡見**つ**べし、少林の心印を伝**うる**、面壁九歳の声明尚聞こゆ。

【門鶴本】

直饒、会に誇り、悟に豊**かに**、瞥地の智通を獲、**得道明心して**、衝天の志気を挙**げ**、入頭の辺量に逍遥すと雖とも、**幾か**出身の活路を虧闕**せる**。矧むや、彼の祇園の生知**なる**（**たる**）、端坐六年の蹤跡見**る**べし、少林の心印

を伝**べし**、面壁九歳の声名尚聞こゆ。（二六四頁）

【卍山本】

直饒ひ、会に誇り、悟に豊**かにして**、瞥地の智通を獲、**道を得、心を明めて**、衝天の志気を挙**も**、入頭の辺量に逍遙すと雖も、**幾か**出身の活路を虧闕**す**。矧や、彼祇園の生知**たる（なる）**、端坐六年の蹤跡見**つ**べし、少林の心印を伝**る**、面壁九歳の声名尚聞こゆ。（五三六・五三八頁）

【語録本】

直饒ひ、会に誇り、悟に豊**なるも**、瞥地の智通を獲、**道を得、心を明るも**、衝天の志気を挙**ぐ**、入頭の辺量に逍遙すと雖も、**幾んど**出身の活路を虧闕**す**。矧や、彼の祇園の生知たる**も**、端坐六年の蹤跡見**つ**べし、少林の心印を伝**るも**、面壁九歳の声名尚を聞ふ。

『普勧坐禅儀』のこの部分を整理すると次のようになる。

直饒、誇会豊悟兮、獲瞥地之智通
得道明心兮、挙衝天之志気
←
雖逍遙於入頭之辺量、↓幾虧闕於出身之活路。

つまり、「誇会豊悟兮、獲瞥地之智通。得道明心兮、挙衝天之志気」を受けて、これらの者は大力量の者であるとはいえまだ知解に留まるものであり、それらは「逍遙於入頭之辺量」（入頭の辺量に逍遙）する者であって、修行（坐禅）を行じなかったならば「幾虧闕於出身之活路」と示されたものである。

ここの「雖」は「逍遙於入頭之辺量」の部分に係るものであり、普段読誦されている『聖典』の読みでは、「誇会豊悟兮、獲瞥地之智通。得道明心兮、挙衝天之志気」にも係るものとして理解されやすく、この部分の解釈を判然としないものにしている。実際、この読み下しによっている多くの講義本や現代語訳が曖昧な解釈を行っている。この部分の読みでは、「挙も」と読む『卍山本』の読みが適切であると思われる。

二、兀兀坐定、思量箇不思量底。不思量底、如何思量、非思量、此乃坐禅之要術也。所謂、坐禅非習禅也、唯是安楽之法門也、

【聖典】

兀兀として坐定して、**箇の不思量底を思量せよ**。**不思量底如何が思量せん**。**非思量**。此れ乃ち坐禅の要術なり。所謂坐禅は**習禅には非ず**。唯是れ安楽の法門なり、

【卍山本】【語録本】

兀兀として坐定し、**箇の不思量底を思量せよ**。**不思量底如何が思量せん**。**非思量**。此れ乃坐禅の要術なり。所謂坐禅は**禅を習ふに非**。唯是れ安楽の法門なり、（五三八頁）

【門鶴本】

兀兀と坐定して、**思量箇不思量底、不思量底如何思量、非思量**、此れ乃ち坐禅の要術なり。所謂る坐禅は習禅に非ず。唯是れ安楽の法門なり、（二六六頁）

ここで問題は、「思量箇不思量底。不思量底、如何思量。非思量」をどう読み下すかである。和語で書かれた「坐禅儀」巻をみると、「兀兀と坐定して、**思量箇不思量底なり**。**不思量底如何思量**。**これ非思量なり**。これすなはち坐禅の法術なり。坐禅は習禅にはあらず、大安楽の法門なり、不染汚の修証なり」（八九頁）とある。道元禅師は「思量箇不思量底」「不思量底如何思量」の部分を和語化されていない。これには和語化しなかった意味があるはずである。

また、「坐禅箴」巻では、

兀兀地の思量、ひとりにあらずといへども、薬山の道は其一なり、いはゆる思量箇不思量底なり。思量の皮肉骨髄なるあり、不思量の皮肉骨髄なるあり。僧のいふ、不思量底如何思量。まことに不思量底たとひふるくとも、さらにこれ如何思量なり。兀兀地に思量なからんや。兀兀地の向上、なにによりてか通せざる。賤近の愚にあらずば、兀兀地を問著する力量あるべし、思量あるべし。大師いはく、非思量。いはゆる非思量を使用すること玲瓏なりといへども、不思量底を思量するには、かならず非思量をもちゐるなり。（九〇頁）

と示されている。後半で「不思量底を思量する」（傍線部）と読み下してはいるものの、「如何思量」（傍線部）は「如何が思量せん」という質問ではなく、坐禅における思量を「如何思量」と示したものである。この「坐禅儀」巻・「坐禅箴」巻を参照すれば、『普勧坐禅儀』のこの部分は、『門鶴本』のように読むのが適切であろうと思われる。「坐禅儀」巻のように読んでもよいであろう。

三、況復拈指竿針槌之転機、挙払挙棒喝之証契、未是思量分別之所能解也、豈為神通修証之所能知也。

【聖典】

況んや復、**指竿針槌を拈ずるの転機、払拳棒喝**《(と)》**を挙するの証契も**、未だ是れ思量分別の能く解する所に非ず、豈神通修証の能く知る所**とせんや**。

【門鶴本】

況むや復た、**指竿針槌の転機を拈じ、払拳棒喝**《ッ》**の証契を挙する**、未だ是れ思量分別の能く解する所にあらず、豈に神通修証の能く知る所《ロ》**たらんや**。（二六六・二六八頁）

【卍山本】

況や復た、**指竿針槌の転機を拈じ、払拳棒喝の証契を挙すこと**、未だ是れ思量分別の能く解する所にあらず、豈神通修証の能く知る所**たらんや**。（五四〇頁）

【語録本】

況や復た、**指竿針槌の転機を拈、払拳棒喝の証契を挙**、未だ是れ思量分別の能く解する所にあらず、豈神通修証の能く知る所**とせんや**。

この「況復拈指竿針槌之転機、挙払拳棒喝之証契」の部分では、『聖典』の読みだけが他本と異なっているが、内容からみれば「指・竿・針・槌・払・拳・棒・喝を拈挙する転機や証契」ということであろうから、『聖典』の読みの方が妥当と思われる。

四、凡夫自界他方、西天東地、等持仏印、一擅宗風。唯務打坐、被礙兀地。

【聖典】【語録本】

凡そ夫れ、自界他方、西天東地、等しく仏印を持し、一ら宗風を擅**にす**。唯打坐を務めて、兀地に礙えらる。

【門鶴本】

凡そ夫れ、自界他方、西天東地、等しく仏印を持し、一ら宗風を擅**にす**。唯打坐を務めて、兀地に礙**せ**らる。

（二六八頁）

【卍山本】

凡そ夫れ、自界他方、西天東地、等く仏印を持し、一ら宗風を擅**にするも**、唯打坐を務て、兀地に礙へらる。

（五四〇頁）

この部分の「真筆本」（天福本）は「凡其自界他方、仏法本無異法、西天東地、祖門遂開五門、等持佛印、**各**擅宗

風、唯務単伝直指、専事飜身廻頭」（四頁）となっている。ここでの意味は、自界他方、西天東地において仏法に違いはなく、祖門で五門（五家）が開けたといっても等しく仏印をたもつのであり、五門において各の宗風をほしいままに振るっているといっても、唯だ単伝直指（の修行である坐禅）を務めている、と示しているのである。この「真筆本」と照らし合わせれば、「宗風を擅にす」と切るのではなく、「宗風を擅にするも」とつなげた方が自然な解釈となる。「一」を「みな」と読めば[8]、より理解しやすくなるように思われる。

五、冀其参学高流、久習摸象莫怪真龍。

この部分は【聖典】【門鶴本】【卍山本】【語録本】ともに、

冀くは其れ参学の高流、久く模象に習て、真龍を恠しむこと勿**れ**。

と読んでいる。しかし私は、

冀くは其れ参学の高流、久しく模象に習**えば**、真龍を恠しむこと勿《な》**し**。

と読むべきであると考える。この部分について桜井秀雄氏は、

典拠や引用文は古註から現代に至るまで、踏襲伝承してきているといいえよう。例えば「久習模象、勿怪真竜」の解説に当って、〈模象〉を『六度集経』『涅槃経三十二巻』を引くが一般で『長阿含経19竜馬品』を典拠としたのは一点のみで、〈真竜〉は『荘子』『申書』『新序雑筆五』などを出典とし、葉公子高の話とすることは、全く軌を一にしているものそれである。しかし〈模象〉は、真筆本による限り、あくまでも木偏で扌偏の〈摸象〉ではなく、従って「盲人がエレファントを手さぐりし、本ものの竜をあやしむべきでない」という解説は、木に竹をついだ感があって正しいとはいえないことを、かねて私も指摘したことがある。即ち〈模〉はモデルであり、〈象〉はカタ・カタチまたはカタドルで、両字で〈模型〉とよめば「模型の竜（置物・飾物の竜）をもてあそんで、

本ものの竜が出たとき、驚き怪しむ如き愚かなことを止めよ」と解すべきであり、このように釈義したものは、秦慧玉著『普勧坐禅儀講話』（曹洞宗宗務庁刊）一冊のみである。（「普勧坐禅儀参究の資料について」『普勧坐禅儀の参究』、大本山永平寺、一九七四年十一月、一二七頁）

と言っている。「摸象」か「模象」かについては、原本が明確に後者である以上、桜井氏の言うように解釈すべきかもしれないが、私は、根本的にこのような解釈は道元禅師の仏法を洞察したときに妥当ではないと考える。注目すべきは、次の吉津宜英氏の解釈である。

摸象や真龍の典拠などは辞典類にゆずりますが、摸象について、仏経や祖録などの文字言句の一端に拘泥して、仏道の全体を知らぬことをたとえるといった解釈は、まず第一に典拠たる『大般涅槃経』の意味から外れております。『涅槃経』では確かに盲人が象に触れて、あれこれと表現するものが象全体を言い当てていないと述べると同時に、では一体これらの摸象による表現を離れて別の象自体がありうるであろうかとも説くのであります。次に先の解釈は道元禅師の意図にも違うのです。禅師は、「長い間、摸象を習いなさい」と言うのであり、摸象をやるから真龍がわからなくなるとはおっしゃっていないからです。禅師は「長い間、摸象を習い、そして真龍を怪しむことのないように」と誡しめておられるのですが、これは先の『涅槃経』の趣旨にも一致するのです。つまり、象全体を怪しまない玩龍のところに修行のポイントを見い出すのであります。（「久しく摸象に習って、真龍を怪しむこと勿れ」、『駒沢大学大学院仏教学研究会年報』第二〇号、一九八七年二月、五頁）

ここで吉津氏は、禅師は「長い間、摸象を習い、そして真龍を怪しむことのないように」と誡しめておられる、とする。これこそ道元禅師の真意であると、私も賛同する。

原文を見てみても「勿」は「恠真龍」に係るのであり、「久習模象」が否定されているのではない。「久習模象」「勿恠真龍」の二句の間に前後関係をみて、久しく模象に習うようなことをしていて、いざ真龍が現れたときにそれをあやしむようなことがあってはいけない、と決して解釈できないことはない。しかし、道元禅師の仏法は「久しく模摸に習う」ことに大きな意義を見出すものではなかろうか。

「坐禅箴」巻では次のように示している。

江西大寂禅師、ちなみに南嶽大慧禅師に参学するに、密受心印よりこのかた、つねに坐禅す。南嶽、あるとき大寂のところにゆきてとふ、大徳、坐禅図箇什麼。この問、しづかに功夫参究すへし。そのゆゑは、坐禅より向上にあるべき図のあるか、坐禅より格外に図すべき道のいまだしきか、すべて図すべからざるか、当時坐禅せるに、いかなる図か現成すると問著するか。審細に功夫すべし。彫龍を愛するより、すすみて真龍を愛すべし。彫龍・真龍ともに雲雨の能あること、学習すべし。（九一～九二頁）

ここで道元禅師は「彫龍を愛するより、すすみて真龍を愛すべし」と示されるものの、その上で「彫龍・真龍ともに雲雨の能あること、学習すべし」とされる。先の「模象」とは、ここでいう「彫龍」のことである。「彫龍」にも雲をおこし雨を降らせる能力があるということを学びなさいと言われるのである。仏祖の行を我が行として親密に行ずるのが道元禅師の仏法の根幹であることを思えば（そのような説示は道元禅師の著作の随所に見られる）、「彫龍」や「模象」も実に大切であるはずである。

そして、この「久習模象、莫恠真龍」という説示の後に示される「久為恁麼、須是恁麼」（久しく恁麼なることを為さば、須らく是れ恁麼なるべし）は、次のように解釈することはできないだろうか、「久しく摸象に習うようなことを行えば、それがそのまま真龍であるに違いない」と。そうであってこそ道元禅師の仏法に契合するのである。よって私は、「冀くは其れ参学の高流、久しく模象に習**えば**、真龍を恠しむこと勿《な》**し**」と読むべきであると考える。

久習模象、……久為恁麼、（久しく模象に習うことを行えば、）

勿恠真龍。……須是恁麼。（それがそのまま真龍であるに違いない。）

第二節　『学道用心集』の読み方

『学道用心集』は道元禅師の著作であり、本文中に「天福二甲午三月九日書」「天福甲午清明日」という、選述時を記したと思われる記録があることから、天福二年（一二三四）に選述されたものであると思われる。題目どおり、学道の用心を集録したもので、詞藻に富んだ漢文体で書かれている。

学道とは、本文中に「夫学仏道」（春秋社刊『道元禅師全集』第五巻〈以下、「春秋社本」と略記〉、三二頁、以下引用は本書により頁数のみを記す）とあるを見ると、〝仏道を学ぶこと〟であり、〝仏道とは何か〟を学ぶことの意になる。しかし、「正師を求む」等の〝学び方〟も示される一方、大半において〝仏道を修行する者の心得〟が示されているので、「学道」とは「仏道」そのもののことを言うのでもあろう。

とにかく、これらのことを本文にしたがって考察しなければならないが、そのためにはまず本文を正確に読み、解釈しなければならない。読みが異なれば解釈も異なり、読みを間違えれば正しい解釈ができないからである。

『学道用心集』を読み進むうち、テキストによって読みが異なる部分があることを知った。以下、解釈には影響しない些細なものもあるが、読み方を異にする数カ所について、それぞれ原文（二五四〜二五八頁）を挙げ、諸本の読みや解釈を示して考察を試みた（読み方は、諸テキストに付された句読点・返り点・送り仮名等から推察した）。

一、**自非明主、無容忠言、自非抜群、無容仏語**。

大久保道舟編『道元禅師全集』下（以下「大久保本」と略記）では、「自ら明主にあらずば、忠言を容《い》るることなく、自ら抜群にあらずば、仏語を容るることなし」（二五四頁）と読み、「春秋社本」では「自ら明主にあらずんば、忠言を容れることなく、自ら抜群にあらずんば仏語を容るることなし」（一九頁）と読むが、『曹洞宗全書』宗源上（以下「曹全」と略記）では「明主にあらざるよりは、忠言を容れることなく、抜群にあらざるよりは、仏語を容るることなし」（五八七頁）と読む。

「自非」で、〝あらざるよりは〟と読み、「……でない限りは」と訳す用例があるが、ここでの意味は、「賢い君主でなかったら臣下の忠言を受け容れることはないし、抜群の力量の者でなければ仏の真理の言葉を受け容れることはない」ということであろうから、ここはそのような慣例に従って読んだ方が適当であろう。

二、**是乃非独王者之優与不優、可由天運之応与不応歟**。

面山瑞方『学道用心集聞解』（『曹洞宗全書』注解三、七〇頁。以下「聞解」と略記）、「大久保本」（二五四頁）、「春秋社本」（一九頁）は、「是れ乃ち独り王者の優と不優と、天運の応と不応とに由るべきにあらざるか」と読むが、ここは「是れ乃ち独り王者の優と不優に非ずして、天運の応と不応とに由るべきか」と読むべきであろう。文法的にみても、「非独」（ただ……だけではない）は「王者之優与不優」に係り、「可由」は「天運之応与不応」に係るのではあるまいか。また、意味の上でも、この部分の前後を示せば、

右、俗曰、学乃禄在其中。仏言、行乃証在其中。未嘗得聞不学而得禄者、不行而得証者。縦行有信法頓漸之異、必待行兮超証焉。縦学有浅深利鈍之科、必積学兮預禄矣。**是乃非独王者之優与不優可由天運之応与不応歟**。若非学而受禄者、誰伝先王理乱之道。若非行而得証者、誰了如来迷悟之法。（一八頁）

〈右、俗に曰く、学べば乃ち禄その中に在りと。仏の言《のたま》わく、行ずれば乃ち証その中に在りと。未だ嘗《かつ》て学ばずして禄を得る者、行ぜずして証を得る者を聞くことを得ず。縦《たと》い行に信法頓漸の異ありとも、必ず行を待って証

を超ゆ。縦い学に浅深利鈍の科ありとも、必ず学を積んで禄に預《あずか》る。**是れ乃ち独り王者の優と不優に非ずして、天運の応と不応とに由るべきか。**若し学にあらずして禄を受くれば（受ける者）、誰か先王理乱の道を伝えん。若し行にあらずして証を得れば（得る者）、誰か如来迷悟の法を了ぜん。〉＊筆者訓読

であるが、この部分は「学」あるいは「行」の必要性を示したもので、学べば禄がその中にあり、行ずれば証がその中にあるのであって、学ばないで禄を得る者や、行じないで証を得る者はいないとする。その例として、治世においても、国の理（よく治める）乱（乱す）は王の優不優（優れているかどうか）によるのであって、天運の応不応によるのではないことを示したものと思われる。学と禄、行と証の因果関係が歴然であることを示した部分であるから、王者の優不優と治世の理乱の因果歴然を例えたものと考えられ、よって「是れ乃ち独り王者の優と不優に非ずして、天運の応と不応とに由るべきか」と読むのが適当であろう。

因みに、「聞解」では、

ソレヲ帝王ノ優レタユヘニ、召シ出サレタ、天運ガ相応シタ、ユヘニ、官禄ニ昇リタトバカリニ、決定スルハ、ソフデナヒ、学ガ根本ヨト、云ココロヲ示サル、（七〇頁）

と解説し、王者の優不優も否定的に取り扱い、優不優は学（行）の例えではなく、逆に不学、不行と同等のものとして捉えている。これは誤りであろう。

三、但我国従昔正師未在、何以知之然乎。**見言而察也、如酌流而討源。**我朝古来、諸師篇集書籍、訓弟子施人天、其言是青、其語未熟。

「大久保本」（二五五～二五六頁）、「春秋社本」（二三頁）では「但だ我が国は昔より正師未だ在らず、何を以てか之れが然ることを知らんや。言を見て察するなり、流れを酌んで源を討ぬるが如し。……」と読むが、私見では「但し我

国昔従り正師未だ在らず、何を以てこれが然りと知るや。言を見て察するや、流れを酌んで源を討ぬるが如し。……」と読むべきであろうと思われる。すなわち、ここでの「也」は、断定あるいは説明の〝なり〟（である）ではなく、指示あるいは提起の〝や〟（は・のは）であろう。

この部分は、「参禅学道可求正師事」の段であり、正師に従うことの必要性を示している。その大意は、師の正邪に随って悟りの真偽があるが、我が国には正師がいないので、何が正しいか正しくないかを見極めるすべがないとし、言葉をもって見極めようとすることは、下流の流れを汲んで源を知ろうとするのと同様に空しいことだと言うのである。以下、我が国の古来の諸師が編集した書籍は未熟であるから、なおさらだと言うのである。「聞解」は、

上ヨリアル、正師トハ、正伝ノ祖師ヲ指シテ伸ラル、ソレハナゼナレバ、正師デナケレバ、言句ノ分ガミナ義学ニテ、一言聞テモ、ハヤ明白ニマギレナシ。下ノ流レガ濁リタルヲミテ、源ノスマヌコトガシルルト同ジ、日本ノ書籍目録ニ、聖徳太子ヨリ永祖ノ比マデニ、官庫ニ入ル佛書カ太凡ソ六百五十部バカリナリ、ソレヲ開見セラル、ナルベシ、（七八頁）

と解説するが、「如酌流而討源」をよい意味にとり、ここにあるように、正師たるものは一言を聞いても、すべてを明らかにするもので、それは下流の水が濁っているのを見て、源の水が澄んでいないことを知るのと同じであるとする。すなわち、本文の「何以知之然乎」の「之」を〝正師の正邪〟と取り、師の正邪は何で知るかというと、正邪たるものは……と以下に続くとみるのである。しかし私には、「何以」は〝何で・何によって〟であり、「之」は〝悟の真偽〟と取るべきであると思われる。つまり「何を以て之れが然りと知るや」（乎は疑問・反語）は、正師を得ることによって悟の真偽が定められるのであって、「（そのほか）何によって〝これがそうだ〟と知ることができるのであろうか？　知ることができない」という意であり、「言」（我朝古来諸師篇集書籍）によって知ろうとしても、「言」は青く未熟ではないか、と以下に続くのであろうと思われる。

四、**好易之人、自知非道器矣。**

この読みは、解釈において大差を生じないが、「聞解」は、「易を好の人は、自《み》ずから知る道器にあらざることを」と読み、「易キコトヲ好ム人ハ、菩提心ヲ発起スル修行ハ、ナラヌト知ベシ」（八二頁）と註釈している。

ちなみに「春秋社本」は、「易きを好む人、自ずから道器にあらざることを知る」（二七頁）と読み、「大久保本」は、「易きを好む人は、自ずから道器にあらざることを知るべし」（二五六頁）と読む。ここでは、「大久保本」「春秋社本」両本が「自ずから」をどのように読んでいるのか明らかではないが、〝おのずから〟と読むよりも〝みずから〟と読んだ方がよく、〝知る〟というよりも〝知るべし〟と読んだ方がよいように思う。私は、さらに、「易きを好む人、自《みずか》ら道器にあらずと知れ」と読んでみた。この方が意味がより明確になるであろう。〝易行を好む人よ、自分が道器ではないことを知りなさい〟という意である。

五、**観其拆（折）骨砕髄亦不難乎、調心操之事尤難。長斎梵行亦不難乎、調身行之事尤難。**

諸本は次のように読む。

「其の骨を折り髄を砕くを観るに亦た難からずや、心操を調うるの事尤も難し。長斎梵行も亦た難からずや、身行を調うるの事尤も難し。」（聞解、八四頁）

「其の骨を拆《さ》き髄を砕くことを観るに亦た難からざらんや、心操を調ふるの事尤も難し。長斎梵行も亦た難からざらんや、身行を調うるの事尤も難し。」（大久保本、二五七頁）

「その骨を折り髄を砕くを観るにまた難からざらんや、心操を調うるの事尤も難し。長斎梵行も亦た難からざらんや、身行を調うるの事尤も難し。」（春秋社本、二七頁）

「曹全」(五八九〜五九〇頁)も同様の返り点を付す。

しかし、私が偶々参照した、楢崎一光(一九一八〜一九九六)提唱『永平初祖学道用心集の話』では「観其《みよや》、折骨砕髄も亦難からずや、心操を調うること、尤も難し。長斎梵行も亦難かずや、身行を調うること尤も難し」(二〇一頁)と読む。おそらくこの読みが妥当であろう。なぜなら、この一節は、

観其、

折骨砕髄亦不難乎、調心操之事尤難。

長斎梵行亦不難乎、調身行之事尤難。

と対句になる部分で、「観其」は以下全体を提起したものであり、「折骨砕髄亦不難乎」のみに係るものではないからである。楢崎提唱本の読みでよいのであるが、私は「観其」を〝観ずるに〟と読み、この一節を「観ずるに、骨を折り髄を砕くこと亦た難からずや、心操を調うるの事尤も難し。長斎梵行も亦た難からずや、身行を調うるの事尤も難し」と読んでみた。

六、参学可識、仏道在思量・分別・卜度・観想・知覚・慧解之外也。若在此等之際、生来常在此等之中常翫此等、何故于今不覚仏道乎。**学道者不可用思量・分別等之事**。**常帯思量等**、以吾身而撿点、於是明鑑者也。

問題となるのは「学道者不可用思量・分別等之事。常帯思量等」の読みである。「春秋社本」は、「……学道は思量分別等の事を用いるべからず、常に思量等を帯び、」(三一頁)と読み、「大久保本」は「……学道は思量分別等の事を用いるべからず。常に思量等を帯して、」(二五八頁)と読む。

しかし、これらの読みでは、「常に思量等を帯び」とか「常に思量等を帯して」と、思量を肯定的に取ることになり、その直前で示される「仏道在思量・分別・卜度・観想・知覚・慧解之外也」や「学道者不可用思量・分別等之

事」と齟齬することになってしまう。

私はこの部分を、「……学道は思量分別等の事を用いるべからざるに、常に思量等を帯する。吾が身をもって撿点せば、ここにおいて明鑑なるものなり」と、「思量等」で区切って読みたい。ここを解釈すれば、

参学の者よ、知りなさい。仏道は思量・分別・卜度・観想・知覚・慧解の外にあるということを。もし、これら（思量・分別等）のほとりにあって、生来常にこれらの中にあれば、常にこれらを翫《もてあそ》ぶ。なぜ今において仏道を覚らないのか、（それは）学道は思量・分別等の事を用いてはならないのに、常に思量等を帯びているからである。（このことは）わが身でもってよくあらため調べてみれば、そこに明らかになることである。

ということになろうか。

以上、『学道用心集』の読み下し方における諸テキストの相違を挙げ、私見を述べたが、本書に限らず、漢文で書かれた道元禅師の著作の読み下し方が、テキストの編者においてまちまちであることは問題であるように思われる。学者によって、師家によって、その識見で、読み下し方や解釈が変わることは、研究・参学における常であろうが、但しそれは、その人によって十分窮め尽くされた上でのものでなければならない。しかし、権威的な註釈書やテキスト（の読み）にしたがって、これを自明の理として、解釈したならば、道元禅師の真意を誤って解釈することになりかねない場合もある。

少なくとも、道元禅師の代表的な漢文体の著作については、これをどう読み下し、どう解釈することが妥当であるかを大いに議論して確定してゆくことが、今後の宗学において必要なことであろう。

曹洞宗宗務庁刊『曹洞宗日課勤行聖典』（二〇〇三年七月、修訂第九刷）はじめ、私が目にした都ての経本が「順現報受」としている。しかし、古写本（永光寺蔵十二巻本「三時業」）は「順現**法**受」であり、その出典となったと思われる『大毘婆沙論』巻第一一四（『大正蔵』二七・五九二上）、または『倶舎論』巻第一五（『大正蔵』二九・八一下）も「順現**法**受」となっている。「順現法受業」の「現法」とは「現世」の意であり、「順次生受業」の「次生」とは来世の意であり、「順後次受業」の「後次」とは第三世以降のことを指すのであるから、「現法」が正しいことは言うまでもない。

ところが、曹洞宗で刊行されている諸経典が誤って「順現**報**受」としているのは、そのもととなった畔上楳仙（一八二五〜一九〇一）直筆本原稿「洞上修証義并序」（岡田宜法『修訂復刻修証義編纂史』、一九八六年十一月刊、六八頁、以下『編纂史』と略す）において「順現**報**受」としているからであり、瀧谷琢宗（一八三六〜一八九七）完成写本（『編纂史』一九一頁）も同様である。[9]今後、道元禅師の古写本、出典である『大毘婆沙論』・『倶舎論』に依って「順現**法**受」と改められるべきである。

（1）この「救頭然」の語は、多くの経典語録に見出されるが、「救火」（火または火災を消しとめる意）の熟語があるように、「救」には消すという意があると考えられ、道元禅師はこれを「はらう」と読んだものと思われる。頭にふりかかった「火の粉」は一刻の猶予もなく払い落とすように、寸暇を惜しんで修行することをいう。ところで、「制中口宣」に「結制安居は、衲子頂門の眼睛なり。弁道精進、須く頭然を救うが如くすべし」とあるが、これも「はらう」と読むべきであろう。

（2）門鶴本『永平広録』巻八所収の『普勧坐禅儀』は「後《ヘニ》」（一六五頁）と送り仮名が付されているので、「しりへに」と読んでいるのであろうと思われ、これに従って「しりえに」という読みが行われるようになったと考えられるが、やはり『普勧坐禅儀』は、第一に「坐禅儀」巻を参考にして、訓読すべきであろう。本節第一項「『普勧坐禅儀』の読み方」で述べるように、不思量底の話なども、「兀兀と坐定して、思量箇不思量底なり。不思量底如何思量。これ非思量なり」（八九頁）と読むべきであろうし、また、『普勧坐禅儀』の「莫図作仏」は、「坐禅儀」巻では「坐仏を図する」（八八頁）とあるから、「はかる」ではなく「ずする」と読むべきであろう。

（3）『普勧坐禅儀』の「莫図作仏、豈拘坐臥」の解釈例。

①仏になろうとするめあてさえもってはいけないのであるから、どうして坐臥のすがたに執われることがあろう。（鏡島元隆訳『普勧坐禅儀』原文対照現代語訳『道元禅師全集』第一三巻、永平広録4、春秋社、二〇〇〇年六月）

②俗論のあらましをいうて見ると、坐禅の骨髄を体得したら、ただ足を組み手をかさねて、木仏、金仏の坐像のようにしているばかりが坐禅ではない。証道歌にもいうてあるように、「行もまた禅、坐もまた禅、語黙動静、体安然なり。」だ。何もかも坐禅になるから、あに坐臥に拘わらんやというのであるといい、坐禅をせないで勝手放題な、横着三昧に日を送る口実にしている。こんな口実に使われては証道歌も普勧坐禅儀も迷惑この上もない。……あに坐臥に拘らんやということは常識で考えるように、坐っていようが、ねていようが勝手次第ということではない。如法に坐する極致のことをいうのだから眼蔵坐禅箴には「いまだかつて坐せざるものに、この道のあるにあらず。打坐時にあり、打坐人にあり、打坐仏にあり、学坐仏にあり、ただ人の坐臥する坐の、この打坐仏にあらず。」とねんごろな御注意があるから、よく参究して間違わないようにしなければならぬ。（橋本恵光『普勧坐禅儀の話』、大樹寺山水経閣、一九七七年四月）

「坐禅儀」巻の「作仏を図することなかれ、坐臥を脱落すべし」の解釈例。

①坐臥ヲ脱落スヘシトハ坐禅カ坐臥ニアラサル事ヲシルヲ脱落スヘシト云也。（『正法眼蔵抄』、『永平正法眼蔵蒐書大成』巻一一、五〇三頁）

②下に向ひては坐臥に執り著き、自分々々に手作りする、これを脱落するがよい、金剛経にもある通り、如来は行住坐臥を離れたものじゃ、この通りにすわるがよい。（『聞解』、『正法眼蔵注解全書』第七巻、二二二頁）

③あぐらをかいたり、ねそべっていたりするのではない。だから坐禅のときに坐臥を脱落しているというのだ。（岸澤惟

安提唱『正法眼蔵全講』第二〇巻、四三五頁）
④仏になろうなどと考えてはならない。日常坐臥する坐の観念から離れなくてはならない。（高橋賢陳訳『正法眼蔵』上、思想社、一九七一年九月）
⑤仏になろうということを考えてはならない。坐るの臥するのといったことも思いはなつがよい。（増谷文雄訳『正法眼蔵』第五巻、角川書店、一九七四年四月）
⑥成仏しようと思ってもならない。坐るとか、臥すとかいう思いから離れるべきである。（玉城康四郎訳『正法眼蔵』4、大蔵出版、一九九四年四月）
⑦坐っているか臥しているかの区別がなくなること。生きている全体の問題としての坐とする。（水野弥穂子校注『正法眼蔵』一、脚注、岩波書店、一九九〇年一月）
⑧覚ろうと思ってはならない、日常の生活から離れなければならない。（石井恭二訳『正法眼蔵』1、河出書房新社、一九九六年六月、二八一頁）
⑨「仏道は干物みたいに固定した成仏の道ではなく、坐臥にかかわらぬ生き生きした生命なのである。（内山興正訳、『普勧坐禅儀の参究』、『傘松』四九、秋、臨時増刊号、一九七四年十一月）
⑩真理体得者になろうと意図することもよくない。日常生活を脱却すべきである。（西嶋和夫訳、『現代語訳正法眼蔵』第八巻、金沢文庫、一九七七年十二月、一九一頁）
⑪仏になろうとしてはいけない。坐ったり寝たりするという差別の気持ちを捨てなさい。（中村宗一訳、『正法眼蔵』巻一、誠信書房、一九七一年十月）

（4）『瑩山禅』巻九（山喜房仏書林、一九九〇年八月、八七～九〇頁）では『坐禅用心記』の「夫坐禅者、直令人開明心地安住本分、是名露本来面目、亦名現本地風光。身心倶脱落、坐臥同遠離」を解説して「従ってそのような姿は、われわれの肉体上、精神上の一切の執着なり束縛なりから、全く離れ切ったものであるといわねばならない。単にこの坐禅している場合のみに止まらず、このことは、坐禅以外広く一般生活上においても、同じようにいいうる」としている。

（5）附論第二章第一節「『普勧坐禅儀』の読み方」で述べるように、私は「久習模象、勿恠真龍」を「久しく模象に習えば、真龍を恠しむことなし」と読むのがよいと思う。これは「久為恁麼、須是恁麼」（久しく恁麼なることを為さば、須らく是れ恁麼なるべし）の語につながるものであると思われる。道元禅師は、久しく摸象に習う（仏のまねをして坐禅を行する）ことが大切であると言うのであって、そこにおいて真龍（本物の仏）をあやしむことのない自己が成就することを言っていると考えられる。「久為恁麼、須是恁麼」も、久しく摸象に習うことを行えば、それがそのまま真龍であるにちがいない」という意であろう。

（6）正式には『永平道元和尚広録』。永平寺二〇世門鶴が慶長三年（一五九八）に祚光・宗椿等に書写させたもの。祖山本、門鶴本とも称される。渡部賢宗・大谷哲夫編『祖山本永平広録』（一穂社、一九八九年九月）に影印が収録。ほか大久保道舟編『道元禅師全集』下（一六五～一六六頁）、『永平広録註解全書』（鴻盟社、一九六一年）に翻刻収録されている。

（7）寛文十二年に卍山道白が序を付して翌年刊行したもの。訓読は、大谷哲夫編『卍山本永平広録』（一穂社、一九九一年三月）に収録されている影印に依った。『永平広録註解全書』（鴻盟社、一九六一年）はこの卍山本『永平広録』を底本として註解がなされている。

（8）秦慧玉『普勧坐禅儀講話』（曹洞宗宗務庁、一九六五年十二月）では「一の字をもっぱらとよむのは無理と思う。『大学』の注に「一是は一切なり」とあるから一は、皆という義である」と言っているが、そのように読む方が妥当であろうか。

（9）秋津秀彰「本山版『正法眼蔵』の本文編輯について」（『駒澤大学大学院仏教学研究会年報』四七号、二〇一四年五月）において、本山版『正法眼蔵』の本文が「順現報受」になっていることから、『修証義』編輯に当たっては、その共通の底本として本山版が用いられており、それを無批判に引用したことで問題が発生したこと」（一一八頁）、本山版は、長見寺本（『永平正法眼蔵蒐書大成』巻九、大修館書店、一九八〇年一月、八三〇頁）等の瞎道本光所持本を用いたことによって、そのように誤ったことが述べられている。

第三章　道元禅師と現代

第一節　道元禅師と葬祭

多くの既成仏教教団は、Ａ教義（宗義）とＢ僧侶（実践者・布教者）とＣ信者（檀信徒）とから成り立ち、それぞれが他の二者と密接な関連をもつという構造を有する（もちろんそこには、その拠り所となる大本山および寺院があり、宗務行政に関わる様々な機関等があることは言うまでもない）。その現状においては、葬祭（葬儀および年回法要）が、布教教化活動の中心となっている。先のＢとＣは、この葬祭と密接に結びついていると言えるが、Ａと葬祭の関係はどうであるのかは、必ずしも明確にされていない。

本節では、曹洞宗の僧侶の僧籍を有し、曹洞宗寺院の住職を務めている筆者が、曹洞宗においてその両祖の一人である道元禅師の教義と葬祭の関係を考察する。はたして道元禅師の教義と葬祭は結びつくのか、結びつかないのか。結びつくとすれば、どのように結びつくのか。結びつかないとすれば、無理に結び付けなくてもよいのか、いや、あえて結びつけるべきなのか。無理に結びつけなくてもよいとすれば、どのような現代的意義付けをしたらよいのか。

あえて結びつけるべきであるとすれば、その接点をどこに見出だすことができるのか。

これが、問題提起である。

本節では教義を仮に「両祖（道元禅師と瑩山禅師）の教説」とする。『曹洞宗宗憲』によれば、曹洞宗は、釈迦牟尼仏の正法を歴代の諸祖が不断に相続してきた伝統をもつものであり、釈迦牟尼仏を本尊とするので(1)、釈迦牟尼仏および歴代の諸祖の教えにいたるまで、宗義とすることができようが、ここではそのように仮定し、本節では特に「道元禅師の教説」に限定して述べる。以下、本節で述べる教義とは「道元禅師の教説」の意である。

第一項　教義と葬祭は結びつくか

『随聞記』巻三に、次のような話がある。

夜話の次に弉公問て云、父母の報恩等の事、可作耶。

示云、孝順は尤も所用也、但し其孝順に在在家出家之別。在家は孝経等の説を守りて生につかふ、死につかふる事、世人皆知り。出家は棄恩入無為。無為の家の作法は、恩を一人に不限、一切衆生斉く父母の恩の如く深しと思て、所作善根を法界にめぐらす。別して今生一世の父母に不限。是則不背無為道也。日日の行道、時時の参学、只仏道に随順しもてゆかば、其を真実の孝道とする也。忌日の追善、中陰の作善なんど、皆在家所用也。衲子は、父母の恩の深きことをば、如実可知。餘の一切、又同く重して可知。別して一日をしめて殊に善を修し、別して一人をわきて回向をするは、非仏意歟。戒経の父母兄弟死亡の日の文は、暫く令蒙於在家歟。大宋叢林の衆僧、師匠の忌日には其儀式あれども、父母の忌日は是を修したりとも見ざる也。（四五四頁）

〈孝順（親孝行）は、何よりもなすべきことである。ただし、その孝順に、在家と出家の区別がある。在家の場合は、『孝経』などに説かれていることを守って、父母の生存中におつかえし、また死後にも報恩の行ないをすることは、世間の人がみな知っているところである。ところが、出家は、父母の恩を捨て、無為の仏道に入るので、その無為の生き方をしている出家のやり方は、恩を自分ひとりの父母に限って考えないのである。すべての生きとし生けるものの恩をみな平等に父母の恩と同じく深いと考えて、自分がした善根の功徳をあらゆるところに向けるのである。とりわけ、この世一代の自分の父母に限定しないのが、出家としての無為の生き方にそむかないことである。日々の仏道修行、その時その時の仏法参学を、ただ仏道にしたがってしてゆけば、それを真実の孝道とするのである。父母の亡くなった日に因む追善供養とか、なくなった当座四十九日の間の作善などは、みな在家の人のすることである。わが達磨門下の仏弟子は、父母の恩の深いことを、仏法の上から正しく理解し、他のいっさいの恩についても、父母の恩と同様に重く考えなければならない。一日に限って良いことを行なったり、特別に親一人のために回向をしたりするのは、仏の御心にそわないのではないか。『梵網戒経』に、「父母兄弟の死亡の日（には法師を請じて菩薩戒経律を講ぜしめ、福をもって亡者をたすけ、諸仏を見たてまつり、人天の上に生ずることを得しむべし）」の文章は、まずは在家に対して言ったものであろう。大宋国の修行の道場の僧たちは、師匠の命日にはそれにちなむ儀式をしていたが、父母の命日にそういうことは行っていないようだった。〉

ここに示すように、道元禅師は在家と出家の孝順のあり方を区別している。在家においては、生前中も父母に仕え、死後も仕えて供養する。それが在家の孝順のあり方であり、在家のなすべき大切なことである。しかし、出家においては、恩をひとり自分の父母に限って考えない。一切衆生ひとしく父母の恩と同様に深く思って「作す所の善根を法界にめぐらす」のである。出家にとっては、日々時々の行道・参学において、仏道に随ってゆけばそれが真実の孝道であるというのである。

『永平広録』巻七（五二四上堂）に源亜相忌上堂がある。

源亜相忌上堂云、報父母恩、乃世尊之勝躅也、知恩報恩底句、作麼生道。棄恩早入無為郷、霜露盍消慧日光、九族生天猶可慶、二親報地豈荒唐。挙、薬山坐次、有僧問、兀兀地思量什麼。山云、思量箇不思量底。僧云、不思量底如何思量。山云、非思量。今日殊以這箇功徳荘厳報地。良久云、思量兀兀李将張、欲畢談玄又道黄、誰識蒲団禅板上、鑊湯炉炭自清涼。(二三九頁)

源亜相とは、堀川通具(一一七一～一二二七)のことであり、この上堂は通具の二十七回忌の命日にあたっての上堂である。父親に対する供養の上堂の中で、薬山の「非思量の話」が挙され、「這箇(坐禅)の功徳をもって報地を荘厳す」と説示されていることは重要である。つまり、坐禅の功徳をたむけて父親の供養とするというもので、先の『随聞記』で言う出家の報恩のあり方と同様の趣旨である。

これらから言えることは、道元禅師が示される出家の報恩のあり方、すなわち真実の孝道は、自らが坐禅弁道に精進することであり、道元禅師がこの立場を貫かれていたことは『随聞記』の説示や『永平広録』の上堂からも知り得るのであり、とすれば、道元禅師の教説と現代の葬祭とを直接的に結び付けることはできない。教義と葬祭は結び付かないのである。

しかし、このことはそのまま葬祭の否定にはつながらないと考えられる。たとえば、次のような見方も可能であろう。先の『随聞記』で示されるのは、「忌日の追善中陰の作善」などは、みな在家のすることであり、出家はそのようなことをしないものだ、ということであろうが、反面、在家において行なうものとして、追善供養が容認されているという見方もできる。「孝順は尤も用ふる所なり」と示され、在家の孝順のあり方として「死につかふる事」(死後の供養の意か)を言われていることから、在家について、これを認めていると理解してもよい。このことは、消極的ではあるが、道元禅師と葬祭を結び付けるものとも受け取ることができるのである。

私見を述べれば、葬送儀礼は言わば在家仏教である。在家仏教としてこれを行うことは、充分認められうると言える。ましてや、現状においては、僧侶がその司祭者とならざるを得ないばかりか、出家者においても師や父母の忌日にあたって、在家と同様な中陰や年回の供養がなされている。出家者が在家化した現在、出家者も道元禅師の言うような、出家の孝道のあり方を純粋に行ずることは難しい。道元禅師から見れば、私などはいくら頑張ってみても在俗の求道者に過ぎない。しかし、在家の如くの生活を行ないながら、在家なるがゆえの苦悩に包まれてそれを自覚しながら、そのなかで仏教に帰依し、道元禅師を慕いながら、求道者として生きることは僧侶の生き方として、意義あることである。これもまた、現代的な出家者のあり方である。

であるならば、葬祭についても、たとえ道元禅師と積極的に結び付かなくとも、そこに現代的な意義付けをしていく道もある。

第二項　葬祭の現代的意義付け

さて、教義と葬祭とは、積極的には結びつかない。そうであるならば、無理に結びつけるのではなく、教義は教義、葬祭は葬祭として割り切り、葬祭の現代的な意義付けをするという道がある。ただしこの場合、注意しなければならないのは、教義とのあいだに大きな食い違いがあってはならないということである。例えば、後述するような、道元禅師が批判する「本覚の性海に帰する」かのような意義付けはふさわしくない。また、その意義付けは、人権問題に抵触しないよう留意しなければならないであろう。

輪廻説や三時業説が、人権問題に深く関わってきたことはすでに指摘されている。特に、被差別者に対し、自業自得的な教説によってその差別の原因を被差別者自身に負わせ、被差別者自身の内面に向かわせて、差別解消の活動意欲を失わせてきた罪は大きい。現在の苦境を自らの過去世の業報とする論理は、特に部落差別・身体障害者差別に関わり、差別解消の運動をおさえ、「諦め」をうながし、かえって差別を温存させてきた。

この輪廻説や三時業説は必然的に霊魂の問題と関わる。論理的にこれらの説は身心二元論的な「心」を認め、心常相滅論に立って、肉体の生滅に関わらない霊的存在を認めざるを得ないことになると私は考えるが、逆に言えば、霊魂を認めれば、必然的に輪廻説や三時業説へと展開するのである。

人権平等の立場をクリアーするためには、霊魂を問題にしない葬祭の意義付けが必要となる。「無記の立場」に立った葬祭の意義付けである。霊的存在の有無を問題としない葬祭の意義付け、それを考える必要がある。霊魂の実体的存在を肯定せず、かといって否定もせず、霊魂の有無を問題としないあり方である。霊魂が存在するから供養するというのでもなく、霊魂が存在しないから供養しなくてもよいというのでもなく、霊魂が存在しようがしまいがひたすら供養する、それが「無記の立場」に立った供養といえようか。この場合、供養の意義付けは「感謝・報恩」を基本的意義とすべきであるが、ただし、これは幼児や若年の死者については不適切となるので、これを基本的な意義としながらも、もっと柔軟な多面性をもった意義付けが必要とされよう。

また、一意義付けとして、葬祭に参加するものに対する布教教化の場として、葬儀や年回供養の意義付けも可能ではある。確かに、親族の死を通して、それを乗り越えて、これを契機として入信するものや、これによって信仰を深めてゆくものもあることは事実であり、その儀式の中で接した経文や教典の教え、あるいは説教等によって、仏教に目をむけるものがあることも確かである。しかし、それは、自然なかたちでその人に受容されていくべきものであり、これを前面に打ち出して、参列者自身に対して「法要は参列者に対する布教教化の場であり、参列者の修行の場である」などと僧侶の側から声を大にして言うようなことは慎まなければいけないと私は考える。故人の家族、親族、参列者にとって葬送儀礼の場は、ただひたすら故人を追慕し供養する場であり、そのような供養であってこそ、真の受容（参列者における自然な、自発的な受用）がありうるのであろう。

この葬祭の現代的意義付けについては、これまでも多くの方々により行われており、今後さらに深めてゆくべきである。

第三項　教義と葬祭の接点

さて、教義と葬祭とは積極的には結びつかない。であるならば第二の立場として、そこに敢えて接点を見出だすべきであるという道もあろう。

以下、道元禅師と葬祭の接点をもとめて、その可能性を探ってみたい。

『正法眼蔵』には、「今生より乃至生生をつくして」「生をかへ身をかへても」「生生世世」等、生死の連続あるいは輪廻を思わせる説示が多くみられる。(本論第七章第二節に詳説) 生死の連続を意味する説示、流転という言葉や、六道あるいは輪廻に関する説示、「宿殖……」あるいは悪業(悪業力)・善業(善業力)・願生などといった言葉が見られる説示が少なからず示されている。道元禅師は同じ生死輪廻を見るのに、凡夫の立場と大聖の立場との別があることを示して、輪廻を必ずしも否定することなく、この輪廻の立場に立ちながら、その中において仏道を行じ、この生死輪廻のなかにおいて仏道を行ずるということがそのまま生死輪廻からの解脱であるということを示していると思われる。また、現世において仏法に逢い仏子となれる者は、宿善の者であり、逆にそれに反するものは宿生の悪業力によるものとしている。これも生死輪廻を認めたものであり、悪業・善業が、仏法との邂逅ということを基準にして示されている。

これらの説示が禅師自らの信心であるのか、あるいは他に対する方便であるのか、とにかく道元禅師が「六道」を説き、「生死の連続」を説いていることは明白である。道元禅師は、身体(肉体)とは別な、実体的な霊的存在を認めないが、生死の連続あるいは輪廻を説いている。また、仏道修行を無意味とするような本覚思想を否定し因果歴然を説く。また、成道は今生において安易に成し遂げられるものではなく、仏道は「遥かなる道」であると説く。これらの教説をもって、以下、葬祭の意義付けを試みることにする。

まず、葬儀の意義付け。これは、現在行っているような授戒の儀式でよい。いわゆる没後作僧の儀式である。死者は葬儀において菩薩戒を受け出家となる。(2)「出家の生生をかさねば、積功累徳ならん」(「出家功徳」巻、六〇六頁)であり、出家し、さらに出家の生生をかさねて、積功累徳してゆく。もちろん、生前中に正式に授戒の儀式を修行し、戒名を授かり仏道に帰依しているものは、「すでに帰依したてまつるがごときは、生生世世、在在処処に増長し、かならず積功累徳し、阿耨多羅三藐三菩提を成就するなり」(「帰依仏法僧宝」巻、六六七頁)であり、やはり出家として「遥かなる仏道」を修行してゆく。ただし、あらためて受戒の必要はないので、それにふさわしい葬儀のありようをさだめる必要がある。

もちろんこれは、葬儀の儀礼の意義付けであり、葬儀に際しては、生前の労苦に対し感謝のまことをささげて供養することにかわりはない。また、これに付随した葬儀の意義はいかようにもなされ得よう。とにかく基本は従来通り、授戒の儀式でよいと思われる。

さて、葬儀の後の供養には種々の供養があり、それぞれについての具体的意義付けは今後の課題であるが、供養(年回忌供養等)の基本は、出家して仏道修行を行じている故人を、親族が励ます儀式ということになる。その儀式のありかたも従来通りでよいと思われる。この儀式を通して入信する参列者がいれば無上の功徳となろう。

さて、以上、葬祭の意義付けを、あくまでも「無記の立場」におくべきであると個人的には主張しながらも、もし教義と葬祭の接点を見出すとすれば、このような見方もできることを述べてきた。しかし、ここに立ちはだかる大きな難問は、はたしてこのような「生死の連続」的な考え方が、先に述べたような人権平等の立場をクリアーできるかどうかということである。しかし、ここでいう「生死の連続」は出家の身としての「遥かなる仏道」のなかでの生死であり、そこではいかなる因縁も「菩提の行願」となるべきであり、その因縁においては、かならずや差別解消のための努力を第一の仏行とするはずであり、この「生死の連続」的考え方が決して差別を助長し温存する方向に向かうものではないと私は確信している。

第二節　道元禅師と社会

第一項　道元禅の非社会性

ここで道元禅としたのは、道元禅師の仏道というほどの意味である。まず、道元禅の非社会性について述べる。非社会性と言うからには、社会とは何かについて定義する必要があるが、ここでいう社会とは、いわゆる俗世（世俗）という意味である。俗世に対する言葉として出家があるが、出家とは「知家非家、捨家出家」（「発無上心」巻〈五二六頁〉、「身心学道」巻〈三七頁〉）と言われるように、俗世が安住の世界ではないことを知り、俗世を捨て俗世を離れることを言う。

道元禅師は、正治二年（一二〇〇）に京都に生誕するが、父は村上源氏の流れを汲む堀川通具（一説に通具の父久我通親〈一一四九～一二〇二〉）、母については不詳であるが、摂関家の識者にして宮中に重んじられた藤原基房（一一四四〈一一四五〉～一二三一）の関係の女性ではないかとされる。その出自からして将来は朝廷の要職に就くべき身であったにも関わらず出家する。その動機は、禅師八歳の時に生母の逝去に遭い自ら世の無常を観じて求道心をおこしたとも、生母の遺言ともされるが、晩年、山深い永平寺で修行の生活を送る道元禅師にとっては、その朝廷も俗世にすぎなかった。

道元禅師が永平寺で「山居《さんご》（山に暮らす）十五首」と題して詠んだ次のような詩（『永平広録』巻十偈頌、一九八頁）がある。

我愛山時山愛主（私が山を大切にすると、山も私を大切にしてくれる）
石頭大小道何休（大小の岩や石も休むことなく語りかけてくれる）
白雲黄葉待時節（白い雲や山の木々の移り行きの中で）
既抛捨来俗九流（すでに俗世間の煩わしさは忘れ去ってしまった）

道元禅師にとって、深山幽谷で暮らす出家とは何であり、「俗」と表現される世間とは、いったいどのような世界であったのであろうか。また、

西来祖道我伝東（釈尊から伝わってきた正しい仏法を私が日本に伝えることができた）
瑩月耕雲慕古風（そして、山深くに大自然と共に生きる古来の仏道を行じている）
世俗紅塵飛豈到（俗世間の煩わしさは、ここまでは飛んで来まい）
深山雪夜草庵中（この山深くの雪の降る夜の草庵で修行する私のもとまでは）

とも詠っている。道元禅師が嫌われた「俗世の紅塵」とはいったい何であったのであろう。

前節でも引用したが『随聞記』巻三に次のような話がある。弟子の懐奘の「父母の報恩等の事、可作耶」（父母に対する報恩（供養）などのことは、なすべきでしょうか）という質問に対して道元禅師が答えている。

孝順は尤も所用也、但し其孝順に在在家出家之別。在家は孝経等の説を守りて生につかふ、死につかふる事、世人皆知り。出家は棄恩入無為。無為の家の作法は、恩を一人に不限、一切衆生斉く父母の恩の如く深しと思て、所作善根を法界にめぐらす。別して今生一世の父母に不限。是則不背無為道也。日日の行道、時時の参学、只仏道に随順しもてゆかば、其を真実の孝道とする也。（前出、六四〇頁）

ここに、孝順（報恩・供養）ということについて、在家と出家の在り方の違いが説かれる中で、出家の在り方として「無為」という語が見られる。「無為」とは「有為」に対する語で、無作為のことであり、因果関係を越えた絶対的行為を指す。平たく言えば、行う（因）ということに結果を求めるのが「有為」であり、結果を期待せずに行うのが「無為」であるとも言える。ここでは、自分の父母に限定して特定の日に供養を行うのが「有為」であり、これらの「限定」や「特定」を行わないのが「無為」であると受け取ることができる。

ところで、世の中の多くの行為は、結果を期待して行う。受験で合格するために勉強をする。昇進のために、昇給のために一生懸命働く。この「ため」というのが「有為」である。「有為」の世界には強い自己意識がある。いわゆるエゴである。自と他を対立させ、比較し、競争し、そしてそこに優劣を決めて、より高い地位や名誉を願い、より多くの財産を求める。それが悪いとか、いけないとか言うのではない。しかし、そこには、満ち足りた満足はなかなか得られず、かえって多くの苦悩が伴う。

基本的にこれら……因において「対立」し「比較」し「競争」し、果において「優劣」を決め、「地位」「名誉」「財産」等の成果を求めること……が「有為」であり、これらを離れるのが「無為」すなわち「出家」の在り方である。

ゆえに道元禅師は、「出家」の仏道において、悟り（果）を求めて修行（因）を行うことでさえも批判する。それでは「出家」であっても「在家」とは基本的には変わらない「有為」となってしまうからである。悟りを求めずただ修行するのが「無為」であると言う。だから、坐禅において悟りを求めない「只管打坐」を強調するのである。

道元禅師は、この「有為」の世界を「俗世」といい、それに対する「無為」の世界を「出家」とされたのではなかろうか。もし一般社会の在り方を〝社会的〟というならば、出家の世界は〝非社会的〟ということになり、この非社会的在り方こそ「出家」の理想的在り方であったのである。

『随聞記』巻三に、

一日請益の次に云、近代の僧侶、多く世俗にしたがふべしと云ふ。思不然。世間の賢すら猶随民俗ことを穢たることと云て、屈原の如きは、皆酔へり、我は独醒たりとて、民俗に不随して、つひに滄浪に没す。況や仏法は、事事皆世俗に違背せる也。俗は髪をかざる、僧は髪をそる。俗は多く食す、僧は一食するすら皆そむけり。然後還て大安楽人也。故に一切世俗に可背也。（四五六頁）

とある。「仏法は、事事皆世俗に違背せる也」といい、「仏法」と「世俗」を背反するものとし、「一切世俗に可背也」とむしろ世俗に反しなければならないという。

また『随聞記』巻五に、

善悪と云事、難定。世間の綾羅錦繍をきたるをよしと云ひ、麁布糞掃をわるしと云、仏法には是をよしとし、清とす。金銀錦綾をわるしとし、穢れたりとす。如是、一切の事にわたりて皆然り。（四七五頁）

とある。ここでも「世間」と「仏法」の衣類をめぐっての価値観の相違を説いている。

これが道元禅師の「世俗」「世間」に対する認識である。「世俗」「世間」を「社会」に置き換えれば、道元禅師は非社会的であり、ゆえに社会性を見いだすことは難しいと言わざるを得ない。

第二項　仏法と世法

それでは、道元禅師が世俗と没交渉であったのかというと、そうではない（本論第九章第二節「在家教化」参照）。永平寺は、波多野氏の外護を受けていたのであり、俗世に支えられずして経営は立ち行かなかったのである。

ここでは、道元禅師の寺院経営の問題は措くとして、道元禅師は世俗という環境を仏法を行ずることのできる環境として認めていたか否か、「仏法」と「世法」の関係をどう見ていたのか、について問題とする。見出しを「仏法と世法」としたが、その定義はなかなか難しい。「法」を〝道〟あるいは〝生き方〟と解釈すれば「仏法」は〝出家の道〟であり「世法」は〝世間世俗の道〟ということになり、「法」を〝法則〟〝きまり〟と解釈すれば「仏法」は〝出家の世界でのきまり〟であり「世法」は〝一般世間でのきまり〟ということになる。また、「法」を〝在り方〟と解釈すれば「仏法」は〝出家の世界の在り方〟ということになり、「世法」は〝一般世間の在り方〟ということになる。あるいは現代に当てはめれば、〝仏教教団〟と〝現代社会〟ということにもなろう。

（一）道元禅師の基本的立場

さて、道元禅師が帰国後『普勧坐禅儀』に続いて撰述した著作に『弁道話』がある。これは、自ら中国に渡り日本に伝えた坐禅の意義を開顕するために著したもので、最初に序にあたる部分があり、次ぎに坐禅に関する十八の問答が挙げられ、最後に結びの部分がある。十八の問答は、おそらく自問自答（設問自答）であって、考えられるありとあらゆる疑問・質問に答えるべく、自ら設問し、これに答える形で坐禅の意義を明確にしようとしたものである。

その第十四問答が、次である。

とうていはく、出家人は、諸縁すみやかにはなれて、坐禅弁道にさはりなし。在俗の繁務は、いかにしてか一向に修行して、無為の仏道にかなはん。

しめしていはく、おほよそ、仏祖あはれみのあまり、広大の慈門をひらきおけり。これ一切衆生を証入せしめんがためなり、人天たれかいらざらんものや。ここをもて、むかしいまをたづぬるに、その証これおほし。しばらく代宗・順宗の、帝位にして万機いとしげかりし、坐禅弁道して仏祖の大道を会通す。李相国・防相国、ともに輔佐の臣位にはんべりて、一天の股肱たりし、坐禅弁道して仏祖の大道に証入す。ただこれ、こころざしのありなしによるべし、身の在家出家にはかかはらじ。又ふかくことの殊劣をわきまふる人、おのづから信ずることあり。いはんや世務は仏法をさゆとおもへるものは、ただ世中に仏法なしとのみしりて、仏中に世法なきことをいまだしらざるなり。

ちかごろ大宋に、馮相公といふありき。祖道に長ぜりし大官なり。のちに詩をつくりて、みづからをいふにいはく、公事之余喜坐禅、少曽将脇到牀眠。雖然現出宰官相、長老之名四海伝。これは、官務にひまなかりし身なれども、仏道にこころざしふかければ得道せるなり。他をもてわれをかへりみ、むかしをもていまをかがみるべし。

大宋国には、いまのよの国王大臣・士俗男女、ともに心を祖道にとどめずといふことなし。武門・文家、いづれも参禅学道をこころざせり。こころざすもの、かならず心地を開明することおほし。これ世務の仏法をさまたげざる、おのづからしられたり。

国家に真実の仏法弘通すれば、諸仏諸天ひまなく衛護するがゆゑに、王化太平なり。聖化太平なれば、仏法そのちからをうるものなり。

又、釈尊の在世には、逆人邪見みちをえき。祖師の会下には、獦者・樵翁さとりをひらく。いはんやそのほかの

人をや。ただ正師の教道をたづぬべし。（七四一〜七四二頁）

ここに設問された問いは、「出家の人は、世俗の煩わしい仕事をしなくてもよいので、坐禅・修行するのに障害となるものはないが、在俗の者には忙しく仕事があるので、どうやって専ら修行して、自由自在な仏の道を実現することができるか（実現不可能ではないか、そのような世俗の者には行いがたい坐禅を、なぜ広く勧めるのか）」というものである。それに対する道元禅師の答えを意訳すれば次のようになる。

仏や祖師方は、慈悲の心から、広く大きな門を開いておられる。これは一切の人々を仏の世界に導き入れようとしているのである。入ることができない人がいるであろうか。昔や今を尋ねてみるに、その証拠は多くある。（昔のことでは）中国の代宗・順宗は、皇帝の位にあって非常に忙しかったが、坐禅・修行して仏祖の大いなる道を会得し通達された。李相国や防相国も、ともに天子を助けて大政を行う臣位にお仕えして、天子の手足となって働いていたが、坐禅・修行して仏祖の大いなる道を証り帰入している。仏祖の大いなる道に入ることができるかどうかということは、ただ〝こころざし〟があるかどうかによるのである。在家であるか出家であるかということには関わらない。また仏の道は、これらの人のように、深く物事の善し悪しを考える立場の人が、自然と信じることができる道でもある。まして、世務（世間の仕事）が仏法を妨げると思う者は、ただ世中に仏法はないとばかり思って、仏中に世法がないことを、いまだ知らないのである。

（今のことでは）近頃、中国の宋の国に、馮相公という人がいて、この人は、仏祖の道に通じた大官である、……官務に暇がなかった身であったが、仏道にこころざしが深かったので道を得ることができたのである。……大いなる宋の国には、いまの世の国王大臣・士俗男女、ともに心を仏祖の道に留めないということはない。武門・文家、いづれも参禅学道を志している。志した者は、確実に心を明める者が多い。これらのことから、世間の仕事が仏法（坐禅・修行）の障害にならないことは、自然と分かることである。……

この問答は、一般社会の中においても、自ら説く理想の生き方を実践できるのかどうかについての見解を述べた重要な問答である。答えは「できる」である。そして、「できる」かどうかは、〝こころざし〟の有無によるのであり、決して環境によるのではないと言うのである。つまり、出家か在家かには関わらないというのである。

(二)「世中の仏法」と「仏中の世法」

さて、先の『弁道話』の説示で重要なのは「世務は仏法をさゆとおもへるものは、ただ世中に仏法なしとのみしりて、仏中に世法なきことをいまだしらざるなり」(世務が仏法を妨げると思う者は、ただ世中に仏法はないとばかり思って、仏中に世法がないことを、いまだ知らない)という説示である。この語をさらに解釈すれば、「世間の仕事が仏道修行を妨げると思う人は、ただ世俗の社会では諸事が忙しく仏道修行はできないとばかり考えて、仏道においては、修行を妨げるような嫌うべき諸事はないということを知らない」ということになる。

ここで言う「世法」とは、世俗の社会における諸事と思われるが、これをそのまま肯定するのではないことは「仏中に世法なし」と示されていることから推察される。つまり、世俗社会の諸事をひとすじに務めることが仏法であるというのではなく、この世俗の中でも〝こころざし〟さえあれば、坐禅修行はできるはずである、というのである。

その、「仏中の世法」とは、具体的には、ここで例に挙げた「代宗・順宗の、帝位にして万機いとしげかりし、坐禅弁道して仏祖の大道を会通す。李相国・防相国、ともに輔佐の臣位にはんべりて、一天の股肱たりし。坐禅弁道して仏祖の大道に証入す」という生き方であり、世中にあって仏道を行ずる生き方である。この生き方は、一見「世中の仏法」と考えられるが、仏法の側からみれば「仏中の世法」となる。このような生き方を行う者は、世中にあっても仏中に生きる者であるからである。このような者の生き方を指して「身の出家在家にはかかわらじ」と言うのである。「坐禅弁道して仏祖の大道に証入」する者が仏中に生きる者であり、それは、在家か出家かという外的境遇には関わらないものであることを言ったものである。

ゆえに、『弁道話』の第十四問答として挙げられるこの説示は、「世俗にあっても坐禅しなさい」と坐禅を勧めたものであり、そうすれば仏祖の道に入ることができることを説いたものであり、決して「坐禅しなくても、在俗の仕事を一生懸命務めれば、それが仏祖の道である」と教えたものではないのである。それは、下室覚道氏が指摘するとおりである（「『弁道話』第十四問答の一考察」、『宗学研究』第三八号、八五〜九〇頁）。

以上をまとめれば、道元禅師は、一般社会における仕事を決して否定したのではない。しかしながら、そればかりでよいと肯定したのでもないということになる。

鈴木正三（一五七九〜一六五五）の『万民徳用』に「世法則仏法也[3]」（世の中の事がらが、そのまま仏法である）という見解が示されているが、道元禅師の立場は、このような見解とは一線を画するものであるといえる。

（三）　出家至上主義の背景

道元禅師には、出家至上主義と受け取られるような言説が、特に後半生の選述に多く見られる。伝道活動の最初期に書かれた『弁道話』には「世中の仏法」を説く道元禅師の思いは、次第に変化していったのであろうか。

その出家を重んじる後半生の説示を見てみよう。

あきらかにしりぬ、むかしよりいまだ出家の功徳なからん衆生、ながく仏果菩提うべからず。（「出家功徳」巻、六〇四頁）

あきらかにしるべし、諸仏諸祖の成道、ただこれ出家受戒のみなり。諸仏諸祖の命脈、ただこれ出家受戒のみなり。いまだかつて出家せざるものは、ならびに仏祖にあらざるなり。（「出家」巻、五九七頁）

三世十方諸仏、みな一仏としても、在家成仏の諸仏ましまさず。（中略）衆生の得道、かならず出家受戒による

なり。（中略）聖教のなかに在家成仏の説あれど、正伝にあらず。（「出家功徳」巻、六一二頁）

世楽をいとひ俗塵をうれふるは聖者なり、五欲をしたひ出離をわするるは凡愚なり。代宗・粛宗しきりに僧徒にちかづけりといへども、なほ王位をむさぼりていまだなげすてず。（「出家功徳」巻、六一三頁）

これらは、出家の功徳を説き示した法語の中で示されたものであるので、出家ということを称えたものであることは言うまでもない。それにしても、中国唐朝第八代の代宗が、先の『弁道話』（寛喜三年〈一二三一〉）では「坐禅弁道して仏祖の大道を会通す」（七四一頁）と称えられたのに対し、ここに挙げた「出家功徳」巻（寛元四年〈一二四六〉以降の選述か）では「なほ王位をむさぼりていまだなげすてず」（六一三頁）と非難されている。この変化をどのように受け捉えたらよいのだろう。

ところで、中国にわたり如浄のもとで身心脱落し、正伝の仏法を伝来して弘法救生の志を抱いて道元禅師が帰国したのは、安貞元年（一二二七）八月、二十八歳の時のことである。この年、正しい坐禅を広く人々に勧めるために『普勧坐禅儀』を選述し、翌年、京に帰りしばらく建仁寺に仮住まいし、寛喜二年（一二三〇）に深草極楽寺の別院安養院に移っている。『弁道話』が示されたのは、その翌年であり、天福元年（一二三三）に興聖寺が開創されている。

修行道場としての一応の施設を調えた興聖寺が創設されるまでの帰国後六年間は、腰を据えた布教の拠点もない、あちこちと住居を変える雲遊萍寄の時代であり、自ら中国で修行した天童山のような道場がなかった道元禅師である。そのころ書かれたのが『弁道話』である。

その十二年後の寛元元年（一二四四）、道元禅師は京を離れ、越前の山深くに移る。波多野義重の外護をうけ、中国の天童山に模した本格的な修行道場（大仏寺）の建立が進み、翌年には法堂や僧堂が造営され、寛元四年（一二四六）には、ほぼ伽藍も整って永平寺と改称された。このころ以降に書かれたのが「出家功徳」巻である。

道元禅師をとりまく環境は大いに変わっている。

思うに、我々は今現在の状況において最善の生き方をしてゆくしかない。整った修行道場がない現実においては、今の場を修行の場にするしかない。帰国後数年間の道元禅師の生活環境はどうであったのか。あちこち仮住まいであり、あまり多くの選述もない。いったいどのような日暮らしをされていたのか。もしや世俗のような慌ただしさの中におられたのではなかろうか。その中で、つとめて坐禅をされていたのではなかろうか。それはまさしく「世中の仏法」であったのではないか。そのようにも思われる。そのような道元禅師の環境が、先の『弁道話』の説示を生んだのではないか。〝こころざし〟さえあれば、どこでも坐禅は行じられる。それが道元禅師自身の現実であったのかもしれない。

世中とは、自分をとりまく環境の問題でもあるはずである。出家、在家ということが、生活の場に関わるものであることは、重要な視点となろう。すなわち「出家」ということが「環境」と大いに関わっていたと思われるのである。出家至上主義と思われる説示の背景には、このような環境の変化があったと考えられる。

中国の天童山で修行した道元禅師が、天童山のような叢林がよりよい修行の場であると考えたことは間違いない。よりよい環境の中で修行に専念できることが何よりであるからである。実際、道元禅師は、自ら修行した天童山に模して永平寺を建立しており、このことには大きな意義がある。理想的な環境と伽藍があれば、それに相応した合理的な規則や作法を定めることができる。そしてその威儀作法に従い、それを忠実に行うことによって、心の平安を容易に得ることができる。当時の永平寺はおそらく、世間の煩わしいしがらみから離れて坐禅修行に専念できる環境にあったのであろう。『弁道話』にいう「出家人は、諸縁すみやかにはなれて、坐禅弁道にさはりなし」(七四一頁)とはこのことを言うのだろうか。このような環境が得られれば、それに越したことはないのである。伽藍が整った頃から、そのような環境が仏道修行に最適だという考えが出てくるのはきわめて当然のことであると考えられまいか。

修行の場が整っていなかった帰国後の数年と、それ以後、修行に適した場が得られた時とでは、道元禅師の思いに変化が生じても当然のことである。これは同じ状況下での考え方の変化ではない。状況の変化による、よりよい在り方の選択なのであろう。だから、道元禅師の思想が一貫していないのではなく、その時の状況によって、説相が変わったのである。よりよい環境を選んでゆく。それが説き方の変化を生んだにすぎないと私には思われる。

（1）『曹洞宗宗憲』第1章「総則」第2条に「本宗は、釈迦牟尼仏から以心伝心正法を嫡嗣し、歴代の諸祖が相続不断に継承してきた伝統をもつものである」とあり、第4条に「本宗は、釈迦牟尼仏を本尊とし、高祖承陽大師及び太祖常済大師を両祖とする」とある。

（2）『随聞記』に興味深い説示がある。

爰にある在家人、長病あり。去年の春の比、相契て云く、当時の病療治して、妻子を捨て、寺の辺に庵室を構へて（中略）と云しに、（中略）今年正月より俄に大事になりて、（中略）纔に一両月に死去しぬ。（中略）前夜菩薩戒受、三宝に帰して、臨終よくて終りたれば、在家にて狂乱して、妻子に愛を発して死なんよりは尋常なれども、去年思よりたりし時、在家を離て寺に近づきて、僧に馴て、一年行道して終りたらば勝れたらましと存るにつけても、仏道修行は後日を待つまじきと覚るなり。（巻一、四二二～四二三頁）

この在家人に臨終にあたって菩薩戒を授けたのは道元禅師自身なのか不明であるが、この在家人は亡くなる前夜に菩薩戒を受けて三宝に帰依したというのである。このようなことが行われていたことは事実であり、今日の葬儀が、この『随聞記』に示される授戒が便宜的に死後において行われていると解釈すれば、今日の葬儀は決して道元禅師のお心にそぐわないことはないであろう。

（3）『日本古典文学大系83假名法語集』（岩波書店、一九六四年八月）二六三頁。

初出一覧

序論

一　宗学研究論について（同朋舎『道元思想大系』13思想篇第七巻〈一九九五年九月〉解説）に加筆。

二　仏教史における道元禅師の位置　原題「『正法眼蔵』の性格——その伝灯録的一面」（『駒澤大学禅研究所年報』創刊号、一九九〇年三月）に加筆。

三　『正法眼蔵』の文献学的研究——四種古写本の考察を中心にして

㈠　四種古写本の概要　原題「『正法眼蔵』編纂の歴史」（『道元思想のあゆみ2』吉川弘文館、所収、一九九三年七月、三〇～四六頁）

㈡　四種古写本の考察——成立・編集論を中心として

七十五巻本『正法眼蔵』について　原題「『正法眼蔵』の成立に関する試論——七十五巻本『正法眼蔵』の編集について」（『宗学研究』第三二号、一九九〇年三月）

六十巻本『正法眼蔵』について　原題「『正法眼蔵』の成立に関する試論——六十巻本『正法眼蔵』について」（『曹洞宗宗学研究所紀要』第三号、一九九〇年三月）

十二巻本『正法眼蔵』について　原題「十二巻本『正法眼蔵』の性格」（『十二巻本『正法眼蔵』の諸問題』大蔵出版、所収、一九九一年十一月、四三〇～四四〇頁）

二十八巻本『正法眼蔵』について　原題「『正法眼蔵』の成立に関する試論——六十巻本に編集されなかった巻々」（『印度学仏教学研究』第四一巻第二号、一九九三年三月）

「八大人覚」巻の奥書の意味するところ　原題『正法眼蔵』編纂の歴史」（『道元思想のあゆみ2』吉川弘文館、所収、一九九三年七月）より抜粋加筆。
『正法眼蔵』編集の時期　原題「『正法眼蔵』編纂の歴史」（『道元思想のあゆみ2』吉川弘文館、所収、一九九三年七月）より抜粋加筆。
(三)　四種古写本成立の事情に関する私論　原題「十二巻本『正法眼蔵』の性格」（『十二巻本『正法眼蔵』の諸問題』大蔵出版、所収、一九九一年十一月、四二八～四三〇頁）に加筆。
(四)　江戸期における『正法眼蔵』の編纂（概略）　原題「『正法眼蔵』編纂の歴史」（『道元思想のあゆみ2』吉川弘文館、所収、一九九三年七月、六〇～六七頁）

本論

序説　道元禅の核心――道元禅師の大疑帯とその解決　原題「道元禅師の大疑帯とその解決」（『道元禅師研究論集』、大本山永平寺、二〇〇二年八月）

第一章　修証観

第一節　修証一等　原題「修証一等」（『禅のすすめ――道元のことば』、日本放送出版協会、二〇〇三年三月、第9章）に加筆。

第二節　身心脱落　原題「道元禅師の身心脱落の時期とその意義」（『宗学研究』第三五号、一九九三年三月）と原題「道元禅師の身心脱落について」（『駒澤短期大学研究紀要』第二三号、一九九五年三月）より抜粋加筆。

第三節　付法説　原題「多子塔前付法説と霊山付法説――如浄・道元・瑩山、三禅師の立場」（『駒澤短期大学研究紀要』第二五号、一九九七年三月）

第四節　悟と証

第一項　覚と証　原題「道元禅師研究諸論再考――特に本覚思想批判と思想的変化と宗祖無謬説を中心に」（『駒澤大学仏教学部論集』第四二号、二〇一一年三月）より抜粋加筆。

第二項　得道　原題「道元禅師の修行観――はるかなる仏道という視点」（『駒澤短期大学仏教論集』第六号、二〇〇〇年十月）より抜粋加筆。

第三項　身心脱落と成道　原題「道元禅師の修行観――はるかなる仏道という視点」（『駒澤短期大学仏教論集』第六号、二〇〇〇年十月）より抜粋加筆。

第四項　大事了畢　原題「道元禅師の修行観――はるかなる仏道という視点」（『駒澤短期大学仏教論集』第六号、二〇〇〇年十月）より抜粋加筆。

第二章　修道論

第一節　坐禅

第一項　只管打坐　原題「只管打坐」（『禅のすすめ――道元のことば』、日本放送出版協会、二〇〇三年三月、第7章）に加筆。

第二項　無所得無所求無所悟の坐禅　原題「只管打坐」（『禅のすすめ――道元のことば』、日本放送出版協会、二〇〇三年三月、第7章）に加筆。

第三項　非思量の坐禅（書き下ろし）

第四項　坐禅に関する諸問題　原題「道元禅師と坐禅（一）」（『宗学研究』第三四号、一九九二年三月）と原題「道元禅師と坐禅（二）」（『曹洞宗宗学研究所紀要』第五号、一九九二年三月）より抜粋加筆。

第二節　仏道修行の用心――『正法眼蔵随聞記』から　原題「道元禅師の修道論――特に『正法眼蔵随聞記』に見られる学道の用心について」（『駒澤短期大学仏教論集』第一〇号、二〇〇四年十月）に加筆。

第三節　積功累徳　原題「道元禅師の修行観――はるかなる仏道という視点」（『駒澤短期大学仏教論集』第六号、二〇〇〇年十月）に加筆。

第四節　成道観　原題「道元禅師の修行観――はるかなる仏道という視点」（『駒澤短期大学仏教論集』第六号、二〇〇〇年十月）より抜粋加筆。

第三章　世界観

第一節　須弥山世界観（書き下ろし）

第二節　現成公案　原題『正法眼蔵』「現成公案」巻冒頭の一節の解釈」（『印度学仏教学研究』第五六巻第一号、二〇〇七年十二月）

第三節　心

第一項　「心」の分類――特に慮知念覚心の捉え方　原題「『正法眼蔵』における心について」（『宗学研究』第二六号、一九八四年三月）に加筆。

第二項　牆壁瓦礫　原題「『正法眼蔵』における心について(二)」（『宗学研究』第二七号、一九八五年三月）に加筆。

第三項　秋山範二「存在の根拠としての心」批判　原題「『正法眼蔵』における心について（三）――秋山範二『道元の研究』における「存在の根拠としての心」について」（『駒沢大学大学院仏教学研究会年報』第一八号、一九八五年二月）

第四項　『正法眼蔵』における心　原題「道元禅における心解釈考」（『駒澤大学仏教学部論集』第一六号、一九八五年十月）より抜粋加筆。

第五項　発菩提心　原題「道元禅における心解釈考」（『駒澤大学仏教学部論集』第一六号、一九八五年十月）より抜粋加筆。

第六項　三界唯心　原題「道元禅における心解釈考」（『駒澤大学仏教学部論集』第一六号、一九八五年十月）より抜粋加筆。

第四節　夢中説夢　原題「夢中説夢」（『禅のすすめ——道元のことば』、日本放送出版協会、二〇〇三年三月、第15章）に加筆。

第四章　時間論　原題「道元禅師の時間論——『正法眼蔵』「有時」を中心にして」（『駒澤短期大学仏教論集』第七号、二〇〇一年十月）と原題「道元禅師の時間論研究」（『駒澤大学仏教論集』第八号、二〇〇二年十月）を合糅加筆

第五章　因果論　原題「道元禅師の因果論——因果歴然と因果超越」（『駒澤短期大学仏教論集』第一二号、一九九六年十月）に加筆。

第六章　仏性論

第一節　仏性論の受容　原題「道元禅師の仏性観」（『宗学研究』第四三号、二〇〇一年三月）より抜粋加筆。

第二節　悉有仏性（書き下ろし）

第三節　従来の仏性論批判　原題「道元禅師の仏性観」（『宗学研究』第四三号、二〇〇一年三月）より抜粋加筆。

第四節　身現仏性（書き下ろし）

第五節　仏性論の諸相　原題「道元禅師の仏性観」（『宗学研究』第四三号、二〇〇一年三月）より抜粋加筆。

第七章　身心一如説と輪廻説　原題「道元禅師における身心一如説と輪廻説」（『駒澤短期大学仏教論集』第三号、一九九七年十月）と原題「身心一如説と輪廻説　原題「道元禅師の思想的研究——身心一如説と輪廻説」（『印度学仏教学研究』第四六巻第一号、一九九七年十二月）より抜粋加筆。

第八章　言語表現

第一節　著作撰述の意図　原題「道元禅師の言語表現（序章）」（『駒澤短期大学佛教論集』第一号、一九九五年十月）より抜粋加筆。

第二節　道得　原題「道元禅師の言語表現（序章）」（『駒澤短期大学佛教論集』第一号、一九九五年十月）より抜粋加筆。

第三節　絶対同一　原題「道元禅師の言語表現——絶対同一」（『駒澤短期大学仏教論集』第二号、一九九六年十月）に加筆。

第四節　将錯就錯　原題「道元禅師の言語——将錯就錯について」（『宗学研究』第三八号、一九九六年三月）に加筆。

第九章　教化論（書き下ろし）

附論

第一章　道元禅師在宋中の動静について　原題「道元禅師在宋中のこと」（『田中良昭博士古稀記念論集・禅学研究の諸相』、大東出版社、二〇〇三年三月）

第二章　漢文宗典の訓読の問題等

第一節　『普勧坐禅儀』の読み方　原題「『普勧坐禅儀』の読み方」（『宗学研究』第四五号、二〇〇三年三月）

第二節　『学道用心集』の読み方　原題「『学道用心集』の読み方」（『宗学研究』第四二号、二〇〇〇年三月）

附説　『修証義』総序の「順現法受業」について　原題「宗典の読み方」（『宗学研究』第四七号、二〇〇五年三月）より抜粋。

第三章　道元禅師と現代

第一節　道元禅師と葬祭　原題「宗門と葬祭——道元禅師の教説と葬祭の接点」（『曹洞宗研究員研究紀要』第二三号、一九九二年九月）に加筆。

第二節　道元禅師と社会　原題「道元と現代社会」（奈良康明編著『道元の世界』、日本放送出版協会、二〇〇一年六月、所収）と「仏法と世法——道元禅の社会性」（奈良康明・東隆眞編著『道元の二十一世紀』、東京書籍、二〇〇一年六月）より抜粋加筆。

あとがき

思えば、道元禅師の研究を始めてから四十年が経つ。駒澤大学に入学し、難解な『正法眼蔵』に出会い、興味と研究心を抱いた私は、その後の学的関心を専ら道元禅師の思想研究に向けることとなった。

多くの檀家をもつ多忙な寺に生まれ育った私は、住職を務めていた師匠（以下、一般的に父という）を助け、いずれは後継者として寺を護っていくことが期待され、そのことが私の研究者としての道に常に立ちはだかっていた。大学院修士課程への進学、そして博士課程への進学、さらに曹洞宗宗学研究所への入所、おもいがけなく駒澤短期大学への奉職等、その節節において、私は苦渋の選択をしてきた。どの時点で研究者としての道を止めてもおかしくなかった。高校時代までは、勉強するということの意義を見出すことが出来なかった私が、勉強することの楽しさを知ったのは、仏教に出会ったお陰であると思う。父は、勉学のために私が寺を留守することに寛大であった。檀家の方々や近隣の一部の宗侶から、早く寺に戻り腰を落ち着けて檀務を補佐するようにとの声が年々高まっていくなかで、父はそれらに上手に対処してくれ、晩年は老躯にむち打って寺を護ってくれていたように思う。もちろん私も、いくつもの人生の分かれ道において、真剣に両親と向き合い、熱意をもって懇願した、「もっと仏教や道元禅師の教えを勉強したい」と。

父は戦時にあって大学を二年で終えて学徒出陣、本来なら寺を継ぐべき伯父が二十三歳にしてフィリピンのルソン島で戦死したため、終戦後、叢林での修行も短期間で終え、寺に戻って祖父を助け、二十九歳の時、住職になった。

自身は充分な修学・修行も出来なかった父は、その分、私に対しては、修学や修行を思う存分させたいという思いがあったようである。父の理解がなかったら私はとっくに研究から離れて寺に帰り檀務に専念していたであろうし、本書を世に出すこともなかったはずである。

私が、駒澤大学に入学したことは、同大学で学んだ父と伯父の導きである。私は小さい頃から戦死した伯父によく似ていると祖母から言われて育てられた。伯父は駒澤大学で水野弘元先生についてパーリ語を学び、パーリ語の辞書の作成を聊か手伝ったと聞いていたため、入学した頃の私の関心はパーリ語や原始仏教に向いており、東元慶喜先生の授業を履修したり、親友の中野天心師とともに時宗遊行寺塔頭小栗堂でのパーリ語講習会に参加したりもした。

結局、私はその後、道元禅師に惹かれていくが、それは恩師、酒井得元先生との出会いがあったからである。私が住職する寺には、よく澤木興道老師が地元での眼蔵会の折に訪れていた。私も幼児の頃、老師に抱っこしてもらったこともあるというが覚えてはいない。駒澤大学に入学したとき父は「澤木老師はとてつもなく偉大な禅僧であった。その老師が最も認めておられた弟子が酒井先生だが、おまえはきっと酒井先生について学ぶことになるだろう」と言った。果たして私は、駒澤大学に入学して竹友寮に入寮し、寮長を務められていた酒井先生に出会うことになったのである。

私は大学に入る前までは、仏教とは強いて信仰するものであると思っていたが、大学で仏教を学び、三法印にしても縁起にしても四諦説にしても中道にしても、まさに真理であり事実であると納得し、それまでの仏教に対する思いは一変し、仏教はあたりまえの教えであり、解りやすいとさえ感じた。このような教えであるならば、その知識を自信を持って他者に語ることができると、勉強意欲も湧いた。その頃、私は、寺に生まれ育ったからには僧侶になり寺を継がなければならない、という従前の思いを改め、自らの意志で、僧侶としての道を歩もうと、心を定めたように思う。

最初のうちは、仏教は解りやすい、と感じていたが、勉強するにつれ、仏教は次第に難しくなった。特に『正法眼蔵』は殆ど理解できなかった。酒井先生の『正法眼蔵』の授業は痛快でおもしろかったが、『正法眼蔵』そのものはよく解らなかった。堅物の私は時折、授業の後で酒井先生に質問をした（今思えばまことに畏れ多い）が、「おまえらに解ってたまるか」「解らんでいい」とよく言われたものである。履修とか単位とかは関係なく、酒井先生の授業は他の授業と重ならなければ、すべて聴講した。そんな私を酒井先生も可愛がってくれた。大学院進学も、永平寺への安居も、宗学研究所への入所も、すべて酒井先生のお導きである。いや鶴の一声であった。酒井先生の勧めならと、父も認めざるを得なかったのかもしれない。

卒業論文の指導教授、新井（石附）勝龍先生は私を宗学への道に導いて下さった恩師である。確か二年次の授業で先生は、私のレポートを皆の前で名を挙げて褒めて下さった。私は先生に評価されて、その後、能力以上の力を発揮したのではないかと思う。私は卒論の作成にあたって、先生の迷惑も顧みず、頻繁に先生の研究室を訪ね、疑問をぶつけた。先生はいつも何時間も時間を割いて懇切丁寧に宗学を教示して下さった。

宗学者としての恩師に、鏡島元隆先生がおられる。石井清純先生はじめ私の世代の道元禅師研究者はみな大学院時代、鏡島先生の『永平広録』ゼミで揉まれてきた。鏡島先生の研究方法論には皆な大きな影響を受けていると思う。『永平広録』の出典調べや現代語訳の資料作りは辛かったが、あのときの苦労が現在の研究の礎になっていることは間違いない。鏡島先生は、たとえそれが学生の未熟な見解でも、真剣に向き合ってくださったし、若輩の説でも取り上げるべきは取り上げてくださった。鏡島先生より、どれだけ、やる気と自信を与えられたかわからない。

とかく専門的・閉鎖的な研究に向かいがちなこの分野の私を、広く社会へ向けさせてくれたのが奈良康明先生である。さほど能力があるわけではない私が、種々の書籍や冊子に原稿を載せさせていただいたり、光栄にも若くしてＮＨＫのラジオ講座「こころをよむ」や教育テレビ「こころの時代」に出演できたのも、奈良先生のご推薦によるものと思う。私のこれまでの人生が、私にとって実力以上の、出来過ぎの人生であるのは奈良先生のお陰である。

私が常に模範とする二人の先生がおられる。小坂機融先生と河村孝道先生である。小坂先生は、私が初めて坐禅の授業の補佐を担当したときの堂頭の先生であり、まさに行解相応の小坂先生より薫陶を受けることができたことは幸いであった。二〇〇五年十一月に勤修した自坊での晋山結制法要には、請うて西堂をお願いした。今後も、先生が、私の人生の亀鑑となることは間違いない。

河村先生には研究に関するご指導をいただいたのはもちろんのこと、若輩の頃から、道元禅師や永平寺や宗門に関わるいろいろな事業や重要な会議に加わらせていただき、実に多くのことを学ばせていただいた。永年その後ろ姿を拝するなかで、河村先生の生き方がいかに道元禅師の教えを根底にもつものであるか、ことに『正法眼蔵』「行持」巻を拝読するとき、しみじみと観ぜられる。『正法眼蔵』を参究し、講ずる者として、かく生きたいと願うものである。

学位請求論文の副査をつとめてくださった石井修道先生の「本証妙修」に関する講義は、いまでも覚えている。禅学科三年の時であったろうか、体調を崩して休養された伊藤俊彦先生の代講として石井先生の授業を受けた。若き日の石井先生の熱意ある論理的な授業は非常に印象的であった。先生は後に『宋代禅宗史の研究――中国曹洞宗と道元禅』（大東出版社、一九八七年十月）および『道元禅の成立史的研究』（大蔵出版、一九九一年十一月）を上梓されたが、道元禅師の思想的研究に関わる不朽の大著である。

学位請求論文の主査をつとめてくださった伊藤秀憲先生は道元禅師研究者としての私の恩師である。大学院の指導教員は酒井先生であったが、実質的には伊藤先生よりご指導いただいた。後に「宗祖無謬説」を打ち出す極めて信仰的な私が、本書のごとき少しばかり学術的な研究が出来るようになったのは伊藤先生のお陰である。伊藤先生の『正法眼蔵聞書抄』の現代語訳のゼミは非常に綿密で、その内容といい方法論といい、道元禅師の思想的研究への開眼を促してくれたように思う。『道元禅研究』（大蔵出版、一九九八年十二月）に見られる幾多の新たな成果は、私が常に羨望し、目指してきたものである。

顧みれば、十年前、愛知学院大学の伊藤先生より研究成果をまとめて学位請求論文として提出するよう御鞭撻をいただき、同大学に留学してその実現を期したが、時を同じくして師匠が遷化し、断念を余儀なくされた。その後も再三、伊藤先生よりお励ましいただき、少しずつ進めるも、完璧を望めば、いつまでも実現は難しく、ここに、とにかくこれまでの研究をまとめて審査をお願いすることにし、二〇一二年夏、愛知学院大学に学位請求論文を提出した。主査は愛知学院大学文学部宗教文化学科の伊藤秀憲教授、副査は当時同大学の学長で同学科の大野榮人教授と現在同大学の学長の佐藤悦成教授、そして駒澤大学仏教学部禅学科の石井修道教授である。尊敬する先生方に審査していただけたことは、まことに光栄なことであり、とりわけ、同年度をもって退職された、母校駒澤大学仏教学部の石井修道先生に副査に加わっていただけたことは有難かった。幸いに翌、二〇一三年二月十三日、愛知学院大学より博士（文学）の学位が授与された。感謝に堪えない。

本書は、この博士論文を一部改めて出版したものであるが、御多端のなか審査いただいた先生方、自らの研究の時間を割いて校正・索引の作成をしていただいた秋津秀彰氏はじめ、校正をお願いした大学院生、特に学位請求論文提出時より本書の出版に至るまで微に入り細にわたり校正等助援いただいた西澤まゆみ氏、そして英文梗概を作成していただいたウカシュ・シュプナル（LUKASZ SZPUNAR）氏、その他の関係学生にも、心より感謝を申しあげたい。また、本書は平成二十六年度駒澤大学出版助成をうけて出版したものである。記して感謝したい。

とにかく、大学院や宗学研究所時代の先輩や後輩、駒澤短期大学時代の同僚の先生、駒澤大学仏教学部の先生方、大学院生、そして本書の校正・索引の作成等も手伝ってくれた長男角田隆真はじめ家族に支えられて、いま本書が世に出せるのであろうと思う。どれだけの人のお陰かわからない。実に多くの人に恵まれた。私がお世話になった多くの人のように、今後、私も後学のために力を尽くしていきたいと思う。

末筆ながら、本書の出版に際し、春秋社の神田明会長、澤畑吉和社長、編集部の佐藤清靖氏、豊嶋悠吾氏、ほかの皆様のご尽力に感謝申しあげるものである。

二〇一四年十一月吉日

角田　泰隆　識

Studies In Dōgen Zenji's Thought

by
Tairyū Tsunoda
Professor of Komazawa University

SHUNJU-SHA
TOKYO
2015

The title of this study is "Studies In Dōgen Zenji's Thought". I decided to use the honorific title of "Zenji" in order to express my utmost respect for Dōgen, the founder of the Sōtō Zen Sect in Japan. As the study focuses on Dōgen Zenji's thought I named it "Studies in Dōgen Zenji's Thought". In his teaching Dōgen Zenji always stressed the fact that the doctrine he preached is "the Truly Transmitted Buddha-dharma". Therefore, from this point of view, it is difficult to talk about "thought" as such but, as I explained in the introductory part, "About The Research Theory Of Religion", this study does not try to approach Dōgen Zenji's doctrine in terms of "study-practice" but as "research". Therefore the title is "Studies In Dōgen Zenji's Thought". Furthermore, Dōgen Zenji's teaching was preached in the environment of zen monasteries and first of all concerns zen monks, so religious practice is the premise. In other words, for Dōgen Zenji a religious practice was an indispensable part of understanding and fully realizing the meaning of his teaching, so I would like to emphasize that it is virtually impossible to grasp the truth of Dōgen Zenji's doctrine without an active involvement in religious practice. This study was carried out while being aware of this fact.

In the introduction I presented my research theory of religion and discussed the place of Dōgen Zenji in the history of Buddhism. The Buddhist history discussed herein does not go beyond the scope of traditional understanding captured by religious studies so far and does not intend to objectify historical facts. It is, rather, guessing through the writings of Dōgen Zenji how he himself understood the history of Buddhism and how he established his own position within it. When studying the thought of Dōgen Zenji, rather than treating the history of Buddhism in terms of historical facts, it is more important to elucidate how he himself understood that Buddhist history. The Buddhist lineage which Dōgen Zenji inherited started with Shakyamuni Buddha and passed through Mahayana Buddhist development and twenty eight patriarchs in India to Bodhidharma, the 1st Chinese patriarch, and then

continued through the 2nd patriarch Huike, the 3rd patriarch Sencgan, the 4th patriarch Daoxin, the 5th patriarch Hongren and the 6th patriarch Huineng. Among Hongren's students the most prominent were Huineng and Shenxi. The first one was connected with the so called Southern School while the latter with the so called Northern School. Dōgen Zenji belonged to the Southern School. In the Southern School, among Huineng's students, the most known were Nanyue Huairang and Qingyuan Xingsi. Among Nanyue's students there was Mazu Daoyi and under Qingyuan there was Shitou Xiqian. These two were the progenitors of the so called Five Schools of Zen - the Guiyang school, the Linji school, the Caodong school, the Yunmen school and the Fayan school. Then, within the Linji tradition, there were Huanglong branch and the Yangqi branch. These are called the "Five Houses". As Tiantong Rujing, Dōgen Zenji's teacher belonged to the Caodong School, Dōgen Zenji also followed this tradition. Among these five schools during the Song Dynasty in China, the strongest were the Caodong and the Linji schools, especially the latter. Whether it is Caodong or Linji, and as Dōgen Zenji himself writes in *Bendōwa* (Discourse On The Wholehearted Practice Of The Way): "*even though these houses differ, they are still the One Seal of the Buddha Mind*". During the Song Dynasty there were visible differences among these two traditions - Dahui Zonggao's *kanhua chan* ("kōan introspection" zen) and Hongzhi Zhengjue's *mozhao chan* ("silent illumination" zen). In the case of the *kanhua* approach, meditators used *gong'ans* (kōans) as a tool to reach the state of Enlightenment, while the followers of *monzhao chan* rejected the use of *gong'ans* and emphasized silent sitting meditation. Although Hongzhi's name is not among the patriarchs of the genealogy which Dōgen Zenji inherited it is understood that Dōgen Zenji's school belongs to Hongzhi's tradition of silent illumination zen. Rujing himself was not inclined to label his Dharma Law as Linji or Caodong and thus created his own individual style of teaching which heavily influenced Dōgen Zenji. Within such a

Buddhist tradition Dōgen Zenji's thought was developed (Please note that the present study does not discuss the influence of the Japanese Tendai sect on Dōgen Zenji when he was a young training monk on Mount Hiei).

In the introductory part of the study I examined the formation of the four versions of the *Shōbōgenzō* (*Treasury of the True Dharma Eye*) - the 75-fascicle, 60-fascicle, 12-fascicle, and 28-fascicle editions - which is the main focus of the study of Dōgen Zenji's thought in this research. According to my theory these developed as follows. Around the second year of Kangen Era (1244), not long after moving to Echizen, Dōgen Zenji began to revise all his sermons written so far under the collective name of *Shōbōgenzō.* This was later were to become the 60-fascicle edition (I call it the "old 60-fascicle edition"). At the same time, however, he started the revision of *Shōbōgenzō* with *Shukke kudoku* (Merits Of The Monastic's Life) as the first chapter followed by *Jukai* (Receiving The Precepts) and *Kesa kudoku* (Merits Of The Monastic's Robe) thus defining his process of thought. Rearranging the previous 60-fascicle edition he chose *Shukke kudoku* as the opening fascicle for this *shinsō* ("new draft") version of *Shōbōgenzō*. While revising previously written chapters, at the same time he started re-editing the compiled *Shōbōgenzō* with *Genjōkōan* (The Kōan Realized In Life) as the first chapter. Later in life, Dōgen Zenji again began a process of revision with the intention of assimilating the two versions into a single form of 100-fascicles, but he fell ill and died without completing his task.

After his death, Ejō Kōun came into possession of all the fascicles originally written by Dōgen Zenji. Ejō arranged them into a *shinsō* edition of *Shōbōgenzō* until the twelfth chapter *Ippyaku hachi hōmyōmon* (One Hundred And Eight Teachings) when he received in his possession an unfinished edition of *Shōbōgenzō* with *Genjōkōan* as the opening fascicle. Then, Ejō put *Hachi dainingaku* (The Eight Awarenesses Of A Great Person) - the last fascicle written by Dōgen

Zenji before he died - as the 12th chapter of *shinsō Shōbōgenzō*. Thus in the 7th year of Kenchō Era (1255), during the summer retreat, Ejō and Giun (the 5th abbot of Eiheiji) completed the 12-fascicle *Shōbōgenzō*. Later, while working with Senne and Gi'en on a compilation of *Eihei Kōroku* (*Extensive Record Of Master Eihei*) Ejō copied and rearranged other fascicles. Ejō always worked with the version of *Shōbōgenzō* that Dōgen Zenji never managed to finish, that is, starting with *Genjōkōan* as the first chapter.

With the intention of finishing the edition started by his master, Ejō arranged chronologically all the remaining fascicles (*jishū* sermons), thus completing the compilation of the 75-fascicle edition of *Shōbōgenzō*. In this 75-fascicle edition of *Shōbōgenzō* there is only Dōgen Zenji's postscript with no mention of it being a copy made by Ejō, etc. Apart from the *Shōbōgenzō* written by Dōgen Zenji himself, Ejō also possessed more than 50 other fascicles that he copied while his master was still alive. When Ejō was old he revised the 60-fascicle edition of *Shōbōgenzō* previously edited by Dōgen Zenji himself (I call it "the new 60-fascicle" edition), but it was based on Ejō's copied text (which is why there is his postscript written at the end). This "new 60-fascicle" *Shōbōgenzō* was the one which Dōgen Zenji edited himself. Ejō left only the 75-fascicle version which he himself edited extensively but he could not waste the 60-fascicle *Shōbōgenzō*. Later, this 60-fascicle version was entrusted to Eiheiji but, when it was found there were missing chapters, the temple tried to complete it. Eventually, the 28-fascicle version was compiled and it is also known as the the *Himitsu* (or Secret) *Shōbōgenzō*.

So this is how I have understood the development of the four versions of *Shōbōgenzō*. Although there are parts which cannot be proved, from the overall point of view this is how I have estimated it. Hopefully, the study of the construction and development of *Shōbōgenzō* will continue and newly discovered materials will shed a new light on the understanding of the issue.

Now, in the main part of my study, I will discuss the core of Dōgen Zenji's thought. I believe that the answer to the doubts that accompanied Dōgen Zenji when he was practicing and studying on Mount Hiei was of utmost importance. In fact, it would not be an exaggeration to say that Dōgen Zenji's doctrine and pure standards discussed in this study were derived from the answer to these doubts. For Dōgen Zenji the practice of zazen was of utmost importance but, at the same time, he emphasized the relevance of each and every activity one performs in daily life that is :the way one behaves, the way one eats, the way one washes their face, etc. All of these were given his closest attention and were described in minute detail. Dōgen Zenji's emphasis of these practices was the result of overcoming his long lasting doubt he encountered when he was training at the Mount Hiei: "all sentient beings originally within themselves the mind of the Buddha, naturally they have the same Body as the Buddha. Both in exoteric and esoteric teachings, on Mount Hiei everyone follows this Truth. Yet, there is one essential question to be asked - if all sentient beings originally possess the same mind and body as the Buddha, if they are already Buddhas, would one need to awaken within oneself the Bodhi-mind and engage in practice in order to attain Enlightenment?". I closely examined the terms *reidanjichi* ("we cannot know whether water is cool or warm unless we taste it with our tongue"; "knowledge acquired only by one's self") and *kenmonkakuchi* ("seeing, hearing, cognition, and knowing") in the context of supporting Tendai doctrine of the original enlightenment and on this basis I showed the intimate relation between the necessity of negating absolute affirmation of these terms as the expression of *hongaku shisō* doctrine and the importance of *shikantaza* or practicing the buddhas' conduct.

In the first chapter "On Practice-Realization" one of Dōgen Zenji's most important points of doctrine concerning religious practice and realization, that is *shushō ittō* (the oneness of practice-realization) and

honshō myōshu (original realization and marvelous practice), are discussed. It is clear that *shusho ittō* belonged to Dōgen Zenji's theory but, in the case of *honshō myōshu,* there is some doubt. Both terms "original realization" as well as "marvelous practice" can be found in *Bendōwa* as well as the *Genjōkōan*. *Honshō myōshu* also can be proved to be one of the terms characteristic of Dōgen Zenji's approach to religious practice and realization. However, if we are to speak about the state of "original realization" occurring before the awakening of one's mind (i.e. becoming a monk) it would be inconsistent with other views concerning Dōgen Zenji's approach to the oneness of practice and realization theory. That is why the term "original realization" can be very misleading. It refers to the state of things before entering the path of Buddhist practice and, in my view, it is a very inappropriate term to express Dōgen Zenji's view on practice-realization. Furthermore, there are opinions among scholars that the term *shinjin datsuraku* (dropping off body and mind) is a complete fabrication. I discussed the problem of *shinjin datsuraku* from the point-of-view of time (when Dōgen was said to receive the teaching from Rujing) and of definition (what Rujing meant). As far as time is concerned, both Ito Shungen as well as Kagamishima Genryu claim that the Face-to-Face Transmission and *shinjin datsuraku* happened at different times. I concluded that it was the 3rd year of Hōkei Era (1227)(or a year before) when Dōgen Zenji received the teaching transmission from Rujing. Concerning the definition of *shinjin datsuraku*, although it is not easy to find the definite answer in the source materials, it is apparent that Dōgen Zenji himself claimed that the way of zazen he learned from his Chinese master was "nothing else but dropping off body and mind". In my view, truly believing in that and wholeheartedly devoting all himself to the practice of zazen, Dōgen Zenji's belief strengthened even more and he realized the profound meaning of the truth that "zazen is the Truly Transmitted Law of the Buddhas. Zazen itself is dropping off body and mind". Furthermore, I discussed the issue of two theories

concerning the transmission of the Buddha's Law to Mahākāśyapa in the context of Dōgen Zenji's view on practice-realization. One of the theories concerning the transmission of Dharma states that Mahākāśyapa received the Treasury of the True Dharma Eye at a tower (a stupa) called Bahuputraka whilst the other theory claims that it was at the Grdhrakuta Mountain where the Law was transmitted. While Rujing and Keizan seemed to incline towards "A Bahuputraka Theory" it is thought that Dōgen Zenji inclined towards "A Grdhrakuta Theory". However, when studying Dōgen Zenji's thought it is clear that he also inclined towards "A Bahuputraka Theory". I concluded that there are no differences between the three masters' stances and they represent the same point of view in their ideology. Such a stance has its basis in Dōgen Zenji's *shushō ittō,* approach. Concerning Dōgen Zenji's theory of practice-realization and in trying to define the term "original realization" I discussed the nuances between the terms *satoru*（覚；悟）and *shō*（証）and the way these are related to *shushō ittō.*

In the second chapter "On The Path Of Practice" I discussed the aspects of Dōgen Zenji's approach to religious practice. First of all, I discussed the problem of *shikantaza*, Dōgen Zenji's well-known way of practicing. I discussed the meaning of the term *shikan*（只管）and proved that according to Dōgen Zenji zazen is the highest practice and it is necessary to practice it without seeking any reward, even that of reaching enlightenment. The term *shikan*（只管）or（祗管）, which Dōgen Zenji respected very much, seems to be related to Tamei Fachang's saying *shikan sokushin zebutsu* (Your Very Mind is Buddha), which, in my view, is an interesting point for further interpretation. Furthermore, with regard to Dōgen Zenji's view of practice I referred to the text of *Shōbōgenzō zuimonki* and examined his advice on studying the Way. I showed that the most important points in Dōgen Zenji's approach to Buddhist practice were throwing away one's ego, dropping off body and mind, leaving everything to Buddha-dharma, following an authentic spiritual teacher, taking and maintaining the precepts, as well

as maintaining the correct conduct. Furthermore, for Dōgen Zenji, practice was not only limited to the present time, but stretched in time and space and was a way of accumulating inexhaustible merits. For Dōgen Zenji the purpose of religious practice was to achieve supreme enlightenment, exactly as Shakyamuni Buddha achieved it. To accomplish that, according to Dōgen Zenji's approach to religious practice, a Buddhist practitioner first must find an authentic teacher, one who has experienced the "dropping off of body and mind", and under whose guidance he himself will manage to experience the same state and resolve the great matter of life and death. Later, devoting oneself to the correct practice of Buddha-dharma and accumulating its virtues (*shushō ittō*), at last the practitioner will reach the state of ultimate Attainment (the same as Shakyamuni Buddha achieved himself) thus becoming the perfect Buddha.

In the third chapter "On The Universe", I discussed the way that Dōgen Zenji perceived the universe within the context of prevalent Buddhist beliefs at that time. According to ancient Indian cosmology, the universe is vast and interconnected with Mount Sumeru as its center (Mount Sumeru was believed to be located in the north with human beings living on the southern continent (skt. *Jambudvīpa*). However, for Dōgen Zenji, the existence of the universe with its multiple world systems was not about being small or vast. His viewpoint, as he presented it in *Genjōkōan* or *Muchū setsumu* (Expounding A Dream Within A Dream), was based on the present moment only, that the true manifestation of the universe occurs here and now. Human beings live within the world enclosed in their own scope of awareness and learn about the multitude of other worlds existing beyond their awareness capability, but Dōgen Zenji emphasized the importance of living wholeheartedly within the present, the only existing moment and, on that basis, practicing Buddha-dharma. This was Dōgen Zenji's perception of life and the world he was living in.

In the fourth chapter "On Time" I presented Dōgen Zenji's view on

time and thus divided the chapter into four parts: esixtence-time, passage of time, moment-to-moment manifestation and disappearance and, lastly, "I" as being-time. First of all, I discussed the way that Dōgen Zenji perceived the oneness of "being" and "time", quoting a well-known passage from the chapter *Existence-Time* - "time is already being and every being is time". I mentioned two theories concerning the relationship between existence and time: the first gives priority to existence over time; the second gives existence and time absolute equivalence. For Dōgen Zenji time is not something separate from existence; existence as such *is* time. Furthermore, as far as discussing Dōgen Zenji's view on time I also touched upon the problem of how time passes, the negation of past and future as well as the equivalence of "I" to being-time proving that time, existence, "I" and religious practice are not separate in Dōgen Zenji's view. Of all Dōgen Zenji's thought, it is his theory of time and the universe (existence) that is the most difficult to comprehend. The comprehensive presentation of this theory goes far beyond the scope of this study so my aim has been to outline the problem and present this difficult material in a relatively easy way. Life is all about the continuous manifestation of present moments, of the 'here and now'. Thus, the nature of life is momentary, and each one of us as nothing else to do but live each moment wholeheartedly. Dōgen Zenji's *Existence-Time* is, therefore, a means to living one's life according to Buddha-dharma.

In the fifth chapter I discussed Dōgen Zenji's theory of causality and and the problem he saw therein; that causality can be understood both in terms of relative truth (the inevitability of cause and effect) and in terms of absolute truth (the cycle of cause and effect can be transcended). There are scholars who claim that with increasing years Dōgen Zenji became more aware of the problems of causality and karma and he changed his view on these, but I disagree with that. As far as the interpretation of "Hyakujō's Fox" kōan and the problem of "being subject to cause and effect or not" in the *Dai shugyō* (Great

Practice) chapter as well as in the *Jinshin Inga* (Deep Faith In Causation) chapter there is an obvious difference. If we take it that the *Dai shugyō* chapter was written before the *Jinshin Inga* fascicle, the interpretation of "not being subject to cause and effect" which occurs in the "Hyakujō's Fox" kōan would be "surely the denial of causality" (it is worth noting that this is a different interpretation of the problem of "being subject to cause and effect or not" from "Hyakujō's Fox" kōan and not a change in his way of thinking concerning causality as such).

In the sixth chapter, "On Buddha-nature", I discussed Dōgen Zenji's analysis of Buddha-nature and his own unique interpretation of a fragment taken from the *Mahāparinirvāṇa Sūtra* where "*issai no shujō wa kotogotoku busshō wo yūsu*" is translated as "all sentient beings without exception posses Buddha-nature". However, Dōgen Zenji reads the same sentence as "*issai shujō shitsuu busshō*" which means "all sentient beings (i.e. all in existence) are Buddha-nature". Furthermore, I tried to clarify the opinions that claim that Dōgen Zenji's view of Buddha-nature is incorrect and I endeavored to reconstruct Dōgen Zenji's Buddha-nature theory. I paid particular attention to the issue of "manifesting the body" which is illustrated in Nāgārjuna's "manifesting the characteristics of a body that of a full moon" story, and showed that for Dōgen Zenji Buddha-nature is constantly manifesting itself. Furthermore, there is no clearer expression of the Buddha-nature than the one that manifests itself during the practice of zazen; zazen itself is the true manifestation of Buddha-nature. Also, concerning Dōgen Zenji's theory of Buddha-nature, I mentioned Matsumoto Shirō's idea of the Buddha-nature-manifesting-itself-in-practice-theory (later called Buddha-nature-existing-in-practice-theory). Matsumoto Shirō claims that "For Dōgen Zenji Buddha-nature is not something immanent but rather exoteric, existential in nature," and on this premise he built his theory concerning the manifestation of Buddha-nature during the practice of zazen. Ito Shūken's view (with which I agree) states that "it is not that Buddha-nature already exists but, rather, it comes into

existence within our original self due to practice". This is the way Dōgen Zenji perceived Buddha-nature. For him it was not something inherent within sentient beings. Instead, it manifested itself and actualized during practice. It was the nature of reality and all Being.

In the seventh chapter "On The Unity Of Body-Mind And Rebirth" I proved that Dōgen Zenji while saying about the unity of body and mind theory did not have in mind emphasizing the theory of *anātman.* The reason why Dōgen Zenji taught about the unity of body and mind was to show his critical stance towards the argument that religious practice is useless. Following the logical argumentation he took, it meant criticism against the theory which claimed that the mind is eternal and the body perishes after death. It meant that the soul is nothing else but Buddha-nature and understanding this truth one achieves great liberation, i.e. enters the realm of the Buddha. In other words, religious practice is needless. That is what Dōgen Zenji wanted to criticize emphasizing the unity of mind and body. He was against the theory of the existence of the original, perfect nature whose existence itself does not necessitate practice on the level of the physical body. It was not about denying the existence of "the subject which undergoes reincarnation" but, rather, denying the theory which presupposed the existence of "the subject which undergoes reincarnation" being originally absolutely perfect. For Dōgen Zenji "the subject which undergoes reincarnation" was an entity which evolves due to the accumulation of merits during practice. In other words, the unity of body and mind means that our physical actions (i.e. practice; of course, it includes verbal and mental karma as well) have intimate relationship with "the subject which undergoes reincarnation". For this reason, Dōgen Zenji argued for the necessity of religious practice and the accumulation of merits in the context of rebirth. He did not see any inconsistency between the unity of body and mind theory and the rebirth theory. On the contrary, these two heavily relied on one another.

In the eighth chapter I discussed Dōgen Zenji's written expressions. I inferred that Dōgen Zenji left so many writings so that future generations, with no direct contact with his teaching activity, could practice and study the Way. It exemplified his dynamic view of *langua-* body; it showed potential of expression and expressibility (*dōtoku)* of the Way. I introduced few of the unique creative expressions which characterized Dōgen Zenji's attempt to deliver True Buddha-dharma in words, especially expressions trying to provide the meaning of complete oneness of one thing with the other (*zettai dōitsu*). As one of the examples of Dōgen Zenji's distinctive word expressions I chose *shōshaku jushaku* which usually is interpreted as "to succeed wrong with wrong" but for Dōgen Zenji this "one continuous mistake" means "to be completely fooled by zazen" or "to be impeded by zazen". In other words, "to devote oneself thoroughly to the practice of zazen". For this reason, the term *shōshaku jushaku* is not merely an ordinary expression but it embraces within its meaning of "This very mind is the Buddha" and *shikantaza* which were of utmost importance for Dōgen Zenji.

In the ninth chapter I discussed Dōgen Zenji's Theory Of Teaching. Dōgen Zenji in *Bendōwa* says: "*Later, at the beginning of Shaoding era of the Great Song I returned to my native land with the intention of spreading the Law and saving all living beings. It seemed as if I were shouldering a heavy load*". This wish of "spreading the Law and saving all living beings was the driving force of his missionary work. But then Dōgen Zenji says: "*I endeavor to write down all the regulations and customs that I saw in zen monasteries of the Great Song as well as profound teachings I have received directly from my good companions and leaving them to those who practice and study the Way, teach them the True Law of Buddha's disciples. This is the authentic and profound teaching*". So, rather than setting off on the missionary work, he chose the attempt to write down the True teaching of the buddhas "leaving them to those who practice and study the Way". This endeavor was

Dōgen Zenji's lifelong mission. However, instead of secluding himself away in a mountain temple dedicating his life to his literary work he maintained, as much as possible, an active relationship with lay followers and those interested in his teaching. Furthermore, concerning Dōgen Zenji's missionary activity, I introduced *Shishōbō* (Four Virtues Of The Bodhisattva) chapter in which he explains the four necessary ways when teaching others. Among these are generosity, loving speech, beneficial actions and identity-actions. The chapter reveals the uniqueness of Dōgen Zenji's approach to Buddhist practice. I also stressed the importance of cultivating the mind of a bodhisattva: that is, the willingness to save all other beings before saving oneself. This is the fundamental approach to any beneficial action. In awakening to such an approach, each and every action naturally becomes beneficial to all other beings. At the same time, such a mind brings immeasurable benefits for the Buddhist practitioner himself. According to Dōgen Zenji this is the truest way of saving others.

The present study is divided into nine parts - On Practice-Realization, On The Path Of Practice, On The Universe, On Time, On Causality, On Buddha-nature, On The Unity Of Body-Mind And Rebirth, On Word Expressions, and On Teaching. In fact, all of these chapters are closely related and it is difficult to discuss them separately. It may be said that each of these chapters contains all of the others. Furthermore, underlying all the chapters is a directive towards religious training. The present character of the study, however, did not allow to discuss such topics like "belief", "compassion and loving kindness", "wisdom" or "Dharma transmittion" in Dōgen Zenji's thought. These are problems left for the future research. Therefore, even if the title of the paper is "Studies In Dōgen Zenji's Thought" I realize that I could not discuss all of the problems or issues in his writings . Furthermore, it is undeniable that the present study is conducted within the understanding of the Sōtō School of Zen. For example, as far as the view on practice-realization, I haven't even discussed the Tendai sect's doctrine of

original enlightenment in detail. Also, there are other studies by researchers who are not the Sōtō School scholars, e.g. *Dōgen to Tendai hongaku shisō* (Dōgen and Tendai sect's doctrine of original enlightenment) by Hanano Jūdō or Indian And Buddhist Studies Treatise Database, etc. The study is incomplete when one omits these issues. There is also a lack of sufficient historical study of the era that Dōgen Zenji lived, its socio-political background, other prominent Buddhist *personae*, etc. The author of this paper is aware of these points. These are the issues to touch upon in the future. However, at the present time, although this study can be said to be inadequate, I have collected and organized my research results and I wished to present them as a *prima facie* look at Dōgen Zenji's thought. By presenting the fruits of my study in this way, I hope I can receive the necessary corrections of my errors and valuable suggestions which will serve as a starting point for further research. In this study, as a Supplementary Theory, I published the existing trends in Dōgen's research. Especially the third part, *Dōgen Zenji And Modern Times,* focuses on the problem of Dōgen Zenji and funerals as well as Dōgen Zenji and his relationship with the contemporary society. These problems are discussed from the point of view of modernity, society and religious community. It is my sincere wish to make Dōgen Zenji a little bit more connected to the modern society. I do not believe that the research of Buddhism (as a religious study) has to be social in character, but the researcher himself has to be sociable. He must not conduct research for the sake of research alone but, rather, should conduct research in order to contribute to the society in general. This is the approach I will deepen even more from now on in my critical studies.

索　引

1. 本索引は、本書中の人名・地名・寺名・書名・語句の索引である。尚、漢字の第一字目を五十音順に（同一漢字の場合はまとめて）配列し、書名には『　』を付した（「　」に入れたものもある）。カタカナは各項目の最後に入れた。
2. 『正法眼蔵』の巻については、『正法眼蔵』の項目にまとめ、〈　〉に入れて五十音順に配列した。
3. 言葉の次の（　）は括弧内の語も含むことを示し、→は参照を示す。

あ

阿育王山広利寺（阿育王山広利禅寺、阿育王寺）　233, 447, 598, 599, 604
阿難陀（阿難）　23, 28, 29, 197, 237
阿部正雄　395, 398
秋津秀彰　132, 637
秋月龍珉　232
秋山範二　326-331, 337-343, 351, 364, 365, 378, 382, 385, 398, 525, 526, 542, 543, 662
東隆眞　239, 279, 665
芦田玉仙　398
安心院蔵海→雑華蔵海
安居（夏安居、冬安居）　26, 27, 53, 54, 57, 59-61, 63-68, 82, 87-89, 91, 111, 122, 131, 157, 172, 175, 180, 181, 234, 447, 585, 599, 606, 612, 614, 615, 634
安然　438
安養院　656
畔上楳仙　634
粟谷良道　221
行者　414, 579
庵室　550, 658
アインシュタイン　407
アウグスチヌス　405
アビダルマ　399, 410

い

潙山霊祐　501, 514
伊藤慶道　597, 600, 610, 611
伊藤秀憲　67, 79, 80, 83, 85, 92, 93, 103, 126, 148, 164, 175, 178, 180, 181, 234, 235, 265, 272, 307, 321, 352, 418, 432, 445, 456-458, 537, 538, 590, 591, 597, 599, 600-602, 606, 608-615
伊藤俊彦　175, 228, 256, 587, 614
伊藤隆寿　539
以心伝心　8, 24, 25, 658
維那　415, 489
威儀　218, 261, 284, 286, 303, 305, 334, 515, 588
威儀作法　145, 147, 263, 266, 278, 286, 450, 492, 586, 657
育王山の典座　613
池田魯参　276, 278, 399
石井恭二　636
石井公成　404, 405
石井修道　48, 157, 164, 165, 167, 186, 222-224, 226, 231-234, 261-263, 267-269, 271, 275, 305, 307, 535, 538, 599, 603, 605, 606, 610, 612, 614

石井清純　256, 300, 301, 312, 390, 418, 432, 433, 552, 577
石川力山　539, 613
石島尚雄　399, 407
一生参学の大事　183, 206, 218-223, 226, 300, 303, 304, 588, 609
一生補処菩薩（一生所繋の菩薩）　97, 101
一心　328, 333, 336, 339, 340, 344, 345, 351, 354, 363, 438, 451, 462, 524, 526
一心一切法　326, 336, 344, 524, 525
今津洪嶽　425
入矢義高　185, 527
岩永正晴　364
因果　32, 95, 97, 99, 101, 230, 242, 296, 376, 408, 411-422, 427-430, 432, 475, 476, 482, 484, 488, 590
因果の隔絶性　389, 390
因果超越　412, 418-421, 429-431, 488, 489, 590, 663
因果同時（因果の同時）　419, 421, 429, 442, 476, 590
因果歴然（因果は歴然）　261, 271, 296, 411-413, 415, 417-424, 427-431, 484, 485, 488, 590, 629, 646, 663
インド　22, 23, 142, 274, 309, 320, 362, 409, 444, 464, 493, 539, 588
インド仏教　240, 276, 436, 459, 539

う

優婆毱多　29
優婆塞・優婆夷　552
上田閑照　275
雲関珠崇　52
雲巌曇晟　42, 158
雲居道膺　44, 46
『雲門広録』　256
雲門室中玄記　279
雲門宗　47, 48, 583
雲門（雲門文偃）　42, 54, 60, 103, 104, 106, 172

え

回向　243, 570, 640, 641
回向返照　276
江戸宗学　11
慧可（太祖慧可、二祖慧可）　24-27, 35, 46, 47, 171, 173, 190, 202, 331, 583
慧達禅人　60, 84, 550
慧能（曹渓、大鑑禅師、大鑑高祖、六祖慧能、六祖）　23-26, 36-42, 46, 47, 140, 153, 155, 167, 190, 201, 202, 231, 237, 252, 440, 442, 443, 447, 467, 468, 498-500, 518, 583
懐奘（懐弉、孤雲懐奘）　58-71, 73, 76, 77, 79-83, 85-92, 101, 104, 106, 108-115, 117, 120, 122, 123, 126-129, 131, 132, 149, 150, 176, 177, 225, 230, 240, 247, 279, 286, 412, 497, 534, 549, 552, 585, 648
衛藤即応　17-20, 22, 219, 234, 235, 540-542
『永平広録』（『永平道元和尚広録』）　89, 122, 145, 165, 166, 174, 193, 195, 216, 220, 221, 224, 240, 242-244, 248, 249, 265-267, 269, 300-302, 306, 307, 333, 344, 404, 418, 432, 433, 492, 531, 535, 545, 547, 550, 585, 618, 619, 635, 637, 641, 642, 648
『永平広録語彙索引』　221
『永平広録註解全書』　637
永平寺　51, 56-59, 61, 64-68, 70, 71, 81-85, 87, 89, 102, 109, 110, 112, 116, 117, 120, 123, 125, 126, 128, 131, 132, 135, 144, 150, 179, 242, 481, 552, 577, 578, 585, 586, 599, 619, 625, 637, 648, 651, 656, 657, 660
『永平寺三祖行業記』→『行業記』
永平寺本（本山版）　54, 67, 87, 106, 126, 637
『永平室中文書』→『御遺言記録』
栄西（千光法師）148, 541, 598, 606
叡山（比叡山）　135, 136, 140, 142, 144,

146, 150, 277, 286, 303, 541, 586
叡山専修院　147
叡山教学　146, 584
叡山仏教　149
越州（日本）　54, 56, 57, 59-64, 66, 68-71, 114, 163, 601
越前　72, 656
円頓　146
円因満果　419, 420, 429, 433
塩官斎安　440, 501, 529, 530, 535, 545
圜悟克勤（仏果禅師）　39
『圜悟心要』　218
『圜悟録』　400, 527

お

小川隆　248
尾崎正善　307, 537
大久保道舟　72, 80, 129, 221, 279, 389, 425, 456, 481, 611, 614, 627-629, 631, 632, 637
大谷哲夫　637
大塚忠秀　398, 406
大村豊隆　398
応受菩薩戒　96, 172
黄檗希運（黄檗）　381, 415, 489
黄檗宗　22
黄龍派　48, 584
丘宗潭　11, 15
岡島秀隆　384, 399
岡田宜法　634
岡本素光　18
奥野光賢　307

か

果位の修証　157, 201
果上（果上の仏証）　157, 201, 569
迦葉仏　28, 40, 94, 203, 300, 310, 415, 488
迦葉菩薩　568
迦那提婆　30, 31, 444-446
迦毘摩羅　30
伽耶舎多　31, 32, 335, 345, 517
伽藍　656, 657
掛錫　35, 601, 602, 604, 605, 612
掛搭　169-171, 173, 234, 238
峨山韶碩　10
『嘉泰普灯録』（普灯録）　196-198, 236
回禄捃拾説　80
戒観　230
戒儀　178, 604, 614
戒経　243, 640, 641
戒行　146, 236, 286, 303
戒律　146
戒律儀　284
戒臘　604
開示　207, 212, 221, 229, 462, 540, 576
開示悟入　218
開堂供養　115
解制　61, 67, 70, 84, 110, 111, 603, 604
鏡島元隆　20, 50, 126, 130, 157, 160, 161, 166, 167, 175, 221-223, 228, 230-232, 240, 243, 259, 272, 273, 417, 432, 488, 534, 535, 587, 597, 599, 600, 610, 611, 613, 614, 635
覚晏　177, 534
覚明（三光国師）　424, 425
『学道用心集』（『永平初祖学道用心集』）　151, 159, 202, 208, 229, 264, 266, 344, 355, 492, 560, 594, 617, 627, 632, 633, 664
『学道用心集聞解』　628
春日佑芳　544, 545
数江教一　398, 407
瞎道本光　9, 11, 14, 637
豁然大悟　163, 164, 184, 186, 611
金沢文庫　81, 636
金子宗元　315
金子白夢　20, 405
鎌倉　242
鎌倉期　10
鎌倉行化　241, 242
鎌倉下向（関東下向）　222, 241
鎌倉仏教　246
川田熊太郎　352

河村孝道　79, 80, 85, 102, 104, 115, 126-130, 136, 147, 148, 163, 181, 221, 240, 395, 398, 432, 576, 601, 602, 612
看話　207, 229, 231
看話禅　48-50, 231, 305, 540, 584
寒巌義尹　166
観世音菩薩　23
観音導利興聖宝林寺（観音導利院、興聖寺、山城、深草）　53-56, 59-64, 66, 68-70, 72, 112, 113, 176, 240, 552, 577, 656
観音霊場　598
眼睛（頂額眼睛、正法眼睛、衲僧眼睛）　26, 33, 41, 45, 290, 301, 360, 363, 376, 436, 437, 473, 475, 634
眼睛面目　169-171, 238
雁山　598, 599, 606
カント　405, 407

き

木村卯之　404, 405
『虚堂録』 218, 400
規矩　264, 267, 492
機関　512, 639
義雲　64-66, 79-86, 88, 109, 122, 124, 529, 530, 585
義演　63, 66, 67, 70, 82, 84, 88, 110, 122, 124, 585
義介　149, 150, 164, 174, 176, 177, 225, 297, 298, 552, 553
魏徴　560
戯女（戯女著袈裟）　94, 294, 478
吉峰寺（吉峯寺、吉峰精舎、吉峯精舎）　54, 56, 57, 59-64, 66, 68-71, 114, 577
岸澤惟安　9, 11, 15-17, 218, 555, 579, 635
京都　82, 124, 550, 552, 647
教学　49, 50, 135, 142, 146, 147, 400, 409, 438, 584
教家　7, 8, 37, 49, 150, 214, 350, 472, 513, 540
教外別伝　198, 326, 345, 364, 494, 539
教団（仏教教団）　556, 594, 639, 651
香厳智閑　188
経豪　9, 10, 11, 52
経典　12, 21, 157, 199, 292, 311, 313, 315, 477, 493-495, 527, 533, 539, 540, 592, 617, 634
『行業記』（『永平寺三祖行業記』） 135, 136, 147, 148, 163, 175, 180, 601-605, 609, 610
『行状記』（『三代尊行状記』、『元祖孤雲徹通三大尊行状記』） 135, 136, 148, 163, 164, 176, 177, 179, 180, 184, 216, 601-603, 605, 609, 610, 612
行持　28, 36, 42, 45, 145, 147, 264, 267, 306, 348, 349, 353, 394, 450, 492, 496, 537, 548, 586
『行持軌範』（『曹洞宗行持軌範』） 425
行持現成　395
行持道環　349, 354, 390, 393, 395
行持の而今　395
径山　525, 599, 602, 603, 605, 606, 612, 613
径山羅漢殿　602, 603, 605
径山万寿寺　598, 602
禁戒　294, 478, 479
金岡用兼　58, 83
金襴袈裟　194, 205
キリスト教　20, 316, 405, 406

く

『倶舎論』 384, 634
九旬安居（九旬坐夏）　26, 157
供養　94, 98, 100, 243, 265, 270, 271, 289, 473, 474, 480, 481, 537, 551, 555, 573, 574, 641-644, 646, 649
久我通親　647
久我通具→堀川通具
苦行　22, 274, 307
功夫　30, 39, 144, 159, 183, 202, 242, 247, 251, 264, 265, 357, 442, 443, 455, 456, 492, 536, 572, 609, 626
功夫坐禅（祇管打坐作功夫）　183, 264, 266, 492

拘那含牟尼仏　28, 300
拘留孫仏（拘楼孫仏）　27, 300
鳩摩羅多　32, 33, 99, 413, 414
空海　438
榑林皓堂　9, 12, 15, 81, 199, 201, 218, 237, 239, 326-329, 332, 337, 339, 341-343, 347, 363
郡司博道　613

け

仮字　234
仮字『正法眼蔵』　51, 127, 129
袈裟　26, 27, 29, 34, 40, 94, 96, 97, 172, 177, 194, 195, 197, 205, 294, 310, 477-479
華厳教学　438
外護　651, 656
外道（先尼外道、自然外道、天然外道、二乗外道、断見外道）　49, 96, 137-141, 143, 144, 146, 149, 150, 153, 178, 209, 233, 237, 239, 242, 243, 252, 265, 267-270, 288, 342, 345, 359, 441-443, 451, 453, 455-457, 459-463, 465-471, 474, 482-485, 503, 528, 529, 536, 537, 558, 565
偈頌　166, 244, 550, 648
景徳寺　178, 598, 600, 614
『景徳伝灯録』（『伝灯録』）　140, 149, 157, 196-199, 236, 255, 400, 413, 468, 530, 534, 535, 545
慶元府　24, 190, 202, 598, 604, 612
瑩山禅師（瑩山紹瑾、太祖常済大師）　6, 10, 181, 182, 190, 193-196, 198, 200, 201, 204-206, 228, 237, 239, 254, 260, 276, 424-428, 433, 434, 587, 615, 616, 618, 640, 658, 660
『瑩山禅』　206, 255, 636
『瑩山清規』　267, 492
圭峰宗密（宗密）　438
桂林寺〈徳島県〉　58
華厳　385, 539
『華厳経』　352
華厳教学　438
華厳宗　539
結夏　234
結制　55, 61, 612, 634
月舟宗胡　10, 125
月潭全龍（海蔵寺）　12
乾坤院　52, 53, 73, 76, 107, 117, 131, 612
見性　261, 275, 305, 538
見性成仏　364, 494, 539
建撕　222
『建撕記』（『永平開山道元禅師行状建撕記』『永平高祖行状建撕記』）　115, 116, 136, 147, 148, 163, 181, 221, 222, 240, 598, 601, 602, 610, 612
建仁寺　148, 598, 604, 656
顕密　147
顕密二教　136, 148
顕密両宗　136, 586
源亜相　243, 265, 641, 642
現成（見成）　13, 19, 24, 25, 41, 44, 45, 156, 158, 168, 173, 182, 191, 201-203, 291, 292, 312, 327, 332, 340, 347-350, 353-356, 359, 362, 364, 383, 394, 395, 401-404, 409, 430, 450, 454, 455, 474, 476, 503, 510, 512, 519, 520, 591, 607, 611, 616, 626
現成公案（現成公按）　13, 14, 15, 311-313, 315, 321, 325, 362, 388, 391, 394, 399, 507, 510, 540, 589, 662
現世　293, 430, 444, 477, 634, 645
現世利益　444
玄透即中（玄透）　51, 66, 126, 307, 537

こ

古規復古　11
古賀英彦　185, 527
古則　400, 402
古則公案　312, 540
古仏　24, 39, 40, 41, 45, 46, 140, 163, 166, 168-171, 185, 190, 194, 196, 202, 203, 205, 206, 221, 235, 238, 265, 332, 358, 369, 370, 400, 467, 520, 524, 536,

599, 600, 607, 611
古仏心　335, 336, 350, 515
孤峰智璨（孤峰烏石）　65
五戒　545
五蓋　49, 145, 150, 182, 183, 236, 608, 609
五家　6, 47, 48, 541, 584, 624
五家七宗　6, 48, 584
五門　47, 218, 623, 624
五山（中国）　598, 604, 605
『五祖法演語録』　527
五欲　49, 97, 145, 150, 182, 183, 521, 608, 609, 656
後醍醐天皇　81
小坂機融　259
『御遺言記録』　149, 151, 165, 174, 175, 177, 216, 225, 297, 299, 300, 532, 552, 614
牛頭法融（牛頭山）　34
『牛頭決』　147
公案（公案功夫、公案話頭、古則公案＊現成公案を除く）　14, 43, 48, 49, 50, 107, 196, 207, 212, 229, 236, 237, 248, 253, 306, 311, 312, 332, 359, 417, 419, 429, 431-433, 510, 534, 538, 540, 584, 590
公案禅→看話禅
公胤（三井寺公胤僧上）　135, 147, 148
晃全本　125, 132
孝順　243, 640-642, 649
皇帝　573, 604, 653
弘忍（大満、五祖弘忍）　36, 37, 39, 46, 47, 583
弘法救生　210, 218, 495, 547-549, 553, 574, 577, 592, 656
高祖　16, 25, 37, 38, 40-44, 46, 153, 155, 158, 171, 201, 231, 252, 405, 502, 542, 613, 658
高麗僧　598, 604
光周　58, 83, 84
国王　33, 214, 221, 521, 652, 653
極楽寺（深草）　656
『金剛経』（『金剛般若経』）　315, 539, 635

さ

佐藤悦成　239
佐藤秀孝　175, 235, 599, 614
佐藤達玄　259
坐夏　26
坐睡　234
坐禅（但し、「黄昏坐禅」「後夜坐禅」「五更坐禅」「早晨坐禅」「晡時坐禅」「巳時坐禅」「歳朝坐禅」「祇管坐禅」「只管坐禅」「不眠坐禅」「昼夜坐禅」「日夜坐禅」「専一坐禅」「四時の坐禅」「功夫坐禅」のみ）　49, 150, 163, 174, 182-184, 217, 229, 249, 253, 264, 267, 421, 492, 536, 537, 608, 611
坐禅儀（『禅苑清規』）　259
「坐禅箴」（道元禅師「坐禅箴」）　503
「坐禅箴」（宏智禅師「坐禅箴」）　503
坐禅弁道　182, 186, 213, 251, 264-268, 306, 472, 492, 536, 567, 642, 652, 654, 656, 657
『坐禅用心記』　254-258, 260, 618, 636
西天（西天竺国）　24, 30, 35, 37, 138, 190, 193, 202, 292, 300, 441, 444, 447, 465, 469, 470, 476, 528
西天東地（西天東土）　7, 38, 43, 180, 181, 192, 211, 254, 447, 461, 608, 615, 623, 624
西天二十八祖（西天二十八代）　25-27, 37, 38, 436
斎　33
斎粥　457
齋藤良雄　398, 405
三枝充悳　365
在家（在家人、在家信者）　17, 19, 29, 127, 146, 214, 241, 243, 244, 414, 550-553, 575-578, 592, 640-643, 649, 652-654, 657, 658
在家主義　244
在家教化　550
在家成仏　655, 656
在家仏教　642

在俗　577, 643, 652, 653, 655
酒井得元　545
境野黄洋　613
桜井秀雄　578, 624, 625
『雑談集』　577
雑華雑海（安心院蔵海）　9, 11
沢木興道　542
三界唯心（三界唯一心、三界一心）　326-328, 334-337, 344, 345, 350-355, 362, 364, 502, 503, 512, 515, 516, 663
三帰（三帰依）　99, 290, 295, 478, 480, 481
三業　425, 426, 433, 452, 569
三時業（三時業説）　97, 413, 414, 424, 430, 489, 643, 644
三乗　100, 106, 301
三乗十二分教　103, 400
三世　97, 98, 101, 384, 413, 415, 430
三世因果　403
三世業報説　430
三世諸仏（三世の諸仏、三世十方諸仏、三世の如来）　32, 98, 147, 148, 211, 254, 655
三世実有　338, 410
三千大千世界（三千界）　309, 311, 362, 588
『三大尊行状記』（『元祖孤雲徹通三大尊行状記』）→『行状記』
三論宗　539

し

知客　178, 447, 448, 614
刺史　55, 61, 550
始覚　233
始覚門　230, 231, 233
只管打坐（祇管打坐）　19, 45, 49, 145, 146, 150, 176, 182, 183, 207, 212, 220, 224, 229, 234, 242, 243, 245-248, 250-252, 264, 265, 272-276, 281, 286, 290, 303-305, 307, 407, 418, 421, 450, 472, 474, 491-493, 497, 531-533, 535, 536, 538-540, 542, 547, 549, 566, 586, 588, 592, 608, 609, 650, 661
師子　301
師子座　521
師子吼　26, 436
師子吼菩薩品　456
師資　25, 44, 233, 237
師資相承　8, 23, 240
四時の坐禅→坐禅
芝岡宗田　52
祠堂供養　598, 606
嗣書　43, 175, 177-179, 183, 219, 228, 305, 587, 598, 599, 604, 610, 614, 615
嗣法　11, 42, 49, 125, 165, 169, 178, 179, 203, 219, 228, 234, 238, 239, 301, 302, 416, 517, 584, 593, 607
示庫院文　125
示於人天大衆（示人天大衆）　54, 60, 577
自性清浄（自性清浄心）　330, 341, 438
自心自性　317, 318, 323
自然外道　143, 144, 146, 209, 233, 239, 288, 453, 474, 503, 565
侍者　36, 59-63, 69-71, 178, 558, 614
持戒（不持戒）　94, 286,
持律坐禅　577
時節因縁　395, 409, 410, 511, 512
椎名宏雄　198
尸棄仏　27, 300
直指（単伝直指）　294, 310, 452, 478, 479, 624
直指人心、見性成仏　364, 494, 539
直指の本証　153, 252
七逆罪（七逆の懺悔）　427
七仏（過去七仏）　24-27, 38, 39, 44, 181, 186, 190, 191, 202, 211, 300, 302, 615
室中　26, 279, 425
柴田道賢　80, 127
島田燁子　398, 406
下室覚道　175, 235, 240, 391, 433, 655
「舎利相伝記」　598, 599, 604
釈尊（釈迦牟尼仏、釈迦、釈迦如来、釈迦老漢、釈迦老子、釈迦大師）　5, 8, 22-26, 28-32, 34, 35, 37-40, 42, 44, 46, 47, 67,

70, 94, 110, 111, 128, 153, 173, 181, 185, 189-198, 200-203, 205, 206, 210, 211, 214-217, 219, 223-226, 228, 231, 236, 237, 245, 252, 254, 276, 289, 290, 292, 294, 297, 299, 300, 302-304, 310, 341, 345, 358-360, 377, 384, 393, 401, 404, 407, 436, 437, 474, 476, 478-480, 494, 502, 503, 509, 564, 568, 578, 583, 587, 588, 615, 648, 652, 658
寂円　179, 180, 599
寂光堂　612
邪見　149-151, 262, 265, 267-271, 295, 296, 298, 413, 461, 465, 478, 480, 537, 551, 652
邪見なき坐禅　261-263, 267, 269, 271, 272, 305
闍夜多　32, 33, 413, 414
首山　402
首座　176
首座寮　59
『首楞厳経』 103
修行観　153, 154, 223, 224, 304, 661, 662
修行僧　24, 48, 150, 164, 216, 416, 458, 558, 583, 584
修懺　6, 45, 49, 150, 174, 182, 247, 263, 265, 536, 608
修証一等　153-155, 158-160, 162, 164, 181, 186, 189, 190, 208, 210, 212, 227, 229, 231, 232, 238, 245, 252, 254, 304, 305, 349, 352, 390, 418, 421, 433, 458, 526, 579, 586-588, 660
修証観　14, 153-155, 159-162, 167, 168, 186, 190, 207, 208, 227-233, 245, 251, 253, 305, 390, 418, 420, 432, 458, 526, 586, 587, 593, 660
修証不二　352
衆善奉行（諸善奉行） 149, 430, 499
衆僧　150, 243, 267, 551, 559, 560, 640
寿雲良椿　53
受戒（出家受戒） 29, 93-95, 178, 293, 294, 310, 427, 477, 479, 646, 655
授戒　425, 427, 646, 658
授戒作法　425, 426
授菩薩戒　614
授菩薩戒法（授道元式） 425
儒教　101, 494, 561
宗学論争　305
宗旨　5, 12, 38, 39, 49, 140, 179, 276, 305, 340, 400, 440, 457, 467, 468, 502, 513, 584, 618
宗師家　11
宗匠　186, 211, 213
宗乗　5, 10, 13, 14, 129, 159, 202, 251
宗統復古　11, 125, 126
宗門　6-8, 17, 19, 20, 82, 103, 124, 136, 148, 150, 161, 176, 276, 326, 350, 404, 488, 491, 513, 547, 593
『宗門統要集』 191, 192, 198-200
十二時　373, 403
十二時中　195, 206, 221
住持　23, 26-29, 33, 36, 65, 68, 150, 153, 171, 209, 212, 252, 300, 302, 416, 436, 458, 558-560, 599, 602-605
祝聖　225
粥飯頭　435, 447, 454
出家　19, 22, 29, 93-95, 98, 99, 127, 159, 162, 197, 202, 206, 208, 209, 214, 215, 227, 232, 238, 239, 243, 244, 282, 287, 293, 303, 310, 329, 421, 477, 479, 552, 587, 640-643, 646-657
出家人（出家者、出家修行者） 19, 244, 280, 281, 643, 652, 653, 657
出家受戒→受戒
出家受具　29, 96, 98
出家行道　576
出家主義（出家至上主義） 244, 552, 553, 578, 655, 657
出家得道　225, 296, 299, 310, 479, 480
出家の功徳　93, 94, 655, 656
「出家授戒略作法」 424-427, 433
「出家略作法」 424-427, 433
「出家得度式作法」 425, 427
出世間　324, 563, 564

春華秋月　336, 344, 525
初相見　165, 169, 181, 182, 194, 200, 203-206, 228, 234, 237-239, 534, 601, 615, 616
初心　97, 151, 154, 176, 275, 444, 470, 488
初心者　12, 155
初心の弁道（初心の修行）　153, 187, 231, 232, 252
初心後心　213
書状　282, 552
諸悪莫作　149, 430, 499
諸山歴遊　170, 598, 599, 603, 604, 606, 610-612
諸法実相　98, 271, 311, 322, 479
商那和修　28, 29
小参　176, 416
小乗　49, 150, 338, 341
小翠巌　602
少林寺（嵩山、嵩嶽）　35, 38, 290
正信　31, 151, 215, 298, 299
正伝の仏法　5-8, 11, 12, 46, 140, 173, 184, 192, 220, 228, 242, 286, 298, 304, 360, 417, 418, 435, 437, 438, 454, 491, 493, 496, 497, 532, 533, 541, 548, 549, 553, 575, 576, 583, 587, 592, 656
『摂大乗論釈』　508
『正法眼蔵』
〈阿羅漢〉　55, 62, 74, 84, 88, 118
〈安居〉　26, 57, 64, 75, 85, 119, 157, 172, 201, 234, 599
〈一顆明珠〉　54, 58, 59, 74, 84, 87, 118, 475
〈一百八法明門〉　93, 98, 100, 101, 122, 128, 585
〈恁麼〉　32, 40, 44, 54, 61, 74, 76, 87, 118, 335, 345, 499, 517, 518
〈有時〉　54, 61, 74, 87, 118, 367, 369-371, 373, 374, 376, 378-381, 383-387, 392-405, 407-410, 519, 589,
〈優曇華〉　28, 57, 64, 75, 82-84, 88, 119, 190, 191, 193, 264
〈王索仙陀婆〉　57, 75, 83, 103, 108, 109, 119
〈家常〉　45, 57, 63, 75, 78, 87, 119
〈画餅〉　55, 61, 74, 87, 118, 433, 499
〈海印三昧〉　53, 54, 60, 74, 84, 87, 118, 502
〈葛藤〉　35, 55, 62, 74, 87, 104, 118
〈看経〉　33, 52, 55, 62, 74, 87, 118, 363
〈観音〉　42, 54, 60, 74, 87, 118
〈眼睛〉　57, 63, 75, 78, 87, 119
〈帰依仏法僧宝〉（帰依三宝）　58, 65, 66, 73, 84, 85, 88, 89, 93, 95-98, 100, 124, 131, 295, 478, 509, 646
〈行持〉　28, 30, 34-36, 42, 45, 54, 60, 74, 76, 87, 118, 156, 171, 199, 208, 247, 264, 266, 292, 348, 349, 353, 394, 402, 404, 476, 492, 496, 502, 548, 617
〈行仏威儀〉　53, 59, 74, 84, 88, 118, 310, 311, 334, 475, 515, 544
〈供養諸仏〉　31, 64, 66, 73, 75, 84, 88, 93, 96, 98, 100, 119, 121, 124, 131, 271
〈空華〉（空花）　7, 54, 58, 60, 74, 87, 118, 358, 359, 433, 516
〈袈裟功徳〉　29, 35, 38, 41, 58, 63, 65, 66, 73, 75, 77, 84, 88, 91-97, 105, 115, 119, 121, 124, 172, 294, 310, 477, 478, 584, 598, 604
〈渓声山色〉　55, 61, 74, 87, 118, 288, 291, 292, 299, 300, 302, 404, 473, 475, 476, 485, 509, 519, 520
〈見仏〉　56, 63, 75, 87, 104, 119, 293, 477
〈現成公案〉　12-15, 52, 53, 73, 74, 76, 84, 88, 91, 114, 118, 122, 131, 132, 155, 227, 272, 313-325, 355, 385-391, 393, 394, 397, 399, 405, 410, 449, 506-510, 520, 550, 557, 585, 586
〈古鏡〉　32, 39, 54, 60, 74, 87, 118, 156, 199, 264, 404, 492, 518, 535

〈古仏心〉 39, 54, 58, 59, 74, 84, 87, 118, 332, 335, 336, 364, 550
〈虚空〉 33, 57, 64, 75, 85, 88, 116, 119
〈光明〉 35, 54, 60, 74, 87, 118
〈坐禅儀〉 54, 60, 74, 76, 84, 88, 118, 254, 264, 266, 450, 491, 492, 617-619, 621, 622, 635
〈坐禅箴〉 42, 54, 74, 76, 83, 103, 108, 115, 118, 156, 199, 254, 255, 258, 264, 266, 492, 535, 619, 622, 626, 635
〈三界唯心〉 56, 62, 72-78, 84, 87, 118, 332, 336, 337, 344, 350, 352, 353, 364, 502, 512, 525
〈三時業〉(十二巻本「三時業」) 32, 33, 66, 75, 93, 96, 97, 99-101, 119, 295, 412, 413, 423, 424, 427, 429, 430, 478, 489, 634
〈三時業〉(六十巻本「三時業」) 59, 73, 74, 76, 84, 87, 119, 124, 413, 422-424, 429
〈三十七品菩提分法〉 57, 69, 75, 78, 83, 87, 103, 107, 119, 172, 332, 333
〈三昧王三昧〉 45, 57, 69, 75, 78, 83, 87, 89, 103, 107, 119, 122, 264, 290, 384, 473, 492
〈山水経〉 44, 55, 69, 74, 76, 83, 87, 103, 105, 118, 372, 403
〈山水経〉(道元禅師(準)真筆「山水経」巻) 105, 127
〈四禅比丘〉 31, 35, 67, 70, 93, 99, 100, 306, 452, 479
〈四馬〉 62, 67, 73, 75, 77, 88, 91, 93, 99, 100, 119, 120, 124
〈嗣書〉 39, 55, 70, 75, 77, 83, 86, 87, 106, 118, 178, 219, 598, 599, 604, 606, 612
〈嗣書〉(道元禅師真筆「嗣書」巻) 127
〈自証三昧〉 43, 57, 70, 75, 78, 83, 87, 103, 107, 116, 119, 172, 291, 474, 572
〈十方〉 56, 63, 75, 81, 87, 116, 119
〈十方〉(懐奘書写本「十方」) 80, 114, 115
〈受戒〉 66, 70, 75, 93, 96, 119, 121, 125, 130, 172, 584
〈授記〉 40, 54, 61, 74, 87, 118, 157, 159, 201, 523
〈出家〉 13, 57, 70, 71, 75, 83, 92, 93, 107, 115, 119-121, 130, 655
〈出家功徳〉 29, 32, 64, 66, 73, 75, 82-84, 88, 92-95, 98, 107, 117, 119, 121, 122, 124, 130, 159, 202, 206, 215, 293, 310, 421, 477, 585, 646, 655, 656
〈春秋〉 55, 74, 77, 83, 103, 108, 118
〈諸悪莫作〉 55, 62, 74, 84, 87, 118, 316
〈諸法実相〉 56, 68, 75, 83, 103, 106, 108, 109, 118, 120, 264, 492, 551, 599
〈生死〉 68, 81, 119, 449, 450, 557, 565, 566
〈心不可得〉 54, 74, 76, 83, 103, 104, 108, 115, 118, 119, 500, 516
〈心不可得〉(別本「心不可得」、後心不可得) 68, 74, 104, 108, 118, 528, 544
〈身心学道〉 53, 58, 59, 74, 84, 87, 118, 287, 291, 309, 327, 332, 334, 336, 350, 364, 403, 452, 473-475, 485, 515, 647
〈神通〉 55, 62, 74, 87, 118
〈深信因果〉 32, 66, 68, 75, 89, 93, 95-100, 107, 119, 128, 242, 262, 296, 389, 403, 412, 413, 415-419, 422, 428-433, 451, 482-484, 488, 489, 590
〈説心説性〉 56, 71, 75, 83, 87, 103, 106, 108, 109, 118, 331, 332, 336, 344, 364, 404, 471, 525, 528, 529, 531, 568
〈洗浄〉 56, 75, 77, 78, 83, 103, 108,

119, 404
〈洗面〉 56, 74, 77, 78, 91, 118, 120, 264, 266, 488, 492
〈洗面〉（六十巻本「洗面」） 64, 74, 77, 88, 91, 118, 120, 264, 488
〈全機〉 55, 61, 74, 87, 118, 550
〈祖師西来意〉 57, 64, 75, 84, 88, 119,
〈即心是仏〉 53, 58, 59, 74, 84, 87, 104, 118, 137-140, 144, 149, 209, 249, 278, 326, 331, 332, 335-337, 344-346, 348, 364, 384, 433, 459, 463-467, 469-471, 482, 483, 509, 510, 514, 525, 528, 529, 532, 544, 578
〈他心通〉 52, 57, 75, 83, 103, 105, 108, 119, 364
〈陀羅尼〉 56, 63, 75, 84, 87, 118, 292, 477
〈大悟〉 54, 58, 59, 74, 87, 118, 363, 577
〈大悟〉（真福寺所蔵草案本「大悟」） 234
〈大修行〉 57, 70, 75, 78, 83, 87, 103, 107, 116, 119, 120, 412, 415, 416-420, 428-433, 442, 484, 485, 488, 489, 544, 590
〈都機〉 55, 61, 74, 87, 118, 523, 524
〈転法輪〉 57, 69, 74, 83, 87, 89, 103, 107, 119, 122
〈伝衣〉 37-39, 55, 69, 74, 77, 83, 92, 105, 106, 115, 118, 598, 604
〈道心〉→〈仏道〉
〈道得〉 55, 62, 74, 87, 118, 496, 500, 541
〈如来全身〉 57, 64, 75, 78, 84, 88, 119
〈梅華〉（梅花） 25, 27, 56, 75, 83, 103, 108, 119, 169-172, 238, 360, 383
〈栢樹子〉（柏樹子） 56, 63, 72, 75, 84, 87, 118, 264, 544
〈八大人覚〉 67, 70, 75, 82, 91, 93, 101, 102, 104, 110, 111, 117, 119, 122, 125-129, 131, 225, 226, 289, 296, 299, 300, 302, 310, 479, 480, 554, 579, 585
〈仏教〉 28, 55, 69, 74, 77, 83, 103, 117, 333, 345
〈仏経〉 34, 37, 56, 71, 75, 77, 83, 103, 106, 109, 118, 247, 499
〈仏向上事〉 42-44, 55, 61, 74, 84, 88-90, 104, 117, 118, 122
〈仏向上事〉（別本「仏向上事」） 68, 115, 117
〈仏性〉 13, 26, 30, 31, 36, 39, 53, 58, 59, 74, 87, 89, 116, 118, 122, 131, 340, 364, 395, 408, 435, 436, 439-450, 454, 456, 457, 470, 501, 506, 511, 513, 598, 599, 604
〈仏性〉（懐奘書写本「仏性」） 89, 112-114, 128, 131
〈仏祖〉 27, 46, 56, 69, 70, 75, 77, 78, 83, 119, 180, 181, 444, 615
〈仏道〉 6, 34, 39-44, 46, 56, 69, 75, 83, 86, 87, 103, 106, 118, 119, 171, 190-192, 202
〈仏道〉（別本「仏道」、「道心」） 289, 473, 481
〈遍参〉 45, 57, 75, 119, 264, 363
〈遍参〉（六十巻本「遍参」） 62, 74, 77, 87
〈鉢盂〉 26, 57, 63, 75, 87, 116, 119, 172, 600
〈菩提薩埵四摂法〉（四摂法） 61, 73-76, 81, 84, 90, 119, 120, 124, 553, 575, 578, 579, 592
〈法華転法華〉 60, 73-76, 81, 84, 88, 90, 119, 120, 124, 550
〈法性〉 56, 63, 75, 88, 118, 144, 339, 522
〈発菩提心〉 62, 66, 67, 73, 74, 77, 79, 84, 88, 91, 93, 95, 97, 98, 101, 117, 119, 124, 125, 310, 327, 331, 333, 343, 348, 349, 355, 364, 391, 404, 452, 543, 568-570, 578
〈発無上心〉（発菩提心） 57, 58, 64, 67, 75, 79, 85, 88, 117, 119, 199, 264,

333, 349, 364, 647
〈摩訶般若波羅蜜〉　53, 58, 59, 74, 84, 87, 118, 504, 510
〈密語〉　44, 56, 75, 83, 87, 103, 104, 108, 109, 118
〈無情説法〉　56, 63, 75, 77, 84, 87, 104, 118, 158, 201, 433
〈夢中説夢〉　55, 61, 74, 84, 87, 118, 357, 358, 520, 521
〈面授〉　24, 25, 28, 29, 46, 57, 71, 75, 78, 83, 87, 103, 106, 119, 163, 165, 168-171, 182, 185, 190, 202-204, 216, 599, 607, 611, 616
〈唯仏与仏〉　71, 81, 119, 120
〈礼拝得髄〉　55, 69, 74, 76, 83, 115, 118
〈礼拝得髄〉（二十八巻本「礼拝得髄」）　103, 105, 475
〈龍吟〉　57, 64, 75, 78, 88, 119
『正法眼蔵啓迪』（『啓迪』）　9, 11-13, 218, 259, 365, 544
『正法眼蔵参註』（『正法眼蔵却退一字参』、『参註』）　9, 11, 12, 14
『正法眼蔵私記』（『私記』）　9, 11, 12
『正法眼蔵蒐書大成』（『永平正法眼蔵蒐書大成』）　7, 13, 106, 110, 126, 132, 307, 334, 335, 498, 513, 528, 529, 537, 544, 635, 637
『正法眼蔵抄』（『御抄』、『正法眼蔵聞書抄』）　7, 9-13, 21, 52, 313, 334, 335, 350, 513, 528, 529, 635
『正法眼蔵随聞記』（『随聞記』）　126, 150, 154, 176, 188, 207, 210, 212, 219, 220, 225, 229, 230, 234-236, 241, 243-246, 252, 253, 264, 266, 277-281, 283, 286, 303, 306, 315, 320, 411, 412, 420, 423, 427, 449, 457, 472, 492, 535, 540, 550-552, 558, 560, 563, 566, 572, 573, 576, 577, 579, 588, 640, 642, 648, 650, 658, 661
『正法眼蔵全講』（『全講』）　9, 11, 15, 17, 218, 555, 579, 636
『正法眼蔵註解全書』（『註解全書』）　8, 9, 349, 637
『正法眼蔵那一宝』　9, 11
正法眼蔵涅槃妙心　7, 8, 24, 26-28, 40, 190-193, 195, 196, 198, 200, 202, 236, 301, 302, 359
『正法眼蔵傍訓』　11
『正法眼蔵弁註』　9, 11
『永平正法眼蔵品目頌并序』（『薦福山義雲和尚敷演正法眼蔵品目頌』、『正法眼蔵品目頌』、『品目頌』）　79, 81, 82, 529, 530
『正法眼蔵聞解』（『聞解』）　9, 11, 12, 80, 335, 349, 544, 635
生仏一如　15
声聞　100, 196, 206, 270, 537, 568
焼香　163, 184, 612
焼香侍者　178
焼香礼拝　24, 96, 163, 168, 171, 184, 202, 607, 611, 612
焼香・礼拝・念仏・修懺・看経　6, 45, 49, 150, 174, 182, 247, 263, 265, 536, 608
証悟　218, 253, 254, 261, 271, 608, 609
『証悟戒行法語』　151, 236
証上の修　153-155, 159, 160, 214, 231, 252, 520
牆壁　332, 333, 335, 510
牆壁瓦礫　249, 326, 332-336, 344, 362, 514-516, 525, 542, 662
上座　195, 196, 206, 600
上乗一心　330, 333, 334, 345
上堂　144, 145, 193, 219, 224, 248, 265-271, 300-302, 306, 333, 404, 415, 432, 489, 492, 493, 496, 531, 536, 537, 545, 549, 559, 600, 642
　開堂上堂　225
　帰山上堂　241, 242
　源亜相忌上堂　243, 641, 642
　臘八成道会成道（臘八上堂）　174, 599
上表　604
承天則地　68, 123

成等正覚　521
成仏　245, 297, 301, 328, 442, 522, 570, 636
成仏道　174
成仏作祖　457
浄慈（浄慈浄和尚、浄慈浄老）　600, 602, 605
浄慈寺　598
浄土　475
趙州　193, 264
心印　156, 157, 199, 567, 619, 620, 626
心宗　328
心地　212-214, 309, 334, 636, 652
身心　26, 29, 97, 174, 180, 238-240, 264-268, 277, 278, 280, 282, 283, 286, 303, 319, 320, 322-324, 333, 334, 345, 348, 356, 364, 391, 394, 404, 446, 449, 450, 472, 488, 492, 519, 520, 523, 557, 566, 588, 644
身心依正　524
身心一如　345, 364, 451, 459-461, 464, 465, 471, 472, 482, 484-488, 542, 543, 548, 591, 593, 663
身心隔別　345, 346
身心清浄　96
身心脱落　6, 19, 45, 46, 49, 150, 154, 161, 163-171, 173-187, 203, 204, 206, 208, 210, 216-219, 224, 225, 227-229, 233-240, 242, 247, 250, 263-265, 268, 273, 274, 276, 300, 302-304, 317, 409, 448-450, 495, 532, 535, 536, 540, 548, 567, 587, 588, 594, 597, 601, 607-612, 614-616, 618, 636, 656, 660, 661
信　11, 18, 21, 151, 184, 228, 231, 241, 350, 444, 587, 593
信決定（信〈心〉決定）　180, 184-187, 218, 228, 238, 448, 532, 616
信解　292, 477
信仰　17, 127, 482, 542, 644
信仰的　5, 11
信仰生活　432
信者（在家信者）　550, 552, 575, 577, 592, 639
信条　272
信心　94, 218, 294, 478, 645
信受　94, 180, 184, 185, 228, 587
信念　16, 165, 230, 405, 500
信法頓漸　628
『信心銘』　256
真言　136
真字　234
真字『正法眼蔵』（『正法眼蔵三百則』）　498
真筆　81, 86, 89, 92, 105, 110, 122, 127, 179, 254, 258, 259, 585, 618, 623, 624
真理　19, 146, 236, 311, 312, 337, 498-503, 628, 636
真龍　618, 624-626, 636, 637
深山　57, 64, 265
深山幽谷　180, 608, 648
深信因果　95, 262, 389, 403, 412, 415-419, 422, 428, 429, 431-433, 482, 590
清規　11, 234, 496, 549, 577, 586
新戒　604
新善光寺　64-66
新到列位（新到列位問題）　602, 604, 613
請益　176, 609, 650
震旦（震旦国）　26, 34, 35, 37-39, 45, 290, 465, 469, 473, 528
親鸞（親鸞聖人）　246, 247, 405
神秀　36, 37, 46, 47, 583
尋師訪道　144
「尽未来際不離吉祥山示衆」　221-226, 240, 289
シェリング　398, 406

す

瑞巌寺　598
嵩山→少林寺
嵩山の得髄　24, 168, 173, 182, 202-204, 607, 616
杉尾玄有〈守〉　72, 73, 129, 164, 165, 169, 233-235, 388, 391, 399, 410, 544
鈴木格禅　126, 164, 165, 186, 273, 395,

399, 488
鈴木正三　655
鈴木哲雄　249, 531, 545

せ

世間　244, 246, 253, 280, 295, 316, 324, 355, 444, 478, 482, 552, 563, 564, 569, 570, 608, 641, 648, 650, 651, 653, 654, 657
世俗　285, 556, 578, 647, 648, 650, 651, 653-655, 657
施設　100, 656
施物　555
青原　7, 43, 44
青原行思（青原高祖）　40-42, 46-48, 171, 381, 583
青原山　43
西域　32
西来意　400, 401
制中口宣　634
赤心　442
赤心片片　350
石頭　400
石頭大小　333, 648
石頭希遷（石頭大師、石頭庵無際大師）　40-42, 46, 48, 381, 400, 583
浙翁如琰　602, 603, 605
葉県帰省　402
殺仏　265
節晃守廉　132
雪竇智鑑　45, 50, 194, 195, 200, 205
説法　23, 44, 146, 158, 190, 195, 197, 198, 201, 206, 236, 241, 242, 286, 360, 416, 444, 445, 479, 480, 484, 520, 521, 576
先祖供養　357
先尼外道→外道
洗浄・洗浄　145, 147, 278, 305, 450, 586
『千光法師祠堂記』　598, 606
泉福寺〈大分県〉　52, 58
詮慧　7, 9, 10, 11, 52, 122, 585
遷化　122, 179, 180, 585
全久院　80, 87, 114
前後際　389, 391
前後際断　368, 382, 385-391, 397, 405, 408, 589
善知識　44, 95, 100, 136, 140, 194, 205, 282, 283, 285, 286, 303, 332, 467, 468, 566, 588, 605, 606
『禅語辞典』　185, 218, 527
禅院　150, 539, 540, 577, 598
禅宗　6, 7, 22, 23, 25, 46-48, 161, 192, 232, 233, 256, 274, 364, 539-541, 583
禅宗史　23, 47, 48, 50, 233, 249, 531, 545
禅祖　7, 192
禅僧　23, 103, 143, 188, 249, 264, 281, 307, 539, 560
『禅苑清規』　93, 130, 259
禅定　22, 276, 301
禅門　103, 342, 541
禅林の戒観　230
禅林の風規　211, 496, 548, 574, 592
ゼンチーレ　405

そ

祖師西来　47, 290, 292, 400, 401, 473, 476
『祖堂集』　545
祖道　39, 49, 150, 176, 179, 180, 207, 214, 229, 253, 284, 292, 421, 452, 476, 520, 573, 648, 652
祚光　637
喪儀法　579
宋（大宋、大宋国）　21, 24, 45-48, 106, 147, 150, 163, 164, 168, 170, 171, 178, 179, 185, 190, 202, 203, 210, 211, 214, 216, 218, 243, 446, 447, 452, 491, 496, 500, 548, 574, 592, 600-602, 605, 607, 611, 614, 615, 640, 641, 652, 653
　入宋　55, 60, 69, 70, 135, 147, 166, 277, 286, 300, 304, 541, 603, 606, 610, 612
　在宋　169, 170, 175, 234, 447, 540,

594, 597, 598, 602, 603, 605, 610, 614, 664
宋（大宋）の人　207, 229, 252, 253, 307, 535
宋朝（宋朝時代）　103, 270, 441, 470, 530
宋朝禅　85, 86, 161, 230, 363
宋朝禅者　363, 364
宋代　48, 142, 143, 167, 233, 409, 501, 584
宋土　579
宋吾（永平寺九世）　58, 83
宗椿　637
相州　241, 242
草案（草案本）　62, 63, 65-68, 70, 84, 89, 108, 110, 234, 618
草子　13
荘子　101, 624
曹谿山宝林寺　38
曹山本寂（曹山）　44, 46
曹洞一滴水　50
曹洞宗（曹洞）　6, 7, 17, 22, 43, 44, 46-50, 141, 167, 190, 235, 260, 262, 275, 305, 425, 427, 538, 540, 541, 579, 583, 584, 634, 639, 640
曹洞宗学　237
『曹洞宗日課勤行聖典』　617, 618, 634
『曹洞宗宗憲』　305, 640, 658
曹洞禅　6, 7, 537, 541
僧院生活　578
僧伽難提　31, 32, 517
僧伽梨衣　190, 192, 193, 197, 198
僧璨（三祖僧璨）　36, 47, 256, 583
僧団　267, 492, 577, 578
僧伝　164
僧堂　15, 19, 115, 150, 183, 184, 249, 264, 267, 403, 492, 537, 559, 604, 608, 618, 656
僧侶　17, 23, 146, 242, 292, 447, 476, 561, 572, 573, 575, 578, 639, 643, 644, 650
總持寺　53
叢林　19, 132, 171, 224, 225, 243, 265, 266, 286, 307, 457, 458, 492, 536, 539, 640, 657
叢林の時刻法　307, 537
叢林を離れず（不離叢林）　290, 457, 473, 474
雑談集　577
即心是仏　139, 140, 144, 209, 249, 250, 278, 303, 305, 326, 332, 333, 344, 346, 348, 353, 354, 363, 364, 433, 465, 466, 468, 469, 509, 510, 514, 528-531, 533, 535, 578, 588, 592
即身成仏義　438
即身成仏説　438
俗世間　467, 648
俗弟子　53, 59, 84, 241, 242, 550
尊宿　96

た

体安然　635
打坐　6, 45, 212, 242, 246, 248, 263, 270, 395, 535, 537, 540, 623, 635
田中一弘　175, 614
田中良昭　148, 664
田辺元　20, 405, 541
大因果　419, 420, 429
『大慧書』　48, 149
大慧宗杲　48, 50, 103, 106, 109, 172, 233, 331, 344, 525, 584
『大慧録』　400
大疑滞　135, 136, 140, 142, 147, 277, 303
大悟　163, 164, 174, 177, 184, 186, 216, 363, 400, 415, 432, 485, 489, 529, 535, 601, 609-611
大事　26, 136, 147, 171, 172, 183, 206, 207, 210, 212, 217-226, 229, 230, 234, 235, 300, 302-304, 347, 535, 538, 540, 551, 588, 609, 658, 661
大衆　54, 60, 116, 171, 173, 181, 193, 195, 200, 241, 249, 267, 268, 301, 402, 415, 416, 488, 489, 530, 575-577, 592,

600, 604, 606, 615
大小両乗　49, 150
大乗　214, 275, 385, 438
『大乗起信論』(『起信論』)　232, 339, 340-342, 365, 438
大乗仏教　47, 50, 231, 352, 583
大慈寰中　502
大宋国→宋
『大智度論』　93, 94, 98, 130
『大般若経』(『大般若波羅蜜多経』)　93, 130, 356
大梅山　234, 535, 599, 612
大梅法常　248-250, 264, 303, 492, 529-532, 535, 588, 599
『大毘婆沙論』(『阿毘達磨大毘婆沙論』)　96, 98, 404, 413, 414, 634
大仏寺　60, 62, 115, 166, 266, 492, 656
『大宝積経』　356
大林寺〈富山県〉　52
太宗　560
太白峰（太白山）　24, 190, 218, 219, 222, 223, 598, 607
太容梵清　124
台山→天台山
提多迦　29, 30
高崎直道　166, 437, 438, 454, 458
高橋賢陳　80, 81, 367-369, 377, 379, 382, 387, 391, 398, 431, 432, 636
高橋秀榮　127
瀧谷琢宗　80, 634
竹内道雄　534
竹村仁秀　363
竹村牧男　164, 165, 186
玉城康四郎　218, 378, 398, 408, 409, 636
丹霞子淳　45
旦過　234
端坐　207, 209, 210, 219, 229, 256, 421, 433, 452, 458, 617, 619, 620
檀信徒　639
「檀信徒喪儀法」　425, 427
檀那　241, 249, 551, 552
檀越　241

ち

知識　6, 37, 44, 95, 100, 136, 139, 140, 144, 157, 188, 194, 202, 205, 211, 217, 218, 280-283, 285, 286, 303, 322, 332, 466-468, 482, 496, 540, 548, 559, 566, 574, 588, 592, 605, 606
茅原正　382, 399
中国　48, 135, 166, 167, 230, 231, 233-235, 247-249, 275, 303, 309, 335, 362, 406, 409, 431, 444, 451, 464, 493-496, 509, 535, 539, 548, 550, 584, 588, 598, 603, 605, 651, 653, 656, 657
中国人　166, 539
中国禅　6, 22, 162, 233, 363, 409, 509, 598
中国禅宗　23, 47, 161, 274, 583
中国仏教　23, 276, 539
『中部経典』　341
澄観　438
『長阿含経』(阿含)　105, 197, 624
長斎梵行　631, 632
長病　550, 658
長連牀（長連床）　219, 265, 266, 536
長老　106, 150, 214, 270, 558-560, 601, 605, 652
聴教・参禅　435, 454
張玄素　560
朝廷　648
鎮西　53, 59, 84, 550

つ

追善供養　641, 642
通身　153, 252, 524
通達　139, 435, 447, 466, 507, 653
月（＊「日月星辰」「春華秋月」を除く）　224, 225, 319, 322, 523, 524
　円月（円月相）　31, 444-448, 455, 457, 590
　心月　523
　満月（満月相、満月輪）　31, 444-446, 457

辻口雄一郎　378, 387, 388, 391, 399

て

提唱　11-16, 18-20, 196, 431, 505, 556, 576-579, 632, 636
剃髪　40, 41, 94
『訂補建撕記』（訂補本）　115, 116, 148, 151, 221, 222, 240, 612
天桂伝尊　9, 11
『天聖広灯録』　189, 190-192, 197-200, 237
天竺　24, 26, 30, 32, 33, 138, 190, 202, 364, 444, 465
天台山（台山）　529, 598, 599, 606
天台宗（中国）　539
天台宗（日本）　136, 147
天台止観　237, 276
『天台小止観』　276
天帝釈（帝釈）　295, 478-480
天童山　150, 169-171, 173, 179, 180, 238, 492, 597-606, 610-614, 656, 657
天童寺　599
天童如浄（先師古仏、太白）　8, 24-27, 45, 46, 48-50, 103, 106, 136, 137, 140, 143, 144, 150, 154, 160-171, 173-175, 178-186, 190, 193-195, 200-206, 216, 217, 219, 221, 222, 228, 230, 232-235, 238-240, 247, 248, 250, 263-265, 270, 286, 300, 303, 304, 360, 361, 411, 450, 492, 495, 531, 532, 548, 559, 560, 567, 584, 587, 597-612, 614-616, 656
天然自性身（天然自然身）　136, 146-151, 277, 278, 286, 395, 586
天皇道悟　42
典座　545, 612-614
『典座教訓』　539, 598, 604, 612, 613
『伝光録』　147, 148, 163, 176, 181, 195, 237, 239, 598, 602-605, 609, 610, 612, 615
伝授菩薩戒　178, 615
伝授菩薩戒作法　178, 614
伝法　23, 24, 34, 36, 37, 41, 44, 46, 53, 156, 173, 176-179, 181, 182, 193, 199, 204, 206, 608, 615, 616
『伝法宝紀』　23

と

富山祖英　12
東土　25, 27, 35, 43, 290, 473
洞雲寺　54, 55, 58, 66, 67, 80, 83-85, 87, 89, 117, 122, 123, 363
『洞谷記』　602, 603, 605, 610
洞上宗旨　179
『洞上修証義并序』　634
唐代（中国唐代）　233, 249, 409, 495, 539
唐代禅　233
灯史　23, 157, 196, 200
洞山道微　172
洞山良价（洞山、悟本大師）　7, 24, 42-44, 46, 158, 168, 182, 203, 204, 502, 607, 611, 616
同参　40, 42, 166, 442, 501, 507, 523
堂奥　41, 46, 50, 60, 96, 163, 168-173, 185, 203, 238, 607, 609, 611
堂頭　49, 150, 173, 177, 178, 182, 183, 194, 205, 247, 297, 298, 447, 448, 608, 614
道教　101
道元禅　9, 13, 20, 67, 81, 85, 126, 135, 145, 147, 148, 164, 167, 222, 230-234, 237, 239, 261, 262, 265, 275, 305, 321, 326, 329, 335, 337, 338, 343, 347, 349, 350, 352, 354, 363, 382, 398, 399, 432, 450, 456, 538, 543, 556, 566, 567, 575, 586, 593, 611, 612, 615, 647
道吾　42
道信（大医禅師、四祖道信）　34, 36, 47, 583
徳山宣鑑　43, 81, 103, 104, 106, 109, 500, 501, 516, 539
得道明心　186, 211, 619, 620

な

中世古祥道　169, 172, 173, 175, 223, 234, 240, 599, 613, 614
中村宗一　636
中山延二　385, 398
永久俊雄〈岳水〉　65, 132
楢崎一光　632
奈良康明　164, 273, 665
南嶽懐譲（大慧禅師）　40, 41, 46-48, 156, 157, 199, 201, 253, 340, 440, 498, 534, 583, 626
南山浄慈報恩光孝寺　598
南宗禅　47, 583
南泉斬猫　412
南天竺　30, 444
南陽慧忠（大証国師）　139, 140, 332, 335, 461, 465, 466, 468, 469, 515, 542
『南伝大蔵教』　341

に

二元的（二元論的）　351, 451, 504, 512, 513, 526, 644
二十八代（二十八授、二十八伝）　24-26, 37, 38, 190, 202, 436
二十八祖（二十八世）　25-27, 34, 35, 37, 47, 583
二乗　265, 270, 537
日本　6, 20, 22, 26, 46, 55, 56, 63, 68, 70, 71, 114, 126, 163, 166, 168, 170, 178, 179, 181, 185, 203, 241, 248, 249, 274, 275, 304, 309, 311, 362, 367, 372, 399, 404-407, 409, 436, 544, 550, 588, 601, 602, 607, 611, 612, 615, 630, 648, 651, 658
日本天台　136, 148, 160, 161, 230, 231, 584
日本仏教　148, 233, 276, 406, 541
西有瑾英〈穆山〉　9, 11-15, 17, 218, 544
西澤まゆみ　222, 237, 244, 422, 423
西嶋和夫　636
西田幾多郎（西田哲学）　20, 387, 405
日月星辰　173, 309, 344, 347, 348, 351, 353, 394, 440, 452, 514, 525, 526
日分行持　264, 267, 306, 492, 537
日用　524
日蓮（日蓮上人）　246, 247
入室　31, 149, 174, 176, 183, 219, 235, 608-610
入宋→宋
入院　170, 577, 597, 598, 600, 601, 603, 606, 610, 612
『如浄語録』（『天童如浄和尚録』、『如浄録』）　50, 166, 247, 599, 600
如浄禅　222
人天大衆　54, 60, 575-577, 592

ね

涅槃　41, 94, 144, 147, 208, 209, 225, 265, 270, 278, 296, 299, 330, 339, 346, 348, 349, 352-354, 393, 401, 402, 409, 451, 461, 462, 464, 465, 472, 479, 484, 512, 519, 521, 522, 537, 543
『涅槃経』（『大般涅槃経』）　99, 197, 199, 437, 439, 454, 456, 539, 567-569, 590, 624, 625
涅槃堂　415, 489
涅槃妙心　7, 8, 24, 26-28, 40, 43, 190-193, 195-198, 200, 202, 236, 301, 302, 359
念仏　6, 45, 49, 150, 174, 182, 246, 247, 263, 265, 536, 608
拈華瞬目（拈優曇華瞬目、瞬目）　7, 24, 28, 43, 190-193, 195, 196, 200, 202, 236, 359, 360, 404
拈提　51, 98, 99, 105, 107, 112, 158, 243, 264-266, 413, 416, 418, 435, 437, 439, 440, 454, 492, 493, 501, 502, 511, 514, 516-518, 522, 540, 553, 564, 567

の

能所　14, 259, 353, 354, 355, 362, 365, 517, 561
衲子　163, 184, 243, 265, 457, 558, 561,

579, 611, 634, 640
衲僧　265, 270, 301, 536, 537, 563, 564
曩祖　32, 33, 158, 179
野乃花香蔵（関口道潤）　307, 537

は

波多野氏　241, 550, 651
波多野義重　656
破戒　427
破顔微笑　24, 28, 190-193, 195, 196, 198, 200, 202, 404
馬祖道一（馬祖、江西大寂禅師）　48, 156, 157, 199, 201, 248-250, 253, 381, 400, 401, 415, 416, 488, 509, 522, 529-531, 534, 535, 545, 583
婆栗湿縛　30
硲慈弘　148
袴谷憲昭　79, 127-129, 232, 261, 305, 389-391, 456
橋田邦彦　20, 405
橋本恵光　635
橋本禅巌　578, 579
秦慧玉　625, 637
八斎戒　552
跋陀婆羅菩薩　34
法子　41
法堂　115, 656
撥無因果　32, 97, 98, 101, 242, 411-413, 415-419, 427-429, 431, 432, 482, 484, 590
花園上皇　81
林秀頴　398, 408
原田弘道　259, 260, 363
晴山俊英　400
『般若経』 391, 438, 439, 454, 539
『般若心経』 505
万仞道坦　11
万象　233, 234, 336, 339, 344, 358, 371, 462, 523, 524
万法　139, 272, 312, 314, 316-325, 334, 335, 356, 449, 461, 464, 466, 467, 508, 515-517, 557
版橈晃全　51, 68, 125, 126, 132
晩学初心　470
盤山宝積　523
ハイゼンベルグ　407
ハイデッガー（ハイデガー）　405, 409

ひ

比叡山→叡山
比丘　26, 31, 59, 157, 195, 197, 199, 205, 234, 237, 267, 268, 300, 301, 414, 482
比丘尼　29, 94, 244, 267
非思量　243, 245, 254-260, 265, 536, 588, 621, 622, 635, 642, 661
皮肉骨髄　13, 169-171, 238, 344, 525, 622
彼岸　356, 357, 571
『秘密正法眼蔵』（二十八巻本『正法眼蔵』） 51, 68, 78, 82, 85, 101-103, 109, 110, 117, 120, 121, 123, 125, 131, 481, 584, 586, 659
毘舎浮仏　27, 300
毘婆尸仏　27, 28, 34, 44, 300
広瀬文豪　398, 405
広瀬良弘　126
百丈懐海（大智禅師）　288, 412, 415, 416, 474, 484, 488, 501, 600
百丈野狐の話　107, 412, 416-419, 428, 429, 431-433, 484, 488, 489, 590
平等一心　339, 462
平川彰　341, 365
賓主　193

ふ

不生　100, 139, 355, 388, 444, 466, 468, 525
不動因果　411, 412
不昧因果　411, 412, 415, 416, 418, 420, 429, 430, 432, 489
不落因果　242, 412, 415-420, 428-433, 489, 590
不立文字　198, 364, 494, 495, 539
父幼老卯　9, 11

付法　31, 154, 181, 182, 189-202, 204-206, 228, 229, 236-239, 302, 587, 615, 616, 660
布施　553-557, 566, 574-576, 578, 579, 592
斧山玄鈯　9, 11, 80
普説　106, 181, 492, 531, 599, 615
普陀　598
『普勧坐禅儀』〈真筆本、天福本〉　233, 254, 258, 259, 264, 618, 623, 624
『普勧坐禅儀』　154, 159, 202, 212, 251, 254, 256-258, 263, 264, 274, 491, 534, 547, 567, 594, 617, 618, 620, 622, 625, 635-637, 651, 656, 664
伏駄蜜多　30
富那夜奢　30
芙蓉道楷　45
深草　176, 552, 577, 656
藤原基房　647
仏戒　179, 286
仏家　33, 156, 211, 280, 339, 462, 496, 548, 549, 574, 592
仏洲仙英　612
仏性　26, 27, 30, 140, 144-146, 157, 201, 306, 315, 332, 339, 340, 342, 364, 395, 398, 404, 408, 435-459, 467, 470, 501, 511-514, 590, 591, 593, 663
仏心印　47, 48, 147, 196, 237, 426, 584
仏制　283, 284
仏祖　7, 24-28, 31, 34-39, 43-46, 49-51, 112, 150, 153, 155, 157, 158, 166, 168, 179-182, 192, 201, 203, 204, 207, 213, 221, 222, 229, 252, 253, 264-266, 268, 270, 272, 283-285, 295, 296, 301, 302, 307, 315, 332, 335, 336, 350, 363, 381, 410, 436, 437, 447, 453, 454, 478, 480, 493, 496, 498, 500, 520, 522, 523, 525, 529, 535, 537, 541, 544, 548, 560, 567, 572, 576, 599, 607, 608, 611, 615, 616, 626, 652-655
仏祖正伝　7, 176, 177, 192, 212
仏祖正伝菩薩戒　178, 615
『仏祖正伝菩薩戒作法』　176, 178, 608, 614, 615,
仏祖正伝菩薩戒作法奥書　599
仏祖相伝　270
仏祖単伝　157, 201, 212, 305
仏祖道　335, 336
仏祖の行履（仏祖之行履）　284, 285, 608
仏祖の眼睛　45
仏祖の児孫（仏祖之児孫）　7, 49, 50, 150, 411
仏祖の身心　26, 488
仏祖の大道　349, 453, 652, 654, 656
仏祖の堂奥　96, 172
仏陀難提　30
仏殿　403
仏道　7, 14, 15, 28, 31, 38, 39, 41, 42, 95, 144, 145, 147, 151, 157, 174, 178, 185, 186, 192, 202, 214, 216-218, 220, 223, 224, 226, 240, 242, 243, 245, 249, 252, 264, 278, 280, 282-285, 290, 292, 293, 295, 297, 300, 302-305, 312-316, 318-321, 323, 333, 349, 355-359, 362, 363, 380, 381, 394, 397, 404, 435, 440, 445, 449, 455, 471, 474, 476, 481, 482, 485, 486, 488, 489, 496, 507, 509, 513, 517, 521, 532, 548, 554, 557, 569, 570, 572, 576, 579, 588-590, 625, 627, 632, 633, 636, 640, 641, 645-649, 652-654
仏道修行　162, 189, 211, 215, 220, 227, 242, 245, 247, 277, 278, 280, 281, 291, 295, 303, 304, 323, 346, 356, 421, 475, 509, 526, 551, 566, 587, 588, 641, 646, 654, 657, 658
仏道修行者　20, 242
仏仏祖祖　24, 26, 37, 39, 40, 43, 99, 168, 182, 185, 190, 202, 203, 248, 265, 267-269, 404, 465, 469, 510, 528, 536, 567, 607, 611, 616
仏仏正伝　7, 38
仏法
　仏法興隆　241
　仏法参学　242, 641

仏法住持（仏法を住持） 153, 212, 252, 300, 302
仏法僧 98, 100, 289, 295, 413, 425, 426, 473, 478, 480, 501, 509
仏法相承 173
仏法単伝 29
仏法中諸悪莫作 149
仏法嫡嫡の祖師 294, 310, 478, 479
仏法伝来 47, 176
仏法東漸 219
仏法との邂逅（仏法に会う etc） 94, 225, 291, 293, 295, 296, 299, 310, 473, 475, 477-480, 645
仏法にあらず 138, 452, 461, 462, 485
仏法に任せる 280, 283, 285, 286, 303, 450, 566, 588
仏法に帰依 295, 479
仏法に放下 283, 450
仏法の威儀 286
仏法のおきて 280, 284
仏法の継承 169, 203
仏法の身心 267, 268, 450
仏法之親伝者 270
仏法の習学 98
仏法の証験 156
仏法の正脈 265, 270, 537
仏法之衰微 270
仏法の総府 266
仏法の大海 280, 283, 449
仏法の為 252, 280, 282, 283, 421, 449
仏法の堂奥 50
仏法の道理 280, 449
仏法の特質（特徴） 205, 228, 286, 491, 535, 547, 575, 592
仏法を受持 288, 299, 473, 474
仏法を伝授 100, 212
仏法を付嘱 196, 237
学仏法 267, 601
坐禅の仏法 539
三毒即仏法 49, 150
出世の仏法 246
純一の仏法 47
信の仏法 18, 350
真実の仏法 47, 541, 652
先師仏法（先師の仏法） 150, 177, 225
打坐の（を）仏法 45
正しい仏法 6, 143, 532, 648
智慧の仏法 539
道元禅師の仏法 6, 21, 135, 145, 184, 277, 291, 325, 449, 455, 475, 491, 524, 527, 535, 539, 547, 565, 566, 575, 592, 625, 626
如来（釈尊）の仏法 297, 298, 494
仏衣・仏法 194, 205
無上の仏法 217
無仏法 224, 225
面授の仏法 239
→正伝の仏法
仏法房 577
古田紹欽 130
フオルケルト（フォルケルト） 405
フッサル（フッサール） 405

へ

『碧巌録』 400, 527
弁道 12, 30, 144, 153, 155, 206, 232, 252, 265, 536, 613, 634
弁道功夫 247, 442, 443, 455, 456
→坐禅弁道
『弁道話』 6, 7, 13, 16, 47, 48, 81, 125, 137, 139, 140, 153-155, 160, 183, 186, 187, 209-214, 217, 219-227, 231, 240, 251-254, 261, 263, 264, 275, 277, 286, 300, 303, 307, 336, 339, 340, 344, 345, 347, 354, 364, 421, 433, 451, 452, 458-460, 462, 463, 465, 467, 469, 482-484, 488, 491, 495, 496, 524, 534, 547, 549, 574, 576, 584, 586, 592, 609, 651, 654-657
『弁道話』（正法寺本、草稿本） 534
『弁道法』（『永平大清規弁道法』） 264,

267, 306, 492, 537
ベルグソン　405

ほ

保坂玉泉　398
補陀洛迦山　598
菩薩　23, 28, 30, 31, 34, 97, 100, 194, 205, 222, 224, 265, 270, 284, 290, 300-302, 414, 438, 481, 499, 537, 551-553, 565, 568, 570, 571, 576
→一生補処菩薩
菩薩戒　96, 172, 175-178, 425, 551, 599, 608, 614, 615, 641, 646, 658
菩提樹下　225, 290, 384, 521
菩提達磨（達磨、達摩、禅宗初祖）　23-27, 34, 35, 37, 38, 46, 47, 153, 155, 173, 190, 202, 231, 252, 290, 300-302, 331, 473, 583, 641
方丈　149, 163, 170, 173-175, 177, 184, 238, 599, 607, 611, 614
方便　21, 151, 185, 215, 410, 489, 559, 560, 562, 572, 573, 575, 645
『宝慶記』　49, 136, 140, 143, 150, 160, 166, 168, 170, 173-175, 180, 182-184, 194, 205, 217, 232, 235, 238, 239, 247, 262, 279, 307, 411, 450, 567, 599, 607-610, 614, 616
宝慶寺　53, 55
『宝慶寺由緒記』　179, 180, 599
放下　151, 153, 210, 252, 253, 265, 280, 282, 283, 286, 303, 449, 450, 472, 495, 496, 536, 548, 588
放捨　257, 259, 260
法海　147
『法華経』　276, 289, 292, 350, 358, 477, 481, 513, 521
法語　51, 112, 116, 121, 145, 151, 236, 240, 266, 279, 281, 493, 498, 584, 600, 613, 656, 658
法孫　35, 41, 42, 44, 126, 402, 497, 549
法然　247
報恩　241, 243, 640-642, 644, 648, 649
報恩供養　241, 243
北山景徳霊隠寺　598
北宗禅　47, 167, 583
星俊道　225, 238, 239, 384, 390, 399, 407
発心　97, 148, 162, 191, 208, 227, 232, 236, 288, 310, 331, 333, 348, 349, 353, 364, 393, 404, 452, 522, 526, 543, 568, 569, 587
　初発心　100, 238, 567-569
　正発心　288, 299, 473
　同時発心　393
発心学道　288
発心求法　217
発心修行（発心・修行）　136, 144, 147, 208, 209, 236, 278, 330, 346, 348, 349, 352-354, 393, 401, 402, 404, 512, 519, 521, 522, 543, 586
発心修証　348, 354, 356, 363, 578
発心出家　95, 209
発心成道　148
発心得道　95
堀川通具　642, 647
本覚思想（天台本覚思想）　127, 149, 209, 210, 232, 261, 389, 456, 593, 646, 661
本覚法門（天台本覚法門）　147, 148, 160-162, 231, 233, 438, 584
本覚門的　161, 230, 231
本証　153-157, 160, 162, 186, 199, 201, 209, 227, 229-232, 251, 252, 288, 352, 433, 586, 587
本証妙修　153-156, 159-162, 209, 213, 218, 227, 230-232, 288, 418, 520, 526, 586
→妙修
本来本法性　136, 146-151, 218, 277, 278, 286, 395, 586
本来面目　636
梵清本　87, 124
『梵網経』（『梵網戒経』）　26, 641
煩悩　48, 96, 143-145, 147, 150, 187-189, 260, 278, 286, 287, 346, 364, 438, 565,

579

ま

摩訶迦葉（西天初祖、迦葉尊者）23-29, 31, 33-35, 38-40, 46, 47, 153, 155, 173, 181, 189-203, 205, 206, 228, 231, 236, 237, 239, 252, 300-302, 310, 345, 359, 360, 377, 447, 587, 615
『摩訶止観』 327, 364
『摩訶止観輔行伝弘決』（『摩訶止観弘決』） 93, 130
『摩羅迦小経』 341
磨塼 156, 199, 265, 270, 537
松岡由香子 242
松本史朗 223, 226, 262, 274, 307, 315, 389-391, 403, 417, 431, 432, 450-456, 458, 590
増永霊鳳 398, 399, 405
増谷文雄 636
万年寺（平田） 599, 606
卍山（卍山道白） 10, 51, 125, 126, 619-624, 637

み

三井寺（三井） 135, 147, 148
弥遮迦 30
水野弥穂子 79, 80, 82, 83, 85, 86, 89, 103, 104, 126, 128, 131, 218, 235, 277, 307, 544, 636
三井甲之 405
密受心印（密受） 156, 157, 199, 200, 626
南直哉 384
源重浩 383, 398, 409
峯岸孝哉 363, 365
宮地清彦 276
妙高台 24, 168, 171, 202, 607, 611
妙修 153, 155-157, 186, 201, 227, 230, 232, 251, 252, 347, 354, 586
→本証妙修
妙昌寺 58
明全 240, 599
「明全和尚戒牒奥書」 604
明州（中国） 179, 180, 529, 598, 600, 604
ミハイロワ・スベトラーナ 399, 410

む

無為 153, 155, 209, 210, 230, 243, 252, 458, 517, 640-642, 649, 650, 652
無外義遠 166
無際了派 598, 602, 604, 605, 612
無師独悟 538
無所得無得悟（無所得無所求無所悟） 207, 229, 245, 251-254, 261-263, 267-269, 271, 272, 281, 303, 305, 421, 588, 661
無住道暁 577
無上菩提 28, 35, 38, 40, 94, 95, 210, 213, 225, 231, 293-296, 299, 300, 302-305, 478-480, 517, 568, 588
無上正等正覚 159, 215, 421, 568
無尽 292, 383, 421, 433, 476
無相 196-198, 236, 444-446
務台孝尚 399, 410

め

馬鳴（阿那菩提） 30, 440
明峰素哲 10
面山瑞方 80, 148, 151, 222, 425, 612, 628
面授時 175, 228, 234, 587
面授時脱落 164, 174, 182, 204, 233, 608, 616
面壁（面壁坐禅、面壁跏趺坐禅） 176, 265, 270, 290, 473, 537, 619, 620
メルロ＝ポンティ 398, 406, 407

も

沐浴 96, 562
黙照禅 48, 49, 233, 584
『黙照銘』 48
森本和夫 378, 383, 398, 403
門鶴 619, 621-624, 635, 637

問著　158, 500, 622, 626
問答　49, 137, 140, 148, 150, 172, 180, 182-184, 212, 217, 235, 250, 255, 256, 263, 400, 410, 440, 443, 448, 460, 462, 465, 468, 469, 491, 492, 515, 530, 534, 542, 551, 599, 602, 603, 609, 613, 651, 654, 655
　入室問答　174, 608
問答応酬　184
問答商量　256, 534
問答往来　551, 602

や

柳田聖山　198, 231, 241, 399, 409, 410
山内舜雄　136, 147, 148, 451
山田霊林　363, 530

ゆ

唯識瑜伽行派（瑜伽行派）　352, 460
由木義文　399
湯澤正範　578

よ

永嘉玄覚　201, 237, 411
永光寺　65-67, 117, 425, 634
楊岐派　48, 584
楊堅　573
楊光秀　53, 59, 84, 550
揚眉瞬目　139, 140, 400, 401, 466
吉田道興　147, 168, 613
吉津宜英　306, 625

ら

羅漢　31, 212, 267, 301, 302, 567
羅漢殿（径山羅漢殿）　602, 603, 605
羅睺羅多　31
礼拝　10, 25, 29, 96, 156, 169-171, 173, 174, 181, 204, 238, 567, 599, 611, 615
　焼香・礼拝・念仏・修懺・看経　6, 45, 49, 150, 174, 182, 247, 263, 265, 536, 608
　焼香礼拝　24, 96, 163, 168, 171, 184, 202, 607, 611, 612
礼拝衣位而立　404
礼拝恭敬　96
「礼拝偈」　181, 615
礼拝面授　46, 163, 168, 170, 172, 185, 203, 607, 611
礼拝問訊　173

り

李相国・防相国　652-654
律儀　286
龍樹（那伽閼刺樹那、龍勝、龍猛）　30, 31, 98, 100, 265, 270, 338, 341, 342, 355, 365, 408, 444-448, 455, 457, 482, 537, 590
龍門寺　53
両浙　218
両祖　190, 639, 640, 658
『楞伽師資記』　23
『楞伽経』　23
霊鷲山　24, 181, 182, 189, 204, 206, 228, 587, 615, 616
霊山　24, 28, 31, 40, 168, 173, 181, 182, 189-193, 195-198, 200-206, 228, 237, 239, 587, 607, 611, 615, 616, 660
霊山会上　24, 27, 35, 47, 190, 193, 196, 198, 200, 202, 203, 206, 236, 237
臨済義玄　43, 81, 95, 103, 104, 106, 109, 217, 402,
臨済宗（中国）　47-50, 85, 86, 305, 583, 584
臨済宗（日本）　22

る

瑠璃光寺　58, 66, 67, 85, 87, 124

れ

霊雲志勤　188
霊魂　644
冷煖自知（冷暖自知）　136-147, 149, 150, 277, 278, 466, 467, 586
『歴代法宝記』　23

『聯灯会要』　191, 192, 198-200

ろ

老子　99, 101
老荘思想　494
臘八　174, 599
六斎日　552

わ

和語　621
和辻哲郎　17, 404
話頭　207, 229, 253, 421
若月正吾　364
渡部賢宗　637
宏智正覚　48, 49, 167, 233, 503, 584
『宏智録』(『宏智禅師広録』)　48, 167

著者略歴

角田泰隆（つのだ・たいりゅう）
1957 年　長野県伊那市に生まれる。
1979 年　駒澤大学仏教学部禅学科卒業。
1981 年　駒澤大学大学院修士課程修了。大本山永平寺安居。
1986 年　駒澤大学大学院博士課程満期退学。
1993 年　駒澤短期大学仏教科講師。助教授・教授を歴任。
現　在　駒澤大学仏教学部教授。博士（文学）
著　書　『道元入門』（大蔵出版、1999 年。角川ソフィア文庫、2012 年）『禅のすすめ——道元のことば』（日本放送出版協会、2003 年）『原文対照現代語訳　道元禅師全集』第 14 巻・第 17 巻・第 15 巻〈共著〉（春秋社、2007 年・2010 年・2013 年）『坐禅ひとすじ——永平寺の礎をつくった禅僧たち』（角川書店、2008 年）『ZEN 道元の生き方』（日本放送出版協会、2009 年）

道元禅師の思想的研究

2015 年 2 月 20 日　第 1 刷発行

著　者＝角田泰隆
発行者＝澤畑吉和
発行所＝株式会社春秋社
〒 101-0021　東京都千代田区外神田 2-18-6
電話（03）3255-9611（営業）（03）3255-9614（編集）
http://www.shunjusha.co.jp/
印刷所＝萩原印刷株式会社

ISBN 978-4-393-11317-2　Printed in Japan
定価はカバー等に表示してあります。